Erich Gräßer

Forschungen zur
Apostelgeschichte

Mohr Siebeck

ERICH GRÄSSER, geboren 1927; Studium der evangelischen Theologie in Wuppertal, Tübingen und Marburg; 1955 Promotion; 1956–1961 Pfarrer; 1964 Habilitation; 1964–1965 Dozent für Neues Testament in Marburg; 1965–1979 ordentlicher Professor für Neues Testament an der Ev.-Theol. Fakultät der Universität Bochum, seit 1979 an der Universität Bonn; 1993 Emeritierung.

Die Deutsche Bibliothek – CIP-Einheitsaufnahme

Gräßer, Erich:
Forschungen zur Apostelgeschichte / Erich Gräßer. –
Tübingen: Mohr Siebeck, 2001
   (Wissenschaftliche Untersuchungen zum Neuen Testament; 137)
   ISBN 3-16-147592-5

© 2001 J.C.B. Mohr (Paul Siebeck) Tübingen.

Das Buch wurde von Gulde-Druck in Tübingen auf alterungsbeständiges Werkdruckpapier gedruckt und von der Großbuchbinderei Heinr. Koch in Tübingen gebunden.

ISSN 0512-1604

Wissenschaftliche Untersuchungen zum Neuen Testament

Herausgegeben von
Jörg Frey, Martin Hengel, Otfried Hofius

137

Zum Gedenken an

Helmut Merklein

17. September 1940 – 30. September 1999

Vorwort

Martin Hengel, dem ich mich seit der gemeinsamen Studienzeit in Tübingen vor über 50 Jahren freundschaftlich verbunden weiß, gab die Anregung zu diesem Aufsatzband. Dass ich nach anfänglichem Zögern dann doch gerne darauf eingegangen bin, hat zwei Gründe: Die nachfolgenden Forschungsberichte erfassen die Jahrzehnte nach dem Zweiten Weltkrieg, die hierzulande durch besonders leidenschaftliche theologische Diskussionen sowie herausragende Lehrer geprägt waren und die in Erinnerung zu rufen nützlich sein könnte. Vor allem die Entmythologisierungsdebatte bewegte die Gemüter und führte zu heftigsten Auseinandersetzungen in Theologie und Kirche. Hinzu kam die neu aufgekommene redaktions- und kompositionsgeschichtliche Forschungsmethode, die sich unter dem Schlagwort „Haut den Lukas!" besonders den dritten Evangelisten und sein Doppelwerk als Gegenstand erkor.

Für die alsbald nach Kriegsende mit dem Studium beginnende Generation war eine verlässliche theologische Orientierung nicht ganz einfach. Mein Weg führte mich von Tübingen schließlich nach Marburg, wo ich mich zu Hause fühlte und wo auch bald schon die Forschungen zur Apostelgeschichte einen Schwerpunkt meiner Studien bildeten. Ich habe diese Wegbeschreibung in den eröffnenden und eigens für diese Sammlung geschriebenen Beitrag mit einbezogen. Zusammen mit den schon etwas älteren Beiträgen ergibt das einen Überblick über die Entwicklung der Forschungen zum Opus Lucanum in der zweiten Hälfte des vorigen Jahrhunderts.

Der andere Grund, warum ich der Anregung zu diesem Band gerne gefolgt bin, ist eher praktischer Art. Als meine Acta-Berichte erschienen waren, schrieb mir Philipp Vielhauer, der Vorgänger auf meinem Bonner Lehrstuhl, auf einer Postkarte vom 10. 4. 1977, sie seien ja „ein ganzes Buch geworden", er lasse sie sich binden, um sie handlich griffbereit zu haben.

Dass diese Möglichkeit nun für alle Interessierten besteht, erfüllt mich – und hoffentlich auch manche Leser und Leserinnen – mit Freude.

Die im Beitrag II nur abgekürzt genannte Literatur ist im Verzeichnis S. 352 bibliographisch genau aufgelistet. Ausdrücklich vermerkt sei auch, daß sich die Querverweise in den wiederveröffentlichten Beiträgen jeweils auf die originalen Seitenzahlen beziehen, die in den Kolumnentiteln mit angegeben sind.

Zu danken habe ich an dieser Stelle für mir zuteil gewordene Hilfe. Frau Brigitte Waltraud Schmitz, meine ehemalige Sekretärin, hat auch diesmal in ihren Feierabendstunden zur Fertigstellung dieses Bandes sorgfältige Arbeit am

Computer geleistet. Der Freund und Kollege Johannes Schreiber (Bochum) hat mir beim Korrekturlesen geholfen.

Mein besonderer Dank gilt Jörg Frey, Otfried Hofius und Martin Hengel für die Aufnahme dieses Bandes in die WUNT-Reihe. Herrn Verleger Georg Siebeck und seinen Mitarbeiterinnen und Mitarbeitern danke ich für die sorgfältige Betreuung des Projektes im Verlag.

Gewidmet ist dieses Buch dem katholischen Fachkollegen und Freund Helmut Merklein, dessen allzu früher Tod mich schmerzlich berührt. Mit seiner Gelehrsamkeit, der ökumenischen Weite seines Denkens und der ihm eigenen wissenschaftlichen Neugier auf alles ihm Unbekannte wurde er mir in den fast zwanzig gemeinsamen Bonner Jahren und den zusammen verbrachten Studienjahren in der Dormitio in Jerusalem zu einem unersetzlichen Wegbegleiter. Ich habe in ihm einen Freund jener Art gehabt, wie ihn Proverbia 17,17 und 18,24b preisen.

Bonn, im März 2001   Erich Gräßer

Inhaltsverzeichnis

I. Studien zur Acta-Forschung

Rückblick und Ausblick

1. Vorbemerkung

Da die nachstehenden Beiträge zur Acta-Forschung mit Ausnahme dieses ersten und des letzten zwischen 1957 und 1985 erstmals erschienen sind, hätte es nahe gelegen, ihre Wiederveröffentlichung mit einem Bericht über die Forschungen der letzten 15 Jahre beginnen zu lassen, um so ein lückenloses Panorama zu erstellen. Aber dergleichen ist bei der unüberschaubar gewordenen Literaturmenge fast nicht mehr möglich. Allein für die Jahre 1998 und 1999 nennt der Elenchus Bibliographicus 220 Titel zum lukanischen Doppelwerk.[1] Dass die Produktion anhält und in der computergesteuerten Gegenwart eher noch steigt, zeigen die immer länger werdenden und dennoch unvollständigen Literaturverzeichnisse in den einschlägigen Monographien und Aufsätzen.[2] In dem zweibändigen, beinahe monumentale Ausmaße annehmenden Acta-Kommentar von G. Schneider[3] beanspruchen die Literaturangaben im 1. Bd. ca. 15% des gesamten Buchumfanges.[4] Und gegenüber dem ebenfalls 2 Bände umfassenden Kommentar von C.K. Barrett mit fast 1400 S.[5] wirkt der neueste Kommentar von J. Jervell mit seinen 635 S. daher fast schlank.[6] Wahrscheinlich ist die Literaturflut auch der Grund, dass ein größerer Forschungsüberblick aus neuester Zeit fehlt. Den letzten größeren deutschsprachigen, die Jahre 1974–1982 erfassenden, schrieb E. Plümacher. Sein Desiderat, die 1986 von A.J. und M.B. Mattill veröffentlichte Acta-Bibliographie möchte fortgeführt werden[7], blieb m.W. bisher unerfüllt. Lediglich zum Lukasevangelium haben wir eine 241 S. starke, die Jahre 1973–1988 erfassende kumulative Bibliographie von F. van Segebroeck.[8]

---

[1] EThL 76, Leuven 2000, 290–296.302–305.

[2] Der Art. „Apostelgeschichte" von E. PLÜMACHER in TRE III (1978) 483–528 hat zu 39 S. Text 6½ eng bedruckte Seiten Literatur.

[3] G. SCHNEIDER, Die Apostelgeschichte (HThK 5,1.2), 1980–1982.

[4] Vgl. E. PLÜMACHER, Acta-Forschung 1974–1982: ThR 48 (1983) 1–56: 11.

[5] C.K. BARRETT, The Acts of the Apostles (ICC), Vol. I 1994; Vol. II 1998.

[6] J. JERVELL, Die Apostelgeschichte (KEK 3), [17(1)]1998. – Noch bescheidener ist D. MARQUARDT, La première histoire du christianisme (LeDiv 180), 1999, 454S.

[7] Der in Anm. 4 genannte Forschungsbericht wurde fortgesetzt in ThR 49 (1984) 105–169. Das Desiderat in dem erstgenannten Forschungsbericht S. 6.

[8] BEThL 88, Leuven 1989. Vgl. aber noch F. HAHN, Der gegenwärtige Stand der Erfor-

In dieser Situation traue ich mich an einen Überblick über die Acta-Forschung seit 1985 nicht heran. Ich begnüge mich vielmehr mit einem Rückblick auf die Hoch-Zeit der Lukas-Forschung vor 50 Jahren und nehme dann diese Epoche, der meine eigenen Studien gelten, noch einmal in Augenschein. Auf diese Weise hoffe ich, *Fragen*, die noch immer unbeantwortbar sind, sowie *Ergebnisse* und *Tendenzen* festzuhalten, die so etwas wie eine Positionsbeschreibung der gegenwärtigen Acta-Forschung zulassen. Dabei wird sich zweierlei zeigen: (1) Die meisten der großen Probleme sind noch immer weit davon entfernt, sich einhelliger Beurteilung auch nur zu nähern. (2) Trotz der inzwischen größer gewordenen Gesprächsbereitschaft[9] besteht das besondere Charakteristikum der Forschungssituation noch immer fort, nämlich ein tiefgreifender Dissens nicht nur zwischen den Positionen der vorwiegend kritischen Lukasinterpretation in Deutschland und der eher konservativ geprägten Lukasdeutung in den angelsächsischen Ländern[10], sondern auch innerhalb der deutschen Lukasforschung selbst, besonders hinsichtlich der Acta-Forschung. Während Hengel/Schwemer z.B. die Ergebnisse der „hyperkritischen" Acta-Forschung als fantastische Konstruktionen bezeichnen[11], wird ihnen umgekehrt „eine nahezu komplette Identifikation von narrativer Textebene und historischer Wirklichkeit bei Lukas" vorgeworfen und ihr Umgang mit der Apostelgeschichte als „methodische(r) Rückschritt in die Zeit vor M. Dibelius" gedeutet.[12]

2. Rückblick

Der Beginn meines Theologiestudiums (1948) fiel in eine der bewegtesten und bewegendsten Epochen der neueren deutschen Theologiegeschichte. Sie wurde dominiert von zwei überragenden Theologen, Karl Barth und Rudolf Bultmann, die in Personalunion *beides* waren: ausgewiesene Exegeten und Systematiker. Ihre Arbeiten waren das alles beherrschende Thema. Von 1932 bis 1967 hat Karl Barth 13 Bände seiner „Kirchlichen Dogmatik" veröffentlicht. Er war dabei der Meinung, „das gleiche", was er in den großen Schriftauslegungen des Römer-, des Philipper-, des Korintherbriefes oder in den theologischen Vorträgen der 20er Jahre gesagt habe, nun in der Dogmatik „noch einmal anders" zu

---

schung der Apostelgeschichte: Kommentare und Aufsatzbände 1980–1985: ThRv 82 (1986) 177–190; J. Jervell, Retrospect and Prospect: SBL Sem. Papers 1991, Missoula 1991, 383–404; M.A. Powell, What are they saying about Acts? New York 1991.

[9] Besonders signifikant in dieser Hinsicht M. Hengel, Zur urchristlichen Geschichtsschreibung, Stuttgart 1979 (²1984); ders.-A.M. Schwemer, Paulus zwischen Damaskus und Antiochien. Die unbekannten Jahre des Apostels (WUNT 108), 1998, VIIf. 1–42.

[10] Vgl. E. Plümacher, ThR 48, 7.

[11] A.a.O. IX.7.

[12] J. Becker, Der Völkerapostel Paulus im Spiegel seiner neuesten Interpreten: ThLZ 122 (1977) 977–990: 983.985.

sagen.[13] Und Rudolf Bultmann veröffentlichte 1941 seinen Kommentar zum Johannesevangelium und 1953 seine „Theologie des Neuen Testaments", Standardwerke, die – soweit ich sehe – bis heute unerreicht blieben. Über das Verhältnis Barth/Bultmann, vor allem über die Methode ihres Theologisierens, ist viel und Unterschiedliches geschrieben worden. Beide haben sich darüber auch selbst ausgetauscht.[14] Der gemeinsamen Sache dünkten sie sich sicher. Sie haben beide Theologie als Auslegung der Schrift verstanden. Nur: In welcher Begrifflichkeit und mit welcher Methode dieselbe sachgemäß zu vollziehen sei, darüber gingen und gehen die Meinungen auseinander. „Barth hat Recht", so W. Schmithals, „wenn er sich und Bultmann als ausgewachsene Exemplare von Walfisch und Elefant ansieht, die sich wohl anspritzen können, aber einander zum Leben keineswegs brauchen[15], bescheinigt er doch Bultmann neidlos, daß in dessen Auslegung des Neuen Testament ‚die üblichen trennenden Schranken zwischen Exegese, Dogmatik und Predigt grundsätzlich aufgehoben werden' (ThSt 34, S 4). Und mag Bultmann auch gegen die Art und Weise, *wie* Barth Paulus versteht und wiedergibt, manches einzuwenden haben: daß er den Apostel der Heiden in seiner Weise verstanden hat und auch Bultmann ein gutes Stück verstehen lehrte, hat er nie bestritten".[16]

Der Rat, den mir mein Heimatpfarrer – er war Barthianer – zum Studienbeginn gegeben hatte, war jedenfalls falsch. Er hatte mir empfohlen, mich zunächst in den Niederungen der Exegese gründlich umzusehen, damit ich festen Grund hätte, wenn es später hinauf auf die Höhen der Dogmatik ginge.[17] Aber nicht die mit den Namen Barth und Bultmann angezeigte methodische Polarisation, sondern ein anderes Problem nahm mich zunächst völlig in Anspruch.

---

[13] Vgl. FR.-W. MARQUARDT, Exegese und Dogmatik in Karl Barths Theologie. Was meint: „Kritischer müßten mir die Historisch-Kritischen sein!"?, in: K. BARTH, KD Registerband, hg. v. H. Krause, Zürich 1970, 649–676: 653. – Die im Untertitel stehende Forderung Karl Barths stammt aus dessen Römerbrief, München 1922, XII.

[14] K. BARTH, R. BULTMANN, Briefwechsel 1922–1966 (K. BARTH, Gesamtausgabe V/1), hg. v. B. Jaspert, Zürich 1971. Vgl. G. KLEIN, Elefant u. Walfisch: VF 46 (2001) 82–88.

[15] Das Bild gebraucht Barth in einem Brief, den er am Heiligen Abend 1952 an Bultmann schreibt: „Ist es Ihnen klar, wie wir dran sind – Sie und ich? Mir kommt es vor: wie ein Walfisch ... und ein Elephant, die sich an irgend einem ozeanischen Gestade in grenzenlosem Erstaunen begegneten. Vergeblich, daß der Eine seinen Wasserstrahl haushoch emporschickt. Vergeblich, daß der Andere bald freundlich, bald drohend mit seinem Rüssel winkt. Es fehlt ihnen an einem gemeinsamen Schlüssel zu dem, was sie sich, ein Jeder von seinem Element aus und Jeder in seiner Sprache, offenbar noch so gern sagen möchten. Rätsel der Schöpfung, dessen Auflösung im Eschaton ich mir wie Bonhoeffer gerne auf der Linie des ‚Ich bring Alles wieder' des Weihnachtsliedes vorstellen möchte!" (Briefwechsel, s. Anm. 14, 196). – Zu diesem „Rätsel der Schöpfung" vgl. J. SCHREIBER, Walfisch und Elephant. Hermeneutische Implikationen des Predigtproblems zwischen Karl Barth und Rudolf Bultmann, in: Neues Testament und christliche Existenz. FS H. Braun, Tübingen 1973, 463–481.

[16] W. SCHMITHALS, Barth, Bultmann und wir. Zum Methodenproblem in der Theologie: EvKom 2 (1969) 447–452: 449.

[17] Zu dieser falschen Einstellung vgl. W. SCHMITHALS, a.a.O. 448.

Das Jahr meines Studienbeginns war das Jahr, in dem „Kerygma und Mythos I" mit Bultmanns schon 1941 gehaltenem Vortrag „Neues Testament und Mythologie" erschien. Dadurch wurde die von nun an alles beherrschende und selbst Karl Barth in den Hintergrund drängende Entmythologisierungsdebatte erst richtig angefacht.[18] Die Wogen gingen hoch, Ketzerhüte wurden hin- und hergereicht. Die Evangelisch-Theologische Fakultät der Universität Tübingen, an der ich seit dem WS 1949/50 studierte, war – nicht zuletzt durch Gerhard Ebeling und Ernst Fuchs – stark involviert und verfasste sogar eine Denkschrift „Für und Wider die Theologie Bultmanns", die sie dem Württembergischen Landeskirchentag überreichte.[19] Darin heißt es gegen Ende: „Die Fakultät hat im vorstehenden begründet, warum sie – unbeschadet der Kritik, die an Bultmann geübt werden kann und muß – davon überzeugt ist, daß Ansatz und Zielpunkt seiner Theologie nicht außerhalb der durch Schrift und Bekenntnis gezogenen Grenzen liegen, und sie spricht es noch einmal in aller Schärfe und Deutlichkeit aus: Sie würde ein kirchliches Verdammungsurteil, das diese Theologie als Irrlehre kennzeichnete, ebenso wie rechtliche Maßnahmen der Kirchenleitung, die den Einfluß dieser Theologie einzuschränken suchten, für falsch und verhängnisvoll halten".[20]

Als Studienanfänger war man den Argumenten pro und contra relativ wehrlos ausgeliefert. Klar war nur: Man mußte einen eigenen Standort suchen und finden. Das war bei dem Hin und Her zwischen der Alten Aula in Tübingen, in der Ernst Fuchs um 9 Uhr las, und dem Uni-Hauptgebäude, in dem Otto Michel um 10 Uhr las, nicht einfach. Am wohlsten fühlte ich mich schließlich in den gediegenen, moderne Aufgeregtheiten ganz ignorierenden Lehrveranstaltungen von Otto Bauernfeind. Sein Seminar über „Die Anfänge der urchristlichen Geschichtserzählung" im SS 1951 leitete mich zu einer ersten, intensiveren Beschäftigung mit der Apostelgeschichte an.[21] Aber dass ich schließlich doch Klarheit und Linie in meinem Studium fand, verdanke ich einem Ereignis ganz anderer Art.

In meinem ersten Tübinger Semester kaufte ich mir für 11 Mark die 1948 erschienene erste Lieferung von Bultmanns „Theologie des Neuen Testaments". Sie hatte 348 Seiten und enthielt „Die Verkündigung Jesu", „Das Kerygma der Urgemeinde", „Das Kerygma der hellenistischen Gemeinde vor und neben

---

[18] H.W. BARTSCH (Hg.), Kerygma und Mythos. Ein theologisches Gespräch (ThF 1), 1948 (²1951). Bultmanns Aufsatz S.15–48. Nachdruck der Fassung von 1941, hg. v. E. Jüngel (BEvTh 96), München 1985, 22ff.

[19] Für und Wider die Theologie Rudolf Bultmanns. Denkschrift der Evangelisch-theologischen Fakultät der Universität Tübingen, dem würtembergischen Landeskirchentag überreicht am 11.3. 1952 (SGV 198/199), Tübingen ²1952.

[20] Ebd. 42.

[21] Sein 1939 erschienener Acta-Kommentar (ThHK 5) ist inzwischen nachgedruckt (s.u. Anm.145). Darin die bewegende Würdigung dieses bescheidenen Gelehrten von M. HENGEL (ebd. V-VIII).

Paulus" und „Die Theologie des Paulus".[22] Ich las das Buch in einem Zuge durch und war von Stund an der Marburger Theologie verfallen. Immerhin meinte ich schon bei der Beschäftigung mit Bultmanns Entmythologisierungs-programm verstanden zu haben, dass und warum der Glaube so wenig wie die Offenbarung ein Weltfaktum ist, dass beides nur „da ist" im Hören auf das mich anredende Wort und dass der *Auferstandene*, nicht aber ein bestimmter Vorstel-lungsgehalt über das Wie der Auferstehung, der „Grund des Glaubens ist". Die Gefahr eines sacrificium intellectus schien damit erst einmal gebannt. Mir leuchtete ein, dass das „Lebensverhältnis zur Sache", das „Vorverständnis" und das „hermeneutische Prinzip", nämlich das „Woraufhin der Fragestellung", die hermeneutischen Grundbegriffe sind, mit deren Hilfe das Neue Testament his-torisch interpretiert werden kann. Aber erst Bultmanns als existentiale Inter-pretation durchgeführte Paulus-Exegese in seiner „Theologie des Neuen Testa-ments" brachte den Durchbruch. Ich erlebte genau das, was später Helmut Mer-klein, der katholische Fachkollege und Weggefährte in Bonn, bei der Lektüre des Buches in seinem ersten Bamberger Semester erlebt hatte und dann auch öffentlich bekannte: „Mir wurde klar, dass ich genau das gefunden hatte, was mich, ohne es genau definieren zu können, zum Theologiestudium getrieben hatte. In der Bultmann'schen Theologie begegnete ich einer Hermeneutik, die es ermöglichte, den Text des Neuen Testaments als unmittelbar bedeutsam zu lesen".[23]

Um noch einmal auf die Entmythologisierung zurückzukommen, von der manche meinen, sie sei gescheitert oder – vorsichtiger ausgedrückt – sie habe „ergebnislos geendet"[24], sei noch einmal in Erinnerung gerufen, dass Bultmann nicht ohne Grund meinen konnte, mit der Entmythologisierung „der Intention des Neuen Testaments zu folgen und die *Paradoxie der neutestamentlichen Ver-kündigung* zu ihrem vollen Recht zu bringen; die Paradoxie nämlich, dass Got-tes eschatologischer Gesandter ein konkreter historischer Mensch ist, dass Got-tes eschatologisches Handeln sich in einem Menschenschicksal vollzieht, dass es also ein Geschehen ist, das sich als eschatologisches nicht weltlich ausweisen

---

[22] Vgl. O. MERK, Paulus-Forschung 1936–1985: ThR 53 (1988) 1–81: 3.44.

[23] H. MERKLEIN, in: Jahrbuch 1997 der Nordrhein-Westfälischen Akademie der Wissen-schaften, Opladen 1998, 96. Vgl. dazu E. GRÄSSER, Die Hermeneutik der Jesusgeschichte bei Helmut Merklein: BZ 42 (2001), 161–169. Es handelt sich um die Gedenkrede für den ver-storbenen Freund, die ich bei der Akademischen Gedenkfeier der Katholisch-Theologi-schen Fakultät der Universität Bonn am 29.11. 2000 halten durfte.

[24] So z.B. P. STUHLMACHER, Nachkritische Schriftauslegung, in: H.N. JANOWSKI/E. STAMM-LER (Hgg.), Was ist los mit der deutschen Theologie? Antworten auf eine Anfrage, Stuttgart 1978, 59–65: 63. Dagegen E. GRÄSSER, Interpretation statt Zerstörung, ebd. 103–108. Um zu sehen, wie ungerechtfertigt Stuhlmachers Urteil ist, lese man z.B. G. EBELING, Die Bedeu-tung der historisch-kritischen Methode für Theologie und Kirche, in: DERS., Wort und Glau-be I, Tübingen ³1967, 1–49. Vgl. auch H. WEDER, der einer „Sachkritik" das Wort redet, die sich „von der Sache des Neuen Testaments her als notwendig" erweist (Die Externität der Mitte, in: FS O. Hofius [s.u. Anm. 116], 291–320: 292).

kann ... Die Jenseitigkeit Gottes ist nicht zum Diesseits gemacht wie im Mythos, sondern die Paradoxie der Gegenwart des jenseitigen Gottes in der Geschichte wird behauptet: ‚*Das Wort ward Fleisch*'."[25] Diese maßgebliche Zielsetzung Bultmanns vor Augen, kann man sehr wohl der Meinung sein, dass es sich um keine verlorene Mühe, sondern um „ein unerledigtes theologisches Vermächtnis" handelt.[26] Vermächtnisse wollen eingelöst werden! Dagegen „verlegen diejenigen, die sich am fallengelassenen Erbe der Väter vorbei zu den Großvätern flüchten, sich selber den Weg ins Freie".[27]

Mein Studium fiel jedoch nicht nur in die Hoch-Zeit der Entmythologisierungsdebatte, sondern auch in den beginnenden Frühling und baldigen Sommer der redaktions- und kompositionskritischen Forschung.[28] Dass sie sich – von G. Bornkamm und W. Marxsen einmal abgesehen, die die neue Methode am Matthäusevangelium (Bornkamm) bzw. Markusevangelium (Marxsen) erprobten[29] – vor allem das lukanische Doppelwerk als Exerzierfeld suchte, hängt nicht nur damit zusammen, dass dessen Verfasser über die Verfahrensweise und die Absicht seiner Schriftstellerei im Prolog (Lk 1,1–4) selber Auskunft gibt und mit der stärker traditionsunabhängigen Apostelgeschichte den „Richtungssinn" (M. Dibelius) seiner Darstellung besonders gut erkennen läßt. Sondern dazu und dass es vor allem Bultmann-Schüler waren, die sich der neuen Forschungsmethode zuwandten, mag auch beigetragen haben, dass sich die bei Lukas feststellbare „Enteschatologisierung" von vornherein als eine der „Entmythologisierung" *parallele* Erscheinung begreifen ließ. Von den schweizerischen Vertretern der „konsequenten Eschatologie", von M. Werner[30] und F. Buri[31], wurde die Enteschatologisierung der neutestamentlichen Botschaft überhaupt ganz

---

[25] R. Bultmann, Neues Testament und Mythologie, in: Kerygma und Mythos I (s. Anm. 18) 48 (Hervorhebung durch R.B.).

[26] G. Klein, Rudolf Bultmann – ein unerledigtes theologisches Vermächtnis: ZThK 94 (1997) 177–201.

[27] Ebd. 201.

[28] Vgl. J. Rohde, Die redaktionsgeschichtliche Methode. Einführung und Sichtung des Forschungsstandes, Hamburg 1966.

[29] G. Bornkamm, Enderwartung und Kirche im Matthäusevangelium, in: G. Bornkamm/ G. Barth/H.J. Held, Überlieferung und Auslegung im Matthäusevangelium (WMANT 1), 1960, 13–47; W. Marxsen, Der Evangelist Markus – Studien zur Redaktionsgeschichte des Evangeliums (FRLANT NF 49), 1956.

[30] M. Werner, Die Entstehung des christlichen Dogmas, problemgeschichtlich dargestellt, Bern 1941; ders., Der protestantische Weg des Glaubens, 1. Bd. Der Protestantismus als geschichtliches Problem, Bern/Tübingen 1955.

[31] F. Buri, Die Bedeutung der neutestamentlichen Eschatologie für die neuere protestantische Theologie. Ein Versuch zur Klärung des Problems der Eschatologie und zum Verständnis ihres eigentlichen Anliegens, Zürich 1935. – Das Gespräch zwischen A. Schweitzer und F. Buri ist jetzt gut zugänglich in: Albert Schweitzer; Fritz Buri, Existenzphilosophie und Christentum. Briefe 1935–1964. Eingeleitet, kommentiert und hg. v. A. Urs Sommer, München 2000.

deutlich so begriffen.[32] Es ist nicht auszuschließen, dass die bei Lukas feststellbare Zurückdrängung der Naherwartung möglicherweise von den Bultmann-Schülern auch so begriffen wurde, obwohl das Verzögerungsproblem in Bultmanns Entmythologisierungsprogramm kaum eine deutle Rolle spielt. Nach H. Conzelmann[33] gibt Lukas jedenfalls mit seinem heilsgeschichtlichen Entwurf eine Antwort auf das schwierige, seit Albert Schweitzer eigentlich ungelöste Problem: Wie kann an der Botschaft Jesu festgehalten werden, wenn sie nach den exegetischen Prämissen vieler Neutestamentler doch eigentlich mit der unerfüllten Naherwartung stehen und fallen müßte? Lukas – so scheint es – legt das Schwergewicht auf Vergangenheit (Jesuszeit) und Gegenwart (Zeit der Kirche) und ersetzt das *baldige* Kommen des Reiches durch die Wirksamkeit des Heiligen Geistes (Conzelmann). Damit ist der Raum für die nicht unendliche (die Parusie wird weiter erwartet), aber unbefristete Missionsgeschichte geöffnet.

Inzwischen war mir klar geworden, dass ich nach 5 Semestern Tübingen, in denen vor allem G. Ebeling und E. Fuchs die gewonnene kritische Überzeugung gefestigt hatten, nach Marburg wechseln mußte, um Bultmann selbst noch zu hören. Er war „exponierter Vertreter einer Entwicklung, die vor rund 200 Jahren mit dem Einbruch des historischen Denkens in die Theologie einsetzte und die gerade durch seine hermeneutische Besinnung und der darauf beruhenden exegetischen Arbeit einen wegweisenden Abschluss fand"[34]. Bultmann stand damals auf der Höhe seines theologischen Schaffens und war als Vertreter der neutestamentlichen Wissenschaft an Rang und Ansehen konkurrenzlos. Dazu mag beigetragen haben, dass die ihm ebenbürtigen Neutestamentler Martin Dibelius (1883–1947), Hans Windisch (1881–1935), Ernst Lohmeyer (1890–1946) und Julius Schniewind (1883–1948) viel zu früh aus diesem Leben abberufen wurden. So ist wohl auch zu erklären, dass Bultmann als einziger wirklich Schule gemacht hat. Nicht alle, aber weitaus die meisten der großartigen neutestamentlichen Lehrer, bei denen meine Generation studieren konnte – H. Braun, G. Bornkamm, H. Conzelmann, E. Dinkler, E. Fuchs, E. Käsemann, H. Schlier, Ph. Vielhauer – waren seine Schüler. Aber auch die Philosophen W. Anz, H.-G. Gadamer, H. Jonas, G. Krüger und W. Weischedel hatten bei ihm studiert und waren einst Mitglied seines Seminars.[35] Selbst W.G. Kümmel, von 1952–1973 der unmittelbare Nachfolger auf Bultmanns Lehrstuhl, hat seine berühmte Stu-

---

[32] Deutlicher Nachweis bei O. Cullmann, Parusieverzögerung und Urchristentum. Der gegenwärtige Stand der Diskussion: ThLZ 83 (1958) 1–12: 3f.

[33] H. Conzelmann, Die Mitte der Zeit. Studien zur Theologie des Lukas (BHTh 17), 1954 (⁷1993).

[34] W. Schmithals, Barth, Bultmann und wir (s. Anm. 16) 450.

[35] Vgl. B. Jaspert, Sachgemäße Exegese. Die Protokolle aus Rudolf Bultmanns Neutestamentlichen Seminaren 1921–1951 (MThSt 43), 1996, 6f. – H.-G. Gadamer, Philosophische Lehrjahre. Eine Rückschau, Frankfurt a.M. 1973, 37–39.225f beschreibt sehr gut die geistige Atmosphäre Marburgs in den 20er Jahren.

die zu Röm 7 zuerst als Seminararbeit bei Bultmann ausgearbeitet[36], dann aber als Dissertation bei Martin Dibelius in Heidelberg eingereicht, als dessen Schüler er sich angesehen hat.[37]

Dass mein Studium in Marburg zur Promotion und – nach zwischenzeitlich 6 Jahren Pfarramt – dort auch zur Habilitation führen würde, war von mir nicht vorgesehen, ergab sich aber so. Das mir von Kümmel 1954 gestellte Dissertations-Thema „Das Problem der Parusieverzögerung"[38] nötigte mich zu einer intensiven Beschäftigung mit dem lukanischen Doppelwerk. Stößt man dort doch auf die deutlichsten Spuren einer redaktionellen Bearbeitung der Verzögerungsproblematik. Dem „besonderen Entwurf des Lukas" und der „Lösung des Problems in der Apostelgeschichte" (s.u. Beitrag Nr. II) wurde daher in der Arbeit je ein eigenes Kapitel gewidmet.[39] Auf das Ergebnis, dass die Naherwartung durch einen heilsgeschichtlichen Entwurf ersetzt wird, ist weiter unten einzugehen.[40]

Diesem Ergebnis konnte Kümmel nur sehr bedingt zustimmen. Er anerkennt zwar, „daß bei Lukas das Problem der Parusieverzögerung bewußt die Wiedergabe der Botschaft Jesu beeinflußt"[41]. Aber er bestreitet, dass Lukas die Naherwartung durch die Vorstellung von der Heilsgeschichte *ersetzt*[42], was ich im Anschluß an Conzelmann behauptet habe.[43] Kümmel ist vielmehr der Ansicht, dass *Heilsgeschichte* insofern „seit der Verkündigung *Jesu selbst* die Grundanschauung der evangelischen Verkündigung bildet", als diese die Botschaft „von der Gegenwart des zukünftig bleibenden, endzeitlichen Heils in Jesus" ist.[44] Vor allem hinsichtlich des Befundes in der Apostelgeschichte urteilt Kümmel eindeutig anders: Für ihn ist es „völlig unbegründet", die Rede von der Aufnahme Jesu in den Himmel als Ausdruck der Parusieverzögerung zu interpretieren[45], was ich im Anschluß an E. Haenchen getan habe.[46] Kümmel meint: „So richtig es … ist, dass der Begriff der βασιλεία nicht mehr Verkündigungsmitte ist und daß die Naherwartung nicht *expressis verbis* begegnet, so eindeutig berichtet die Apg doch von der sich bis Rom ausweitenden Verkündigung von Jesus Christus noch immer in dem Bewußtsein, daß das Ende bevorsteht, und in der Erwar-

---

[36] Im WS 1925/26 referierte Kümmel in der 9. Sitzung v. 21.1. 1926 über Röm 7. Vgl. B. JASPERT, a.a.O. 41.

[37] Vgl. W.G. KÜMMEL, Römer 7 und die Bekehrung des Paulus (UNT 17), 1929, III.

[38] E. GRÄSSER, Das Problem der Parusieverzögerung in den synoptischen Evangelien und in der Apostelgeschichte (BZNW 22), 1957 (²1960; ³1977).

[39] Ebd. 178–198.204–215.

[40] S.u. S.30ff.

[41] Vgl. W.G. KÜMMEL, Einleitung in das Neue Testament, Heidelberg ²¹1983, 113.

[42] Ebd.

[43] Vgl. E. GRÄSSER, Parusieverzögerung 194.

[44] W.G. KÜMMEL, Einleitung 114.

[45] A.a.O. 139.

[46] Vgl. E. HAENCHEN, Die Apostelgeschichte (KEK 3), ⁷1977, 207; E. GRÄSSER, Parusieverzögerung 213f.

tung der Parusie und des Anbruchs der Gottesherrschaft, die aus der Überzeugung lebt, daß der Auferstandene mit diesem Ziel von Gott erhöht wurde. Auch die Existenz der Apg selber spricht nicht gegen diese Feststellung, weil dieser Bericht gar nicht Geschichtsschreibung für spätere Generationen sein will, sondern Verkündigung und Werbung für die Gegenwart im Zusammenhang mit dem Lk[-Evangelium] und zu dessen Bekräftigung"[47].

Bei diesem Verständnis mußte Kümmel dem Gesamtergebnis meiner Untersuchung widersprechen. Denn während ich davon ausgehe, dass Jesus das Ende in unmittelbarer Nähe erwartet hat und all sein Handeln und Lehren davon bestimmt sein lässt, distanziert sich Kümmel in seinen Studien zur Eschatologie der Evangelien in zwei Punkten klar von jeder Form der konsequenten Naherwartung: (1) Schon bei Jesus liegt eine Spannung zwischen „schon erfüllt" und „noch nicht vollendet" vor; (2) Jesus selbst hat mit einer (wenn auch kurzen) Fortdauer dieses Äons über seinen Tod hinaus gerechnet.[48] Tatsächlich widme ich also einen großen Teil meiner Dissertation der Widerlegung dieser beiden für Kümmel entscheidenden Punkte.[49] Trotzdem hat er ihre Annahme durch die Marburger Fakultät vorbehaltlos befürwortet – Zeichen wissenschaftlicher und menschlicher Größe!

Meine Dissertation war sicher auch der Grund, warum ich als Referent für die Apostelgeschichte Mitarbeiter der „Theologischen Rundschau" (ab 1960) wurde. Inoffizieller Mitarbeiter war ich allerdings schon vorher. Für Kümmel war es nämlich selbstverständlich, dass sein Assistent, der ich 1954/55 war, auch für seinen emeritierten Vorgänger Rudolf Bultmann zu assistieren hatte. Bultmann war damals (zusammen mit E. Dinkler) Herausgeber der Theologischen Rundschau, hatte aber keinerlei Hilfskräfte mehr. Also hatte ich regelmäßig bei ihm vorzusprechen, um eventuelle Aufträge entgegenzunehmen. Darunter war dann auch der, für ThR N.F. 22 (1954) das „Verzeichnis der besprochenen Werke" anzufertigen (ebd. 369–383) – das anonyme op. 1 meiner Publikationen! Von dieser Zusammenarbeit mit Rudolf Bultmann hatte ich sicher den größeren Gewinn. Weniger deshalb, weil er mich jedesmal mit einem Buch aus seinen Beständen entlohnte und dabei zumeist die Bemerkung machte: „Ich brauche das nicht mehr; ich bin über den Berg" (damals war er 70), sondern weil er lebhaften Anteil an meiner in Arbeit befindlichen Dissertation nahm. Und da ich bald schon absah, dass ihre These Kümmel, dem Doktorvater, nicht ent-, son-

---

[47] W.G. Kümmel, Einleitung (s.o. Anm. 41), 139f.

[48] W.G. Kümmel, Die Eschatologie der Evangelien: ThBl 15 (1936) 225–241 (= ders., Heilsgeschehen und Geschichte. Gesammelte Aufsätze 1933–1964 [MThSt 3], 1965, 48–66); ders., Verheißung und Erfüllung. Untersuchungen zur eschatologischen Verkündigung Jesu (AThANT 6), 1945 (²1953; ³1956). – Vgl. dazu E. Grässer, Verheißung und Erfüllung. Werner Georg Kümmels Verständnis der Eschatologie Jesu, in: ders./O. Merk (Hgg.), Glaube und Eschatologie. FS für Werner Georg Kümmel zum 80. Geburtstag, Tübingen 1985, 33–49.

[49] Vgl. E. Grässer, Parusieverzögerung, bes. 33ff.44ff.54.57.59ff.67.87.120 u.ö.

dern widersprechen würde, war mir Bultmanns Rat natürlich wichtig. Er hat mich ermutigt, von der eingeschlagenen Linie nicht abzuweichen. Es war im Wesentlichen eben *seine* Linie, besonders was meine Beurteilung des Parusieproblems im lukanischen Doppelwerk anbetrifft. In seiner 1953 erstmals vollständig erschienenen „Theologie des Neuen Testaments" fand ich diese Linie vorgegeben. Dort behandelt Bultmann im 3. Hauptteil („Die Entwicklung zur alten Kirche") auf knapp 2 Seiten das lukanische Doppelwerk, und zwar unter der Überschrift: „Die Wandlung des Selbstverständnisses der Kirche"[50].

Wenn er diese Wandlung vor allem durch die Parusieverzögerung bedingt sieht, folgt er der Geschichtsbetrachtung, wie sie für das Urchristentum Albert Schweitzer vorgetragen hat.[51] Grundsätzlich gilt für Bultmann: Wo das Wissen verloren geht, „dass die Zukunft die Gegenwart in der Weise qualifiziert, dass die Glaubenden schon jetzt eschatologisch existieren", da „schwindet allmählich das Verständnis für die Paradoxie der christlichen Situation", wie es vor allem Paulus und Johannes ausgebildet hatten, „und die Kirche wird aus einer Heilsgemeinschaft zu einer Heilsanstalt, auch, und gerade wenn sie die traditionellen eschatologischen Vorstellungen festhält".[52] Besonders die Darstellung des Lukas, im Evangelium wie in der Apostelgeschichte, sieht Bultmann von der Auffassung geleitet, dass das Christentum „eine weltgeschichtliche Größe" ist.[53] Denn Lukas bemüht sich, im ersten Band das „Leben Jesu", im zweiten die „Geschichte der Urgemeinde, der Anfänge der Mission und der paulinischen Missionsreisen" *als Historiker* zu beschreiben.[54] Anders als für die eschatologisch Glaubenden der Urgemeinde und des Paulus findet die Heilsgeschichte nicht mehr mit Christus ihre Erfüllung und damit ihr Ende, sondern sie läuft nun weiter mit Christus als dem „Anfang einer neuen Heilsgeschichte, der Geschichte des Christentums".[55] Als besonders symptomatisch dafür wird die in der Apostelgeschichte vorgenommene Kennzeichnung der neuen Bewegung als ὁδός empfunden (Apg 9,2; 19,9.23; 22,4; 24,14.22). „Wohl kann man überall etwa ‚Richtung' übersetzen ...; tatsächlich ist aber die christliche Religion gemeint, einerlei ob dabei mehr an die christliche Lehre oder an die christliche Gemeinschaft gedacht ist. Im gleichen Sinne wird später von den Christen als dem τρίτον γένος geredet werden."[56]

---

[50] R. Bultmann, Theologie des Neuen Testaments, Tübingen (1953) [9]1984, durchgesehen u. ergänzt von O. Merk, 469f. Im Literaturblock der späteren Auflagen nennt er u.a. Ph. Vielhauer, M. Dibelius, H. Conzelmann u. E. Dinkler (ebd. 464).
[51] A. Schweitzer, Geschichte der Leben-Jesu-Forschung, Tübingen 1913 ([9]1984 UTB 1302).
[52] R. Bultmann, Theologie 466.
[53] Ebd. 469.
[54] Ebd. 469.
[55] Ebd. 470.
[56] Ebd. 469. – Der letztgenannte Ausdruck findet sich erstmals KerPe 2.

Als ich mit der Arbeit an meiner Dissertation begann (1954), hatte ich nicht die Absicht, Bultmanns Sicht der Dinge zu bestätigen. Ich hatte schon die Hoffnung, ich könnte Kümmels Position im Detail festigen. Aber je weiter ich die Textanalyse vorantriebe, je mehr zeigte sich, dass das mit den synoptischen Evangelien schwierig und mit der Apostelgeschichte unmöglich zu machen sei. Am Ende durfte sich Bultmann, nicht Kümmel, bestätigt sehen. Ob zu Recht oder zu Unrecht, darum ging es in der Diskussion um meine Arbeit, für die O. Culmanns ausführliche Rezension repräsentativ ist.[57] Diese Diskussion spitzte sich in der Folgezeit mehr und mehr darauf zu, ob – wie vor allem E. Käsemann, E. Haenchen, Ph. Vielhauer und G. Klein meinen – mit dem lukanischen Entwurf die Weichen hin zum *Frühkatholizismus* gestellt sind, was man dessen Verf. als schweren theologischen Missgriff anzurechnen habe, oder ob das eine ganz und gar ungerechtfertigte Verurteilung des Lukas sei.[58] Dem ist jetzt näher nachzugehen.

3. „Anti-Lukas-Scholastik"?[59]

3.1. Die redaktionsgeschichtliche Forschung

Die redaktions- und kompositionsgeschichtliche Forschung leitete in den 50er Jahren des vorigen Jahrhunderts eine neue Epoche der Synoptikerforschung ein. Ihre Pioniere für Lukas waren Martin Dibelius[60], Hans Conzelmann[61], Phi-

---

[57] O. CULLMANN, Parusieverzögerung und Urchristentum (s.o. Anm. 32).

[58] Wenn P. STUHLMACHER, Biblische Theologie des Neuen Testaments. Bd. II. Von der Paulusschule bis zur Johannesoffenbarung. Der Kanon und seine Auslegung, Göttingen 1999, 181 auch H. Conzelmann zu denen zählt, die Lukas als Vertreter des Frühkatholizismus im Neuen Testament darstellen, so ist das falsch. Conzelmann stellt vielmehr fest, dass diese Charakterisierung „sachlich" unzutreffend sei: „Nicht schon das Vorhandensein des Traditionsgedankens bedeutet Frühkatholizismus. Ein Traditionsgedanke ist von Anfang an da. Er ist mit dem Bezug des Glaubens auf die geschichtliche Offenbarung, mit dem Credo selbst gesetzt. ‚Katholisch' wird er erst, wenn die Tradition institutionell, durch Lehramt und kirchenrechtliche Ordnungen, vor allem durch Amtssukzession gesichert wird; wenn der Geist und das Sakrament an die Institution gebunden werden; wenn sich die Kirche also zur rechtlich verfassten Heilsanstalt macht. Lukas kennt das Apostelamt, aber keinen Sukzessionsgedanken; kennt die Tradition, aber keine rechtliche Organisation der Weitergabe" (Grundriß der Theologie des Neuen Testaments [EETh 2], 1967 [⁵1992 bearbeitet von A. Lindemann], 169). – Damit widerspricht Conzelmann z.B. auch G. KLEIN, Die zwölf Apostel. Ursprung und Gehalt einer Idee (FRLANT 77), 1961.

[59] Den Begriff finde ich bei M. HENGEL/A.M. SCHWEMER, Paulus zwischen Damaskus und Antiochien (s.o. Anm. 9) 10. Hengel kritisiert damit die „wirklichkeitsfernen Theologen" (ebd. 11 Anm. 32).

[60] M. DIBELIUS, Zur Formgeschichte der Evangelien: ThR NF 1 (1929) 185–216; DERS., Zur Formgeschichte des Neuen Testaments (außerhalb der Evangelien): ThR NF 3 (1931) 207–242; DERS., Aufsätze zur Apostelgeschichte, hg. v. H. Greeven (FRLANT 60), 1951 (²1953).

[61] H. CONZELMANN, Zur Lukasanalyse: ZThK 49 (1952) 16–33; DERS., Die Mitte der Zeit.

lipp Vielhauer[62] und Ernst Haenchen[63], in der nachfolgenden Generation vor
allem Eduard Lohse[64], Ulrich Wilckens[65] und Günter Klein[66]. Waren im Urteil
der bald nach dem Ersten Weltkrieg aufkommenden „Formgeschichtlichen Methode" die synoptischen Evangelisten weitgehend bloß Sammler und Tradenten
– das aber auch nur, soweit man F.Chr. Baur's Leitwort „Tendenzkritik"[67] und
W. Wrede's These vom „Messiasgeheimnis" als der dogmatischen Grundlage
des Markusevangeliums[68] nicht weiter beachtete –, so würdigte man sie jetzt
auch als Autoren und Theologen, die dem Überlieferungsstoff einen von ihnen
selbst festgesetzten „Richtungssinn" (Dibelius) aufprägten. In einer ausführlichen Untersuchung der neuen Forschungsrichtung heißt es dazu, „dass die
Evangelienredaktoren selbständige Gestalter des Überlieferungsgutes nicht in
absoluter Freiheit, sondern in der Bindung an die Tradition der Gemeinde und
an die Erfordernisse des Gemeindelebens seien; denn nirgends erscheint in den
redaktionsgeschichtlichen Arbeiten auch nur andeutungsweise die Ansicht, die
Evangelisten seien bei der Gestaltung der Tradition willkürlich vorgegangen.
Vielmehr ist es ausdrückliche Ansicht der redaktionsgeschichtlichen Forscher,

---

Studien zur Theologie des Lukas (BHTh 17), 1954 ([7]1993); DERS., Randbemerkungen zur
„Lage" im Neuen Testament: EvTh 22 (1962) 225–233.

[62] PH. VIELHAUER, Zum „Paulinismus" der Apostelgeschichte: EvTh 10 (1950/51) 1–15 (=
DERS., Aufsätze zum Neuen Testament [ThB 31], 1965, 9–27); DERS., Geschichte der urchrist-
lichen Literatur. Einleitung in das Neue Testament, die Apokryphen und die Apostolischen
Väter, Berlin, New York 1975, 377–409.

[63] E. HAENCHEN, Tradition und Komposition in der Apostelgeschichte: ZThK 52 (1955)
205–225 (= DERS., Gott und Mensch. Gesammelte Aufsätze, Tübingen 1965, 206–226); DERS.,
Das „Wir" in der Apostelgeschichte und das Itinerar: ZThK 58 (1961) 329–366 (= DERS.,
Gott und Mensch 227–264); DERS., Die Apostelgeschichte als Quelle für die christliche Frühgeschichte, in: DERS., Die Bibel und wir. Gesammelte Aufsätze, 2. Bd., Tübingen 1968, 312–
337; DERS., Judentum und Christentum in der Apostelgeschichte, ebd. 338–374; DERS., Die
Apostelgeschichte (KEK 3), [7]1977 (s. dazu u. Beitrag Nr. VII).

[64] E. LOHSE, Lukas als Theologe der Heilsgeschichte: EvTh 14 (1954) 256–275 (= DERS.,
Die Einheit des Neuen Testaments. Exegetische Studien zur Theologie des Neuen Testaments, Göttingen 1973, 145–164).

[65] U. WILCKENS, Die Missionsreden der Apostelgeschichte. Form- und traditionsgeschichtliche Untersuchungen (WMANT 5), 1961 (3. überarbeitete und erweiterte Auflage
1974. Entgegen den vorherigen Auflagen nimmt Wilckens jetzt an, dass die Missionsreden
der Acta „auf eine vorlukanische Tradition judenchristlicher, an Juden gerichteter Umkehrpredigt zurückzuführen sind" [3]).

[66] G. KLEIN, Die zwölf Apostel. Ursprung und Gehalt einer Idee (s.o. Anm. 58); DERS.,
Lukas 1,1–4 als theologisches Programm, in: Zeit und Geschichte. Dankesgabe an Rudolf
Bultmann zum 80. Geburtstag, hg. v. E. Dinkler, Tübingen 1964, 193–216 = DERS., Rekonstruktion und Interpretation. Gesammelte Aufsätze zum Neuen Testament (BEvTh 50),
1969, 237–261 (auch in: G. BRAUMANN [Hg.], Das Lukas-Evangelium. Die redaktions- und
kompositionsgeschichtliche Forschung [WdF CCLXXX], 1974, 170–203).

[67] F. CHR. BAUR, Kritische Untersuchungen über die kanonischen Evangelien, ihr Verhältnis zueinander, ihren Charakter und Ursprung, Tübingen 1847, 71–76.

[68] W. WREDE, Das Messiasgeheimnis in den Evangelien. Zugleich ein Beitrag zum Verständnis des Markusevangeliums, Göttingen 1901 ([4]1969).

dass die Evangelisten ihren Stoff entsprechend den Erfordernissen ihrer Zeit, und das heißt doch: auch des Gemeindelebens, gestaltet hätten".[69]

Es kommt in der neuen Forschungsepoche sehr rasch zu einer Vielzahl redaktionsgeschichtlicher Untersuchungen zu den synoptischen Evangelien, deren heuristische Effektivität kaum zu bestreiten ist. Sie führen schließlich zu einer primär synchronen Betrachtungsweise des Gesamttextes der Evangelien.[70] Die dabei der Sprache und dem Stil der Evangelisten zugewandte besondere Aufmerksamkeit weckte und erfüllte schließlich in unseren Tagen den Wunsch nach einer „Synoptischen Konkordanz", nach einem Hilfsmittel also, „mit dem sich ohne großen Aufwand der spezifische Sprachgebrauch der drei Synoptiker, aber auch die Veränderungen der Tradition in der synoptischen Rezeptionsgeschichte im Detail präzise erfassen lassen".[71]

Bei allem Erfolg der neuen redaktionsgeschichtlichen Forschungsrichtung ist allerdings auch darauf hinzuweisen, dass sie in ihrer methodischen Bestimmung und Durchführung nicht unumstritten geblieben ist. Besonders bei den in den beiden letzten Jahrzehnten aufgekommenen linguistischen und literaturwissenschaftlichen Methoden „entfällt (in der Regel) der Rückbezug auf die herkömmlich literarkritisch und formgeschichtlich arbeitende historisch-kritische Forschung ...[72], wobei der ‚als methodische Alternative' verstandene ‚neue Weg des *new literary criticism* oder *narrative criticism*' ,sich nicht zuletzt den divergierenden Ergebnissen der bisher vorherrschenden Redaktionskritik' verdankt".[73] Die richtige Schlussfolgerung, die Otto Merk daraus zieht, lautet: „In der gegenwärtig offenen Diskussion bedarf es einer die Redaktionsgeschichte methodisch integrierenden, die Zuordnung von Synchronie und Diachronie im Miteinander ihrer korrelierenden Arbeitsschritte prüfenden Neuorientierung historisch-kritischer Exegese".[74]

Inzwischen sprechen manche davon, dass in jüngster Zeit in der Wissenschaft vom Neuen Testament so etwas wie ein methodischer Paradigmenwechsel stattgefunden habe. Unter dem Einfluss neuerer text- und sprachwissenschaftlicher

---

[69] J. Rohde, Die redaktionsgeschichtliche Methode (s.o. Anm. 28) 192f.

[70] Vgl. z.B. R.C. Tannehill, Narrative Unity of Luke-Acts. I. The Gospel according to Luke, Minneapolis/Philadelphia 1986.

[71] So die Herausgeber im „Vorwort" zu P. Hoffmann, Th. Hieke, U. Bauer, Synoptic Concordance. Griechische Konkordanz zu den ersten drei Evangelien in synoptischer Darstellung, statistisch ausgewertet, mit Berücksichtigung der Apostelgeschichte, 4 Bde, Berlin, New York 1999–2000, Bd. I p. V.

[72] O. Merk (s. nächste Anm) verweist zum Nachweis dafür u.a. auf St. D. Moore, Literary Criticism and the Gospels. The Theoretical Challenge, New Haven, London 1989 und F. Hahn (Hg.), Der Erzähler des Evangeliums. Methodische Neuansätze in der Markusforschung (SBS 118/119), 1985.

[73] O. Merk, Art. Redaktionsgeschichte/Redaktionskritik II. Neues Testament, in: TRE 28 (1997) 378–384: 379. Zitate im Zitat v. D. Sänger, Bespr. v. C. Focant (ed.), The Synoptic Gospels. Source Criticism and the Literary Criticism (BEThL 110), 1993.

[74] O. Merk, a.a.O. 379.

Erkenntnisse ist er gekennzeichnet durch eine verstärkte synchrone Betrachtung des Textes an sich. Dieser will ganz als Produkt eines Autors ernst genommen und auf seine innere Struktur und seine Einbettung in den literarischen
Kontext hin befragt werden. Im Vordergrund steht dabei der Kommunikations-
prozess zwischen Lesern und Texten, nicht mehr – wie noch bei der Formgeschichte – die Rekonstruktion der frühesten Textgestalt. Es gelte nämlich als
völlig aussichtslos, „Tradition" und „Redaktion" trennscharf voneinander abzuheben oder nach der lexikalischen „Bedeutung" einzelner Wörter zu fragen, also „Begriffsexegese" oder dergleichen zu betreiben. Vielmehr gehe es darum,
die Begriffe nach ihrem Gebrauch in semantischen Feldern zu befragen. Ihre
Fruchtbarkeit meint dieser methodische Neuansatz vor allem an der synoptischen Erzählüberlieferung und damit natürlich auch an der Apostelgeschichte
erweisen zu können. Um das tatsächliche Mitteilungsinteresse des Autors zu erheben, müsse hier zwischen *erzählter* und *besprochener* Welt, zwischen *explizi-
ten* und *impliziten* Lesern unterschieden werden. Die Juden im pisidischen Antiochien (Apg 13,46) seien z.B. von den Juden der Zeit des Lukas zu unterscheiden, die belehrten Jünger Jesu (Apg 1,6ff) von den Lesern des Lukas, die die Belehrung jener überhaupt gar nicht mehr nötig hätten usw.[75]

Ohne hier näher auf den methodischen Paradigmenwechsel eingehen zu können, sei nur soviel gesagt, dass er als Erweiterung (nicht Ersatz!) der historisch-
kritischen und der form- wie redaktionsgeschichtlichen Methode berechtigt
ist.[76] Der methodischen Neuausrichtung kann nicht entgegengehalten werden,
ein Autor wie z.B. Lukas sei doch „ein Sohn seiner Zeit, die noch keine ‚historisch-kritische Methode', keine leicht zugänglichen Informationsmöglichkeiten
in wohlgefüllten Bibliotheken und Archiven und erst recht keine methoden-
strengen neutestamentlichen Proseminare kannte".[77] Dass wir unsere methodischen Fähigkeiten auf sein Niveau herabzuschrauben hätten, kann ja nicht gemeint sein. Unser Anspruch, wir könnten die Intention des Autors besser verstehen als dieser selbst (W. Dilthey), mag zwar „häufig fragwürdig" sein[78]; völlig
ausgeschlossen ist er nicht. Vor allem unser Anspruch, ihn mittels eines verfei-
nerten methodischen Instrumentariums immer *genauer* zu verstehen, ist berechtigt. Ob das die methodische Neuausrichtung auch wirklich leistet, sei dahingestellt. Vieles wird nämlich neu gesagt, ohne dass wirklich Neues gesagt

[75] Vgl. neben anderen z.B. M. Wolter, Israels Zukunft und die Parusieverzögerung bei
Lukas, in: Eschatologie und Schöpfung. FS für Erich Gräßer zum 70. Geburtstag, hg. v. M.
Evang, H. Merklein, M. Wolter (BZNW 89), 1997, 405–426 (ebd. 415 Anm. 48 auch die ein-
schlägige Literatur); G. Wasserberg, Aus Israels Mitte – Heil für die Welt. Eine narrativ-
exegetische Studie zur Theologie des Lukas (BZNW 92), 1998, 31–67.
[76] Vgl. H. Merklein, Integrative Bibelauslegung? Methodische und hermeneutische
Aspekte: BiKi 44 (1989) 117–123 (= ders., Studien zu Jesus und Paulus II [WUNT 105],
1998, 114–122).
[77] M. Hengel, Zur urchristlichen Geschichtsschreibung, Stuttgart 1979 (²1984), 60f.
[78] Ebd. 108.

wird. Wir dürfen nicht vergessen, dass der Gegenstand die Methode bestimmt, nicht umgekehrt! Die Apostelgeschichte z.B. tritt uns als urchristliche Historiographie, als „kerygmatischer Geschichtsbericht" entgegen, dem methodisch zu entsprechen ist. Zu seiner unverwechselbaren Eigenart gehört, dass er „aus der Vergangenheit heraus den Betrachter, der ja immer zugleich auch ein Hörender ist, vor die Grundfrage nach der Wahrheit und Lüge seines Daseins stellt und eben darin jene unverbindliche Distanz zum Hörer und Betrachter aufhebt, die sonst für die Zuwendung zu längst Vergangenem die Regel ist. Der Hörer und Betrachter wird vielmehr in jenes einzigartige Geschehen an und mit Jesus, man könnte auch sagen: ‚in die Gegenwart Jesu' hineingenommen. In dieser Begegnung mit ihm und seiner für den Glauben einzigartigen Geschichte, durch die sich uns Gott selbst als liebender Vater bezeugt, werden wir auch des Sinnes und der Einheit der Geschichte gewiss, denn diese – in Jesus offenbar gewordene Liebe des Vaters – verbindet uns mit allen Menschen, den Gewesenen und den Kommenden, und bezeugt, dass wir alle von Gott geliebte Geschöpfe sind".[79] Und auch darin ist Hengel zuzustimmen, dass die „heute so beliebte redaktionsgeschichtliche und strukturalistische Betrachtungsweise" diesem Sachverhalt *dann* nicht gerecht wird, „wenn sie die Frage nach den hinter dem Text stehenden Traditionen und deren ‚historischen Grund' grundsätzlich als unwesentlich und uninteressant ausblendet. Ein Text ist niemals eine völlig isolierte Größe. Wir sollten uns daher auch vor der Versuchung eines ‚Textfetischismus' hüten. Gerade durch die Isolierung und Absolutsetzung eines ‚Textes an sich' wird die historische Wirklichkeit, die hinter ihm steht, ignoriert. Jeder Text begegnet in einem bestimmten ‚Kon-Text', und er hat als solcher Verweisfunktion, ‚Zeugencharakter'. Die urchristlichen Erzähler wollten Gottes Taten in einem bestimmten Bereich der Vergangenheit so berichten, *dass sie für die Gegenwart zum Glaubenszeugnis werden".*[80]

3.2. Lukas in der Anklage der Theologie

Die in den 50er Jahren in Deutschland in Blüte stehende redaktions- und kompositionsgeschichtliche Forschungsrichtung wählte sich sehr bald aus den oben genannten Gründen (s. S.6f.) das lukanische Doppelwerk als bevorzugtes Exerzierfeld.[81] Dessen Verfasser, der *Auctor ad Theophilum*, stand dabei von An-

---

[79] Ebd. 50.
[80] Ebd. 53 (Hervorhebung durch M.H.). – Über den neuesten Diskussionsstand, „what kind of history Luke was writing", orientiert sehr gut CHR. HEIL, Arius Didymus and Luke-Acts: NT 42 (2000), 358–393. Vgl. auch J. VERHEYDEN (Hg.), The Unity of Luke-Acts (BEThL 142), 1999.
[81] Vgl. die von G. BRAUMANN herausgegebene Aufsatzsammlung „Das Lukas-Evangelium" (s.o. Anm.66). Der Band enthält die maßgeblichen Forschungsbeiträge von 1926–1970/72. Von den 21 Beiträgern sind nur 7 keine Deutschen.

fang an in der Anklage der Theologie[82]. Jedenfalls hatten wir Studenten für die damalige Lukas-Kritik rasch die Parole „Haut den Lukas!" zur Hand.[83] Die Kritik bewegte sich ganz in den Spuren von Franz Overbeck, denen Vielhauer u. a., aber auch ich selbst in meiner Dissertation und später noch gefolgt bin. Für Overbeck ist allein schon die Tatsache, dass Lukas „dem Evangelium eine Apostelgeschichte als Fortsetzung gibt", „eine Tactlosigkeit von welthistorischen Dimensionen, der größte Exzeß der falschen Stellung, die sich Lukas zum Gegenstand gibt". Die Apostelgeschichte stehe neben dem Evangelium „wie eines der armseligsten und ärmsten Bücher".[84] Dazu meint Martin Hengel: „Hier spricht der Haß Overbecks gegen den Lukasverehrer Harnack. Im Grunde hat Overbeck weder Lukas noch Paulus verstanden. Er verkannte das Verdienst des Lukas, der als einziger die Brücke von Jesus zu Paulus zu schlagen versucht".[85] Nun, ob Lukas das wirklich versucht hat und ob ihm der Brückenschlag gelungen ist, darüber lässt sich trefflich streiten. Jedenfalls hat Overbeck das Schlagwort in die Debatte geworfen, das in der neueren Lukas-Kritik eine beherrschende Stellung einnahm. Als erster hat Ernst Käsemann in einer Reihe von Schriften die Auffassung vertreten, Lukas habe bereits ein kirchliches Traditions- und Legitimationsprinzip vertreten und die Eschatologie an die Peripherie treten lassen[86], – eine These, die vor allem Günter Klein mit seiner bei

---

[82] Vgl. W. G. KÜMMEL, Lukas in der Anklage der heutigen Theologie: ZNW 63 (1972) 149–165 (= DERS., Heilsgeschehen und Geschichte, Bd. 2 [MThSt 16], 1978, 87–100).

[83] Nach M. Hengel geht sie auf E. Käsemann zurück, der von 1946–1951 in Mainz lehrte. Hengel schreibt: „Als ich 1949 in Heidelberg studierte, hörte ich von Mitstudenten, daß ein Professor in Mainz über das lukanische Doppelwerk mit dem Motto gelesen habe: ‚Haut den Lukas auf den Kopf'". Käsemann in Schutz nehmend, fügt Hengel allerdings hinzu: „Ich denke freilich, daß diese Studenten Ernst Käsemann damals nur halb verstanden haben. Hinter dieser radikalen Lukaskritik einer ganzen theologischen Generation in Deutschland steht ein tiefes Unverständnis gegenüber der lebendigen, unseren Vorurteilen widersprechenden Wirklichkeit der Geschichte. Man glaubte, die Wahrheit einseitig im dogmatischen Klischee zu finden" (M. HENGEL/A. M. SCHWEMER, Paulus [s. o. Anm. 9], 23 Anm. 80).

[84] F. OVERBECK, Christentum und Kultur. Aus dem Nachlaß herausgegeben von C. A. Bernoulli (1919). Nachdruck Darmstadt 1963, 78. Die Rückbesinnung auf den Basler hat mit seiner Probevorlesung eingeleitet PH. VIELHAUER, Franz Overbeck und die neutestamentliche Wissenschaft: EvTh 10 (1950/51), 193–207 (= DERS., Aufsätze zum Neuen Testament [ThB 31], 1965, 235–252). Für Vielhauer hat Overbeck überzeugend nachgewiesen, „daß der Frühkatholizismus schon tief im Neuen Testament steckt"; er fügt hinzu: „... damit erhebt sich auf Grund der ‚rein historischen Betrachtung des Neuen Testaments die Notwendigkeit einer Sachkritik am Neuen Testament" (ebd. 240). – Zur Sache insgesamt vgl. J.-CHR. EMMELIUS, Tendenzkritik und Formengeschichte. Der Beitrag Overbecks zur Auslegung der Apostelgeschichte im 19. Jh. (FKDG 27), 1975.

[85] M. HENGEL (s. o. Anm. 9), 23 Anm. 80.

[86] Eine Zusammenstellung der einschlägigen Schriften Käsemanns findet sich bei E. HAENCHEN, Die Apostelgeschichte (KEK 3), [16(7)]1977, 62 Anm. 2. Zu ergänzen ist vor allem Käsemanns 1949 gehaltener Vortrag „Amt und Gemeinde im Neuen Testament", in: ders., EVB I, Göttingen 1960, 109–134. Da heißt es u. a.: „Lukas hat zum ersten Male, soweit wir zu sehen vermögen, die frühkatholische Traditions- und Legitimitätstheorie propagiert. Auch er hat es zweifellos nicht mutwillig, sondern in Abwehr der Kirche drohender Gefahren ge-

Dinkler und Vielhauer gefertigten Bonner Dissertation eindrucksvoll zu erhärten versucht hat.[87] Ihr zufolge ist Lukas dann nicht, „wie noch Dibelius meinte,
ein später Paulusschüler, sondern der erste Repräsentant des werdenden Frühkatholizismus".[88]

Für Käsemann verbinden sich mit diesem Urteil Lob und Kritik. Das Lob:
Lukas hat mit seinem Frühkatholizismus „vor allem einen Damm gegen die
Sturmflut des Enthusiasmus" aufgeworfen. Er „hat diese Notwendigkeit scharfsichtig erkannt und seine selbstgewählte Aufgabe glänzend gelöst. Er ist nicht
nur der erste christliche Historiker und ein Erbauungsschriftsteller hohen Grades, er vertritt auch eine profilierte und sehr ernst zu nehmende Theologie".[89]
Die Kritik: Lukas hat für sein Bemühen einen Preis bezahlt, der „nicht gering"
ist: „Sein Jesus ist der Stifter der christlichen Religion, das Kreuz ein Mißverständnis der Juden, welche die atliche Weissagung nicht begriffen haben, die
Auferstehung die danach notwendige Korrektur des menschlichen Versagens
durch den Weltenlenker. Die Lehre Jesu bringt eine höhere Moral, die Wunder
sind in die Welt platzende, himmlische Macht und Herrlichkeit bekundende Mirakel. Die Geschichte Jesu wird etwas ganz und gar Zurückliegendes, wirklich
Historie, nämlich initium Christianismi. Als solche kann sie denn auch mit der
Geschichte der Apostel verbunden werden. Sie tritt nun der eigenen Gegenwart
des beginnenden Frühkatholizismus als heilige Vergangenheit, als die Epoche
der großen Wunder, des rechten Glaubens und der ersten Liebe entgegen, ein
Modell dessen, was es um Kirche sein soll und sein darf. Das ist dabei herausgekommen, dass heilsgeschichtliche Betrachtungsweise die urchristliche Eschatologie ablöste".[90]

Das Urteil blieb in dieser Schärfe einmalig, obwohl viele Bultmann-Schüler,
auch Bultmann selbst[91], ihm tendentiell beipflichteten. Das gilt vor allem für die
bahnbrechenden Untersuchungen von Ernst Haenchen, Hans Conzelmann,
Eduard Lohse, Günter Klein, Siegfried Schulz[92] und – mit erheblichen Ein-

---

tan. Der Historiker kann nicht anders als zugeben, daß sich die hier vorgetragene Theorie
dem Enthusiasmus gegenüber als wirksamstes Kampfmittel erwiesen und das junge Christentum davor geschützt hat, im Schwärmertum unterzugehen. Die Kanonisierung der Apostelgeschichte ist insofern als Dank der Kirche verständlich und verdient" (ebd. 132).

[87] G. KLEIN, Die zwölf Apostel (s. o. Anm. 66).

[88] E. KÄSEMANN, Neutestamentliche Fragen von heute: ZThK 54 (1957) 1–21: 20 (= EVB
II, Göttingen 1954, 11–31: 29; wieder abgedruckt bei E. BRAUMANN, Lukas-Evangelium [s. o.
Anm. 66] 93–94: 93).

[89] E. KÄSEMANN, a.a.O. 21 (30).

[90] E. KÄSEMANN, Das Problem des historischen Jesus. Vortrag auf der Tagung alter Marburger am 20.10. 1953 in Jugenheim. Erstmals veröffentlicht in: ZThK 51 (1954) 125–163:
137 (= DERS., EVB I, 187–214: 199; z.T. wieder abgedruckt bei G. BRAUMANN, Lukas-Evangelium [s. o. Anm. 66] 91–92: 92).

[91] Vgl. o. S. 10.

[92] S. SCHULZ, Die Stunde der Botschaft. Einführung in die Theologie der vier Evangeli-

schränkungen – Walter Schmithals[93]. Es war dies eben die Lukas-Interpretation „in a Period of Existentialist Theology".[94] Besonders Günter Klein war in seiner vor allem von Vielhauer angeregten Bonner Dissertation darum bemüht, das kirchliche Traditions- und Legitimitätsprinzip am lukanischen Apostolatsverständnis zu sichern und auf eine textlich solide Grundlage zu stellen. Das Ergebnis: „Der Apostolat der Zwölf ist für Lukas ausgezeichnet durch eine lückenlose empirische Verbundenheit mit der historia Jesu von ihrem Ursprung her. Die daraus resultierende Disposition zum Garanten der zu einem Phänomen der Vergangenheit gewordenen Jesus-Zeit qualifiziert ihn als fundamentales Institut der Kirche. Er erfüllt diese Funktion einerseits direkt in der kirchengründenden Predigt πρὸς τὸν λαόν, andererseits indirekt in der Sicherung der Apostolizität der Weltmission mittels Tradition und Sukzession".[95] Hans Conzelmann stimmt dem zu: „In der Tat ist der Traditionsgedanke verfestigt. Er wird gesichert durch den Apostelbegriff, der auf die Zwölf eingeschränkt ist. Die Kirche blickt nicht mehr auf das nahe Ende, sondern stellt sich auf die Welt ein". Dann aber fährt er fort, dass von Frühkatholizismus zu reden „sachlich" nicht zutreffend sei: „Lukas kennt das Apostelamt, aber keinen Sukzessionsgedanken; kennt die Tradition, aber keine rechtliche Organisation der Weitergabe".[96]

Von außen betrachtet wurde die Lukas-Forschung der 50er Jahre des vorigen Jahrhunderts nicht ohne Grund als „Dibelius-Haenchen-Conzelmann point of view" etikettiert.[97] Denn tatsächlich gaben die Arbeiten der genannten Forscher die Richtung vor. Sie blieb allerdings im Wesentlichen auf Deutschland beschränkt, wo sie zunehmend auf Widerstand stößt, wie die Einleitung von

---

sten, Hamburg (1967) [2]1970; DERS., Die Mitte der Schrift. Der Frühkatholizismus im Neuen Testament als Herausforderung an den Protestantismus, Stuttgart/Berlin 1976.

[93] W. SCHMITHALS, Lukas – Evangelist der Armen: ThViat 12 (1975) 153ff; DERS., Das Evangelium nach Lukas (ZBK 3.1), 1980; DERS., Einleitung in die drei ersten Evangelien, Berlin 1985. Hier lautet die These von Schmithals: „Das lukanische Doppelwerk dient um der Gewißheit der Lehre willen (Lk 1,4) vor allem der Abwehr des Prämarcionitismus, der auf dem Boden der seit jeher außerhalb der Synagoge organisierten paulinischen Ekklesia erwuchs und nach dem Aposynagogos in die lukanischen Gemeinden eindrang, sowie, in der Apostelgeschichte zunehmend, der politischen Apologetik und der entsprechenden, die Bedrohung durch den römischen Staat voraussetzenden Paränese" (364f).

[94] U. WILCKENS, Interpreting Acts in a Period of Existentialist Theology, in: Studies in Luke-Acts, FS für P. Schubert, hg. v. L.E. Keck u. J.L. Martyn, Nashville/New York 1968, 60–83 (überarbeitete deutsche Fassung „Lukas und Paulus unter dem Aspekt dialektisch-theologisch beeinflußter Exegese", in: DERS., Rechtfertigung als Freiheit. Paulusstudien, Neukirchen 1974, 171–202).

[95] G. KLEIN, Die zwölf Apostel (s.o. Anm.66) 210.

[96] H. CONZELMANN, Grundriß der Theologie des Neuen Testaments (s.o. Anm.58) 169.

[97] W. GASQUE, A History of the Criticism of the Acts of the Apostles (BGBE 17), 1975, 250. Der angelsächsischen Lukasdeutung, gekennzeichnet am besten durch die Namen Bruce, Gasque, Marshall und Mattill, erscheint der „kontinentale" Standpunkt ebenso fremd wie übermächtig. Vgl. dazu E. PLÜMACHER, Acta-Forschung 1974–1982: ThR N.F. 48 (1983) 1–56: 7f.

Udo Schnelle[98], die neueren Kommentare zu den Lukasschriften von C.K. Bar-
rett[99], F. Bovon[100], J. Jervell[101], R. Pesch[102], J. Roloff[103], G. Schneider[104], A. Weiser[105], die Theologie von P. Stuhlmacher[106], vor allem aber die Studien von M.
Hengel zeigen.[107]
    Überhaupt scheint die Forschung insgesamt gesprächsbereiter zu sein, als es
manchmal empfunden wird.[108] Schon die von Ernst Haenchen in mehreren
Punkten revidierte Letztfassung seines Kommentars konnte den Eindruck vermitteln, als falle das Forschungspendel von der scharfen Lukaskritik und -ankla-
ge wieder nach der anderen Seite zurück (s.u. Beitrag Nr. VII). Ersichtlich wird
das vor allem an dem erneuerten Interesse an Lukas als Historiker und an den
von ihm verwendeten Quellen und Traditionen, das uns am deutlichsten bei M.
Hengel[109] und in dem neuen Acta-Kommentar von Jacob Jervell entgegentritt.[110]

3.3. Die Diskussion um den Geschichtswert der Apostelgeschichte

Die von der alten Tübinger Schule (F.Chr. Baur) eingefädelte und vom Dibelius-Haenchen-Conzelmann point of view auf ihren Höhepunkt geführte *kritische* Sicht der Apostelgeschichte wird von der neuen Tübinger Schule (Hengel;
Stuhlmacher) heftiger Kritik unterzogen. Es geht dabei vor allem (1) um die
Glaubwürdigkeit des Lukas, (2) den *Paulinismus* und (3) das *Parusieproblem*.

3.3.1 Die Kritik der Kritik

„Es gibt eine ,radikale Kritik', die nichts dazu lernt und sich immer nur im Kreise dreht."[111] Dieses auf „eine verbreitete Anti-Lukas-Scholastik"[112] gezielte

---

[98] U. Schnelle, Einleitung in das Neue Testament (UTB 1380), 1994, 279–322.
[99] C.K. Barrett, The Acts of the Apostles (ICC), Vol. I 1994; Vol. II 1998.
[100] F. Bovon, Das Evangelium nach Lukas (EKK III/1 u. 2), 1989–1996.
[101] J. Jervell, Die Apostelgeschichte (KEK 3), [17(1)]1998.
[102] R. Pesch, Die Apostelgeschichte (EKK V/1 u. 2), 1986.
[103] J. Roloff, Die Apostelgeschichte (NTD 5), [2]1988.
[104] G. Schneider, Die Apostelgeschichte (HThK V/1.2), 1980 ([2]1982).
[105] A. Weiser, Die Apostelgeschichte (ÖTK 5/1.2), 1985 ([2]1989).
[106] P. Stuhlmacher, Biblische Theologie des Neuen Testaments (s.o. Anm.58) 174–199.
[107] M. Hengel, Zur urchristlichen Geschichtsschreibung, Stuttgart 1979 ([2]1984); ders.,
Der Historiker Lukas und die Geographie Palästinas in der Apostelgeschichte: ZDPV 99
(1983) 147–183; ders./A.M. Schwemer, Paulus zwischen Damaskus und Antiochien (s.o.
Anm.9).
[108] Vgl. E. Plümacher, Acta-Forschung 1974–1982: ThR N.F. 48 (1983) 1–56: 7f.
[109] M. Hengel, Geschichtsschreibung; ders./A.M. Schwemer, Paulus (s.o. Anm.9).
Aber auch bei E. Plümacher und J. Roloff ist diese Tendenz spürbar.
[110] J. Jervell, Apostelgeschichte 51.
[111] M. Hengel/A.M. Schwemer, Paulus (s.o. Anm.9) 26.
[112] Ebd. 10.

Urteil verdeutlicht Hengel so: „Die Nachrichten über Paulus aus der *Apostelge-schichte*, die Hinweise aus den Deuteropaulinen und verwandten Texten verdie-nen es nicht, so wie es seit den Tagen der Tübinger Schule üblich geworden ist, von vornherein als weitgehend oder gar als ganz unglaubwürdig vorverurteilt zu werden: Wir wissen zu wenig, als daß wir es uns leisten könnten, in hyperkriti-scher und d.h. zugleich geschichtsfeindlicher Attitüde Quellenaussagen ohne genaue ins Detail gehende Prüfung von vornherein zu verwerfen, d.h. wertvolle, da spärliche Quellen vor eingehender Prüfung zu ‚zerstören'. Dies geschieht, wenn man Lukas ohne wirkliche Begründung vorwirft, er habe diese oder jene Fakten einfach frei erfunden. Eine derartige Haltung müßte heute, nach über 200 Jahren ‚historisch-kritischer' Arbeit am Neuen Testament und den damit verbundenen Sünden ..., eher als unkritisch-unhistorisch bezeichnet wer-den."[113]

Ähnlich scharf lehnt Peter Stuhlmacher die „in der zweiten Hälfte des 20. Jh.s vor allem von der Bultmann-Schule getragene Lukaskritik"[114] ab: Lukas ver-diene „keine massive theologische Schelte. Vielmehr beruht diese selbst auf hermeneutisch fragwürdigen Prämissen: Zuerst wird ein (nur existentialem Denken einleuchtender) Gegensatz von Wort Gottes (Evangelium) und (Heils-) Geschichte postuliert, dann wird dieser Gegensatz zum Maßstab der Lukas-schriften erhoben, und schließlich wird ein Trennstrich zwischen Lukas hier und Paulus sowie Johannes da gezogen, der den Texten ebenso widerstreitet wie den Abläufen der urchristlichen Missionsgeschichte".[115]

Nun, wir dürfen annehmen, dass sich die Tübinger Kritik der Kritik nicht ge-gen die historisch-kritische Forschung *überhaupt* richtet, sondern nur gegen de-ren übersteigerte Anwendung.[116] Auf ihre Anwendung *ganz* verzichten kann

---

[113] Ebd. – Kritisch dagegen freilich J. BECKER, Völkerapostel (s.o. Anm.12) 983–985.

[114] P. STUHLMACHER, Biblische Theologie (s.o. Anm.58) 199.

[115] Ebd. 186. – Auf die Frage: „Was ist los mit der deutschen Theologie?" hat Stuhlma-cher geantwortet: Die neutestamentliche Wissenschaft hat sich „in den letzten Jahrzehnten methodisch zu einem Vermutungsverfahren ... verleiten lassen, in welchem der historisch fundierte Erweis durch schwach begründete, aber theologisch dennoch hoch bewertete Hy-pothesen verdrängt zu werden droht" (P. STUHLMACHER, Nachkritische Schriftauslegung [s.o. Anm.24] 62). Bei dieser Einschätzung fragt sich dann aber, wer die „großartigen Leh-rer" waren, die wir gehabt haben (ebd. 60). Richtet sich denn der Vorwurf, dass die „Bult-mann-Schule" durch „Projektion eines einseitig kerygmatisch zugespitzten Paulinismus auf die Lukasschriften ... den Traditionstexten Gewalt antut" (Theologie II 199), nicht gegen eben dieselben Lehrer? Käsemann, Vielhauer, Haenchen, Conzelmann oder gar Kümmel und Lohse als bloße Vermutungswissenschaftler einzustufen, fiele mir schwer.

[116] P. Stuhlmacher plädiert allerdings für eine „nachkritische Schriftauslegung", weil das Neue Testament „eine eigengewichtige Traditionsbildung auf vorwiegend israelitischer Ba-sis" ist (Nachkritische Schriftauslegung [s.o. Anm.24] 63), die uns eine eigengewichtige Her-meneutik, nämlich eine „Hermeneutik des Einverständnisses" abverlangt (P. STUHLMACHER, Schriftauslegung auf dem Wege zur biblischen Theologie, Göttingen 1975, 120). Das eben wäre die *nachkritische* (nicht *unkritische*!) Schriftauslegung, eine „Interpretation, in der die historische Kritik nicht Selbstzweck oder gar beherrschendes, theologisches Prinzip ist, son-

und will niemand, der sich dem Christuszeugnis in seiner historischen Ferne und
Fremde verstehend zu nähern versucht. Darum ausdrücklich geht es der historisch-kritischen Methode, nicht allein um das Verstehen dessen, was *war*, sondern um *gegenwärtiges* Verstehen. Und sie muss „um dieses Verstehens willen
ausdrücklich den historischen Abstand zwischen dem zu verstehenden Text und
dem Ort des Verstehenden" reflektieren. „Damit ist ihr Wesen hinreichend definiert. Sie untersucht darum die Bedingungen, die Verstehen über den Abstand
der Zeiten hinweg ermöglichen (Hermeneutik), und sie vollzieht mit Hilfe der
gewonnenen hermeneutischen Regeln den Prozeß der Übersetzung, das heißt,
sie bringt die alten Texte heute zur Sprache (Exegese). Da solcher Verstehens-
vollzug nur kritisch erfolgen kann, das heißt mit Unterscheidung und Scheidung
der verschiedenen historischen Orte und Schichten, spricht man mit Recht von
der historisch-kritischen Methode, wobei ‚kritisch' nur ein bestimmtes Moment,
das mit ‚historisch' bereits gegeben ist, unterstreicht."[117]

Ähnlich urteilt Martin Hengel: „Die philologisch-historische Methode des
Geschichtsforschers ist stets zugleich eine kritische". Aber er klagt zugleich:
„Es gibt heute gerade im Bereich der neutestamentlichen Wissenschaft seit der
alten Tübinger Schule eine radikale Form der Kritik, die man letztlich als unkri-
tisch bezeichnen muß, weil sie die Quellen weder wirklich verstehen noch interpretieren will, sondern im Grunde zerstört, um Raum für die eigenen Konstruktionen zu schaffen. Trotz seiner fragmentarischen, durchaus unzulänglichen Berichterstattung gibt uns der auctor ad Theophilum überhaupt erst die Möglichkeit, den Lebensweg des Apostels im Rahmen einer Geschichte des frühesten
Christentums zu betrachten".[118] Letzteres ist richtig. Aber diese Betrachtung ist
umstritten und wird es aufgrund der Quellenlage wohl auch immer bleiben.

Den Beitrag Nr. X (Albert Schweitzers Verständnis des Paulinismus als Ur-

---

dern ein sachgerecht zu handhabendes Erkenntnismittel" (Nachkritische Schriftauslegung
62). Vgl. auch DERS., ‚Aus Glauben zum Glauben' – zur geistlichen Schriftauslegung, in:
Theologie als gegenwärtige Schriftauslegung: ZThK.B 9, Tübingen 1995, 133–150; DERS.,
Der Kanon und seine Auslegung, in: Jesus Christus als Mitte der Schrift. Studien zur Hermeneutik des Evangeliums, FS O. Hofius (BZNW 86), Berlin 1997, 263–290, wo Stuhlmacher
eine „geistliche Kritik der historisch-kritischen Exegese" fordert (ebd. 282), „was dem Dokument der Päpstlichen Bibelkommission von 1993 sehr nahe kommt" (so richtig A. FUCHS,
Rezension der FS O. Hofius, in: SNTU 24 [1999] 272f). – Zur kritischen Diskussion mit
Stuhlmacher vgl. E. GRÄSSER, Offene Fragen im Umkreis einer Biblischen Theologie: ZThK
77 (1980) 200–221; bes. G. HORNIG, Textinterpretation und Hermeneutik des Einverständnisses. Kritische Anmerkungen zu den Theorien von Hans-Georg Gadamer und Peter
Stuhlmacher, in: Eschatologie und Schöpfung. FS für Erich Gräßer zum siebzigsten Geburtstag, hg. v. M. Evang, H. Merklein und M. Wolter (BZNW 89), 1997, 123–137.
[117] W. SCHMITHALS, Barth, Bultmann und wir (s.o. Anm. 16) 449. – Mit Recht sagt Schmithals: „Erst Bultmann gelang es, mit Hilfe einer historisch verfahrenden Exegese ... das biblische Kerygma gegenwärtig zur Sprache zu bringen. Darin besteht seine bleibende Leistung,
hinter die zurückzugehen sich keine historisch arbeitende Theologie leisten kann, wie weit
auch immer sie sich von Bultmanns theologischem Entwurf entfernen mag" (ebd. 449).
[118] M. HENGEL/A.M. SCHWEMER, Paulus (s.o. Anm. 9) VIII.

christentum) habe ich deshalb gerne ins Programm genommen, weil er zeigt, dass eine in der Acta-Forschung tatsächlich stattgefundene Kehre, nämlich ein verstärktes Ernstnehmen des Geschichtswertes der Apostelgeschichte, eine Diskussion einholt, die der junge Privatdozent für Neues Testament mit seinen Straßburger Vorlesungen schon vor bald 100 Jahren geführt hat. Wenn Hengel sagt: „Wir können ... Paulus nicht sinnvoll geschichtlich einordnen, und d.h. zugleich verstehen, ohne dass wir die Nachrichten, die uns Lukas übermittelt hat, ernstnehmen; wobei dieses Ernstnehmen selbstverständlich immer auch eine kritische Prüfung voraussetzt"[119], dann sagt er genau das, was Schweitzer seinen Studenten klar zu machen versuchte: Paulus versteht man nur, wenn man seine geschichtliche und theologische Verankerung *im* Urchristentum und nicht daneben oder außerhalb sieht. „Der Grundriß der apostolischen Lehre, wie sie sich in Acta in der Hauptsache reinerhalten hat, ... findet sich auch in dem paulinischen System. Es ist [bei Paulus] nichts als eine durch die Gesetzesfrage bedingte besondere Pointierung und Zu-Endeführung der altchristlichen Theologie."[120]

Dass sich gleichwohl zwischen Paulus und den Missionspredigten in der Apostelgeschichte eine Kluft auftut (s.u. zum „Paulinismus"), hat Schweitzer nicht gesehen. Und zum *auctor ad Theophilum* oder zu der Frage, wie weit die Apostelgeschichte, und hier besonders die Reiseberichte, das Gütesiegel einer authentischen Berichterstattung verdienen (Wir-Berichte)[121], hat er sich nicht ge-

---

[119] Ebd. – Dass die Apostelgeschichte für die Rekonstruktion eines geschichtlichen Paulusbildes unverzichtbar ist, darauf verweist mit respektablen Argumenten die Althistorikerin HELGA BOTERMANN, Paulus und das Urchristentum in der antiken Welt: ThR 56 (1991) 296–305; vgl. auch DIESELBE, Das Judenedikt des Kaisers Claudius: Hermes Einzelschriften 71, Stuttgart 1996, 14–43. Gerne verweise ich auch auf den Bonner Kollegen und Althistoriker KLAUS ROSEN, Der Historiker und die Evangelien. Jahres-und Tagungsbericht der Görres-Gesellschaft 1997, 17–34; DERS., Die römische Welt des Paulus, in: Welt und Umwelt der Bibel Nr.20, Stuttgart 2001, 25–29. Ihm danke ich für manches lehrreiche Oberseminar in dieser Sache, das er mit Helmut Merklein und mir zusammen mehrmals veranstaltet hat.

[120] A. SCHWEITZER, Kolleg über die Katholischen Briefe. Winter 1902/03, in: DERS., Straßburger Vorlesungen, hg. v. E. Gräßer und J. Zürcher, München 1998, 243–368: 323. Vgl. dazu in Zustimmung und Kritik E. GRÄSSER, Der Paulinismus (s.u. Beitrag Nr. X). – Die naheliegende Frage, ob Schweitzer wohl von seinem Lehrer H.J. HOLTZMANN beeinflusst war, ist positiv zu beantworten. In den Paulus-Reden der Apostelgeschichte klingen für Holtzmann „noch Erinnerungen an den primitiven Glaubensstand" nach (Lehrbuch der neutestamentlichen Theologie, Bd. 1 [SThL], Tübingen ²1911, 532); in ihnen lässt sich „noch ein Niederschlag von echt paulinischen Gedanken nachweisen" (533). Jedenfalls vertreten nach Holtzmann „beide Heidenapostel", Petrus und Paulus, „bei aller Verschiedenheit des Kolorits ihrer Reden ... überall dieselbe Sache" (537). Im übrigen war schon Holtzmann der Meinung, wir seien mit den beiden Büchern des Lukas „auf der Schwelle des Katholizismus angelangt" (539).

[121] Zu den Wir-Abschnitten vgl. J. WEHNERT, Die Wir-Passagen der Apostelgeschichte. Ein lukanisches Stilmittel aus jüdischer Tradition (GTA 40), 1989, 47–124; C.-J. THORNTON, Der Zeuge des Zeugen. Lukas als Historiker der Paulusreisen (WUNT 56), 1991. – Kritisch dagegen ST.E. PORTER, The Paul of Acts. Essays in Literary Criticism, Rhetoric, and Theolo-

äußert. Das aber geschieht mit einer unverkennbar apologetischen Tendenz in der Acta-Forschung der Gegenwart mit verstärktem Eifer[122], ohne dass hier ein Konsens zu erwarten wäre, solange keine neuen Quellen auftauchen.

Im einen Lager ist man – vor allem unter Rückbezug auf die Studien von Thornton und Wehnert[123] – der festen Überzeugung, die Apostelgeschichte sei ein Werk, „das bald nach dem 3. Evangelium von Lukas dem Arzt verfaßt wurde, dem Reisebegleiter des Paulus ab der Kollektenreise nach Jerusalem. D.h., sie ist, zumindest zum Teil, als Augenzeugenbericht *für die Spätzeit* des Apostels, über die wir aus den Briefen nur wenig erfahren, eine Quelle aus erster Hand".[124]

Noch weiter geht P. Stuhlmacher: Lukas ist „engagierter Evangelist und sorgfältiger Chronist", dem wir „einzigartige Berichte über Jesu Geburt, sein Werk auf Erden und die Auswirkungen dieses Werkes auf die von ihm gewollte Kirche aus Juden und Heiden" verdanken. Die von ihm dargebotenen *Traditionen* sind „nicht eigenmächtig geschaffen, sondern gehen auf die Missionsgemeinden in Antiochien und auf eigene Reiseerinnerungen" zurück. Sein Paulusbild „entspricht den Paulusbriefen und ergänzt sie, weicht aber auch in einigen wichtigen Punkten von ihnen ab". Es ist als Versuch zu begreifen, „die missionsgeschichtliche Bedeutung des Apostels in einer Zeit zunehmender Pauluskritik herauszustellen".[125]

Auf diese Weise fällt die Acta-Forschung von einem Extrem (Overbeck) ins andere, ohne dass es zu konsensfähigen Ergebnissen kommt. Man fragt, ob sich die literarische, theologische und historische Beurteilung der Apostelgeschichte daran entscheidet, dass Lukas, „wie die kirchliche Tradition versichert, ein

---

gy (WUNT 115), 1999 (Lukas nicht Reisebegleiter, sondern Quellenbenutzer und -gestalter). Neuerdings und ebenfalls mit negativem Ergebnis – ausgenommen die Seereisen ist das in der lukanischen Darstellung erscheinende Wir „nicht Teil einer Quelle, sondern schriftstellerisches Mittel des Lukas" – D.-A. KOCH, Kollektenbericht, ‚Wir'-Bericht und Itinerar. Neue(?) Überlegungen zu einem alten Problem: NTS 45 (1999) 367–390; Zitat: 389.

[122] Zu der alten, schon von A.v. Harnack im Sinne der kirchlichen Tradition vertretenen These, Lukas, „der geliebte Arzt" (Kol 4,14; vgl. Phlm 24), sei Paulusbegleiter und Autor des Doppelwerkes, vgl. jetzt ausführlich M. HENGEL/A.M. SCHWEMER in ihrem Exkurs I: „Lukas der Arzt" (Paulus [s.o. Anm. 9] 18–28) und neuerdings J. JERVELL, Die Apostelgeschichte (KEK 3), [17(1)]1998, 79–90 (Übersicht: 81 Anm. 173).

[123] S.o. Anm. 121. – Thornton und Wehnert haben durch eine „erzähltheoretische" Analyse zu zeigen versucht, „daß der Autor *ad Theophilum* in den Wir-Stücken Selbsterlebtes zu berichten beansprucht", THORNTON, a.a.O. 117. Für Thornton ist Lukas – der ein „theologisches Geschichtsverständnis" hat – „ein tragischer Historiker" (362), d.h.: was er schreibt, ist mehr das Werk des bewundernden Künstlers als das des kritischen Historikers. Den Begriff „tragischer Historiker" übernimmt er von dem Althistoriker K. ROSEN, Studien zur Darstellungskunst und Glaubwürdigkeit des Ammianus Marcellinus. Habelts Dissertationsdrucke. Reihe Alte Geschichte, Heft 8, Bonn 1970, 158.178: Der Berichterstatter ist dabei gewesen und doch ist seine Darstellung alles andere als authentisch (ebd. 167–178).

[124] M. HENGEL/A.M. SCHWEMER, Paulus 10 (Hervorhebung durch die Verfasser).

[125] P. STUHLMACHER, Theologie II (s.o. Anm. 58) 198f.

zeitweiliger Begleiter des Apostels Paulus" war? „Oder stammt das Buch von
einem späteren, den Dingen fernstehenden Anonymus?"[126] M.E. ist das eine
falsche Alternative. Die Apostelgeschichte verliert an ihrer historischen Bedeutung wenig, an ihrer theologischen gar nichts, wenn ihr Verfasser nicht als Augenzeuge des Berichteten in Betracht kommt, sondern als ambitionierter
Schriftsteller, der seinen Quellen einen bestimmten „Richtungssinn" (Dibelius)
verleiht[127] – ein in der antiken Historiographie kein ungewöhnliches Verfahren!

Entsprechend hält man dann auch im kritischen Lager eine an der Historizität des Berichteten festgemachte Glaubwürdigkeit der Apostelgeschichte deshalb nicht für durchführbar, weil „eine dem Text nicht entsprechende historisierende Fragestellung" nicht an sie herangetragen werden darf.[128] Und zwar deshalb nicht, weil Lukas nicht als „profaner" Historiker schreibt, sondern als theologischer Historiker, glaubender Evangelist und Erbauungsschriftsteller. Seine
Geschichtsdarstellung, die keiner antiken Literaturgattung angehört und auch
keine begründet hat[129], aber den Ansprüchen des literarisch Gebildeten genügen soll, will „Gottesfürchtigen" und interessierten Nichtchristen „die Wahrheit
des Christentums beweisen".[130]

Im übrigen hält z.B. auch der gar nicht radikal-kritische Werner Georg Kümmel und viele andere die These, dass der Paulusbegleiter und geliebte Arzt Lukas der Autor des Doppelwerkes ist, für nicht durchführbar, wofür viele Gründe
genannt werden.[131] Die wichtigsten: (1) An „wesentlichen Punkten der Berichterstattung über die Wirksamkeit des Paulus (ist) der Verf. der Apg so eindeutig
über die geschichtlichen Tatbestände falsch unterrichtet, daß er schwerlich ein
Gefährte des Paulus bei dessen Missionsreisen gewesen sein kann".[132] (2) Er
weiß „über die prägnantesten Züge des geschichtlichen Paulus" nicht Be-
scheid.[133] (3) Dem Urteil, dass infolge dessen der Verf. der Apg kein Missions-
gefährte des Paulus war, kann man nicht mit dem Hinweis auf die zeitliche Ent-

---

[126] So Thornton, Wir-Passagen (s.o. Anm. 121) 4. – Folgt man dem Ergebnis seiner Analyse, dann stellt sich die Frage, ob und wie sich die doch nicht einfach falschen traditionsgeschichtlichen und kompositionskritischen Ergebnisse von Conzelmann, Vielhauer, Haenchen, Klein u.a. damit zu einem einheitlichen Bild vereinen lassen? Ein Rest von Skepsis
findet sich da bei Thornton selbst, der „von einem *im wesentlichen* einheitlichen Bild"
spricht. „Entweder wir akzeptieren es mit seinen Stärken und Schwächen – es besteht weder
Anlaß zu Enthusiasmus noch zur Depression –, oder wir verwerfen es" (ebd. 5; Hervorhebung E.G.). Mir leuchtet nur das „Entweder", nicht das Entweder-oder ein.
[127] Ph. Vielhauer, Geschichte (s.o. Anm. 62) 395f.
[128] G. Lüdemann, Paulus, der Heidenapostel. Bd. I. Studien zur Chronologie (FRLANT
123), 1980, 177.
[129] Ph. Vielhauer, Geschichte 400.
[130] Ebd. 405.
[131] W.G. Kümmel, Einleitung (s.o. Anm. 41) 146–153.
[132] Ebd. 148.
[133] Ebd. 149.

fernung zu den Ereignissen[134] oder ungenügende Pauluskenntnisse ausweichen; man kann es „nur auf völlig fehlende Beziehung zu Paulus selber zurückführen".[135] (4) Das „Wir" in den Reiseberichten führt nicht zwingend auf die Reisebegleitung des Verf.s.[136] Ein schwerwiegendes Argument fügt Vielhauer – „von allem andern abgesehen" – noch hinzu: „ein Mann, der Titel und Würde eines Apostels ausschließlich den Zwölfen reserviert und dem Paulus konsequent verweigert, obwohl Paulus den Apostolat für sich beansprucht und verteidigt hat, kann kein Begleiter des Paulus gewesen sein".[137]

Doch damit nicht genug: Rudolf Pesch glaubt, den „Vorgang der nachträglichen Zuschreibung des lukanischen Doppelwerkes an den Paulusbegleiter und Arzt Lukas" genau aufhellen zu können[138], so dass es keinen Grund gibt, an der Annahme festzuhalten, Lukas sei Verfasser der Apostelgeschichte.[139] Hengel hält diesen Versuch von Pesch für „gescheitert".[140] So bleibt es bei den widersprüchlichen Positionen. Es sieht so aus, als ließe sich die These von Lukas dem Augenzeugen nicht stringent erweisen. Wahrscheinlich ist das der Grund, warum F. Bovon dort, wo er über Lukas als Verfasser schreibt, das Problem erst gar nicht verhandelt.[141] Weil manchmal versucht wird, die These vom Arzt Lukas mit Hinweis auf die medizinischen Fachtermini in seinem Doppelwerk zu begründen, sei in Erinnerung gerufen, dass A. Jülicher die ganze Diskussion mit der Bemerkung abtut: „Auf die Entdeckung, dass die Apgsch. und stellenweise das Evgl., am meisten aber die Wirabschnitte überreich an medizinischen termini technici seien, so dass sich der Arzt Lucas schon dadurch als Vrf. verrate, wird der wenig Gewicht legen, der diese termini in ihrer Harmlosigkeit erkannt hat – oder sollte Paulus wegen 1 Th[es] 5,3 Gynäkologe gewesen sein?"[142]

3.3.2. Der Paulinismus der Apostelgeschichte

Die in den 50er Jahren des vorigen Jahrhunderts mit Leidenschaft geführte Diskussion um den „Paulinismus" der Apostelgeschichte ist zwar längst in ein ruhi-

---

[134] So z.B. A.D. NOCK, Paulus, übers. v. H.H. Schaeder, Zürich/Leipzig 1940.
[135] W.G. KÜMMEL, Einleitung (s.o. Anm. 41) 150.
[136] Ebd. 151f.
[137] PH. VIELHAUER, Geschichte (s.o. Anm. 62) 391.
[138] R. PESCH, Die Zuschreibung der Evangelien an apostolische Verfasser: ZKTh 97 (1975) 56–71.
[139] Vgl. R. PESCH, Die Apostelgeschichte (EKK V/1), 1986, 25–27.
[140] M. HENGEL/A.M. SCHWEMER, Paulus (s.o. Anm. 9) 11 Anm. 35.
[141] F. BOVON, Das Evangelium nach Lukas (EKK III/1), 1989, 22–24. Ähnlich verfährt – wenn ich recht sehe – auch M. RESE, Das Lukas-Evangelium. Ein Forschungsbericht, in: ANRW II 25/3 (1985), 2258–2319 und 2319–2328 (Auswahlbibliographie). Er sichtet „die ältesten Zeugnisse über das LkEv und seinen Verfasser" (2260–2264) und lässt uns wissen, wie die Verfasserfrage vom Aufkommen der kritischen Forschung im 18. Jh. bis zum Beginn des 20. Jh.s verhandelt wurde (2280–2284). Bei der Darstellung der neueren Diskussion taucht das Problem nicht mehr auf.
[142] A. JÜLICHER, Einleitung in das Neue Testament, Tübingen [5.6]1906, 407f.

geres Fahrwasser gekommen; abgeschlossen ist sie noch lange nicht.[143] Zwar hat
sich das damalige polemische Leitwort „Haut den Lukas!" inzwischen als ungerechtfertigt erwiesen und ist deshalb auch aus der Debatte verschwunden. Aber
noch immer wird um die Frage gestritten, wie das Verhältnis des Acta-Paulus zu
dem der authentischen Briefe zu bestimmen ist. Dass sie sich aufgrund offen-
kundiger sachlicher Distanz einander ausschließen, ist Philipp Vielhauers These[144]; dass sie sich ergänzen, vertritt Otto Bauernfeind[145] und in seinem Gefolge
die neue Tübinger Schule.[146] Bauernfeind war – wenn ich recht sehe – der Lotse,
der die aufgeregte Debatte in ruhigere Gewässer lenkte. Und zwar nicht dadurch, dass er auf Vielhauers groben Klotz einen gröberen Keil setzte, sondern
dass er seiner Analyse zustimmte, aber eine andere Erklärung dafür suchte.
Vielhauer hatte bekanntlich die theologischen Aussagen des Acta-Paulus in den
vier Themen Natürliche Theologie, Gesetz, Christologie und Eschatologie zu-
sammengefasst und dann mit den diesbezüglichen Aussagen der Paulusbriefe
verglichen. Ergebnis: „Der Verfasser der Apg ist in seiner Christologie vorpau-
linisch, in seiner natürlichen Theologie, Gesetzesauffassung und Eschatologie
nachpaulinisch. Es findet sich bei ihm kein einziger spezifisch paulinischer Gedanke. Sein ‚Paulinismus' besteht in seinem Eifer für die universale Heidenmission und in seiner Verehrung für den größten Heidenmissionar".[147]

Dazu bemerkte Bauernfeind in seiner nüchternen und prätentiösen Art:
„Dieser sachlichen Feststellung Vielhauers hat anscheinend noch niemand zu
widersprechen gewagt; es liegt allzudeutlich zutage, daß sie zutrifft".[148]

Es spricht für Bauernfeind, dass er die bestechend klar begründeten Thesen
von Vielhauer ohne wenn und aber anerkennt. Trotzdem bricht er für den am
Paulinismus der Briefe gemessen *anderen* Paulinismus der Apostelgeschichte
eine Lanze, indem er auf die Notwendigkeit einer Differenzierung zwischen
dem brieflichen und dem narrativen Paulus hinweist. Seiner Meinung nach
kann und darf das aus dem „nichtbrieflichen" (missionarischen) Wirken des
Apostels erstellte Paulusbild des Lukas – ob nun auf eigenem Erleben (Reisebegleitung) oder auf bloßem Vernehmen (keine Kenntnis der Paulusbriefe) fu-
ßend – ein anderes sein, als das in den authentischen Briefen erkennbare. Eine

---

[143] P.-G. MÜLLER, Der „Paulinismus" in der Apostelgeschichte. Ein forschungsgeschicht-
licher Überblick. Paulus in den neutestamentlichen Spätschriften. Zur Paulusrezeption im
Neuen Testament (QD 89), Freiburg 1981, bes. 157–201; ST.E. PORTER, The Paul of Acts (s.o.
Anm. 121).

[144] Vgl. PH. VIELHAUER, „Paulinismus" (s.o. Anm. 62).

[145] O. BAUERNFEIND, Zur Frage nach der Entscheidung zwischend Paulus und Lukas:
ZSTh 23 (1954) 59–88 (= DERS., Kommentar und Studien zur Apostelgeschichte mit einer
Einleitung von Martin Hengel, hg. v. V. Metelmann [WUNT 22], 1980, 353–382).

[146] M. HENGEL/A.M. SCHWEMER, Paulus (s.o. Anm. 9) 1–42; P. STUHLMACHER, Theologie II
(s.o. Anm. 58) 174–199.

[147] PH. VIELHAUER, „Paulinismus" (s.o. Anm. 62) 26.

[148] O. BAUERNFEIND, a.a.O. 368.

Entscheidung zwischen Paulus und Lukas – wie vor allem von Götz Harbsmeier gefordert[149] – steht darum gar nicht zur Debatte.[150]

Nun, ob die Unterscheidung des narrativen vom brieflichen Paulusbild das Paulinismus-Problem löst, hängt von der Frage ab, ob die von niemandem geleugneten Differenzen nur pragmatischer oder grundsätzlicher Art sind, ob uns also in der Apostelgeschichte lediglich ein *verschiedener* und nicht ein *anderer* Paulus begegnet.

Für die letztere Annahme lassen sich gewichtige Gründe anführen. Vielhauer hat m.E. überzeugend dargetan, warum es sich um *inkompatible* Paulusbilder handelt. Um nur die wichtigsten Begründungen zu nennen: Die vom Acta-Paulus in Apg 17 vertretene Gottesverwandtschaft aller Menschen als Bedingung der Möglichkeit des Suchens und Findens Gottes (Apg 17,28) lässt sich in keiner Weise der Theologie und Anthropologie des Brief-Paulus zuordnen, die den Menschen in seiner *Menschlichkeit* vor Gott sieht (z.B. Röm 3,10–12 = Ps 14,1–3). Gottes alttestamentlicher Tradition entsprechende Außerweltlichkeit, sein Anderssein erlaubt es nicht, ihn als bloß graduell unterschiedenes kosmisches Wesen zu sehen. Und selbst da, wo Paulus die stoische Theorie der natürlichen Gotteserkenntnis benutzt (Röm 1,29ff), dient sie ihm nicht, „um auf Gottes Sein *in* der Welt und auf die Göttlichkeit der Welt und die Sicherung des Menschen durch die göttliche Vorsehung zu schließen, sondern um auf Gottes Sein *über* der Welt zu schließen, auf die Geschöpflichkeit der Welt und den Anspruch Gottes auf Ehre vom Menschen".[151] Nur „in Christus" ist der Glaubende, was er aufgrund natürlicher Veranlagung nie sein kann: καινὴ κτίσις.[152]

Von der Inkompatibilität der Paulinismen ist auch dann zu sprechen, wenn der Acta-Paulus Timotheus beschneiden lässt (Apg 16,3) und gemäß den Jakobus-Klauseln (Apg 15,19f) jüdisch lebt. Denn damit steht er in striktem Widerspruch zu dem Paulus von Gal 2, „entspricht aber der Auffassung des Lukas, daß für Judenchristen das Gesetz in vollem Umfang weiterbesteht und daß Paulus dies in einer konzilianten Konzession an die Juden dokumentiert hat".[153] Jedenfalls kann die Rechtfertigung sola fide sine operibus legis (Röm 3,28) durch keine Form des ἰουδαΐζειν *ergänzt*, sondern stets nur *aufgehoben* werden (vgl. Gal 2,11–16).

Unausgleichbar nebeneinander stehen schließlich auch die paulinische und lukanische Eschatologie. Während für Paulus mit dem „Wort vom Kreuz" (1 Kor 1,18), welches zugleich das „Wort von der Versöhnung" ist (2 Kor 5,19) –

---

[149] G. Harbsmeier, Unsere Predigt im Spiegel der Apostelgeschichte: EvTh 10 (1950/51), 352–368, bes. 365.
[150] O. Bauernfeind, a.a.O.
[151] R. Bultmann, Art. Paulus, in: RGG² IV (1930) 1031. – Zur verschiedenen Funktion der theologia naturalis in Apg 17 und Röm 1 vgl. Ph. Vielhauer, „Paulinismus" 12–14.
[152] Ph. Vielhauer, a.a.O. 13.
[153] Ebd. 17.

beide λόγοι fehlen in der lukanischen Theologie[154] –, die Äonenwende *da* ist (2 Kor 6,2), historisiert Lukas. Das eschatologische Christusereignis wird im Denken der Apostelgeschichte „zum Anfang einer neuen Heilsgeschichte"[155], die durch Gottes Auferweckungshandeln korrigierte Kreuzigung (Apg 2,23f.32; 3,15; 5,30f) zur *Zwischenstation* auf dem Weg zur Hinaufnahme Jesu in den Himmel und seiner terminlich nicht fixierbaren Wiederkunft am Ende der Tage. Bis dahin ist die Kirche die in der Kraft des heiligen Geistes das Wort Gottes freimütig redende Platzhalterin des verherrlichten Christus auf Erden.

Adolf von Harnack meinte die Spannung zwischen den Paulinismen mit dem Hinweis erklären zu können, Lukas sei *„kein* Pauliner" gewesen, zeige aber „ganz deutlich, daß er den Paulinismus kennt und aus ihm schöpft".[156] Ganz ähnlich argumentiert Peter Stuhlmacher: Lukas war „zwar Begleiter des Paulus, aber nicht notwendig auch sein Parteigänger".[157] Noch einen Schritt weiter gehen die Vermutungen Martin Hengels. Er hält es für denkbar, dass der Kontakt des Lukas mit den „Traditionsträgern" der Jesusüberlieferung zu einem „gewissen *theologischen* Positionswechsel" geführt haben könne, der aber die „Liebe zu Paulus" nicht berührt habe. Bei einem Vergleich mit „Metamorphosen", die sich bei heutigen Schülern berühmter Lehrer feststellen ließen, sei Lukas seinem Lehrer Paulus „eher treu geblieben".[158] Wenn dieser Vergleich erlaubt ist,

[154] HENGEL/SCHWEMER meinen, die Sühnopfertheologie und die theologia crucis habe Lukas *übergangen*, um dem der Oberschicht angehörenden „Sympathisanten" Theophilus und seinem Freundeskreis den Zugang zum Glauben nicht unnötig zu erschweren (a.Anm. 9 a.O. 17). Eine fragwürdige Taktik, bei der Lukas – wenn er denn wirklich ein Schüler des Paulus war – hätte bedenken müssen, dass er mit dem Weglassen dieser „schwierigen Lehren" seinem Adressaten nicht bloß zwei *Teile*, sondern die ganze Theologie des Apostels vorenthält.

[155] R. BULTMANN, Theologie (s.o. Anm. 50) 470.

[156] A. v. HARNACK, Beiträge zur Einleitung in das Neue Testament I: Lukas der Arzt, Leipzig 1906, 101.

[157] P. STUHLMACHER, Theologie II 196. Er fährt fort: „Sofern er den Apostel im Auftrag der antiochenischen Gemeinde als Arzt zu begleiten hatte ..., erklären sich Nähe und Distanz zu ihm ohne Schwierigkeiten. Für Lukas war die Begleitung des Paulus nicht nur Christenpflicht, sondern – wie für andere Ärzte der frühen Kaiserzeit auch – eine Sache ‚der wissenschaftlichen Fortbildung ..., aber auch der ärztlichen Praxis' (M. HENGEL-A.M. SCHWEMER, a.a.O., 20). Als Chronist hat sich Lukas bei seiner Paulusdarstellung an das Material gehalten, das ihm die Missionsgemeinde von Antiochien bot." – Ob Stuhlmacher mit solchen Überlegungen nicht seinerseits „Vermutungswissenschaft" betreibt (s.o. S. 20 Anm. 115)?

[158] M. HENGEL/A.M. SCHWEMER, Paulus 16. Hengel meint völlig zu Recht: „So manche Theolog(inn)en begannen als Anhänger der dialektischen oder existential interpretierenden Theologie, wandten sich dann dem Zeitgeist entsprechend der neomarxistischen Befreiungstheologie zu und suchen heute ihr Heil in der Rückkehr zum jüdischen oder – ganz ‚progressiv' – zum feministischen ‚ganzheitlichen' Denken" (ebd.). Nur: Sind diese beschämenden Metamorphosen eine Interpretationshilfe beim Vergleich des lukanischen Paulus mit dem der Briefe? Vgl. auch DERS., Geschichtsschreibung 61: Wer Lukas seine Verfahrensweise „nicht verzeihen kann, der sollte einmal darüber nachdenken, wieviele darauf stolz sind, Schüler eines großen theologischen Lehrers zu sein und ihn in laudationes verehren, obwohl sie sich inzwischen meilenweit von ihm entfernt haben. In wie vielen Fällen möchte man es

ist das zweifellos richtig. Aber ist er erlaubt und kann er die Abständigkeit des lukanischen Paulinismus von dem der Briefe erklären? Selbst ein nach Grund, Form und Inhalt nachvollziehbarer Positionswechsel, wie ihn beispielsweise ja auch die neue Tübinger Schule (Hengel, Stuhlmacher) gegenüber der alten (Baur, Zeller) vorgenommen hat[159], ist – was die Traditionstreue anbetrifft –

nicht als eine Gnade bezeichnen, daß der tote Lehrer die Irrungen und Wirrungen seiner Schüler nicht mehr zur Kenntnis nehmen konnte? Wer hier wirklich ganz ohne Sünde ist, der möge Lukas wegen seines unpaulinischen ‚Paulinismus' weiterhin mit Steinen bewerfen." Aber gerade wenn man das in Parallele setzt zum Verfahren des Lukas, dem Hengel das Fehlen der theologia crucis, das Zurücktreten der Rechtfertigung allein aus Glauben ohne des Gesetzes Werke, die unzulässige Verzeichnung und Vereinfachung der paulinischen Haltung zum Gesetz als ‚schwerwiegende Mängel' vorwirft, kurzum, ihn eines ‚fragwürdigen' ‚Paulinismus' zeiht (alle Zitate ebd.), der stellt Lukas in kein gutes Licht. Und ein Zusammendenken seines Paulinismus mit dem der Paulusbriefe wird dadurch nicht leichter, sondern eher schwerer, wenn nicht unmöglich gemacht. Man wird eher an das kritische Dictum von Franz Overbeck erinnert: „Die Kirche hat sich ihren Paulus erst zurechtgemacht, und ein Hauptglied dieser Zurechtmachung ist die Apg" (zitiert aus unveröffentlichten Arbeiten aus dem Nachlass Overbecks v. EMMELIUS [s.o. Anm. 84] 199). S. auch u. S. 200. Jedenfalls entsteht so ein Paulusbild, das dem der Briefe nicht „entspricht", sondern widerspricht (gegen P. STUHLMACHER, Theologie II 199). Es geht ja nicht nur um eine Fortentwicklung des Schülers von seinem Lehrer; es geht um Widersprüche. Und dann: „Der Verfasser befindet sich in so kompakten historischen Irrtümern über das Leben des Paulus, wie sie keinem Begleiter unterlaufen konnten; dazu gehören: die Behauptung einer zweiten Jerusalemreise vor dem Apostelkonvent 11,29f; 12,25, die in Widerspruch zu Gal 1,17–2,1 steht; die Darstellung des Apostelkonvents, nach der Paulus und Jakobus die gesetzesfreie Heidenmission verteidigen 15,7–21, während nach Gal 2,1ff Paulus sie verteidigt und ihre Anerkennung durch die ‚Säulen' erreicht; schließlich das ‚Aposteldekret' 15,23–29, das im Widerspruch zu Gal 2,6–9 steht. Dazu kommen theologische Differenzen" (PH. VIELHAUER, Geschichte [s.o. Anm. 62] 391). Daß Lukas „seine Meinung über wesentliche paulinische Theologumena geändert hat, etwa aufgrund eines Aufenthaltes in Palästina" (Hengel), ist die weniger wahrscheinliche Auskunft als die, man er diese Theologumena überhaupt nicht gekannt hat. Hinsichtlich der Frage einer Benutzung oder Nichtbenutzung der Paulusbriefe durch Lukas befinden wir uns ohnehin in einer großen Erklärungsnot. CHR. BURCHARD meint, Lukas habe über das, was in ihnen steht, nichts Näheres gewusst (Der dreizehnte Zeuge. Traditions- und kompositionsgeschichtliche Untersuchungen zu Lukas' Darstellung der Frühzeit des Paulus [FRLANT 103], Göttingen 1970, 155–158). Anders G. KLEIN: Lukas hat davon gewusst, *wollte* es aber nicht benutzen (Die zwölf Apostel [s.o. Anm. 66] 192). P. STUHLMACHER ist der erstaunlichen Ansicht: „Da Lukas Paulus persönlich kannte, war er nicht genötigt, seine Darstellung auch noch an den Abschriften der Paulusbriefe zu überprüfen, die man z.B. in Rom gesammelt hat" (Theologie II 196). HENGEL meint: „Hätte Lukas die Briefe gekannt, hätte er nicht darauf verzichtet, sie partiell in sein Werk einzuarbeiten, zumal sie gerade biographisch vieles enthalten, was seinen Helden noch mehr verklären konnte (z.B. 2 Kor 11)" (DERS./A.M. SCHWEMER, Paulus 4 Anm. 12). Dieser Meinungsvielfalt widersprechen freilich M.D. GOULDER, Did Luke Know Any of the Pauline Letters?, PRSt 13 (1986) 97–112; F. VOUGA, Geschichte des frühen Christentums (UTB 1733), Tübingen 1994, 83f u.ö. Kritisch dagegen dann wieder R. RIESNER, Aus der Frühzeit des Apostels Paulus. Studien zur Chronologie, Missionsstrategie und Theologie (WUNT 71), Tübingen 1994, 326 Anm. 174; vgl. 364 Anm. 49. – Man mag es also drehen und wenden wie man will, es bleibt die Schwierigkeit, dass sich der Paulinismus der Apostelgeschichte mit dem der Briefe nicht reimt.

[159] M. HENGEL/A.M. SCHWEMER, a.a.O. 10. – Stuhlmachers Lehrer Käsemann hielt demgegenüber die Tradition von Baur hoch. Dessen Bild hing in seinem Tübinger Studierzim-

daraufhin zu prüfen, ob es sich um Präzisierung, Ergänzung, Erweiterung der alten Position handelt oder um sachliche Distanzierung. Beim Paulinismus der Apostelgeschichte scheint mir im Vergleich mit dem der Briefe letzteres der Fall zu sein. Der Hinweis, dass Lukas *Reisebegleiter* des Paulus war, kann diese These nicht ins Unrecht setzen. Er verschärft nur die Sachlage.

Kurzum: Der lukanische und der briefliche Paulinismus lassen sich nicht harmonisieren. Das *heute* festzustellen heißt jedoch nicht mehr: „Haut den Lukas!" Dessen Theologie kann zwecks schärferer Profilierung ihrer Eigenheiten mit Paulus *verglichen* werden, muss aber nicht an Paulus *gemessen* werden. Sie ist rücksichtlich ihrer geschichtlichen Bedingungen und ihrer Intention als eine durchaus eigenständige Theologie zu würdigen. Es wurde schon gesagt: Lukas „ist nicht nur der erste christliche Historiker und ein Erbauungsschriftsteller hohen Grades, er vertritt auch eine profilierte und sehr ernst zu nehmende Theologie".[160] Er hat dem einzigartigen Lebenswerk des Paulus ein unauslöschliches Denkmal gesetzt und „zwischen diesem und den Führern der Urgemeinde und ihren auch im Westen verbreiteten Anhängern" *vermittelt*.[161] Von daher mag sich seine unverkennbar *harmonisierende Tendenz* erklären, in der „seine theologische *und* historische Schwäche liegt". „Tatbestände bewußt verfälschen" mochte er nicht.[162] Die ἀσφάλεια für Theophilus war sein erklärtes Ziel, wobei dieser explizite Adressat zugleich Repräsentant aller derer ist, die in der Glaubensgewissheit noch nicht hinreichend gefestigt sind. Lukas ist diesem Ziel so weit als nur möglich nahe gekommen. Daher gehört das lukanische Doppelwerk in das Lob und nicht in die Anklage der Theologie.

3.3.3. *Das Parusieproblem*

Mit meiner 1954/55 gefertigten Dissertation über das Problem der Parusieverzögerung habe ich mich ganz auf der Linie des Vielhauer-Conzelmann-Haenchen point of view bewegt und die These vertreten, dass Lukas auf die Naherwartung entschlossen verzichtet und sie durch ein Bild der Heilsgeschichte ersetzt hat, das die Parusie am äußersten Ende einer räumlich und zeitlich weitgestreckten Mission erscheinen lässt. Beweggründe, Absichten und Intentionen seines heilsgeschichtlichen Entwurfs lassen sich deshalb besonders genau kontrollieren, weil Lukas seinem ersten Buch (Evangelium) ein zweites (Apostel-

---

mer, und Besucher, die sich dem Konterfei gegenüber ahnungslos zeigten, pflegte er zu rüffeln.

[160] E. KÄSEMANN, Neutestamentliche Fragen von heute (s.o. Anm.88) 30 (94).

[161] M. HENGEL/A.M. SCHWEMER, Paulus (s.o. Anm. 9) 17.

[162] Ebd. – Vgl. dazu die schöne, das eigenständige theologische Denken des Lukas betonende Studie von P. POKORNÝ, Theologie der lukanischen Schriften (FRLANT 174), Göttingen 1998. Es ist richtig, daß der Wert der Theologie des Lukas nicht davon abhängt, „wie authentisch er die paulinische Theologie interpretiert und entfaltet" (ebd. 23 gegen Vielhauer).

geschichte) folgen lässt[163], in dem er sich in viel höherem Grade schriftstelle-risch betätigt hat, als im πρῶτος λόγος, in dem er stärker traditionsgebunden zu arbeiten hatte.[164] In der Apostelgeschichte lässt sich daher auch der erheblich veränderte Stellenwert der Eschatologie bei Lukas besonders deutlich ablesen.

Auf dem Löwener Acta-Kongress von 1977 hatte ich Gelegenheit, das durch Analyse der einschlägigen Texte genauer darzulegen (s. Beitrag Nr. VIII). Die wichtigsten Beobachtungen dieser Studie – die Apostelgeschichte erwähnt kaum eschatologische Topoi, fasst die zukünftige Basileia mit der Wendung λέγειν τὰ περὶ τῆς βασιλείας (8,12; 19,8; 28,23.31) als katechetischen bzw. dialo-gischen Gegenstand (s. Beitrag Nr. IX), lässt Himmelfahrt und Parusie den Rahmen für die der Kirche zufallenden Mission sein und versteht die ἐσχάται ἡμέραι (2,17) ebenso wie die καιροὶ ἐθνῶν (Lk 21,24) als letzte *Epoche* vor der Parusie – bestätigen das Ergebnis der Dissertation, dass die Parusieverzögerung aus dem Bezugsrahmen der lukanischen Theologie nicht wegzudenken ist[165] und die dazu von Lukas eingenommene Stellung seine Geschichtsdarstellung allererst *innerlich möglich* gemacht hat.[166] Nachdem daher die Dissertation ge-rade 20 Jahre auf dem Markt war, konnte trotz der Kritik am Dibelius-Conzel-mann-Haenchen point of view als Ergebnis festgehalten werden, dass Lukas mit seiner Theologie der Heilsgeschichte die unbewältigte Gegenwart der Kirche erhellen wollte, was ihm ohne Bearbeitung des Parusieproblems nicht möglich gewesen wäre.[167] *Dass* dieses Problem ein Motiv für die auf Naherwartung ver-zichtende Eschatologie des Lukas war, lässt sich nicht bestreiten. Und so meinte ich denn 1977 feststellen zu können[168], dass das eschatologische Büro nicht – wie zu Ernst Troeltschs Zeiten – geschlossen ist; es macht nach wie vor Über-stunden, und zwar bis heute.[169] In der Abteilung Parusieverzögerung mag es nicht mehr so laut zugehen; ganz still geworden ist es nicht. Dann aber hilft, wer die Parusieverzögerung noch immer erörtert, nicht einem in der modernen For-schung angeblich „vielbeschworene(n) Gespenst" auf die Beine[170], sondern

---

[163] Dass beide Bücher bei redaktionskritischer Analyse als „einheitliches Doppelwerk" sichtbar werden, dessen Teile „nur aus dieser Einheit verständlich sind", behauptet mit gu-ten Gründen W. Schmithals, Art. Evangelien, synoptische, in: TRE 10 (1982), 570–626: 613,15–17.

[164] M. Dibelius, Aufsätze (s.o. Anm. 60) 10f.

[165] So auch G. Klein, Art. Eschatologie IV. Neues Testament, in: TRE 10 (1982), 270–299: 294.

[166] Vgl. dazu E. Haenchen, Apostelgeschichte (s.o. Anm. 63) 106.

[167] E. Grässer, Das Problem der Parusieverzögerung in den synoptischen Evangelien und in der Apostelgeschichte. Dritte, durch eine ausführliche Einleitung und ein Literatur-verzeichnis ergänzte Auflage (BZNW 22), Berlin 1977, XXVIII-XXXII. 235–248.

[168] A.a.O. XXXII.

[169] Ich verweise nur auf K. Erlemann, Naherwartung und Parusieverzögerung im Neuen Testament. Ein Beitrag zur Frage religiöser Zeiterfahrung (TANZ 17), Tübingen und Basel 1995.

[170] So W. Schmithals, Jesus und die Apokalyptik, in: Jesus Christus in Historie und Theo-

führt eine notwendige Sachdiskussion, die zumal im Blick auf die Eschatologie der Apostelgeschichte unausweichlich ist.

Ich stehe also noch heute zu dem, was ich als „Schluss" meiner Dissertation formuliert habe: Lukas ist sich der Parusieproblematik bewusst und bietet einen geplanten Neuentwurf, in dem die Weissagungen up to date gebracht werden (Lk 21!), die Umstellung von der Naherwartung auf Dauer vollzogen (Eigenständigkeit der Ethik!), die Zwischenzeit in den gegliederten Entwurf der Heilsgeschichte einbezogen wird (Zeit der fortschreitenden Missionierung der Welt!) und die zeitlich nicht berechenbare Parusie den ihr zukommenden Platz als locus de novissimis am äußersten Ende der Tage erhält (Acta!). Kurz: Lukas bietet einen Entwurf, der mit der Zeit nicht wieder revisionsbedürftig wird.[171]

Nach weiteren 20 Jahren seit der Erstveröffentlichung der nachstehenden Forschungsberichte ist man nicht mehr der Meinung, dass das Verzögerungsproblem leitendes Interpretationsparadigma des lukanischen Doppelwerkes sein könnte, geschweige dass es möglich wäre, „Lukas zum Apokalyptiker umzustilisieren".[172] Man nimmt vielmehr an, dass die *Israelfrage* das zentrale Motiv bei der Ausformulierung des heilsgeschichtlichen Entwurfes ist. In der Tat hat Lukas bei zunehmender Distanz zwischen heidenchristlichen Gemeinden und dem Judentum seiner Zeit die Frage zu beantworten, „ob denn die Christen überhaupt in der Kontinuität der Erwählung des Gottesvolkes und der ihr geltenden Heilsverheißungen stehen".[173] Von diesem *Kontinuitätsproblem* ist unten die Rede (s. S. 37 ff.).

Nun ist die Annahme, dass die ausgebliebene Parusie nur *ein* Problem unter anderen und nicht das eigentliche Hauptmotiv für die Abfassung der Apostelgeschichte sei[174], keineswegs neu. Ph. Vielhauer z.B. hält zwar im Sinne des Dibelius-Conzelmann-Haenchen point of view daran fest, „daß die heilsgeschichtliche Konzeption durch die Parusieverzögerung bestimmt ist"[175], nennt als übergeordnetes Ziel jedoch „verschiedene Zwecke", nämlich einen „*außer-*

---

logie. FS f. H. Conzelmann, Tübingen 1975, 59–85: 81. Er ist der Meinung, dass nur in einer „sehr frühen Situation der Gemeinde" die Parusieverzögerung „entscheidend lebendig" gewesen sei: als „dem Erstling Jesus die anderen Toten nicht folgten und der Lauf der Welt weiterging" (ebd.). Aber dem widerspricht nicht nur ein breiter Textbefund von 1 Thess 4,13–18 über Röm 13,11–14 bis hin zu 2 Petr 3,3 ff, sondern auch der Tatbestand, dass die Auferstehung Jesu zunächst die „christologische Ausnahme" war, die erst von Paulus unter einem ganz anderen Ansatz (der Tod des adamitischen Menschheit wird vom zweiten Adam überwunden) „in den apokalyptischen Horizont allgemeiner Totenauferweckung eingezeichnet" wird (so richtig J. Becker, Auferstehung der Toten im Urchristentum [SBS 82], Stuttgart 1976, 17.105).

[171] E. Grässer, Parusieverzögerung 216 f.

[172] So mit G. Klein, Eschatologie (s.o. Anm. 165) 294 gegen A.J. Mattill, Luke and the Last Things, Dillesboro 1979.

[173] M. Wolter, Israels Zukunft (s.o. Anm. 75) 405.

[174] G. Schneider, Apostelgeschichte I 142 Anm. 35.

[175] Ph. Vielhauer, Geschichte (s.o. Anm. 62) 374.

kirchlichen“ (Werbung für die Sache des Christentums) und einen „*kirchlichen*“ (die Kirche aus Juden und Heiden soll „ein klares und stabiles Verständnis ihrer selbst“ finden).[176]

W. Schmithals dagegen ist mit anderen der Meinung, beim redaktionellen Entwurf des Lukas spiele die Parusieverzögerung *keine* Rolle. „Diese war schon für die vorlukanische Gemeindetheologie kein Problem mehr“.[177] Wäre diese These im Recht, dann würde Lukas mit der Entschärfung der Naheschatologie nicht eine virulente Fehlerwartung korrigieren, sondern eine bestehende Erwartungslosigkeit sanktionieren. Er würde nicht eine *enttäuschte* Hoffnung neu aufrichten, sondern eine *erloschene* rechtfertigen. Das aber passt nicht zu dem „Erbauungsschriftsteller hohen Grades“ (Käsemann), als der sich Lukas ausweist. Sondern die Sache erklärt sich einfacher so, dass er dem Theophilus und mit ihm allen Gemeindegliedern im Blick auf ein bisher ungeklärtes Problem zu der gesuchten ἀσφάλεια verhilft, derer diese um der Glaubensgewissheit willen bedürfen.

Einen bemerkenswerten Versuch, die Debatte der Israelfrage[178] „über ihren toten Punkt hinauszuführen“ und der damit verknüpften Parusieproblematik einen anderen Stellenwert zu verleihen, finden wir bei Michael Wolter.[179] Er bestreitet natürlich nicht, dass Lukas einen im Sinne der ausgebliebenen Parusie modifizierten Entwurf vorlegt[180], will aber nicht gelten lassen, dass er dies um der Korrektur der vorgegebenen naheschatologischen Ausrichtung der Reichsbotschaft willen tut. Die eigentliche Leistung des Entwurfs sieht er vielmehr in der von Lukas vorgenommenen „Verknüpfung von Israelfrage und Verzögerungsthematik“[181], die um der Beantwortung der Frage nach der *Zukunft* Israels willen vorgenommen werde. Denn „gerade die historische Erfahrung der Parusieverzögerung“[182] sei es ja, die für „viele in Israel“ (Lk 2,34) die Zeit und den Raum für eine Zuwendung zur Christusverkündigung und damit zur endgültigen Rettung offenhalte. Solange die nicht-christusgläubigen Angehörigen Israels nicht „von der Christusverkündigung erreicht sind und sie unrevidierbar abgelehnt haben“, bleiben sie „Israel“ mit der Chance, am eschatologischen Heil teilzunehmen. Die Parusieverzögerung eröffnet ihnen diese Chance.[183] Dage-

---

[176] Ebd. 405. S. auch u. S. 315f.
[177] W. Schmithals, Evangelien (s. o. Anm. 163) 614, 16–19.
[178] In ihr geht es vor allem um die Frage, ob das Verstockungsurteil von Apg 28,26f endgültig ist oder dem nicht-christusgläubigen Israel noch eine Hoffnung auf Teilhabe am eschatologischen Heil bleibt.
[179] M. Wolter, Israels Zukunft (s. o. Anm. 75). Vgl. auch die leicht veränderte englische Fassung: Israel's Future and the Delay of the Parousia, according to Luke, in: D. P. Moessner (ed.), Jesus and the Heritage of Israel: Luke's Narrative Claim upon Israel's Legacy (Luke the Interpreter of Israel 1), Harrisburg 1999.
[180] M. Wolter, ‚Reich Gottes‘ bei Lukas: NTS 41 (1995) 541–563: 561.
[181] M. Wolter, Israels Zukunft 416.
[182] Ebd. 412.
[183] Ebd. 424.

gen für die unbekehrt Verstorbenen ist sie endgültig vorüber. Paulus konnte
noch sagen: „Ganz Israel wird gerettet werden" (Röm 11,26); Lukas kann das
nicht mehr!

Den „Zusammenhang zwischen Terminfrage und Sachfrage" sieht Wolter in
Lk 19,11 und Apg 1,6 hergestellt. Hier – so seine Argumentation – macht Lukas
seinen Lesern diese Verknüpfung durchsichtig. Die „entscheidende Rolle"
spielt dabei angeblich „der Anachronismus" der dort zum Ausdruck kommenden Naherwartung. Diese erweise sich „im Rückblick gesehen auch als sachlich
defizitär, weil sie den weiteren Verlauf der Geschichte nicht berücksichtigt: daß
nämlich die nach dem Plan Gottes erfolgende universale Mission eine Spaltung
Israels evozierte, die zum definitiven Heilsverlust großer Teile des Gottesvolkes
geführt hat. Nicht nur aus *zeitlichen* Gründen ist die Naherwartung darum überholt, sondern auch aufgrund der mit ihr verknüpften *inhaltlichen* Implikationen:
Sie basiert auf überholten soteriologischen Paradigmen, weil sie nicht damit
rechnet, daß zum einen Gottes Heilsplan auf eine Universalisierung des Gottesvolkes abzielt und Gott auch den für seine Realisierung erforderlichen Zeitraum zur Verfügung stellt sowie zum anderen die eschatologische Verteilung
von Heil und Unheil sich in Diskontinuität zur überkommenen Heilserwartung
Israels ausschließlich an der Einstellung gegenüber dem als Messias verkündigten Jesus von Nazareth entscheiden wird. Die überkommene jüdische Heilserwartung stellt Lukas damit als durch das Faktum der Parusieverzögerung überholt dar, weil sie nicht mit der Krise Israels rechnet. Die Parusieverzögerung ist
also nicht Bestandteil des Problems, sondern sie gehört zu seiner Lösung".[184]

Das Problem dieser scharfsinnigen Auslegung ist m.E. der für die Zeit des Lukas behauptete *Anachronismus* der Naherwartung. Letztere sei sinnvoll „ausschließlich innerhalb der der Vergangenheit angehörenden *erzählten* Welt ...,
nicht hingegen in der *besprochenen* Welt der Gegenwart", in der die Leser des
lukanischen Doppelwerkes auch ohne die von Jesus gegebenen Antworten
wussten, dass die Naherwartung in beiden Fällen, nämlich Lk 19,11 und Apg 1,6,
„unberechtigt war".[185] Dem impliziten Leser werde allenfalls die Frage „nach
dem theologischen Sinn des *bisherigen* Ausbleibens der Parusie" beantwortet.[186]

Nun, dass die Unterscheidung „zwischen dem erzählungsinternen point of
view (dem der Akteure) und dem externen point of view (dem des Erzählers

---

[184] Ebd. 423 (Hervorhebungen durch M.W.).

[185] M. WOLTER, Israels Zukunft 415 (Hervorhebungen durch M.W.).

[186] Ebd. mit Verweis auf K. ERLEMANN, Naherwartung (s.o. Anm. 169) und W. SCHENK,
Naherwartung und Parusieverzögerung. Die urchristliche Eschatologie als Problem der
Forschung (ThV 4), Berlin 1972, 47–69. Mit Verweis auf die hohe Frequenz der Ausdrücke
für „Zeugnis", „zeugen", „bezeugen" in der Apostelgeschichte ist zu bedenken, dass die
Herausstreichung der leserorientierten Wirkung des Textes leicht dessen *Zeugnischarakter*
verkennt. So richtig P. POKORNÝ, Theologie der lukanischen Schriften (s.o. Anm. 162) 13
Anm. 3 gegen S.M. SHELEY, Narrative Asides in Luke-Acts (JSNT.S 72), Sheffield 1992.

und der impliziten Leser)"[187] heuristisch entscheidend sein soll, scheint mir fraglich. Denn es ist doch keineswegs sicher, dass vom Standpunkt der lukanischen Gegenwart aus gesehen die Naherwartung etwas Vergangenes ist, über die keinerlei Belehrung mehr nötig ist. Die Naherwartung kann – etwa durch die Ereignisse des jüdischen Krieges angeregt – zur Zeit des Lukas durchaus virulent gewesen sein. Dann aber fallen – zumal im *kerygmatischen* Geschichtsbericht – die *erzählte* und die *besprochene* Welt hinsichtlich der Zielsetzung (Korrektur der Naherwartung) ineinander. Rudolf Schnackenburg scheint mir im Recht zu sein, wenn er sagt: „Eine falsche Naherwartung muß es auch noch zur Zeit des Lukas (in den 80er Jahren des 1. Jahrhunderts) gegeben haben. Das legt das Gespräch des auferstandenen Herrn mit den Aposteln in Apg 1,6–8 nahe, wo Jesus auf die Verfügungsmacht des Vaters verweist, Zeiten und Termine festzusetzen. Die Aktualität der Frage wird außerdem (neben Lk 17,20f.; 19,11; 24,21) durch den redaktionellen Einschub in Lk 21,8 bestätigt, wo nämlich Irrlehrern die Ansage in den Mund gelegt wird: ,Die Zeit (ὁ καιρός) ist nahe'. Diese falsche Naherwartung will Lukas abweisen; das geht auch daraus hervor, daß er sämtliche terminlichen Aussagen in den von ihm aus der Tradition übernommenen Gleichnissen eliminiert oder umdeutet".[188] Dass das Gespräch des Auferstandenen mit seinen Jüngern in Apg 1,6–8 die Naherwartung als „gleichsam historische Erinnerung der Jünger" aufgreift, um sie über diese Stufe hinauszuführen, hält Schnackenburg für ausgeschlossen. „Der ganze Abschnitt steht unter der Belehrung, die der Auferstandene den Aposteln ,über das Reich Gottes' zuteil werden läßt (V. 3 am Ende), ist also in den aktuellen Horizont gerückt. ,Israel' durchzieht als vordringliches Thema das ganze Werk, und die Terminfrage ist ausdrücklich gestellt. Die Frage der Jünger führt – ein beliebtes lukanisches Stilmittel – auf die Antwort Jesu hin und kann von daher nur als eine auch noch für die Zeit des Lukas dringliche Perspektive verstanden werden".[189]

Zu bedenken bleibt außerdem, worauf Lukas sich im Prolog festgelegt hat: er „will ,Sicherheit' erreichen in bezug auf das, was der Christ glaubt, was sich als Grundlage des Glaubens in der Historie ereignet hat und für den Wahrheitsanspruch des Glaubens von Bedeutung ist".[190] Zu dieser „Sicherheit" (ἀσφάλεια,

---

[187] M. WOLTER, Israels Zukunft 415. – Zur genannten Unterscheidung vgl. V. FUSCO, „Point of View" and „Implicit Reader" in two Eschatological Texts Lk 19,11–28; Acts 1,6–8, in: FS F. Neirynck, Vol. II (BEThL 100), Leuven 1992, 1677–1696, bes. 1691.
[188] R. SCHNACKENBURG, Die lukanische Eschatologie im Lichte von Aussagen der Apostelgeschichte, in: FS W.G. Kümmel (s.o. Anm. 48) 249–265: 261 mit Verweis auf G. SCHNEIDER, Parusiegleichnisse im Lukas-Evangelium (SBS 74), 1975.
[189] R. SCHNACKENBURG, a.a.O. 254. – Zum vordringlichen Thema „Israel" im lukanischen Doppelwerk verweist Schnackenburg auf J. JERVELL, Das gespaltene Israel und die Heidenvölker: StTh 19 (1965) 68–96; A. GEORGE, Israël dans l'oeuvre de Luc: RB 75 (1968) 481–525; W. ELTESTER, Israel im lukanischen Werk (s.u. Anm. 223); G. LOHFINK, Die Sammlung Israels (StANT 39), 1975.
[190] G. STRECKER, Literaturgeschichte des Neuen Testaments (UTB 1682), Göttingen 1992, 241; vgl. auch M. HENGEL, Geschichtsschreibung (s.o. Anm. 9) 47.

Lk 1,4) gehört nicht zuletzt, dass Jesus mit der zentralen Botschaft von der nahen Gottesherrschaft kein falsches Versprechen gegeben hat. Das seinen Lesern begründet darzulegen, ist eine Aufgabe, der sich ein Historiker, welcher zugleich Evangelist und Erbauungsschriftsteller sein will[191], nicht entziehen kann und auch tatsächlich nicht entzieht, wie die redaktionelle Behandlung der Terminworte deutlich genug zeigt.

Kurzum: Dass die zu korrigierende Naherwartung nur der erzählten Welt zugehört, nicht aber der besprochenen der Gegenwart, ist m.E. unzutreffend. Sie gehört *beiden* zu. Wenn demgegenüber gesagt wird, Jesu Antwort auf die in Apg 1,6 von den Jüngern gestellte Frage erkläre „nur, warum die historisch *zurückliegende*, auf das Heil Israels bezogene Naherwartung der Figuren der Erzählung unberechtigt war" und dass auf die Frage, „wie lange die *Leser* bis zur Offenbarung der Gottesherrschaft bzw. bis zur Wiederherstellung der Basileia für Israel noch zu warten haben", die Texte „keine Antwort" geben[192], dann ist darauf hinzuweisen, dass Apg 1,7f den Charakter einer „Programmerklärung" hat, die Günter Klein mit Recht so deutet: „Wird hier die Frage nach dem Endtermin mit der Ansage von Geistempfang und Weltmission nicht beantwortet, sondern niedergeschlagen, so wird damit die Auffassung, Lukas enteschatologisiere ‚nur im Blick auf vergangene Ereignisse ...‛, nicht aber im Vorausblick auf künftige‛ ..., aufs deutlichste widerlegt. Im Gegenteil zeigt sich, daß es im Sinne des Lukas grundsätzlich verboten ist, das eschatologische Problem überhaupt noch als ein aktuelles zu thematisieren, weil die geistgeleitete *ecclesia apostolica* als eine die Ökumene durchdringende weltgeschichtliche Potenz das Eschaton auf unbestimmte Dauer vollgültig ersetzt (G. Klein, Die zwölf Apostel, 1961 [FRLANT 77] 209f), Eschatologie nur noch als dogmatisch peripherer ‚locus de novissimis‛ (Vielhauer, Aufs. 23) in Frage kommt und die Zukunftsmacht Christi bis zum Jüngsten Tage, an dem sie sich in weltrichterlicher Funktion erfüllen wird (Apg 17,31; 10,42), irdisch suspendiert (Apg 3,21; vgl. 1,11b; Gräßer, Parusieerwartung 112–119) bzw. an die Kirche delegiert ist".[193]

Und noch eine letzte Bemerkung dazu: Wenn es als ausgemacht gilt, dass die lukanische Theologie ihre strukturelle Prägung von der Bewältigung des *Geschichtsproblems* her erhält[194], dann rückt die eschatologische Frage notwendigerweise in den Rang eines Grundlagenproblems: Wie kann von der „Geschichtlichkeit des christlichen Glaubens" die Rede sein, wenn an dessen Anfang die Verkündigung eines Heils steht, das darum keine Geschichte haben kann, weil es – als nahe Gottesherrschaft verkündigt – alle Geschichte *beendet*.

[191] K. Rosen, Der Historiker und die Evangelien (s.o. Anm.119) 17.
[192] M. Wolter, Israels Zukunft 415 (Hervorhebung durch M.W.).
[193] G. Klein, Eschatologie (s.o. Anm.165) 293. Zitat im Zitat von W. Schenk, Naherwartung (s.o. Anm.186) 50.
[194] So U. Wilckens in der 1. Aufl. seines Buches Die Missionsreden der Apostelgeschichte (WUNT 5), Neukirchen 1961, 201.

Ob dem lukanischen Entwurf die Überwindung dieser Grundaporie gelungen ist oder sich als „todgeboren" und zuletzt als „eine Tactlosigkeit von welthistorischen Dimensionen" erweist (Overbeck), mag man diskutieren (s. u. S. 198f.). Unstrittig dabei aber sollte sein, *dass* die Lösung des Parusieproblems die lukanische Geschichtsschreibung erst möglich gemacht hat.[195]

4. Kirche und Israel

Die Tendenz bei der Erforschung des Urchristentums geht gegenwärtig dahin, den weitgehend *jüdischen* Charakter des frühen Christentums im ersten Jahrhundert herauszustreichen. Die Forschungen zur Apostelgeschichte bleiben davon nicht unberührt. In Deutschland dürfte dabei die sog. „Theologie nach Auschwitz" eine Rolle spielen, die – aufgeschreckt durch das furchtbare Geschehen der Schoah – der Christenheit ins Bewusstsein ruft, dass Gott sein Volk Israel trotz seiner „Verstockung" (davon redet auch Apg 28,26f) nicht „verstoßen" hat (Röm 11,1); vielmehr wird er am Ende „ganz Israel" retten (Röm 11,26).[196] Manche dehnen das Programm auf eine „Exegese nach Auschwitz" aus, die verschieden zu sein hätte von jener *vor* Auschwitz.[197] Die Frage, ob und inwieweit ein zeitgeschichtliches Ereignis bei der Auslegung biblischer Texte hermeneutisch von Belang ist, kann hier nicht diskutiert werden.[198]

Tatsache ist, dass die „Exegese nach Auschwitz" auch die Apostelgeschichte längst erreicht hat.[199] Aber auch ohne eine solche Exegese war den Acta-Forschern im vorigen Jahrhundert immer klar, dass für die Ausgestaltung der lukanischen Ekklesiologie das *Kontinuitätsproblem* Israel/Kirche eine maßgebende, vielleicht sogar *die* entscheidende Rolle für den auctor ad Theophilum gespielt hat. Denn die ihm vor Augen stehende Trennung von Kirche und Synagoge

---

[195] Vgl. U. SCHNELLE, Einleitung (s. o. Anm. 98) 318.

[196] Vgl. F. MUSSNER, „Theologie nach Auschwitz". Versuch eines Programmes, in: DERS., Dieses Geschlecht wird nicht vergehen. Judentum und Kirche, Freiburg u. a. 1991, 175–182.

[197] Z. B. F. MUSSNER, a.a.O. 177f; K. HAACKER, Der Glaube im Hebräerbrief und die hermeneutische Bedeutung des Holocaust. Bemerkungen zu einer aktuellen Kontroverse: ThZ 39 (1983) 152–165; WASSERBERG, Israels Mitte (s. o. Anm. 75) 16ff.

[198] Vgl. E. GRÄSSER, Exegese nach Auschwitz? Kritische Anmerkungen zur hermeneutischen Bedeutung des Holocaust am Beispiel von Hebr 11: KuD 27 (1981) 162–163 (= DERS., Der Alte Bund im Neuen. Exegetische Studien zur Israelfrage im Neuen Testament [WUNT 35], 1985, 259–270 [„Nachtrag": 270]).

[199] Wie sehr, zeigt der Aufsatz von R. v. BENDEMANN, Paulus und Israel in der Apostelgeschichte des Lukas, in: Ja und Nein. Christliche Theologie im Angesicht Israels. FS zum 70. Geburtstag von Wolfgang Schrage, hg. v. K. Wengst und G. Sass in Zusammenarbeit mit Katja Kriner und R. Stuhlmann, Neukirchen-Vluyn 1998, 291–301 (Lit.!). – Vgl. auch F. MUSSNER, Traktat über die Juden, München ²1988, 321–324; DERS., Die Erzählintention des Lukas in der Apostelgeschichte, in: DERS., Dieses Geschlecht wird nicht vergehen (s. o. Anm. 196) 101–114; DERS., Jesus von Nazareth im Umfeld Israels und der Urkirche. Gesammelte Aufsätze, hg. v. M. Theobald (WUNT 111), 1999 (Register).

(Apg 28,28) lässt die ihm vorschwebende ἀσφάλεια der *credenda,* also die
„Wahrheit des Christentums" (Vielhauer), auch davon abhängig werden, ob
und wie im Blick auf die christliche Identität glaubhaft von Verheißung und Erfüllung gesprochen werden kann. Lukas bewältigt dieses Thema durch Ausgestaltung seines heilsgeschichtlichen Entwurfes in eben diesem Schema, das im
reichlichen Schriftgebrauch und der Septuagintasprache sinnenfällig zur Darstellung kommt. Beides dient der Unterstreichung der geschichtlichen Wurzel
des christlichen Glaubens. Und wenn Lukas in der Apostelgeschichte „ – gegen
die historische Situation seiner Zeit – immer wieder die Judenchristen einschließlich Paulus grundsätzlich als Gesetzestreue darstellt, so will er damit sagen, daß die Christen das wahre Israel sind und daß der Bruch mit dem Judentum, d. h. der in den Synagogengemeinden der Diaspora organisierten Gemeinschaft, nicht von den Christen, sondern von jüdischer Seite selbst verursacht
wurde (Apg 28,26ff)".[200]
    Bei der Verhandlung des Themas „Apostelgeschichte und Judentum" schie-
ßen allerdings beide Lager, das heftig und das gemäßigt kritisierende, über das
Ziel hinaus. Auf der einen Seite dürfte die These von Ph. Vielhauer verfehlt
sein, dass Lukas „die Bedeutung des Judentums zu der einer ehrwürdigen religio antiqua relativiert", und zwar durch eine „Geschichtstheologie, die den alttestamentlichen Glauben an das Handeln Gottes mit seinem Volk in der Weise
mit dem hellenistischen Gedanken der Gottverwandtschaft aller Menschen
kombiniert, daß jener zwar die Grundlage abgibt, aber durch diesen wesentlich
modifiziert wird, indem der Absolutheitsanspruch der Juden als des Gottesvolkes durch die Idee der Unmittelbarkeit des natürlichen Menschen zu Gott ersetzt wird".[201] Auf der anderen Seite vertritt man den Standpunkt, das theologische Verständnis der Apostelgeschichte hinge entscheidend davon ab, „wie man
ihre jüdische Prägung interpretiert". Jedenfalls hofft Jacob Jervell zeigen zu
können, „daß Lukas nicht von einem heidnischen Ausgangspunkt her schreibt,
sondern tief in den jüdischen Überlieferungen steht".[202] Aber diese Hoffnung
erfüllt sich nur zum Teil.[203] Zumindest mit drei seiner Thesen dürfte Jervell auf
Widerstand stoßen: (1) „Die *Ekklesiologie* des Lukas findet ihren Ausdruck
nicht im Wort ‚Kirche', sondern ‚Volk' (λαός), und dieses bedeutet Israel im Unterschied zu allen anderen Völkern, das eine Israel als Gottes Volk schlechthin.
Die Apostelgeschichte berichtet über Massenbekehrungen von Juden, auch von
Gottesfürchtigen, nicht aber von Heiden, und von der Scheidung nichtglauben-
der Juden vom Volk Gottes (Apg 3,25), das in der Kirche fortbesteht".[204] Aber

---

[200] M. HENGEL, Geschichtsschreibung (s. o. Anm. 9) 58. S. auch u. S. 315f.
[201] PH. VIELHAUER, „Paulinismus" (s. o. Anm. 62) 146.
[202] J. JERVELL, Apostelgeschichte (s. o. Anm. 6) 50.
[203] Vgl. M. HENGEL, Der Jude Paulus und sein Volk. Zu einem neuen Acta-Kommentar:
ThR 66 (2001) 1–31.
[204] J. JERVELL, Apostelgeschichte 50f.

wie verträgt sich das mit der Tatsache, dass Lukas die neue Bewegung mit dem neutralen Begriff ὁδός bezeichnen kann (z.B. Apg 9,2; 22,4; 24,14.22)? Ist das nicht der terminologische Ausdruck dafür, „daß sich die christliche Gemeinde als *eine neue Religion* neben der jüdischen und der (als Einheit gesehenen) heidnischen versteht"?[205] Und wird nicht „in gleichem Sinne ... später von den Christen als dem τρίτον γένος geredet werden"?[206] (2) Jervell sagt: „Die *Soteriologie* des Lukas zeigt, daß alle Heilsverheissungen dem Volk Israel und seinen Angehörigen gegeben und niemals aufgehoben worden sind".[207] Aber werden Apg 28,26–28 dem verstockten „Volk" (der Juden) nicht die „Heiden" als diejenigen gegenübergestellt, zu denen „das Heil Gottes" gesandt ist? „Und sie werden hören!" Zielt dieser Heilsplan nicht auf eine *Universalisierung* des Gottesvolkes ab? Und heißt das nicht, dass sich die eschatologische Verteilung von Heil und Unheil „in Diskontinuität zur überkommenen Heilserwartung Israels ausschließlich an der Einstellung gegenüber dem als Messias verkündigten Jesus von Nazareth entscheiden wird"?[208] (3) Schließlich meint Jervell, die Apostelgeschichte zeige uns „nicht den Heidenapostel, sondern den Apostel der Juden und der Welt, d.h. der Diaspora. Er ist der Pharisäer schlechthin, nicht ein Expharisäer, sondern sozusagen der ewige Pharisäer".[209] Aber die Mission beschränkt sich ja doch nicht auf die „Gottesfürchtigen", wie der Kerkermeister und sein „Haus" in Philippi und die Tatsache beweisen, dass Lukas in Lystra, Derbe und Perge (Apg 15,8–18) keine Synagoge erwähnt.[210] Und es fragt sich doch sehr, ob Paulus auf dem Areopag als „der ewige Pharisäer" steht. Repräsentiert er sich uns da nicht als der Heidenprediger schlechthin? Und hat Lukas die dort gehaltene Rede nicht „als Beispiel einer vorbildlichen Heidenpredigt geschaffen"[211] und mit ihr „der Gegenwart und Zukunft des Christentums" den Dienst geleistet, den ihr sein Buch leisten sollte: „Zu zeigen, wie das Evangelium in die Welt hinaus gelangt und wie es dieser Welt verkündigt werden müsse ...: mit philosophischen Beweisen, unter relativer Anerkennung des griechischen Monotheismus, mit Berufung auf die von griechischen Dichtern ausgesprochene Weisheit"?[212]

Die starke Verwurzelung des lukanischen Konzeptes der Apostelgeschichte im Judentum, die Jervell so sehr betont, wird dadurch stark relativiert, dass Lukas ekklesiologisch den Hellenisten „die besseren Zukunftschancen zugesteht".[213] Denn sie pflegen gegenüber der Gruppe der Zwölf „die richtigere

[205] R. Bultmann, Theologie (s.o. Anm. 50) 468 (Hervorhebung von Bultmann).
[206] Ebd. 469. S. auch o. S. 10.
[207] J. Jervell, Apostelgeschichte 51.
[208] M. Wolter, Israels Zukunft (s.o. Anm. 75) 423.
[209] J. Jervell, Apostelgeschichte 51.
[210] M. Hengel, Der Jude (s.o. Anm. 203) 27f.
[211] M. Dibelius Aufsätze (s.o. Anm. 60) 67.
[212] Ebd. 70.
[213] F. Bovon, Evangelium nach Lukas (s.o. Anm. 141) 26.

Praxis sowohl in der Ethik (Überwindung des Gesetzes) wie in der Mission (Aufnahme der Heiden ohne Beschneidung)".[214] Lukas bezeugt also weniger eine jüdische als vielmehr eine „hellenistische Form des Christentums". Mit dem, was er daran als jüdisch darstellt, unterstreicht er als *Historiker* „die geschichtliche Wurzel des Glaubens".[215]

Das Judentum ist also für Lukas weder religio antiqua noch die für das lukanische Doppelwerk allein maßgebende und es durch und durch prägende Größe. Er versteht es als das in der Kirche fortbestehende Judentum[216], in einer Kirche, die weniger „das wiedererstarkte Israel" ist[217] als vielmehr „das wahre *eschatologische* Gottesvolk aus Juden und Heiden".[218] Weitergehende Forschungen zum Thema Israel und Kirche im Opus Lucanum lassen immer deutlicher erkennen, dass das *Nebeneinander* von Christentum und Judentum ein Identitäts- und Legitimationsproblem aufwarf, dem Lukas nicht ausweichen konnte. Sind denn auch *sie*, die überwiegend heidenchristlichen Gemeinden, und nicht das jüdische Volk *allein* Gottes Volk? Gelten die Heilsverheißungen nur diesem oder auch ihnen? „Angesichts dieser Problemlage geht es Lukas darum, die christlichen Gemeinden ihrer ungebrochenen Kontinuität mit den Israel geltenden Heilsverheißungen zu vergewissern[219], während für die nicht-christusgläubigen Angehörigen Israels alles davon abhängt, ob sie die Christusverkündigung annehmen – wenn nicht, bleiben sie draußen vor der Tür und werden aus der Basileia herausgeworfen (Lk 13,25.28) bzw. aus dem Gottesvolk ausgeschlossen (Act 3,23)."[220]

Festzuhalten bleibt, dass der Dibelius-Haenchen-Conzelmann point of view die Wichtigkeit des Kontinuitätsproblems keineswegs übersehen hat. Im Gegenteil! Es war Conzelmann, der betonte, dass Lukas in Übereinstimmung mit Paulus für seine heilsgeschichtliche Konzeption *zwei* „Bausteine" hatte: *Israel* und *Kirche*.[221] Ihr Verhältnis zueinander ist das lukanische *Grundproblem*. Angesichts des sich mehrheitlich dem Christuszeugnis verweigernden Israel gibt es keine drängendere Frage als die nach dem *Volk Gottes*.[222] Um der Antwort auf diese Frage willen entwickelt Lukas eine Theologie der Heilsgeschichte im Schema von Verheißung und Erfüllung und schärft das Bewusstsein ein, dass

---

[214] Ebd. 26.

[215] Ebd. 25

[216] So auch J. Jervell, Apostelgeschichte (s. o. Anm. 6) 51.

[217] So aber J. Jervell, a. a. O. 525 u. ö.

[218] So richtig M. Hengel, Der Jude (s. o. Anm. 203) 13.

[219] Vgl. Apg 13,32f; 26,6–8; 28,20.

[220] M. Wolter, Israels Zukunft (s. o. Anm. 75) 424.

[221] H. Conzelmann, Grundriß (s. o. Anm. 58) 170.

[222] J. Jervell, Luke and the People of God. A New Look at Luke-Acts, Minneapolis 1972 (paperback ed. 1979). Vgl. auch K. Löning, Lukas – Theologe der von Gott geführten Heilsgeschichte, in: J. Schreiner (Hg.), Gestalt und Anspruch des Neuen Testaments, Würzburg 1969, 200–228; G. Wasserberg, Israels Mitte (s. o. Anm. 75).

die Kirche in direkter heilsgeschichtlicher Kontinuität mit dem Gottesvolk des alten Bundes steht.[223] Und es bleibt dabei: „Wer diese heilsgeschichtliche Theologie in ihrer Funktion richtig beschreibt, der hält den entscheidenden Schlüssel zum Verständnis der Apostelgeschichte in der Hand" (s. u. S. 201).

Ihre Funktion ist es jedenfalls nicht, den ὁδός als eine jüdische Sekte erscheinen zu lassen. Deutlich zeigt Lukas, dass dieser „Weg" seinen Ursprung im Judentum hat. Auf ihm geschieht Erfüllung der Israel gegebenen Verheißungen, was durch die Art und Weise des vielfachen Schriftgebrauches deutlich zum Ausdruck kommt.[224] Es mag wohl sein, „daß Lukas nicht von einem heidnischen Ausgangspunkt her schreibt, sondern tief in den jüdischen Überlieferungen steckt".[225] Aber es ist auch richtig, dass er dort, wo er „einen Höhepunkt des Buches" bezeichnen will[226], in Apg 17, der *„hellenistische(n)* Rede von der wahren *Gotteserkenntnis"*[227], auch anderes tradiert: griechischen Monotheismus, philosophische, zumal stoische Gedanken und heidnische Dichter.[228] Wenn daher jetzt gesagt wird, dass das Urchristentum in Syrien, Kleinasien und Griechenland „keine neue von einer ‚vorchristlichen Gnosis' und ‚hellenistischen Mysterienreligionen' geprägte ‚synkretistische Religion'" war[229], dann wird m. E. einer einseitigen Sichtweise das Wort geredet, die den soziokulturellen Bedingungen, unter denen die frühen Gemeinden lebten, zu wenig Gewicht beimisst.[230] Im Blick auf die Paulusbriefe[231] oder Apg 17 – aber nicht darauf al-

---

[223] W. ELTESTER, Israel im lukanischen Werk und die Nazarethperikope, in: DERS. (Hg.), Jesus in Nazareth (BZNW 40), Berlin/New York 1972, 76–147.

[224] Vgl. D. RUSAM, „Alles mußte erfüllt werden". Intertextualität im lukanischen Doppelwerk. Habil.-Schrift Evang.-Theol. Fakultät Bonn 2001.

[225] J. JERVELL, Apostelgeschichte 50.

[226] M. DIBELIUS, Aufsätze (s. o. Anm. 60) 29.

[227] Ebd. 54 (Hervorhebung durch M.D.).

[228] Ebd. 75.

[229] M. HENGEL, Der Jude (s. o. Anm. 203) 6. Er fügt hinzu: „Die sogenannte ‚hellenistische Gemeinde' nahm ihren Anfang in Jerusalem selbst und war über zwei Generationen hinweg entschieden judenchristlich geprägt" (ebd.). Aber ist denkbar, dass sich in diese Prägung keinerlei durch Sprache und Kultur beförderters hellenistisches Gedankengut hineinmischte?

[230] Vgl. dazu jetzt G. THEISSEN, Die Religion der ersten Christen. Eine Theorie des Urchristentums, Gütersloh 2000, darin besonders das Kapitel: „Das Lukasevangelium: Die narrativ-historische Abgrenzung zum Judentum" (247–253). Die hier genannten Fälle von Apotheose – Jesus in den evangelischen Vorgeschichten und in Apg 2,22ff; Herodes Agrippa I. in Apg 12,20–23; Petrus in Apg 11,25; Paulus in Apg 28,6 – erklärt Theißen damit, dass Lukas in einer Welt lebt, „in der die Vergottung von Menschen selbstverständlich ist" (247). – Zu Theißens Buch insgesamt vgl. die sehr kritische Rezension von H. LÖHR, Es sieht so aus, als hätte ich den Fall gelöst. Gerd Theißens geheimnisloses Christentum, in: F.A.Z. Nr. 289 vom 12. 12. 2000.

[231] Vgl. R. BULTMANN, Art. Paulus, in: RGG² IV (1930) 1019–1045: Die Briefe des Paulus zeigen, „daß er ein *hellenistischer Jude* war, d.h. daß sich in seiner Bildung jüdische Überlieferung und griechische Kultur verbinden" (1020). Dass er unter dem Einfluss der in der griechischen Aufklärung entstandenen Tradition des hellenistischen Judentums steht, sieht Bultmann dadurch erwiesen, dass Paulus in Röm 1,18ff die stoische Theorie von der natürli-

lein – lässt sich schwerlich bestreiten, dass die im hellenistischen Raum lebenden Gemeinden der damaligen Zeit von der Kultur und den Religionen ihres
Umfeldes beeinflusst worden sind. Selbst vom palästinischen Judentum kann
man nicht sagen, dass es „von der fremden Zivilisation unberührt in treuem
Festhalten an der alttestamentlichen Überlieferung geradlinig seinen Weg
durch das hellenistische Zeitalter gegangen sei, noch viel weniger läßt sich behaupten, daß es in synkretistischer Überfremdung ganz von hellenistischem
Geist durchdrungen wurde und seinem ursprünglichen Auftrag untreu geworden sei. Die Wahrheit liegt zwischen den Extremen".[232] Rudolf Bultmanns „Urchristentum im Rahmen der antiken Religionen", sein vielleicht schönstes
Buch[233], das ich mir 1952 in meinem zweiten Marburger Semester gekauft habe,
mag korrekturbedürftig sein; völlig verfehlt ist es keineswegs. Es betont, dass
der Ursprung des Urchristentums als eines historischen Phänomens im Schoße
der frühjüdischen Religion liegt, „die ihrerseits aus der Geschichte der israeliti-
schen Religion, wie sie durch die Schriften des Alten Testaments bezeugt wird,
erwachsen und von ihrem Erbe gesättigt war. Das Urchristentum ist jedoch ein
komplexes Phänomen. Sein Wachstum und seine Gestalt sind alsbald befruch-
tet und bestimmt worden durch die geistigen Kräfte des heidnischen Hellenismus". „Sein selbständiger Sinn und sein eigenes Gepräge werden gerade dann
erkennbar, wenn es im Zusammenhang mit der Welt, in der es erwuchs, gesehen
wird... Nur der Blick auf die Gemeinsamkeit sieht auch den Gegensatz deutlich."[234] Das Fazinierende an der Durchführung dieses Programmes ist, dass
ihm jede apologetische Absicht fernliegt. „Weder soll das Christentum – im Sinnes eines Hegelschen Geschichtsverständnisses – als die Krönung der antiken
Religionsgeschichte, als die Erfüllung ihres Sinnes, erscheinen, noch soll die
Darstellung die Gründe für den ‚Sieg' des Christentums über seine Konkurrenten und damit seine Überlegenheit über sie aufzeigen. Der Historiker hat keine
Apologetik zu treiben und hat nicht die Wahrheit des Christentums nachzuweisen. Die Behauptung der Wahrheit des Christentums ist, wie die irgendeiner
Religion oder Weltanschauung, immer Sache persönlicher Entscheidung, und
die Verantwortung für diese kann der Historiker niemandem abnehmen; er hat
auch nicht – wie man gerne sagt – die historischen Phänomene, die er beschreibt,

---

chen Gotteserkenntnis benutzt oder Röm 11,36; 1 Kor 8,6 eine stoische Allmachtsformel variiert, oder wenn er die Begriffe „Gewissen (Röm 2,15 usw.), Pflicht (Röm 1,28), Tugend
(Phil 4,8), Natur (1 Kor 11,14 u.a.) verwendet, oder wenn er die Heidengötter für Dämonen
(1 Kor 10,10) oder ‚Weltelemente' (Gal 4,3.9)" erklärt (1029). Vgl. auch J. BECKER, Paulus.
Der Apostel der Völker, Tübingen (1989) ³1998, 59. – Anders freilich A. SCHWEITZER, für
den sich „im Paulinismus gar nichts spezifisch Hellenistisches" findet (Straßburger Vorlesungen [s.o. Anm.120] 515). Dagegen freilich E. GRÄSSER, „Paulinismus" (s.u. S.342f.).
   [232] M. HENGEL, Judentum und Hellenismus. Studien zu ihrer Begegnung unter besonderer Berücksichtigung Palästinas bis zur Mitte des 2. Jhs v.Chr. (WUNT 10), ³1988, 565.
   [233] R. BULTMANN, Das Urchristentum im Rahmen der antiken Religionen, Zürich 1949.
   [234] Ebd. 7.

hintendrein noch zu ‚werten'. Wohl aber kann er die Entscheidungsfrage als solche klären."[235]

Letzteres ist das, was Lukas, der sowohl Historiker als auch Evangelist ist, seinem Adressaten Theophilus verspricht (Lk 1,1–4).[236] Dabei ist nicht nur an Theophilus zu denken. „Die intendierte Wirkung auf ihn steht im Sinne des Lukas jedenfalls repräsentativ für die Wirkung des Werkes auf jeden Leser."[237]

5. Ausblick

Dass die bald nach dem Zweiten Weltkrieg beginnende und rasch in Blüte stehende redaktionsgeschichtliche Erforschung der Evangelien die Aufmerksamkeit der Neutestamentler in Deutschland besonders auf das lukanische Doppelwerk lenkte, hat einen einfachen Grund: Lukas war bereits in der ersten Hälfte des 19. Jh.s als *Historiker* und *Schriftsteller* eigener Prägung mit einer bestimmten theologischen Tendenz entdeckt worden.[238] Das mit Hilfe der neuaufgekommenen Methode nach Motivation und Zweck genau zu erforschen, lag also nahe. Welche Interessen hat der mit literarischen Ansprüchen auftretende *Berichterstatter* Lukas, der erzählen will, „was wirklich gewesen ist"?[239] Nicht mehr der Sammler, Tradent und Redaktor, der *Theologe* steht im Vordergrund, dessen Beweggründe, Absichten und tendentiellen Intentionen man auf Grund eingehender Analyse der vorliegenden Texte kennenlernen möchte.

So ist man in einem weiten Bogen wieder zu F.Chr. Baur zurückgekehrt und hat von hier aus die tendenzkritische Auslegung des Lukas weiter vorangetrieben und zu überzeugenderen Ergebnissen geführt, als es Baur im Banne der Hegelschen Dialektik von These, Antithese und Synthese vermochte. Vor allem darin ist man über ihn und seine Schule hinausgekommen, dass Lukas – obwohl ein Schriftsteller mit einer eigenen Tendenz – gleichwohl *Historiker* sein will. Und was den Paulinismus anbetrifft, gibt man Baur teils recht, teils widerspricht

---

[235] Ebd. 7f.

[236] G. KLEIN, Lukas 1,1–4 (s.o. Anm. 66) 259. Vgl. auch K. ROSEN, Der Historiker und die Evangelien (s.o. Anm. 119) 19–22. Dem oben zitierten Satz von Bultmann, dass der Historiker nicht apologetisch die Wahrheit des Christentums nachzuweisen hat, dürfte er im Blick auf den Historiker Lukas kaum zustimmen, denn Rosen schreibt: „Lukas war Missionar. Er erkannte, welches die entscheidende Voraussetzung war, um einen kritischen Geist wie Theophilus zu Jesus zu bekehren: Man mußte ihm Sicherheit geben gegen den naheliegenden Zweifel, ob der Mann aus Nazareth tatsächlich all die menschliches Maß übersteigenden Dinge getan hatte, die von ihm berichtet wurden. Der Missionar mußte zugleich ein glaubwürdiger Historiker sein" (21f).

[237] G. KLEIN, a.a.O. 257. Vgl. auch K. BACKHAUS, Im Hörsaal des Tyrannus (Apg 19,9) . Von der Langlebigkeit des Evangeliums in kurzatmiger Zeit: ThGl 91 (2001) 4–23.

[238] M. RESE, Das Lukas-Evangelium. Ein Forschungsbericht, in: ANRW II 25/3 (1985), 2258–2328: 2275.

[239] E. KÄSEMANN, Der Ruf der Freiheit, Tübingen ³1968, 156.

man ihm. Für Baur wird Petrus in der Apostelgeschichte „paulinisirt" und Paulus „seine antithetische Schärfe ganz genommen, er hat im Grunde nichts eigenthümlich Paulinisches".[240] Adolf Jülicher hat das bereits korrigiert: „Nicht Paulus wird judaisirt, nicht Petrus paulinisrt, sondern Paulus und Petrus lucanisirt d.h. katholisirt".[241] Diese frühe Einsicht führte schließlich zu einem heftigen Streit um den Charakter der lukanischen Theologie, der unter dem Stichwort „Frühkatholizismus" ausgefochten wurde. Dass sich die Wogen des Streites längst geglättet haben, hat mehrere Gründe. Der wichtigste ist sicher die Einsicht, dass eine von Paulus abweichende Theologie nicht von vorneherein als defizitär oder gar häretisch zu verdächtigen ist. Aber auch methodische Neuansätze spielen dabei eine Rolle. Jüngere Forscher sind heute stark von den Theorien der modernen Sprachwissenschaft berührt. Sie haben die schon länger erkannten Schwächen der formgeschichtlichen Methode hinter sich gelassen und versuchen durch eine linguistische und soziologische Auslegung des Neuen Testaments zu neuen hermeneutischen Ufern aufzubrechen, um die ganz auf der Textebene arbeitende redaktionsgeschichtliche Methode noch zu verbessern.

Zunehmende Not bereitet dagegen die sich explosionsartig vermehrende exegetische Literatur. Die sich daraus ergebende „Unübersichtlichkeit der Fragen und Lösungen" droht in der Tat „zum Hauptproblem neutestamentlicher Forschung zu werden".[242] Um ein signifikantes Beispiel zu geben: Der Lukas-Kommentar von J. Wellhausen (1904) hat 142 Seiten. Der von Bovon mit seinen 3 Bänden hat jetzt schon 1480 Seiten; nach Erscheinen des 4. Bandes werden es wohl 2000 sein. Nimmt man dann die 700 Seiten des zweibändigen Acta-Kommentars von R. Pesch hinzu, dann umfasst die Auslegung des lukanischen Doppelwerkes im EKK fasst 3000 Seiten! Dabei sind *absolut neue Probleme* kaum hinzugekommen. Wir wälzen immer noch die alten, wobei das Forschungspendel einmal mehr nach der tendenzkritischen, einmal mehr nach der tendenzbejahenden, d.h. die Geschichtstheologie des Lukas positiv beurteilenden Seite ausschlägt.[243]

Die Acta-Forschung seit F.Chr. Baur hat auch sonst in vielen anderen Punkten lediglich in einer detaillierteren Form präzisiert, was die Häuptlinge im kritischen wie im konservativen Lager schon vor mehr als 100 Jahren erkannt haben. Ich nenne einige Beispiele: Der Verf. des lukanischen Doppelwerkes, der „der berühmte Paulusfreund" nicht gewesen sein kann und „zu höherer Schätzung" gelangt, „wenn wir auf die Auffindung seines Namens endgültig verzichten"[244],

---

[240] F. Chr. Baur, Vorlesungen über neutestamentliche Theologie, hg. v. F. Fr. Baur (Leipzig 1864), ND Darmstadt 1973 mit einer Einführung von W.G. Kümmel, 332. Zu Baur und seiner Schule vgl. M. Rese, a.a.O. 2272–2275.

[241] A. Jülicher, Einleitung in das Neue Testament (GThW 3.1), Freiburg-Leipzig [1.2]1894, 263 (die Schreibweise Baurs und Jülichers wurde beibehalten).

[242] M. Rese, Lukas-Evangelium (s.o. Anm. 141) 2299.

[243] Vgl. dazu ebd. 2300–2319.

[244] A. Jülicher, Einleitung 269. – Neuerdings wird mit beachtlichen Gründen gefragt, ob Lukas Makedonier war. Vgl. P. Pilhofer, Lukas als „ἀνὴρ Μακεδών". Die Herkunft des

er schreibt „nicht blos um den Wissensbetrieb von Zeitgenossen und Späteren bezüglich eines bestimmten Gebietes zu befriedigen, er schreibt im Dienste seines Glaubens, um dessen Überzeugungkraft noch zu steigern, selber aber überzeugt, dass dies am besten durch möglichst genaue und vollständige Mitteilung des wirklich Geschehenen gelingen wird".[245] Wenn demgegenüber in der Verfasserfrage gemäß der kirchlichen Tradition daran festgehalten wird, dass Lukas, der Arzt und Reisebegleiter des Paulus, und niemand anders der *auctor ad Theophilum* gewesen sein könne, so geschieht das mit genau der gleichen Argumentation, die wir schon 1836 bei K. A. Credner finden, wenn es dort heißt: „Es ist kein hinreichender Grund vorhanden, mit de Wette die einstimmige Ueberlieferung der Kirche, welche den Lukas zum Verfasser unseres Evangeliums macht, in Zweifel zu ziehen; wenigstens rechtfertigen die an dem Verfasser gerügten Mängel einen solchen Zweifel nicht". Der Verfasser war „ein Pauliner, jedenfalls war er längere Jahre ein Begleiter des Paulus". „Was endlich die mit Recht gerügten Mängel in der Darstellung betrifft ... Lukas konnte als Mensch ein treuer Gefährte und Arzt, ein theilnehmender Freund des Paulus sein, und, dass er mehr war, sagt Paulus nirgends, ohne dass derselbe darum Geist genug zu ächt historischer Forschung besaß".[246]

Selbst wichtige Ergebnisse der epochemachenden Lukas-Deutung von H. Conzelmann sind in gewisser Weise „alt". Seinen Begriff der „Heilsgeschichte" finden wir z. B. bereits bei E. Meyer[247], und dass sich im Opus Lucanum „eine deutliche Dreigliederung" finde – auf die Zeit der „alten Heilsepoche, die im Täufer ihren Abschluß und Höhepunkt" erreichte, folgen die „zwei Heilsepochen ... des Sohnes und des Heiligen Geistes" –, hat schon H. v. Baer behauptet.[248]

Ohne die methodisch souverän herausgearbeiteten Ergebnisse der Forschungen in der zweiten Hälfte des vorigen Jahrhunderts zu kassieren und ohne Lukas in der Anklage der damaligen Theologie festzuhalten, haben wir im Gegenzug dazu gelernt, was wir diesem trotz seiner „von der historischen Situation her verständlichen Irrtümer"[249] *fachgerechten Historiographen* verdanken[250]: Nicht nur unser Wissen über das frühe Urchristentum geht weitgehend auf ihn zurück.

Evangelisten aus Makedonien (neugriechisch gedruckt in: Institute for Balkan Studies. Ancient Macedonia. Sixth International Symposium. Vol. 2, o.J. [1996]. P. Pilhofer hat mir freundlicherweise das deutsche Manuskript zugesandt.

[245] A. Jülicher, Einleitung (s.o. Anm. 241) 263.

[246] K. A. Credner, Einleitung in das Neue Testament, Halle 1836, 153f.

[247] E. Meyer, Ursprung und Anfänge des Christentums, Bd. I: Die Evangelien, Stuttgart/Berlin [4.5]1924, ND Darmstadt 1962, 2.

[248] H. v. Baer, Der Heilige Geist in den Lukasschriften (BWAT 39), Stuttgart 1926, 77.45.47.

[249] M. Hengel/A. M. Schwemer, Paulus (s.o. Anm. 9) 26 Anm. 95. Hengel bezieht sich z.B. auf Lk 2,1; 3,1ff, wo sich Lukas nicht klarmacht, „daß eine ‚Schätzung' des römischen Statthalters von Syrien im Reich Herodes I. schlechterdings nicht möglich war" (ebd.).

[250] Darüber haben M. Hengel/A. M. Schwemer, a.a.O. 9–26 ein ganzes Kapitel geschrieben.

Zusammen mit den Paulusbriefen „bildet die Apostelgeschichte darüber hinaus *den einzigen*, gewiß sehr engen, aber doch noch – einigermaßen – durchgängigen ‚Korridor‘ zu den ersten Anfängen der Urgemeinde, d.h. sie hilft uns, die Brücke, oder besser einen schmalen Steg ‚zwischen Paulus und Jesus‘ zu schlagen.“[251] Der Streit um „Lukas und/oder Paulus“, so wichtig er für die Frage nach dem authentischen Paulinismus ist, muß nicht mehr die Lukas-Forschung in zwei Lager spalten. Denn was die den Paulinismus betreffenden *mageren* biographischen und theologischen Daten der Apostelgeschichte anbetrifft, muß man feststellen, daß sie vielleicht doch mehr zum besseren Verständnis des Apostels der Völker beitragen, als man das in der Epoche des „Haut den Lukas!“ angenommen hat.[252] Jedenfalls würde es uns ohne die Apostelgeschichte viel schwerer fallen, „den religiösen und kulturellen Rahmen zu beschreiben, in dem der Jude Paulus gelebt hat“[253] und der das von ihm verkündigte Evangelium mit geprägt hat.

Das gilt unbeschadet der Frage nach den *Quellen* der Apostelgeschichte, mit der wir einen ausgesprochen kargen Acker betreten, auf dem kaum neue Erkenntnisse zu gewinnen sind. Es werden die immer gleichen Hypothesen, Ansichten, Fragen und Antworten diskutiert, ohne dass ein konsensfähiges Ergebnis auch nur in Sicht käme. Hat es in der ersten Actahälfte keine größeren zusammenhängende Quellen gegeben (so viele)? Oder ist doch mit der sog. Antiochenischen Quelle oder mit einer von Lukas bearbeiteten Sammlung von Petrusgeschichten zu rechnen (Hengel; Schneider; Roloff)? Haben wir in der „Wir-Quelle“ bzw. dem Itinerar oder einer Mehrzahl solcher Dokumente das „Gerüst“ zu erblicken, das den Paulusteil der Apostelgeschichte zusammenhält (Schneider; Schmithals; Lüdemann u.a.)? Oder ist auch das zu bestreiten (Haenchen, Conzelmann)?[254] Lässt sich eine Quellen- oder Traditionsbasis überhaupt eruieren, wo doch Sprache und Stil der Apostelgeschichte durchgängig von Lukas selbst geprägt sind? Nach einer kritischen Sichtung der wichtigsten vorgetragenen Theorien stellt D. Guthrie fest: „Attempts to isolate the sources which Luke has used have not been successful, and it is questionable whether any further progress in this direction is likely to be made“.[255]

Im übrigen wissen wir seit Dibelius, dass wir erst dann wieder über die Quellen des Lukas reden können, wenn das Verhältnis von Tradition und Komposition bei ihm festgelegt ist.[256] Aber eben da ist man sich nicht einig.

---

[251] Ebd. 26.

[252] J. BECKER, Paulus (s.o. Anm. 231) 34–41; M. HENGEL/A.M. SCHWEMER, a.a.O. 30.

[253] J. BECKER, a.a.O. 35. Vgl. auch R. RIESNER, Die Frühzeit des Apostels Paulus. Studien zur Chronologie, Missionsstrategie und Theologie (WUNT 71), Tübingen 1994.

[254] Vgl. zu dem allem E. PLÜMACHER, Acta-Forschung 1974–1982: ThR 49 (1984) 120–138: 120f.

[255] D. GUTHRIE, New Testament Introduction, Leicester, Illinois [4]1990, 397.

[256] M. DIBELIUS, Rez. zu V. TAYLOR, Behind the Third Gospel. A Study of the Proto-Luke-Hypothesis, Oxford 1926, in: ThLZ 52 (1927) 146–148: 148.

Auch bei einem nur oberflächlichen Überblick über den Gang der Forschung in den letzten 200 Jahren gewinnt man jedenfalls den Eindruck, dass wir in mancher Hinsicht nur vergessen bzw. nicht genügend beachtet haben, was schon unsere Altvorderen an negativen und positiven Urteilen über das zweite Buch des Lukas abgegeben haben. Ich zitiere noch einmal den besonders kritischen Altmeister der Einleitungswissenschaft, Adolf Jülicher, der den Paragraphen über die Apostelgeschichte mit folgenden Sätzen beschließt: „Wir können den Wert eines Buches kaum hoch genug schätzen, dem wir zwar nicht gerade das Verständnis der apostolischen Zeit verdanken, aber grossenteils die Möglichkeit die Urdocumente, die Apostelbriefe zu solchem Verständnis auszunutzen. Und auch unter ästhetischem Gesichtspunkt verdient Act hohes Lob; dieselbe treuherzige Wärme, derselbe liebenswürdig schlichte Plauderton, dasselbe tactvolle Verzichten auf alle Effecte wie im Evgl., das Ideal einer kirchlichen Geschichte."[257]

Mit diesen und anderen sehr frühen Erkenntnissen und Einsichten hinsichtlich der Forschungen zur Apostelgeschichte vor Augen ist man im Blick auf die Gegenwart geneigt, sich den Prediger Salomo in Erinnerung zu rufen, der 1,10 feststellt:

„Wenn es etwas gibt, von dem man sagt:
siehe dies an, es ist neu,
so hat es das schon längst in fernen Zeiten gegeben,
die vor uns gewesen sind".[258]

Was hier ganz allgemein von der Geschichte gesagt wird – sie ist „Wiederholung gleichartiger Vorgänge"[259] –, das gilt in gewisser Weise auch für die Geschichte der Erforschung der neutestamentlichen Probleme[260], deren die Apostelgeschichte nicht die wenigsten stellt. In der ihnen gewidmeten gegenwärtigen Literaturflut wird vieles nur wiederholt, was längst schon gesagt wurde. Deshalb sei zum Schluss an das erinnert, was W. Bousset an W. Wrede gerühmt hat: Er sei „gegen eine allzu kleinliche, zwecklos vielgeschäftige, alles wissenwollende, unter dem Fluch der Vollständigkeit leidende Art der Arbeit" eingetreten „für größeren Stil und energisches Drängen auf die Hauptsache".[261]

---

[257] A. JÜLICHER, Einleitung (s.o. Anm. 241) 270.
[258] Übersetzung nach A. LAUHA, Kohelet (BK.AT 19), 1978, 31.
[259] Ebd. 36.
[260] Vgl. dazu das bes. informative Buch v. W.G. KÜMMEL, Das Neue Testament. Geschichte der Erforschung seiner Probleme (OA III/3), Freiburg/München ²1970 (engl. London 1978).
[261] Vgl. W. WREDE, Vorträge und Studien, Tübingen 1907, VI. Das von Bousset ausgesprochene Lob findet sich im Vorwort zur 2. Aufl. von Wredes „Paulus" (1907, 5).

II. Die Lösung des Problems der Parusieverzögerung in der Apostelgeschichte

„Wie uneschatologisch Lukas denkt, geht nicht nur aus dem Inhalt, sondern vor allem aus dem Faktum der Apostelgeschichte hervor. Die ersten Christengemeinden, die das nahe Weltende erwarteten, hatten kein Interesse daran, der Nachwelt Berichte über ihre Entstehung und Entwicklung zu hinterlassen. Nur ein Mann, der mit dem Fortbestand der Welt rechnete, konnte das unternehmen." So Vielhauer in seinem programmatischen Aufsatz über den „Paulinismus" der Apostelgeschichte[1]. Andere sind ihm in diesem Urteil gefolgt[2]. Dagegen ist auch schwerlich etwas einzuwenden. Das Urteil wird im Folgenden vollauf bestätigt, wenn wir fragen: Wie setzt sich Lukas in der Apostelgeschichte mit der urchristlichen Naherwartung auseinander und in welchem Sinn löst er das durch sie gestellte Problem der Parusieverzögerung?

1. Das Programm

Gleich zu Anfang des zweiten Teiles seins Geschichtswerkes nimmt Lukas das entscheidende Problem entschlossen in Angriff: wie steht es mit der Erwartung einer baldigen Parusie Christi? Erst wenn diese Frage gelöst ist, bekommt sein Unternehmen, das erste Stück Kirchengeschichte zu schreiben, einen Sinn.

In 1,1–3 gibt Lukas einen knappen Überblick über den ersten Teil seines Geschichtswerkes[3]. Schon hier ist die Ausdrucksweise auffällig: Jesus erschien seinen Jüngern nach der Auferstehung während 40 Tagen λέγων τὰ περὶ τῆς βασιλείας τοῦ θεοῦ (v. 3). Das heißt, er redet mit ihnen über „die Dinge" der Gottesherrschaft[4]. Also belehrend[5]. Das zeigt die veränderte Situation: der flammende Bußruf samt der drohenden Ankündigung baldigen Gerichtes ist der sach-

---

[1] EvTh 1950/51, 1–15. Zitat S. 13. Vgl. auch Dibelius, Aufsätze zur Apostelgeschichte 92.
[2] Bultmann, Theol. 462; Conzelmann, Mitte 6; Haenchen, Apostelgesch. 87 (vgl. auch die dort Anm. 1 Genannten).
[3] Das schwierige überlieferungsgeschichtliche Problem kann hier außer Betracht bleiben. Vgl. dazu jetzt Menoud, Remarques sur les textes de l'ascension dans Luc-Actes, Neutestamentl. Studien für R. Bultmann 148–156. Vgl. auch Kümmel, ThR 1948, 9, Anm. 1 und die dort Genannten, sowie ThR 1954, 196.
[4] Vgl. Zahn, Apostelgesch. 22; Wendt z. St. 64.
[5] Bezeichnend ist, daß die kath. Exegese hier Raum fand für Belehrungen Jesu über die Kirche als Institution der Heilsvermittlung (vgl. H. H. Wendt, Apostelgeschichte 64).

lich-ruhigen Unterweisung über das, was mit der Basileia zusammenhängt, | gewichen. Sie entspricht dem lukanischen Entwurf, wonach die Aussagen über das Wesen des Reiches vor denen seiner Nähe stehen[6].

Act 1,4f. folgt die Anweisung des Erhöhten an die Apostel, nicht sogleich über Jerusalem hinaus zu missionieren (vgl. Lc 24,47), sondern den Termin der Geistausgießung abzuwarten (Lc 24,49)[7]. Er ist für die nächste Zeit in Aussicht gestellt: οὐ μετὰ πολλὰς ταύτας ἡμέρας (v. 5)[8]. Tatsächlich sind aber die Apostel weit über diesen Termin hinaus in Jerusalem geblieben[9]. Überhaupt ist es sehr die Frage, ob sich die Anweisung ἀπὸ Ἱεροσολύμων μὴ χωρίζεσθαι (v. 4) ursprünglich auf den Termin der Geistausgießung bezogen hat, oder ob dahinter nicht die Vorstellung steht, daß die Parusie in Jerusalem und nur in Jerusalem zu erwarten sei (vgl. Lc 24,49)[10]. Dafür spricht 1,6, die Frage der Jünger: „Herr, stellst du in dieser Zeit für Israel das Reich wieder her"[11]? Das ist die alte israelitisch-jüdische Hoffnung[12], die durch die letzten Ereignisse in Jerusalem, besonders durch die Ostererlebnisse, auf die Spitze getrieben war[13]. Die allerälteste Gemeinde lebte in täglicher Parusieerwartung. Das ist der Hintergrund von Act 1,4ff. |

---

[6] Vgl. CONZELMANN, Mitte 97.

[7] Vgl. HAENCHEN, Apostelgesch. 112.

[8] Zum Ausdruck vgl. HAENCHEN a.a.O. 113, Anm. 5.

[9] Vgl. WELLHAUSEN, Krit. Analyse der Apostelgesch. 2.

[10] WELLHAUSEN a.a.O. Im Anschluß daran K. HOLL, Ges. Aufs. II, 55f.; vgl. J. GEWIESS, Die urapostolische Heilsverkündigung nach der Apostelgesch. 5. – Anders Lohmeyer, Gal u. Jer. 48: er stellt die Frage, ob das noch die Meinung des Lukas sein könnte. Im Blick auf Act 1,6f. ganz gewiß nicht! Aber das schließt nicht aus, daß hier eine alte Tradition verwertet wird, die Lukas im Sinne der ausgebliebenen Parusie umgestaltet. Jerusalem als Stätte der Parusie z.B. Test. Zeb. 9,8; vgl. Str.-B. II, 300: das Heil nimmt von Jerusalem seinen Ausgang. Die Bedetung Jerusalems als Ort der Parusie betonen K. HOLL, a.a.O.; H. LIETZMANN, Gesch. d. alten Kirche I 53; vgl. GOGUEL, La foi à la résurrection de Jésus 313f. Von daher erklärt sich auch die baldige Rückkehr der geflohenen Jünger nach Jerusalem (vgl. J. GEWIESS, a.a.O. 7) und das wachsende Übergewicht der jerusalemischen über die galiläische Tradition (vgl. GOGUEL a.a.O. 315. Zum Problem beider Traditionen siehe Beginnings V,7ff.).

[11] Zum Text s. Beginnings III, 4.

[12] Die Bitte um Wiederherstellung des Reiches Israel gehörte zum festen Bestandteil der jüdischen Gebete. Vgl. das Achtzehnbittengebet. Dazu Str.-B. II, 588. Auffallend ist, daß sie hier wieder ausgesprochen nationalen Charakter trägt (vgl. HOLTZMANN, Apostelgeschich., 2. Aufl., 1892, 324; PREUSCHEN, Apostelgesch. 5; SNT III, 5. – GEWIESS, a.a.O. 101ff. versucht diesen Sinn abzuschwächen).

[13] Vgl. BAUERNFEIND, Apostelgesch. 21; GEWIESS a.a.O. 5. Siehe auch Str.-B. IV, 1, S. 55f. – HAENCHEN, Apostelgesch. 112, Anm. 4 weist die Vermutung zurück, nach der ursprünglichen Überlieferung habe Jesus den Jüngern geboten, bis zur Parusie in Jerusalem zu bleiben. Er sieht folgende Traditionsstadien: 1. Flucht der Jünger nach Galiläa und Erscheinungen dort; 2. Befehl Jesu an die Jünger, nach Galiläa zu gehen; 3. Befehl Jesu, in Jerusalem zu bleiben. „Dieses Gebot mußte befristet werden, da in der von Lukas Act 8,14ff. mitgeteilten Tradition Petrus und Johannes außerhalb Jerusalems auftreten". – Ich sehe nicht, wie durch dieses Argumente eine ursprüngliche Parusieerwartung erledigt sein soll.

Die Frage nach dem eschatologischen Termin wird abgewiesen, doch diesmal prinzipiell. Lc 17,20; 19,11 und 21,7 wurde sie bloß durch ausgeführte Belehrung zurechtgestellt[14]; jetzt wird sie grundsätzlich gelöst: „Euch gebührt es nicht, Zeit oder Stunde zu wissen, die der Vater nach seiner eignen Macht festgesetzt hat (vgl. Mc 13,32)[15], aber ihr werdet Kraft empfangen, wenn der hl. Geist über euch kommt". Es bleibt diesmal nicht bei einer bloß negativen Auskunft; sie wird ergänzt durch den positiven Hinweis auf das Phänomen des Geistes, der der Ersatz (ἀλλά!)[16] für das eschatologische Wissen ist[17]. „Als erster beruft sich Lukas bewußt auf das Geistphänomen zur Bewältigung des Parusieproblems"[18].

Diese Lösung kann nicht leicht überschätzt werden. Sie war für die gesamte Entwicklung der Kirche von eminenter Bedeutung. Denn im Besitz des Geistes nahm sie das Ende vorweg[19], so daß sie jetzt in der Tat „keine reine Zukunft mehr" hat, „denn sie hat ja bereits den Geist"[20]. Als Kraft der zukünftigen Welt gibt dieser überhaupt erst die Möglichkeit zum Durchhalten in der Welt. Er ist der gegenwärtige Ersatz für die auf unbestimmte Zeit verschobene Aufrichtung des Reiches[21]. So für Lukas! Markus und Matthäus machen nicht in der Weise Gebrauch von dem Geist, wenngleich auch sie ihn in das Leben | Jesu zurücktragen[22]. In ihrem Aufriß dient er mehr dem Erweis der Messianität Jesu (Mc 1,10; Mt 1,18.20; 12,28)[23]. Jedenfalls aber ist er bei ihnen nicht von der gleichen prinzi-

---

[14] Vgl. CONZELMANN, Mitte 103.

[15] Rabb. Parallelen bei Str.-B. II, 588f.

[16] Zu ἀλλά vgl. J. GEWIESS a.a.O. 102.

[17] BOUSSET, Jesus der Herr 28; WELLHAUSEN, Krit. Analyse der Apg. 2; MICHAELIS, Täufer 121f.; CONZELMANN, Mitte 116; vgl. auch HOSKYNS, ThBl 6 (1927), 117; ähnlich Beginnings IV, 8: „They will receive the Spirit, not as members of the Kingdom, but in order to be witnesses to Jesus".

[18] CONZELMANN, Mitte a.a.O. – W. MICHAELIS, Kennen die Synoptiker eine Verzögerung der Parusie?, S. 123 redet im Blick auf Act 1,6–8 nur von einer „Modifikation der Naherwartung", die hier programmatisch zum Ausdruck komme (vgl. auch Verzieht 57f.). Aber Act 1,6–8 modifiziert nicht, sondern transponiert die Naherwartung aus dem Zentrum an das äußerste Ende. Der Ersatz der Parusie (durch den Geist) kommt einer Eliminierung gleich.

[19] Nach alter prophetischer Vorstellung gehören Geist und Ende zusammen (z.B. Joel 2,28ff.). Für die messianische Endzeit erwartet man die allgemeine Ausrüstung des Volkes mit dem Geist (vgl. Str.-B. II, 128ff.; JEREMIAS, Jesus als Weltvollender 13f.), während in der Zwischenzeit nach jüd. Dogma seit den letzten Propheten Haggai, Sacharja u. Maleachi der Geist erloschen ist (Str.-B. ebd.). Vgl. auch HAENCHEN, Apgsch. 114.

[20] H. v. CAMPENHAUSEN, Trad. u. Geist im Urchristentum, Studium Generale 4 (1951), 353.

[21] Vgl. BRÜCKNER, Geist u. Geistesgaben im NT, RGG[1] II (1910) 946.

[22] Die Frage nach dem Phänomen des Geistes in der synoptischen Tradition ist seinerzeit von O. HOLTZMANN monographisch gestellt worden: War Jesus Ekstatiker? (1903). Sie ist später konservativ behandelt worden von Frövig, Büchsel und Windisch, radikal bezweifelt worden von Weinel (Bibl. Theol.), J. Weiß, Leisegang und Goguel.

[23] Allerdings spielt er auch für das Leben des Einzelnen eine Rolle. So, wenn an die christl. Taufe die Geistverleihung geknüpft wird (Mc 1,8); oder wenn der Geist als Anklagevertreter verheißen wird (Mc 13,11). Aber gerade die sek. Verknüpfung von Geist u. Taufe

piellen Bedeutung wie bei Lukas. Bezeichnend dafür ist z.B. die Tatsache, daß es keine haltbaren Belege für die Gabe des Geistes an die Jüngerschaft in Form einer Verheißung gibt[24].

Act 1,7f. bleibt bei der Verheißung der Geistausgießung nicht stehen. Daneben tritt die weltweite Mission: „Ihr werdet meine Zeugen sein in Jerusalem und in ganz Judäa und Samarien und bis an das Ende der Erde". Damit ist die Thematik des Lukas im zweiten Teil seines Geschichtswerkes programmtisch dargelegt: die nahe Parusie fällt aus! An ihre Stelle tritt der Entwurf einer Heilsgeschichte nach Gottes Plan, der durch zwei Faktoren wesentlich bestimmt ist: durch die Zeit des Geistes und die fortschreitende Missionierung der Welt[25]. Dieser kontinuierlich sich steigernde heilsgeschichtliche Prozeß ersetzt die apokalytische Erwartung der Urgemeinde. Er ist aufgebaut nach dem Schema Verheißung und Erfüllung: die Verheißung der Väter ist in Jesu Auftreten erfüllt (Act 13,32f.) und realisiert sich weiter bis zur Vollendung (3,19ff.). Diese aber steht nicht mehr im Zentrum, wenigstens nicht im Sinne einer apokalyptisch-eschatologischen Vollendung, sondern ganz am Rande als locus de novissimis[26].

Dieses von Lukas vorausgestellte Programm bestimmt alles Folgende[27]. Wir werden im einzelnen sehen, wie er den uneschatologischen Entwurf durchhält. |

2. Himmelfahrt und Pfingsten

Der sich unmittelbar anschließende Bericht von der Himmelfahrt (vv. 9–11) wiederholt noch einmal, was schon Lc 24,50ff. berichtet war[28], dieses Mal erweitert um das Trostwort v. 11. Die jetzt beginnende Zeit der Erhöhung[29] wird dau-

---

zeigt wieder die Verschiebung des eschatol. Aspektes: aus der Taufe für das kommende Reich wird eine Taufe auf den erhöhten Herrn (vgl. BÜCHSEL, Geist 260).

[24] Vgl. BARRETT, Holy Spirit 135ff.

[25] Vgl. HARNACK, Apgsch. 4. Siehe auch S.6; HAENCHEN, Apgsch. 114f.

[26] VIELHAUER a.a.O. 12f.; vgl. CONZELMANN, Mitte 116; E. LOHSE, Lukas als Theologe der Heilsgesch. 265ff.; BULTMANN, Theol. 463; HAENCHEN a.a.O.

[27] Ihm entspricht auch der Plan seines Buches: das Zeugnis, daß Jesus auferstanden ist und zum Messias gemacht wurde (2,36), muß erst Jerusalem gebracht werden (Kap. 2–7). Im Zuge der Verfolgungen, die bei des Stephanus Tod einsetzen, gelangt diese Botschaft nach Judäa und Samaria (8,1). Schließlich trägt Paulus das Evangelium nach Rom, an das τέρμα τῆς δύσεως (I Clem 5,7). Der lukanische Plan hat sein Ziel erreicht! Vgl. MENOUD, Le plan des Actes des Apôtres, NTSt 1 (1954/55), 44–51, bes. 45f.

[28] Die schwierigen überlieferungsgeschichtlichen Fragen, wie sich die 40 Tage von Act 1,3 zu Lc 24,50–53 verhalten und wie Lc 24,50–53 hinwiederum zu Act 1,9ff., können hier außer Betracht bleiben. Man vgl. die Kommentare und Conzelmann, Mitte 177. Ferner MICHAELIS, Erscheinungen 89ff.; MENOUD, Neutestamentliche Studien für R. Bultmann 150ff.; besonders HAENCHEN, Apgsch. 115ff.

[29] Davon ist in Acta mehrfach die Rede, 2,33ff.; 5,31; 7,55f. Zur Sache vgl. J. GEWIESS a.a.O. 27ff.

ern bis zur Parusie Christi, die in unbestimmter Ferne liegt[30]. Daß die Himmelfahrt das Vorzeichen der Parusie sei[31], wird man nicht sagen können. Wohl aber ist sie ein Schritt zur Aufrichtung der Basileia[32]. Für Lukas kommt sie weder als Ersatz der Parusie noch als deren Vorzeichen in Frage, sondern sie ist die „Voraussetzung" derselben[33]. Sie ist die vorletzte Stufe des Weges Jesu und als solche eingeordnet in das Ganze des heilsgeschichtlichen Ablaufes[34]. In der Zwischenzeit lebt die Kirche auf Erden und bekommt als Ersatz für die persönliche Gegenwart Jesu den Geist: Act 2,1ff.

Der Pfingstbericht ist sprachlich und stilistisch einheitlich geformt und dürfte Lukas selbst zum Verfasser haben[35]. Die Zeitangabe ἐν τῷ συμπληροῦσθαι τὴν ἡμέραν τῆς πεντηκοστῆς will nicht streng chronologisch verstanden werden, sondern heilsgeschichtlich (analog Lc 9,51): sie ist Überschrift des Lukas und sagt, daß sich die Verheißung 1,4.8 (vgl. Lc 24,45–47) jetzt erfüllt: die Gemeinde empfängt den Geist, in dessen Kraft sie sich in einer sich dehnenden Zeit behaupten soll[36]. Den Schriftbeweis liefert Joel[37]. Er stellt zugleich die | Beziehung zur eschatologischen Thematik des Ganzen her, die Lukas noch durch den Zusatz ἐν ταῖς ἐσχάταις ἡμέραις, λέγει ὁ θεός (v. 17) unterstreicht[38]. Im Sinne des Lukas ist hier natürlich keine Naherwartung ausgesprochen[39]. Das auf die letzten Tage vor dem Ende gehende Schriftzitat[40] soll nur unterstreichen, daß man in die letzte heilsgeschichtliche Epoche vor dem Ende eingetreten ist[41]. Der Geist kommt darin „als ein Stück sich verwirklichender Eschatologie" in

---

[30] Vgl. besonders HAENCHEN, Apgsch. 120ff.

[31] L. BRUN, Auferstehung 97; FRIDRICHSEN, Himmelfahrt 340.

[32] Eschatologische Züge sind noch zu erkennen: die Männer in weißen Kleidern; ferner die Wolke: sie ist die eschatol. Wolke, auf der Jesus dereinst wiederkommen wird (vgl. P. BENOIT, L'Ascension, RB 1949, 161ff., bes. 199; MENOUD a.a.O. 152. 154). Ἔλευσις ist die Parusie wie 7,52.

[33] So richtig BERTRAM, Himmelfahrt 201.

[34] CONZELMANN, Mitte 177, Anm. 4; 178. Zur Entwicklung der Vorstellung s. BERTRAM a.a.O. 216.

[35] Zur Sache vgl. ED. LOHSE, Pfingstbericht 427, 434; DERS., ThWNT VI, 51. Siehe auch DIBELIUS, Aufs. z. Apgsch. 20; HAENCHEN, Apgsch. 133ff.

[36] Vgl. LOHSE a.a.O. 432; ThWNT VI, 50. – Zum heilsgeschichtlichen Verständnis des Geistes im Zusammenhang mit der Kirche vgl. H. v. BAER, Der hl. Geist in den Lukasschriften, 1926. Ferner CONZELMANN, Mitte 175ff.

[37] Zur Zitierung vgl. E. HAENCHEN, Schriftzitate und Textüberlieferung in der Apostelgeschichte, ZThK 51 (1954), 161f.

[38] Beginnings I, 324; LOHSE a.a.O 432, Anm. 23; ThWNT VI, 50, Anm. 40.

[39] CONZELMANN, Mitte 183, Anm. 1.

[40] Zu Joel 3,1–5 in der rabb. Lit. s. Str.-B. II, 615ff.

[41] MICHAELIS, Täufer 127ff. bemerkt ganz richtig, daß durch das Zitat Joel 3,1–5 das Ereignis nicht als Teil der Parusie gedeutet werden woll. Das Zitat ist wegen seines Schlußverses („die den Namen des Herrn anrufen") christlicher Deutung besonders fähig und soll also lediglich den Schriftbeweis für das Ereignis liefern (vgl. Rm 10,13; I Cor 1,2).

Betracht[42] wie auch als Quelle des Lebens der Gemeinde[43]. Er ist Ersatz für die Parusie[44].

Der zweite Faktor, der den Entwurf der Heilsgeschichte bestimmt, die Mission, ist verankert in dem Sprachenwunder[45] und in der Anwesenheit der vielen Völker (vv. 5–14). Sie repräsentieren die weltweite Kirche[46], deren Verwirklichung jetzt nichts mehr im Wege steht: der Geist ermöglicht die Verkündigung in allen Sprachen. Damit ist das letzte Hindernis gefallen. Die Bahn ist frei für den vorletzten Akt des göttlichen Planes: die Missionierung der Welt[47].

3. Die Parusie im Kerygma der Apostelgeschichte

Zunächst einige Bemerkungen zu dem Kerygma der Petrusrede. Dieses steckt in den vv. 22–24. 32. 33 und 38. Daß es ältestes christliches Glaubensgut enthält, zeigt die noch gänzlich unentwickelte christologische Vorstellung: |

> Jesus, der Nazoräer, von Gott durch Wunder und machtvolle Taten beglaubigt (v. 22), wird nach Gottes Ratschluß an die Gesetzlosen ausgeliefert, gekreuzigt und getötet (v. 23). Diesen Jesus hat Gott auferweckt, zu seiner Rechten erhöht und so zum Messias „gemacht" (v. 36). Als solcher gießt er den heiligen Geist aus (v. 33b).

Es fehlt also z.B. jede Präexistenzvorstellung, jede Messianität des Irdischen wie auch die ganze Sühnopfertheorie[48]. Die Parallelen zum ältesten christlichen Kerygma in I Cor 15,1ff., wie überhaupt zur apostolischen Predigt des Paulus (vgl. I Cor 1,23ff.; 3,10ff.; Gal 1,4.11ff.; Rm 10,8.9; 1,3ff.; II Cor 5,10; 4,5; I Thess 1,9.10; Rm 8,31ff.) bestätigen zudem das hohe Alter dieser kerygmatischen Aussagen[49].

---

[42] Lohse a.a.O 436.

[43] Bezeichnenderweise klingt der Pfingstbericht in einer Beschreibung des Gemeindelebens aus: Act 2,42–47. Das ist kompositorische Absicht des Lukas (Lohse a.a.O. 432; ThWNT VI, 51). Zur Sache vgl. P. Benoit, Remarques sur les ‚sommaires' des Actes 2,42 à 5, in: Mélanges offerts à M. Goguel, 1950, 1–10.

[44] Vgl. Beyer, NTD 2, S.18; Conzelmann, Mitte 80f.: nach Lukas „ist die Geistausgießung nicht mehr selbst der Anbruch des Eschaton, sondern die Eröffnung einer längeren Epoche, der Zeit der Kirche. Gewiß: diese ist die letzte Epoche im Laufe der Heilsgeschichte. Aber gerade dies stellt eine Verschiebung im Verständnis der ‚letzten Tage' dar. Der Geist ist nicht mehr selber die eschatologische Gabe, sondern der vorläufige Ersatz für den Besitz des endgültigen Heils" (S. 81).

[45] Vgl. dazu ThWNT II, 700.

[46] Lohse a.a.O ThWNT VI, 50f.

[47] Lohse, Pfingstbericht 433; ThWNT VI, 52.

[48] Vgl. SNT III, 18.

[49] Vgl. Dodd, The apostolic Preaching 27; Beyer, NTD 2, S.26f. Die Quellenfrage der Apostelgeschichte im engeren Sinn kann hier außer Betracht bleiben. Wichtig ist im Zusammenhang nur der „Richtungssinn", den Lukas dem Ganzen gibt.

Ähnliche kürzere Zusammenfassung des ältesten Kerygmas haben wir in Act 5,30; 10,38–43; 13,26–31; 17,2f. und 18,5.28 („daß Jesus der Christus sei" ist m.e. die älteste und kürzeste Form des urchristlichen Kerygmas). Etwas, was all diesen Zusammenfassungen gemein ist, ist dies, daß keine von der Parusie redet! Gott hat diesen Jesus erhöht – nicht zum Zwecke seiner baldigen Wiederkunft, sondern zur Bestätigung seiner Messianität und zur Sendung des Geistes (2,33), oder „um Israel Buße und Vergebung der Sünden zu verleihen" (5,31; vgl. 13,37f.; 26,28), oder um sowohl dem Volk als auch den Heiden Licht zu verkündigen (26,23). Nur Act 10,38–43 ist innerhalb einer solchen Zusammenfassung die eschatologische Thematik direkt angeschlagen: dem Volk soll gepredigt werden, „daß er (der Auferstandene) der von Gott bestimmte Richter der Lebendigen und der Toten ist" (v. 42). Damit ist das Gericht bei der Parusie gemeint. Jedoch ist bezeichnenderweise in dieser Aussage jedes Zeitelement vermieden. Jesus wird der Richter sein – das ist betont; das Gericht selbst bleibt in unbekannter Ferne. Konsequent ergibt sich darum auch aus diesen „Heilstatsachen" eine Forderung, die keine unmittelbar eschatologische Beziehung hat: Tut Buße, und jeder von euch lasse sich taufen auf den Namen Jesu Christi zur Vergebung eurer Sünden, so werdet ihr die Gabe des heiligen Geistes empfangen (2,38; vgl. 10,43; 13,38f.; 26,18)[50]. Oder die Forderung lautet einfach: Lasset | euch retten aus diesem verkehrten Geschlecht! (2,40). Dieser Sprachgebrauch von σῴζειν ist charakteristisch für die uneschatologische Denkweise des Lukas. So 2,47: es wurden „Gerettete" hinzugefügt (vgl. 4,9.12; 11,14; 14,9; 15,1.11; 16,30f., 27,20.31). Also: der Gläubige ist der Gerettete! Demnach ist die σωτηρία hier als gegenwärtige gemeint. Auf der anderen Seite überwiegen zwar die Aussagen, in denen das Heil als ein künftiges vorgestellt ist (z.B. Act 2,21; vgl. 15,11; 16,30f.)[51]. Aber dieses künftige Heil, auf das sich die Hoffnung richtet, „wird weniger in der Vollendung der Heilsgeschichte und in der Verwandlung der Welt beim Anbruch des neuen Äons gesehen …, als vielmehr im künftigen Leben des Individuums jenseits des Todes"[52]. Das σῴζειν erstreckt sich also nicht mehr primär auf die Bewahrung im apokalyptischen Enddrama (so Mc

---

Zur Frage der Tradition und der Komposition vgl. jetzt E. HAENCHEN, Tradition und Komposition in der Apostelgeschichte, ZThK 52 (1955), 205ff.

[50] Bezeichnend ist, daß die Bußforderung nicht eschatologisch motiviert ist, sondern auf die *vita christiana* im Sinne einer christlich-bürgerlichen Frömmigkeit abzielt. Diese Entwicklung zeigt sich durchgängig im lukanischen Gesamtwerk und kann am Begriff der μετάνοια aufzeigt werden (vgl. CONZELMANN, Mitte 84f.): die Kombination mit ἐπιστρέφειν ist typisch und zerlegt den Vorgang der Umkehr in „Reue" und „Bekehrung" des Lebenswandels (Act 3,19; 17,30f.; 20,21; bes. 26,20!). In Lc 3,8 ist der Plural καρποί schon bezeichnend (vgl. CONZELMANN a.a.O. 84). Und μετάνοια εἰς ἄφεσιν (Lc 3,3; Act 13,24; 19,4; 5,31), wobei ἄφεσις nicht mehr die „tägliche Umkehr" meint, sondern einen einmaligen Akt (vgl. CONZELMANN, ebd. Anm. 3), geht ebenfalls auf Änderung des Lebenswandels („Bekehrung").

[51] Vgl. BULTMANN, Theol. 503f.

[52] BULTMANN, a.a.O. 458.

13,13 = Mt 10,22; vgl. Mt 24,13; Mc 13,20; Lc 13,23), sondern auf die Hoffnung der Totenauferstehung (4,2.33; 17,18; 23,6; 24,14f.; 26,6ff. 22f.; 24,21)[53]. Das Interesse des Lukas an der Vollendung des Individuums[54] hat seine feste Formulierung in dem Satz von Christus als dem Richter der Lebendigen und der Toten gefunden (10,42), der dann Eingang in das Symbolum Romanum gefunden hat, wo er der einzige Satz im 2. Artikel ist, der von der eschatologischen Zukunft redet[55]. |

„Heil" bedeutet also in jedem Falle Leben und Rettung aus dem Tode. In diesem Sinne heißt Christus der ἀρχηγὸς τῆς ζωῆς (3,15; vgl. 5,31)[56], der πρῶτος ἐξ ἀναστάσεως νεκρῶν (26,32)[57], oder der σωτήρ (5,31; 13,23), die christliche Botschaft entsprechend der λόγος τῆς σωτηρίας (13,26)[58]. Ihr Inhalt ist die ὁδὸς σωτηρίας (16,17). Dieser Sprachgebrauch von ὁδός, der der Apostelgeschichte eigentümlich ist, zeigt deutlich, daß Lukas die christliche Gemeinde bereits als eine neue Religion neben der jüdischen und heidnischen kennt und versteht. Die Christen, die Paulus verfolgt, sind τῆς ὁδοῦ ὄντας (9,2). In Ephesus werden die Juden κακολογοῦντες τὴν ὁδόν genannt (19,9), und der Aufruhr entsteht περὶ τῆς ὁδοῦ (19,23)[59]. Bultmann urteilt zu diesem Sachverhalt: „Wohl kann man überall etwa ‚Richtung' übersetzen ...; tatsächlich ist aber die christliche Religion gemeint, einerlei ob dabei mehr an die christliche Lehre oder an die christliche Gemeinschaft gedacht ist"[60].

Die uneschatologische Denkweise des Lukas zeigt sich schließlich darin, daß er das Christentum als diese Religion in die Weltgeschichte einordnet. So in der

---

[53] Lukas setzt die Auferstehung aller voraus: Act 24,15: „... daß es eine Auferstehung der Gerechten wie der Ungerechten geben wird". Die allgemeine Auferstehung ist ein zentrales Motiv des Bußrufes in der Missionspredigt: Act 17,18.31; 23,6; 24,21. Dazu CONZELMANN, Mitte 94: „Das Vordringen der Auferstehungsaussage in der allgemeinen Form: ‚es gibt eine Auferstehung', ein Gericht, ist ein Charakteristikum der lukanischen Umarbeitung der Eschatologie. In dieser allgemeinen Aussage ist ja der Zeitpunkt des Gerichts nicht mehr wesentlich. Nicht seine Nähe konstituiert den Aufruf, sondern die Tatsache, daß es unausweichlich gewiß ist. So wird die Zeitform der Erwartung festgehalten, aber von jedem Terminproblem gelöst. Damit kann Lukas die tradierten Vorstellungen beibehalten, aber von der Bedrohung durch die Verzögerung befreien."

[54] Ansatzweise finden wir dieses Interesse auch schon bei Mc 9,43.45 = Mt 18,7; 19,17; 25,46, wenn Bousset Recht hat, daß hier ein ursprüngliches βασιλεία τοῦ θεοῦ ersetzt sei durch ζωή, d.h. also, daß hier der Realismus der alten Vorstellung verblaßt sei zu Gunsten von ζωή als einem Gut, das den Einzelnen zuteil wird (BOUSSET, Das Reich Gottes in der Predigt Jesu, ThR 1902, 407).

[55] Vgl. BULTMANN, Theol. 458.

[56] Zum Begriff und zur Sache vgl. CONZELMANN, Mitte 178f.; ferner ThWNT I, 485f.; HAENCHEN, Apgsch. 170.

[57] Zu diesem Begriff vgl. BULTMANN, Theol. 81; CONZELMANN, Mitte 179.

[58] Act 17,18 ist die christliche Botschaft zusammengefaßt als Mitteilung von Jesus und der Auferstehung (vgl. CONZELMANN, Mitte 179). Oder 20,24 als εὐαγγέλιον τῆς χάριτος τοῦ θεοῦ.

[59] Vgl. auch 22,4; 24, 14.22.

[60] BULTMANN, Theol. 462. Vgl. J. WEISS, Apgsch. 54f., 57; Beginnings IV, 100; V, 391f.

Areopagrede, in der er Paulus auf die athenische Altarinschrift und auf den stoischen Gottesgedanken Bezug nehmen läßt (17,23.28), um so an die heidnische Frömmigkeit anzuknüpfen. Die ganze „heidnische Geschichte, Kultur- und Religionswelt" wird dadurch „als Vorgeschichte des Christentums reklamiert"[61]. Dieselbe Reklamation findet mit der israelitisch-jüdischen Geschichte statt, wie der jeweilige Rekurs auf sie am Anfang der Reden zeigt[62].

Redet somit Lukas an den entscheidenden Stellen des Kerygmas gerade nicht von der Parusie, so will beachtet sein, daß er daneben doch die traditionellen Vorstellungen vom Reich weiter gibt und wie selbstverständlich auch das kommende Gericht zur christlichen Verkündigung zählt (17,30f.; 24,25). Doch zeigen auch diese Stellen im einzelnen deutlich eine Verschiebung des eschatologischen Aspektes.

An sieben Stellen redet Lukas in der Apostelgeschichte von der Basileia (1,3; 8,12; 14,22; 19,8; 20,25; 28,23.31), jedoch an keiner einzigen | von ihrem Kommen![63] Act 1,3 war schon genannt[64]. 8,12 haben wir die schon im Evangelium beliebte Formel εὐαγγελίζεσθαι περὶ τῆς βασιλείας (vgl. 4,43; 8,1; 16,16)[65], zu der das κηρύσσειν in Act 20.25; 28,31 (vgl. Lc 9,2) und das διαμαρτύρεσθαι in Act 28,23 eine sachliche Parallele bilden. Der Sachverhalt ist hier wie im Evangelium der gleiche: die Botschaft von der Nähe des Reiches wird abgelöst durch die vom Wesen des Reiches: τὰ περὶ τῆς βασιλείας (1,3)[66]. Es ist Heil und Friede (Lc 4,18–21). Davon sollen die Leute überzeugt werden (19,8). Entsprechend heißt darum die Reichspredigt auch ὁδός (v. 9)!

Daß das Kommen der Gottesherrschaft keinerlei Aktualität mehr hat, beweist auch das Gemeindegebet Act 4,24–31. Dort beten die Jünger angesichts der Anfeindungen ihrer jüdischen Gegner: „Und jetzt, Herr, siehe auf ihre Drohungen und verleihe deinen Knechten, dein Wort mit aller Freimütigkeit zu verkündigen, indem du die Hand ausstreckst zur Heilung und Zeichen und Wunder geschehen durch den Namen deines heiligen Jesus" (vv. 29f.). Die in dieser Situation naheliegende Bitte um das Kommen des Reiches, das aller Trübsal ein Ende bereitet hätte, fehlt gerade[67]! Statt dessen wird um den Erfolg der Mission gebetet! Wieder die typische lukanische Korrektur des eschatologi-

---

[61] VIELHAUER a.a.O. 15; vgl. BULTMANN, Theol. 463.

[62] VIELHAUER a.a.O. 13.15; vgl. BULTMANN a.a.O.

[63] Vorsichtig urteilt GADBURY, Beginnings IV, 4: „In all these passages it may mean the Church, but in none is the earlier eschatological meaning decisively excluded by the context". – Die auffallende Stelle 1,6 ist oben nicht mitgezählt.

[64] Siehe oben S. 48.

[65] Περί ist freilich auffallend und begegnet sonst nicht in dieser Verbindung. Die Überlieferung schwankt daher auch an dieser Stelle (s. Apparat bei Nestle; dazu ZAHN, Apgsch., 285, Anm. 29; PREUSCHEN, Apgsch. 49).

[66] CONZELMANN, Mitte 97. – Τὰ περὶ τῆς βασιλείας und τὰ περὶ τοῦ Ἰησοῦ sind in Act auswechselbar (vgl. 1,3 mit 28,31; dazu LOISY, Actes 724; Beginnings IV, 8). Auch das zeigt, daß die Reichspredigt mehr auf Unterweisung denn auf Intensivierung der Enderwartung geht.

[67] Vgl. Mt 6,9–13 = Lc 11,2–4.

schen Geschichtsbildes: die Mission steht im Zentrum, die Parusie am äußersten Ende.

Act 14,22 heißt es, „daß wir durch viele Trübsale in das Reich Gottes eingehen müssen". Vorher aber gilt es erst noch das Martyrium zu bestehen und den Glauben zu bewähren. Solange Christus im Himmel ist, wartet man geduldig ὅπως ἂν ἔλθωσιν καιροὶ ἀναψύξεως[68] ... καὶ ἀποστείλῃ (sc. Gott) τὸν προκεχειρισμένον ὑμῖν χριστὸν Ἰησοῦν, ὃν δεῖ οὐρανὸν μὲν δέξασθαι ἄχρι χρόνων ἀποκταστάσεως πάντων (3,20f.)[69]. Zunächst heißt es, daß die Weissagungen des AT | auf die Apokatastasis gehen (v. 21 b)[70]; dann aber wird das Ziel dieser Weissagung doch im historischen Auftreten Jesu gesehen[71]. Schließlich endet der ganze Hinweis in 3,26 in einem moralischen Appell; darauf geht seine Abzweckung, und nicht etwa auf Aktualisierung der eschatologischen Erwartung[72].

Ganz traditionell ist auch gelegentlich die Bußmahnung durch die Enderwartung motiviert: 3,20.26 und 17,30f. Aber gerade nicht durch die Naherwartung[73]! 17,31 redet z.B. ganz allgemein davon, daß Gott „einen Tag festgesetzt hat, an dem er den Erdkreis mit Gerechtigkeit richten wird durch einen Mann, den er (dafür) bestimmte". Das aber ist alles andere als aktuelle Eschatologie[74]!

Bezeichnend dafür, daß der Verfasser der Apostelgeschichte bereits in langen Zeiträumen denkt, ist Act 26,29. Nach der Rede, die Paulus vor dem König Agrippa hält, sagt dieser zu Paulus: ἐν ὀλίγῳ με πείθεις Χριστιανὸν ποιῆσαι (v. 28). Darauf antwortet Paulus: „Ich möchte wohl zu Gott beten, daß, sei es ἐν ὀλίγῳ, sei es ἐν μεγάλῳ (= nach langer Zeit) nicht allein du, sondern auch alle, die mich heute hören, solche würden, wie ich bin, ausgenommen diese Fesseln". Wieder ist als heilsgeschichtliches Ziel die Christianisierung aller Zuhörer – im Sinne des Lukas: aller Welt – fixiert. Die bis dahin ablaufende Zeit ist

---

[68] Zur Ausdrucksweise siehe Gewiess a.a.O 33. Daselbst Belege.

[69] Zum Satz vgl. Ed. Meyer III, 143, Anm. 3: er ist dem Verfasser „aus den Fugen gegangen ... und daher das μέν ohne Ergänzung durch ein δέ; aber was gemeint ist, ist klar: jetzt hat ihn der Himmel aufnehmen müssen, dann aber wird er zum Weltgericht kommen; inzwischen ist die Möglichkeit geboten, durch den Glauben die ἀνάψυξις ἀπὸ προσώπου τοῦ κυρίου zu gewinnen". Haenchen, Apgsch. 172 betont ganz richtig, daß v. 21 der Parusieverzögerung Rechnung trägt: „sie geht auf Gottes Willen zurück". Der Begriff „Parusie" ist durch den eschatologischen Terminus „Herstellung" ausgewechselt.

[70] Zum Begriff und zur Sache vgl. Oepke, ThWNT I, 386ff.; Gewiess a.a.O. 34.

[71] Bultmann, Theol. 461. – Vgl. Beginnings I, 407f. Lake beachtet ganz richtig, daß hier ein uneschatol. Teil (3,18.22f. 26) und ein eschatol. (19–21.24f.) ineinandergearbeitet sind. Der uneschatol. redet von der Verheißung eines „Propheten", die bereits erfüllt ist; der andere von der zukünftigen Sendung des Messias Jesus. Die Parusie tritt zurück; der Segen ist schon gegenwärtig (vgl. Wellhausen, Krit. Analyse der Apgsch. 8).

[72] Bultmann a.a.O 461.

[73] Anders freilich Kümmel, ThR 22 (1954), 209. Haenchen, Apgsch. 40, Anm. 2 wendet jedoch mit Recht gegen ihn ein, daß die Stellen Act 3,20.26 und 17,30f. „nicht die Grundhaltung des Lukas" repräsentieren.

[74] Vgl. Ph.-H. Menoud, Le plan des Actes des Apôtres 46.

gleichgültig. Wichtig ist nur, *daß* es dahin kommt, und sei es auch erst nach langer Zeit!

Ein ähnliches Denken in langen Zeiträumen verrät vielleicht auch Act 2,39. Hier sagt Petrus im Anschluß an die Verheißung der Geistesgabe: „Denn euch gilt die Verheißung und euren Kindern καὶ πᾶσιν τοῖς εἰς μακράν, soviele der Herr, unser Gott, herzuruft". Εἰς μακράν kann freilich die räumliche Entfernung meinen (Act 22,21); die zeitliche im Sinne von nachfolgenden Geschlechtern liegt jedoch | auch nahe[75]. Jedenfalls aber schimmert der Universalismus der Weltmission durch.

Diese kurze Skizze des Problems in der Apostelgeschichte mag genügen. Sie bestätigt, was wir schon beim dritten Evangelisten beobachteten: daß Lukas dem Problem der Parusieverzögerung nicht ausweicht oder es apologetisch umbiegt, sondern eine positive Lösung erstrebt. Diese Lösung wird versucht durch das Faktum seiner Geschichtsschreibung. In ihr wird die für die heilsgeschichtliche Konzeption typische eschatologische Zweigliedrigkeit durch die historisierende Dreigliedrigkeit ersetzt: der „Schöpfung" am Anfang entspricht die Apokatastasis am Ende. In der Mitte zwischen beiden liegt die Geschichte Jesu, die in den „Zeugen" eine Fortsetzung findet. D.h. in der Mitte liegt die Heilsgeschichte, liegt die „evangelische Geschichte als Stadium auf dem Heilsweg"[76].

So wird man dem Ergebnis Vielhauers kaum ausweichen können: „Die Naherwartung ist geschwunden, die ausgebliebene Parusie kein Problem mehr; Lukas ersetzt die apokalyptische Erwartung der Urgemeinde und die christologische Eschatologie des Paulus durch das heilsgeschichtliche Schema von Verheißung und Erfüllung, in dem dann auch die Eschatologie den ihr zukommenden Platz erhält"[77], nämlich als *locus de novissimis* am äußersten Rande seines heilsgeschichtlichen Entwurfs. Das ist die Lösung des Problems in der Apostelgeschichte.

---

[75] Vgl. Beginnings IV, 26; PREUSCHEN, Apgsch. 16. Dazu vgl. die Beispiele bei WETTSTEIN II, 469f.

[76] VIELHAUER a.a.O. 15. Vgl. CONZELMANN, Mitte 6; BULTMANN, Theol. 463; ED. LOHSE, Lukas als Theologe der Heilsgeschichte 265ff.; HAENCHEN, Apgsch. 89f.

[77] VIELHAUER a.a.O. 13.

III. Die Apostelgeschichte in der Forschung der Gegenwart

I. Kommentare

H. W. Beyer, Die Apostelgeschichte (NTD 5), 8. unveränderte Aufl. Göttingen 1957. – L. Cerfaux und D. J. Dupont, Les Actes des Apôtres, („La Sainte Bible de Jérusalem"). Paris 1954; 2. durchgesehene Aufl. 1958. – B. Götz, Die Apostelgeschichte (Christus heute. Eine Erklärung der nt'l. Botschaft, hrsg. v. G. Siegel). Stuttgart 1957. – E. Haenchen, Die Apostelgeschichte neu übersetzt und erklärt (= Krit.-exegetischer Komm. über das NT, 3. Abt. 10. Aufl.). Göttingen 1956; 11. durchgesehene Aufl. 1957; 12. neubearbeitete Aufl. 1959. – G. Klein, Besprechung von E. Haenchen, Die Apg., in: ZKG 68 (1957), 362–371. – W. Lüthi, Die Apostelgeschichte ausgelegt für die Gemeinde. Basel 1958. – Bo Reicke, Glaube und Leben der Urgemeinde. Bemerkungen zu Apg. 1–7 (AThANT 32), Zürich 1957. – R. P. J. Renié, Les Actes des Apôtres. Lyon/Paris 1954. – G. Ricciotti, The Acts of the Apostles. Text and Commentary. Übers. v. L. E. Byrne, Milwaukee, 1958. – C. H. Rieu, The Acts of the Apostles by Saint Luke. Translated with an Introduction and Notes. Penguin Books, Edinburgh 1957; Neudruck 1958. – A. Wikenhauser, Die Apostelgeschichte. Dritte von neuem umgearbeitete Aufl. (= Regensburger NT 5), Regensburg 1956. – Ders., Apostelgeschichte, LThK, Bd. I, 1957, 743–747. C. S. C. Williams, A Commentary of the Acts of the Apostles. London 1957.

II. Monographien

H. J. Cadbury, The Book of Acts in History. New York 1955. – H. Conzelmann, Die Mitte der Zeit. Studien zur Theologie des Lukas (BHTh 17). Tübingen, 1. Aufl. 1954; 2. Aufl. 1957; 3. Aufl. 1960. – B. S. Easton, Early Christianity. The Purpose of Acts and other Papers. Hrsg. von F. C. Grant. London 1955. – H.-M. Féret, Pierre et Paul à Antioche et à Jérusalem. Le „conflit" des deux Apôtres. Paris 1955. – B. Gärtner, The Areopagus Speech and Natural Revelation (ASNU XXI). Uppsala, 1955. – H. Metzger, Les routes de saint Paul dans l'Orient grec. Paris/Neuchâtel, ²1956. – F. Stagg, The Book of Acts. The Early Struggle for an Unhindered Gospel. Nashville, Tennessee 1955. – E. Trocmé, Le „Livre des Actes" et l'histoire (Études d'Histoire et de Philosophie Religieuses 45). Paris 1957.

Unerreichbar blieben mir:

A. H. N. ARMITAGE, A Portrait of St. Luke, 1955. – W. BARCLAY, The Acts of the Apostles. Philadelphia 1957. – W. DOEVE, Jewish hermeneutics in the Synoptic Gospels and Acts. Assen 1954. – J. KNOX, Chapters in a Life of Paul, 1954. – R. KOH, The Writings of St. Luke, 1953. – J. PERK, Die Apostelgeschichte. Werden und Wachsen der jungen Kirche. Stuttgart 1954. – J. STIRLING, An Atlas Illustrating the Acts of the Apostles and the Epistles, 1954. – G. STROTHOTTE, Das Apostelkonzil im Lichte der jüdischen Rechtsgeschichte (Dissertation Erlangen), 1955 (Maschinenschrift).

III. Aufsätze

1. Zum Text und zu den Quellen:

R. BULTMANN, Zur Frage nach den Quellen der Apostelgeschichte, „New Testament Essays", ed. by A. J. B. HIGGINS, Manchester 1959, 68–80. – H. J. CADBURY, „We" and „I" passages in Luke-Acts, NTS 3, 1957, 128–131. – P. GLAUE, Der älteste Text der geschichtlichen Bücher des Neuen Testaments, ZNW 45, 1954, 90–108. – E. HAENCHEN, Schriftzitate und Textüberlieferung in der Apostelgeschichte, ZThK 51, 1954, 153–167. – DERS., Zum Text der Apostelgeschichte, ZThK 54, 1957, 22–55. – W. G. KÜMMEL, Die älteste Form des Aposteldekrets. Spiritus et Veritas, Festschr. f. K. KUNDSIN, 1953, 83–98. – F. SCHEIDWEILER, Zu Acta 5, 4, ZNW 49, 1958, 136–137. – G. SCHILLE, Die Fragwürdigkeit eines Itinerars der Paulusreisen, ThLZ 84, 1959, 165–174. – A. STROBEL, Lukas der Antiochener (Bemerkungen zu Act 11, 28 D), ZNW 49, 1958, 131–134. – A. WIFSTRAND, Apostelgeschichte 25, 13, Eranos LIV 1956, 123–137.

2. Zur Tradition und Komposition:

a) Allgemeines; b) Zu den Reden der Apg.

O. BAUERNFEIND, Der Schluß der Antiochenischen Paulusrede, in: Theologie als Glaubenswagnis. Festschrift für Karl Heim zum 80. Geburtstag. Dargebracht von der Evang.-Theol. Fakultät in Tübingen, 1954, 64–78. – H. CONZELMANN, Die Rede des Paulus auf dem Areopag, Gymnasium Helveticum 12, 1958, 18–32. – DERS., Heidenchristentum, RGG³ Bd. III, 128–141. – DERS., Geschichte, Geschichtsbild und Geschichtsdarstellung bei Lukas, ThLZ 85 (1960), 241–250. – N. A. DAHL, „A people for His Name" (Acts XV. 14), NTS 4, 1958, 319–327. – D. J. DUPONT, Λαὸς ἐξ ἐθνῶν, NTS 3, 1957, 47–49. – A. EHRHARDT, The Construction and Purpose of the Acts of the Apostles, StTh 12, 1958, 45–79. – W. ELTESTER, Schöpfungsoffenbarung und natürliche Theologie im frühen Christentum, NTS 3, 1957, 93–114. – E. HAENCHEN, Tradition und Komposition in der Apostelgeschichte, ZThK 52, 1955, 205–225. – DERS., Apostelgeschichte, RGG³ I, 501–507. – J. HAMAIDE u. P. GIULBERT, Résonances pastorales du plan des Acts des Apôtres. Église vivante 9, 1957, 95–113. – H. HOMMEL, Neue Forschungen zur Areopagrede Acta 17,

ZNW 46,1955,145–178.– DERS., Platonisches bei Lukas. Zu Act 17, 28a (Leben-Bewegung-Sein), ZNW 48, 1957, 193–200. – A. F. J. KLIJN, Stephen's Speech Acts 7,
2–53, NTS 4, 1958, 25–31. – F. MUSSNER, Einige Parallelen aus Qumrantexten zur
Areopagrede (Apg. 17, 22–31), BZ N. F. 1, 1957, 125–130. – DERS., Anknüpfung
und Kerygma in der Areopagrede (Apg. 17, 22b–31), TThZ 67, 1958, 344–354. –
W. NAUCK, Die Tradition und Komposition der Areopagrede. Eine motivgeschichtliche Untersuchung, ZThK 53, 1956, 11–52. – E. SCHWEIZER, Zu den Reden der
Apostelgeschichte, ThZ 13, 1957, 1–11. – N. B. STONEHOUSE, The Areopagus
Adress, in: Paul before the Areopagus and other New Testament Studies, 1957,
1–40. – U. WILCKENS, Kerygma und Evangelium bei Lukas (Beobachtungen zu
Acta 10, 34–43), ZNW 49, 1958, 223–237. – P. WINTER, Miszellen zur Apostel-
geschichte, EvTh 8/9, 1957, 398–406.

c) Einzelprobleme

G. S. DUNCAN, Paul's ministry in Asia – The last phase (Acts 19, 22), NTS 3, 1957,
211–218. – DERS., Chronological Table to illustrate Paul's ministry in Asia, NTS
5, 1958, 43–45. – D. J. DUPONT, Notes sur les Actes des Apôtres, RB LXII, 1955,
45–59. – DERS., La mission de Paul „à Jérusalem" (Act XII 25), NovTest I, 1956,
275–303. – DERS., Pierre et Paul dans les Actes, RB LXIV, 1957, 35–47. – DERS.,
Pierre et Paul à Antioche et à Jerusalem, RechSR 45, 1957, 42–60. 225–239.
– R. W. FUNK, The Enigma of the Famine Visit, JBL LXXV, 1956, 130–136. –
E. KÄSEMANN, Die Johannesjünger in Ephesus (Aus der Festschrift für W. Bauer
zum 75. Geburtstag am 8. August 1952), ZThK 49, 1952, 144–154. – G. KRETSCH-
MAR, Himmelfahrt und Pfingsten, ZKG LXVI, 1954/55. – W. G. KÜMMEL, Him-
melfahrt Christi im NT, RGG³ III, 335. – CH. MASSON, La reconstitution du col-
lège des douze, RThPh 1955, 193–201. – PH.-H. MENOUD, Les additions au groupe
des douze apôtres, d'après le livre des Actes, RHPhR 37, 1957, 71–80. – W. PREN-
TICE, St. Paul's Journey to Damasus, ZNW 46, 1955, 250–254. – J. N. SANDERS,
Peter and Paul in the Acts, NTS 2, 1955, 133–143. – H. J. SCHOEPS, Die Pseudo-
klementinen und das Urchristentum, ZRGG X, 1958, 1–15. – G. SCHULZE-KADEL-
BACH, Die Stellung des Petrus in der Urchristenheit, ThLZ 81, 1956, 1–14. –
E. SCHWEIZER, Die Bekehrung des Apollos, Apg. 18, 24–26, EvTh 15, 1955, 247
bis 254. – DERS., Zu Apostelgeschichte 1, 16–22, ThZ 14, 1958, 46. – J. SINT,
Schlachten und opfern. Zu Apg. 10, 13; 11, 7, ZKTh 78, 1956, 194–205. – P. A.
VAN STEMPVOORT, The interpretation of the Ascension in Luke and Acts, NTS 5,
1959, 30–42. – A. STROBEL, Passa-Symbolik und Passa-Wunder in Act. XII 3ff.,
NTS 4, 1958, 210–215. – W. C. VAN UNNIK, Der Befehl an Philippus, ZNW 47,
1956, 181–191. – H. G. WOOD, The conversion of St. Paul: its nature, antecedents
and consequences, NTS 1, 1954, 276–282.

3. Qumran und die Apostelgeschichte:

O. CULLMANN, The Significance of the Qumran Texts for Research into the Beginning of Christianity, JBL 74, 1955, 213–226 (abgedruckt auch in K. STENDAHL,
The Scrolls and the New Testament, New York 1957, 18–32). DERS., Secte de

Qumran, Hellénistes des Actes et Quatrième Evangile, in: Les manuscrits de la Mer Morte, Paris 1957, 61–74. – J. DANIÉLOU, La communauté de Qumrân et l'organisation de l'Église ancienne, RHPhR 35, 1955, 104–115. – S. E. JOHNSON, The Dead Sea Manual of Discipline and the Jerusalem Church of Acts, ZAW 66, 1954, 106–120 (abgedruckt auch in K. STENDAHL, The Scrolls and the New Testament, 1957, 129–142). – S. V. MC CASLAND, „The Way", JBL LXXVII, 1958, 222–230. – F. MUSSNER, Einige Parallelen aus Qumrântexten zur Areopagrede (Apg. 17, 22–31), BZ N. F. 1, 1957, 125–130. – Bo REICKE, Die Verfassung der Urgemeinde im Lichte jüdischer Dokumente, ThZ 10, 1954, 95–112 (abgedruckt auch in K. STENDAHL, The Scrolls and the New Testament, 1957, 143–156).

4. Zur Theologie der Apostelgeschichte:

O. BAUERNFEIND, Vom historischen zum lukanischen Paulus, EvTh 13, 1953, 347–353. – DERS., Zur Frage nach der Entscheidung zwischen Paulus und Lukas, ZSTh 23, 1954, 59–88. – E. BARNIKOL, Das Fehlen der Taufe in den Quellenschriften der Apostelgeschichte und in den Urgemeinden der Hebräer und Hellenisten. Wissenschaftl. Zeitschr. der Martin-Luther-Universität Halle-Wittenberg, 6, 1956/57, Heft 4, 1–18. – H. J. CADBURY, Acts and Eschatology, in: The Background of the New Testament and its Eschatology. Dodd-Festschrift, Cambridge 1956, 300–321. – E. FASCHER, Zur Taufe des Paulus, ThLZ 80, 1955, 643–648. – E. LOHSE, Lukas als Theologe der Heilsgeschichte, EvTh 14, 1954, 256–275. – DERS., Art. Πεντηκοστή, ThW Bd. VI (1954), 44–53. – V. C. O'NEILL, The Use of „Kyrios" in the Book of Acts, Scottish Journal of Theol. 8, 1955, 155–174. – H. P. OWEN, Stephen's Vision in Acts VII. 55–56, NTS 1, 1954, 224–226. – DERS., The Scope of natural Revelation in Rom. I and Acts XVII, NTS 5, 1959, 133–143.

Vorbemerkung

Zuletzt hat W. G. KÜMMEL an dieser Stelle [1]) im Rahmen seiner fortlaufenden Berichte über die Literatur zum Urchristentum unter den „Quellen für die Geschichte des Urchristentums" die Forschungen an der Apostelgeschichte dargestellt. Das war im Jahre 1954. Inzwischen hat sich immer deutlicher das lukanische Doppelwerk – und hier besonders die Apostelgeschichte – als eigenständiges theologisches Forschungsgebiet herausgestellt, so daß es nicht mehr zweckmäßig erschien, darüber unter dem weiten Oberbegriff „Urchristentum" zu handeln. Ganz abgesehen davon, daß die Fülle des zur Apostelgeschichte Geschriebenen allein schon eine besondere Berichterstattung rechtfertigt, wie sie etwa für den französischen Sprachraum bereits vor einem Jahrzehnt von J. DUPONT in meisterhafter Form vorgelegt wurde [2]).

---

1) ThR N. F. 22, 1954, 191 ff.
2) J. DUPONT, Les problèmes du Livre des Actes d'après les traveaux recénts. (AnLov II, 17). Louvain, 1950.

I. Kommentare

Einige für einen weiteren Leserkreis bestimmte, nicht eigentlich wissenschaftliche Kommentare seien vorweggenommen.

In England hat man die Apostelgeschichte in die Penguin Classics, eine in Edinburgh erscheinende Taschenbuchreihe, aufgenommen. Es handelt sich bei dem ansprechenden Bändchen um eine Übersetzung mit kommentierenden Anmerkungen am Ende des Buches, die C. H. RIEU besorgt hat. In der „Einleitung" wird auf 21 Seiten ein knapper, aber inhaltsreicher Abriß der profangeschichtlichen und sprachlichen Problematik des Actatextes geboten, hinter der man unschwer den konservativen Ausleger vermutet. Die „Übersetzung" dient einem volksmissionarischen Zweck: sie will zeit- und doch sachgemäß sein und hofft, dem Kirchgänger von heute und dem Außenseiter verständlicher zu sein als die autorisierte englische Bibelübersetzung aus dem Jahre 1611. Einige typische Beispiele: Apg. 1, 7: „It is in God's hands" statt des früheren „which the Father hath put in his own power." Oder (besonders bezeichnend): aus dem „Sabbathweg" 1, 12 wird die „kurze Distanz" (the short distance back to Jerusalem). Die ʽΕλληνισταί von 6, 1 werden mit Hellenistic Jews, die ʽΕβραῖοι daselbst mit native Jews wiedergegeben. Oder 10, 2: Cornelius ... was a pious observer of Jewish religious customs (εὐσεβὴς καὶ φοβούμενος τὸν θεὸν...). Die Übersetzung gibt zugleich die Erklärung, die in den kommentierenden Anmerkungen (S. 114–176) erweitert und vertieft wird. Das Beste an dem Büchlein ist fraglos diese Übersetzung selbst. Denn trotz der Erklärungen ist es nur mit Vorbehalt ein Kommentar zu nennen, weil die theologische Problematik weitaus unberücksichtigt bleibt.

In Deutschland ist dieses Unternehmen, eine biblische Schrift in Taschenbuchformat zu kommentieren, noch ohne Parallele. In England dagegen scheint der Erfolg bedeutend: auf die 1. Auflage 1957 folgte bereits 1958 ein Neudruck.

B. GÖTZ nennt seine Erklärung der Apostelgeschichte selbst einen „Volkskommentar"(5). Abschnitt für Abschnitt wird erst der „Gedankengang" des Textes resümiert, dann eine „biblische Besinnung" angefügt. Letztere ist rein erbaulich gehalten und verliert sich nicht selten in fromme Sentenzen („Auch die Apostelgeschichte kann man eigentlich nur mit gefalteten Händen lesen", 16).

Eine Auslegung der Apostelgeschichte „für die Gemeinde" in Predigtform legte W. LÜTHI vor. Der umfangreiche Band stellt „einen nicht zu unterschätzenden Beitrag zu den Publikationen der letzten zehn Jahre" dar (2)[1]. Das sagt der Verfasser! Wieweit der Anspruch gerechtfertigt ist, kann hier nicht untersucht werden.

---

1) LÜTHI meint die zahlreichen eigenen Publikationen ähnlicher Art.

An *katholischen* Kommentaren zur Apostelgeschichte haben mir keine Neuerscheinungen, sondern nur Neuauflagen vorgelegen. Als „durchgesehene
und korrigierte" 4. Auflage erschien 1954 der Kommentar von R. P. J. RENIÉ.
Offenbar bezog sich das Durchsehen und Korrigieren jedoch nicht auf die
Literatur zur Apostelgeschichte. Von ihr ist weiterhin nur die ältere, allenfalls bis zum Jahre 1940 erschienene, berücksichtigt. Trotz Neuauflage wirkt
der Kommentar darum antiquiert. Zudem ist die Bezeichnung „Kommentar"
nur bedingt richtig. Der Text der Acta fehlt ganz und damit auch jede eigentliche Exegese. Es handelt sich mehr um eine systematisierende und dogmati-
sierende Darstellung als um eine philologisch-exegetische Auslegung. Nur
so ist es verständlich, daß RENIÉ die katholische Hierarchie bereits in Acta
fein säuberlich vorgebildet findet (1, 4–8. 12–26; 4, 35; 8, 14–25 u. a.). Oder
daß der sog. Liebeskommunismus in Jerusalem „la réalisation de l'idéal de
pauvreté monastique" sei (91). Oder daß die Bekehrung des Paulus ein Zeugnis „de la coexistence du libre arbitre et de la grâce efficace" sei (116). Die Erörterung der historischen und theologischen Problematik, die leider nur an
Hand der älteren Literatur zur Apostelgeschichte durchgeführt wird, leidet
sehr unter dem als Vorspann beigegebenen Spruch der päpstlichen Bibelkommission, der die freie historisch-kritische Forschung stark einengt.

Einen weiteren katholischen Kommentar legte G. RICCIOTTI 1951 in Italien
vor, der nun von L. E. BYRNE ins Englische übersetzt wurde. Man wird aber
enttäuscht, wenn man meint, dies sei auf Grund einer außerordentlichen
wissenschaftlichen Bedeutung gerade dieses Kommentares geschehen: er
unterscheidet sich in nichts von der konservativen Art katholischer Exe-
gesen, ist weitaus unkritischer als etwa der deutsche Kommentar von WIKEN-
HAUSER, führt keinerlei Diskussion mit der kritischen Actaforschung der
letzten Jahre (– HARNACK und NORDEN werden noch genannt, spätere aber,
wie z. B. DIBELIUS, werden gar nicht erwähnt –) und läßt in vielem die historische und theologische Problematik vollkommen unerörtert. Lediglich die
„Einleitung" bringt ein Kapitel „The history of Criticism" (34–42). Es beginnt mit J. G. EICHHORN (1826) und endet mit LOISY (1920). Hier werden
einzelne historisch-kritische Actaprobleme wenigstens angeschnitten, wenn-
gleich sie auch sofort wieder entschärft und harmonisiert werden. Der Kommentar selber bringt einmal die Übersetzung und dann eine fortlaufende
Exegese Vers für Vers, die – abgesehen von der für einen katholischen Ausleger obligaten unkritischen Einstellung – philologisch und zum Teil auch
biblisch-theologisch sehr gründlich und lehrreich ist. Sie leistet aber – wegen
der oft gewaltsamen Harmonisierungsversuche – für das historische Verständnis der Apostelgeschichte sehr wenig. Das Aposteldekret Apg. 15, 23–29
z. B. wird ein „Sieg des Paulus" genannt, den er in seinen Briefen nur darum
unerwähnt lasse, damit niemand seine Unabhängigkeit von den Zwölfen an-

zweifeln könne (243). Das sei auch der Grund für das Fehlen der sog. Kollektenreise Apg. 11, 30 im Galaterbrief. Paulus führe eben nur solche Reisen an,
die seinen Anspruch auf Unabhängigkeit von den Menschen (Gal. 1, 1) unterstreichen. Das aber sei bei der Kollektenreise gerade nicht der Fall, „because
it was not undertaken as part of his apostolic and evangelical ministry but
as a simple act of fraternal charity" (182). Wie sehr die Auslegung zudem
römisch-katholisch ist, dafür ein Beispiel: Die Rede des Petrus auf dem
Apostelkonzil Apg. 15 bleibt ohne Widerspruch von Seiten der Menge. Grund:
„Peter, the head of the Twelve, having spoken, any argument to the contrary
was out of place" (235). Von hier bis zur Cathedra Petri als dem unfehlbaren
Lehramt ist kein weiterer Weg mehr.

Weitaus besser ist dagegen der bewährte und gründliche Kommentar von
A. WIKENHAUSER, der eine 3., von neuem umgearbeitete Auflage erfahren
hat. Leider hat der Verfasser die Auslegung von HAENCHEN nicht mehr be-
rücksichtigen können. Aber man spürt doch deutlich (besonders in den zahlreichen in das Buch eingestreuten Exkursen), wie auch die neu aufgebrochene
Acta-Kritik (Paulus oder Lukas u.a.) berücksichtigt wird („Weder die Acta
noch die Briefe geben uns den ganzen Paulus", 15). Hinsichtlich des *Textes*
wird dem B-Text durchaus der Vorzug vor dem D-Text gegeben. In der
Quellenfrage ist WIKENHAUSER nicht viel weniger kritisch als DIBELIUS: Das
Itinerar gilt als einzige wirklich greifbare Quelle. Der *Charakter* der Apostelgeschichte wird als Mittelding zwischen Historie und Heldenbuch bestimmt[1]).
Der *Geschichtswert* wird im 1. und 2. Teil der Apg. unterschiedlich beurteilt:
dort eine „Fülle wichtigen Materials", hier „einzigartig"[2]). Die historischen
und sachlichen Spannungen zwischen Acta und Galater werden keineswegs
verschwiegen. Deutlich aber ist die Neigung, Acta gegenüber Galater mehr zu
glauben, „weil Paulus in seinen Briefen, besonders im Galaterbrief, durchaus
nicht als ruhig und leidenschaftslos berichtender Historiker schreibt, sondern
meist in der Verteidigung spricht" (14) und darum manches ausläßt. Ob man
diesen Erklärungen nun folgt oder nicht, so werden doch immerhin die Probleme nicht einfach ignoriert oder durch gewaltsame Harmonisierungskünste
„gelöst". Das macht uns diesen katholischen Kommentar vor allen andern
so wertvoll.

Ebenfalls wissenschaftlich auf der Höhe ist die schon nach kurzer Zeit in
2. Aufl. erschienene Ausgabe der Apostelgeschichte in „La Sainte Bible de
Jérusalem". Die Einleitung von L. CERFAUX gibt einen knappen, aber lehrreichen Überblick über die historischen und theologischen Actaprobleme, die

---

1) Vgl. den Art. „Apostelgeschichte" vom gleichen Verfasser im LThK I, 1957,
Sp. 743–747. Als paralleles Schrifttum wird hier auf I. II. Makk. verwiesen.
2) A.a.O., Sp. 746.

in der Grundeinstellung konservativ, aber doch nicht eng behandelt werden.
Das gilt noch mehr von der Übersetzung und den kommentierenden Anmerkungen von D. J. DUPONT. Ohne daß die Diskussion mit der neuesten Acta-
literatur ausdrücklich geführt würde, spürt man hinter allen Erklärungen
doch den vorzüglichen Kenner der zur Apg. erschienenen Literatur. In
der sachlichen und zurückhaltend-kritischen Behandlung der Probleme ist
somit dieser französische Kommentar dem von WIKENHAUSER durchaus
ebenbürtig.

Wenden wir uns nun den nichtkatholischen Kommentaren zu. ,,Glauben
und Leben der Urgemeinde'' ist das Leitthema für eine Auslegung der ersten
sieben Kapitel der Apg., die Bo REICKE in allgemeinverständlicher Form vor-
legte. Die Arbeit geht auf Volkshochschulvorlesungen zurück und will also
einen größeren (auch nichttheologischen) Leserkreis erreichen. Das geschichtliche und theologische Verständnis der genannten Kapitel steht im Vordergrund: 1) welche *Begebenheiten* sich in der oft stilisierten Schilderung des
Lukas widerspiegeln; 2) welche *Bedeutung* die einzelnen Nachrichten haben
sollen (7). Nach Bo REICKE gehen die von Lukas verwerteten *Traditionen* im
1. Teil der Apg. auf eine ,,lebendige jerusalemer Überlieferung'' zurück, die
ihm in erster Linie durch Philippus und Johannes Markus vermittelt sei. Für
den Abschnitt Apg. 2, 42–5, 42 wird – wie einst bei HARNACK[1]) – die literarische Besonderheit einer parallelen Überlieferung (2, 42–4, 31 par. 4, 32–5,
42) noch einmal breit entfaltet. Diese auffallende Duplizität der Ereignisse
wird nach MORGENTHALER[2]) mit der ,,Vorliebe'' des Lukas für solche literarischen Stilmittel erklärt[3]). Lukas stopfe das Loch zwischen Pfingsten und
Stephanus mit dem, was er habe. Die Duplizität störe ihn dabei nicht. Jedenfalls seien es objektive Quellen, die er verwerte.

Aus der Exegese selbst, die eine Fülle eigener und neuer Gesichtspunkte
bringt, sei einiges kritisch herausgegriffen: MENOUDS These[4]) von der Interpolation 1, 1–5 verfällt der Ablehnung: die Inkonsequenz des Anfanges werde
nicht verständlicher, wenn man sie erst einem späteren Bearbeiter zuschreibe
(10 Anm. 4). Gerade das aber wollte MENOUD zeigen. Bei den Belehrungen
über das Gottesreich 1, 4f. 6–8 übersieht Bo REICKE, daß diese Fragestellung
vielmehr ein Problem der Parusieverzögerung ist als Zeichnung ,,kirchen-

1) A. HARNACK, Die Apostelgeschichte, 1908.

2) R. MORGENTHALER, Die lukanische Geschichtsschreibung, 1 (1949), 98f., 130.

3) Die These von J. JEREMIAS, daß die Parallelität eine juristische Sitte sei (ZNW
1937, 205–221), verfällt erneut der Ablehnung, 108, Anm. 43.

4) PH.-H. MENOUD, Remarques sur les textes de l'ascension dans Luc-Actes,
Neutest. Stud. f. R. BULTMANN, 1954, 148–156, 2. Aufl. 1957. Vgl. dazu W. G. KÜM-
MEL, ThR N.F. 22, 1954, 196.

historischer Zusammenhänge mit volkstümlicher Vereinfachung" (18)[1]). Zu
Apg. 2, 1 ff. wird erklärt: „Aus psychologischen Gründen muß... die Ver-
legung des Wunders auf den ersten Pfingsttag als eine zuverlässige Tradition
erscheinen" (28). Das „heitere Pfingstfest" habe die Freude der Jünger über
die Auferstehung Jesu „zu einer außerordentlichen Begeisterung" erhöht
(ebd.). Es ist die Frage, ob man so – aus psychologischen Gründen – das
Datum der Geistausgießung als Bestandteil einer „zuverlässigen Tradition"
sichern kann. Zur ältesten Tradition wird es kaum gehören[2]). Die Summarien
sind nach Bo Reicke nicht Kompositionen des Lukas (gegen Haenchen). Es
bliebe sonst die auffallende Parallelität ungeklärt (110, Anm. 44). Das ist jedoch kein überzeugender Einwand gegen die Kompositionstechnik des Lukas,
der ja auch in seinen Reden die Schematik nicht scheut.

Schließlich: eine grundsätzliche Vertrauenserklärung in den historischen
Wert der von Lukas verwerteten Traditionen verleitet Bo Reicke dazu, allzu
rasch Glauben und Leben der Urgemeinde einfach aus dem vorliegenden
Lukastext abzulesen: „Situation und Organisation der apostolischen Gemeinde" findet er in 1, 1–26 beschrieben (sie wird als „monarchisch-oligar-
chisch-demokratisch" charakterisiert, 25); die „geistlichen Erfahrungen der
ersten Christen" liest er aus 2, 1–13 heraus; „Form und Inhalt der ersten
kirchlichen Predigt" aus 2, 14–41. Hierbei wird jedoch der kompositorische
Charakter der Apg. nicht genügend beachtet. Bedenkt man nämlich, daß in
den Kapiteln 1–5 sowohl die Reden, die Wundergeschichten, die Himmel-
fahrts- und Pfingstlegende als auch die Summarien mit ihrer Behauptung
eines urchristlichen Liebeskommunismus lukanische Fiktion sind[3]), so wird
man nicht so ohne weiteres das historische Bild der Urgemeinde daraus entwerfen wollen[4]). Zu dem historisch Zuverlässigen zählt lediglich die Auf-
füllung des Zwölferkreises, die enge Verbundenheit der ersten Christen mit
der jüdischen Gemeinde und ein Grundstock der Erzählung in Apg. 5. Auch
Kapitel 6 wird nahe an die geschichtliche Wirklichkeit heranführen: die Ur-

---

1) Vgl. H. Conzelmann, Die Mitte der Zeit, 2. Aufl. 1957, 116; E. Grässer, Das
Problem der Parusieverzögerung in den syn. Evangelien und in der Apostelgeschichte,
Beih. z. ZNW 22, 1957, 204 ff.

2) Vgl. E. Haenchen, Die Apostelgeschichte, Krit.-exeget. Komm. über das NT,
3. Abt. 10. Aufl., 1956, 143.

3) Das scheint durch Haenchens Kommentar als Ergebnis gesichert, a. a. O.
96. 99 ff. 143. 195. 254; vgl. dazu G. Klein, ZKG 68, 1957, 366 f.

4) Vorsichtiger urteilt E. Haenchen: „Diese Quellenverhältnisse machen es nötig,
die Frage nach dem historischen Wert von Fall zu Fall zu prüfen. Im allgemeinen
gibt die A. das Bild der Apostelzeit wieder, das man gegen Ende des 1. Jhs. sah"
(Art. „Apostelgeschichte", RGG[3] I, Sp. 505).

gemeinde war keine einheitliche Größe, sondern bestand aus zwei Gruppen mit je eigener Leitung, den „Hebräern" und den „Hellenisten".

Bo Reicke will mit seiner Auslegung „objektiv und positiv" sein (8) und „nicht zur Destruktion der Schilderung" führen. Damit will er sich offensichtlich von der radikalen Actakritik Vielhauers, Conzelmanns und Haenchens distanzieren[1]). Es bleibt nur die Frage, wieweit man bei dieser „positiven" Exegese die von Lukas aufs stärkste stilisierte Historie des Urchristentums nun wirklich „objektiv" in den Griff bekommt. Darin überzeugt die Untersuchung gerade nicht. Im Gegenteil: sie zeigt, wie falsch es ist, bei der Actainterpretation den literarischen und historischen Fragestellungen den Vorrang zu geben vor der Analyse des kompositorischen Charakters.

Haenchens Kommentar (1956) ist das einzige bedeutende Kommentarwerk deutscher Sprache seit Jahrzehnten. (Der letzte Acta-Kommentar im Meyerschen Kommentarwerk erschien 1913 von H.H. Wendt). Schon insofern darf die Veröffentlichung eines neuen großangelegten Acta-Kommentares als ein „wissenschaftliches Ereignis" bezeichnet werden[2]). Aber nicht nur insofern, sondern auch was den theologischen und historischen Ertrag der gründlichen Auslegung anbetrifft. Es kommen hier die formgeschichtlichen Forschungen von M. Dibelius auf ganzer Breite fruchtbar zum Tragen. Haenchen gibt durchweg der schriftstellerischen Tätigkeit des Lukas – und vor allem seiner theologischen Konzeption – sachlich den Vorrang vor allen literarischen und historischen Fragen. Die hermeneutische Ergiebigkeit *dieser* Interpretation wird an dem gesamten Material eindrucksvoll bestätigt. Denn in der Tat erschließt sich das Verständnis der Apg. nur dann, wenn man in ihr gleichsam eine „stilisierte Historie" sieht, „verfaßt zu dem doppelten Zweck der Erbauung der Gemeinde und der Apologie des Christentums gegenüber dem Staat"[3]). Als solche steht sie geistesgeschichtlich dem werdenden Frühkatholizismus näher als der Urgemeinde. Und es bestätigt sich vollauf, daß uns in der Apg. „eine selbständige Theologie entgegentritt, die – mag sie uns lieb oder leid sein – ernst genommen werden muß"(43)[4]).

1) Der katholische Theologe F. Mussner konstatiert mit Recht, „wie verschieden die Auslegungsergebnisse (gegenüber Haenchen) sein können", TThZ 67 (1958), 383.

2) G. Klein in seiner ausführlichen Besprechung des Kommentares, ZKG 68, 1957, 362–371. (Im Folgenden, besonders S. 102–105, habe ich mir seine Gedanken zu eigen gemacht.) Vgl. auch H.Conzelmann, ThLZ 85 (1960), 241ff.

3) Linz im „Evangelischen Literaturbeobachter", 24. Folge, 1956, 486.

4) Vgl. E. Käsemann, Neutestamentliche Fragen von heute. ZThK 54, 1957, 21: Lukas „ist nicht nur der erste christliche Historiker und ein Erbauungsschriftsteller hohen Grades, er vertritt auch eine profilierte und sehr ernst zu nehmende Theologie. Das ist freilich eine Theologie, welche sich von der urchristlichen wesentlich unterscheidet und in ihrem Zentrum wie in vielen ihrer Einzeläußerungen als frühkatho-

Die wichtigsten Ergebnisse des Kommentars sind diese:[1])

1. *Quellen.* Für den ersten Teil der Apg. hatte Lukas keine durchlaufende Quelle, sondern nur Einzelgut sehr verschiedener Art und Herkunft. Wirkliche Aramaismen sind nicht nachweisbar[2]). Für eine Reihe aramäischer Eigentümlichkeiten des Kodex D macht HAENCHEN die Bilingualität dieses Kodex (lateinisch und griechisch) verantwortlich: der lateinische Teil habe auf den griechischen benachteiligend eingewirkt (48 ff.). Im übrigen werde dagegen die semitische Färbung mancher Partien der Acta hinreichend mit einem „Septuagintismus" erklärt, den Lukas bewußt als Stilmittel gebrauche (163 Anm. 5). „Daß Lukas kein Aramäisch konnte, zeigt seine Erklärung von ‚Barnabas' als υἱὸς παρακλήσεως Apg. 4, 36" (148 Anm. 5). Jedoch die Möglichkeit gelegentlicher sprachlicher Nachwirkung palästinensischer Quellen bleibe durchaus offen.

Für den Bereich der hellenistischen Gemeinden fällt ebenfalls die seinerzeit von HARNACK aufgestellte und von J.JEREMIAS erneuerte Hypothese einer antiochenischen Quelle (6, 1–8, 4; 9, 1–30; 11, 19–30; 12, 25; 13, 1–14, 28) der Kritik zum Opfer[3]). Und das besonders wegen des entscheidenden Abschnittes 11, 19–26, der „ganz den Charakter eines lukanischen Summariums" trage, „welches aus konkreten Einzelangaben gewonnen" sei (320). Die Summarien aber hält HAENCHEN ganz für schriftstellerische Gebilde des Lukas (160 ff.; 193 ff.; 203 ff.). Schließlich hält auch die These von DODD, daß die Petrusreden der Apg. „das Kerygma der Gemeinde von Jerusalem in einer frühen Periode vertreten"[4]), der Kritik nicht stand. Das in diesen Reden überall angewandte Schema (Kerygma von Jesu Leben, Leiden und Auferstehen, Betonung der Zeugenschaft der Jünger, Schriftbeweis und Bußmahnung) zeige, daß Lukas damit dem Predigttyp seiner Gegenwart (nach DIBELIUS „um 90 nach Christus") folge. Vor allem die in den Petrusreden vorkommenden Schriftbeweise setzten deutlich den LXX-Text voraus, könnten also erst von der hellenistischen Gemeinde produziert worden sein (152).

Durchsichtiger sei die Quellenfrage im zweiten Teil der Apostelgeschichte. Auch hier habe Lukas Einzelgut sehr verschiedener Art aufgearbeitet. Da-

---

lisch bezeichnet werden muß." Ähnlich äußerte sich KÄSEMANN zum lukanischen Schrifttum schon in ZThK 51, 1954, 136 ff.

1) Vgl. dazu auch E. HAENCHEN, Art. „Apostelgeschichte", RGG³ I, Sp. 501–507.

2) Näheres dazu siehe unten S. 123 f.   .

3) Neuerdings ist R. BULTMANN in seinem Aufsatz „Zur Frage nach den Quellen der Apostelgeschichte", 1959, S. 78 für diese antiochenische Quelle eingetreten, freilich mit einigen Modifikationen. BULTMANN glaubt, daß sie im Wir-Stil geschrieben war. „Man könnte sie als die Annalen oder als die Chronik der antiochenischen Gemeinde bezeichnen."

4) The Apostolic Preaching and its Development, 20.

neben aber habe er einen durchlaufenden Quellenfaden zur Hand gehabt: das *Itinerar* der Paulus-Reisen. Mit DIBELIUS ist HAENCHEN davon über- zeugt, daß Itinerar und sog. Wir-Stücke nichts miteinander zu tun haben (435). Im Unterschied zu jenem hält HAENCHEN jedoch den Paulusgefährten Lukas *nicht* für den Verfasser der Apostelgeschichte (33). D.h., daß Lukas auch nicht sein persönliches Beteiligtsein an den Reisen in den Wir-Stücken *als Verfasser* kennzeichnen konnte. Außer Lukas dem Arzt (der nicht mit dem Verfasser der Apg. identisch ist) könne auch Timotheus oder „ein anderer" (644) hinter dem Wir versteckt sein. Desgleichen bliebe die Möglichkeit, daß das Wir in manchen Stücken fingiert sei (542).

Auch den *Umfang* des Itinerars bestimmt HAENCHEN selbständig gegen- über DIBELIUS. Während Kapitel 13f. dem Itinerar abgesprochen wird (385)[1]), werden in Kapitel 21–28 neue Spuren davon entdeckt. Dieser letztere Nachweis darf jedoch kaum als geglückt gelten[2]). Gegenüber der profanen Schiffahrtsdarstellung als Grundlage der Kapitel 27 und 28, in die der Ver- fasser der Apg. die Hinweise auf Paulus und das „Wir" erst eingefügt habe, hat W. G. KÜMMEL schon bei DIBELIUS seine Bedenken geäußert[3]). Aber gerade wenn man sich von HAENCHEN diese Bedenken ausräumen läßt, zeigt der verbleibende Rest kaum noch etwas vom Charakter eines Itinerars, das „an Reiserouten, Namen von Erstbekehrten und Missionserfolg, keineswegs an einem nautischen Kolleg interessiert war"[4]). Am wahrscheinlichsten ist immer noch, daß Lukas ein profanes Reisedokument als Leitfaden benutzt hat, das in 28, 14 b endet.

---

1) Auch der Übergang von 14, 6f. zu 14, 8, für DIBELIUS besonders beweiskräftig, läßt sich nach Ansicht HAENCHENS nicht durch den Einfluß des Itinerars erklären (369 Anm. 4). Dagegen hält BULTMANN, a. a. O. 78, daran fest, daß c. 13f. „ein Itinerar im Wir-Stil zu Grunde liegt". Es lasse sich zwar nicht beweisen, aber 13, 3f. 13f. 43f. 48f. machen durchaus den Eindruck, aus einem Itinerar zu stammen. Ebenso 14, 1–6; und 14, 8–20 hätten wir es mit einem „Einschub" zu tun, der aus einer schrift- lichen Quelle geschöpft worden sei. Zum Ganzen vgl. auch G. SCHILLE, ThLZ 84 (1959), 167. Näheres dazu siehe unten S. 125ff.

2) Vgl. G. KLEIN, a. a. O. 366: „Konnten Eigenart und Funktion des Itinerars der Aufnahme einer solchen Erzählung günstig sein? Man sieht nicht ein, wie eine Quelle, die sich gerade durch die untendenziöse, schematische Knappheit ihrer Angaben als für die alltägliche Missionspraxis konzipiert erweist…, einen derart ausführlichen und überdies für die Bedürfnisse der Mission völlig irrelevanten Be- richt [gemeint ist 21, 15ff.] geboten haben sollte. Wer dieses Bedenken nicht aner- kennt, setzt jedenfalls das einzige für die Identifikation des Itinerars bisher sicher zur Verfügung stehende Kriterium außer Kraft."

3) ThR N. F. 22, 1954, 200.

4) G. KLEIN, a. a. O. 366.

2. *Geschichtswert*. Der historische Befund wird für die konservative Acta-forschung geradezu schockierend sein. An historisch zuverlässigem Material bleibt außer dem schon genannten (siehe oben S.101) der Tod des Stephanus 7, 54 ff. (Lynchjustiz?), die Bildung einzelner Gemeinden in Samarien 8, 24 ff., „die zunächst von Philippus gewonnen wurden und sich später an die jerusalemische Gemeinde anschlossen" (266)[1]), die Taufe des Paulus 9, 1 ff., der Protest der Urgemeinde gegen die Taufe von unbeschnittenen Heiden 11, 3, die Kollektenreise des Paulus nach Jerusalem 11, 27 ff., die Hinrichtung des Jakobus 12, 1 ff., die Liste der antiochenischen Gemeindeleiter 13, 1 ff., die Missionsreisen des Paulus 13, 4 ff., 15, 36 ff., 18, 23 ff. (natürlich ohne daß alle Einzelheiten historisch wären! Sicher historisch scheint jedoch der Wanderprediger Apollos zu sein 18, 24 ff.) und seine Gefangenschaft mit der Reise nach Rom Kap. 21 ff., endlich das Apostelkonzil Kap. 15. Schließlich scheint Lukas auch den Märtyrertod des Paulus in Rom vorauszusetzen (aus 20, 17 ff. soll sich das ergeben). Jedenfalls weiß er nichts von einer Befreiung aus der römischen Gefangenschaft. Summa summarum: „Überblickt man das Traditionsgut, dann sieht man sofort, daß es für eine Apostelgeschichte nicht ausreicht" (96). Manche Einzelheiten werden hier für die Diskussion noch offenbleiben. Um die Tatsache aber wird niemand mehr herumkommen, daß sich die Apg. nicht einfach als Quelle für die Geschichte der Urkirche lesen läßt.

3. *Theologie*. Es bleibt unter dem Gesichtspunkt, daß Lukas weniger tradiert als interpretiert hat, und zwar die berichteten Ereignisse als „göttliche Tat" (93) interpretiert hat, noch zu fragen, welche *Motive* ihn bei seiner Interpretation geleitet haben. Das ist – nach HAENCHEN – zunächst einmal das allgemeine Bestreben, die von Gott gewirkte „Ausbreitung der Heilsbotschaft" (92) darzustellen. Wie er diese Periode der Ausbreitung als „Heilszeit" (95) erweist, ist die eigentlich bedeutsame theologische Leistung des Lukas. Daneben hat er vor allem Apologetik getrieben. Gegenüber dem Judentum damit, daß er nachweist, wie Christentum und Judentum sich „Gemeinschaft im Letzten" bewahren, d.h. in der Erwartung des Messias und der Auferstehung der Toten[2]). Wie denn auch Lukas das Christentum überhaupt als „innerjüdische αἵρεσις" dargestellt habe (576.565). Gegenüber dem römischen Staat wird die Apologetik besonders in der Darstellung des Prozesses des Paulus getrieben. Das Ziel *nach beiden Seiten* ist deutlich: Lukas wirbt um die Anerkennung des Christentums als einer *religio licita*[3]).

Ein anderes Motiv ist das *eschatologische*. Die Umstellung von der Nähe auf Dauer, und das heißt für Lukas: „Übergang von Weltferne zur Weltnähe"

---

1) G.KLEIN, a.a.O. 367, möchte in letzterem jedoch lukanische Fiktion sehen.

2) Einschränkend bemerkt HAENCHEN jedoch, daß diese Gemeinschaft für Lukas nur mit einem Teil des Judentums besteht: der Pharisäerschaft.

3) Vgl. dagegen H.CONZELMANN, ThLZ 85 (1960), 244 f.

(108), den die anhaltende Verzögerung der Parusie notwendig machte, ist eines seiner theologischen Hauptanliegen. HAENCHEN stimmt hier ganz mit dem überein, was CONZELMANN diesbezüglich für die Theologie des Lukas erarbeitet hat[1]). Den Charakter dieser Theologie bestimmt HAENCHEN als „frühkatholisch" (40. 205) bzw. „nachapostolisch" (593). Wieweit es dann noch berechtigt ist, an den achtziger Jahren als Abfassungszeit festzuhalten (106), ist eine offene Frage. Nach G. KLEIN spricht nichts dagegen, „das Werk des Lukas im 2. Jahrhundert anzusetzen"[2]). Hier bleibt für weitere Forschung vieles übrig.

Die jetzt erschienene 12. Auflage des Kommentares (1959) (in HAENCHENS Bearbeitung ist es die 3. Aufl.) ist ganz neu bearbeitet worden. Die neueste Literatur ist noch breiter als in der ersten Ausgabe (1956) berücksichtigt. Daß sie jetzt zudem jedem Auslegungsabschnitt in Form eines Verzeichnisses vorangestellt wird, macht den Kommentar nur um so wertvoller. Auch das hinzugekommene Sachregister wird die Benutzung des Buches erleichtern. Neben der Areopagrede und einigen anderen Abschnitten hat HAENCHEN besonders die Einleitung umgearbeitet. In ihr erscheint jetzt auch ein eigener Paragraph über „Die Quellenfrage", worüber man in der Erstausgabe vergeblich etwas Zusammenhängendes gesucht hat. Danach kommen zwei „schriftliche Quellen" als Hypothese in Betracht: die „antiochenische Quelle" und der „Reisebericht". Beide aber erscheinen HAENCHEN sehr fragwürdig. Die „antiochenische Quelle" u. a. darum, weil die Naherwartung es den ersten Gemeinden verboten habe, für eine zweite Generation zu schreiben; das Reisetagebuch des Paulus aber darum, weil ein solches grundsätzlich unwahrscheinlich sei. „Wozu soll eigentlich dieses „diaire"[3]), das seine (des Paulus) Briefe nicht nahelegen, ihm gedient haben?" (77) Statt dessen erwägt HAENCHEN eine andere Quellenbeschaffung: vielleicht habe Lukas die wichtigsten paulinischen Gemeinden besucht oder durch Gewährsmänner besuchen lassen, um sich so das nötige Material zu beschaffen. Auch habe er schließlich an die Gemeinden schreiben können. Und dann: „Es ist durchaus möglich, daß

---

1) Die Mitte der Zeit. Studien zur Theologie des Lukas, 2. Aufl. 1957. Näheres dazu siehe unten S. 110 ff.

2) A. a. O. 371. Entscheidend für G. KLEIN ist dabei der Charakter der lukanischen Theologie. „Weitere Forschung wird vor allem den konkreten Ort dieser Theologie innerhalb der sich entfaltenden frühkatholischen Denkbewegung zu bestimmen haben. Damit – hier liegt für den Kirchenhistoriker wohl das entscheidende Verdienst des neuen Kommentars – hat sich die historische Relevanz der Apg. grundlegend gewandelt (vgl. 41): Als Quelle für die älteste Epoche der Kirche hat sie sich als unzureichend erwiesen, für die Geistesgeschichte des nachapostolischen Christentums ist sie zu einem Zeugnis ersten Ranges geworden."

3) Den Ausdruck hat HAENCHEN von TROCMÉ übernommen (s. unten S. 115 f.).

Lukas aus Philippi das Tagebuch eines jener Männer bekam, welche als Vertreter dieser Gemeinde bei der großen Kollekte Paulus von dort nach Jerusalem begleitet hatten, und es freudig, nur leicht überarbeitet, seinem Buche einfügte" (77f.). Solche Erwägungen sind jedoch mindestens ebenso hypothetisch wie die jüngst von R. Bultmann zur Quellenfrage der Apostelgeschichte angestellten[1]). Ja, sie sind es noch mehr!

Zwei Paragraphen sind zur Einleitung neu hinzugekommen: einer über „Lukas als Theologe, Historiker und Schriftsteller", ein anderer über „Lukas und Paulus". In beiden wird der Ertrag der neu in Gang gekommenen Lukasforschung (Vielhauer, Conzelmann, Haenchen) zusammengefaßt. Ein weiterer Vorzug der Neuauflage ist auch der durchgeführte Vergleich der Apg. mit den Qumranschriften. So ist der neue Kommentar noch besser geworden, aber in seinen sachlichen Aussagen doch unverändert geblieben[2]).

Ein neuer Acta-Kommentar kommt aus England (C. S. C. Williams). Die überaus umfangreiche Bibliographie am Anfang des Buches (über 250 Titel von Büchern und Aufsätzen werden verzeichnet) läßt sogleich auf einen lehrreichen Kommentar schließen.

In einer längeren Einleitung und einem dreifachen Anhang („Die Apostel", „Die Kirche", „Die Gabe des Geistes") werden die literarischen, historischen und theologischen Probleme der Apg. abgehandelt. Die wichtigsten Ergebnisse: *Verfasser* ist „Lukas, der geliebte Arzt". Aus seiner Feder stammt nicht nur der *Wir-Bericht*, sondern auch der Rest des Buches und das 3. Evangelium. Hinsichtlich schriftlicher *Quellen* ist Williams sehr zurückhaltend: „Luke's sources were persons like St. Paul, St. Barnabas, Silas, Philip and his daughters, and John Mark (cf. Luke 1, 1–4)" (11). Diese seine mündlichen Traditionen habe Lukas so geschickt ineinander verwoben, daß es unmöglich sei, heute seine „Quellen" zu benennen. Die *Entstehung* des Lukas sieht Williams folgendermaßen: Lukas habe zuerst „an early draft of Gospel material" zusammengestellt und als ersten „Logos" an Theophilus geschickt. Dann – nachdem ihm eine Abschrift des Markus-Evangeliums in die Hände gekommen sei – habe er die Apg. verfaßt und einige Züge aus Markus in die Apg. übernommen (z. B. 6, 14). Schließlich habe er „on the basis of Mark's chronology" noch einmal den ersten „Logos" überarbeitet und so sein Evangelium hergestellt (12 f.). Als *Datum* der Abfassung werden die Jahre 66–70 genannt. Eine spätere Veröffentlichung sei jedoch wahrscheinlich.

Hinsichtlich der Differenzen zwischen Acta und Paulus-Briefen neigt Williams sehr zur Abschwächung und Harmonisierung. Jedenfalls seien sie nicht derart, daß ein Paulus-Begleiter als Verfasser der Apg. unbedingt ausscheide.

---

1) Siehe unten S. 127f.

2) Vgl. die ausführliche Besprechung von H. Conzelmann, ThLZ 85 (1960), 241 bis 250.

Daß Galater *vor* dem Apostelkonzil geschrieben sei, übernimmt W. von W. L. Knox.

Das „*Aposteldekret*" wird in einem besonderen Punkt der Einleitung untersucht mit dem Ergebnis, daß die „westliche" Form sekundär sei. Die Kombination der Speisenfrage mit der Beschneidungsfrage gehe vielleicht auf Lukas selbst zurück.

Die *Reden* und die *Theologie* der Apg. bilden einen weiteren Punkt der Einleitung. Hier schwenkt Williams mit Berufung auf B. Gärtner in eine konservative Linie (gegen Dibelius) ein: die Reden seien nicht freie Kompositionen des Lukas, sondern treue Wiedergabe von Quellen.

Abschließend in der Einleitung wird das *Textproblem* behandelt: der „westliche" Text sei trotz einiger guter Lesarten als Rezension des 2. Jahrhunderts zu betrachten.

Im Kommentar selber, der jedem Unterabschnitt eine gründliche Übersetzung voranstellt, wird anhangsweise nur das Nötigste interpretiert. Einzelheiten brauchen hier nicht angeführt zu werden. Aufs ganze ist die Auslegung recht konservativ. Hier bedauert man es besonders, daß auf Dibelius und überhaupt die kritische Lukas-Forschung in Deutschland kaum zurückgegriffen wird. Da die angelsächsische Actaforschung dafür aber um so breiter entfaltet wird, liest man den Kommentar dennoch mit großem Gewinn.

II. Monographien und Gesamtdarstellungen

W. G. Kümmel hat seinen letzten Bericht über „Das Urchristentum"[1]) mit der Bemerkung geschlossen, daß eine „Darstellung der theologischen Anschauungen der Apostelgeschichte als ganzer" noch immer fehle und „dringend erwünscht" sei[2]). Inzwischen sind nun einige bedeutende Ansätze gemacht worden, um diesem Mißstand abzuhelfen.

Interessant ist der Versuch von Frank Stagg, das eigentliche Interesse der lukanischen Apg. zu bestimmen. Er benennt es im Untertitel seines Buches: "The Early Struggle for an Unhindered Gospel." In erster Linie für *dieses* Ringen sei die Apg. ein Dokument. Mit dem letzten Wort ἀκωλύτως 28, 31 komme die Darstellung keineswegs zu einem überraschenden unvollständigen Abschluß, sondern gerade erst zu ihrem Ziel. Stagg versteht entsprechend das ganze lukanische Doppelwerk als eine „Epitome in an adverb" (1). Die üblichen landläufigen Zweckbestimmungen der Acta (Taten der Apostel; Evangelium vom Hl. Geist; Ausbreitung des Evangeliums von Jerusalem bis Rom; Ausgleich zwischen Petrus und Paulus) werden samt und sonders verworfen.

---

1) ThR N. F. 22, 1954, 138–170. 191–211.
2) A. a. O. 210f.

Sie kommen allenfalls als „untergeordnete Zwecke" in Betracht. Beherr-
schend aber sei allein das Thema von der Befreiung des Evangeliums aus allen
nationalen, völkischen und religiösen Schranken, ein Thema, das in der Botschaft Jesu angelegt sei und nun in der Apg. ausgeführt werde.

Die Entwicklung bis zu einem „unhindered Gospel" verlief nach STAGG
und laut Aufriß der Apg. in drei Stufen: *I. Stufe* Apg. 1, 6 – 6, 7, die hebräische Kirche" bzw. das „christliche Judentum". Ein Christentum, in Jerusalem zentralisiert, mit durchaus jüdischem Charakter. Dominierende Gruppe
sind die „Hebräer". Leben und Frömmigkeit bleiben gebunden an Tempel
und Synagoge. Das Selbstverständnis dieses ältesten Christentums sei das
einer jüdischen Sekte gewesen mit den Zwölfen als Haupt. Zentrale Hoffnung
war das Warten auf das Reich Gottes für Israel. Missionsfeld war allein das
jüdische Volk in Palästina (133).

Auf einer *II. Stufe* 6, 8–12, 25 wird der Universalismus des Christentums
durch die „Grecian Jews" eingeleitet. Den Kern dieser revolutionären Gruppe
hat man in den „Sieben" zu suchen mit Stephanus und Philippus als Haupt.
Überhaupt sieht STAGG gemäß seinem Schema in Stephanus *den* Wendepunkt
innerhalb der urchristlichen Geschichte. Er ist der Mann seines besonderen
Wohlgefallens, den er mit Ehrenprädikaten überschüttet: Stephanus war
„der erste" von allen Jüngern, der das Christentum in seiner Beziehung zur
Welt sah (96). Er durchschaute den zeitlichen Charakter von Mosegesetz und
Tempel (Fazit seiner Rede!). Er erkannte, daß Juden und Heiden in Christus
als Brüder zu einen wären. Er gab sein Leben in den Tod, aber eröffnete „eine
neue Ära in der christlichen Geschichte" (96). Er war revolutionär gegen die
Zwölf, aber treu gegenüber den Intentionen Jesu. Auf Stephanus und Philippus folgten andere, namenlose Männer von Cypern und Cyrene, sowie Saul,
deren kühnen Gedanken hinsichtlich eines „spiritual character and inherent
universalism" des Evangeliums die Apostel sich nur zögernd beugten. Das
Missionsfeld weitet sich auf dieser zweiten Stufe aus auf gottesfürchtige
Griechen (133f.).

Auf der *III. Stufe* 13, 1–28, 31 endlich vollzieht sich „Triumph und Tragödie" des Urchristentums zugleich: die ungehinderte Predigt des Evangeliums mit dem „Selbstausschluß" der Juden. Der in Kap. 15 errungene Sieg
ist eigentlich Ziel und Höhepunkt des Buches. In den Kapiteln danach wird
nur noch die Auswirkung dieses Sieges gezeigt. Das Missionsfeld hat sich
ausschließlich in die Heidenwelt verlegt. Hier nun sieht STAGG auch das auf-
brechen, was er die „Tragödie" des frühen Christentums nennt: den endgültigen Bruch zwischen Judentum und Christentum. Nicht am Messiasanspruch
Jesu seien die Juden gescheitert. „Missions and not the messiahship made
the difference" (16). Die Juden wären weiterhin Christen geworden wie in den
ersten Tagen nach Pfingsten auch, wenn sie darüber nicht ihre nationalen

Interessen verloren hätten. Da ihnen aber ein „nationales Wiederaufleben" lieber war als eine „Weltbruderschaft", vollzogen sie den Selbstausschluß (18.133f.).

Das Buch verdient große Aufmerksamkeit. Kein Zweifel, daß es den allgemeinen Richtungssinn des Lukas erfaßt hat! Lukas selbst bestätigt in seinem Prolog zum Evangelium 1, 1 ff., daß ihm an der *Abfolge* der Ereignisse gelegen ist: ἔδοξε κἀμοὶ παρηκολουθηκότι ἄνωθεν πᾶσιν ἀκριβῶς καθεξῆς σοι γράψαι[1]). Dennoch bleibt es fraglich, ob sich aus diesem einen Blickwinkel das Ziel des Lukas voll erfassen läßt. Will er wirklich nur eine geschichtliche Abfolge darstellen? Will er nicht auch *Zeuge* sein, „Evangelist" (TROCMÉ), vor allem aber auch Theologe? Und läßt sich überhaupt das Ansinnen eines Lukas erfassen, wenn man von seinem *theologischen* Entwurf absieht, der allein ja letzten Endes sowohl seine geographischen Vorstellungen[2]) als auch seine „historische" Abfolge bestimmt?

Einen ersten wichtigen Schritt zu einer neuen, der Apg. angemesseneren Fragestellung hat hinsichtlich der die Acta beherrschenden Motive und theologischen Grundanschauungen PH. VIELHAUER getan[3]). Hier wurde zuerst „die Frage nach einer möglichen Theologie des Lukas" aufgeworfen, für die DIBELIUS entscheidende Vorarbeit geleistet hatte und die nun von VIELHAUER beantwortet wurde mit einer „Geschichtstheologie" als der spezifischen Leistung des Lukas.

Damit war CONZELMANN der entscheidende Ansatzpunkt für seine Lukas-Studie gegeben, die zweifellos zu dem Bedeutendsten gehört, was in den letzten Jahrzehnten in dieser Hinsicht erschienen ist. Obwohl das Buch lediglich eine Analyse des *Lukas-Evangeliums* ist, umfaßt das Thema doch expressis verbis den „Aufbau des lukanischen Gesamtwerkes" (7), verdient also in dieser Berichterstattung berücksichtigt zu werden.

CONZELMANN beginnt mit seiner Arbeit etwas ganz Neues in der Synoptikerforschung. Während die Formgeschichte den *Rahmen,* mit dem die Evangeli-

---

1) Vgl. dazu U. WILCKENS, ZNW 49, 1958, 228f.

2) Vgl. H. CONZELMANN, Die geographischen Vorstellungen im Lukasevangelium, Diss. Tübingen 1951 (Maschinenschr.); DERS., Zur Lukasanalyse, ZThK 49, 1952, 16ff.; DERS., Die Mitte der Zeit, 3. Aufl. 1960, besonders der I. Teil: „Die geographischen Vorstellungen als Element der Komposition des Lukas-Evangeliums".

3) PH. VIELHAUER, Zum Paulinismus der Apostelgeschichte, EvTh 10, 1950/1, 1–15. Kritische Bemerkungen dazu im Rahmen dieser Berichterstattung hat W. G. KÜMMEL gemacht, a. a. O. 208ff. Ferner ist zu vergleichen: PH. VIELHAUER, Franz Overbeck und die ntl. Wissenschaft, EvTh 10, 1950/1, 193–207, DERS., Urchristentum und Christentum in der Sicht W. Kamlahs, EvTh 1955, 307–332; W. ANDERSEN, Die Autorität der apostolischen Zeugnisse, EvTh 1952/53, 467–481; PH. VIELHAUER, Zu W. Andersen, ebd. 482–484.

sten ihre Traditionen einfaßten, zerschlagen hatte und die ursprüngliche, in der mündlichen Überlieferung geformte Gestalt der Traditionsstücke heraushob, macht CONZELMANN nun gerade den Rahmen zum Gegenstand seiner Untersuchung. Daraus will er – methodisch völlig zu Recht – „das Verständnis des Kerygmas bei den einzelnen Evangelisten" herausheben (4). *Daß die* Evangelisten ein solches je eigenes Verständnis hatten, was sie in hohem Grade auch als Theologen und nicht nur als Tradenten ausweist, bestätigt die Arbeit CONZELMANNS eindrücklich. Was er als Konzeption des Lukas aus dessen Redaktionsarbeit entnimmt (wobei ihn zunächst die geographischen Vorstellungen des Lukas darauf verweisen, daß Lukas eine bestimmte theologische Konzeption in seiner Rahmenarbeit verfolgt), ist die „Kontinuität der Heilsgeschichte" und ihrer „Gliederung" in aufeinanderfolgende Perioden: Zeit Israels (Lukas 16, 16); Zeit Jesu als Zeit der Mitte (Lukas 4, 16 ff., Apg. 10, 38) und Zeit der Kirche (9. 116. 129). Dieser heilsgeschichtliche Entwurf ist das Ergebnis der Auseinandersetzung des Lukas mit der ihm vorgegebenen eschatologischen Verkündigung in der Form der Naherwartung und der durch das Ausbleiben der Erfüllung dieser Erwartung bedingten Parusieverzögerung. „Er versucht sie zu bewältigen durch das Faktum der Geschichtsschreibung" (6), wofür das bloße Vorhandensein der Apg. stringentester Beweis ist[1]). An dieser Geschichtsschreibung des Lukas ist das Charakteristikum eben die Umstellung von der Naherwartung auf Dauer, die „Historisierung" der eschatologischen Ereignisse, wodurch ein Bild der Heilsgeschichte gewonnen wird, in dem auf das Festhalten der Naherwartung entschlossen verzichtet wird. Das Phänomen „Kirche" springt in die Lücke zwischen Verheißung und Erfüllung, und demgemäß rückt das Interesse von der eschatologischen Erwartung weg auf die Paränese (für die der Rückblick auf die Zeit der Mitte besondere Bedeutung hat), auf die *vita christiana* (die einen modus vivendi mit Judentum und röm. Staat finden muß: darum die Apologetik) und auf die Mission, wie das Beispiel der Apg. zeigt[2]). In einem solchen Geschichtsbild verlangt natürlich auch der eschatologisch qualifizierte Gegensatz von Galiläa

---

1) Vgl. PH. VIELHAUER, a. a. O. 13: „Wie uneschatologisch Lukas denkt, geht nicht nur aus dem Inhalt, sondern vor allem aus dem Faktum der Apostelgeschichte hervor."

2) H. W. BARTSCH weist in seiner Besprechung des Buches von CONZELMANN (Kirche in der Zeit, Jg. XIII, 1958, XI. Heft, S. 365 ff.) mit Recht darauf hin, daß diese Lösung des Lukas bereits von O. CULLMANN als legitime Lösung übernommen wurde, während CONZELMANN diese Lösung mit einer negativen Wertung versieht (Preisgabe des innersten Wesens der Eschatologie Jesu), daß der Unterschied zwischen beiden also nur in einer verschiedenen Bewertung bestehe (unter Hinweis auf O. CULLMANN, Parusieerwartung und Urchristentum, ThLZ 83, 1958, Sp. 5). Im übrigen scheint mir jedoch die Kritik von BARTSCH an CONZELMANN vollkommen verfehlt. Es ist ein Streit um Worte, ob ich in den Veränderungen, die Lukas am Tradi-

und Jerusalem, wie er sich bei Markus findet, nach einer Änderung. Lukas
scheut auch nicht davor zurück und gibt dem Leben Jesu (wie auch der Position des Täufers in diesem Leben) einen ganz neuen, nicht eschatologischen
Aufriß: er schiebt zwischen die Periode der Wanderpredigt in Galiläa und Judäa und den Aufenthalt in Jerusalem als zweite Periode des Lebens Jesu die
„Reise" 9, 51 – 19, 27. Sie wird – obwohl in Spannung zu seinem übrigen Stoff
stehend – konsequent als „Zug zum Leiden" stilisiert. Samarien hat für diese
Reise keine Bedeutung.

Die Fruchtbarkeit des neuen Ansatzes erweist sich überdies in zahlreichen
Einzelauslegungen, von denen das Buch – gerade auch für Acta – eine reiche
Fülle bringt. Man wird dieses oder jenes gewiß kritisch aufnehmen[1]). Aber
G. KLEIN[2]) hat recht, wenn er sagt, daß man die Apostelgeschichte erst
dann zu verstehen beginnt, wenn man sie als Ausdruck eines höchst originellen

---

tionsgut vornimmt, einen „Gegensatz zur ursprünglichen Naherwartung" sehe oder
– mit BARTSCH – „Akzentverschiebungen" (367), wenn diese Akzentverschiebungen
zusammengenommen eben doch ein von Jesu Naherwartung charakteristisch unterschiedenes Bild ergeben, in dem das Element eines unmittelbar bedrängenden
Endes eliminiert ist. Gerade das ist der von CONZELMANN behauptete eschatologische Neuentwurf des Lukas. Dieser Neuentwurf ist zugegeben, wenn BARTSCH ein-
räumt, daß Lukas die Weissagung „ex eventu... korrigiert" (366), wenn zugegeben
wird, daß der Zusammenhang zwischen Eschaton und Zerstörung Jerusalems gelöst
wird („Sie sind für Lukas Ereignisse der Vergangenheit"!!, ebd.). Natürlich trifft
das primär nur den *Termin* der Parusie. Und natürlich hält Lukas an der Parusie als
solcher fest. Aber er hat sich bis zu ihr jede *beliebige* Zeit für eine Mission geöffnet,
wie die Apg. mit aller Deutlichkeit zeigt. Die Betonung der Wachsamkeit und der
Ungewißheit bei Lukas kann jedenfalls nichts mehr daran ändern, daß – nach einer
Aufgliederung der Heilsgeschichte in verschiedene Perioden – das Eschaton ein
locus de novissimis geworden ist. Im Gegenteil: sie bestätigt das nur (vgl. E. GRÄSSER,
Das Problem der Parusieverzögerung..., 77 ff.).

1) Das wird besonders hinsichtlich der oft anfechtbaren Überinterpretation der
geographischen Vorstellungen der Fall sein (vgl. dazu E. LOHSE in VF 1953/55, 187 f.).
Bedenken wurden auch gemeldet hinsichtlich der Einseitigkeit, mit der CONZEL-
MANN die Kirche als *ecclesia pressa* zeichne. Diese Kirche sei aber nach Lukas ebenso
als *ecclesia militans*, ja auch als *ecclesia triumphans* dargestellt (vgl. HAENCHEN,
ZKG 1954/55, 160). HAENCHEN (a. a. O. 159 f.) kritisiert auch die Darstellung der
lukanischen Lehre vom Gottesreich, das nach CONZELMANN in Jesu Wirken „sehbar",
nicht „sichtbar" geworden sei, d. h. es ist in Jesus nicht wirklich präsent gewesen.
Statt dessen möchte HAENCHEN mehr mit BENT NOACK (Das Gottesreich bei Lukas,
Symb. Bibl. Upps. 10, 1948) gehen, der sowohl die reale Gegenwärtigkeit als auch die
Zukünftigkeit des Reiches als Vorstellung des Lukas herausstellte. – Schließlich
werden sich die Bedenken, die W. G. KÜMMEL gegenüber VIELHAUERS Aufsatz hegte
(a. a. O. 209 f.), hier noch verstärken.

2) A. a. O. 363.

Verständnisses der „Heilsgeschichte" interpretiert. Hinter diese Erkenntnis wird nach dem Erscheinen des Buches von CONZELMANN kein Ausleger der Apostelgeschichte mehr zurück können.

Während CONZELMANNS Absicht ausdrücklich „nicht die Erforschung der Vorlagen und Quellen als solcher und nicht die Rekonstruktion der historischen Vorgänge" war (4), sondern die Erfassung des „Bildes", das Lukas von diesen Vorgängen zeichnete, stellt sich TROCMÉ gerade jener Aufgabe. Er nimmt in einer nicht weniger umfangreichen Studie als CONZELMANN die lange zurückgetretene Frage nach *Geschichtswert* und *Quellen* der Apg. wieder auf, womit er in dankenswerter Weise das notwendige Pendant zu CONZEL-MANN geliefert hat. Freilich – das mag gleich vorausgeschickt werden – sind hier die Argumente und Ergebnisse weniger durchschlagend als dort. Aber das mag rein an dem ungleich schwierigeren Gegenstand liegen.

Zunächst: welches sind die Ergebnisse? Vorausgeschickt wird ein kurzer Abriß der bisherigen historischen Erforschung der Acta. Da es dem Verfasser um den Wirklichkeitsbegriff der modernen historischen Wissenschaft geht, läßt er seine Sichtung der bisherigen Forschung auch bei den eigentlichen Initiatoren historisch-kritischer Forschung beginnen: bei J.D.MICHAELIS, J.G.EICHHORN u.a.

Ebenfalls vorausgeschickt wird ein Kapitel über den *Textbestand* der Acta. Hinsichtlich der zwei Textformen (B und D) rät TROCMÉ zu einer Neubewertung der „westlichen" Varianten. Daß gelegentlich hinter beide Textüberlieferungen zurückgegangen werden müsse, wird am Aposteldekret 15, 23–29 nachzuweisen versucht: es habe ursprünglich nur zwei Glieder gehabt und allein von der Speisenfrage gehandelt (25f.)[1]. Eine Überarbeitung des Buches wird im Anschluß an MENOUD[2] und auch im wesentlichen mit derselben Begründung für Apg. 1, 1–5 (Lk 24, 50–53) angenommen. Beide Abschnitte seien erst hinzugefügt worden, als man das lukanische Werk bei der Aufnahme in den Kanon auf zwei Bücher verteilt habe[3]. Gegen GOGUEL wird schließlich die These erneuert, daß wir in der Apg. ein vollendetes Ganzes mit einem natürlichen Abschluß in Kap. 28 vorliegen haben.

---

1) Dieser Nachweis kann als mißlungen bezeichnet werden. Vgl. den in dieser Angelegenheit abschließenden Beitrag von W.G.KÜMMEL, Die älteste Form des Aposteldekrets, in: Spiritus et Veritas, Festschrift f. K. KUNDSIN, 1953, 83–98. Siehe unten 128f.

2) A.a.O. S. 100, Anm. 4 a.O.

3) Die Vorbehalte von W.G.KÜMMEL (ThR N.F. 22, 1954, 196) sind nun von HAENCHEN noch verstärkt worden (a.a.O. 116ff.). Sie betreffen im wesentlichen die Frage, ob das lukan. Werk während zweier Generationen in seiner ursprünglichen Gestalt habe umlaufen können, ohne daß sich eine Spur davon erhalten hätte (vgl. auch HAENCHEN in ThLZ 82, 1957, Sp. 914–916).

Dann erst kommt der Verfasser zu dem eigentlichen Gegenstand seiner Untersuchung: zur Frage nach dem Geschichtswert und den Quellen der Apg. Methodisch richtig wird dabei die Frage nach dem schriftstellerischen Anteil des Lukas vor den Quellen behandelt. Trocmé untersucht (1) den *Plan* des Lukas[1]), (2) seine *Methode* und (3) – gleichsam zur Abrundung des Urteils – seine *Quellen*.

Ad (1): Der Plan des Lukas kann nur aus Evangelium und Apostelgeschichte erhoben werden. Trocmé bezeichnet die beiden Teile des lukanischen Doppelwerkes als *ein* von Lukas 1, 1 bis Apg. 28, 31 durchgehendes *Evangelium*[2]), das sich – gemäß dem in Lk 1, 1–4 gestellten Programm – von den andern Evangelien durch Exaktheit, Ordnung und theologische Erfassung der ganzen Heilszeit unterscheide. Eben wenn man der Apg. den Charakter eines „Evangeliums" zuerkenne, ließen sich manche Schwierigkeiten erklären. Etwa die Stellung des Paulus, dessen Biographie als Heidenapostel zu schreiben außerhalb des Gesichtsfeldes eines „Evangelisten" gelegen habe. Lediglich die Verheißungen und ihre Erfüllung in der Heilszeit sei Thema seines Berichtes. Weswegen es auch ganz normal sei, daß der Verfasser seinen Bericht in dem Augenblick beschließe, in dem Israel völlig verworfen sei. Denn was er habe berichten wollen, sei einzig die Art, wie der Herr in der Geschichte handle (50). Die oft beobachtete *Apologetik* des Lukas findet auch bei Trocmé breite Berücksichtigung. Freilich nicht als *politische* Apologetik im herkömmlichen Sinn, als Apologie *ad extra*[3]), sondern als *innerchristliche*, als *kirchliche* Apologetik. Denn der „Evangelist" schreibt ja nur für Christen! Und hier verfolge Lukas in erster Linie das Ziel, Paulus gegen judenchristliche Attacken zu verteidigen, die seine Glaubwürdigkeit und apostolische Autorität anzweifelten. Diese Verteidigung geschehe so, daß einmal des Paulus absolute Treue gegen die Religion der Väter (18, 18; 21, 26; 16, 3) und seine Loyalität gegen-

---

1) Trocmé nennt den Verfasser der Apg. durchweg nur den „auteur ad Theophilum", meint damit aber niemand anders als die altkirchliche Tradition, nämlich „Lukas den Arzt" (147).

2) Daß Lukas gerade auch in der Apg. als „Evangelist" arbeitet, ist eine Erkenntnis, die vor Trocmé besonders Dibelius vertreten hat, vgl. besonders „Aufsätze zur Apg.", 158.

3) Sie wird nur insofern konzediert (etwa in den Reden des Paulus c. 22–28, die ich wie eine Art Plädoyer lese; oder bei dem besonderen Interesse, das Lukas für die Konversion römischer Funktionäre zeigt, 10, 1 ff.; 13, 7; 28, 7–8; oder in dem betonten Schutz, den Paulus durch römische Autoritäten genießt, 18, 12 ff.; 19, 35 ff.; 21, 31 ff.; 23, 16 ff.; 25, 4 + 5; 27, 42–44), als Lukas offenbar den Christen mit offiziellen Funktionen, wie Theophilus zweifellos einer war (κράτιστος), verständlich machen wolle, daß es keineswegs besonders gefährlich sei, der Kirche der paulinischen Gruppe anzugehören.

über den jüdischen Autoritäten herausgestellt werde (23, 5), besonders aber
so, daß Paulus als einziger Vollender des Werkes dargestellt werde, das die
Zwölf begonnen hätten. Jakobus und die Stephanusgruppe treten dagegen
stark zurück.

Von dieser Apologetik wird auf die *Zeit* der Abfassung geschlossen: sie liegt
zwischen 80 und 85. Die judenchristliche Gemeinde, die Paulus angreift, wird
in Alexandrien angenommen; Lukas selbst als *„auteur ad Thelophilum"* soll
ein Wortführer der Gemeinden von Mazedonien, Achaja und Kleinasien sein.

Ad (2): Die Untersuchung der *Methode* des Lukas soll Aufschluß geben über
die Frage, wieweit er als Historiker arbeitet und wieweit nicht. Der uneingeschränkt *historischen* Methode müsse sich Lukas versagen. Denn er stehe
im Schnittpunkt zweier Traditionen: der jüdischen (Chronist, I. II. Makk.);
da sei er nicht Historiker, sondern Theologe, Evangelist; und der griechischen,
deren historiographischer Technik er sich bisweilen bediene, um sein Werk
aufzuputzen. (Es werden die altbekannten Gründe aufgezählt, die Lukas als
„Historiker" kennzeichnen: gegenüber Mk/Mt eine größere Auswahl der Dokumente, eine gewisse Quellenkritik, Einordnung seines Berichtes in einen
geographischen, chronologischen und soziologischen Zusammenhang von
relativer Präzision, Kenntnis profaner Institutionen und eine gewisse Vertrautheit mit den Stileigenheiten der griechischen Geschichtsschreibung und
Rhetorik). Diese „historische" Methode werde aber nirgends zur Norm;
Lukas handhabe sie gleichsam nur dilettantisch, zum „Schein". Deutlicher
weise ihn dagegen seine Arbeitsweise als „Evangelist" aus. In den Semitismen
beispielsweise suche Lukas eine bewußte Angleichung an den LXX-Stil, um
seinen Lesern eine Beziehung zur griechischen Bibel als *dem* heiligen Text zu
suggerieren. Mit Hilfe der Septuagintismen hoffe er sein opus ebenfalls zur
Würde eines heiligen Textes zu erheben. Das liege mit in der von Lukas verfolgten Tendenz zur *Erbauung:* menschliche Schwächen werden zugedeckt,
der Streit zwischen Petrus und Paulus wie überhaupt der Konflikt zwischen
Judenchristen und Heiden wird ausgelassen. Das sei nicht zu erklären durch
eine „Naivität" des Lukas (OVERBECK), sondern durch seine Absicht, „heilige Geschichte" zu schreiben.

Ad (3): In der Frage nach den *Quellen* bestätigen die Untersuchungen
TROCMÉS – trotz einiger methodisch sehr gewagter Quellenrekonstruktionen –
im wesentlichen den bekannten Sachverhalt: daß sich für den II. Teil der
Apg. neben den verschiedensten Einzeltraditionen (16, 29–34 Popularweis-
heit; 18, 12–17 Verteidigungsrede für alle Gelegenheiten; 18, 24–28 Erinnerungen von Aquila und Priscilla; 19, 11–20 populäre Wundererzählung u. a.)
ein *Itinerar* als sicherer Quellenfaden nachweisen läßt[1]), während für den

---

1) TROCMÉ zählt Apg. 27, 1–28, 16 ebenfalls zum Itinerar. Vgl. jedoch oben S. 104.

1. Teil eine durchlaufende Quelle nicht nachweisbar ist. Die Annahme einer antiochenischen Quelle für Apg. 6–15 verfällt der Ablehnung[1]). Den Grundstock für die Kapitel 16–21 und 27–28 bildete – nach TROCMÉ – ein sog. *Diarium*, für dessen Entstehen trotz der Lk. 1, 2 behaupteten Augenzeugenschaft der Verfasser *ad Theophilum* nicht allein verantwortlich zeichne. Vielmehr haben daran auch andere, ständige Begleiter des Paulus, gearbeitet, vielleicht gar Paulus selber oder ein „Sekretär", der im Namen der Gruppe schrieb. Dieser „Sekretär" kann mit den Jahren gewechselt haben, während das Dokument Paulus als Aide-mémoire begleitet hat. Es ist nicht ausgeschlossen, daß Lukas diese Funktion in gewissen Epochen innehatte, besonders in der letzten des Apostels Paulus (16, 16–23. 40; 20, 17. 36–38; 21, 18 bis 26, 32; 27, 9–28, 6; 28, 17–28). Jedenfalls war Lukas nur ein sporadischer Begleiter des Paulus, so sporadisch, daß er nie ein scharfsinniger Schüler des Apostels, ein Theologe mit Spannweite hat werden können. Das erklärt letztlich auch den Unterschied zwischen dem Paulus der Briefe und dem Paulus der Apostelgeschichte, der nirgendwo ein absoluter ist.

Auch für c. 13–16, 5 hat Lukas – nach TROCMÉ – ein Reisetagebuch – diesmal aus der Feder eines Missionars – benutzen können. In 13, 1–3 sieht TROCMÉ das Fragment einer antiochenischen Tradition[2]), in der Form vergleichbar mit 1, 13–26 und 6, 1–6, aber weniger retouchiert: die Liste der Würdenträger einer Gemeinde. Sie seien „historisch echt", wenn auch damit gerechnet werden könne, daß der eine oder andere Name verstümmelt sei. Antiochenische Traditionen – diesmal jedoch stark von Lukas bearbeitet – vermutet TROCMÉ auch hinter 11, 19–26 und 11, 27–30[3]). Für 1, 6–5, 16 und 9, 31–11, 18 hält TROCMÉ mit DE ZWAAN die These von Fehlübersetzungen aramäischer Texte für erwiesen – eine vollkommen überholte Position![4]) Auch für die *Summarien* nimmt er prälukanische Elemente an. Bei der Analyse der *Acta-Reden* schließt sich TROCMÉ weitgehend den Ergebnissen von DIBELIUS an, möchte aber doch den Reden „une réelle valeur documentaire pour l'étude de la pensée et de la prédication de la première génération chrétienne" zuerkennen (214). Das ist – wenigstens für die Missionsreden – zweifellos richtig. Auch DIBELIUS hatte nicht bestritten, daß Lukas „echte" Gedanken verwendet haben kann. Aber da auf seiten des Schriftstellers jeg-

---

1) Vgl. oben S. 103, bes. Anm. 3.
2) R. BULTMANN, a.a.O. 77, sieht darin ebenfalls eine „antiochenische Quelle", in der der Autor ein ursprüngliches „Wir" in V 2 getilgt habe.
3) R. BULTMANN, a.a.O. 77f., weist beide Stellen – wenigstens ihren Hauptbestand – ebenfalls der antiochenischen Quelle zu. In 11, 27–30 zählt er die „westliche" Lesart „zu den wenigen ursprünglichen Lesarten von D."
4) Vgl. HAENCHEN, ThLZ 82, 1957, Sp. 914ff.

liches Interesse an der Erhaltung des ursprünglichen Wortlautes fehlt, hat –
nach DIBELIUS – seine Bearbeitung keinen Quellenwert. Es geht also nicht an,
sich für den „reellen dokumentarischen Wert" der Reden etwa auf eine
„Treue gegenüber den Apostelworten" zu stützen (so TROCMÉ 207)[1]). Dafür
gibt es keine Beweise. Im Gegenteil: gerade eine solche Verpflichtung zur
Treue gegenüber dem tatsächlich vernommenen oder berichteten Wortlaut
bestand nicht[2]). Soviel jedoch ist richtig, daß an den Reden der Apg. exemplarisch deutlich wird, wie Lukas immer einem Doppelten verhaftet bleibt:
einmal der Tradition der griechischen Historiker, aber andererseits dem Ver-
kündigungscharakter der urchristlichen Tradition. Der sich daraus nicht nur
für die Reden, sondern für die Betrachtung der gesamten Apg. ergebenden
Aufgabe[3]) hat sich TROCMÉ in seinem Buch gestellt: er versucht Tradition,
literarische Motive und kerygmatische Zielsetzung zu sondern. Sein Urteil
über den *Geschichtswert* der Apg. fällt nach alledem positiv aus: Acta ist ein
präzises Dokument für die Kenntnis der zweiten christlichen Generation.
Mit Verstand benutzt kann sie uns bedeutende Aufschlüsse über die innere
Geschichte der Kirche, Entwicklung der Theologie und das Aufblühen der
christlichen Literatur in den Jahren 70–100 n. Chr. geben. Diese Epoche der
Stabilisierung des Christentums, in der ein Großteil der neutestamentlichen
Literatur entstand, ist uns weithin unbekannt, wenn wir die präzisen Hinweise
der Acta negieren (75).

Der Verfasser selbst nennt seine Ergebnisse „bescheiden". Das sind sie
gewiß nicht! Die reich verarbeitete Literatur, eine Fülle von Einzelbeobach-
tungen und überhaupt die Zusammenfassung der historischen Problematik
der Apg. machen das Buch neben CONZELMANN und HAENCHEN zu einer besonders wertvollen Studie. Die Aufarbeitung der Quellenprobleme und aller
mit der Apg. zusammenhängenden geschichtlichen Fragen bedeutet auf jeden
Fall einen Fortschritt in der Actaforschung. Wesentlich zu kurz – und das bedauert man bei der sonst so außerordentlich gründlichen Arbeit – kommt

---

1) TROCMÉ stellt das Verfahren des Lukas hinsichtlich der Überlieferungstreue
in der Apg. grundsätzlich auf eine Stufe mit seinem Verfahren im Evangelium, also
hinsichtlich der Treue gegenüber der Tradition der Herrenworte. Das ist methodisch
falsch. Denn bei der Abfassung seines Evangeliums trat Lukas in eine schon geprägte
Überlieferung ein, während er bei der Apg. über weiteste schriftstellerische Freiheit
verfügte. Mit einer Ausnahme, der sog. Antrittspredigt Jesu in Nazareth, Lukas 4,
16–30, bietet das Lukas-Evangelium darum auch keine Beispiele dafür, daß Lukas
Jesus etwa eine Rede in den Mund gelegt hätte. Er sammelt hier Spruchgut, aber in
Acta komponiert er Reden (vgl. dazu M. DIBELIUS, Aufs. z. Apg., 158. Auch S. 11 f.
E. HAENCHEN, Die Apg., 12. Aufl. 1959, S. 73).

2) Vgl. M. DIBELIUS, a. a. O., 157.

3) Vgl. W. G. KÜMMEL, ThR N. F. 22, 1954, 201 f.

allerdings die literarische Komposition des Lukas. Wäre der Verfasser hier einsichtiger verfahren, so hätte sich ein weitaus besserer Ausgangspunkt für die Quellenfrage ergeben können. So wirkt er verschoben[1]), und die Einsicht in den geschichtlichen Wert der Apg. bleibt trotz des positiven Urteils des Verfassers eine offene Frage.

Als Neudruck ist die dem geschichtlichen und theologischen Verständnis der Apg. dienende Untersuchung von B. S. EASTON erschienen, die seinerzeit von W. G. KÜMMEL an dieser Stelle besprochen wurde[2]).

In einer kleineren Monographie untersucht der katholische Theologe FÉRET den Konflikt der Apostel Petrus und Paulus in Antiochien bzw. in Jerusalem[3]). Dreierlei will er klären: die historische Abfolge der Ereignisse, den Konflikt der beiden Apostel nach Ursache und Bedeutung und schließlich das Verhältnis von Apg. 14, 28–15, 36 zu Gal. 1, 11–2, 14.

Mit einer Analyse der letztgenannten Texte beschäftigt sich der 1. Teil, der die Ereignisfolge herausstellen will. Die Art und Weise jedoch, wie eine *kritische* Analyse konsequent gemieden wird, verrät den traditionstreuen Ausleger, dem beide Berichte authentisch sind und der nun zeigen muß, daß sie sich miteinander vertragen. Jeweils einleitende Bemerkungen über den je verschiedenen literarischen Charakter der Apostelgeschichte („narration historique" mit sorgfältiger chronologischer Ordnung, 31) bzw. des Galaterbriefes („argumentation idéologique" ohne exakte chronologische Ordnung, 31) sollen das Urteil über die unbestreitbaren Divergenzen zwischen beiden Berichten mildern helfen: daß Lukas den Zwischenfall Gal. 2, 11 ff. nicht berichtet, weder Titus (Gal. 2, 1. 3), noch Johannes (Gal. 2, 9), noch die „Notablen" (Gal. 2, 2. 6) oder die „Säulen" (Gal. 2, 9) erwähnt, und zum anderen, daß umgekehrt Paulus nichts von einem Aposteldekret weiß. Der Hinweis auf den je verschiedenen literarischen Charakter von Galater und Acta mag das Fehlen der Episode Gal. 2, 11 ff. und der Namen einzelner oder Gruppen bei Lukas erklären („il n'était pas essentiel à son dessein", 98). Für die zweite Schwierigkeit (kein Aposteldekret bei Paulus) versagt er vollkommen. Der plausibelste Grund dafür, daß Paulus nämlich keine Kenntnis von einem solchen Dekret hatte[4]), bleibt leider völlig unerörtert.

---

1) Vgl. HAENCHEN, ThLZ 82, 1957, Sp. 916.

2) Siehe ThR 1942, 166f.

3) Ein ausführliches kritisches Referat über die Arbeit gibt D. J. DUPONT, Pierre et Paul à Jérusalem, in: Recherches de Science Religieuse, 45, 1957, 45–60.

4) Vgl. ThR N. F. 17, 1948/49, 28 ff.; 18, 1950, 26 ff. Ferner W. G. KÜMMEL, Die älteste Form des Aposteldekrets, a. a. O. 83, Anm. 2. BULTMANN, a. a. O. 72f., nimmt die von WEIZSÄCKER stammende Hypothese wieder auf, daß das Dekret „auf Grund des antiochenischen Zwischenfalles (Gal. 2, 11 ff.) ohne Mitwirkung des Paulus beschlossen worden sei" und argumentiert gegen HAENCHEN, daß Lukas das

In der Abfolge der Ereignisse nimmt FÉRET jedoch eine kritische Umstellung vor: den Zwischenfall von Gal. 2, 11 ff. verlegt er *vor* das Apostelkonzil Apg. 15, 1 ff.[1]). Maßgebend dafür sind weniger chronologische als *innere* Gründe: es sei nicht denkbar, daß Petrus *nach* seiner Rede vor dem Apostelkollegium (Apg. 15, 7–11), in der er hinsichtlich des Umganges mit den Heidenchristen dasselbe Prinzip vertritt wie Paulus (Gal. 2, 14–16 = Apg. 15, 10–11), noch einmal „Winkelzüge" gemacht habe (104 ff.). FÉRET setzt also voraus, daß Petrus sich die Argumentation des Paulus Gal. 2, 11 ff. schon *vor* dem Apostelkonvent zu eigen gemacht habe. Der wahre Sachverhalt wird der sein, daß Paulus mit seiner Attacke Gal. 2, 11 ff. *nicht* durchkam und sich von daher der entscheidungsschwere Bruch mit Barnabas und damit auch mit Antiochien ergab (Apg. 15, 36 ff.)[2]). Zudem wird in der historischen Abfolge der Ereignisse diese Attacke ihren Platz doch wohl *nach* dem Konvent behalten, trotz des scharfsinnigen Beweises, den FÉRET für die „Unordnung" in Gal. 2 führt: Paulus nehme zwar Bezug auf die historischen Ereignisse, aber unter dem Gesichtspunkt einer „argumentation et non directement d'une reconstruction historique suivie"(43). Das ὅτε δὲ von Gal. 2, 11 sei mit dem Vorhergehenden „en une continuité d'ordre idéologique, et non pas chronologique" (44). Statt „mais quand" übersetzt FÉRET darum „et quand" bzw. „de même, quand" (ebd.) Diese Exegese dürfte sehr gesucht sein.

Die *Bedeutung* des Konfliktes wird schließlich auch in einem Positiven gesehen: in dem „gemeinsamen Sieg" der apostolischen Missionen. Der Sieg des Paulus liege in einer theologischen Entscheidung von doppeltem Aspekt:

Dekret nicht „von sich aus in eine (von ihm frei benutzte) Tradition eingefügt" hat, „sondern er hätte jene Verhandlung, bei der Paulus und Barnabas nicht zugegen waren, dadurch umgestaltet, daß er Paulus und Barnabas einführte."

1) Auf ein anderes Problem geht FÉRET leider auch nicht ein, ob es sich nämlich bei den beiden Reisen des Paulus und Barnabas Apg. 11, 27 ff. u. 15, 1 ff. nicht um Dubletten handelt, die Lukas nicht als solche erkannt hat. Dann wäre auch das Apostelkonzil umzustellen, und zwar *vor* die erste Missionsreise und vor den Tod des Königs Agrippa I. im Jahre 44 n. Chr. Vgl. dazu CONZELMANN, Art. „Heidenchristentum", RGG³ III, Sp. 134. CONZELMANN erwägt an dieser Stelle, ob nicht überhaupt die sog. 1. Missionsreise als „festes Datum" aufzugeben sei. Sie könne durchaus auch von Lukas als Modellreise konstruiert und gestaltet worden sein, um daran das Problem zu demonstrieren, das dann auf dem Konzil besprochen werden sollte. Im Aufbau des lukanischen Werkes hätte sie dann die Funktion, die Kirche für die Lösung reif zu machen. Seinen historischen Ort hätte dann das Konzil am Ende jener vierzehnjährigen Mission in Syrien und Kilikien, die Paulus Gal. 1, 21 erwähnt und Lukas übergeht, d. h. also etwa 48/49 n. Chr. – Zumindest hinsichtlich der 1. Missionsreise ist das reine Vermutung, die übersieht, daß Apg. 13–14 Spuren eines Itinerars enthält (vgl. BULTMANN, a. a. O. 78 f.).

2) Vgl. dazu HAENCHEN, Komm. (1959), 416 ff.

einem „christologischen" (Jesus alleiniges Prinzip des Heils) und einem „theo-logischen" (der Glaube, nicht die Werke sind das fundamentale Mittel zur Heilserlangung, 109). Dem ebenbürtig sei der Sieg des Petrus, der sich in der Erkenntnis von Apg. 15, 11 ausdrücke: „Vielmehr durch die Gnade des Herrn Jesus glauben wir gerettet zu werden auf dieselbe Weise wie auch jene." Damit etabliere er sich als der „Fels" von Matth. 16, 18, als der „unfehlbare Zeuge Jesu Christi" (114). Und dadurch, daß Paulus den Dialog mit Petrus suche, bleibe schließlich auch der Primat des „Apostelfürsten" unangetastet.

Der unbefangene Leser des NT wird dieser Harmonisierung des Konfliktes so wenig zustimmen können wie der der divergierenden Texte. Er wird der kompromißlosen Darstellung des Paulus den Vorzug geben vor der stark stili-sierten des Lukas. Der wirkliche historische Sachverhalt – etwa auf dem Apostelkonzil – dürfte komplizierter gewesen sein, als er sich in der Sicht des Lukas darstellt. Und bei einem wirklichen Vergleich zwischen Apg. 15 und Gal. 2 wird man wenig Lust zu Harmonisierungsversuchen verspüren. Gerne hätte man dem gründlichen und sehr lehrreichen Büchlein bei seiner richtigen Einsicht in den literarischen Charakter der Apg. gewünscht, daß es nun auch freimütiger die Konsequenzen daraus gezogen hätte.

Eine besondere Bereicherung für die Actaforschung der Gegenwart ist zwei-fellos das Buch von H. J. CADBURY über die Apg. in der Geschichte. Was hier mit großer Gelehrsamkeit und souveräner Beherrschung der Primär- und Sekundärliteratur erarbeitet wurde, ist das meisterhafte Werk eines Gelehrten, der sich ein Menschenleben lang mit Actastudien beschäftigt hat. CADBURY selbst sieht in seinen Überlegungen eine Art Epilegomena zu seinen früheren Studien, also besonders zu seinem Buch „The making of Luke-Acts" (1927) und zu Bd. 4 und 5 der „Beginnings of Christianity" (1933). Zweck des neuen Buches ist „to illustrate the Book of Acts from contemporary history" (86), und zwar mit der ausgesprochenen Absicht „to establish not so much the accuracy of the book as the realism of the scenes and customs and mentality which it reflects" (V).

Das I. Kapitel behandelt ganz allgemein die Stellung der Apg. in ihrer Umwelt, die geistig und kulturell von besonderer Komplexität war: grie-chische und römische Einflüsse mischten sich mit jüdischen, christlichen und „orientalischen". In der Apg. aber spiegeln sie sich alle: „What mixed names and backgrounds have the people that Paul meets" (28)! Gallio sei in Spanien geboren; Timotheus sei halb Jude und halb Grieche gewesen und so fort. „Such a world needed a universal religion and a missionary who could be ,all things to all men' " (29).

Die Kapitel II-V gliedert CADBURY nach den Hauptkulturkreisen: grie-chischer, römischer, jüdischer und christlicher.

Die *griechische* Umwelt habe nicht nur auf das Kolorit der Areopagrede

und der Lystra-Rede gewirkt (hier sei es freilich handgreiflich), sondern
sie bestimme z. B. auch die Erzähltechnik des Lukas: er erzähle die Geschichte
des Paulus und auch anderer Personen als eine Geschichte in *Städten* (Damaskus, Jerusalem, Korinth, Athen, Ephesus u. a.): „For Greeks the geo-
graphical unity is the city" (40). Außerdem weise der Stil, die Ausdrucksweise und eine gewisse literarische Bildung den Verfasser der Apg. als „the
most Hellenic of the evangelists" aus (53).

Am stärksten sei freilich die *römische* Umwelt gewesen. Darum sei Acta
„a first-rate source for an impression of what contemporary life under Roman
was like" (58). Römische Kaiser und Statthalter, Soldaten mit ihren Dienst-
graden, Kohorten und Centurionen würden ebenso genannt wie die Brüder
des Seneca und Pallas. Und Paulus habe auf seinen Reisen die römischen
Straßen benutzt, nicht als ein Fremdling, sondern als römischer Bürger!

Nicht viel weniger hat die *jüdische* Umwelt eingewirkt. In allen größeren
Orten stehen die Synagogen! Der *Antisemitismus* der damaligen Welt fand
ebenfalls seinen Niederschlag in der Apg., z. B. in Philippi 16, 19 ff.; in Korinth 18, 17; in Ephesus 19, 28 ff. oder auch in der Vertreibung von Aquila
und Priscilla 18, 2. Auch in der zeitgemäßen *Magie* sei ein jüdischer Einfluß
unverkennbar (Elymas 13, 8; die Söhne des Skeuas 19, 14 ff.). Außerdem
zeigt CADBURY auch hier an vielen Beispielen, wie neben der Geographie besonders wieder die Personennamen aufschlußreich sind für die Beziehungen
zur Umwelt.

Als zentraler Umwelteinfluß wird der *christliche* genannt. Jedoch sei es
schwierig, die Stellung, die Acta innerhalb des Christentums seiner Zeit einnimmt, zu charakterisieren. Denn bekanntlich fehlen außerchristliche Quellen
über das apostolische Zeitalter so gut wie ganz. Die wenigen, die in Betracht
kommen (z. B. Suetons Brief an Claudius) werden von CADBURY untersucht,
ergeben aber keine Aufschlüsse. Wir bleiben hier also angewiesen auf die
christlichen Quellen selber, besonders auf die Paulus-Briefe. Gerade zu deren
Verständnis könne die Apg. bedeutendes leisten. Eine Biographie des Paulus
z. B. sei ohne sie unmöglich. „Acts is to Paul's letters what Mark is to Q, –
in fact, what biography usually is to letters, what history is to literature"
(123). Das eigentliche Vergleichsmoment der Apg. zum Christentum seiner
Zeit aber liege eindeutig in der Theologie.

Im letzten (VI.) Kapitel geht es CADBURY nicht mehr um die „historisch-
kulturelle Situation, die die Apg. umgab" (136), sondern jetzt geht es ihm
um das Schicksal des Buches selbst. „Habent sua fata libelli." Um aus diesem
Kapitel nur eines herauszugreifen: CADBURY vermutet, daß die Apg. nicht nur
den Paulus-Briefen zur Kanonisierung verholfen habe (einfach durch die
breite Entfaltung der Bedeutung des Apostels), sondern auch den Evangelien:
dadurch, daß das „Wir" der Apg. identisch erscheine mit dem „Mir" von

Lk 1,3, komme die Glaubwürdigkeit des Verfassers der Apg. als eines Augenzeugen zugleich auch der Autorität seines Evangeliums zugute[1]). So gibt das
Buch von CADBURY mancherlei neue Einblicke in Charakter und Inhalt der
Apg. und öffnet den Weg zu einem besseren Verständnis aus der zeitgeschichtlichen Umwelt. HAENCHEN hat nicht übertrieben: „Wohl nie ist die Verbundenheit der Apg. mit allen Elementen ihrer Zeit so einleuchtend und überzeugend
dargestellt worden, wie es hier . . . geschieht"[2]).

Eine willkommene kleine Zugabe zur Actaliteratur ist die Studie von HENRI
METZGER. Die Idee des Büchleins geht auf eine Reise des Jahres 1946 zurück,
die den Verfasser auf den Spuren des Apostels Paulus wandern ließ. METZGER
nennt seine Arbeit selbst einen „commentaire, fort bref" zu den Paulusreisen.
Es geht ihm einzig um den „horizon missionaire" (6), um Landschaften und
Völker, denen Paulus begegnete.

In einem 1. Kapitel über den griechischen Orient zur Zeit des Paulus wird
zunächst eine Skizze der politischen und sozialen Struktur und der Bedeutung
der jüdischen Diaspora für die Mission des Apostels entworfen. Dann werden
der Reihe nach die Reisen des Paulus durchgegangen in der Weise, daß jeweils
eine genaue geographische, geschichtliche, kulturelle, politische, religiöse
und soziologische Beschreibung des damaligen Landes gegeben wird; danach
folgt eine Beschreibung der Reise selbst. Ihnen wird jeweils eine eigene Kar-
tenskizze beigegeben, die zusammen mit einigen ganzseitigen Aufnahmen
klassischer Altertümer dem schmalen Bändchen einen besonderen Wert verleihen. Man gewinnt einen lebhaften Eindruck von der „atmosphère étrange
et complexe", die Paulus auf seinen langen Reisen atmete.

Hin und wieder werden auch Brücken zum besseren Verstehen der Acta-
Erzählungen von diesen archäologischen und geographischen Untersuchungen
her zu schlagen versucht. Z.B. will METZGER die Eile, mit der Paulus Pam-
phylien durchreiste, mit der Unzuträglichkeit des dortigen Klimas für die
Gesundheit des Apostels erklären. Er strebte schnell zum höher gelegenen
Plateau in Pisidien (16f.). Oder: obwohl Lukas es nicht genau beschreibe, sei
es „normal" zu denken, daß Paulus auf dem Seewege von Mazedonien nach
Athen gereist sei. Jedenfalls sei das die einfachste Route gewesen. Auch eine
Chronologie der Reisen wird beigefügt – allerdings ohne jede Begründung
(1. Reise 44–49; 2. Reise 49–51; 3. Reise 52–57; Gefangenschaftsreise Sept.
59 bis Febr. 60).

Das kleine Büchlein stellt eine gute Ergänzung zu dem trockenen Itinerar
der Apg. dar, das hier auf einem Hintergrund voller Farbe und Leben erscheint. Wer es mit einer kritischen Lektüre der Apg. zugleich zu lesen versteht, wird es nicht ohne Gewinn tun.

---

1) Siehe unten S. 124.   2) E. HAENCHEN, Komm. 1959, 41.

III. Aufsätze

1. Zum Text und zu den Quellen der Apg.

Die Untersuchungen zum Text und den Quellen der Apg. sind an Zahl die geringsten. Der Grund dafür wird nicht allein der sein, daß Textgeschichte und Textkritik nicht beliebt sind. Vielmehr ist durch die heute auf großer Breite in Gang gekommene redaktionsgeschichtliche Forschung ganz offensichtlich die Bedeutung der text- und quellenkritischen Analysen etwas abgewertet worden.

HAENCHEN hat in zwei Aufsätzen ein kritisches Résumé über den Stand der Diskussion um die beiden Haupttextformen (nach ihren Hauptvertretern kurz D-Text und B-Text genannt) gegeben. Durch die bekannten Arbeiten von A. C. CLARK[1]), M. BLACK[2]) und L. CERFAUX[3]) hat bekanntlich der „westliche" Text in jüngster Zeit an Boden gewonnen[4]). Demgegenüber zeigt HAENCHEN nun, daß der D-Text den B-Text voraussetzt, denn er versucht offensichtlich, Spannungen im B-Text zu glätten, ohne daß ihm das ganz ge-

---

1) The Acts of the Apostles, a critical edition with introduction and notes on selected passages, Oxford 1933. Siehe ThR 1939, 88 ff.

2) An Aramaic Approach to the Gospels and Acts, 2. Aufl., Oxford 1954.

3) Citations scripturaires et tradition textuelle dans le Livre des Actes, in „Aux sources de la tradition chrétienne", Mélanges offerts à M. Maurice Goguel. Neuchâtel-Paris 1950, S. 43–51.

4) Durch die weniger bekannt gewordene Arbeit von PAUL GLAUE („Der älteste Text der geschichtlichen Bücher des Neuen Testaments", ZNW 45, 1954, 90–108) hat er das freilich nicht. GLAUE geht davon aus, daß in den letzten Jahrzehnten des 1. Jahrhunderts die Autographen der Evangelien und der Apg. entstanden seien. Erste Abschriften davon seien „bald nach 100" erneut abgeschrieben worden und es sei „ein besonderer Glücksumstand", daß wir im Codex D ein altes Exemplar der ersten Abschreiber vor uns hätten (99). Den Beweis für die Güte des westlichen Textes sucht GLAUE mit Hilfe der Fehler (!) des Codex D zu führen. Sie gehen nämlich nach seiner Meinung auf die neutestamentlichen Autographen zurück, deren Schreibweise zahlreiche Abkürzungen enthalte, die bei ihrer Auflösung natürlich eine Fehlerquelle erster Ordnung gebildet hätten. Zum andern hätten sich Schreiber und Abschreiber der neutestamentlichen Schriften manches Mal verschrieben. Codex D weise sowohl Abkürzungen als auch Fehler auf. Beides sei ein untrügliches Zeichen für größtes Alter und Ursprünglichkeit.

Diese These arbeitet mit einer solchen Zahl unwahrscheinlicher Vermutungen, daß sie keinerlei Überzeugungskraft besitzt. Es ist z. B. unbeweisbar, daß die Fehler in D uralt sind und über Jahrhunderte getreu aus der Urschrift tradiert wurden (vgl. HAENCHEN, ZThK 1957, 30 ff., der sich in einem ausführlichen Referat mit GLAUE auseinandersetzt und seine These ad absurdum führt).

lingt. Die These von WESTCOTT-HORT wird – wenn auch zunächst nur für Acta und mit anderer Begründung – von HAENCHEN wieder aufgenommen: „Der B-Text ist der ursprünglichste" (nicht der ursprüngliche!)[1]). Von wirklichen Aramaismen (BLACK) könne in Acta nicht die Rede sein. Es komme darin lediglich zum Ausdruck (1) ein „Septuaginta-Einfluß" und (2) eine „Schreibernachlässigkeit"[2]).

HAENCHEN will also – und damit tut er recht – „die Überschätzung des ‚westlichen' Textes etwas ... dämpfen, die sich in den letzten Jahren geltend gemacht hat" (ZThK 1954, 167). Seine gründliche Studie zu diesem Problem darf in vieler Hinsicht als abschließend gelten.

Den Wir- und Ich-Stücken im lukanischen Doppelwerk hat CADBURY erneut eine Untersuchung gewidmet, ohne daß auch hier die bisherigen Ergebnisse der Forschung wesentlich modifiziert oder erweitert würden. CADBURY wiederholt nur, was er bereits in „Beginnings of Christianity" II (1922), 501f. ausgeführt hatte: daß die „Wir-Stellen" direkte Informationen vom Hörensagen unterscheiden. Sie betreffen jene „bessere Auskunft", die Lukas für den 2. Teil der Apg. zur Verfügung stand. Daß er „allen Geschehnissen" (πᾶσιν Lk. 1, 3) nachgegangen sei, habe man als „verzeihliche Übersteigerung" anzusehen, da es sich streng genommen nur auf die spätere Periode beziehe. Auf jeden Fall aber würde der Anspruch, persönlich erkundet zu haben, das Vorkommen der Wir-Stellen verständlicher machen. Auf die einzigen Ich-Stellen Lk 1, 3 und Apg. 1, 1 folgten sie ohne Schwierigkeit.

Nachdem alle Möglichkeiten durchgespielt sind, kommt die Forschung auch hier nicht mehr so recht weiter. Soviel scheint deutlich, daß das Itinerar der Apostelgeschichte im Wir-Stil verfaßt war, daß von daher – was schon DIBELIUS bemerkte – der Autor wohl auch das Wir des Itinerars in umgebende und nachfolgende Stücke einfügte, „um den Bericht des Itinerars mit anderer Tradition zu verklammern"[3]), daß dann aber auch das Vorkommen des Wir-Stils zur Aufhellung der Quellenverhältnisse wenig beiträgt[4]). Für Lukas mag es überhaupt nur ein Stilmittel gewesen sein (HAENCHEN).

---

1) ZThK 1957, 55: „Der ursprüngliche Text liegt in keiner Handschrift und keinem Typ vor. Wir müssen den Text des Neuen Testaments Lesart für Lesart durchprüfen – das ist eine Arbeit für Generationen. Erst wenn sie getan ist, wird man einmal mit Gewißheit weiterschreiten können."

2) A. a. O. 42: „... die anscheinend deutlichsten Aramaismen in der Apg. gehören nicht dem lukanischen Werk an, sondern sind durch Schreibernachlässigkeit hereingekommen. Sie spielen mithin keine Rolle mehr bei der Frage, ob sich in der Apg. Aramaismen finden."

3) R. BULTMANN, a. a. O. 76. Als Beispiele dafür gibt er an 16, 16f., 20, 7–12 und 21, 10–14.

4) Vgl. M. DIBELIUS, Aufs. z. Apg., 167.

Bedenkt man, daß in allen Quellenstudien zur Apg. seit M. DIBELIUS das
,,Itinerar" so etwas wie den Angelpunkt darstellte, so wirkt ,,die Fragwürdigkeit eines Itinerars der Paulusreisen" als Thema einer Untersuchung (G.
SCHILLE) beinahe sensationell. Allerdings kommt diese Fragestellung nicht
ganz unerwartet. Zweifellos lag sie in einer Interpretationsmethode drin,
welche die Apg. vom schriftstellerischen Anteil des Lukas her zu erschließen
sucht. HAENCHEN beispielsweise hat in der 1. Aufl. seines Kommentares die
Existenz eines Itinerars noch unbestritten gelassen[1]), redet jetzt aber von
,,einer schwachen Itinerar-Hypothese", in die er wenig Vertrauen hat (Komm.
1959, 15*; 76 ff.). G. SCHILLE begründet seine kühne These so: Die ,,Itinerar-
Hypothese" ergab sich für DIBELIUS in erster Linie aus philologischen und
stilkritischen Beobachtungen. Gerade aber die ,,philologische Basis" erachtet
SCHILLE als ,,verhältnismäßig schmal" (169). Er demonstriert das an den sog.
,,Grundpfeilern der Hypothese" (167), deren er fünf zählt: (1) die Dublette
Apg. 14, 6. 20; (2) die Einfügung der Philippi-Überlieferung; (3) die Uneben-
heiten im Rahmen einiger Reden; (4) die gleichmäßige Behandlung der Stationen und schließlich (5) der stilistische Unterschied zwischen Apg. 13–21
und 1–12. Von diesen ,,Grundpfeilern" sei jedoch nur der erste solide[2]); alle
anderen brächen unter einer philologischen Kritik (die durchgeführt wird)
zusammen. Es sei darum die Erwägung berechtigt, ,,ob es Gründe gibt, die
die Annahme eines Stationsverzeichnisses nicht empfehlen oder sogar ver-
bieten" (170). Solche Gründe nennt SCHILLE nun seinerseits vier: (1) ,,Die
Einlinigkeit der Stoffanordnung". Lukas reihe die Missionstätigkeit – im
Unterschied zu den Paulinen, die die richtige Reihenfolge nicht mehr erschließen lassen – personell und geographisch hintereinander. Mit dieser ,,Einlinig-
keit" genüge er einem ,,Stilgesetz der volkstümlichen Erzählkunst" (170).
In der Paulus-Darstellung, die in vier ,,Überlieferungskomplexe" gefaßt sei
(Pisidien/Lykaonien; Makedonien/Achaja; Ephesus/Asia; ab c. 20 Gefangen-

---

[1]) Die Frage nach dem Umfang aber war schon neu gestellt! Siehe oben S. 104.

[2]) Aber auch hier hält SCHILLE eine andere Auswertung der Beobachtung von
DIBELIUS für möglich. Daß die Lystra-Episode 14, 8 ff. den Faden in V 6 abreißt,
der dann in V 20 als Dublette wieder weiterläuft, sei zwar unbestreitbar. Diese Dublette beweise aber ,,nur auf verhältnismäßig schmalem Raume, was für die gesamte
Breite der Darstellung Act 13–21 zu zeigen wäre. Vorerst bleibt daher noch unent-
schieden, ob die Dublette die Existenz eines Itinerars oder nur die Übernahme eines
kürzeren (Lykaonien–?) Berichtes unterbaut" (Sp. 167). – Auch HAENCHEN lehnt
jede Quellentheorie ab, ,,die hier ein Itinerar und eine Sondertradition zusammen-
gearbeitet werden läßt" (Komm. 1959, 363, Anm. 4). V 6 f. sei nicht ,,ein unge-
schickt beibehaltener Teil eines Itinerars…, sondern ein wesentlicher Inhalt und
Abschluß der lukanischen Komposition und Botschaft" (a.a.O. 371). Siehe auch
oben S. 104, Anm. 1.

nahme und Ende), hätten die „eingelegten Reisen" lediglich „eine rein literarische Funktion" (171), nämlich „die jeweilige Einblendung zu verdichten"
(ebd.). (2) „Anzeichen einer verfehlten Einordnung einzelner Traditionen"
(171f.). Z.B. Apg. 16, 13–15: vielleicht „eine Missionslegende für Thyatira
in Asia, wo der Fluß vor der Stadt besser passen würde" (171). Oder: 17, 5ff.
und 18, 14–17 seien frühe Apologien, die mit Paulus zunächst nichts zu tun
hätten. 13, 6. 9–12 gehöre nicht in die Situation 13, 5f. Apg. 20, 7–12 sei ein
„literarischer Nachtrag", denn die Missionierung der Provinz Asia sei bereits 19, 27 berichtet.

(3) Die Abfolge der Reisestationen innerhalb der lukanischen Paulus-Darstellung lasse zu keinem einheitlichen Ergebnis kommen. Sie erkläre sich aber
gut als „schriftstellerischer Wurf" (173f.).

(4) Ein „Stationsverzeichnis", angelegt für spätere Wiederholungsreisen,
begegne fünf Einwänden: (a) seine (stellenweise) Dürftigkeit lasse das Wiederfinden der Wege aussichtslos erscheinen; (b) Paulus habe seiner Gemeinden
im täglichen Gebet gedacht (Proömien der echten Paulinen!), bedurfte also
keines Notizkalenders, um sie wiederzufinden; (c) Paulus, die Parusie für seine
Generation erwartend, habe darum weder ein Tagebuch geführt noch an eine
Wiederholung seiner Reisen gedacht; (d) „Die Annahme eines Itinerars setzt
eine bestimmte Sicht der frühchristlichen Missionsgeschichte voraus, d.i. die
lukanische: Daß die Erfolge besonders den Missions-Reisenden zu verdanken
waren." Möglicherweise sei aber die Missionsgeschichte jener Zeit ganz anders
verlaufen und sei Paulus nach dem Gesetz der $\dot{\alpha}\pi\acute{o}\sigma\tau o\lambda o\iota$ (Did. 11, 4–6) „wahl-
los von Ort zu Ort" gezogen, ohne sich aufzuhalten (174)[1]); (e) das Itinerar sei
als literarische Gattung ohne jede Parallele. Fazit: „Bei einer genauen Prüfung verliert die Itinerar-Hypothese ihre Schlagkraft. Vielleicht ist sie nichts
anderes als ein letzter Rest jener Quellentheorien, die M. DIBELIUS so scharf
gerügt hat. Der Hinweis auf die schriftstellerische Fähigkeit des Lukas vermag mehr zu erklären, als selbst M. DIBELIUS annahm" (174).

Der letzte Satz mag zutreffend sein. Ob aber die angeführten Argumente
hinreichen, um die Existenz eines Itinerars überhaupt fragwürdig zu machen,
scheint zweifelhaft. Hier ist nicht der Ort, sie alle zu prüfen. Nur soviel ist
doch nach wie vor ein Indiz *für* das Itinerar: *daß* Lukas überhaupt so dürftige
und für den Fortgang der Handlung vollkommen unwichtige Reisenotizen wie

---

1) HAENCHEN (Komm. 1959, 14f.*) wendet dagegen mit Recht ein, daß nicht
einfach die Regel einer ganz anderen Zeit (zwei Generationen später) und Lage
(„Wirksamkeit von Wanderpredigern in bereits unter monarchischen Bischöfen
organisierten Gemeinden") auf Paulus übertragen werden kann, der seine Gemeinden ja allererst gründet.

die Erwähnung von Attalia 14, 25[1]), Samothrake und Neapolis 16, 11, Amphi-
polis und Apollonia 17, 1, Caesarea 18, 22 anführt. Und was soll die Erwähnung
des „alten Jüngers" Mnason 21, 16, von dem gar nichts weiter gesagt wird ?
Was sollen die „weder fromm noch fesselnd wirkenden Nachrichten" aus
Derbe 14, 21, Thessalonike 17, 1 ff. und Beroea 17, 10 ff., wenn es Lukas darauf
angelegt hätte, „im Interesse der Erbauung oder Unterhaltung seiner Leser
etwas zu erdichten"?[2]) Auch ein so völlig unwichtiger Satz wie 20, 13f.
wäre wohl kaum von Lukas in seine Reisedarstellung aufgenommen worden,
wenn er nicht über eine Aufzeichnung der Reiseroute verfügt hätte[3]). DIBE-
LIUS wird Recht behalten: „Diese Nachrichten sind, mit ihrer Kürze und
ihrer neutralen Haltung, über den Verdacht erhaben, erbauliche oder unter-
haltende Dichtung zu sein."[4]) Gerade bei der auch von SCHILLE beschwore-
nen „schriftstellerischen Fähigkeit" des Lukas hätte dieser sie doch – falls
überhaupt – besser erfinden können. Oder er hätte sie ganz weglassen können.
Daß er weder das eine noch das andere getan hat, ist vielleicht doch ein Beweis dafür, daß er dankbar alle verfügbaren schriftlichen Quellen benutzte,
und seien sie noch so dürftig gewesen. Denn nur so konnte er sich in seiner
Arbeitsweise als Historiker legitimieren – woran ihm gelegen war!

R. BULTMANN hat nun – in kritischer Auseinandersetzung mit E. HAEN-
CHENS Kommentar – erstmalig zur Quellenfrage der Apg. Stellung genommen. Er tut es, um das Recht der Fragestellung einer *quellenkritischen* Forschung gerade auch bei der Acta-Auslegung zu wahren. Der von HAENCHEN
befolgten und mit viel Erfolg angewandten Methode gegenüber, zunächst die
Absicht des Autors bzw. die Sinneinheit des betreffenden Abschnitts zu ermitteln, wodurch sich viele quellenkritische Analysen früherer Forschung von
selbst erledigen, möchte BULTMANN nicht von vornherein ausgeschlossen
sehen, daß auch der *umgekehrte* Weg zum Ziele führen kann, nämlich der von
den Quellen zur Absicht des Verfassers, so daß „zwischen der exegetischen
Frage nach der Sinneinheit und der analytischen Frage nach der benutzten
Tradition eine Wechselwirkung" besteht (69). HAENCHEN habe zwar recht,
daß „primäre Aufgabe der Exegese die Klarstellung der Komposition sein
muß", beachte aber zu wenig, „daß mit dem Nachweis der Einheit einer
Komposition nicht über die etwaige Verwendung von Quellen entschieden
ist" (74). So sind es zwei kritische Fragen, die BULTMANN an HAENCHEN
stellt: (1) ob er die Analyse nicht „zu Gunsten der Frage nach der Sinneinheit"
zurückdränge; und (2) ob er sich „die Frage nach schriftlichen Quellen nicht
zu leicht" mache (70).

---

1) Bezeichnend ist, daß der „westliche" Text an dieser Stelle ein εὐαγγελιζόμενοι
αὐτούς, also eine Missionierung ergänzt.

2) M. DIBELIUS, Aufs. z. Apg., 2. Aufl., 13.

3) M. DIBELIUS, a. a. O. 167.   4) A. a. O. 64.

Zur ersten Frage wählt BULTMANN u. a.[1]) Apg. 15, 1–35 als Beispiel, um zu zeigen, daß der Geschlossenheit der lukanischen Komposition keinerlei Abbruch getan wird, wenn man mit DIBELIUS an dem Dekret als einer schriftlichen Quelle festhält. Was aber (2) die schriftlichen Quellen anbetreffe, rechne HAENCHEN offenbar überhaupt nur mit mündlicher Tradition, abgesehen vom Itinerar natürlich. Wie aber – so fragt BULTMANN – sollen Namenlisten wie 6, 5; 13, 1 und 20, 4 in mündlicher Tradition weitergegeben werden? Außerdem machten doch die Bekehrung des Paulus sowie Apg. 12, 7–17; 19, 13–17. 23–40 ganz den Eindruck, als habe Lukas hier einen „Text" verarbeitet und nicht nur „mündliche Tradition". Beim „Itinerar" schließlich wird bemängelt, daß HAENCHEN keine zusammenfassende Darstellung über diese Quelle gibt, „wo er sie findet, und wie etwa ihr Zusammenhang zu denken ist" (76). Außerdem hält BULTMANN – im Gegensatz zu HAENCHEN – an der „antiochenischen Quelle" fest[2]). Ihr Verhältnis zum „Itinerar" sei die „Hauptfrage". „Daß beide Quellen eine literarische Einheit gebildet haben, ist nicht gerade wahrscheinlich. Eher dürfte man vermuten, daß der oder die Reisebegleiter des Paulus (es können ja durchaus mehrere nacheinander gewesen sein) aus der antiochenischen Gemeinde stammten. Im Archiv der Gemeinde hätte dann der Autor, der vielleicht selbst Antiochener war, sowohl die ,antiochenische' Quelle wie das Itinerar benutzen können"(79).

Niemand wird leugnen, daß BULTMANN *berechtigte* Fragen gestellt hat. Die quellenkritische Analyse bleibt eine notwendige Aufgabe der Hermeneutik auch der Apostelgeschichte, mag letztere nach Komposition und Darstellung noch so sehr das literarische Werk des Lukas sein. Freie Dichtung ist sie nicht! Darüber ist kein Streit. Die Frage ist nur, wieweit sich Ergebnisse quellenkritischer Analysen verifizieren lassen.

Es bleiben noch einige Untersuchungen zu einzelnen Textabschnitten und -stellen.

Eine ausgezeichnete Textstudie über die älteste Form des Aposteldekretes legte W. G. KÜMMEL vor. Was hier mit subtiler Gründlichkeit als Ergebnis erarbeitet wurde, kann als abschließendes Urteil in dieser Sache gelten: „daß die vierteilige Formel, wie sie die Mehrzahl der Textzeugen bietet, als ältester Text im Rahmen des Berichts der Apostelgeschichte vom Apostelkonzil angenommen werden muß" (96). Es ist also nicht nötig, wie MENOUD[3]) einen

---

1) Apg. 1, 18; 2, 14–21. 24–31. 33–35; 4, 32; 5, 12b–14; 6, 12b–14a liegt nach BULTMANN überall ein Einschub in eine Quelle vor, ohne daß dadurch die Einheit der lukanischen Komposition aufgehoben würde (73f.).

2) Vgl. oben S. 103, Anm. 3. Ferner H. CONZELMANN, ThLZ 85 (1960), 244.

3) PH.-H. MENOUD, The Western Text and the Theology of Acts, Studiorum Novi Testamenti Societas, Bulletin II, 1951, 19ff.

hinter allen Textformen liegenden zweiteiligen Text zu erschließen. Denn die vorhandenen Variationen zum überlieferten Text lassen sich von diesem her leicht erklären.

ALBERT WIFSTRAND versucht das sprachlich harte part. aor. ἀσπάσάμενοι Apg. 25, 13 einer neuen Lösung zuzuführen. Er referiert zunächst Belege aus frühen byzantinischen Chronisten, ,,wo ein Ereignis oder eine Handlung, die unwidersprechlich *nach* einer anderen Handlung folgt, dem finiten Ausdruck dieser vorhergehenden Handlung in der Form eines Aorist. partizips angehängt wird'' (128). Dieser Fall liege auch Apg. 25, 13 vor, was an Hand einer Anabasis von Schriftzeugnissen des 9. Jahrhunderts bis zu solchen des 1. Jahrhunderts (Apostelgeschichte) und darüber hinaus erhärtet wird. Der Sinn von Apg. 25, 13 sei demnach folgender: Agrippa und Berenike kamen nach Cäsarea und besuchten den Festus. Ihr Kommen als solches war wichtig (darum als finites Verb gesetzt), denn dann hatte Paulus Gelegenheit, vor König Agrippa hervorzutreten. Daß sie dann bei Festus Besuch machten, sei eine Selbstverständlichkeit, die Lukas im Partizip gebe (136). Hier wird durch das von WIFSTRAND vorgelegte Material die Sache tatsächlich in ein anderes Licht als bisher gestellt.

Zu Apg. 5, 4 schlägt F. SCHEIDWEILER eine Verbesserung des Textes vor, die die Widersprüche zwischen dem ,,Kommunismus'' einerseits und der freien Verfügungsgewalt über das Eigentum andererseits lösen soll. Er verändert οὐχί in οὐχ ὅ und liest also: οὐχ, ὃ μένον σοὶ ἔμενεν, καὶ πραθὲν ἐν τῇ σῇ ἐξουσίᾳ ὑπῆρχεν: ,,Keineswegs war, was unverkauft dir (ungeschmälert) blieb, auch nach dem Verkauf noch in deiner Verfügungsgewalt.'' Gut! Dennoch wird man nicht leicht zu dieser Konjektur greifen, und zwar einmal, weil sie keinerlei Stütze in den Handschriften hat. Zum andern wäre wohl die Spannung zu 4, 32. 34 gelöst, aber keineswegs das Problem des sog. ,,urchristlichen Liebeskommunismus''. Ihm ist überhaupt nicht auf textlicher Ebene beizukommen, sondern nur auf kompositorischer. Es liegt an der Methode des Lukas (Zustandsschilderung durch Verallgemeinerung von Einzelnachrichten)[1], daß dieser ,,Liebeskommunismus'' wie eine die Urgemeinde allgemein verpflichtende Praxis erscheint. In Wahrheit werden jedoch wohl nur einzelne Christen ihren Besitz der Gemeinde übereignet haben, wofür außer 4, 36f. gerade auch 5, 4 ein Indiz ist[2].

Die Tradition von ,,Lukas dem Antiochener'' hat nach HAENCHEN ihren

---

1) Diese Methode hat Lukas gerade auch Apg. 2, 44ff. und 4, 34f. angewandt. Nicht ohne Gefahr, wie man sieht. Denn das Mißverständnis eines ,,urchristlichen Liebeskommunismus'' geht gerade darauf zurück. Vgl. HAENCHEN, Art. ,,Apostelgesch.'', RGG³, Sp. 505.

2) Vgl. HAENCHEN, a.a.O. Sp. 505.

Ursprung in der „westlichen" Wir-Lesart von Apg. 11, 28, welche aber erst
später aufgekommen sein müsse, da Irenäus als vorzüglicher Kenner des
„westlichen" Textes sie nicht erwähne[1]). Demgegenüber weist A. Strobel
zunächst einmal auf den antimarcionitischen Lukasprolog (160–180 n. Chr.)
hin, den „höchstwahrscheinlich" Irenäus schon benutzt habe (so im Anschluß
an Harnack) und der nicht so leicht abgetan werden könnte: er sei so kom-
pakt biographisch, daß die Annahme einer Spekulation einfach ausscheide.
Speziell zu Apg. 11, 28D führt er dann aus: Sollte das „Wir" nach Irenäus
eingetragen sein, so könnte es durchaus auf Grund der Tradition von Lukas
dem Antiochener geschehen sein. Man neige dazu, den „westlichen" Text in
Syrien entstanden zu denken. „Es ist daher nicht ausgeschlossen, daß an
der Stelle Act 11, 28 eine antiochenische Lokalüberlieferung einwirkte.
Wußte man darum, daß Lukas ein Glied der eigenen Gemeinden gewesen war,
dann konnte der verbesserungssüchtige Schreiber von D leicht der Versuchung
erliegen, bei der Nennung der antiochenischen Gemeinde das ‚Wir' anklingen
zu lassen" (133). Haenchen selbst zieht diese Möglichkeit in Betracht. Und
mehr als eine Möglichkeit ist es auch für Strobel nicht. Was Haenchen
jedoch *nicht* in Betracht zieht, ist die Ursprünglichkeit der „westlichen"
Lesart in 11, 28. Für R. Bultmann[2]) gehört sie „zu den wenigen ursprünglichen Lesarten von D". Ihm ist gerade die Einbringung des „Wir" als „spätere
redaktionelle Arbeit nicht verständlich". Dann wäre 11, 27–30 ein Stück der
antiochenischen Quelle. Für unser Problem würde das bedeuten, daß man nun
erst recht die Entstehung der Tradition von „Lukas dem Antiochener" im
Zusammenhang mit der „westlichen" Lesart von 11, 28 zu sehen hat. Strobel
schließt die Ursprünglichkeit des „Wir" in 11, 28 nicht von vornherein aus,
hält aber auch dann seine Erklärung für die Herleitung der „westlichen"
Lesart gegenüber Haenchen für die „wahrscheinlichere" (133)[3]).

Aufs Ganze wird man sagen dürfen, daß in der Acta-Forschung der jüngsten Zeit text- und quellenkritische Studien nur am Rande laufen. Der
Schwerpunkt liegt eindeutig bei den redaktionsgeschichtlichen und theologischen Fragen.

---

1) Haenchen, Komm. 1959, 11, Anm. 7; auch 317, Anm. 6.

2) A. a. O. 77.

3) S. 134, Anm. 11 beruft sich Strobel auf R. G. Heard, The old Gospel Prolo-
gues, Journal of Theol. Studies 1955, 1–16, der zu dem gleichen Ergebnis kommt:
„… it seems more likely that a genuine tradition gave rise to Luke's association with
Antioch in the ‚Western' Text of Acts XI, 28 than that the ‚Western' Text itself
gave rise to the tradition…"

2. Zur Tradition und Komposition in der Apostelgeschichte

a) Allgemein

Tradition und Komposition in der Apostelgeschichte sind zum beherrschenden Gesichtspunkt in der Acta-Forschung geworden. Seit M. DIBELIUS
mit seinen Aufsätzen zur Apostelgeschichte diese Fragestellung in Gang
brachte, hat sich deren Ergiebigkeit für die Interpretation des lukanischen
Geschichtswerkes immer deutlicher ergeben. Sie dürfte in ihrer Gültigkeit
heute unbestritten sein.

Der grundlegende Aufsatz von E. HAENCHEN zur Sache macht besonders
deutlich, wie sehr DIBELIUS zu diesem Thema vorgearbeitet hat. HAENCHEN
versucht zunächst an Hand von Apg. 1, 16–26 und 15, 14 ff. nachzuweisen,
wie ganze Szenen, die man früher für Bestandteile einer Tradition gehalten
hätte, sich ,,als Erzeugnisse lukanischer Kompositionskunst" (209) erweisen
lassen. Dabei habe Lukas ein solches Maß an Freiheit geübt, wie wir es heute
nur in geschichtlichen Romanen zulassen (210). Dennoch gehe für ihn Geschehen nicht in reine Dichtung über. ,,Auch da, wo Lukas anscheinend ganz
frei ... etwas ,erfindet', bleibt er in der Bindung an die christliche Überlieferung" (217). Nun, hier müßte vielleicht doch noch genauer gesagt werden,
wie man sich das vorzustellen hat. Auch war bereits davon die Rede, daß
HAENCHEN mit der Frage nach *schriftlichen* Quellen zu schnell fertig ist[1]).
Überzeugender ist die Darstellung der Kompositionstechnik des Lukas, die
an Apg . 9; 22 und 26 demonstriert wird: Lukas hat nicht zwei oder drei Berichte von der Bekehrung des Paulus benützt, sondern er hat *einen* komponiert
und ,,die Darstellung der Bekehrung jeweils genau dem Zusammenhang
angepaßt, in dem er sie erzählt" (211). Daraus erklären sich allein die Varianten, und alle Versuche, diesen oder jenen der drei Berichte als den historisch
zuverlässigsten den andern vorzuziehen, sind nutzlos. Schließlich geht auch
die Szenenfolge auf Lukas zurück. Überliefert waren Einzelszenen, aber ohne
geschichtlichen Zusammenhang. Lukas blieb es überlassen, den ,,Richtungs-
sinn" (DIBELIUS)[2]) zu erraten und zu vervollständigen (218). So habe er ein
,,Geschichtswerk" geschaffen (217). Vorgegeben seien ihm dabei nur folgende
Grundzüge des Geschichtsbildes gewesen: (1) der Zwölferkreis mit den Petrus-
Geschichten; (2) die Hellenisten in Antiochien; (3) der Wechsel in der Ge-
meindeleitung von Petrus auf Jakobus; (4) ein Itinerar aus dem Paulus-Kreis.
Demnach überliefert Lukas also nicht ,,das Selbstporträt der Apostelzeit",

---

1) Siehe oben S. 127 f.

2) Wie sehr das Interesse des Lukas an der Geschichte und ihrem ,,Richtungs-
sinn" ineinanderliegen, stellt die Arbeit von J. HAMAIDE und P. GUILBERT heraus
(Résonances pastorales du plan des Actes des Apôtres).

sondern das Bild, „mit dem sich eine neue christliche Epoche die eigene Vergangenheit gedeutet hat" (225). Dabei unterliegt das historische Paulus-Bild
und die paulinische Botschaft nicht unbeträchtlichen Modifikationen: Paulus
handelt in voller Einmütigkeit mit den Zwölfen. Seine Welt- und Heilslehre
wird nicht wiedergegeben, sondern ein neuer Entwurf in einer veränderten
Zeit gestaltet. Er steht in beträchtlicher Spannung zu den Paulus-Briefen:
ist dort die Heilsgeschichte in der Geschichte verborgen (theologia crucis),
so wird sie für Lukas in der Geschichte gerade sichtbar (225, Anm. 1). Für den
Kanon bedeute das die Freigabe des Bemühens zur jeweiligen Deutung in der
je neuen Epoche (225).

Weitaus konservativer beurteilt A. EHRHARDT „the construction and purpose of the Acts of the Apostles". Die sich durch sachliche und vorsichtig
abwägende Argumentation auszeichnende gründliche Studie apostrophiert
den Kritizismus HAENCHENS mehrmals negativ. Grundsätzlich hat EHR-
HARDT mehr Vertrauen in die *ältere* Acta-Forschung, besonders in ED. MEYER
und A. HARNACK, dessen 50 Jahre alte These (,,die Kraft des Geistes Jesu in
den Aposteln geschichtlich dargestellt")[1] besser sei als die von HAENCHEN
(,,Die ‚Apostelgeschichte‘, eine Erbauungsschrift")[2].

Der Aufsatz verfolgt ein dreifaches Ziel: er will (1) die *literarische Art* des
Lukas, (2) seine *Technik* und (3) seinen mit der Apg. verfolgten *Zweck* herausstellen.

Ad (1): Die literarische Art des Lukas wird als die des „Historikers" charakterisiert (Lukas... „an accomplished artist in the field of history...", 51),
der seine Vorbilder in II. Makk., I. II. Samuel, Esther und Judith habe.
Ad (2): Die Technik, deren er sich dabei bediene, sei die der „historischen
Biographie" (56). Was Lukas gestalte, sei jedoch mehr „a theological, not a
factual history" (64). Insofern sei sie fundamental verschieden „from our
approach to history" (57). Lukas habe in einer Zeit geschrieben, da man noch
in der Erwartung der Parusie stand, und er zeige, wie diese Erwartung ersetzt wird durch die Predigt vom Heiligen Geist. Darum seien die Personen
auch nicht biographisch exakt erfaßt, sondern „as characters in the Divine
tragedy, and this Divine tragedy is the Gospel of the Spirit of God" (57).
Lukas gestalte die Ereignisse eben so, daß sie auch gepredigt werden könnten.
Unkritischer als HAENCHEN ist EHRHARDT auch in der Beurteilung der Reden
der Apg.: Lukas habe sie nicht frei erfunden, sondern mit Hilfe altkirchlicher
testimonia komponiert, woraus sich dann eine gewisse Monotonie leicht erklären lasse (67). Schließlich sei auch alle Kritik an den Wir-Stücken haltlos,

---

1) A.v.HARNACK, Die Apostelgeschichte, 1908, 4, verteidigt neuerdings auch von
F.F.BRUCE, The Acts of the Apostles, 2. Aufl. 1954, 29f.
2) Komm. 1956, 92.

sofern man meine, einen (Lukas als) Augenzeugen ausklammern zu können. Lukas berichte „history", d.h. wahre Begebenheiten! Auffallenderweise zweifelt EHRHARDT aber an der Existenz der bislang sichersten schriftlichen Quelle: am Itinerar. Freilich mit fragwürdigen Gründen: Einmal sei das Papier für ein solches Reisetagebuch sehr teuer gewesen, Paulus aber arm. Zum andern müsse man fragen, ob der kranke und zu Fuß reisende Paulus sein Gepäck damit habe belasten können. Und schließlich gebe es keinerlei Papyrus-Spuren eines solchen Buches. Keiner dieser Gründe ist stichhaltig. Die kurzen Reisenotizen, aus denen das „Itinerar" bestand, ergaben zusammen wohl kaum ein kostspieliges und schwer zu transportierendes dickes opus, sondern allenfalls einige Notizblätter. Daß sich davon keine Originalspur erhalten hat, sollte niemand verwundern.

Ad (3): Den Zweck der Apg. faßt EHRHARDT in dem einen Satz zusammen: „The whole purpose of the Book of Acts... is no less than to be the Gospel of the Holy Spirit" (58). Das ist wieder die Anlehnung an die ältere Acta-Forschung, die zweifellos gerade mit dieser These ein wesentliches Anliegen der Acta apostolorum erfaßt hatte. Man muß nur sehen, daß Lukas nicht den Hl. Geist als solchen verkündigt, sondern seine neue Funktion (Parusie-Ersatz)[1]) in einer veränderten Situation. Im übrigen trägt die Studie durchaus sowohl dem schriftstellerischen Anteil des Lukas als auch seiner historischen und theologischen Eigenart Rechnung. Fraglich bleibt nur, ob man dennoch der historischen Darstellung des Lukas soviel Vertrauen schenken darf, wie EHRHARDT es tut.

b) Die Reden der Apostelgeschichte

Seit M. DIBELIUS die besondere Bedeutung der *Reden* für die Komposition der Apg. herausgestellt hatte[2]), sind sie ein bevorzugter Gegenstand der Acta-Forschung geblieben. Sie sollen am ehesten Aufschluß geben über Arbeit und Absicht des Lukas, da hier nach dem Vorbild der antiken Geschichtsschreiber sein literarisches Talent die freieste Entfaltungsmöglichkeit hatte.

O. BAUERNFEIND wendet sich in einer instruktiven Untersuchung gegen das herkömmliche Urteil, es seien allein die lukanischen Redekompositionen so auszulegen, „als wenn die neuer Verkündigung dienende Neugestaltung älterer christlicher Zeugnisse erst hier ihren Anfang nähme" (74). Vielmehr sei

---

1) Vgl. das ἀλλά von Apg. 1, 8 und dazu CONZELMANN, Die Mitte der Zeit, 116; E. GRÄSSER, a.a.O., 206f.

2) M. DIBELIUS, Die Reden der Apostelgeschichte und die antike Geschichtsschreibung. Sitzungsberichte der Heidelberger Akademie der Wissenschaften. Phil.-hist. Klasse. Jahrgang 1949, 1. Abhandlung. Vorgelegt im Jahre 1944. – Jetzt auch in „Aufs. z. Apg.", 120–162.

das auch schon die Sache des Paulus gewesen, wie am Beispiel von Gal. 2, 14 ff. gezeigt wird: dort gehe der Apostel „allmählich und unmerklich von der historischen antiochenischen zu der aktuellen galatischen Situation" über (71). Auch Paulus – und nicht nur Lukas – schneide die Reden auf die Situation der Leser zu und räume dem Anliegen der Verkündigung grundsätzlich den Vorrang vor dem historisch-protokollarischen Interesse ein. Der Unterschied zwischen beiden liege auf diesem Gebiet nur im Sekundären, nicht im Wesentlichen. „Für das formale Verständnis der Lukanischen Reden ist Thukydides nicht wichtiger als Paulus" (74).

BAUERNFEIND will also von hier aus einen neuen grundsätzlichen Vorschlag zur Lösung des *historischen* Problems der Acta-Reden machen. Und das insofern, als die antiochenische Rede des Paulus „zu grundsätzlicher Vorsicht" gegenüber der Tendenz mahne, die Reden der Apg. von vorneherein zur Ungeschichtlichkeit zu verdammen: „das freie auf den Leser ausgerichtete Referat einer religiösen Rede" brauche „die historische Situation, der es beigeordnet ist, grundsätzlich nicht stärker zu verdunkeln..., als Gal. 2, 14 ff. die Situation von Gal. 2, 11–13 verdunkelt" (75).

So richtig das ist, wird man doch bei diesem Vergleich zwischen Paulus und Lukas Bedenken haben. Sie lassen sich insofern nicht vergleichen, als Paulus Gelegenheitsschriften verfaßt, Lukas aber unter Ausnutzung literarischer Stilmittel ein Geschichtswerk. Bei letzterem wird man dann auch viel mehr nach der *theologischen Konzeption* seiner freien Redekompositionen zu fragen haben als bei Paulus, so gewiß die *historische Situation* weder hier noch dort a limine ausgeklammert werden darf. Dennoch dürfte DIBELIUS mit seinem Urteil recht behalten, „daß die meisten der größeren Reden der Apostelgeschichte weniger aus der historischen Lage als aus dem Zusammenhang des Buches zu verstehen sind"[1]). Zudem macht W. NAUCK mit Recht darauf aufmerksam, daß gerade der von BAUERNFEIND angestellte Vergleich zeigt, „wie groß der Unterschied ist zwischen einem Referat einer selbstgehaltenen Rede und dem Referat einer – sei es selbstgehörten – Rede eines anderen"[2]).

Hatte M. DIBELIUS die Reden der Apg. untersucht sub specie der antiken Geschichtsschreibung[3]), so versucht E. SCHWEIZER durch eine Analyse der Reden selber die These zu stützen, daß wir es bei den Acta-Reden im wesentlichen mit Kompositionen des Autors ad Theophilum zu tun haben. SCHWEIZER macht einen Doppelschritt: er untersucht einmal die Reden vor *jüdischen* Zuhörern (2, 14 ff.; 3,12 ff.; 4, 9 ff.; 5, 29 ff.; 13, 16 ff.; 10, 34 ff. wird mit

---

1) A.a.O. 150.
2) ZThK 1956, 45, Anm. 3.
3) Siehe S. 133, Anm. 2. Dazu vgl. den Bericht von W. G. KÜMMEL, ThR N. F. 22, 1954, 201 f.

an dieser Stelle untersucht, obwohl es die erste Rede des Petrus an Heiden
ist) und sodann die Reden des Paulus vor *Heiden*. Dabei ergibt sich eine Einheit der Reden nach ihrer Gesamtstruktur, die die Annahme ein und desselben Schriftstellers zwingend macht. Nur wird in den Reden vor Heiden das
Christuszeugnis, das sonst fester Bestandteil des Schemas ist, entweder ausgewechselt gegen eine mehr allgemeine Gottesverkündigung (vgl. Apg. 2,
22–24 mit 14, 15–17!), oder aber es erscheint strukturell nur als ein Anhang
(vgl. Apg. 17, 31). Außer diesem – allein durch die Hörerschar bedingten –
Wechsel[1]) liegt allen Reden das gleiche Schema zugrunde: Anrede, Aufruf
zum Hören, Feststellung eines Mißverständnisses bei den Hörern (fehlt bei
manchen Reden!), Zitat einer Schriftstelle zu Anfang, christologisches Kerygma, eigentlicher Schriftbeweis, nochmalige Feststellung eines Mißverständnisses, Heilsverkündigung und schließlich die Zuspitzung auf die Hörer[2]).
Vor allem bei der ersten Gruppe von Reden, die SCHWEIZER analysiert, erscheint dieses Schema mit größter Exaktheit. Allerdings zeigen sich im jeweiligen christologischen Kerygma charakteristische Unterschiede, die
SCHWEIZER mit der Vermutung erklärt, ,,daß hier ältere Traditionen verwertet werden"[3]). Bezeichnend für Lukas ist dann nur, daß er diese Unterschiede
nicht glättet.

Charakteristische Unterschiede zu dem von DIBELIUS erarbeiteten und nun
von E. SCHWEIZER gesicherten Schema der Acta-Reden meint freilich
U. WILCKENS in der Petrus-Rede Apg. 10, 34–43 zu finden. Einmal fehle die
Bußmahnung als Schlußteil. Lukas durchbreche seinen sonst streng gewahrten
,,*ordo salutis*": um ihrer ,,kirchenpolitischen Bedeutsamkeit willen" soll die
Cornelius-Bekehrung nicht als ,,Regelfall" erscheinen, ,,sondern als wunder-
bare und durchaus einmalige, begründete Ausnahme" (225). Zum andern
fehle ein *Schriftbeweis* im eigentlichen Sinn. Dagegen sei das *Jesus-Kerygma*
stark erweitert, wie überhaupt die ganze Rede keine Predigt sei, sondern eine
,,Rede an Christen...", die den gesamten vorgetragenen Jesusstoff schon
,kennen' (ὑμεῖς οἴδατε V 37!)" (227). Diese Variationen versucht WILCKENS
redaktionsgeschichtlich zu verstehen, wobei sich wieder einmal die hermeneutische Ergiebigkeit dieser Methode zeigt. ,,Lukas hat hier das Schema der
Missionspredigt in das Schema des Evangeliums, wie er es versteht, umge-

---

1) Die strenge Unterscheidung zwischen Galiläern und Jerusalemiten, die CONZEL-
MANN durchgeführt hat (Mitte der Zeit, 28–176), findet nach E. SCHWEIZER in diesen
durch die Hörerschaft bestimmten Änderungen des Schemas eine Bestätigung.

2) Dieses Schema hatte bereits M. DIBELIUS klar erkannt, vgl. a. a. O. 142.

3) HAENCHEN, Komm. 1959, 148f., denkt an ,,altes Gut aus liturgischen Gebeten
seiner Kirche", das Lukas übernommen habe, um ,,den Apostel *feierlich* reden zu
lassen" (ἀπεφθέγξατο 2, 14).

staltet" (229). Darum das erweiterte Jesus-Kerygma. Die *historia Jesu* sei durch zwei Punkte gekennzeichnet: (1) durch eine bestimmte „Abfolge" des Geschehens, (2) durch die Zeugenschaft der Apostel. In beidem erkenne man aber genau das Programm des Prologes Lk. 1, 1 ff., wonach auch nichts „Neues" berichtet, sondern das Alte nur ordentlich wiederholt werden soll. Lukas wolle also gar nicht altes Überlieferungsgut zusammenstellen, sondern er habe Apg. 10, 34–43 „bewußt als Abriß seines Evangeliums gestaltet" (236). Begründet wird das von WILCKENS im einzelnen durch folgende Beobachtungen: (1) das geographische Schema der Rede entspricht genau den geographischen Vorstellungen seines Evangeliums; (2) die heilsgeschichtliche Zuordnung Johannes-Jesus ist hier wie dort dieselbe: Johannes steht *vor* der Heilszeit (CONZELMANN); (3) der „Anfang" geschah mit der Taufe Jesu Apg. 10, 38, wobei Johannes nicht als der Taufende erwähnt wird. Das entspricht wieder genau Lk 3, 21 f.; (4) Jesu Wirksamkeit wird umfassend als „Umhergehen", „Wohltun" und „Heilen" beschrieben (ohne Predigt!); (5) die „Augenzeugen" sind typisch lukanisch; (6) ebenso das ἀναιρεῖν für die Kreuzigung Jesu; (7) die Auferweckung am dritten Tage ist ein Bestandteil des Evangeliums; (8) ὁρίζειν ist eine Lieblingswendung des Lukas zur Bezeichnung des Heilsplanes; (9) der Schriftbeweis ist Umprägung des Lukas.

Auch die *Situation* sei bei der Komposition der Petrus-Rede 10, 34–43 nicht so ganz unberücksichtigt, wie DIBELIUS wolle[1]): Lukas hat jedenfalls eine Versammlung im Hause des Cornelius vor Augen. Das Schema des Missionskerygmas wird von ihm umgebogen, „um durch dies literarische Mittel ebenfalls anzudeuten und kenntlich zu machen, daß die Versammlung im Hause des Cornelius von Gott her bereits Gemeinde ist" (237). Gottes zuvorkommendes Handeln solle unterstrichen werden. Weil die Hörer schon Christen seien, stilisiere Lukas die Predigt nicht als „Kerygma", sondern als „Katechese", als „Evangelium" (im formgeschichtlichen Sinne des Begriffes).

Diese These: nicht Kerygma, sondern Evangelium! hat dank der stichhaltigen Begründung etwas Zwingendes. Lukas hat den Petrus mit seiner Rede allem Anschein nach so etwas wie einen kurzen Abriß seines Evangeliums geben lassen wollen. Auf jeden Fall aber ist die Studie eine Warnung, nicht alle Reden der Apostelgeschichte über einen Kamm zu scheren, sondern sie einzeln auch aus der jeweiligen Situation, der sie zugeordnet sind, zu interpretieren. Die so konsequent angewandte redaktionsgeschichtliche Methode vermag unter Umständen über die Ergebnisse von DIBELIUS noch hinauszuführen und läßt die schriftstellerische und theologische Leistung des Lukas immer deutlicher werden.

---

1) Damit käme WILCKENS in etwa dem entgegen, was BAUERNFEIND hat zeigen wollen. Siehe oben S. 133 f.

Die Eigenart der Stephanus-Rede (Apg. 7, 2–53) hat A.F.J.KLIJN bewogen, sie zum Gegenstand einer besonderen Untersuchung zu machen. Er hofft, mit Hilfe der Qumranfunde neues Licht auf das alte Problem der Bedeutung und des Ursprungs der Rede zu werfen. Daß Lukas hier nicht frei komponiert, sondern im wesentlichen eine Vorlage tradiert, leidet für KLIJN keinen Zweifel[1]). Er bezweifelt aber, daß das Ziel der Rede so etwas wie eine Rechtfertigung dafür sei, daß nun die christliche Mission von den verstockten Juden zu den Heiden geht[2]). Denn die Verfolgung nach Stephanus' Tod habe zwar eine Zerstreuung, aber keine Heidenmission ausgelöst. Außerdem behandle die Rede nur Probleme, wie sie in einer jüdischen Gemeinde auftauchen konnten, in der eine Minorität abwegige Meinungen hatte. Nicht die Heidenmission soll gerechtfertigt werden, sondern die Existenz eines Judenchristentums außerhalb Jerusalems und seines Tempels (26). Daher käme dem Redner alles darauf an, zu zeigen, daß die Juden, die dauernd ungehorsam waren („eure Väter" V 39), nicht zu seiner Gruppe gehören („unsere Väter" V 38). Für diese Differenzierung nun gibt es für KLIJN ein Vorbild im Manual of Discipline, das den geschichtlichen Ursprung der Sekte gerade auch auf die Unterscheidung der Geschlechter Israels in böse und gerechte zurückführt. Dort führte die „Verschiedenheit des Geistes" (III, 18–19) zur Absonderung: die „Geister der Treue" scheiden sich von denen „des Abfalls". Diese historische Konzeption sei identisch mit der Stephanusrede (28). Dafür sprächen auch „Schlagende Parallelen" zwischen Apg. 7 und 1QS: ein „Engel" hilft den Söhnen des Lichtes (als Parallele zu Apg. 7, 30. 35. 38. 53); die gleiche Wortwahl beschreibe hier wie dort Israels Ungehorsam: „halsstarriges Volk", „widerstreben" (Apg. 7, 51); schließlich sei auch der Gedanke, daß Gott in einem Hause geistig gedient wird (außer der Stephanusrede vgl. 1.Petr. 2, 5; Eph. 2, 21f.), im Manual of Discipline vorgebildet: das wahre Israel braucht keinen Tempel, weil es selbst der Tempel ist (1 QS)[3]).

Hier erhebt sich nun eine Reihe von Fragen. Meint KLIJN, daß Lukas ein Referat der historischen Stephanusrede gibt? Und hätte sich Lukas dann mit der Meinung und Absicht des Stephanus (Legitimation eines Judenchristen-

---

1) Auch M.DIBELIUS, a.a.O. 145, hatte für Lukas „Abhängigkeit von einem älteren Text wenigstens für den reproduzierenden Teil" angenommen. So auch HAENCHEN, Komm 1959, 240: Lukas hat eine „ ‚Geschichtspredigt' en bloc übernommen und durch Zusätze (und wohl auch Kürzungen) passend gemacht..."

2) Diesen von KLIJN bestrittenen Sinn gaben der Rede zuletzt wieder W. FOERSTER, Stephanus und die Urgemeinde, in: Dienst am Wort, 1953, 9–30; E. HAENCHEN, Komm.1956, 249.

3) Von diesen „Parallelen" her sieht KLIJN auch die Vermutung CULLMANNS bestätigt, daß zwischen den „Hellenisten" von Apg. 6, 1 und den Dead Sea Covenanters Verbindungen bestanden. Doch siehe dazu unten S. 161.

tums außerhalb von Jerusalem) identifiziert? Beides ist unwahrscheinlich.
Da Lukas nichts am historischen Porträt des Stephanus lag, läßt sich auch
die Rede schwerlich zur Erhebung der wirklichen Meinung des Stephanus
auswerten[1]). Ist es nun wirklich erwiesen, daß es eine ursprüngliche Rede
gab (deren Bezug auf die Situation des Stephanus Lukas ja wirklich nur mit
Mühe hergestellt hätte!), die nun so oder so eine „Tendenz" hatte? Ist sie
nicht doch eine „neutrale" Darstellung der Geschichte Israels, in die erst
Lukas die polemischen Partien eingeschossen hätte, um sie so für seine Darstellung nutzbar zu machen?[2]) Legen die „Parallelen" aus Qumran nun wirklich die neue Tendenz (nicht das Recht zur Heidenmission, sondern das zur
judenchristlichen Existenz außerhalb Jerusalems) nahe? Liegt nicht doch die
allgemeine Geschichtsbetrachtung näher: die Juden haben „immer dem Hl.
Geist widerstrebt" (7, 51), sie haben Mose und die Propheten verworfen, sie
haben Jesum verworfen und verwerfen jetzt auch seine Zeugen, also Stephanus. Liegt sie nicht auch dann noch näher, wenn wirklich „in der Stephanusrede Gedanken des Stephanuskreises wiedergegeben" sein sollten, die Lukas
durch den Evangelisten Philippus kennen gelernt hätte?[3]) Jedenfalls hat
Lukas sich *diese* „Tendenz" nutzbar gemacht. An der von KLIJN herausgestellten Tendenz hat *ihm* zweifellos nichts gelegen. Ob der von ihm benutzten
schriftlichen Vorlage daran gelegen hat, scheint ebenfalls fraglich. Es ist ja
keineswegs sicher, daß es eine solche Vorlage schon mit Bezug auf das Martyrium des Stephanus gegeben hat. Manches spricht dafür, daß eben erst Lukas
die Rede „in das ihm bereits vorliegende Martyrium des Stephanus eingeschoben" hat[4]). HAENCHEN hat recht: „Das Problem dieser Rede will...
nicht nur unter dem Gesichtspunkt der Tradition, sondern auch der Komposition betrachtet werden."[5]) Das hat KLIJN nicht genügend beachtet. Darum
sind die Qumran-Parallelen letztlich wertlos.

Zur *Jakobusrede* Apg. 15, 13–21 hat D.J.DUPONT einen beachtlichen Beitrag geliefert, dem von zwei Seiten widersprochen wurde: von P. WINTER
und N.A.DAHL. DUPONT will zeigen, daß nicht nur das Amos-Zitat V 16f.,
sondern der ganze erste Teil V 14–18 in seinen charakteristischen Elementen
den Gebrauch der LXX zeige, also Konzeption des Lukas sei. Das gelte besonders auch für V 14, der nicht durch einen Vergleich mit der Hebräischen
Bibel, sondern allein mit der LXX (Deut. 14, 2; 7, 6; Ex. 19, 5; 23, 22) erklärt

---

1) Vgl. HAENCHEN, Komm. 1956, 248.

2) So M.DIBELIUS, a.a.O. 145; HAENCHEN, Komm. 1956, 245ff.

3) Das ist die Erklärung, wie sie W.FOERSTER für die Stephanus-Rede gibt, siehe
oben a. S. 137, Anm. 2 a.O.

4) M.DIBELIUS, a.a.O. 145.

5) E.HAENCHEN, Komm. 1956, 247.

werden könne. Nur die dort getroffene Unterscheidung zwischen λαός (=
Israel) und ἔϑνος (= andere Völker) erkläre die Antithese in der Formulierung der Acta: λαὸς ἐξ ἐϑνῶν. Dabei habe Lukas ἀπό ersetzt durch ἐξ, um
deutlich zu machen: Gott erwählt sich nicht ein Volk zu seinem Eigentum im
Gegensatz zu anderen Völkern, „mais c'est un peuple, qu'il se choisit parmi
les nations qu'il forme à partir d'elles" (49). Das περιούσιος aus den oben-
genannten alttestamentlichen Stellen habe Lukas ebenfalls – wegen des
seltenen Gebrauches im NT – durch τῷ ὀνόματι αὐτοῦ ersetzt, und zwar sugge-
riert durch das Amos-Zitat V 17.

P. WINTER bestreitet vor allem die Folgerung, die DUPONT aus dem Wortlaut von Apg. 15,14 zieht („Tous ses élements caracteristiques supposent
l'utilisation de la Bible greque"). Er ist ein konsequenter Verfechter der These,
daß Lukas hebräische Vorlagen benutzt habe, wofür ihm Lukas 1 + 2 stringentester Beweis ist. Von daher kommt sein Widerspruch gegen DUPONTS
Interpretation der Jakobus-Rede: die Unterscheidung Israels als עם von dem
גוי sei von den griechischen Übersetzern immer gemacht worden, auch wenn
sie sprachlich im Urtext nicht vorgelegen habe. Sie habe sich dann aus dem
Sinn der Urtexte ergeben. Besonders Deut. 26, 18f MS, von DUPONT ausgelassen, spreche dagegen, daß Apg. 15,14 *nur* den griechischen Text gehabt
haben könne (402).

N. A. DAHL hält die von DUPONT herangezogenen alttestamentlichen Parallelen für nicht ganz zutreffend. Λαὸς τῷ ὀνόματι αὐτοῦ sei weder Sprachgebrauch der Hebräischen Bibel noch der LXX. Vielmehr habe man darin ein
„standard idiom of the old Palestinian Targum" zu sehen (320). Keineswegs
sei es auch Ersatz für das alttestamentliche περιούσιος: „As Acta XV 14 is
reminiscent of the old Targum, and ‚for His Name‘ the Targumic rendering
of ‚for Him‘, τῷ ὀνόματι αὐτοῦ cannot be an equivalent of סגלה = περιούσιος"
(323). Im übrigen zeige die Zahl der ähnlichen Texte, daß Apg. 15,14 mehr
nach einem allgemeinen Schema denn nach einer bestimmten Stelle modelliert sei. In seiner Beziehung zur eschatologischen Zukunft seien am nächsten
Ez. 36, 24–28 und besonders Zach. 2, 15 (11) Targum: „Und viele Völker
sollen zu dieser Zeit dem Volk des Herrn hinzugetan werden und sie sollen ein
Volk vor mir sein" (323). Den Terminus λαός möchte DAHL prägnanter verstanden wissen: er sei nie im profanen Sinn gebraucht, sondern meine immer
die zu Gott gehörende soziale Einheit. Israel war *am* JHWH, bevor es Nation
war (326). So verstehe Lukas auch in Apg. 15, 14: „God has made provision
to take a groupe of people out of the gentile nations and make them his
own" (326). Der Status Israel stünde gar nicht zur Diskussion, im Unterschied
etwa zu Tit. 2, 14; 1. Petr. 2, 9 und Offbg. 1, 6. 9. 10. Sondern es sei nur gesagt, daß zum Volk der Verheißungen Heiden addiert werden „für seinen
Namen".

DAHL sieht in dieser Interpretation von Zach. 2, 14–17 her einen „early type of Christian doctrine about church and missions" (326). Er nähere sich Röm. 15, 7–13, sei aber nicht theologisch tief fundiert. Lukas gehöre zur nachpaulinischen Kirche. Die Heiden seien für ihn die Erben dessen, was den Juden zugedacht war. Lukas zum „Frühkatholizismus" zu rechnen, lehnt DAHL freilich ab: er interpretiere die Mission im Lichte der alttestamentlichen Prophetie, wonach die Heidenvölker dem erwählten Volk hinzugetan werden, während der Frühkatholizismus argumentiere, die Heidenkirche *sei* „Israel", das „Volk Gottes", kraft des neuen Bundes. Nun, so sehr die Einwände gegen DUPONT stimmen mögen, so wenig ist dieses letzte Argument ein Einwand gegen den „Frühkatholizismus" des Lukas. Er ruht auf breiterer Basis und kann also nicht von einer Stelle her entschieden werden.

Im wissenschaftlichen Bemühen um die Acta-Reden nimmt die *Areopagrede* noch immer eine Vorzugsstellung ein. Eine umfangreiche Monographie und zahlreiche Aufsätze bilden den Ertrag solchen Bemühens der letzten Jahre. Die Probleme und Fragestellungen sind im wesentlichen die alten geblieben. Sie behandeln alle – teils zustimmend, teils ablehnend – den von M. DIBELIUS geführten Nachweis, daß die Areopagrede Apg. 17, 22–31 theologisch ein Fremdkörper – nicht nur gegenüber der paulinischen Theologie, sondern auch innerhalb des Neuen Testamentes – darstellt. Dieser Nachweis ist durch die neueren Untersuchungen nicht widerlegt, sondern eher gefestigt worden.

Die gegenwärtige Tendenz in der neutestamentlichen Forschung geht dahin, den hellenistischen Einfluß auf das NT zu verkleinern, dagegen den hebräisch-jüdischen zu vergrößern. In dieser Perspektive muß die ausführliche Untersuchung der Areopagrede von B. GÄRTNER gesehen werden. In seiner Dissertation werden zunächst einige Typen griechischer, römischer und jüdischer Geschichtsschreibung mit besonderem Bezug auf den Gebrauch von Reden untersucht. Dabei ergibt sich, daß „Luke's immediate background is found neither in the Old Testament nor in greek historiography, however. It should rather be assigned to a group of writings from the Hellenistic age, written by Jews who, as such, were native to the Jewish cultural currents, while at the same time they did not escape the Hellenistic influence which was increasingly pervading the entire Mediterranean world" (18). Die Makkabäer-Bücher also seien in etwa literarisches Vorbild. Besonders aber Josephus sei der Historiker, mit dem wir Lukas am ersten vergleichen könnten.

Nachdem Lukas so in eine Literaturgeschichte eingestuft ist, folgt eine Analyse der Areopagrede selbst. Dem *erzählenden Rahmen* wird zunächst das größte historische Vertrauen entgegengebracht. Die Rede setze die Echtheit der Situation voraus. „The situation and the speech are quite clear" (50). Der „Körnerpicker", die ἀνάστασις und die Altarinschrift seien keine litera-

rische Fiktion, sondern gute historische Reminiszenzen. Aus der einleitenden
Erzählung lasse sich weiterhin entnehmen, daß Paulus der Predigt-Methode
der stoisch-kynischen Diatribe gefolgt sei [1]). Die Frage, ob die Rede selbst eine
Gerichtsszene gewesen sei, wird verneint. Sie sei aber wohl ein Teil „of an
informal interrogation by the education commission of the Areopagus Court"
(64) [2]). Zur Erklärung des mageren Erfolges, den Paulus mit seiner Rede hatte,
verweist GÄRTNER auf 1.Thess. 3, 5; 1.Kor. 2, 3f. und 1, 20f. Eine Notaus-
kunft, die sich erübrigen würde, wenn man nicht – methodisch völlig falsch –
zuvor die historische Echtheit des Rahmens postulierte, um von ihm aus die
Rede zu interpretieren. Sondern wenn man umgekehrt zunächst einmal das
Ziel ins Auge faßte, das *Lukas* sich mit seiner Darstellung gesetzt hat, und nach
den Mitteln fragte, mit denen er dieses Ziel zu erreichen sucht [3]). Dann ergäbe
sich mit größerer Wahrscheinlichkeit die andere Möglichkeit, daß *Lukas*
die Rede nach Athen verlegt, allein um einer gedachten idealen Szenerie willen, bei der dann ein nach Zahlen festlegbarer Predigterfolg des Paulus ganz
uninteressant ist.

In der *Rede* selber sieht GÄRTNER – gleich, ob sie paulinisch ist oder nicht –
ein typisches Exemplar der ersten christlichen Heidenpredigt, deren Angleichung an die Philosophie nicht mit hellenistischer Überfremdung zu erklären
sei, sondern mit Predigtstil und Propaganda des Diasporajudentums. Mit
großer Akribie und einer Fülle von Material [4]) soll bewiesen werden, daß der
Verfasser der Areopagrede mit all seinen Motiven in der jüdisch-alttestament-
lichen Tradition steht und nicht in der hellenistischen. Wo sich der griechische Einfluß nicht leugnen läßt (etwa beim Aratos-Zitat) [5]), wird er mit
„missionarischer Anpassung" erklärt.

Der letzte Abschnitt will nachweisen, daß echte paulinische Tradition vorliegt, wenn nicht gar, daß Paulus der Verfasser der Rede ist! Die natürliche

1) E.HAENCHEN, Komm. 1956, 459: „Der auf dem Markt mit jedermann sprechende Paulus erinnert an Sokrates" (im Anschluß an BAUERNFEIND).

2) Neuerdings betont gerade HAENCHEN den Prozeßcharakter, indem er auf die
auffallende Parallele zum Prozeß des Sokrates hinweist (a.a.O. 467f., Komm. 1959,
465).

3) Vgl. E.HAENCHEN, Komm. 1956, 467.

4) Unterthemen sind u.a.: Natürliche Offenbarung im NT; Offenbarung Gottes
in der Schöpfung nach dem AT; natürliche Offenbarung in den Apokryphen, Pseud-
epigraphen u. Rabbinen; stoische *theologia naturalis;* Gotteserkenntnis bei Philo,
Josephus und Sapientia; Rm 1 und die stoische Theologie.

5) Das Argument, daß die *Trias* bei den Griechen nicht zu belegen sei, vielmehr
auf Paulus oder Lukas zurückgehe, hat kein Gewicht. Vgl. dazu jetzt HOMMEL
(siehe unten S.142ff.). Daß die Trias ihre Funktion in der Polemik gegen den Götzen-
dienst hat, ist zwar richtig, macht sie aber theologisch nicht legitimer.

Gottesoffenbarung habe dieselbe Funktion wie in Röm. 1. In beiden Texten spiele die Polemik gegen die Götzen dieselbe Rolle. Der „Universalismus" und der göttliche Heilsplan von Apg. 17 entsprächen paulinischem Denken. Kurz: „The speech's depiction of God has no traits that can be called non-Pauline" (250).

In einem wird man dem Verfasser der lehrreichen Studie gerne zustimmen: daß der *theologischen* Konzeption der Rede das AT und nicht die Stoa zugrunde liegt [1]). Von daher übt GÄRTNER berechtigte Kritik an der „philosophischen" Deutung [2]). Der Nachweis des paulinischen Charakters der Rede wirkt danach um so befremdlicher [3]). Allein die Eliminierung der Christologie aus der Heidenpredigt des Paulus zeigt die Unvereinbarkeit der Areopagrede mit paulinischer Theologie [4]). Auch die verschiedenen geschichtlichen Standorte beider machen das deutlich: *Paulus* verficht in Röm. 1f. das ἀναπολόγητος der Juden und Heiden und gewinnt so die Möglichkeit einer Theologie der Gnade. *Lukas* will in Apg. 17 dem Leser zeigen, daß eine Synthese der beiden geistigen Welten des Judentums und des Hellenismus nicht unmöglich ist – und wird so zum Schrittmacher der Apologeten [5]). Die sonst so verdienstvolle Studie von GÄRTNER, die die Motive der Areopagrede sprachlich und ideengeschichtlich ihrer Herkunft nach sichert, versagt so leider in der Gesamtdeutung der Rede.

Auch der klassische Philologe zeigt sich weiterhin für die Areopagrede interessiert. Anders als der Theologe sucht er jedoch mehr die geistesgeschichtliche Stellung der Rede innerhalb der griechischen Philosophie zu bestimmen. Daß das für die neutestamentliche Forschung nur von Gewinn sein kann, zeigen einmal wieder die Studien von H. HOMMEL. Nach einem einleitenden kritischen Forschungsbericht (M. DIBELIUS, W. SCHMID, M. POHLENZ und W. ELTESTER) und einer Analyse der einzelnen Motive der Areopagrede verteidigt er seine eigene These: daß ein *Poseidoniostext die geschlossene Quelle*

---

1) Die stoischen Motive V 26–28 lassen sich ausnahmslos als vom hellenistischen Judentum rezipiert feststellen, einschließlich des Aratos-Zitates V 28! Vgl. CONZELMANN, Die Rede des Paulus auf dem Areopag. In „Gymnasium Helveticum", 12 (1958), 23.

2) W. NAUCK, Tradition und Komposition der Areopagrede. ZThK 53, (1956), 14, Anm., bemängelt freilich, daß die Texte der jüdisch-hellenistischen Missionspredigt kaum von GÄRTNER herangezogen würden, was einer richtigen Verhältnisbestimmung zwischen alttestamentlich-jüdischen und hellenistisch-stoischen Gedanken der Rede hätte dienlich sein können.

3) Vgl. HAENCHEN, Komm. 1956, 464, Anm. 1.

4) Vgl. P. VIELHAUER, Zum Paulinismus der Apostelgeschichte, Ev. Theol. 10 (1950/51), 5; W. G. KÜMMEL, ThR N. F. 22, 1954, 209; H. HOMMEL, ZNW 46 (1955), 170ff.   5) Vgl. HAENCHEN, a. a. O. 474.

von Acta 17 sei. Allerdings – wegen des jüdischen Einschusses – ein von einem hellenistischen Juden überarbeiteter Poseidonios. Gleich schon der Anfang der Rede, V 24 f., sei ein stoischer Text, dem einige alttestamentliche Lichter aufgesteckt seien. Die nächste religionsgeschichtliche Parallele sei eben Poseidonios von Apameia in Syrien, der Lehrer Ciceros und vieler anderer. V 26 ὁροθεσίαι τῆς κατοικίας τῶν ἀνθρώπων ist die „Kleinbildaufnahme einer orientalisch-alttestamentlichen Vorstellung, nach der Gott die Ungeheuer der Tiefe besiegt und dem Meer seine Grenzen gezogen hat" (Ps. 74, 12–14; 89, 9–11; 104, 5–9; Hiob 38, 8–11; Prov. 8, 28 f.; Jer. 5, 22 u. a.) (161). Das Aratos-Zitat V 28 b (τοῦ γὰρ καὶ γένος ἐσμέν) „wurzelt letztlich, was noch nicht bemerkt zu sein scheint, in längst geprägten altgriechischen Gebetsformeln wie Aischylos, Sieben gegen Theben 141 f. σέθεν γὰρ ἐξ αἵματος γεγόναμεν (165, Anm. 38). Eine Entsprechung finde man wiederum bei Poseidonios in Dions olympischer Rede 12. Ebenso sei die Trias „Leben-Bewegung-Sein" in V 28a poseidonianischen Ursprungs. Die Äußerung des Poseidonios sei an Platons Timäus angeschlossen, einen Platon-Dialog, der eine Naturphilosophie des Kosmos enthalte. Darin „finden wir die Anschauung von Leben und Bewegung der göttlichen Weltseele, die sie allen Einzelwesen mitteilt, in ständigem Blick auf die Ideenlehre eingehend entwickelt" (167, mit Beispiel). Das dritte Glied der Trias, εἶναι = Sein, das HOMMEL in der ersten Untersuchung nur beiläufig behandelt, wird in einer zweiten als aus Platon stammend erwiesen, von dem es Lukas über Poseidonios übernommen habe. Der ursprüngliche Sinn der Trias bei Poseidonios sei der folgende gewesen: „Im Kosmosgott ist unser natürliches (ζῶμεν) und geistiges Dasein (ἐσμέν) ebenso gegründet, wie wir an seinen Kreisbewegungen (κινούμεθα) teilhaben" (200). Lukas habe diese triadische Formel in seiner Tradition vorgefunden, habe sie jedoch nicht interpretieren können, sondern im Sinne des AT verstanden[1]).

Die Widersprüche zu Paulus sind bei dieser Deutung so groß, daß HOMMEL die paulinische Verfasserschaft mit Recht ablehnt. GÄRTNERS Versuche einer Verharmlosung der Gegensätze werden ausdrücklich zurückgewiesen (173). An der Geschichtlichkeit der Szene hat HOMMEL keinen Zweifel, da nach ihm die Verse 16–18 und 34 zum Itinerar gehören. Zufügungen des Lukas sieht er in V 19–22 und 32 f.

Nimmt also HOMMEL als Quelle von Apg. 17 einen Poseidoniostext in der Bearbeitung von einem hellenistisch gebildeten Juden an[2]), so vermutet

---

1) HOMMEL verweist an dieser Stelle auf HAENCHEN, der den Vorgang ebenso deutet, Komm. 1956, 472.

2) Zustimmend hat sich inzwischen W. ELTESTER geäußert, siehe NTS 3 (1957), 100, Anm. 1.

W. NAUCK umgekehrt einen hellenistisch überarbeiteten jüdischen Traktat
als Quelle hinter der Areopagrede (22). Die von W. ELTESTER allseitig begründete religionsgeschichtliche Herkunft der Motive Apg. 17, 26 aus dem
AT versucht NAUCK auf eine breitere Basis zu stellen, indem er „nun auch
die anderen Motive und Motivverbindungen in der Areopagrede auf ihre
Herkunft und Bedeutung" befragt (18). Ein Vergleich mit frühkirchlichen
Paralleltexten ergibt, daß Lukas mit dem seltsamen Ineinander von alttesta-
mentlichem und hellenistischem Denken bereits in einer Tradition steht, die –
einschließlich Apg. 17 – durch ein festes Schema charakterisiert sei: alle Ver-
gleichstexte beginnen mit einer Prädikation Gottes als des *Schöpfers* (1.
Clem. 33, 2; C. A. VII 34, 1; C. A. VIII 12, 8; Apg. 17, 24). Dann folgt ein
Lobpreis der *Schöpfungswerke*, „deren Aufzählung sich jeweils deutlich an
Gen. 1 anlehnt" (1. Clem. 19f. u. a.; Apg. 17, 26). Die beiden Motive „Zeiten
und Grenzen" seien in diesen Texten in den Lobpreis der Werke Gottes hinein-
verwoben: „creatio und conservatio gehören zusammen" (20). Schließlich
fände sich am Schluß aller Texte ein Hinweis auf das *Heil*, das Gott den Menschen bereitet (1. Clem. 20, 11; C. A. VII 34, 8; VIII 12, 20; Apg. 17, 31). Die
Nachweisbarkeit dieses Schemas von creatio – conservatio – salvatio in jüdischen Gebeten und in der jüdischen Missionsliteratur stelle darüberhinaus die
weite Verbreitung solcher Motivverbindung im Judentum sicher. Der Aufbau
der Rede Apg. 17 habe eben darin sein Vorbild und sei „durch Vermittlung
der jüdisch-hellenistischen Missionspraxis in die urchristliche Missionspredigt
übergegangen" (31). D. h. für das Verhältnis der Areopagrede zur hellenistisch-
stoischen Philosophie und Theologie: „Der Aufbau der Rede als Ganzes, ihr
Gerüst, ist in Anlehnung an ein alttestamentlich-jüdisches Motivschema
gestaltet und durch hellenistisch-stoische Gedanken interpretiert und erweitert worden" (31f. im Anschluß an NORDEN). Dieser „Hellenisierungsprozeß"
habe schon die jüdische Missionspropaganda geprägt, wie die sibyllinischen
Fragmente und Aristobul – aus denen weitere Gemeinsamkeiten mit der
Areopagrede aufgezeigt werden – erkennen ließen. Eine theologische Akzentverschiebung sei dabei unvermeidlich gewesen. Sie zeige sich vor allem in
einer Zurückdrängung der soteriologischen Aussagen zugunsten der Aussagen
über Schöpfung und Weltregierung Gottes. Über den *Charakter* der *Areopagrede* könne nach alledem kein Zweifel mehr sein: sie sei eine „typische Missionspredigt" (36) nach dem Vorbild der jüdisch-hellenistischen Missionspropaganda. Das Verhältnis von Tradition und Komposition in Acta 17 sei dann
in der Mitte zwischen NORDEN und DIBELIUS zu suchen, d. h.: Lukas komponiert und vermittelt eine Tradition. In der Verhältnisbestimmung *Areopagrede
– Paulus* schließlich sei eine doppelte Antwort vonnöten: Einmal sei an der
Übereinstimmung in historischer Hinsicht nicht zu zweifeln. In Röm. 1, 18
bis 2, 10 fänden wir dieselben Topoi der jüdisch-christlichen Missions-

praxis [1]). Zum andern sei eine *Verschiedenheit* in theologischer Hinsicht unüber-
sehbar. Bei Paulus hätten wir eine „orthodoxe" Haltung gegenüber der heidnischen Gotteserkenntnis und -verehrung, bei Lukas eine „liberale" (44). Lukas
komme als Grieche dem Hellenisierungsprozeß in der christlichen Verkündigung eben mehr entgegen. „Eines der wenigen großen Zeugnisse der Begegnung biblischen Denkens mit griechischem Geiste in der Missionssituation"
(46) – darin endlich liege der geschichtliche Wert der Areopagrede .

Die zweifellos sehr wertvolle Studie hat inzwischen zu einigen kritischen
Fragen Anlaß gegeben. CONZELMANN fragt, ob das Dreierschema Schöpfung-
Erhaltung-Heil, das F. MUSSNER jetzt auch aus den Qumrantexten zu stützen
sucht [2]), wirklich in Apg. 17 und den vergleichbaren Texten der jüdischen
Missionsliteratur als strenges *Dispositionsschema* durchgeführt sei. Er ver-
neint diese Frage [3]). Was man als Dreitakt der Rede bezeichnen könne:
Schöpfung (Vergangenheit), Weltregierung Gottes (Gegenwart) und Gericht
(Zukunft), sei etwas anderes und als theologische Konzeption des Lukas zu
bewerten [4]). Auffallen müsse auch bei einem Vergleich mit der jüdischen Missionsliteratur das Fehlen einiger typischer Stichworte, z.B. die heidnischen
Götter-Nichtse, die εἷς θεός -Formel u.a. [5]). Schließlich sei auch die Umklam-
merung des anthropologischen Mittelteiles der Areopagrede anderweitig ohne
Analogie [6]). Jedoch scheinen diese Einwände nicht besonders stichhaltig zu
sein. Mag der schriftstellerische und theologische Anteil des Lukas an der
Rede auch um ein Beträchtliches über die Vermittlung einer „großen Tradition" hinausgehen: *motivgeschichtlich* scheint NAUCK im Anschluß an ELTE-
STER Recht zu behalten. Ein anderer Einwand hat dann schon mehr Gewicht:
das Problem von V 27f. sei nicht dieses, wie einer jüdischen Vorlage einige
philosophische Lichter aufgesetzt werden können, sondern wie ein ganzer
philosophischer Gedanken*zusammenhang* habe übernommen werden können,
der mit dem alttestamentlichen Schöpfungsgedanken unvereinbar sei [7]). In
der Tat kann man von daher fragen, ob die Annahme einer judaisierten helle-

---

1) Hier hatte W. G. KÜMMEL schon gegenüber W. ELTESTER, der Paulus ebenfalls
im Traditionszusammenhang der jüdisch-hellenistischen Missionspredigt sieht, seine
Bedenken angemeldet: wir hätten „keinen Beleg dafür, daß Paulus selbst gerade
diese Gedanken aus der jüdischen hellenistischen Missionspredigt aufgenommen
hat" (ThR N.F. 22, 1954, 205).

2) F. MUSSNER, BZ N.F. 1 (1957), 125–130. Freilich nicht überzeugend. Siehe
unten S. 147ff.

3) H. CONZELMANN, a.a.O. 29. Vgl. auch die kritische Bemerkung bei H. HOMMEL,
a.a.O. 193, Anm. 2 u. HAENCHEN, Komm. 1959, 461, Anm. 4.

4) H. CONZELMANN, Die Mitte der Zeit, 145.

5) H. CONZELMANN, Die Rede des Paulus auf dem Areopag, 28.

6) Ebd. 30.   7) Ebd. 26.

nistischen Quelle nicht größere Wahrscheinlichkeit hat als die umgekehrte These NAUCKS von der hellenisierten jüdischen Quelle. Dessen ungeachtet wird jedoch jeder, der die Areopagrede interpretieren soll, das von ihm dargebotene Material dankbar zu Rate ziehen.

Dasselbe gilt auch von der einen ersten Aufsatz[1]) weiterführenden Studie von W. ELTESTER. Die in der älteren Arbeit gewonnenen Ergebnisse hinsichtlich der ideengeschichtlichen Herkunft der Motive in Acta 17 sollen hier durch „einfache Interpretation einiger Denkmäler aus vorchristlicher und frühchristlicher Zeit" (93) abgesichert und gefestigt werden. Ziel der neuen Untersuchung ist es, „das fast unlösliche Ineinander von biblischem Glauben an die Offenbarung Gottes in der Schöpfung und von griechisch-philosophischer Theologie ... an diesen Denkmälern zu zeigen" (ebd.). Nach einleitenden Bemerkungen über die „Schöpfungsoffenbarung" im AT und deren Aufnahme bei Jesus und Paulus wird der geschichtliche Ort der Areopagrede „als eine Wegscheide... auf der Grenze zwischen Paulus und der nachapostolischen Zeit" charakterisiert (100). Bei ihrer Interpretation konzentriert sich alles Interesse auf den entscheidenden Vers 26. ELTESTER übersetzt: „(Gott) ließ von einem Menschen her das ganze Geschlecht der Menschen wohnen auf der ganzen Fläche der Erde, wobei er verordnete Zeiten festsetzte und die (sicheren) Grenzen ihres Wohnens, damit sie Gott suchen sollten" (100 f.). Ist der Skopus dieses Verses, das Suchen Gottes, unzweifelhaft hellenistisch, so stehe der Vers doch sonst in guter alttestamentlicher Tradition: die „verordneten Zeiten" fände man Gen. 1, 14; von den „Grenzen des Wohnens" sei Gen. 1, 9 die Rede. Eine Parallele habe das Doppelmotiv „Jahreszeiten – Meeresbegrenzung" im AT etwa Jer. 38, 36 LXX = 31, 35 MT und Ps. 74, 16 f.[2]). Es sei monumental aber ebenso belegt. Schon im ersten Aufsatz hatte ELTESTER auf die Darstellung des siebenarmigen Leuchters im Triumphbogen des Titus als Beleg für die Gewalt Gottes über die Mächte der Unterwelt hingewiesen, freilich ohne ausreichende Begründung[3]). Die wird jetzt nachgeliefert. Der Leuchter selbst stehe eindeutig in einer orientalischen Tradition. Dagegen sei der Sockel hellenistischer Herkunft. Er zeigt Seeungeheuer, sog. κήτη ver-

---

1) W. ELTESTER, Gott und die Natur in der Areopagrede, Neutest. Studien f. R. Bultmann, 1954, 202–227; 2. Aufl. 1957.

2) Die reicheren Parallelen aus der spätjüdischen und frühchristlichen Literatur hatte ELTESTER bereits in der Bultmann-Festschrift gesammelt. Er kommt jetzt noch einmal darauf zu sprechen, indem er das Doppelmotiv besonders in 1. Clem. 20 und im Diognet-Brief c. 7 als Parallele aufweist. Die Einwände von H. CONZELMANN (siehe unten S. 149 Anm. 1) gegen diese religionsgeschichtliche Herleitung der Motive überzeugen nicht.

3) Vgl. W. G. KÜMMEL, ThR N. F. 22, 1954, 204, Anm. 1.

schiedener Art. Die hellenistischen Juden Philo und Josephus stimmen in
ihrer Interpretation der Menora darin überein, daß sie die sieben Lampen
auf sieben Planeten deuten, durch die die göttliche Ordnung der Himmelswelt
symbolisiert wird. Von den sieben Ungeheuern aber schweigen sie. ELTESTER
nun erwägt folgendes: ,,Stellen ihre (der Menora) sieben Lampen *oben* die
durch Gottes Befehl geordnete Gestirnwelt vor, so deuten die $\varkappa\acute{\eta}\tau\eta$ an ihrer
Basis *unten* auf die Bezwingung des Meeres und der Tiefe. Die $\varkappa\acute{\eta}\tau\eta$ sind Nachfahren jenes alten kosmogonischen Mythos, der so mannigfach im AT nach-
klingt" (104). Die häufige Darstellung der Jonasgeschichte in der Sepulkral-
kunst der Katakomben, das $\varkappa\tilde{\eta}\tau o\varsigma$ von Mt 12, 39 als Repräsentant der Unterwelt und des Todes deuteten ebenfalls darauf hin, daß auch die $\varkappa\acute{\eta}\tau\eta$ der
Menora ,,für die Welt der Tiefe", den $\check{\alpha}\beta\beta\upsilon\sigma\sigma o\varsigma$, stehen (106). Jahwe Zebaoth =
$\varkappa\acute{\upsilon}\varrho\iota o\varsigma\ \pi\alpha\nu\tau o\varkappa\varrho\acute{\alpha}\tau\omega\varrho$ würde demnach durch die Menora zum Ausdruck gebracht (106). Es handle sich darum bei dem Triumphzug des Titus keineswegs
um eine Thesaurierung kostbarer Kriegsbeute. Sondern der Sieg Jupiters über
Jahwe solle sinnenfällig veranschaulicht werden.

Diese von ELTESTER mit guten Gründen vorgetragene Interpretation zeigt
die Vielfalt der Ausdrucksmöglichkeiten, die das Motiv der Gewalt Gottes
über das Meer gefunden hat. Daß Lukas damit an jüdische Tradition anschließt, scheint gesichert.

Der Trierer Neutestamentler F. MUSSNER bringt aus den Qumrantexten
(Kriegsrolle und sog. Loblieder) einige Parallelen zur Areopagrede, die einmal
das von NAUCK postulierte Dreierschema ,,creatio – conservatio – salvatio"
bestätigen sollen[1]), zum andern die von ELTESTER herausgestellten jüdisch-
alttestamentlichen Motive. Für $\pi\varrho o\sigma\tau\varepsilon\tau\alpha\gamma\mu\acute{\varepsilon}\nu o\iota\ \varkappa\alpha\iota\varrho o\acute{\iota}$ verweist er auf Kriegsrolle I 24, wonach die Schöpfungsordnung von Gott festgelegt ist ,,für alle
ewigen Zeiten und (für) die Kreisläufe der Zahl ewiger Jahre mit allen ihren
Festzeiten". Zu den $\acute{o}\varrho o\vartheta\varepsilon\sigma\acute{\iota}\alpha\iota$ sei Kriegsrolle X 12 b–15 eine Parallele: dort
,,ist die Rede von den Ordnungen der Erde, ihrer Einteilung in Wüste und
Steppenland, vom Horizont der Meere, den Betten der Ströme, dem Auf-
brechen der Meeresfluten; von der Besonderung der Völker, dem Wohnsitz der
Sippen, dem Erbbesitz der Länder" (129). Das ist jedoch kaum eine wirkliche
Parallele zu Apg. 17, 26. Denn gerade der dort entscheidende Gedanke der
von Gott gesicherten ,,Grenzen ihres Wohnens" fehlt in der Kriegsrolle. Sie
redet allgemein von der Schöpfungsordnung.

Eine zweite Arbeit von MUSSNER befaßt sich mit der ,,ganz eigentümlichen,
kaum mehr auflösbaren Verschlingung" der religionsgeschichtlich heteroge-
nen Motive in Apg. 17. Ist sie ,,Ausdruck eines ,synkretistischen' Wollens?"
(346). MUSSNER verneint diese Frage. Die Areopagrede werde ,,durch ihren

---

1) Siehe oben S. 144 f.

kerygmatischen ‚Rahmen' (Verkündigung des Schöpfergottes am Anfang und des Gerichtes am Ende) zu einer biblisch-christlichen Rede, trotz des Prinzips der Anknüpfung" (352). Diese Anknüpfung sei nicht „akute Hellenisierung", sondern – in Abwandlung des BULTMANNschen Titels „Anknüpfung und Widerspruch"[1] – „Anknüpfung und Kerygma" (352). „Das Kerygma macht die Anknüpfung zwar nicht wieder illusorisch, baut aber das in der Anknüpfung vorausgesetzte Welt- und Daseinsverständnis der Hörer radikal um, indem es das konsequent ‚kosmische' Schema der Welterfassung durch das Schöpfungs- und Geschichtskerygma umklammert, dadurch aufbricht und so einer scharfen Korrektur unterwirft..." (352f.). Der „Rahmen" wolle also anders als „nur formal-strukturell" verstanden sein (gegen DIBELIUS). Er erst helfe das theologische Mittelstück richtig zu verstehen. Nun, das ist redaktionsgeschichtliche Methode und zweifellos richtig, wenn es darum geht, das *lukanische* Verständnis der Areopagrede zu erheben. Ob aber und *wie* der historische Paulus in Athen geredet hat, ist nach wie vor das Problem.

Freilich nicht für N. B. STONEHOUSE. Er versucht zu zeigen, daß Apg. 17, 23–31 durchaus würdig ist, als eine verbindliche Quelle für die Theologie des Paulus angesehen zu werden. Die Absicht seiner Rede auf dem Areopag sei es *nicht*, die Offenbarungsreligion aus der „natural religion" zu entwickeln, sondern vielmehr das Widersprüchliche beider, die Inadäquatheit des Heidentums im Lichte von Gottes Erlösungswerk zu zeigen. Dagegen ist nichts einzuwenden, wohl aber gegen den „Paulinismus" der Rede.

Ungleich fruchtbarer ist H. CONZELMANNS kurze Auslegung der Areopagrede. Sie macht radikal ernst damit, daß Apg. 17 nur als „spezifisch schriftstellerisches Gebilde" zu interpretieren ist und *nicht* als „Extrakt aus einer Missionsrede" (19). Damit wird die Frage nach dem Geschichtswert der Rahmenangaben uninteressant: „Der Wert der Schilderung liegt nicht im historischen Quellenwert der Angaben über das Auftreten des Paulus, sondern darin, daß wir in ihr ein Dokument dafür besitzen, wie ein Christ um das Jahr Hundert das *heidnische* Milieu empfindet und von seinem Glauben aus angeht" (19). Mit dem Areshügel z. B. schaffe Lukas lediglich ein „szenisches Milieu", eine „Atmosphäre". Er kenne ihn nicht aus eigener Anschauung. Zu einer Gerichtsszene passe der Stil schlecht. Lukas berichte sonst von Verhören absolut unzweideutig (21). Die *Rede* vollends beruhe nicht auf historischer Erinnerung, sondern auf schriftstellerischer Technik. Von den „unbekannten Göttern" könne weder Paulus noch ein Missionar gesprochen haben. „So kann nur ein Schriftsteller eine von ihm paradigmatisch gemeinte Darlegung gestalten" (21).

---

1) R. BULTMANN, Anknüpfung und Widerspruch, Glauben u. Verstehen II, 117 bis 132.

Auch bei der Erörterung der schwierigen Einzelprobleme der Rede geht
Conzelmann z. Teil eigene Wege. Zu καιροί – ὁροθεσίαι lehnt er sowohl den
„geschichtlichen" Gottesbeweis e consensu gentium (Pohlenz), wie auch
den „philosophischen" aus den Jahreszeiten (Dibelius) und die jüngst von
Eltester vorgetragene „alttestamentliche" Deutung ab[1]). Es käme dem
Verfasser gar nicht auf eine positive Entwicklung eines Gottesbeweises an;
„er stellt thetisch fest, worauf die Menschen angelegt sind: auf das *Suchen*
Gottes; vom *Finden* spricht er mit einiger Skepsis: V 27!" (25).

Im *Ergebnis* wird der durch und durch literarische Charakter der „Rede"
als von nirgendwoher ableitbar, analogielos festgehalten (gegen Nauck).
Lukas gestalte „als Historiker eine einmalige und gerade in ihrer Einmaligkeit
ständig bedeutsame Situation" (30). Er gieße das Glaubensbekenntnis εἷς
θεός – εἷς κύριος 1.Kor. 8, 6 in eine „literarische Form". Die Welt erschließt
sich mir nicht – das sei schließlich das Kerygma der „Rede" – im Sinne der
philosophischen Gnosis, sondern durch μετάνοια als Eintritt in das Gottes-
verhältnis (31).

Conzelmann begnügt sich nicht mit der üblichen Analyse der Probleme
von Acta 17. Er zeigt auch die Richtung, in der eine existentiale Interpretation der Areopagrede heute gehen müßte. Das macht seine knappe,
manchmal etwas änigmatisch kurz formulierte Studie dennoch zu einer besonders wertvollen Arbeit.

c) Einzelprobleme

Die Bekehrung des Apollos (Apg. 18, 24–26; 19, 1–7) hat der Acta-Auslegung von jeher Schwierigkeiten gemacht. E. Käsemann hat zuletzt eine Lösung des historischen Problems vorgeschlagen, der E. Schweizer widersprochen hat.

Lukanisches Leitmotiv – so Käsemann – sei die una sancta ecclesia catholica. Ihr zuliebe gestalte Lukas die Tradition Apg. 18, 24–26 und 19, 1–7 um.

---

1) Die Einwände gegen Eltester überzeugen nicht. Es ist z.B. kein Gegenargument gegen die religionsgeschichtliche Herleitung der Motive von V 26 aus der alttestamentlich-jüdischen Tradition, wenn Conzelmann sagt, Lukas sei sich der
Alternative „geschichtliche oder natürliche Grenzen" gar nicht bewußt gewesen.
Oder: die zeitgenössischen Belege aus der Tradition der poseidonianischen Geschichtsbetrachtung und aus dem hellenistischen Judentum sprächen nicht für
Eltester. Oder: die Texte vom Toten Meer hätten gezeigt, „daß man im Judentum
damals geschichtliche und natürliche Grenzen unreflektiert nebeneinanderstellen
konnte" (25 mit Bezug auf F. Mussner, a.a.O. 125ff.). Tatsache bleibt, daß Lukas
mit diesen Motiven in einer Tradition steht.

Apollos, ein vom apostolischen Christentum unabhängiger christlicher Lehrer, wird von Lukas nur deshalb als noch unvollkommen dargestellt, damit ihm von der una sancta ecclesia catholica Hilfe und Legitimation gebracht werden kann (153). Ähnlich sei es Apg. 19, 1–7: die Konkurrenzgruppe eines an Pfingsten vorbeilebenden Christentums wird ausgeschaltet, indem sie zur Vorläuferin der christlichen Gemeinde degradiert wird. Für KÄSEMANN ist also das Wesentliche in Apg. 19, 1–7 (und 18, 24–26) die Aufnahme kirchlicher Außenseiter.

Dagegen sieht E. SCHWEIZER das eigentlich zentrale Anliegen bei Lukas in der heilsgeschichtlichen Kontinuität, die vom Judentum zum Christentum nur „bruchlos" zu denken sei (254). Dementsprechend müsse Apg. 18, 24–26 erklärt werden: Apollos sei ein jüdischer Schriftgelehrter (’Ιουδαῖος!), der in der Synagoge ethische (oder evtl. heilsgeschichtliche) Belehrung erteile (ὁδὸς κυρίου sei einfach nur der von Gott gebotene Wandel; ζέων τῷ πνεύματι sei „glühende Beredsamkeit", 252¹)). Der Vorgang sei also derselbe wie 19, 1–7: „Lukas kann sich weder eine konkurrenzierende Täufergruppe noch eine erfolgreiche jüdische Mission, die ehrlich in der Schrift predigt, denken. Beide werden zu Vorstufen der christlichen Gemeinde. Das Mißverständnis des Lukas beruht einzig darin, daß er den ‚Weg des Herrn‘ nach seinem Sprachgebrauch notwendig als die ‚Lehre von Jesu‘ (= τὰ περὶ τοῦ ’Ιησοῦ) und ebenso den ‚Geist‘ als ‚heiligen Geist‘ verstand (252f.).

SCHWEIZER nennt seine Interpretation selbst eine „Hypothese" (253), sieht als deren Vorzug jedoch an, daß sie „mit den Gegebenheiten des Textes" auskomme. Aber das kommt die Interpretation KÄSEMANNS auch. Eine Entscheidung zwischen beiden Auslegern ist darum nicht leicht. Dennoch scheint mir KÄSEMANN der historischen Situation von Apg. 18, 24–26 bzw. 19, 1–7 und dem Anliegen des Lukas näher zu sein als SCHWEIZER²).

Den Befehl an Philippus (Apg. 8, 26–27a) hat W. C. VAN UNNIK untersucht, um zu zeigen, daß es sich hier nicht um „eine bloße, unbedeutende Einleitung zur eigentlichen Geschichte" handelt (191). Vielmehr könne eine „grammatikalische und psychologische Exegese der Einzelheiten aus dem Kontext" die „Deutungsschwierigkeiten beheben und das Ganze in die Thematik der Apostelgeschichte einfügen" (ebd.). Der Vers 26 bietet bekanntlich eine zweifache Schwierigkeit: sowohl κατὰ μεσημβρίαν ist doppeldeutig (zur Mittagszeit? nach Süden?), als auch αὕτη ἐστὶν ἔρημος (auf Gaza bezogen? auf ὁδός bezogen?). Die letztgenannte Schwierigkeit löst VAN UNNIK nun nicht so, daß er αὕτη ἐστὶν ἔρημος einfach als Glosse ausscheidet – wie schon BEZA

---

1) Vgl. jedoch E. HAENCHEN, Komm. 1959, 485f. E. KÄSEMANN, a. a. O. 150 verweist auf Röm. 12, 11.

2) Vgl. auch E. HAENCHEN, Komm. 1959, 485ff.

getan hatte [1] –, sondern er hält das gerade als Charakteristikum des Weges fest: er ist menschenleer und soll es sein, wie κατὰ μεσημβρίαν interpretiert: um die Mittagszeit ist niemand unterwegs. Die Straße ist „menschenleer".
Die Unmöglichkeit des κατὰ μεσημβρίαν (um die Mittagszeit reist man nicht, PREUSCHEN) sei also gerade beabsichtigt (186f.). V 27a hebe Lukas das dann noch einmal stilistisch hervor: καὶ ἀναστὰς ἐπορεύθη: Philippus gehorcht einem unsinnigen Befehl! Darauf käme es in dieser Perikope an, und das passe sich auch gut in einige Hauptthemata der Apg. ein, wie etwa 5, 20; 20, 22f.; 10, 13 u. a. Überall dort tue Gott durch das menschlich gesehen Widersinnige sein Werk.

VAN UNNIK will vor einer Unterschätzung der Rahmenbemerkungen warnen. Man wird sie – zumal bei Lukas! – nicht einfach nebenher interpretieren dürfen. Dafür ist diese Studie wiederum ein Beweis mehr.

Über die Rekonstitution des Zwölferkreises (Apg. 1, 15–16) – übrigens ein typisches Beispiel lukanischer Kompositionskunst [2] – liegen zwei beachtliche und gründliche Untersuchungen vor. In der Frage der Tradition ist man soweit übereingekommen, daß Lukas die Szene nicht frei erfunden hat. Er stützt sich für die göttliche Bestrafung des Judas und für die Nachwahl des Matthias durch das Los deutlich auf Überlieferungen [3]. Nur in der Frage, wieweit die szenische Gestaltung des Lukas geht, sind sich MASSON und MENOUD noch uneins. Während der ursprüngliche Bericht nach MASSON nur die Verse 15. 16. 18a. 20. 23–26 enthielt, ist für MENOUD die ganze Perikope das Werk des Lukas.

Weiter auseinander gehen beide Forscher in der Beurteilung der *theologischen* Problematik der Perikope. Sie konzentriert sich auf den von Lukas verwendeten Apostelbegriff. Nach MASSON hat ihn Lukas im Blick auf die

---

1) Offenbar will so auch E. HAENCHEN verfahren, siehe Komm. 1956, 267.

2) Siehe E. HAENCHEN, Komm. 1956, 131 ff.

3) E. HAENCHEN, Komm 1956, 131. PH.-H. MENOUD nimmt an, daß dem Verfasser mündliche Überlieferungen vorgelegen hätten. Besonders die in 1,20 zitierten Psalmstellen seien schon vor Lukas in der griechisch sprechenden Gemeinde entdeckt worden.
Diesen Punkt sucht E. SCHWEIZER zu sichern durch eine Variante der Erzählung vom Tode des Judas bei Papias. Da wird das furchtbare Anschwellen von Judas' Leib analog der Schilderung vom Wirken des Fluchwassers in Num. 5, 21f. 27 berichtet. Eben davon spreche aber Ps. 108 (109), der in Apg. 1, 20 auf Judas bezogen sei. Die von Papias weiter berichtete Erblindung infolge des starken Anschwellens sei ebenfalls in Apg. 1, 20 mit Ps. 68, 24 angedeutet. SCHWEIZER schließt daraus, daß Papias die Erzählung nicht aus Acta kannte, sondern aus einer schriftlichen (wegen der seltsamen Formulierung von V 19!) vorlukanischen Quelle, in der die beiden Psalmworte mit der Tatsache des Todes des Judas mitüberliefert waren.

veränderte Situation (Universalismus des Evangeliums) bewußt modifiziert: aus den „Zwölfen" als Repräsentanten des Volkes Israel werden die „Apostel" als Zeugen für den Herrn der Kirche und der Welt (Lukas 24, 48; Apg. 1, 8).

Demgegenüber will MENOUD zeigen, daß der Zwölferkreis auch noch zur Zeit des Lukas seine ursprünglich historische und eschatologische Bedeutung hatte. Selbst in der Heidenkirche hätte er seine Bedeutung als Garant dafür, daß das Heil zuerst Israel gilt (Apg. 3, 26; 13, 46), behalten. „Perdre ce fait de vue, ce serait, pour l'Église pagano-chrétienne, conclure hâtivement que Dieu a rejeté son peuple" (79). Die Kirche, in der der ursprüngliche Zwölferkreis seinen Wert verloren hätte [1]), gebe es nicht im NT, auch nicht bei Paulus! Aus verständlichen Gründen (weil er auch Apostel zu sein beanspruche) rede der zwar nicht vom Zwölferkreis (einzige Ausnahme: 1. Kor. 15, 5); die Vorzugsstellung Israels erkenne er aber uneingeschränkt an (Röm. 9–11; 1, 16 u. a.).

Jede der beiden Untersuchungen verrät Scharfsinn und basiert auf gewichtigen Argumenten. In ihren Ergebnissen befriedigen beide nicht, MENOUD noch weniger als MASSON. Es hätte zuvor der Frage nach dem Zusammenhang des Apostolates mit der Institution der Zwölf genauer nachgegangen werden müssen. 1. Kor. 15, 1 ff. und Gal. 1 f., die ältesten Zeugen zur Sache, scheinen sicher zu stellen, daß ein solcher Zusammenhang zur Zeit des Paulus *nicht* bestand. Beide Größen wurden zu einer späteren Zeit künstlich kombiniert [2]). Es wäre darum an der Zeit, daß der Ursprung des Apostelbegriffes einmal im Zusammenhang der lukanischen Theologie und überhaupt im NT untersucht würde [3]). Die „neuerdings wieder von W. SCHMITHALS [4]) mit gewichtigen Gründen vertretene These . . ., daß Apostelbegriff und -amt der Urgemeinde überhaupt ‚völlig fremd' waren" [5]), gibt dazu erst recht Veranlassung.

Zu „*Himmelfahrt und Pfingsten*" hat G. KRETSCHMAR – u. a. an Hand der Ikonographie – eine gründliche liturgiegeschichtliche Untersuchung angestellt. Es geht ihm dabei um die Frage, „ob wir es in der Apostelgeschichte – im Vergleich mit der liturgischen Überlieferung des palästinensischen Himmelfahrts-Pfingstfestes – mit einer historischen Tradition zu tun haben" (253). Um das Ergebnis gleich vorweg zu nehmen: KRETSCHMAR bejaht die Frage, indem er erst den Vergleich selber führt und schließlich die historische

---

1) So außer MASSON auch E. LOHSE und – mit einigen Reserven – auch E. HAENCHEN.

2) So G. KLEIN, ZKG 68 (1957), 369, im Anschluß an J. MUNCK, StTh 3 (1950/51), 104.

3) Vgl. dazu demnächst in FRLANT die Arbeit von G. KLEIN, Die Zwölf Apostel, Ursprung und Gehalt einer Idee.

4) W. SCHMITHALS, Die Gnosis in Korinth, FRLANT N. F. 48, 1956, 245; vgl. auch ZNW 47 (1956), 33 f.

5) G. KLEIN, ZKG 68 (1957), 368 f.

Rekonstruktion wagt, zu der ihn die neueste Sektenkunde (Qumran) ermun-
tert: auf diesem Boden sieht er die Pfingsttradition vorbereitet. Ursprung des
palästinensischen[1]) wie auch gesamtkirchlichen Pfingstfestes liege in „der
theologischen Tradition" der „essenischen Gruppen", nicht in der des Rabbi-
nates. Die christliche Pentekoste könne jedenfalls nicht unmittelbar von
Apg. 1–2 abgeleitet werden; man müsse dafür auf das palästinensische Him-
melfahrtsfest zurückgreifen. Daß letzteres aber in Palästina am 50. Tag nach
Ostern begangen wurde, sei „eine ursprünglich liturgische Tradition" (234).
Erst als Acta kanonisch geworden sei, habe ihre Datierung sich durchgesetzt
und Himmelfahrt vom 50. Tag nach Ostern verdrängt, zuerst im Westen,
dann (seit dem 4. Jahrh.) auch im Osten. Apg. 2 selbst sei jedenfalls nicht die
„Urtradition" (237). Die habe vielmehr in „der Einsetzung der Zwölf in ihr
eschatologisches Amt als Repräsentanten und vielleicht auch als Leiter der
neuen Gemeinde" bestanden (237 mit Hinweis auf Num. 11, 16 f. als Parallele).
Die Beziehung *dieser* Pfingstüberlieferung zu der Sinaitradition sei offensichtlich. Die Tradition vom Sprachenwunder in Jerusalem habe ihre Form
in mittelbarem oder unmittelbarem Zusammenhang mit der Exegese von
Ex. 19. Apg. 2, 1 gehöre „zum ältesten Bestand der Pfingsttradition" (244),
welche ursprünglich nur in einem Kreis der Urgemeinde gelebt habe, der theologisch von den „Sekten" bestimmt gewesen sei[2]). „Erst durch Lukas und
Johannes wurde sie Besitz der ganzen Kirche" (246, Anm. 170), woraus sich
leicht ihr Fehlen bei Mk/Mt, Paulus und Hebräer begreifen lasse.

In einem letzten Punkt wird schließlich der historische Wert dieser Tradition untersucht. Ist die Pfingstüberlieferung historisch, dann müsse die Rückkehr der Jünger von Galiläa nach Jerusalem *vorher* stattgefunden haben.
„Dann erhebt sich aber die Frage, ob nicht das Pfingstfest selbst der Anlaß
für den Zug nach Jerusalem gewesen sein könnte[3]). Schawuot gehörte zu den
Wallfahrtsfesten, an denen eigentlich jeder Israelit im Tempel zu erscheinen
hatte" (252). Schon die Jünger in Galiläa hätten – wie später die Urgemeinde –
um das Fest der Bundeserneuerung gewußt, das nach Jer. 31, 31 ff. an Zion
gebunden sei. „Wenn die Jünger in Galiläa in dieser Tradition standen, dann
war allerdings Anlaß genug vorhanden, zum Pfingstfest nach Jerusalem zu
ziehen" (252 f.). Was sich dann im einzelnen in Jerusalem abgespielt habe,

---

1) Zur Genesis des jüdischen Pfingstfestes vgl. jetzt auch Art. πεντηκοστή, ThW
VI, 44 ff. von E. Lohse.

2) G. Kretschmar stellt die Parallelen zwischen Qumran und Urgemeinde breit
heraus (249 ff.) und hält es für sicher, daß einige Jünger Jesu sich aus jenen Kreisen
rekrutierten. So auch O. Cullmann, s. unten S. 161.

3) Näher liegt die Vermutung, daß die Rückkehr der Jünger ein Zug zur Stätte
der nahen Parusie war, vgl. E. Grässer, a. a. O. 205.

entziehe sich der Möglichkeit historischer Rekonstruktion. „Wir kennen nur das Ergebnis, die christliche Pfingstbotschaft" (253).

Inzwischen hat P. A. VAN STEMPFOORT diesem Versuch KRETSCHMARS, eine Beziehung zwischen Acta 2 und dem jüdischen Inhalt des Festes herzustellen, widersprochen. Lukas sei daran nicht interessiert gewesen. „The Jewish feast only gives him the opportunity of using a loosely-connected chronological reference" (41). Ein ernst zu nehmender Einwand! Aber KRETSCHMAR betont selbst das Hypothetische seiner Schau (253). Es ist bei einem solchen Gegenstand unvermeidlich. Seine Untersuchung ist aber mit solcher Gründlichkeit und Sachkenntnis geschrieben, daß ihre Ergebnisse dennoch die größte Beachtung verdienen.

Eine ebenfalls fundierte und gründliche Untersuchung der „Himmelfahrt" in der Interpretation des Lukas legte P. A. VAN STEMPVOORT vor. Methodisch vollkommen richtig schaltet er in zwei Vorbemerkungen zunächst einmal zwei die Interpretation belastende Momente aus: das ist einmal die Pfingst-*Chronologie*. Daran sei *vor* der pax Constantina noch niemand interessiert gewesen[1]), am wenigsten Lukas, der noch im „eschatologischen Wochenzyklus" gelebt habe und nicht im *annus ecclesiae* einer späteren Zeit. Zum anderen sei das die *Terminologie*. Auch sie dürfe in ihrer ekklesiologischen Ausprägung einer späteren Zeit nicht zur Interpretation herangezogen werden. Apg. 1, 2 spreche jedenfalls *nicht* von einer „Himmelfahrt". Nach diesen klärenden Vorbemerkungen untersucht VAN STEMPVOORT die beiden Texte Lukas 24, 50–53 und Apg. 1, 9–11 selbst. Er sieht darin zwei voneinander total verschiedene Versionen ein und desselben Geschehens. Die erste nennt er – im Anschluß an E. STAUFFER – „doxologisch": Lukas gebe in seinem Evangelium „the first version of his theology of the Ascension" (36), wobei unter „Theologie" zu verstehen sei eine Reflexion über das tradierte Material des Kerygmas. Lukas gestalte diese Version alttestamentlich (im Hintergrund stehe als Parallele Sir. 50, 20–22) als letzte Christophanie, als großartige Vision des Christus als des „segnenden Priesters". Die zweite Version (Apg. 1, 9–11) nennt VAN STEMPVOORT „ekklesiologisch" und „historisch" – „with the accent on the work of the Spirit in the church" (39). Damit antworte Lukas auf die Fragen, warum die Christophanien aufhören, warum das Ende nicht komme, warum die Jünger an Jerusalem hängen, das doch die Propheten tötete. Also Apologie! Die besondere Bedeutung dieser 2. Interpretation aber sei die: Lukas sei einer der ersten, der die Probleme der „realized eschatology" formulierte und damit die Urkirche vor „an hysterical futurist eschatology" bewahrt hätte.

---

1) ORIGENES z. B. habe Pfingsten überhaupt noch nicht als besonderes Fest gekannt. Er habe lediglich von „Ostern *und* Pfingsten" gesprochen, und es sei tragisch, daß man später diesen *einen* Sonntag in zwei zerbrochen habe.

Diese Auskunft, daß die „Himmelfahrt" für Lukas ein Teil seines veränderten eschatologischen Entwurfes ist, verdient Beachtung. Nur muß man bei seiner „realized eschatology" daran denken, daß schon Paulus in gewisser Weise das Schwergewicht von einer futurischen Eschatologie auf eine präsentische Pneumatologie und damit Vergegenwärtigung des Heils verschoben hat. Dagegen ist es ganz unmöglich, die Mythologie von Apg. 1, 9–11 mit der „Realistik" der Schilderung zu bestreiten. Eben diese Realistik (Wolke, Engel) ist ja das Mythologische. Und Kümmel hat Recht: „Die Erzählung von der Himmelfahrt Christi ist ... eine dem ursprünglichen Glauben an die Auferstehung Christi gegenüber sekundäre ‚späte Legende' (Grass), die mit dem zentralen urchristlichen Glauben an die Auferstehung und Erhöhung Christi in Spannung steht und als Materialisierung dieses Glaubens einer Mythenkritik unterworfen werden muß."[1]

J. Sint hat untersucht, ob der Befehl zum Schlachten Apg. 10, 13 (11, 7) nicht den tieferen Sinn des Opferns impliziere. Sprachlich läßt sich die Frage nicht entscheiden: ϑύειν kann sowohl „opfern" (so im NT zumeist) als auch „schlachten" (so in der LXX) heißen. Jedoch von „Wesen, Art und Weise der Opfer" im AT her meint Sint den hintergründigen Sinn des Opferns für das ϑῦσον in Apg. 10, 13 behaften zu können. Keineswegs überzeugend. Lukas geht es um das *Essen* der unreinen und reinen Speise, nicht um das Opfer. Denn mit diesem legendären Zug in seiner Komposition der Corneliusgeschichte bereitet er die Legitimität der Heidenaufnahme in die Kirche vor. Man sieht nicht, welchen Sinn das Opfer an dieser Stelle hätte.

Eine äußerst interessante Studie hat A. Strobel über die Befreiung des Petrus aus dem Gefängnis (Apg. 12, 3 ff.) vorgelegt. Nach V 3 b geschah sie in den Tagen der ungesäuerten Brote, d. i. nach Ex. 12, 6–15 der 14.–21. Nisan. Haenchen sieht in dieser Notiz eine „eingeschobene Nebenbemerkung"[2]. Strobel mißt ihr mehr Bedeutung zu und meint gerade von hier aus mit Hilfe von Passa-Symbolik und Passa-Wunder die Erzählung näher beleuchten zu können. Er vermutet, daß Lukas sie aus einer judenchristlichen Quelle geschöpft habe, die wiederum auf eine Gemeinde zurückgehe, „in der die Relevanz der Passa-Symbolik nicht zur Diskussion stand" (212). Die Parallelen sollen das belegen: Apg. 12, 6 = Ex. 12, 12 LXX; Apg. 12, 7 = Ex. 12, 11(V 31) LXX; Apg. 12, 8 = Ex. 12, 11 LXX. – Apg. 12, 11 entspreche wörtlich der Redeweise Dan. III 95 Theod. ἀπέστειλεν τὸν ἄγγελον αὐτοῦ

---

1) W. G. Kümmel, Art. „Himmelfahrt", RGG³ III, 335.

2) E. Haenchen, Komm. 1959, 325. Nach J. Jeremias ist die jüdische Festbezeichnung αἱ ἡμέραι τῶν ἀζύμων „in einem so hellenistischen Werk wie AG auffällig ... und setzt voraus, daß sie den heidenchristlichen Gemeinden geläufig war" (ThW V, 900, Anm. 43).

καὶ ἐξείλατο (τοῦς παῖδας αὐτοῦ). Die neuere Exegese habe diese Parallele zwar bemerkt, übersehe aber, „daß der verbindende theologische Gedanke zwischen beiden Texten mit Midrasch Ex R 18 (81 a) belegt sei, wo davon die Rede ist, daß die Passa-Nacht die Nacht der Errettung der Gerechten Gottes ist (Hiskia, Chananja, Daniel)".

Obwohl STROBEL zugeben muß, daß Lukas der in „urchristlich – quartadecimanischen Kreisen dominierenden Passa-Symbolik" (die auch die praelukanische Tradition gestaltet haben soll), sehr zurückhaltend gegenübergestanden hat[1]), zieht er aus diesen Parallelen nun doch sehr weitreichende Schlüsse für die Tradition der Apostelgeschichte: (1) „Die Wahrheit der Passa-Verheißung, so klingt es aus der lukanischen Erzählung noch heraus, hat sich auch dem Apostel Petrus erwiesen" (214). Nun, die „Folgerung" liegt zumindest nicht „nahe", „daß damit Legitimität und Recht der urchristlichen Passa-Erwartung betont werden sollten" (ebd.). (2) Fragwürdig ist auch der Schluß, „daß das Befreiungswunder in der vorlukanischen Fassung tatsächlich auf die Passa-Nacht (14./15. Nisan) verlegt worden war" (ebd.). Es läßt sich nämlich keineswegs beweisen, daß die tiefere Passa-Symbolik bei Lukas nur auf Grund seiner „historisierenden Einarbeitung des Stückes in die Apg." verloren gegangen sei (ebd.). Tatsache ist freilich, daß die Epist. Apost. Passa-Termin und Befreiungstermin expressis verbis identifiziert (bei STROBEL zitiert S. 214). Wiederum läßt sich nicht beweisen, daß diese Interpretation an die vorlukanische anschließt. So hat es aufs Ganze den Anschein, als liege in dieser Studie eine überscharfe Exegese vor, die überall hintergründige Zusammenhänge sieht, für die nichts spricht als eine mehr oder weniger gut begründete Vermutung.

Über die sog. *Bekehrung des Paulus* liegen bekanntlich drei voneinander abweichende Berichte vor. E. HAENCHEN hat daran die Kompositionstechnik des Lukas demonstriert[2]). W. PRENTICE führt daran den nun schon oft gelieferten Nachweis, daß die Reden der Apg. keine „echten Reden" sind, sondern „Erfindungen" des Lukas. Den wirklichen historischen Sachverhalt entnimmt PRENTICE allein Gal. 1, 15–17. Den dort vollkommen klaren Vorgang („innere Wandlung", von Gott bewirkt) habe Lukas – dem Geschmack des 1./2. Jahrhunderts sich anpassend – zu einer Wundergeschichte umgestaltet (Apg. 9), weil man einen solchen Wechsel nicht geglaubt hätte, ohne ein

---

1) Diese Zurückhaltung des Lukas erklärt STROBEL mit dessen eschatologischem Entwurf, der auf Eliminierung der Naherwartung ziele, die wiederum aus der Passa-Symbolik „resultiere". Darüber hat STROBEL inzwischen ausführlich gehandelt in ZNW 49 (1958), 157–196 („Die Passa-Erwartung als urchristliches Problem in Lk 17, 20f.") und in NovTest II (1958), 199–227 („Zum Verständnis von Mt XXV 1–13").

2) Siehe oben S. 131.

Mirakel dabei zu haben. Man mag solche Erwägungen anstellen, aber wahrscheinlicher ist, daß Lukas den Grundstock von Apg. 9 doch schon in einer Tradition vorgefunden hat.

Wesentlich konservativer urteilt H. G. WOOD. Er zweifelt nicht daran, daß die Szene auf der Straße nach Damaskus eine geschichtliche Grundlage hat. Sachlich stehe das, was Lukas in Apg. 9 berichte, keineswegs im Gegensatz zu Gal. 1: die Wendung des Paulus beruht auf göttlicher Tat. War ihm das Kreuz bislang das „Stolperholz", das ihn zur Verfolgung der Christen trieb, so wird durch das Bekehrungserlebnis das Stolperholz zum „Eckstein". Paulus gewinne sein Verständnis von der Gesetzesfreiheit. Das Gericht über sein bisheriges (pharisäisches) Selbstverständnis sei die Folge (nicht der Inhalt! gegen BULTMANN) seines Bekehrungserlebnisses.

Folge oder Inhalt – der Unterschied wäre nicht groß. Abgesehen von seiner historischen Vertrauenserklärung zu Apg. 9 wird man sonst der Interpretation von WOOD gerne zustimmen.

Die chronologische Abfolge der Reisen des Paulus nach Jerusalem (DUNCAN, FUNK, DUPONT) hält noch immer die Acta-Forschung in Atem. Jedes Jahr bringt einige Aufsätze über diesen Gegenstand. Kein Wunder, da die divergierenden Aussagen zwischen Galater einerseits und Acta andererseits jedweder Kombinatorik allen nur möglichen Spielraum lassen. Der wird dann auch weidlich ausgenutzt. Am meisten von SANDERS! Seine wichtigsten Ergebnisse: (1) der 2. Besuch des Paulus in Jerusalem lag vor Ostern 44; (2) der in Gal. 2, 9 genannte „Jakobus" (westl. Text!) ist darum nicht der Herrenbruder, sondern der Sohn des Zebedäus, den Herodes-Agrippa (gest. 44 n. Chr.) hat töten lassen (Apg. 12, 2); (3) Paulus wurde 31 bekehrt; (4) Paulus war beim Apostelkonvent Apg. 15 nicht anwesend, sondern allein auf der 2. Missionsreise; (5) Galater wurde nach Apg. 15 verfaßt.

Der Nachteil dieser Ergebnisse ist der, daß sie weniger auf Textanalyse, denn auf „reconstitution imaginative" der Ereignisfolge beruhen, wie DUPONT mit Recht bemängelt[1]).

FUNK untersuchte das „Rätsel" der sog. famine-visit Apg. 11, 27–30; 12, 25. Hier tauchen bekanntlich Schwierigkeiten mit der Chronologie des Galaterbriefes auf[2]). FUNKS Ergebnis (die schwierigere Lesart Apg. 12, 25 zeige,

---

1) J. DUPONT, RB LXIV (1957), 37 ff.

2) Der Frage, *wann* die Hungersnot Apg. 11, 28 stattgefunden hat, ist J. DUPONT nachgegangen (RB LXII, 1955, 52ff.). Er setzt sie – nach Josephus – auf 45 an. Nach der Darstellung des Lukas hat aber die Reise des Paulus nach Jerusalem anläßlich der Hungersnot viel früher stattgefunden, nämlich unter Herodes Agrippa (gest. 44). Dieser Synchronismus sei gekünstelt. Lukas wolle sich noch vor der ersten Missionsreise einführen, indem er die Hungersnot mit der unter Claudius zusammen-

daß die Hungersnot ursprünglich später stattgefunden habe. Lukas habe sie an einer Stelle eingeschoben, wo er sie um seiner Konzeption willen für besonders wirkungsvoll hielt. An sich müsse zwischen 11, 26 und 27 die ganze Geschichte der Missionsreisen des Paulus und Barnabas stehen) veranlaßte J. Dupont, der ganzen Sache noch einmal in einer gründlichen Studie nachzugehen (Nov. Test. I, 1956). Sie bestätigt nur, was man schon lange weiß: alle Versuche, den Textsinn von Apg. 12, 25 zu behalten, scheitern. Niemand kann deutlich machen, warum Paulus und Barnabas, gesandt von Antiochien, nach Jerusalem „zurückkehrten", warum sie Johannes Markus mit sich nach Jerusalem führten und wieso sie 13, 1 wieder in Antiochien sind[1]). Im Anschluß an Haenchen schlägt Dupont darum eine andere Lösung vor: Ohne die Konjektur von Westcott/Hort ὑπέστρεψαν, τὴν εἰς Ἰερουσαλὴμ πληρώσαντες διακονίαν zu übernehmen, nähert er sich doch ihrem Sinn: ὑπέστρεψαν, εἰς Ἰερουσαλὴμ πληρώσαντες τὴν διακονίαν („ayant à [pour] Jérusalem accompli leur ministère", 303). Εἰς steht also (wegen διακονία = zu Gunsten von Jerusalem, 303) für ἐν. Es treffen dann freilich – grammatisch sehr hart – zwei Partizipien aufeinander, was jedoch im Koine-Griechisch denkbar sei (als Vergleich Apg. 4, 33; 19, 20; Lk 17, 15; 10, 17). Der Vorzug dieser Erklärung ist der, daß sie sich auf die beste Lesart stützt und zugleich der Literarkritik Rechnung trägt.

Die *Stellung des Petrus in der Urchristenheit* wird von Schulze-Kadelbach auf breitester Basis (Synoptiker, Acta, Paulinen) untersucht. Uns interessiert hier nur der Befund, der sich ihm aus der Apostelgeschichte ergibt. Danach sei eines unbestreitbar: die „Führertätigkeit" des Petrus (Hauptbeleg: die „Visitationsreise" nach Samarien, 6, 2ff.). Sehr bald schon, spätestens 44 n.Chr., tritt an seine Stelle der Herrenbruder Jakobus. Die Gründe für diesen Wechsel an der Spitze seien unbekannt, der Wechsel selber jedoch historisch unbestreitbar: Apg. 12, 17 läßt Petrus seine Befreiung aus dem Gefängnis „Jakobus und den Brüdern" melden und verläßt dann Jerusalem[2]). Auf dem sog. Apostelkonvent (Apg. 15) ist er nicht mehr der erste Mann der Gemeinde[3]). Paulus trifft bei seinem letzten Besuch in Jerusalem (Apg. 21, 17ff.) nur noch Jakobus an (V 18).

---

rückt als einer Not, die noch frisch im Gedächtnis liege (55). Chronologisch gesehen gehöre die Reise von c. 11 + 12 in die Zeit von c. 15; das sei auch die Zeit der Ereignisse von Gal. 2, 1–10.

1) Vgl. W. G. Kümmel, ThR N.F. 14, 1942, 170.

2) Erwiesen ist nicht, daß er Jerusalem endgültig schon zu diesem Zeitpunkt verlassen hat. Vgl. W. G. Kümmel, ThR N.F. 17, 1948, 31. Beim Apostelkonzil – um 48 – ist er noch einmal dort.

3) Ob das allerdings mit Gal. 2, 9 gestützt werden kann (Jakobus rangiert hier in der Aufzählung *vor* Kephas), ist fraglich.

In der Verkündigung des Petrus sieht SCHULZE-KADELBACH keinen sachlichen Gegensatz zu Paulus. Er hätte richtiger sagen müssen: in der Verkündigung des Petrus, wie *Lukas* sie wiedergibt. Das Fazit der Arbeit: was wir im NT über die Stellung des Petrus hörten, sei eine „Entfaltung des Wortes Mt 16, 17ff. . . .“ (12). Wobei nur zu beachten ist, daß Matth. 16, 17ff. nicht am Anfang, sondern am Ende der Petrustradition stand! Das Gegenteil ist auch von SCHULZE-KADELBACH nicht bewiesen, obgleich er meint, stilistische Beobachtungen sprächen dafür, daß Markus das Petrus-Wort aus einem dem Matth. vorliegenden Traditionsstück „herausgebrochen“ habe (12).

H. J. SCHOEPS hat sich trotz der teilweise sehr scharfen Kritiken[1]), denen seine Bücher über die Geschichte des Judenchristentums ausgesetzt waren, nicht entmutigen lassen, die dort erarbeiteten Ergebnisse nun noch einmal in einem Aufsatz zusammenzutragen. Da keine neuen Argumente und Ergebnisse gebracht werden, genügt diesmal der einfache Hinweis darauf. W. G. KÜMMEL hat an dieser Stelle die Haltlosigkeit besonders der Quellenrekonstruktionen festgestellt[2]).

3. Qumran und die Apg.

Die Qumran-Funde haben der Erforschung der Geschichte und Verfassung der Urgemeinde ganz neuen Auftrieb gegeben[3]). Einige bei erster Veröffentlichung der Funde sofort in die Augen springende Parallelen zwischen Organisation und Leben der Qumran-Sekte einerseits und der Urgemeinde andererseits ermunterten zu einem religionsgeschichtlichen Vergleich. Auch theologisch sah man Vergleichsmöglichkeiten, wovon vereinzelt schon in diesem Bericht die Rede war (MUSSNER; KRETSCHMAR). Aufs Ganze kann man sich jedoch des Eindruckes kaum erwehren, als habe man in der ersten Entdeckerfreude doch etwas übereilt Kombinationen angestellt und Schlüsse gezogen. Was bislang an „Parallelen“ erbracht wurde, ist jedenfalls nicht geeignet, die Acta-Forschung in irgendeiner Weise zu revolutionieren.

S. E. JOHNSON stellt folgende Parallelen zwischen Qumran und Urgemeinde heraus: (1) Geistempfang als Unterpfand zum ewigen Leben, Apg. 2, 38 =

---

1) W. G. KÜMMEL in StTh 3 (1949/51), 188 ff.; W. SCHNEEMELCHER in VF 1949/50 (1951/52), 229 ff.; G. BORNKAMM, ZKG 64 (1952/53), 196 ff.; R. BULTMANN in Gn 26 (1954), 177 ff.

2) ThR N. F. 22, 1954, 147 ff.

3) In Amerika hat man die wichtigsten Arbeiten über Qumran und seine Bedeutung für das NT in einem Sammelband herausgebracht (STENDAHL). Die Aufsätze von O. CULLMANN, S. E. JOHNSON und BO REICKE sind darin aufgenommen. Eine deutsche Übersetzung des Buches ist geplant. H. BRAUN hat außerdem einen Forschungsbericht für die ThR in Aussicht genommen, in dem er die Literatur zur Frage „Qumran – NT“ zusammenhängend behandeln wird (vgl. ZThK 56, 1959, 1, Anm. 1).

1 QS IV 6. Die Taufe setze als Ritus der Reinigung und Aufnahme wie in Qumran so auch bei Johannes dem Täufer und im Urchristentum die *Buße* voraus. 1 QS VIII 14 zitiert als Schriftbeweis ebenfalls Jes. 40, 3, allerdings verbunden mit der Forderung nach dem Tora-Studium. Ohne Parallele in Qumran sind allerdings die Geistphänomene (Glossolalie etc.)[1]. (2) Gemeinsames Leben, Apg. 2, 44f.; 4, 34–37 = 1 QS I 12; VI 16–20 (Gütergemeinschaft). (3) Die „fromme Armut". (4) Die Organisation der Gemeinde: auch Qumran wird geleitet von 12 Vorstehern und drei Priestern, dem „hohen Rat" (1 QS VIII 1), wie die Urgemeinde geleitet wird von den Aposteln und Ältesten (Apg. 15, 6. 22 f.)[2]. Hier wie dort komme den „Zwölfen" „heilsgeschichtliche Bedeutung" zu (Bo REICKE); sie seien Leiter einer Gemeinschaft, die apokalyptische Erwartungen pflegt, Lukas 22, 29–30 = 1 QS VIII (JOHNSON). Die „Säulen" der Urgemeinde seien vielleicht eine Analogie zu den drei Priestern der Qumran-Sekte (JOHNSON)[3]. Die Verfassung auf eine Formel gebracht: Qumran sei eine „organische Mischung von Oligarchie und Demokratie" (Bo REICKE 109), entspreche also genau dem Bild der Urgemeinde[4]. Dagegen vertrete die Damaskusschrift schon eine spätere Entwicklungsstufe als Qumran: hier sei die Verfassung bereits monarchisch. (5) *ha-rabbim* 1 QS = Apg. 6, 2. 5; 4, 32. (6) Das gemeinsame Mahl mit Priester, Brot, Wein und Brotbrechen, Apg. 2, 42–47 = 1 QS VI 2–3, abgesehen von der priesterlichen Segnung (vgl. Did. 9, 1–4). (7) Schriftzitate und Bibelinterpretation seien hier wie dort die gleichen.

Die Konsequenz, die man aus diesen „Parallelen" zieht, ist überall ein leises Fragezeichen, das man hinter die Originalität der Urgemeinde setzt. Nun, niemand wird die zum Teil ins Auge springenden Übereinstimmungen in Organisation und Leben der beiden Gemeinschaften leugnen. Man fragt

---

1) Die Einmaligkeit der christlichen Taufe als Akt „qui agrège définitivement à la communauté" (106) betont mit Recht DANIÉLOU als entscheidenden Unterschied sowohl zu den essenischen Bädern als auch zum Initiationsritus bei der Qumran-Sekte.

2) In der Sektenregel werden die Mitglieder des „hohen Rates" mit Bezeichnungen belegt wie „erprobte Männer", „wertvoller Eckstein", „Grund der Gemeinde", was Bo REICKE zu einem Vergleich mit Matth. 16, 18; Gal. 2, 9; 1. Tim. 3, 15 und Offbg. 21, 14 veranlaßte. J. DANIÉLOU erkennt in dem *mebaqqer*, dem Inspektor jeder Versammlung, gar den christlichen „Bischof", wie er in Petrus und Jakobus als jeweiligem „Chef der Vereinigung" vorgebildet sei (111).

3) „Can it be that the three pillars of the Jerusalem Church were priests in the Zadokite sense (CD IV 2f.) and that such a priesthood existed for a brief time ?", so fragt JOHNSON 135. Petrus und Andreas seien immerhin Jünger des Täufers gewesen, Joh. 1, 40!

4) Anders urteilt freilich HAENCHEN (Komm. 1959, 129f.).

sich aber, was sie noch bedeuten, wenn man daneben die sehr viel größeren *Unterschiede* hält: daß man im NT nichts weiß von Novizen, von Probezeit, Einteilung in Klassen, gemeinsamem Leben und Arbeiten der Brüder und vielem anderem. Sind die dann noch aufweisbaren Analogien nicht solche, die sich zwangsläufig bei jedem Vergleich von organisierten eschatologischen Gemeinschaften ergeben, zumal, wenn sie örtlich und zeitlich so eng beieinander liegen, und wenn sie überdies auch noch an ein und dieselbe Tradition angeschlossen sind: den alttestamentlichen קהל?

Die sowohl in ihrer Begründung als auch in ihrer Konsequenz phantastischste These kommt von O. CULLMANN. Er stellt nämlich schlicht die Frage, ob die „Hellenisten" von Apg. 6, 1 nicht das Verbindungsglied seien zwischen Essenern und ersten Christen. Sie gehörten „to the original Church from the beginning; they are not thus a result of the Diaspora" (25). CULLMANN spricht von Zusammenhängen zwischen essenischem Gedankengut und dem der „Christian Hellenists" (29), die insbesondere im vierten Evangelium zutage treten, und vermutet, daß es eben die ʽΕλληνισταί der Apostelgeschichte waren, die „in some way (were) connected with the kind of Judaism we find in the Qumran texts, as well as in the related books of Enoch, the Testament of the Twelve Patriarchs, and the Odes of Salomon, which also belong to the Qumran pattern" (29).

Die bislang als harmlose ethnologische Herkunftsbezeichnung verstandene Vokabel ʽΕλληνισταί[1]) wird hier plötzlich zu einer geschichtlichen Größe erster Ordnung. Mit Recht konstatiert P. WINTER: „Wenn CULLMANNS Auffassung sich als richtig erweisen sollte, so bliebe Petrus wohl der Ruhm, der erste gewesen zu sein, der verkündete, daß Jesus der durch seine Auferstehung zum Gottessohn berufene Messias sei – aber die eigentlichen Schöpfer des Christentums, die Urheber ,paulinischer', ,deutero-paulinischer' und ,johanneischer' Gedanken wären die ,Hellenisten' der Acta gewesen..."[2]).

S. VERNON McCASLAND hat das allein in der Apg. absolut gebrauchte Wort ὁδός mit 1 QS verglichen und kommt dabei zu folgendem beachtlichen Er-

---

1) Lukas wird unter den „Hellenisten" griechisch sprechende Diasporajuden verstehen, die in Jerusalem ansässig geworden sind (vgl. HAENCHEN, Komm. 1959, 214. 220). CULLMANN aber übersetzt ἑλληνίζειν mit „griechisch leben" statt – wie es allein richtig wäre – mit „griechisch reden". Apg. 6 1 aber redet von „Hellenisten", die „Hebräern" gegenüberstehen (vgl. HAENCHEN, a.a.O. 214).

2) P. WINTER, ThLZ 1957, 835. – Zur Kritik an CULLMANN vgl. jetzt auch HAENCHEN, Komm. 1959, 214, Anm. 1: „Die eigentliche Schwierigkeit liegt ... darin, daß Cullmanns Charakterisierung der Hellenisten mit einem inneren Widerspruch belastet ist: einerseits sollen sie synkretistische Tendenzen haben in dem Maße, daß sie die Heidenmission beginnen, andererseits sollen sie eng mit Qumran zusammenhängen, das gesetzlicher als gesetzlich ist. "

gebnis: „῾Η ὁδός, הדרך as a designation of Christianity was derived from Jsa
40, 3 and that is an abbreviated form of ‚the way of the Lord'; that the idiom
הדרך was used in a similar sense by Qumran as a designation of its life; that
Christians probably derived the idiom ultimately from Qumran; and that the
agent of the transmission was John the Baptist" (230). In dem 1954 erschienenen V. Band des „Theologischen Wörterbuches" hat W. MICHAELIS geschrieben, daß dieser absolute Sprachgebrauch der Apg. „seiner Herkunft nach
nicht sicher erklärt werden kann" (95), wies zugleich aber doch als möglichen
Vergleichspunkt auf Damask I, 13; II 6 hin, wo die Abtrünnigen charakterisiert werden als „die, die vom Wege abweichen und die Satzung verach-
ten" (II, 6), bzw. als „die vom Wege Weichenden" (I 13). Allerdings warnte
MICHAELIS vor einer Überschätzung solcher sprachlicher Beziehungen, da sie
ihm nicht hinreichend erhärtet schienen. Der neueste Beitrag von Mc CAS-
LAND könnte solche Bedenken durchaus zerstreuen.

4. Zur Theologie der Apg.

Die Arbeiten zur Theologie der Apostelgeschichte fließen spärlich. Eine
Überraschung auf diesem Gebiet ist zweifellos die Tatsache, daß die seinerzeit
im Anschluß an PH. VIELHAUER von G. HARBSMEIER so leidenschaftlich gestellte Alternative: „entweder Paulus oder Lukas"[1] auf dem breiten Feld
der Acta-Forschung wieder ganz zurückgetreten ist. Lediglich O. BAUERN-
FEIND hat noch einmal ausdrücklich zur Frage nach der Entscheidung zwischen Paulus und Lukas Stellung genommen. Er tut es aus der Sorge heraus,
daß das Durchpauken dieser Entscheidungsfrage eine „Abwanderung" der
„angeregten kirchlichen Laien in die Splittergruppen" zur Folge haben
könnte (71). Schon früher[2] hatte BAUERNFEIND in einer Diskussion mit
HARBSMEIER sachte die Bremsen gezogen und davor gewarnt, das NT allein
nach Paulus zu interpretieren. Es bleibe als Aufgabe „die Frage nach dem
Eigengewicht der lukanischen Tradition" (353). Die theologische Charakterisierung des Paulus in der Apg. könne in einem theologischen Vergleich
zwischen Paulus und Lukas vielleicht einen Teilabschnitt bilden, aber nicht
den Ausgangspunkt (88, Anm. 51). Denn Lukas habe in sein Paulus-Bild gar
nicht das hineinzeichnen wollen, was wir „Theologie" nennen (gegen VIEL-
HAUER). Ihm gehe es um ein „Gesamtbild", nicht um „theologische Prin-

---

1) G. HARBSMEIER, Unsere Predigt im Spiegel der Apostelgeschichte, EvTh
1950/51, 352–368, bes. 365. Bekanntlich hat HARBSMEIER davon bedenkliche Fehl-
entwicklungen in der EKiD abgeleitet.

2) O. BAUERNFEIND, Vom historischen zum lukanischen Paulus, EvTh 13 (1953),
347–353.

zipien" (87). Ebenso irrig sei die Meinung, Lukas predige in seinen Reden selbst unmittelbar (gegen DIBELIUS). Wir erfahren nur, „welche Vorstellung von der apostolischen Missionspredigt er bei den Lesern erwecken will" (84).

Nun, gerade das „Gesamtbild" ist ein *theologisches* von großer Originalität und Eigenwilligkeit. Und gerade die Art und Weise, wie Lukas eben nicht nur tradiert, sondern *gezielt* schreibt und komponiert, kennzeichnet ihn als „Theologen". Darin ist E. LOHSE in seiner Studie sehr viel einsichtiger verfahren, in der er Lukas „als Theologen der Heilsgeschichte" charakterisiert (264). Den Rang wird ihm niemand streitig machen, wenn man sieht, wie Lukas beansprucht, „nicht nur ein schlichtes Erbauungsbuch für die Gemeinde zu schreiben, sondern christliche Literatur zu schaffen und die christliche Botschaft in die große Welt einzuführen..." (LOHSE 257). LOHSE hat sehr schön gezeigt, wie das ganze Programm des Lukas implizit in seinem Prolog Lukas 1, 1 ff. enthalten ist, und wie er von daher seine Geschichtsschreibung entfaltet als eine „Theologie der Heilsgeschichte" (ebd.). Wenn man sieht, wie sehr er sich darin sowohl von Markus als auch von Paulus abhebt, wie sehr er ihnen gegenüber gerade auch theologisch neugestaltet – etwa in der Christologie, in der Eschatologie, – ist es vielleicht doch nicht mehr so ganz abwegig, vom „Paulinismus" oder gar „Frühkatholizismus" bei Lukas zu sprechen. BAUERNFEIND hat Recht: darüber entscheidet nicht allein die Charakterisierung des Paulus in der Apg., aber eben doch das Gesamtwerk! Und dankbar darf man BAUERNFEIND sein, daß er das Problem „Paulus oder Lukas" mit solcher Besonnenheit entschärft und in die Vielzahl der neutestamentlichen Probleme eingeordnet hat.

Die *Vision des Stephanus* (Apg. 7, 55f.) wählte H. P. OWEN als Ausgangspunkt für eine grundsätzliche Betrachtung der lukanischen *Eschatologie* in Acta. Er geht dabei aus von dem auffallenden ἑστῶτα in V 55, das von Lukas - da er Ps. 110 zitiert – nicht grundlos anstelle von καθῆσθαι gesetzt sein könne [1]). Welches also ist sein Motiv zur Variation? Die veränderte eschatologische Situation, in der Lukas schreibt! OWEN meint gegenüber den älteren Erklärungsversuchen [2]) weiterzukommen, wenn er das „Stehen" in einen eschatologischen Zusammenhang stellt [3]). Für Lukas seien folgende sechs Termini, mit denen er den Weg Christi vom Kreuz bis zur Wiederkunft be-

---

1) Die Auskunft von DODD: „stehen" sei hier ein Äquivalent zu „sein" (vgl. Lk 5, 2), findet nicht die Zustimmung von OWEN.

2) Es waren im wesentlichen drei: (a) Jesus hat sich zur Begrüßung seines ersten Märtyrers erhoben (so seit BENGEL die meisten Ausleger); (b) der Menschensohn ist – wie der Engel – als vor Gott *stehend* vorgestellt; (c) der Menschensohn ist als Zeuge dargestellt, der seinen bedrängten Jünger rechtfertigt.

3) Auch diese Interpretation ist nicht ganz neu. Sie wurde ähnlich vertreten von LOISY, Les Actes des Apôtres, 1920, 349.

schreibt, charakteristisch: (1) ἔξοδος (Tod, Lk 9, 31); (2) εἰσελθεῖν (Eintritt in die Auferstehungsherrlichkeit, Lk 24, 26); (3) ἀναλαμβάνεσθαι (Himmelfahrt, Apg. 1, 2. 11. 22; 2, 34); (4) καθῆσθαι (Sitzen zur Rechten Gottes, Lk 20, 42; 22, 69; Apg. 2, 34); (5) ἑστάναι (Apg. 7, 55 f.); (6) ἔρχεσθαι (Wiederkunft, Lk 9, 26 u. ö.; Apg. 1, 11 u. ö.). Das Ganze sei eine wohlabgewogene Klimax (drei Wörter für die irdische, drei für die himmlische Existenz Christi), in der das ἑστῶτα seinen verbindenden Platz zwischen (4) und (6) habe: Christus erhebe sich als Vorbereitung zu seiner Wiederkunft, die unmittelbar bevorstehe. „Stephen's Vision is proleptic. He sees forward to the glory of the parousia" (225). Zu vergleichen sei Lk 9, 32. Für die lukanische Eschatologie in der Apg. sei c. 7 insofern bedeutsam, als von nun an weder καθῆσθαι noch ἔρχεσθαι gebraucht würden. Lukas lasse uns in der *Erwartung*. Sein Evangelium lasse die Konfrontation mit dem Problem der Parusieverzögerung spüren. Die Antwort darauf aber sei die Ermahnung zur wachen Bereitschaft: Christus kommt bald! Schon zeigt er sich Stephanus „stehend". Wir müssen nur *treu* sein, da nur der Vater Zeit und Stunde weiß. Vor der ἀποκατάστασις πάντων aber kann er den Sohn nicht senden.

Nun, es ist richtig, daß Lukas die eschatologische Erwartung im Sinne der ausgebliebenen Parusie modifiziert[1]). Die Wachsamkeitsforderungen haben hier ihren Ort. Aber sie werden gerade *nicht* begründet mit der unmittelbaren Nähe der Wiederkunft, sondern mit dem Verzug und der daraus resultierenden Ungewißheit: man muß *immer* bereit sein![2]) Eine andere Frage ist freilich, ob nicht eine alte Tradition verwertet ist, die tatsächlich das ἑστῶτα als Reflex einer ursprünglich akuten Naherwartung bewahrt hätte. Dann käme BAUERNFEIND mit seiner Vermutung zu seinem Recht, daß der abweichende Zug für die Echtheit des Visionsberichtes spreche[3]). Mehr als eine gewisse Wahrscheinlichkeit hat das jedoch auch nicht.

Grundsätzlich ist das Thema *Acts and Eschatology* in einem Aufsatz von H. J. CADBURY angegangen worden. Er zeigt zunächst die enge Verzahnung der Parusie mit den Grundtatsachen des Urchristentums: mit Auferstehung und Gabe des Hl. Geistes. Lukas allein sei es auch, der mit der *Himmelfahrt* ausdrücklich die Bedingungen für eine Wiederkunft vom Himmel her geschaffen habe. Letztere sei von Lukas durchgängig mit traditionell-apokalyptischen Zügen gestaltet. Jeder Versuch, das in DODDS Schema von der „realized eschatology" einzupassen, müsse scheitern. Ebenso sei CONZELMANNS These von der „Mitte der Zeit" eine Fehlinterpretation: Gegenwart und Vergangenheit heben die Bedeutung der Zukunft nicht auf (321). Dagegen wird O. CULLMANNS Darstellung der urchristlichen Eschatologie volles Lob

---

1) Vgl. die oben S. 101, Anm. 1 genannten Arbeiten.
2) E. GRÄSSER, a. a. O. 84 ff.   3) O. BAUERNFEIND, Komm. 120.

gezollt. *Sowohl* traditionelle futurische Eschatologie *als auch* ihre Modifikation im Sinne der ausgebliebenen Parusie sei typisch für Lukas (315). Dieses Sowohl-als-auch ist von außen betrachtet sicher richtig. Nur muß man sehen, daß im eschatologischen Entwurf des Lukas die traditionell-apokalyptischen Motive eben nur noch *Tradition* sind für eine in beliebig großer Entfernung gedachte Wiederkunft, daß sie aber keine die Gemeinde unmittelbar aktualisierende Kraft mehr haben. Sondern die geht jetzt von der Jesuszeit als der ,,Mitte der Zeit" aus. Damit ist die apokalyptisch-futurische Eschatologie zwar nicht eliminiert oder durch eine ,,realized eschatology" ersetzt, wohl aber dezentralisiert.

O. CULLMANN hatte im Kyrios-Titel den Schlüssel zum ältesten christlichen Bekenntnisgut gesehen. Von ihm angeregt hat nun O'NEILL den Gebrauch des Wortes κύριος in Acta untersucht. Er kommt nach einer minutiösen Bestandsaufnahme und Stellenauswertung zu dem Ergebnis, daß drei Bedeutungsmöglichkeiten zu unterscheiden seien: (1) Gott Israels; (2) Jesus; (3) Gottheit, wozu dann noch Stellen kämen, an denen es undefinierbar sei, ob Jesus, Jahwe oder beide gemeint seien. (Tabelle mit Stellenangabe S. 171). Auch der neue Bedeutungsinhalt von Phil. 2, 5–11 lege in Apg. 2 vor: Christus wird der *Titel* κύριος gegeben, und das Bekenntnis zu ihm hängt fortan am Geist (1. Kor. 12, 3).

In der alten Streitfrage, ob schon die Urgemeinde Jesus als den ,,Herrn" bezeichnet und als solchen angerufen habe, stellt sich O'NEILL gegen BOUSSET, der das energisch bestritten hat[1]). O'NEILL sieht den hellenistischen Einfluß zwar auch, meint aber doch, daß das hebräische *adonai* hinter dem Titel liege. Den schwerwiegenden Einwand, wieso das monotheistische Judentum Jesus den Titel ,,Herr" geben konnte, beantwortet er damit, daß es keine andere Möglichkeit gegeben habe, die Bedeutung von Jesu Inkarnation, Tod, Auferstehung und Erhöhung zu proklamieren. Gerade diese Proklamation aber sei ein wesentlicher Bestandteil der Acta.

Ob BOUSSET nun wirklich widerlegt ist, scheint mehr als fraglich[2]). Abgesehen davon aber ist die Studie ein lehrreicher Beitrag zu einem Stück Acta-Theologie.

Den wunderlichsten Beitrag zur Acta-Forschung der letzten Jahre hat zweifellos E. BARNIKOL geliefert. Die Art und Weise, wie er das Fehlen der *Taufe* in den Quellenschriften der Apg. nachweisen will, ist nach Methode und Diktion beispiellos. Wo immer in der Apg. von der Taufe die Rede ist, wird sie als lukanischer Einschub in die beiden (von BARNIKOL postulierten) Quellenschriften P 2 (Petrus-Philippus-Quelle Apg. 1–12; 15) und PG (Pau-

---

1) W. BOUSSET, Kyrios Christos, 1913, 2. Aufl. 1921.
2) Vgl. R. BULTMANN, Theol. d. NT, 1953, 52. 123 ff.

lus-Geschichten oder Wir-Quelle, c. 13–28)[1]) bezeichnet. Ursprünglich sei in diesen Quellenschriften nur von einer „unkultischen Geist-Taufe" die Rede gewesen. Die „pneumatische Christlichkeit der apostolischen als der vorkirchlichen Zeit" habe nur Geistempfang, Glossolalie, Brotbrechen und Handauflegen gekannt, nicht aber die christliche Gemeindetaufe. Die sei erst durch Lukas in die apostolische Zeit hineingedeutet und vordatiert worden. „Lukas bejahte die Geist-‚Taufe', d. h. den Geist-Empfang beim Zum-Glauben-Kommen, ignorierte ihren antikultischen Charakter und verband sie mit der Wassertaufe des Johannes und des Heidentums zur sakramentalen Gemeinde-Taufe der Sündenvergebung durch Christus" (4).

Nur, um BARNIKOLS Methode zu kennzeichnen, einige Proben seiner Argumentation, die durch ihren Rationalismus besonders befremdlich wirkt: Zu Apg. 2, 41: „Wie soll man sich die sofortige Massentaufe vorstellen?" (5). Zu 9, 18f.: „In welcher Gemeinde soll der Wildfremde sofort, ohne Unterweisung, am gleichen Tage, zur selben Stunde noch vor dem Essen getauft werden?" (9). Ähnlich wird zu 16, 14f. und 16, 29–34 argumentiert (15). Daneben trägt das *argumentum e silentio* die Hauptbeweislast. Wo immer *nicht* von der Taufe die Rede ist, dient das als Indiz gegen eine Taufpraxis in der Urgemeinde. So etwa bei Ananias und Saphira Apg. 5, bei der Bestellung der Diakone 6, 1–7, bei der Anklage gegen Stephanus 6, 9–8, 3 usw. Auf diese Weise läßt sich natürlich alles „beweisen"! Genug. Es ist ein offenes Geheimnis, daß das bloße Glauben an den Namen Jesu etwa in Spannung steht zur sakramentalen Taufe als der unabdingbaren Heilszueignung. Außerdem weiß man, wie gleichgültig dem Apostel Paulus das Taufen (nicht die Taufe!) war (1. Kor. 1, 13ff.). Er setzt aber Röm. 6, 3; 1. Kor. 12, 13 voraus, daß alle Christen getauft sind. D. h., es scheint sicher, daß in der Urgemeinde die Taufe von Anfang an als Aufnahmeritus vollzogen wurde[2]). Die eben genannte Spannung ist doch nicht damit gelöst, daß ich – wie BARNIKOL – nun einfach alle Taufstellen in Acta als Interpolation eliminiere. Das ist in dieser Form nur möglich, wo ich überhaupt keine Notiz genommen habe von der bisherigen Forschung, weder was die Quellen der Apg., die Geschichte des Urchristentums noch die Eigenart der lukanischen Komposition anbetrifft. Das trifft bei BARNIKOL offenbar zu. Kein Wunder, da er nach eigener Aussage von der modernen neutestamentlichen Forschung als dem „apostolischen Historismus" nicht eben viel hält[3]). Uns sei es gestattet, von seiner Arbeit gar nichts zu halten.

---

1) Vgl. dazu jetzt auch E. BARNIKOL, Die drei Phasen der Formgeschichte der Petrus-Philippus-Quelle (P 2) um 75–135 n. Chr., in: Theol. Jbb., ed. E. BARNIKOL, Halle 1957.

2) Vgl. R. BULTMANN, Theol. d. NT, 1953, 40.

3) E. BARNIKOL, Das Leben Jesu der Heilsgeschichte, Halle 1958; vgl. dazu H.-W.

Zu den Kommentatoren, die laut BARNIKOL „noch nicht gemerkt haben", daß die Taufe des Paulus 9, 18f. ein „stilistisch evidenter" Einschub ist, gehört auch E. FASCHER. Ihm scheint es – und mit Recht! – „auf jeden Fall selbstverständlich", daß Paulus getauft und damit in die Gemeinde zu Damaskus aufgenommen wurde. Die in Gal. 1 betonte Unabhängigkeit von den Menschen widerspreche dem gar nicht: sie habe nur hinsichtlich der Berufung zum Apostel bestanden. Zudem habe Ananias den Paulus ja auch erst *nach* seiner Berufung ins Apostelamt getauft (646). FASCHER setzt voraus, daß die Taufe in den Petrus-Reden und bei der Bekehrung des Cornelius bereits Ritus der Aufnahme war (647). Jedenfalls steht FASCHER dem wahren Sachverhalt weitaus näher als BARNIKOL; seine Studie bestätigt die Taufe als älteste Praxis der Urgemeinde.

Zum Thema der *„natürlichen Offenbarung"* bei Lukas und Paulus lieferte wiederum H. P. OWEN einen beachtlichen Beitrag. An Hand von Röm. 1 und Apg. 17 versucht er besonders den *Kontrast* hinsichtlich des hellenistischen Judentums und des Griechentums herauszustellen. Dieser Kontrast werde am sinnenfälligsten in der vollkommenen *absentia* des Schöpfungsgedankens in jeder natürlichen Offenbarung philosophischer Prägung. Unsichtbarkeit, Unsterblichkeit, strafendes Gericht Gottes, das alles sei möglich bei den Griechen sowohl als auch bei den Römern, „but that the world is related to God as created to Creator was never believed by any Gentile" (139). Das sei aber gerade der Skopus der Areopagrede: Gott als *creator mundi* ist der „unbekannte Gott", den Paulus verkündigt. Die Kenntnis dieses Schöpfers aus der Natur und Geschichte sei „möglich", "but not a fact (V 27a εἰ ἄρα γε)".

Soviel wird zu diesem Thema immer deutlicher, daß Lukas und Paulus zwar Elemente einer „natürlichen Offenbarung" philosophischer Prägung aufgenommen haben, jedoch nicht, um daraus ein selbständiges theologisches Thema zu entwickeln, sondern um der von ihnen allein anerkannten biblischen Offenbarung anderen Ausdruck zu verleihen.

Abschließend wird man sagen dürfen: in der Acta-Auslegung der Gegenwart ist durch die Erforschung vieler Einzelprobleme die Erkenntnis gefördert worden, daß wir es in der Apostelgeschichte mit einem literarisch wie theologisch gleichermaßen eigenständigen Werk zu tun haben. Was auch *nach* HAENCHENS Kommentar noch als unerledigte und jetzt erst recht erwünschte Aufgabe bleibt, wäre eine Darstellung der theologischen Anschauungen der Apostelgeschichte als ganzer, wie sie W. G. KÜMMEL bereits am Ende seines letzten Berichtes gefordert hatte[1]).

BARTSCH, Leben-Jesu-Arbeiten aus der DDR, in: Kirche in der Zeit, XIV (1959), 131 ff.

1) ThR N. F. 22, 1954, 211.

IV. Acta-Forschung seit 1960

Literatur:

1. Zur Forschungslage allgemein

C.K. BARRETT, Luke the Historian in Recent Study. London 1961. – O. BETZ, The Kerygma of Luke, in: Interpretation 22 (1968) 131–146. – W. BIEDER, Die Apostelgeschichte in der Historie. Ein Beitrag zur Auslegungsgeschichte des Missionsbuches der Kirche (ThSt [B]61). Zürich 1960. – CH. BURCHARD, Der dreizehnte Zeuge. Traditions- und kompositionsgeschichtliche Untersuchungen zu Lukas' Darstellung der Frühzeit des Paulus (FRLANT 103). Göttingen 1970. – H. CONZELMANN, Luke's Place in the Development of Early Christianity, in: Studies in Luke-Acts. Essays presented in Honor of P. SCHUBERT, ed. by L. E. KECK and J. L. MARTYN. Nashville/New York 1966, 298–316 = H.C., Der geschichtliche Ort der lukanischen Schriften im Urchristentum, in: G. BRAUMANN (Hg.), Das Lukas-Evangelium. Die redaktions- und kompositionsgeschichtliche Forschung (WdF CCLXXX). Darmstadt 1974, 236–260. –DERS., Geschichte des Urchristentums. Grundrisse zum Neuen Testament. NTD-Ergänzungsreihe Bd. 5, hg. v. G. FRIEDRICH. Göttingen 1969. – DERS./A. LINDEMANN, Arbeitsbuch zum Neuen Testament (UTB 52). Tübingen 1975, 267–276. – E. DINKLER, The Idea of History in Earliest Christianity, in: The Idea of History in the Ancient Near East. New Haven 1955, 169–214 = E.D., Signum crucis. Aufsätze zum Neuen Testament und zur Christlichen Archäologie. Tübingen 1967, 313–350. – J. DUPONT, Études sur les Actes des Apôtres (LeDiv 45). Paris 1967 = J.D., Estudi sugli Atti degli Apostoli. Versione ital. a cura di A. GIRLANDA (La parola Dio 6). Roma 1971. – A. EHRHARDT, The Acts of the Apostles. Ten Lectures. Manchester 1969. – W. GASQUE, A History of the Criticism of the Acts of the Apostles (BGBE 17). Tübingen 1975. – M. D. GOULDER, Type & History in Acts. London 1964. – D. GUTHRIE, Recent Literature on the Acts of the Apostles, in: VE 2 (1963), 33–49. – T. HOLTZ, Überlegungen zur Geschichte des Urchristentums, in: ThLZ 100 (1975), 321–332. – J. JERVELL, Luke and the People of God. A New Look at Luke-Acts. Foreword by N. DAHL. Minneapolis 1972. – E. KÄSEMANN, Das Problem des historischen Jesus, in: ZThK 51 (1954), 125–163 = E. K., EVB I. Göttingen 1960, 187–214; die entscheidenden Passagen zu Lukas auch in WdF CCLXXX. Darmstadt 1974, 91–92. – DERS., Neutestamentliche Fragen von heute, in: ZThK 54 (1957), 1–21 = E. K., EVB II. Göttingen 1964, 11–31; die entscheidenden Passagen zu Lukas auch WdF CCLXXX. Darmstadt

1974, 93–94. – DERS., Der Ruf der Freiheit. Tübingen 4.Aufl. 1968, 155–172. –
G.KLEIN, Die zwölf Apostel. Ursprung und Gehalt einer Idee (FRLANT 77). Göttingen 1961. – W.G.KÜMMEL, Luc en accusation dans la théologie contemporaine,
in: EThL 46 (1970), 265–281 = W.G. K., Lukas in der Anklage der heutigen Theologie, in: ZNW 63 (1972), 149–165 (wiederabgedruckt in WdF CCLXXX. Darmstadt
1974, 416–436). – K.LÖNING, Die Saulustradition in der Apostelgeschichte (NTA
N.F. 9). Münster 1973. – G.LOHFINK, Die Himmelfahrt Jesu. Untersuchungen zu
den Himmelfahrts- und Erhöhungstexten bei Lukas, (StANT 26). München 1971
(dazu die Rezension v. F.HAHN, in: Bib 55 [1974], 418–426). – I.H.MARSHALL,
Recent Study of the Acts of the Apostles, in: ExpT 80 (1968/69), 292–296. – DERS.,
Luke: Historian and Theologian. Exeter 1970. – A.J.MATTILL (Jr.)/M.B.MATTILL,
A Classified Bibliography of Literature on the Acts of the Apostles (NTTS 7). Leiden
1966. – J.C.O'NEILL, The Theology of Acts in its Historical Setting. London (1961),
2. durchges. u. erw. Aufl. 1970. – PH.VIELHAUER, Geschichte der urchristlichen
Literatur. Einleitung in das Neue Testament, die Apokryphen und die Apostolischen
Väter (de Gruyter Lehrbuch). Berlin 1975, 377–407. – U.WILCKENS, Interpreting
Luke-Acts in a Period of Existentialist Theology, in: FS für P.SCHUBERT. 1966,
60–83 (eine überarbeitete deutsche Fassung ist abgedruckt unter dem Titel „Lukas
und Paulus unter dem Aspekt dialektisch-theologisch beeinflußter Exegese", in:
U.W., Rechtfertigung als Freiheit. Paulus-Studien. Neukirchen-Vluyn 1974,
171–202). – DERS., Die Missionsreden der Apostelgeschichte. Form- und traditionsgeschichtliche Untersuchungen (WMANT 5). Neukirchen-Vluyn (1961), 3., überarbeitete u. erw. Aufl. 1974. – S.G. WILSON, The Gentiles and the Gentile Mission
in Luke-Acts (MSSNTS 23). Cambrigde 1973. –

2. Kommentare:

W.BARCLAY, Apostelgeschichte. Übersetzt von E.LESEBERG (Auslegung des NT).
Wuppertal 1969. – B.T.BARD, Apostelgeschichte. Auslegung. Mit einem Vorwort
von E.LORENZ. Erzhausen 1966. – C.J.BARKER, The Acts of the Apostles. A Study
in Interpretation. London 1969. – A.BAUM, Die Apostelgeschichte I [Kap. 1–12].
(Stuttgarter Kleiner Kommentar z. NT 5). 4. Aufl. Stuttgart 1967. – DERS., Atti degli
Apostoli (Comm. al NT 3, a cura di B.SCREMIN, 3). Assisi 1969. – E.M.BLAIKLOCK,
The Acts of the Apostles. A Historical Commentary (TNTC 5). London (1959), New
Ed. 1971. – W. DE BOOR, Die Apostelgeschichte (Wuppertaler Studienbibel, hg. v.
F.RIENECKER u.a.). Wuppertal (1965), 2.Aufl. 1970. – F.F.BRUCE, The Acts of the
Apostles: The Greek Text with Introduction and Commentary. London 1951 (Repr.
1965). – DERS., Commentary on the Book of Acts. The English Text with Intro-
duction, Exposition and Notes (NIC/NLC). London (1954), Repr. 1956 u. 1962. –
J.CALVIN, The Acts of the Apostles 1–13. Translated by J.W.FRASER and W.J.
G.McDONALD, Edinburgh/London 1965. – DERS., The Acts of the Apostles I.
Translated by W. J. G. McDONALD. Ed. D. W. TORRANCE and TH. F. TORRANCE
(Calvin's New Testament Commentaries). Grand Rapids 1966. – L.CERFAUX/
J.DUPONT, Les Actes des Apôtres (La Sainte Bible). Paris (1953), 3. durchges.
Aufl. 1964. – J.P.CHARLIER, L'Évangelie de l'enfance de l'Église. Commentaire
de Act 1–2 (EtRel 772). Bruxelles/Paris 1966 (= The Gospel of the Church's

Infancy. Tr. by J.L.SULLIVAN. Wisconsin 1969). – A.C.CLARK, The Acts of the
Apostles. A Critical Edition with Introduction and Notes on Selected Passages.
[Reprint der 2.Aufl. 1943] New York 1970. Oxford 1970. – H.CONZELMANN, Die
Apostelgeschichte erklärt (HNT 7). Tübingen (1963), 2.Aufl. 1972 (dazu die
Rezension von PH.VIELHAUER, GGA 221, 1969, 1–19). – O.DIBELIUS, Die wer-
dende Kirche. Eine Einführung in die Apg (Die urchristl. Botschaft 5). Hamburg,
7.Aufl. 1967 (= Stundenbuch 73). – K.GUTBROD, Die Apostelgeschichte. Einblick
in ihre Anlage, Eigenart und Absicht (BSCV). Stuttgart 1968. – E.HAENCHEN, Die
Apostelgeschichte. Neu übersetzt und erklärt (KEK III). Göttingen (1956), 13.
durchges. u. erw. Aufl. 1961 (= 15.Aufl. 1968; dazu die Rezension von G.KLEIN,
ZKG 73, 1962, 358–363). – DERS., The Acts of the Apostles: A Commentary. Tr. by
B.NOBLE & G.SHINN, under supervision of H.ANDERSON, revised by R.M.WILSON.
Oxford/Philadelphia 1971. – R.P.C.HANSON, The Acts in the Revised Standard
Version. With Introduction and Commentary (NCB). London/New York 1966. –
J.KÜRZINGER, Die Apostelgeschichte erläutert. Geistl. Schriftlesung 5, 1 [1, 1–
12, 25]; 5, 2 [13, 1–28, 31]. Düsseldorf 1966/1970. – DERS., The Acts of the Apostles.
Tr. by A.N.FUERST, Vol. I. II (NTSR 11). New York/London 1969/1971. – DERS.,
Atos dós Apóstolos I. Tr. de I. e J.KLÓH FILHOS (NT, Comentário e Mensagem 5, 1).
Petrópolis 1971. – DERS., Atti degli Apostoli. Tr. de C.VIVALDELLI. Vol. I. II
(Commenti spirituali del Nuovo Testamento), Roma 1968/1972. – K.LAKE/H.
J.CADBURY, The Beginnings of Christianity. Part. I: The Acts of the Apostles, ed.
F.J.F.JACKSON & K.LAKE. Vol. IV: Translation and Commentary, Vol. V: Additio-
nal Notes to the Commentary. Grand Rapids (1920–1933) 1965/66 (Nachdruck). –
H.LANGENBERG, Apostelgeschichte. Das Werden der Gemeinde und des Apostels
Paulus. Langensteinbach (Baden), 2. verb. Aufl. 1966. – A.LOISY, Les Actes des
Apôtres (Paris 1920), Nachdruck Frankfurt 1973. – W.LÜTHI, Die Apostelgeschichte.
Ausgelegt für die Gemeinde. 10.–13. Tsd. Basel 1963. – J.MUNCK, The Acts of the
Apostles. Tr. by I.NIXON & J.STOCHHOLM. Rev. by W.F.ALBRIGHT, C.S.MANN,
L.G.RUNNING (AncB 31). Garden City 1967. – W.NEIL, The Acts of the Apostles
(NCeB). London 1973. – J.W.PACKER, The Acts of the Apostles (CNEB). London/
New York 1966. – R.B.RACKHAM, The Acts of the Apostles. Grand Rapids 1964. –
H.E.RUSS, Urkirche auf dem Weg in die Welt. Ein Kommentar zur Apostelge-
schichte. Würzburg 1967. – T.C.SMITH, Acts (BBC X). Nashville 1970. – G.STÄHLIN,
Die Apostelgeschichte. Übersetzt und erklärt (NTD 5). Göttingen, 10. neubearb.
Aufl. 1963 (= 13.Aufl. 1970; dazu die Rezension von O.BAUERNFEIND, ThLZ 90,
1965, 36–40). – C.S.C.WILLIAMS, A Commentary on the Acts of the Apostles (BNTC
6). London (1957), New Ed. 1969.

Nicht zugänglich blieben mir:

P.GRECH, Acts of the Apostles Explained: A Doctrinal Commentary. Tr. by
G.CARNEVALE. Staten Island/New York 1966. – R.L.LAURIN, Acts. Findlay (Ohio)
1962. – J.LEAL, Commento di Atti degli Apostoli. Tr. di M.CELETTI (e) A.MAR-
CHESI (NT sotto la dir. di J.LEAL 5). Roma 1971. – C.M.MARTINI/N.VENTURINI,
Gli Atti degli Apostoli. Civitas Vaticana 1967. Venezia 1965. – N.NASH, Acts of the

Apostles (Scripture Discussion Outlines). London 1968. – F.F.RAMOS, Los Hechos de los Apóstoles. Madrid 1972. – G.RICCIOTTI, Los Hechos de los Apóstoles. Tr. por J.RIERA SIMÓ. 2.Aufl. Barcelona 1970. – G.RINALDI, Gli Atti degli Apostoli. Lezioni Parte I (Capp. 1–12). Trieste/Brescia 1970. – R.H.SMITH, Acts (Concordia Commentary). St.Louis 1970. – L.TURRADO, Hechos de los Apóstoles y Epistolas paulińas (BAC 243). Madrid 1965. – A.WIKENHAUSER, De handelingen der Apostelen. Vert. door L.WITSENBURG (Het NT met commentaar 5). Antwerpen 1966. – DERS., Atti degli Apostoli. Tradotti e Commentati. Terza ed. ital. a cura di G.RINALDI. Tr. di F.MONTAGNINI. Brescia 1968. – DERS., Los hechos de los Apóstoles. Tr. por F.GA-LINDO (Comentario de Ratisbona 5). Barcelona 1967. [Bibl. Herder 96] Buenos Aires 1968. – F.WILLETT, Our Christian Beginnings. The Acts of the Apostles. The Complete Text, with a Commentary for High Schools. Valatie/New York 1966. –

3. Text und Quellen

K.ALAND, Kurzgefaßte Liste der griechischen Handschriften des Neuen Testaments (ANTT 1). Berlin 1963. – DERS., Studien zur Überlieferung des Neuen Testaments und seines Textes (ANTT 2). Berlin 1967. – DERS. (Hg.), Materialien zur neutesta-mentlichen Handschriftenkunde I (ANTT 3). Berlin 1969. – DERS., Neue neutesta-mentliche Papyri III, in: NTS 20 (1973/74), 357–381. – DERS., Repertorium der griech. christlichen Papyri I. Biblische Papyri (PTS 18). Berlin/New York 1976. – M.BLACK, An Aramaic Approach to the Gospels and Acts. 3., erw. Aufl. Oxford 1967/ New York/London 1968. – T.BOMAN, Das textkritische Problem des sogen. Apostel-dekrets [Act 15, 29], in: NT 7 (1964), 26–36. – R.BULTMANN, Zur Frage nach den Quellen der Apostelgeschichte, in: DERS., Exegetica. Tübingen 1967, 412–423.(= New Testament Essays. Studies in Memory of T.W.MANSON. Manchester 1959, 68–80). – J.DUPONT, Les sources du livre des Actes. État de la question. Bruges/Paris 1960. – DERS.,The Sources of the Acts.The present Position.Translated by K. POND. London/ New York 1964. – A.EHRHARDT, The Construction and Purpose of the Acts of Apost-les, in: StTh 12 (1958), 45–79 (= A.E., The Framework of the NT Stories. Manchester 1964). – E.J.EPP, The „Ignorance Motif" in Axts and Anti-Judaic Tendencies in Codex Bezae, in: HThR 55 (1962), 51–62. – DERS., The Theological Tendency of Codex Bezae Cantabrigiensis in Acts (MSSNTS 3). Cambridge 1966. – DERS., Coptic Manuscript G 67 and the Role of Codex Bezae as a Western Witness in Acts, in: JBL 85 (1966), 197–212. – E.FERGUSON, Qumran and Codex D [Act 1, 15–26], in: RdQ 8 (1972), 75–80. – B.FISCHER, Ein neuer Zeuge zum westlichen Text der Apg, in: Biblical and Patristic Studies in Memory of R.P.CASEY, Freiburg 1963, 33–63. – J.A.FITZMYER, „Papyrus Bodmer II: Some Features of our oldest Text of Luke", in: CBQ 24 (1962), 170–179 – DERS., Jewish Christianity in Acts in Light of the Qumran Scrolls, in: L.E.KECK and J.L.MARTYN (Ed.), Studies in Luke-Acts. Essays presented in honor of PAUL SCHUBERT. Nashville/New York 1966, 233–257. – D.P.FULLER, Easter Faith and History. Grand Rapids 1965, 192 ff. – J.M.GRINTZ, Hebrew as the Spoken and Written Language in the Last Days of the Second Temple, in: JBL 79 (1960), 32–47. – E.HAENCHEN, Das „Wir" in der Apostelgeschichte und das Itinerar, in: DERS., Gott und Mensch. Tübingen 1965, 227–264 (= ZThK 58 [1961], 329–366, [engl.: „We" in Acts and the Itinerary, in: JTC 1 (1965), 65–99] –

Ders., The Book of Acts as Source Material for the History of Early Christianity, in: Schubert-FS, 233–279 (= E. H., Gott und Wir. Ges. Aufs. II. Tübingen 1968, 312–337). – Ders./P. Weigandt, The Original Text of Acts?, in: NTS 14 (1967/68), 469–481. – H. Hahn, Ein Unzialfragment der Apostelgeschichte auf dem Sinai (0140), in: K. Aland (Hg.), Materialien zur ntl. Textforschung I, 1969, 186–192. – R. P. C. Hanson, The Provenance of the Interpolator in the ‚Western‘ Text of Acts and of Acts Itself, in: NTS 12 (1965/66), 211–230. – Ders., The Ideology of Codex Bezae in Acts, in: NTS 14 (1967/68), 282–286. – F. Hintze/H.-M. Schenke, Die Berliner Handschrift der sahidischen Apostelgeschichte (P. 15926), (TU 109) Berlin 1970. – J. Jervell, Zur Frage der Traditionsgrundlage der Apg, in: StTh 16 (1962), 25–41 (= J. J., Luke and the People of God. A New Look at Luke-Acts. Minneapolis 1972, 19–39). – A. Joussen, Die Koptischen Versionen der Apostelgeschichte. Kritik und Wertung (BBB 34). Bonn 1969. – R. Kasser (Hg.), Papyrus Bodmer XVII (Act, Jac, 1–2 P, 1–3 Jo, Juda) e saec. VI–VII (Bibliothèque Bodmer). Cologny-Genève 1961. – Ders., Les dialectes coptes et les versions coptes bibliques, in: Bib 46 (1965), 287–310. – J. Kerschensteiner, Beobachtungen zum altsyrischen Actatext, in: Bib 45 (1964), 63–74. – G. D. Kilpatrick, Acts XIII. 33 and Tertullian, Adv. Marc IV, xxiii. 8, in: JThS 11 (1960), 53. – Ders., Acts XIX. 27, in: JThS 10 (1960), 326. – Ders., Διαλέγεσθαι and διαλογίζεσθαι in the New Testament, in: JThS 11 (1960), 338–340. – Ders., Acts 23, 23: δεξιολάβοι, in: JThS 14 (1963), 393f. – Ders., An Eclectic Study of the Text of Acts, in: Biblical and Patristic Studies in Memory of R. P. Casey. Freiburg 1963, 64–77. – Ders., Apollos-Apelles [in 1 Cor et Act, spec. Act 18, 24; 19, 1 etc.], in: JBL 89 (1970), 77. – A. F. J. Klijn, In Search of the Original Text of Acts, in Studies in Luke-Acts. Essays Presented in Honor of P. Schubert. Nashville/New York 1966, 103–110. – Ders., A Survey of the Researches into the Western Text of the Gospels and Acts. Part Two 1949–1969 (NT. S. 21). Leiden 1969. – R. A. Kraft, A Sahidic Parchment Fragment of Acts 27, 4–13 at the University Museum. Philadelphia (E 16690 Coptic 1), in: JBL 94 (1975), 256–265. – H. Kunst, Die Arbeit der deutschen neutestamentlichen Textforschung im 20. Jh., in: Bericht der Stiftung zur Förderung der ntl. Textforschung für die Jahre 1970 und 1971. Münster 1972, 33–54. – G. Maldfeld, Die Papyrologie u. die ntl. Textkritik, in: AUSa.P 8 (1959) 55–63. – R. A. Martin, Syntactical Evidence of Aramaic Sources in Acts I–XV, in: NTS 11 (1964/65), 38–59. – A. J. Mattill, The Purpose of Acts: Schneckenburger Reconsidered, in: Apostolic History and the Gospel. FS F. F. Bruce, Exeter 1970, 108–122. – P. H. Menoud, Papyrus Bodmer XIV–XV et XVII, in: RThPh 12 (1962), 107–116. – Ders., The Western Text and the Theology of Acts, in: BSNTS II, Cambridge 1963, 19–32. – A. Q. Morton/G. H. C. MacGregor, The Structure of Luke and Acts. London/Southampton 1964. – A. D. Nock, Gnomon 25 (1953), 498 ff. – J. O'Callaghan, Tres probables papiros neotestamentarios en la cueva 7 de Qumran, in: Studia Papyrologica XI (1972), 83–89. – G. Ory, Interpolations du NT. II. Le Livre des Actes, in: CCER 10, 33 (1962), 1–40. – F. Pack, The „Western“ Text of Acts, in: RestQ 4 (1960), 220–234. – D. F. Payne, Semitisms in the Book of Acts, in: FS F. F. Bruce. Exeter 1970, 134–150. – Ch. Perrot, Un Fragment Christo-Palestinien découvert à Khirbet Mird (Actes des Apôtres X, 28–29. 32–41), in: RB 79 (1963), 506–555. – T. C. Petersen, An Early Coptic

Manuscript of Acts: An Unrevised Version of the Ancient So-called Western Text, in: CBQ 26 (1964), 225–241. – P. Prigent, Un nouveau texte des Actes: Le Papyrus Bodmer XVII p⁷⁴, in: RHPhR 42 (1962), 169–174. – J. Rougé, Actes 27, 1–10, in: VigChr 14 (1960), 192–203. – J. de Savignac, Le Papyrus Bodmer XVII (p⁷⁴), in: Scr. 17 (1963), 55f. – G. Schille, Die Fragwürdigkeit eines Itinerars der Paulusreisen, in: ThLZ 84 (1959) 165–174. – H. C. Snape, The Composition of the Lucan Writings: A Re-Assessment, in: HThR 53 (1960), 27–46. – F. C. Synge, Studies in Texts: Acts 13, 9: Saul, Who Is Also Paul, in: Theol. 63 (1960), 199–200. – W. Thiele, Ausgewählte Beispiele zur Charakterisierung des „westlichen" Textes der Apostelgeschichte, in: ZNW 56 (1965), 51–63. – Y. Tissot, Les prescriptions des presbytres (Act 15, 41 D), in: RB 77 (1970), 321–346. – K. Treu, Griechisch-koptische Bilinguen des Neuen Testaments, in: Koptologische Studien in der DDR (hg. v. Institut für Byzantinistik der Martin-Luther-Universität Halle-Wittenberg). Halle 1965, 95–123 (= WZ[H]), Sonderheft 1965). – J. de Waard, The Quotation from Deuteronomy in Acts 3, 22. 23 and the Palestinian Text: Additional Arguments ... 4; 175, in: Bib 52 (1971), 537–540. – P. Weigandt, Zwei griechisch-sahidische Acta-Bilinguen (P⁴¹ und 0236), in: Materialien zur ntl. Handschriftenkunde I, hg. v. K. Aland (ANTT 3). Berlin 1969, 54–95. – Ders., Zur Geschichte der koptischen Bibelübersetzungen, in: Bib 50 (1969), 80–95. – M. Wilcox, The Semitisms of Acts. Oxford/London 1965. New York 1965. – J. D. Yoder, Concordance to the Distinctive Greek Text of Codex Bezae (NTTS 2). Leiden 1961.

Ferner sind für den Text der Apg wichtig: W. G. Kümmel, Einleitung in das Neue Testament. Heidelberg 17. Aufl. 1973, 154 f.; A. Wikenhauser/J. Schmid, Einleitung in das Neue Testament, Freiburg/Basel/Wien. 6. Aufl. 1973, 374–376; auch 65–202; Ph. Vielhauer, Geschichte der urchristlichen Literatur. Einleitung in das Neue Testament, die Apokryphen und die Apostolischen Väter (de Gruyter Lehrbuch). Berlin/New York 1975, 381 f.

A. Zur Forschungslage allgemein

Man hat mit Recht darauf hingewiesen, daß M. Dibelius der große Pionier lukanischer Studien in unserm Jh. gewesen ist (Dahl im Vorwort zu Jervell, Luke 9). Skeptisch geworden im Blick auf die historische Verwertbarkeit der Apg, wandte Dibelius sein ganzes Interesse der Analyse des Stils, der redaktionellen Verarbeitung von Traditionen und der Komposition des Doppelwerkes als eines literarischen Werkes zu.

Nicht, daß einige deutsche Forscher in dieser Richtung weitergegangen sind, hat der Diskussion um Lukas ihre eigentliche Brisanz verliehen, sondern, daß diese deutschen Forscher beinahe durchweg aus der Schule von R. Bultmann gekommen sind (Vielhauer, Käsemann, Conzelmann, Dinkler, Klein. Ausnahme: Haenchen). Der Ausbau der Erkenntnisse von M. Dibelius *in Verbindung* mit den bei Bultmann gelernten Beurteilungsmaßstäben für die ntl. Theologie und ihre Hermeneutik erst brachte Lukas in die Anklage unserer Zeit (vgl. WILCKENS; KÜMMEL). Jetzt konnte er – negativ – als ein „Theologe der Heilsgeschichte" erscheinen, der das Niveau des paulinischen Christentums nicht zu halten vermochte, sondern den Frühkatholizismus im Neuen Testament inaugurierte (KÄSEMANN, DINKLER).

Wenn die Frage gestellt wird, ob sich nach den vielen Jahren der Diskussion um einen in *dieser* Weise verstandenen (oder mißverstandenen?) Lukas die Debatte nicht totgelaufen habe (DAHL 10), so ist zu antworten: Keineswegs! Aber es ist richtig: Anfängliche Einseitigkeiten nach *beiden* Seiten, der Lukaskritik und der Lukasapologie, pendeln sich ein. Präzisierung und Modifikation der von KÄSEMANN, VIELHAUER, CONZELMANN, HAENCHEN und KLEIN gehaltenen Position einerseits und ihre Kritik andererseits halten sich die Waage. Jedenfalls setzte in den sechziger Jahren eine die Debatte versachlichende und das Lukasverständnis fördernde Diskussion über die radikale Kritik ein (WILCKENS [1961], W. C. ROBINSON [1964], FLENDER [1965], O. BETZ [1968], KÜMMEL [1970]). Hinzu kommen Versuche, die Frage nach dem Zweck und dem besonderen theologischen Profil der Apg jenseits dieser Frontstellung ganz neu zu beantworten (JERVELL, EHRHARDT, S. G. WILSON, GOULDER, I. H. MARSHALL, O'NEILL).

Daß es verfehlt ist, von der „lukanischen Theologie" nur noch pejorativ zu reden, setzt sich als Erkenntnis mehr und mehr durch (GASQUE). Man zögert heute sehr viel weniger, „Lukas (als) Theologe(n) der von Gott geführten Heilsgeschichte" *anzuerkennen* (K. LÖNING)[1]. Und ein wirklicher Fortschritt in der Forschung ist fraglos mit der Einsicht gewonnen, daß die Herausarbeitung der theologischen Eigenprofilierung ntl. Autoren die Fragen nach den traditionsgeschichtlichen Voraussetzungen gerade nicht suspendieren darf, sondern intensivieren muß (WILCKENS, Missionsreden, [3]189).

Im Blick auf die in der jüngeren Acta-Forschung vernachlässigte Traditionsabhängigkeit des Lukas artikuliert sich das sogleich als methodisches Postulat: Scheidung von Tradition und Redaktion *vor* der Erarbeitung der lukanischen Theologie (BURCHARD, LÖNING, LOHFINK, MICHEL[2]), WILCKENS)! Es trifft zu: „Die Acta-Forschung hat zwischen Quellenkritik und Kompositionsgeschichte eine Phase übersprungen. Uns fehlt eine Geschichte der apostolischen Tradition, dies nicht nur für die Lukas-Exegese, sondern auch für die überfällige neue Geschichte des ältesten Christentums" (BURCHARD 19). Daß die gegenwärtige Acta-Forschung diese Lücke erkannt hat und an ihrer Schließung arbeitet, ist von großer Wichtigkeit. Und im Blick auf die fehlende Geschichte der apostolischen Tradition bedeutet PH. VIELHAUERS eben er-

---

1) So der Aufsatztitel von K. LÖNING, in: J. SCHREINER (Hg.), Gestalt und Anspruch des Neuen Testaments. Würzburg 1969, 200–228.

2) H.-J. MICHEL, Die Abschiedsrede des Paulus an die Kirche Apg 20, 17–38. Motivgeschichtliche und theologische Bedeutung (StANT 35). München 1973.

schienene „Geschichte der urchristlichen Literatur", nach M. DIBELIUS' knappem Entwurf in dieser Sache (1926; Neudruck München 1975, hg. von F. HAHN) die glänzende Einlösung des Desiderates von F. OVERBECK[1]), einen riesigen Sprung nach vorne.

Und noch eine positive Wende kennzeichnet den gegenwärtigen Stand der Debatte um die Apg.

HAENCHENS primär auf die Herausarbeitung der lukanischen Auffassung bedachte epochale Acta-Auslegung hatte nicht nur eine Vernachlässigung der Traditionsabhängigkeit der Apg im Gefolge, sondern damit zusammenhängend auch eine Zurückstufung des *Historikers* Lukas. Symptomatisch dafür ist, daß HAENCHEN erst in die 3. Auflage einen Paragraphen „Lukas als Theologe, Historiker und Schriftsteller" aufnahm (81 ff.), in welchem – der Überschrift entsprechend – ,Prophete rechts, Prophete links, das Weltkind (auf schwachen Füßen) in der Mitte' steht: „Das Ungeschichtliche" (92) seiner Darstellung gereicht dem Historiker Lukas nicht zum Ruhme. Höchste Würden verdient allein „die Kunst des Schriftstellers" (81)[2]).

Man fragt heute, ob es notwendig ist, den Schriftsteller und Theologen *so* gegen den „Historiker" auszuspielen. A. EHRHARDT gehört u.a. (BRUCE, MUNCK, HANSON, STÄHLIN, GASQUE, WILSON, HENGEL) zu denjenigen Forschern, die nicht glauben, that a man must be an inferior historian because he is an original theologian (so BRUCE im Vorwort zu EHRHARDT, Acts). Auch von dieser Seite also empfängt die Acta-Forschung neue Impulse. Nur zeichnet sich an diesem Wendepunkt der Debatte sogleich wieder die Gefahr ab, daß das kritisch zu weit ausgeschlagene Pendel jetzt „positiv" zu weit zurückfällt. Tendenzen, den Geschichtswert der Apg zu überziehen, sind hier und da

---

1) In einem Aufsatz „Über die Anfänge der patristischen Literatur" (HZ 48, 1882, 417–472 [Nachdruck Darmstadt 1965]) hatte F. OVERBECK den Leitsatz aufgestellt: „Ihre Geschichte hat eine Literatur in ihren Formen, eine Formengeschichte wird also jede wirkliche Literaturgeschichte sein" (423). Vgl. PH. VIELHAUER, Literatur, 1 ff., bes. 3.

2) Wohl schreibt HAENCHEN: „Tatsächlich leugnet niemand, daß die Evangelien und die Apostelgeschichte irgendwelche Überlieferung benutzen und daß es sehr wichtig wäre, das Bild der christlichen Urgeschichte zu kennen, das diese ,Quellen' ahnen lassen. Beide, die Quellenanalyse, die nach den benutzten Quellen sucht, und die Kompositionsanalyse, welche das theologisch-schriftstellerische Werk des neutestamentlichen Autors als solches würdigt, haben ein Recht darauf, gehört und genutzt zu werden." Nur: Der Fundort des Zitates ist ein Aufsatz, der geschrieben wurde, um R. Bultmann zu zeigen, daß es in der Apg Fälle gibt, „in denen der Nachweis seiner (sc. Lukas') Komposition alle Quellenhypothesen entbehrlich macht" (Quellenanalyse und Kompositionsanalyse in Act 15, in: W. ELTESTER [Hg.], Judentum, Urchristentum, Kirche. FS für J. JEREMIAS [BZNW 26]. Berlin (1960), 2. Aufl. 1964, 153–164, hier 154 f. 164).

bereits wieder spürbar (BIEDER, GASQUE). In dieser Situation wird man das
mit erfreulicher Klarheit und Frische von T. HOLTZ vorgetragene Plädoyer für
das historisch *Vorstellbare* dankbar begrüßen (ThLZ 1975, 323), weil tatsächlich sowohl die Demontage der Überlieferung als auch die dadurch notwendig
bedingte „neue historische Montage" mangels der notwendigen Kenntnisse
über die konkreten Zusammenhänge weithin Abstraktionen darstellen. Auch
das also ist ein Fortschritt!

Im übrigen ist nicht mehr zu übersehen, daß auch die Kritik der radikalen
Acta-Kritik über das Ziel hinausgeschossen hat. „Haut den Lukas!" war das
Schlagwort, mit welchem man jene Richtung eher abqualifizierte (BIEDER)
als ihr sachlich gerecht wurde. Nachdem der Pulverdampf der ersten Gefechte
verzogen ist, sieht man auch hier klarer, daß nicht Destruktion um der Destruktion willen getrieben worden war. Die radikale Kritik samt der durch
sie ausgelösten Diskussion sind dem Verständnis des Lukas zugute gekommen, nicht zuletzt auch dem Verständnis des Historikers Lukas. Wenn PH.
VIELHAUER z.B. in seiner Rezension des Kommentars von CONZELMANN
warnt, man sollte sich der durch die Apg gegebenen Möglichkeiten hinsichtlich historischer Datenbestimmungen (z.B. Paulusbriefe und -reisen) „nicht
allzu leicht entschlagen" (GGA, 1969, 12; vgl. auch DERS., Lit., 71), so spricht
er damit etwas aus, was für ihn, VIELHAUER, jedenfalls von seinem einstigen
Paulinismus-Aufsatz (1950/51) bis zu dieser Forderung methodisch keinen
Knick darstellt, sondern Folgerichtigkeit. Dies war immer intendiert! Die
Apg ist nun einmal im Neuen Testament diejenige Schrift, die wie keine sonst
historisch neugierig macht. Je mehr unsere Bemühungen um sie diese Neu-
gierde befriedigen, desto besser für die Theologie. Denn dies ist richtig: „It
would be fatal for the theologian to neglect the historical approach, but it is
equally fatal to give too little consideration to the fact that St Luke claimed
to be the historian of events of more than human significance" (EHRHARDT,
Acts 12).

B. KOMMENTARE ZUR APG

Wir beginnen unsere Übersicht über die gegenwärtige Acta-Forschung mit
einem Blick auf einige neuere Kommentare.

1. Die wissenschaftlichen Kommentare

Zunächst ist darauf hinzuweisen, daß HAENCHEN seiner 3. durchgesehenen
und erweiterten Auflage von 1959 eine erneut durchgesehene und erweiterte
4. Auflage 1961 (= ⁶1968) hat folgen lassen (vgl. das kritische Referat von
GASQUE 235ff.). Obwohl sie nicht die geplante größere Umgestaltung
des Kommentars bietet, bringt sie dennoch nicht einfach nur den Text

der Auflage von 1959 unverändert (vgl. S. 6*). Nicht nur sind der Neu-
ausgabe etwas über 350 neue Bücher- und Aufsatztitel beigegeben, nicht
nur hat der § 3 der Einleitung nun eine Fortsetzung erfahren, in der der
neuen Lage im Blick auf den ursprünglichen Acta-Text nach dem inzwischen bekanntgewordenen P[75] Rechnung getragen wird, sondern es sind
auch völlig neue Abschnitte hinzugekommen: § 6 (Quellenfrage), § 7 (Lukas
als Theologe, Historiker und Schriftsteller), § 8 (Lukas und Paulus) und § 9
(Die Arbeit geht weiter).

In *sachlicher* Hinsicht dokumentiert sich die Weiterarbeit HAENCHENs an
den Problemen der Apg in denjenigen Abschnitten, die eine Umarbeitung erfahren haben (1,1–8; 1,15–26; 2,1–13; 4,32–37; 5,1–11; 5,17–8,25; 16,11–40;
17,16–34; 18,24–19,7; 27,1–44). An wichtigen Veränderungen sei folgendes
herausgegriffen:

1. Die in der 1. Auflage noch festgehaltene Itinerar-Hypothese von DIBE-
LIUS ist aufgegeben. Was die diesbezüglichen Passagen der Apg anbetrifft, so
rechnet HAENCHEN jetzt mit vielfältigem Erinnerungsmaterial, das Lukas
durch eigenes Recherchieren (Lokaltermine, briefliche Mitteilungen der Gemeinden, Berichte von Gewährsmännern usw.) kennengelernt haben könnte
(77f.). Damit hat HAENCHEN u. E. in dieser Sache eine schwächere Position
bezogen (s. u.). Denn was das Recherchieren anbetrifft, so stellt sich doch die
Frage, ob sich in der christlichen Erinnerung seiner Gewährsleute ausgerechnet eine so trockene, statistische Reisedaten-Liste aufbewahrt haben sollte,
wie die Wir-Berichte der Apg sie zum Teil bieten (so richtig KLEIN, ZKG
1962, 359f.). Und wenn HAENCHEN beim Seefahrtsbericht c. 27f. jetzt davon
ausgeht, daß dieser von Anfang an als Bericht eines Gefangenentransports
konzipiert gewesen sein müsse (636), so bleibt schwer einsichtig zu machen,
warum ein wirklicher Reisebegleiter den Paulus in seinem individuellen Bericht so wenig hervortreten läßt (so richtig KLEIN, a.a.O., 360). Die Verwer-
tung eines literarischen Schemas durch Lukas (CONZELMANN, KLEIN, VIEL-
HAUER) erklärt den Befund noch immer am einfachsten.

2. Modifiziert ist auch die Darstellung des Stephanuskreises. HAENCHEN
erblickt die Eigenart der „Hellenisten" vorwiegend in ihrer Gesetzesfreiheit
(221), deren theologisches und historisches Profil er *jetzt* unter *Absehung* der
Stephanusrede rekonstruiert.

3. Am deutlichsten dokumentiert sich die Weiterbeschäftigung HAENCHENs
mit den Acta-Problemen in § 9: „Die Arbeit geht weiter" (670–689). Hier
werden tatsächlich „neuralgische Probleme gegenwärtiger Acta-Forschung"
aufgegriffen (KLEIN, ZKG 1962, 359).

Der Paragraph ist dreiteilig: Ein erster Teil (671–675) diskutiert neuere
Hypothesen zum Verfasser- und Quellenproblem (DUPONT, MATTILL jr.; W.
ELTESTER). HAENCHEN sieht hier kein wirkliches Weiterkommen und stellt

ELTESTERS Versuch[1]), die kirchliche Tradition über die Abfassung der Apg
durch Lukas den Arzt zu sichern, kritisch in Frage: Hätte ein Mitarbeiter des
Paulus diesem, der leidenschaftlich um seinen Aposteltitel gekämpft hat, den
Apostolat absprechen können (674)? Und woher hätte er bei aktiver Teilnahme am apostolischen Zeitalter die Sicht der Dinge aus *nachapostolischer*
Perspektive gehabt? Kurz: ,,Wer, wie Eltester, vom Baum der historischen
Kritik gegessen hat, der kann nicht im Paradies der naiven Tradition bleiben''
(675). Dieses sehr kritische Urteil mindert dennoch nicht die Wichtigkeit der
Arbeit von ELTESTER. Denn sie schärft der Acta-Forschung ein Problem ein,
das sie nicht übersehen kann: Die Träger der Heidenmission (und die Jünger
überhaupt) werden als fromme Juden und Männer des Gesetzes dargestellt.
Warum? ELTESTER antwortet: Weil Lukas ,,in der Kirche das Israel der Verheißung'' erblickt (15) und weil er die Heidenchristen dessen gewiß machen
will, daß sie das Volk der Verheißung sind. J. JERVELL hat mit seinem Buch
,,Luke and the People of God'' gezeigt, daß dies eine außerordentlich disku-
table These ist (gegen ELTESTER freilich auch CONZELMANN, WdF CCLXXX,
255, Anm. 93). HAENCHENS eigene Lösung des Problems ist gar nicht so weit
ab von der ELTESTERS (s. u.).

Der zweite Teil von § 9 (675–682) setzt sich mit neueren Arbeiten zum Paulusbild der Apg auseinander (BARRETT, KLEIN). Im dritten Teil schließlich
(682–689) geht es um das Verständnis der lukanischen Geschichtstheologie
(WILCKENS). Hervorzuheben ist aus den beiden zuletzt genannten Teilen

a) die Ablehnung eines antignostischen Motivs als ein Element des
lukanischen Paulusbildes (gegen KLEIN und BARRETT). Hauptargument: Die
Gnosis hat am Ende des ersten Jh.s ,,noch keineswegs eine solche Stärke, daß
... ihr gegenüber eine neue Kirchengeschichtsschreibung'' erfordert gewesen wäre (678). HAENCHEN stützt sich dabei auf den Fund des P[75], der gezeigt
hat, daß um 200 die Evangelien des Lukas und Johannes in einem einzigen
Band vereint waren, zu dem dann ein zweiter mit den Evangelien des Matthäus und Markus gehört hat. Damit ist bewiesen, daß der Vier-Evangelien-
kanon in ,,großkirchlichen'' Kreisen Ägyptens bekannt gewesen ist. Es waren
also nicht nur die gnostischen Schriften wie das Hebräerevangelium und das
Ägypterevangelium, durch welche die christliche Botschaft dort vertreten
war. Damit ändert sich das Bild, das W. BAUER seinerzeit in seinem Buch
entworfen hat, erheblich.

Die genannte Schwierigkeit trifft nur für BARRETT zu, der für die Apg eine
Frühdatierung (Ende 1. Jh.) vertritt, während KLEIN die Spätdatierung (im
2. Jh.) verficht und sich damit diesem Gegenargument entzieht. Aber eine
Spätdatierung wird nur dadurch möglich, daß die Nichtbenutzung der Pau-

---

1) W. ELTESTER, Lukas und Paulus, in: Eranion. FS für H. HOMMEL. Tübingen
1961, 1–17.

lusbriefe als bewußte Ignorierung erklärt wird. Das wiederum setzt – wie VIELHAUER scharfsinnig erkennt – „die Tendenz voraus, durch Verherrlichung des Paulus dessen Briefe zu diskreditieren, – ein ebenso aussichtsloses wie unwahrscheinliches Unternehmen" (Lit. 407). *Näher* liegt die Annahme, daß eine *Sammlung* von Paulusbriefen noch nicht existierte. Dann kann man die Apg auf ca. 90 datieren (VIELHAUER, Lit. 407) und das Argument der noch nicht ausgebildeten Gnosis behält seine Überzeugungskraft.

b) Abgelehnt wird auch der „Frühkatholizismus" bei Lukas (VIELHAUER, KÄSEMANN, KLEIN, jetzt auch O'NEILL), weil „entscheidende Merkmale" noch fehlen: Monarchischer Episkopat, Sakramentalismus, apostolische Sukzession (so auch BARRETT, 76 und CONZELMANN, WdF CCLXXX, 249).

c) Schließlich verfällt auch der Zwölfer-Apostolat als eine Idee des Lukas (KLEIN) der Kritik: Die Vorstellung der „Zwölf Apostel" ist schon vor Lukas belegt (Apk 21,14 ist – zumal im Zusammenhang mit Mt 19,28 und Lk 22,30 [Q!] – ein nicht wegzudiskutierender Beleg dafür), eine Beobachtung, die für KLEINs These „tödlich" ist (697; so auch CONZELMANN, WdF CCLXXX, 253, Anm. 86; W. SCHMITHALS, Das kirchliche Apostelamt [FRLANT 79]. Göttingen 1961, 267 mit Verweis auf Mt 10,5 und 2Petr). Das besagt: HAENCHEN kann die Auffassung nicht teilen, Lukas habe gegen das deutliche Zeugnis der damals bereits bekannten Paulusbriefe den Gedanken der „zwölf Apostel" erfunden, um Paulus domestizieren und subordinieren zu können (KLEIN, 215), sondern er hält es für wahrscheinlicher, „daß Lukas einen zu seiner Zeit bereits bekannten Begriff benutzt hat …, um Paulus … zu legitimieren" (680; vgl. 283).

Unabhängig von KLEIN geht HAENCHEN auch auf die Fragen des lukanischen Bildes der Urgemeinde und des Paulus ein (680 ff.): Lukas hat von Anfang an die Heidenmission im Blick (Lk 4, 25–27). Insofern ist c. 28 „nicht nur ein sehr wirkungsvoller Buchschluß, sondern auch der Ausdruck einer Überzeugung, die schon in der lukanischen Darstellung der ersten Predigt Jesu zu Nazareth durchklingt" (681).

Aber wenn das Heil zu den Heiden geht, warum stellt Lukas dann die Männer der Urgemeinde und Paulus als fromme und gesetzestreue Juden dar? (ELTESTERs Frage!). HAENCHENs Antwort lautet vorerst: Lukas will zeigen, daß die Christen in keiner Weise daran Schuld waren, wenn sich die Juden gegen die christliche Heilsbotschaft verstockten. Aus diesem Grunde zeichnet er Paulus als einen gesetzestreuen Juden, berichtet er von der Beschneidung des Timotheus, läßt er Paulus schon als Kleinkind nach Jerusalem kommen und so oft wie möglich dorthin zurückkehren. Das alles sind „keine Finten eines gewandten Propagandisten", sondern Lukas war überzeugt, daß es sich wirklich so verhalten hatte (681).

Mit Verweis auf J. DUPONT (NTS 1960, 132–155) hebt HAENCHEN den posi-

tiven Aspekt der Heidenmission im lukanischen Doppelwerk hervor (681 f.).
„Nicht umsonst hat Lukas – als einziger Evangelist! – Jes 40, 3–5 voll zitiert
einschließlich der Worte: ,Und sehen wird alles Fleisch das Heil Gottes' (Lukas 3, 4 f.). Von eben diesem Heil redet ... noch Apg 28, 28 ... Zwischen diesen
beiden Stellen aber, also zwischen dem Anfang der eigentlichen Jesusgeschichte im 3. Evangelium und dem Ende der Apg hebt Lukas immer wieder
hervor: Die Heidenmission gehört zu den Verheißungen Gottes, die durch
Christus ihre Erfüllung finden wird" (681 f.). Als die so von Gott geplante und
angekündigte Heilsgeschichte entfaltet Lukas sein Doppelwerk. Das Israel
und der Christenheit Verheißene, im Alten Testament Verheißene, erfüllt sich
nach Gottes Plan jetzt. Darum kann Lukas das Alte Testament mit gutem
Gewissen als eine usurpierte Glaubensurkunde gebrauchen: Das Alte Testament selbst hat die Juden gewarnt und den Heiden das Heil zugesagt (682).

d) Zuletzt setzt sich HAENCHEN mit U. WILCKENS auseinander. Und zwar
sind es weniger die Reden der Apg und die redaktionsgeschichtliche Analyse
durch WILCKENS, die HAENCHEN einer Kritik unterzieht, als vielmehr der
„als theologische Entdeckung der Geschichte" von WILCKENS gefeierte angebliche Ansatz der lukanischen Theologie, die damit den „umfassenden
Horizont christlicher Theologie" beschreiben wolle (201; vgl. HAENCHEN 684).
Es ist dieser von W. PANNENBERG insinuierte Versuch, die bisher für defizient
gehaltene Weise der geschichtlich vermittelten Teilhabe an einer bestimmten
Vergangenheit, die Lukas betreibe, jetzt theologisch positiv als „einzig dem
Heil selbst angemessener Modus der Heilsteilhabe" darzustellen (WILCKENS,
206 f.), der HAENCHENS Mißtrauen erregt. Und zwar kann er sich nicht davon
überzeugen, daß die Verbindung des Erdenlebens Jesu mit der Folgezeit bei
Lukas aus einer „positiven Wertung der Geschichte" (WILCKENS) folge und
nicht vielmehr aus der Spätansetzung der Eschatologie (686). Gerade der
Vergleich mit Paulus, der ebenfalls ein „Theologe der Heilsgeschichte" war
(686) und der aus seiner heilsgeschichtlichen Sicht die charakteristisch andere
Bewertung des Erdenlebens Jesu folgert (666), lasse das theologisch Anfecht-
bare des lukanischen Entwurfes voll offenbar werden. Lukas sei es „nicht
gelungen, das Erdenleben Jesu – wenn wir von dem durch die Predigt erweck-
ten Glauben an den ,Namen Jesu' und dessen Wirkung absehen – mit der
Sündenvergebung und dem Heil in einen inneren Zusammenhang zu bringen.
Das ,soteriologische Loch' – das ja auch WILCKENS nicht verschweigt – ist
für die ,geschichtstheologische Struktur' nicht so unwichtig, wie WILCKENS
meint, sondern macht deren Brüchigkeit offenkundig" (689). Kurz: Es ist vor
allem der Widerstand gegen die vom PANNENBERG-Kreis vertretene „positive Wertung der Geschichte", der sich in HAENCHENS Kritik an WILCKENS
bemerkbar macht (vgl. auch KLEIN, ZKG 1962, 363)[1]).

_____

1) Mit der bei U. WILCKENS wirksamen Geschichtsauffassung haben sich ausein-

Betrachtet man die Neuauflage des Kommentars von HAENCHEN als das
Fazit einer ersten intensiv von ihm geführten Diskussionsrunde, so muß man
feststellen, daß er darin die anfängliche Position glänzend behaupten kann.
Wesentliche Abstriche an seiner Gesamtsicht brauchte er in keinem Falle zu
machen. Freilich, die Faszination, die von dieser kongenialen Acta-Interpretation ausging, war noch nicht den wirklich bohrenden kritischen Fragen
begegnet. Trotzdem wird – was die methodische Reflexion über die Theologie
des Lukas anbetrifft – HAENCHENS Werk noch lange *der* gegenwärtige Acta-
Kommentar bleiben (ganz anders freilich GASQUE 244).

Im übrigen hat sich – was die Kommentarsituation anbetrifft – die Lage
seit der letzten Berichterstattung (1960) kaum verändert. Damals war nach
über 40 Jahren E. HAENCHENS Auslegung der einzige neue wissenschaftliche
Kommentar deutscher Sprache. In kurzem Zeitabstand sind bis heute lediglich hinzugekommen die Auslegungen im NTD (STÄHLIN) und im Handbuch
(CONZELMANN). D.h. – da das NTD nach Anlage und Zielrichtung nicht mit
dem Meyer und dem Handbuch vergleichbar ist –, daß die derzeit vorliegenden wissenschaftlichen Auslegungen deutscher Sprache von Verfassern stammen, die im Grundsätzlichen und Methodischen übereinstimmen und „weitgehend die gleiche Auffassung von der Apg vertreten" (VIELHAUER, GGA
1969, 1; GASQUE 247 ff.). CONZELMANNS Auslegung also eine Kurzfassung von
HAENCHENS Kommentar? Keineswegs! Nicht einmal einem oberflächlichen
Leser kann es entgehen, daß CONZELMANNS Buch anders angelegt ist, eine
andere Absicht verfolgt und in manchen Fragen zu anderen Ergebnissen
kommt, „so daß es als durchaus selbständige Leistung neben jenes Werk tritt
und sich neben ihm behaupten kann" (VIELHAUER, GGA 1969, 1).
CONZELMANN bleibt bewußt beim alten Stil des Handbuches. D.h., in dem
kurzen glossatorischen Kommentar mit seinen eingestreuten Exkursen werden die philologischen Fragen mit einer heute leider selten gewordenen Akribie und Sorgfalt behandelt. Was für diesen Kommentar besonders charakteristisch ist: Er breitet sehr viel Material aus und orientiert auf diese Weise vorbildlich über zeit-, kultur- und religionsgeschichtliche Probleme, über politische, verkehrstechnische und rechtliche Verhältnisse, über Verkehrswesen und
archäologische Befunde zur Geographie und Topographie. CONZELMANNS
leitendes Interesse ist nicht die fortlaufende Interpretation, sondern die Erstellung eines Arbeitsbuches: „Dieser Typ von Auslegung erscheint mir bis
heute seinen Wert für den akademischen Unterricht, für die Information des
Nicht-Theologen, aber auch für die Arbeit des Pfarrers und Religionslehrers

---

andergesetzt auch H. G. GEYER, EvTh 22 (1962), 92–104; G. KLEIN, MPTh 51 (1962),
65–88; L. STEIGER, ZThK 59 (1962), 88–113.

behalten zu haben. Er leistet dem Studenten Widerstand gegen die Neigung, fertige Ergebnisse zu übernehmen, und bietet statt dessen das Material für die eigene Arbeit am Text" (Vorwort). Trotzdem hat CONZELMANN das Material nicht nur gesammelt, er hat es auch an vielen Stellen gewertet und Probleme einer Lösung zugeführt. Unter ihnen kennzeichnen die folgenden am besten die sachliche Position des Kommentars:

1. In der Beurteilung der äußeren Bezeugung, des Textes, der Sprache und der Quellen der Apg stimmt CONZELMANN weithin mit HAENCHEN überein bis hin zur Ablehnung der Itinerar-Hypothese von DIBELIUS. Auch die Argumente sind weithin dieselben wie bei HAENCHEN (vgl. die kritische Durchleuchtung bei VIELHAUER, GGA 1969, 7 ff.).

Sehr überzeugend weiß CONZELMANN den Vf. der Apg als *Schriftsteller* darzustellen, und zwar a) an der „Form des Ganzen": sie ist einigermaßen analogielos und am besten als „historische Monographie" zu bezeichnen (6); b) am formalen *Aufbau,* der die theologische Konzeption des zweiten Teils des lukanischen Doppelwerkes deutlich mache; die Kirchengeschichte ist zweigegliedert: Zeit der Urkirche und der Weltmission des Paulus, wobei dieser die Brücke zur Gegenwart schlägt. Während in der ersten Epoche die Kirche an das Gesetz gebunden bleibt, sind in der zweiten die Heidenchristen durch Beschluß der Urkirche davon freigeworden. „So ist sowohl die heilsgeschichtliche Kontinuität zwischen der Kirche und Israel samt der Verheißung gewahrt wie die innerkirchliche Kontinuität als geschichtlicher Vorgang gezeigt" (7); c) an den *Summarien,* in denen CONZELMANN „ein hervorragendes Mittel der Interpretation" sieht (7). Ihre Funktion ist, das „Finden des Gesamtsinnes in den einzelnen Vorgängen" zu ermöglichen (8). Daß diese Sammelberichte ganz und gar redaktionell sind, versteht sich; d) an den *Reden* der Apg. Bei ihrer Interpretation bewahrt CONZELMANN am deutlichsten das Erbe von DIBELIUS. (Freilich ist in der Behandlung der einzelnen Reden deutlich eine Ungewichtigkeit zu sehen, die VIELHAUER mit Recht kritisiert [GGA 1969, 14]. Höhepunkt der Auslegung ist c. 17!)

2. Sein eigentliches Profil gewinnt dieser Kommentar jedoch durch die klar herausgearbeitete *Theologie des Lukas.* Die Einleitung bietet dazu unter dem Titel „Leitende Gedanken (Geschichtsbild)" eine knappe Zusammenfassung und wiederholt nur, was bereits in „Die Mitte der Zeit. Studien zur Theologie des Lukas" (1954; engl.: The Theology of St. Luke. New York/London 1960) detailliert ausgebreitet worden war. Das dort entwickelte heilsgeschichtliche Verständnis der Theologie des Lukas wird hier noch einmal nachdrücklich am Aufbau und Inhalt der Apg demonstriert, wobei der Abstand zur Theologie des Paulus deutlich akzentuiert wird (es fehlen z. B. der Präexistenzgedanke in der Christologie, der Gedanke von der Sühnebedeutung des Todes Jesu. Die Auferstehung ist Prototyp der allgemeinen Totenauferstehung usw.).

Die immer wieder vertretene Auffassung, der Zweck der Apg sei es, bei den
Römern für das Christentum als das wahre Judentum zu werben, d.h. es als
„religio licita" durchzusetzen, wird zurückgewiesen. „In Wirklichkeit muß
man zwei Perspektiven unterscheiden: die heilsgeschichtliche, aus welcher
die Kontinuität zwischen Israel und Kirche sichtbar wird und die praktisch-
apologetische; hier rückt Lukas die Christen von den ‚Juden' energisch ab
und appelliert an die Einsicht des Staates. Gerade diese Doppelheit ist bezeichnend und aus der Gesamtheit seines heilsgeschichtlichen Verständnisses
von Theologie erklärlich" (10). Im Blick auf die letztgenannte Perspektive ist
das nicht sehr einleuchtend: Warum dem Staat gegenüber die Distanz von
den Juden betonen, wenn dieser Staat die *Christen* und nicht die Juden verfolgt (s. SCHMITHALS, Apostelamt 237, Anm. 90)?

Zurückgewiesen wird von CONZELMANN ferner die pauschale Etikettierung
„Frühkatholizismus" und der Gedanke einer „apostolischen Sukzession": er
ist bei diesem Geschichtsbild, wonach die Urzeit der Kirche mit der ihr zu-
geordneten Institution des Zwölferapostolates eine „unwiederholbare Struktur" aufweist, ausgeschlossen, was sogar dazu führt, daß Lukas dem Paulus
den Aposteltitel versagen *muß* (9). Damit rückt CONZELMANN gleich weit von
G. KLEINS Position ab, wie HAENCHEN es getan hat (anders VIELHAUER, GGA
1969, 17).

Insgesamt fällt auf, wie sicher und merkwürdig unbeeindruckt von aller
Kritik CONZELMANN seine erstmals 1954 vorgetragene Lukasdeutung aufrecht
erhält. Die Ermächtigung dazu gewinnt er fraglos aus den Textphänomenen
selbst. Aber es haben sich inzwischen sehr viel andere Hinsichten auf diese
Textphänomene herausgebildet und auch andere Interpretationen sind vorgelegt worden, z.B. im Blick auf den für CONZELMANN fundamentalen Spruch
Lukas 16, 16, der das von CONZELMANN herausgearbeitete lukanische Konzept der Heilsgeschichte trägt. So kann selbst VIELHAUER kritisieren, daß
dieser Spruch Lk 16, 16 „nur einer neben anderen sehr anderen Inhalts und
gar nicht hervorgehoben ist (vgl. Lk 16, 1–15. 17ff.)", und daß CONZELMANN
hier wie auch sonst den weltgeschichtlichen Horizont als Rahmen oder Hintergrund der lukanischen Darstellung einfach wegblendet (mit Hinweis auf
Lk 2, 1–3; 3, 1; Apg 18, 12ff.; 23, 27; 25, 13) (GGA 1969, 17; vgl. auch
GASQUE 294f.)[1]). Für sein heilsgeschichtliches Dreier-Schema zahlt CON-
ZELMANN als Preis die Bagatellisierung der vor- und außerisraelischen
Welt, obwohl diese in Texten wie Apg. 17 23ff. und 14, 14ff. kräftig an-

---

1) Vgl. W.G.KÜMMEL, „Das Gesetz und die Propheten gehen bis Johannes" –
Lukas 16, 16 im Zusammenhang der heilsgeschichtlichen Theologie der Lukasschriften, in: Verborum Veritas. FS für G.STÄHLIN. Wuppertal 1970, 89–102 (wiederabgedruckt in: WdF CCLXXX, Darmstadt 1974, 398–415) Auf diese wichtige Untersuchung von KÜMMEL geht CONZELMANN nicht ein.

gesprochen ist. VIELHAUER notiert: „Im Hinblick auf die Absicht und
die Möglichkeiten des Lukas wird man sagen müssen: So wenig die Heilsgeschichte mit Paulus in Rom endet, sondern mit der Wiederkunft Christi,
so wenig beginnt sie mit ‚Israel‘, sondern mit der Schöpfung; ist die Geschichte Jesu ‚die Mitte der Zeit‘, so korrespondiert das in der Apg dargestellte Geschehen der Geschichte Israels und die Geschichte der Kirche
von Paulus bis zur Parusie der Geschichte von der Schöpfung bis ‚Israel‘"
(GGA 1969, 17).

Ein anderer Einwand betrifft die allzu große Kürze des Stils und der Darstellung, die CONZELMANN mit dem Verzicht auf eine Analyse des theologischen
und traditionsgeschichtlichen Vorfeldes des lukanischen Materials bezahlt
hat. Man kann ihm das zum Vorwurf machen (VIELHAUER, GGA 1969, 19).
Immerhin aber ist dieser Kommentar der wohl einmalige Fall, daß eine neue
Auflage gegenüber dem Vorgänger dünner geworden ist: PREUSCHEN hatte
noch 160 Seiten, CONZELMANNS Kommentar umfaßt 158 Seiten. Mehr zu
schreiben, wäre sicher leichter gewesen. Daß dieser Kommentar trotz seiner
„Verdünnung" von der voluminösen Auslegung HAENCHENS nicht einfach
erschlagen wird, sondern sich daneben kräftig als Ergänzung behauptet, und
daß er als „Handbuch" geradezu meisterlich gestaltet ist, darin liegt die
größere Leistung! Trotzdem soll nicht verschwiegen werden, daß der Kommentar ob seines historischen Skeptizismus außerhalb der deutschen Zunft
auf Unverständnis stößt (GASQUE 249).

STÄHLINS Kommentar im NTD ist entsprechend der Zielsetzung dieser
Kommentarreihe (Vermittlung zwischen Forschung und Pastoraltheologie)
sehr viel stärker „biblizistisch" konzipiert und in der Durchführung auch
entsprechend gestaltet. Ohne die Diskussion mit anderen Theorien explizit
zu führen, ist sie doch implizit vorhanden (bes. in den 44 Exkursen). Und
wenn auch die Darstellung des Textbefundes in paraphrasierender, alle
Aspekte und biblische Belege möglichst umfassend zusammenstellender
Form dominiert, erfährt der Leser doch, daß z.B. „Fragen der Geschichtlichkeit und der lukanischen Darstellung auseinanderzuhalten" sind (29). M.a.W.:
Das Problem „Theologie des Lukas" und „historisches Zeugnis" verschrän-
ken sich für den Ausleger zu einer nicht unabhängig voneinander zu lösenden
Interpretationsaufgabe (4; 7; 8), der STÄHLIN – verhalten zwar im kritischen
Urteil (vgl. z.B. den milden Vergleich des Paulusbildes der Apg mit dem der
Briefe, 2f.; oder die rasche Art, in der das Apostel-Problem umgangen wird:
den Apostelbegriff, der Paulus ausschließt, hat Lukas angeblich von seinen
„judenchristlichen Gewährsmännern" übernommen, 2; vgl. 28ff.) – insgesamt doch gerecht wird. Er sieht in Lukas einen „Hellenisten", der sich
„eine gewisse Bekanntschaft mit jüdischen Dingen erworben" hatte und
„einen Teil der Ereignisse, besonders von der Wirksamkeit des Paulus, aus

unmittelbarer Nähe miterlebt hat" (2; vgl. 6). Sein Werk ist nicht von vornherein geplant gewesen; sondern die Apg wurde erst „mit einem gewissen
zeitlichen Abstand als Ergänzung oder Fortsetzung des Evangeliums geschrieben" (4, mit Verweis auf den Schluß des Evangeliums und den Anfang
der Apg), und zwar aufgrund sicher zahlreicher, aber nicht mehr im Wortlaut
zu eruierender „Quellenstücke" (6 f.) nach 70 (9). Auch die Apg ist als literarische Gattung „ein Evangelium, d. h. ein Glaubenszeugnis vom göttlichen
Handeln in einem Abschnitt irdischer Geschichte" (4). Ihr „Zweck" ist entsprechend evangelistisch: „die damalige Welt als ganze", also auch das Römische Reich, soll in das göttliche Heilsgeschehen hineingezogen werden. Die
Darstellung des Christentums als einer religio licita ist *ein* Mittel (nicht das
ausschließliche) zu diesem Zweck (5 f.).

In der Beurteilung der Reden wird mit DIBELIUS zwar deren schriftstellerischer Charakter festgehalten. Aber gegen DIBELIUS wird die Geschichtlichkeit der Grundlagen betont. „Das Problem ist ähnlich gestellt wie bei den
Berichten von Jesus: Wie dort alles durch die Gemeindeüberlieferung gestaltet und z. T. sicher auch umgestaltet ist, so ist auch hier überlieferter Stoff
durch Lukas zu Reden geformt, die zu seinen größten schriftstellerischen
Leistungen zu rechnen sind"(24). Der Vergleich ist m. E. so jedoch nicht durchführbar. Denn es ist etwas anderes, ob Gemeindeüberlieferung *gestaltet* wird,
oder ob jemand mit nicht wirklich gehaltenen Reden, sondern mit schriftstellerischen Gebilden den *Richtungssinn* des Gesamtwerkes markiert bzw. diese
Reden eine bestimmte Funktion im Ganzen des Werkes erfüllen läßt (kritisch
in dieser Hinsicht auch O. BAUERNFEIND, ThLZ 1965, 37 f.).

In der Auslegung geht STÄHLIN einen Weg *zwischen* dem unkritischen Vertrauen in den Geschichtswert der Apg und der allzu skeptischen Bestreitung
desselben (7 f.), *zwischen* einer Anklage der lukanischen Theologie und ihrer
kritiklosen Rezeption. Um dem Geschehen, das die Apg berichtet, gerecht
werden zu können, meint STÄHLIN die folgende Unterscheidung einführen zu
sollen: es kann etwas (z. B. Pfingsten) „ein eminent geschichtsmäßiges Ereignis" sein, ohne daß es „ein historisches Geschehen in dem uns geläufigen
Sinn" ist (38). Diese Unterscheidung wie auch der in der Erzählstruktur des
lukanischen Doppelwerkes immer wieder mit Recht betonte „Parallelismus
von Apg und 3. Evangelium", der sich als heuristisches Prinzip glänzend bewährt[1]), stellt den Versuch dar, bei Offenlassen der quaestio facti dennoch die
theologische Aussage als eine geschichtlich verankerte, nicht dem Reich bloßer Ideen zugehörende zu würdigen. Das mag damit zusammenhängen, daß
STÄHLIN die Gegensätze und Spannungen der Apg in einer „übergreifenden

---

1) Vgl. dazu jetzt W. RADL, Paulus und Jesus im lukanischen Doppelwerk.
Untersuchungen zu Parallelmotiven im Lukas-Evangelium und in der Apostelgeschichte (EHS.T 49). Bern, Frankfurt/M. 1975.

Gesamtschau" verständlich zu machen sucht. Auch wenn das nicht immer
gelingt, so repräsentiert sein Kommentar in diesem Sinne doch eine Vermitt-
lungstheologie mehr im guten als im schlechten Sinne des Wortes, wobei die
konkreten Erfahrungen, die STÄHLIN in jungen Kirchen hat sammeln können, durchaus eine Rolle spielen mögen.

    Grundsätzlich nicht anders stellt sich die Kommentarsituation im Ausland
dar. Hier gibt es viele Neuauflagen von älteren Kommentaren, aber kaum
wirklich neue Auslegungen. Die wenigen, die erschienen sind, sind von unter-
schiedlichem Wert. Man findet darunter solche, die den Acta-Text als a source
of religious inspiration, vision, encouragement and instruction (BARKER) mehr
oder weniger paraphrasierend und erläuternd wiedergeben (BARKER, BLAI-
KLOCK, PACKER), aber auch solche von guter interpretatorischer Qualität
(HANSON, W. NEIL, RACKHAM, T. C. SMITH, CHARLIER). Vor allem HANSON
bietet eine knappe, jedoch den Stand der Forschung repräsentierende Einleitung mit einem deutlichen Plädoyer für die historische Glaubwürdigkeit
der Apg (vgl. GASQUE 277 ff.).

    Der Kommentar von MUNCK steht zwischen beiden. Er bietet in der aus-
führlichen Einleitung einen guten Abriß der Hauptprobleme der Acta, beschränkt sich aber in der Kommentierung des Textes jeweils auf wenige Fußnoten, in denen das Material ausgebreitet wird, und auf einen sich daran anschließenden ganz knappen, den Text paraphrasierenden „Kommentar", bei
dem man vor allem vermißt, daß die Leistung des Lukas als Theologe nicht
hinreichend berücksichtigt wird. Das hängt damit zusammen, daß die vorwiegend in Deutschland vertretene Ansicht, Lukas sei nicht „transmitter"
von Tradition, sondern deren Autor (DIBELIUS, HAENCHEN), von MUNCK verworfen wird. Mit Berufung auf J. JERVELL (StTh 16, 1962, 25–41) wird nämlich dagegengehalten, daß eine Apostel-Tradition von Anfang an neben einer
Jesus-Tradition existierte und Lukas also aus *beiden* sein Doppelwerk gestaltete (XXXIX sq.; vgl. GASQUE 273 f.). Hinzu kommt für MUNCK, daß
er den eigenen Erlebnisanteil des Lukas an den Vorgängen hoch einschätzt:
„One who could so describe Paul must have known him intimately and
loved him" (XXXV). Als ob es keinen Unterschied zwischen dem Paulusbild
der Apg und dem der Briefe gäbe! Da eines der Ziele des Lukas angeblich ist,
den Leser auf den Tod des Paulus vorzubereiten, entscheidet sich MUNCK
neben anderen Argumenten für eine Frühdatierung der Apg (Anfang der 60er
Jahre; LIV). Nur, dann müßte das LkEv *vor* Mk geschrieben sein!

    Bemerkenswert an diesem posthum (und leider schlecht edierten) Kom-
mentar ist, daß er die Arbeiten von DIBELIUS und HAENCHEN relativ
selten berücksichtigt. MUNCK sieht in deren Acta-Auslegung eine Rückkehr zur Tendenzkritik der Tübinger Schule (XLII; positiv wertet das
A. J. MATTILL, jr., „The purpose of Acts: SCHNECKENBURGER reconsid-

ered"). Aber die Parallele ist doch nur eine formale. Wo sie zur sachlichen wird (z. B. bei KLEIN), kann sie von HAENCHEN selbst zurückgewiesen werden (Kom. 677)[1].

Keine Vers-für-Vers-Exegese, sondern eine zusammenfassende Auslegung von kleinen Sinneinheiten stellt auch der 1959 erstmals erschienene und jetzt bereits in 5. Auflage vorliegende kleine Kommentar von BLAIKLOCK aus der Reihe The Tyndale New Testament Commentaries dar. Laut Vorwort des Herausgebers R. V. G. TASKER wird diese Reihe zusammengehalten durch den Wunsch, to promote a truly biblical theology (5).

Ebenfalls laut Programm dieser Reihe ist der Kommentar in erster Linie exegetisch und nur in zweiter Linie homiletisch. Der konservative Grundzug der Auslegung wird an vielen Stellen deutlich: Vf. der Apg ist der Arzt Lukas (14). Daß die „Wir-Stücke" auf Augenzeugenschaft beruhen, is beyond dispute (14). BLAIKLOCK spricht sich für eine Frühdatierung, etwa 62 n. Chr., aus (17). Hinsichtlich der Quellenlage ist er beinahe sorglos in seinem Optimismus: Der Hauptinformand des Lukas ist Paulus selbst (17 f.). Seine Rede in Lystra und Teile eines ersten Entwurfes seiner Areopagrede may have existed in manuscript (18)! Was Lukas nicht von Paulus weiß, das weiß er von Timotheus, Silas, Barnabas und seinen sonstigen Begleitern. Petrus mag Lukas in Antiochien getroffen haben. Er kann darum die „persönliche Quelle" für c. 10 sein (18). Wenn Philippus einer der Sieben war, dann ist auch c. 1–7 auf persönliche Informationen gegründet (18). Vor allem: Der größte Teil der Apg, nämlich die Reden are genuine reports of what was said (19). Den lukanischen Anteil an diesen Reden meint er mit dem Begriff report hinreichend eingefangen zu haben: die Reden sind eben nicht Protokolle! Sie sind Reporte and are based, like the narrative, on personal or first-hand reports (20).

Das längste Kapitel der Einleitung ist der Zeitgeschichte gewidmet (20–44). Knapp, aber informativ werden das römische Imperium, aber auch die religiösen Gruppierungen des Palästina der damaligen Zeit geschildert.

Die Auslegung selber ist erbaulich, ohne den kritischen Standard heutiger Acta-Exegese auch nur anstreben zu wollen. Hier wird mit unverkennbarer Begeisterung für das Buch die Geschichte, die es berichtet, *nacherzählt*.

Von einer ganz besonderen Art ist das Buch von BARKER. Über seiner Auslegung könnte ein Satz aus dem Vorwort als Motto stehen: „History contains

---

1) E. HAENCHEN macht in der Festschrift für J. JEREMIAS (s. o. S. 8 Anm. 2) m. R. darauf aufmerksam, daß die Epochen der Actaforschung gekennzeichnet seien durch das Hin und Her des Pendelschlags zwischen „Tendenzkritik" und „Quellenkritik", zwischen dem Interesse also an dem Sinn des Berichteten und der historischen Entwicklung. Heute habe die „Tendenz" wieder Vorrang (153 f.). Insofern hat W. GASQUE durchaus recht, wenn er F. CHR. BAUR mit seiner Schule in Parallele setzt zu M. DIBELIUS und seinen Schülern (235). Doch gibt es Zeichen, daß der Rück-

truths far more vital than mere factual accuracy" (11). Entsprechend will
BARKER keinen historisch-kritischen Acta-Kommentar schreiben. Sondern
gleichsam durch die „story" und ihre Fakten hindurchgreifend fragt er nach
der „Inspiration", die sie dem gegenwärtigen „religiösen Denken" vermitteln
kann. Die Acta-Auslegung soll a deeper understanding of men, their motives,
their virtues, their defects, and their powers geben (13). Denn: A great historian is a great interpreter of human nature (13).

Damit hat sich der Vf. hermeneutisch auf eine Methode festgelegt, deren
Stärke und deren Schwäche am Tage ist. Sie ist stark darin, daß sie durch
eine unmittelbar applizierende Interpretation *gegenwärtiges* Verstehen ermöglicht. Sie ist schwach darin, daß sie zu diesem Zwecke die Geschichte einfach
überspringt und das kritische Urteil suspendiert. Charakteristisch dafür ist
der Satz, mit dem die Auslegung der Pfingstgeschichte endet: When the Bible
speaks of experiences that impress us as strange, we are called upon to listen
long, and ponder well, before we judge (27).

Der kleine Kommentar von PACKER erscheint in einer Reihe (The Cambridge Bible Commentary), die den Lesern der New English Bible neue wissenschaftliche Ergebnisse allgemeinverständlich vermitteln will (Vorwort S. 5).
Tatsächlich geschieht das in der Auslegung aber nur sehr bedingt. Die heißen
Eisen der Acta-Diskussion beispielsweise lernt der Leser gar nicht kennen.
Denn die Übersetzung mit einer knappen paraphrasierenden Textauslegung
in Fußnoten ist eher eine Einleitung in die Apg als eine kritische Interpretation mit Berücksichtigung der internationalen Diskussion. Sympathisch ist
jedoch, daß der geschichtliche und geographische Rahmen, in den die Apg
eingebettet ist, sehr klar zur Darstellung gebracht wird. – Das Büchlein gehört in die erstgenannte Kategorie.

Mehr als in Neuerscheinungen drückt sich außerhalb Deutschlands das anhaltende Interesse an der Apg in Neuauflagen (BLAIKLOCK, BRUCE, CERFAUX/
DUPONT, WILLIAMS) und in Nachdrucken aus (LOISY, LAKE/CADBURY, CLARK,
dazu CALVINS Auslegung der Apg in englischer Übersetzung von J.B.FRA-
SER). Deren Beitrag zur Actaforschung würdigt erneut GASQUE 251 ff.

2. Allgemeinverständliche Kommentare

Im Unterschied zu den wissenschaftlichen Kommentaren ist an Auslegungen für die Gemeinde kein Mangel. Für den Berichtsraum sind zehn Auslegungen zu notieren (BARCLAY, BARD, BAUM, DE BOOR, O.DIBELIUS, GUT-
BROD, KÜRZINGER [diese Auslegung ist ins Englische, ins Spanische und ins

---

schwung des Pendels bereits wieder begonnen hat, besonders deutlich bei. M.HEN-
GEL, Zwischen Jesus und Paulus. Die „Hellenisten", die „Sieben" und Stephanus
(Apg 6, 1–15; 7, 54–8,3), in: ZThK 72 (1975) 151–206 (Lit.!).

Italienische übersetzt], LÜTHI [franz. Genf 1959], LANGENBERG, RUSS, W.
STÄHLIN), wovon zwei (BARCLAY und BARD) bezeichnenderweise Übersetzungen aus dem Englischen ins Deutsche sind. Hinzu kommt noch ein Teilkom-
mentar zu Apg 1–2 von CHARLIER.

Offenbar besteht ein großes Bedürfnis, die Apg für die Gemeinde auszulegen. Das hat zwei Gründe. Einmal kommen die Acta mit ihrer im besten
Sinne des Wortes „erbaulichen" Grundtendenz (HAENCHEN) einem entsprechenden Verlangen der Gemeinde entgegen. Zum andern ist das in das glei-
ßende Licht der Idealität gerückte Bild der Urgemeinde ein ständiger Appell
an die eigene Christlichkeit. Die dort wahrgenommene Idealität soll hier vorhandene Mängel abschaffen helfen. Jedenfalls ist Befestigung des persönlichen
Glaubens ein genanntes Hauptziel (BARD 5; DE BOOR 11; LANGENBERG 5).
Und was als „Studienbibel" (DE BOOR) bzw. als „Studienhilfe" (BARCLAY)
ausgegeben wird, soll doch „zunächst eine tägliche Bibellese für Laien" sein
(BARCLAY 10). Dabei zeigen sich im einzelnen dann doch beträchtliche Unterschiede. Während die Auslegungen von BARD, DE BOOR und LANGENBERG
auf der Basis eines ungebrochenen Fundamentalismus im problematischen
Sinne des Wortes erbaulich sind (vgl. z.B. die bedenkliche Methodik von
DE BOOR: Für kritische Leser sind die kritischen Kommentare da. „In unserer Studienbibel ist die Apg so, wie sie uns von Gott geschenkt ist, anschaulich
und verständlich zu machen", 23), gehen die Kommentare von BARCLAY,
GUTBROD und KÜRZINGER nicht achtlos an den Ergebnissen der kritischen
Acta-Forschung vorbei und mühen sich um ein geschichtliches Verständnis.
Vor allem KÜRZINGERS „Erläuterungen zum Neuen Testament für die Geistliche Lesung" und CHARLIER beweisen, daß man zwischen einer wissenschaftlichen Auslegung und einer im guten Sinne erbaulichen Interpretation keine
unüberwindliche Kluft befestigen muß. Aber vor-formgeschichtlich und vor-
redaktionsgeschichtlich wird auch hier noch die Apg interpretiert. Und so
stößt man auf eine Grund-Bedenklichkeit, die sich im Blick auf dieses Genre
von Auslegungen überhaupt einstellt: Daß man Erbaulichkeit hier nur um
den Preis des Verzichtes auf eine konsequente historisch-kritische Auslegung
meint erreichen zu können. Die Vf. dieser Kommentare lehnen zwar die kritische Arbeit am Neuen Testament nicht ab, praktizieren sie selbst aber weitgehend nicht. Solange dies der Fall ist, wird die Kluft zwischen sogenannter
bekennender Gemeinde und wissenschaftlicher Theologie fortbestehen, ja,
durch solche Kommentare befestigt! Wir kommen in dieser Sache nur weiter,
wenn kritische Auslegung und erbauliche Auslegung nicht weiter als Gegensätze gegeneinander aufgefahren werden. HAENCHEN ist auch hier das leuch-
tende Vorbild.

C. Text und Quellen

I. Zum Text der Apg

Von der in unserm Jahrhundert ganz neu in Bewegung geratenen Textforschung ist die Apg gegenwärtig in besonderer Weise mit erfaßt. Das hat im wesentlichen drei Gründe.

Erstens betrifft die in den letzten Jahrzehnten sprunghaft angestiegene Handschriftenkunde die Apg ganz unmittelbar. Letztere ist jetzt auf 12 Papyri enthalten, davon sechs frühen, und zwar (in der Klammer jeweils der erhaltene Text): P45 (4, 27–17, 17), 3. Jh.; P53 (9, 33–38; 9, 40–10, 1), 3. Jh.; P8 (4, 31–37; 5, 2–9; 6, 1–6. 8–15), 4. Jh.; P29 (6, 7–8, 20), 3. Jh.; P38 (18, 27–19, 6. 12–16), um 300; P48 (23, 11–17. 24–29), 3. Jh. (ALAND, Studien 95f.)[1].

Unter den Papyri sind P74.75 als *neue Funde* für die lukanische Textforschung besonders wichtig (KASSER, MENOUD)[2]. Hinzu kommen an Fragmentfunden seit 1960: CopG67 (= ox 14), eine „mittelägyptische" koptische Handschrift aus dem 4./5. Jh., die Apg 1, 1–15, 3 enthält. Ferner Codex 15 der Kathedrale von Léon (Siglum 1), ein teils altlateinisches, teils Vulgatatext enthaltendes Fragment aus dem 7. Jh., das Apg 8, 27–11, 13; 15, 6–12; 15, 26–38 (lat) und 14, 21–15, 5; 15, 13–25; 15, 39–17, 25 (vg) bietet (B. FISCHER). Schließlich SymsK, ein palästinisch-syrisches Fragment aus Kirbet Mird, 2. Hälfte 6. Jh. Es enthält Apg 10, 28–29. 32–41 (PERROT; KLIJN, Survey II, 56).

Zweitens stellt der Text der Apg ja schon immer ein besonderes Problem dadurch dar, daß die Eigenheiten des sogenannten „westlichen" Textes, vor allem seines Hauptrepräsentanten D, hier weitaus stärker sind als in den übrigen neutestamentlichen Schriften (vgl. die für das Studium nützliche Konkordanz der Sonderlesarten des Codex Bezae von YODER). *Die eben genannten Entdeckungen aber bezeugen z. T. den „westlichen" Text der Apg,* der damit mehr und mehr als ein Frühtext bestätigt wird, welcher eine weite Verbreitung in zahlreichen Sprachen gehabt haben muß. Vor allem wird die Existenz des westlichen Textes in Ägypten, die schon durch die Papyri P8.29.38. 41(?).48 bezeugt war, noch einmal nachhaltig unterstrichen (KLIJN, Survey II, 57).

---

1) Die anderen Papyri sind: P74 (1, 2–28, 31), 7.Jh.; P33 (+ 58) (7, 6–10. 13–18; 15, 21–24. 26–32), 6.Jh.; P41 (Fragmente aus c. 17; 19; 20 u. 21), 8.Jh. (früher 5.Jh.? MALDFELD); P50 (8, 26–32; 10, 26–31), 4./5.Jh.; P56 (1, 1. 4–5. 7. 10–11), 5./6.Jh.; P57 (4, 36–5, 2. 8–10), 4./5.Jh. Vgl. ALAND, Studien 96. 104f.; DERS., Repertorium 215ff.

2) Die Tatsache wird dadurch unterstrichen, daß NESTLE-ALAND ab der 25. Aufl. des Novum Testamentum Graece rund 440 Varianten des P74 im textkritischen Apparat der Apg aufführen.

Und schließlich drittens: Die im Codex Bezae vermuteten Aramaismen und Syriazismen – ein bevorzugtes Untersuchungsobjekt im angelsächsischen Raum (M. BLACK) – sind als Indizien für in der Apg verarbeitete *Quellen* durch das Bekanntwerden des P[74] (und P[75]) wieder neu auf die Tagesordnung gesetzt worden.

Alle diese genannten Neuentdeckungen und Beobachtungen haben zu einer Belebung der Textforschung zur Apg geführt. Wir greifen im folgenden das wichtigste daraus auf.

1. Der griechische Text der Apg (P[74.75])

1.1. R. KASSER konnte 1961 den Papyrus 74 (Papyrus Bodmer XVII)[1]), der fast die gesamte Apg enthält, in einer vorzüglichen Ausgabe, bei der ihm auch G. MALDFELD (Bochum) seinen fachkundigen Rat gab, veröffentlichen. Zwar handelt es sich um einen späten Papyrus (7. Jh.). Aber zusammen mit dem ebenfalls 1961 veröffentlichten Papyrus 75 (Papyrus Bodmer XIV–XV)[2]) aus dem 3. Jh. (Inhalt: Lk 4, 34–18, 18; 22, 4–24, 53 und Joh 1, 1–13, 10) nimmt dieser Handschriftenfund dennoch einen besonderen Rang für die neutestamentliche und besonders die lukanische Textkritik ein (KASSER, 5; MENOUD, Papyrus, 107). Und zwar darum, weil *beide* Papyri, besonders mit ihren zahlreichen Auslassungen (z. B. fehlt in P[74] Apg 27, 37–38a. Vgl. bes. MENOUD, Papyrus), schärferes Licht auf das Spezialproblem des lukanischen Textes, die berühmten Western non-interpolations, werfen.

Was P[75] mit seinem bisher ältesten erhaltenen Lk-Text anbetrifft, so hat E. HAENCHEN in der dritten Auflage seines Kommentares, also sofort nach Veröffentlichung des P[75] (1961) in einer „Erweiterung der Einleitung" (§ 3. Der Text der Apg, 667–670) darauf Bezug genommen. Die Beobachtungen, die er zum Acta-Text gemacht hatte, sieht er indirekt durch diesen Papyrus bestätigt: Wie immer die Variationen des sogenannten „westlichen" Acta-Textes zustandegekommen sein mögen, in keinem Falle liefern sie uns den „ursprünglichen" Text der Apg. Dieser jetzt bekannt gewordene bisher älteste Lk-Text, P[75], ist gar kein „westlicher" Text. „Er sieht vielmehr auf sehr weiten Strecken eher wie ein vorausgeahnter Nestle-Text aus...; am nächsten steht er ... dem Vaticanus" (667; MENOUD, Papyrus, 111). Da in der um etwa 200 abgeschriebenen Handschrift P[75] die „neutralen" Lesarten schon so gut wie alle beisammen sind, bricht die Hypothese zusammen, daß die großen Pergament-Majuskeln des 4. und 5. Jh. sich einer gelehrten „Revision" ver-

---

1) A. F. J. KLIJN, Survey II, 56, Anm. 6 spricht irrtümlich vom Papyrus Bodmer XIII.

2) V. MARTIN/R. KASSER (Hrsgg.), Papyrus Bodmer XIV–XV, Évangiles de Luc et Jean (grec.). Bibliothèque Bodmer, Cologny/Genève 1961.

danken (vgl. auch ALAND, Studien 155 ff.; FITZMYER, CBQ 24. 1962, 170 ff.; SCHMID, Einl. 86). „Der Pap.[75] läßt uns vielmehr den ‚neutralen' Text schon so gut wie fertig sehen, bevor jene langsame Entwicklung überhaupt einsetzen konnte; er erlaubt uns den Schluß, daß solche Handschriften, wie sie dem Vaticanus – wenn auch nicht in allen ntl. Büchern – zugrundelagen, schon seit Jahrhunderten existierten … der ‚neutrale' Text des lukanischen Werkes … ist keine gelehrte Konstruktion, sondern ein Text, der nicht oder doch nur wenig von der im 2. Jh. einsetzenden Anpassung an den Zeitgeschmack oder von der Willkür der Abschreiber erfaßt war. Das besagt nicht, daß eine bestimmte einzelne Handschrift – etwa der Pap.[75] – den lukanischen Text wörtlich so enthält, wie ihn der Autor niedergeschrieben hat. Wohl aber ist es wahrscheinlich, daß der ursprüngliche Text des lukanischen Werkes sich nicht weitgehend von dem Text unterschied, den wir bei B und Pap.[75] vorfinden. Insofern uns der Pap.[75] zu diesem Bild der lukanischen Textentwicklung führt, ist er – obwohl er nur indirekt Rückschlüsse auf den Acta-Text erlaubt – wichtiger als der Pap.[74], der selbst einen Acta-Text enthält" (670)[1].

1.2. Mit der Ausgabe dieses P[74] durch R. KASSER ist die Veröffentlichung der großen Bodmer-Papyri abgeschlossen. Es stehen nur noch einige kleinere Fragmente aus (vgl. NESTLE-ALAND, NT Graece, 25. Aufl., 31*).

KASSER gibt in seiner Edition eine genaue Beschreibung des Papyrus: Er scheint aus 16 Heften à 8 Folios (jeweils 16 Seiten) bestanden zu haben, sowie einem 17. Heft von 4 Folios (= 8 Seiten). Die Apg umfaßt das 1.–11. Heft sowie 3/4 des 12. Heftes, das macht 94 Blätter von insgesamt 132 (8). Der genaue Bestand ist folgender: 1, 2–5. 7–11. 13–15. 18–19. 22–25; 2, 2–4; 2, 6–3, 26; 4, 2–6. 8–27; 4, 29–27, 25; 27, 27–28, 31 (ALAND, Studien 135).

Es ist nur etwa die Hälfte der Apg in *gutem* Zustand erhalten, der Anfang und der Schluß sind stark beschädigt. Die Schrift ist eine dichte Unziale, die einen ägyptischen Typ repräsentiert (KASSER, 11).

KASSER hat in Anmerkungen alle wichtigen Abweichungen des P[74] von NESTLE-ALAND [24]1960 angegeben. Die wesentlichen davon (rund 440) sind dann in die 25. Aufl. aufgenommen worden (NESTLE-ALAND 31*), allerdings nur zwei mit einem ernstlichen Anspruch auf Ursprünglichkeit: 7, 30 ($\pi \nu \varrho \iota$ $\varphi \lambda o \gamma o \varsigma$ statt $\varphi \lambda o \gamma \iota$ $\pi \nu \varrho o \varsigma$) und 23, 20 ($\mu \varepsilon \lambda \lambda \omega \nu$ statt $\mu \varepsilon \lambda \lambda o \nu$).

Eine zusammenfassende Untersuchung dieses neuen Textes gibt es bisher nicht, dafür aber eine ganze Reihe von Rezensionen, die die Wichtigkeit der Publikation unterstreichen: M. E. BOISMARD, RB 69 (1962), 429 f.; F. LASSERRE, RThPh 12 (1962), 55 f.; P. PRIGENT, RHPhR 42 (1962), 169–174; F. DAUMAS, BIFAO 61 (1962), 180 ff.; M. BRÄNDLE, Orien. 27 (1963), 35; A. BATAILLE, REG 76 (1973), 277 f.; J. DE SAVIGNAC, Scr. 17 (1963), 55 f.

---

1) Zum Papyrus 74 nimmt HAENCHEN in der Letztfassung seines Kommentares nicht ausführlich Stellung.

P. H. MENOUD, Papyrus 107 ff. wendet sich besonders der auffallenden und *neuen* Lesart συναναχυϑῆναι in 11, 26 zu und sieht darin la perle de ce précieux manuscript des Actes des Apôtres (116). C. TISCHENDORF hatte das 1872 in seiner großen kritischen Ausgabe des NT bereits als Konjektur vorgeschlagen (Bd. II, 98). Denn tatsächlich gibt das Verb einen plastischeren und kontextgemäßeren Sinn als συναχϑῆναι (östlicher Text) oder συνεχύϑησαν (D*). Denn P[74] kann übersetzt werden: „Barnabas und Paulus entfalteten zusammen eine übergroße Aktivität in der Gemeinde" (MENOUD 115).

Von den genannten Rezensenten nimmt P. PRIGENT eine erste kritische Gesamtwürdigung der neuen Handschrift vor. Die Prüfung der Frage, ob der „westliche" Text direkten Einfluß auf unseren Papyrus gehabt habe, fällt negativ aus.

Auch eine kritische Sichtung der 18 infragekommenden Stellen, die eine direkte Einflußnahme des antiochenischen Textes auf unseren Papyrus nahelegen, bestätigt diese Verbindung nicht (172). Vielmehr ist evident: P[74] hängt mehr oder weniger direkt von dem Text ab, welchen der Sinaiticus und A wiedergeben (172; vgl. auch KÜMMEL, Einl. 461 mit Verweis auf MENOUD, RThPh 12, 1962, 112 ff.; SCHMID, Einl. 86).

Von den Lesarten, die nur dem P[74] eigentümlich sind, zählt PRIGENT 133. Die Zahl reduziert sich bei strengstem kritischen Maßstab auf 124. Und zwar häufen sich diese im 21. Kapitel der Apg. Hier findet man fünf- bis sechsmal mehr Varianten als im ersten Teil der Apg (172). Selbst wenn man in den Varianten alles herausstreicht, was bloß Auslassungen oder orthographische Fehler darstellt, so bleibt dennoch eine gute Liste von Lesarten, die sorgfältige Beachtung verdient. Ob es sich bei den Varianten in 7, 56 (υιος του ϑεου statt υιος του ανϑρωπου), 11, 26 (συναναχυϑῆναι statt συναχϑῆναι), 12, 13 υπαντησαι statt υπακουσαι) und 16, 37 (παρακαλουσιν statt εκβαλλουσιν) um sinnverändernde Lesarten handelt, die Anspruch auf Ursprünglichkeit haben (PRIGENT), scheint mir – von 11, 26 abgesehen – zweifelhaft. Glättung und Verdeutlichung ist die näherliegende Annahme. Insgesamt lädt die Analyse jedenfalls nicht dazu ein, zu große Hoffnung auf die Qualität des Textes zu setzen. Als wichtigstes Ergebnis bleibt:

Die seit W. BOUSSET von vielen vertretene Meinung, von den erhaltenen Textformen des NT sei die „westliche" die älteste, die sog. neutrale dagegen die durch Rezension entstandene jüngere, ist endgültig unhaltbar geworden und damit die Textkritik auf eine neue Grundlage gestellt (ALAND, Studien 155 ff.; SCHMID, Einl. 86)[1]).

---

1) In den „Materialien zur neutestamentlichen Handschriftenkunde I" (186–192) beschreibt und untersucht H. HAHN das Fragment eines griechischen Majuskel-Codex (0140), das sich derzeit in der Bibliothek des Klosters der Heiligen Katharina auf dem Sinai befindet. Es enthält Apg 5, 34–38. Schriftvergleiche lassen eine Da-

2. Der koptische Text der Apg

2.1. Die koptischen Handschriften, also die sahidischen und bohairischen Versionen, sind Zeugen für den „westlichen" Text. Auch hier hat sich der Handschriften-Bestand vergrößert. Anfang 1961 wurden zwei koptische Pergament-Codices entdeckt, die das Mt-Evangelium und Apg 1, 1–15, 3 enthalten. Der Acta-Text, Siglum Cop^{G67} (= ox 14), eine „mittelägyptische" koptische Handschrift aus der Glazier Collection der Pierpont Morgan Library zu New York, die man auf das späte 4. oder frühe 5. Jh. datiert (Epp 197; Klijn, Survey II, 56), ist 1964 von T. C. Petersen in englischer Übersetzung einiger Passagen, die in ihren „westlichen" Lesarten eine bemerkenswert enge Beziehung zu D aufweisen, der Öffentlichkeit vorgestellt worden. Er selbst wie auch E. J. Epp (Coptic Manuscript) knüpften sogleich große Erwartungen an die neue Handschrift: der neue koptische Text der Apg (von etwas über 1000 Acta-Versen enthält Cop^{G67} ca. 520 Verse! Epp 198), könne „der früheste vollkommen erhaltene und gänzlich unverfälschte" *nicht-fragmentarische* Zeuge für eine westliche „Rezension" sein, die im 2./3. Jh. dominierte, später aber von dem revidierten Text der neutralen und alexandrinischen Rezension verdrängt worden sei (Epp 197).

Nun ist jedoch die letztgenannte These spätestens seit der Entdeckung des P^{75} (faktisch schon seit dem Bekanntwerden des P^{48}; vgl. Kümmel, Einl. 155) falsifiziert und damit Westcott-Hort endgültig bestätigt worden: Der „neutrale" Text hat bereits im 2. Jh. *zusammen* mit dem „westlichen" Text in Ägypten existiert und stellt so wenig wie jener das Resultat einer Rezension dar (so richtig K. Aland, Die Bedeutung des P^{75}, Studien 155–172; Schmid, Einl. 86).

Darüber hinaus hatten E. Haenchen/P. Weigandt in einer kritischen Analyse von ox 14 gezeigt, daß auch an der unrevised version of the ancient so-called western text nichts ist. Um nur ein Beispiel zu nennen: Wenn ox 14 in 2, 41 liest: ... who received his word in gladness and believed, were ..., der „neutrale" Text αποδεξαμενοι τον λογον, D aber πιστευσαντες davor einschiebt, so erweist sich der neue koptische Text als ein „Mischtext" (470), der keine Übersetzung eines kürzeren griechischen Textes darstellt (eine Anzahl von Einzellesarten scheint das auszuschließen), sondern die Revision eines koptischen „westlichen" Textes. Denn die längeren Lesarten der neuen Handschrift erweisen sich als sekundär (sie betreffen z. B. „exakte" Informationen; Zusätze zu und Korrekturen an atl. Zitaten [z. B. ist die Zitatkombi-

---

tierung ins 9./10. Jh. zu (189). Das Fragment bietet einen ausgesprochenen Mischtext (192). Zum westlichen Text zeigt es keine Beziehung. Hahn schließt nicht aus, daß wir es mit einem Lektionartext zu tun haben (192).

nation aus Deut 18, 15 f. 18 f. und Lev 23, 29 in Apg 3, 22 f. ersetzt durch Dt
18, 17–19]; Einfügung ntl. Idiome; liturgische Zusätze [z. B. ist Apg 1, 21 und
3, 6 der vollkommene Christustitel „unser Herr Jesus Christus" eingesetzt];
Zerstörung von typisch lukanischen Idiomen; Zusätze und Veränderungen
zum Zwecke der Illustration des Textes). Das alles deutet eine Tendenz zu
detaillierter Präzisierung an (z. B. wenn Personalpronomen ersetzt werden
durch den Eigennamen der Person, wenn die Subjekte von Verbformen
determiniert werden, wenn komplexe Aktionen zurückgestaltet werden
zu einem einzelnen Akt etc.). Eine Untersuchung der atl. Zitate in ox 14
gibt zudem Grund zu der Annahme, daß der entdeckte koptische Text der
Acta einen *koptischen* Text des Alten Testamentes voraussetzt (478). Auch
das ist der These einer unrevised version (PETERSEN) nicht günstig. Auf keinen
Fall ist ox 14 ein „reiner" westlicher Text der Apg (so richtig KLIJN, A Survey
II, 61), was auch EPP's Untersuchung nicht infragestellen kann, da sie – statt
die behauptete Homogenität des „westlichen" Textes zu erweisen – das koptische Manuskript lediglich mit D vergleicht. Dabei steht dann freilich ein
positives Ergebnis außer Frage: Einige Lesarten, die früher nur aus D bekannt
waren und infolgedessen unter dem Verdacht standen, daß sie durch den
Schreiber von D eingefügt worden seien, werden gestützt durch ox 14. They
appear to be „real" Western readings (KLIJN, A Survey II, 61). Ebenso werden einige Lesarten in „westlichen" Zeugnissen mit einem Mischtext gestützt
durch ox 14. Das aber bedeutet nicht mehr, als daß man einige wenige Lesarten nicht länger „singulär" nennen kann. Zur gleichen Zeit hat sich die
Zahl der singulären Lesarten vergrößert, weil einige davon jetzt allein in ox 14
zu finden sind. EPP: Von den ungefähr 250 variation-units in ox 14 sind 40–50
einmalig. Seine Frage ist gerechtfertigt: Kann eine Revision (oder besser, eine
Rezension) dieses Verhältnis von unique readings tolerieren und dennoch eine
Rezension sein? (EPP 212; vgl. auch KLIJN, A Survey II, 61).

Die Datierung der Handschrift ist naturgemäß schwierig. PETERSEN setzt
die Entstehung an der Wende vom 4. zum 5. Jh. an. HAENCHEN/WEIGANDT
datieren die Handschrift aufgrund einer Analyse des Schriftcharakters ins
5./6. Jh. (480). Mit der Vorlage der Abschrift, also dem „originalen" Text
unserer Handschrift, reichten wir dann in die Zeit zwischen 350 und 450. Das
kleine Format (12,5 × 10,5 cm) spricht nicht dafür, daß die Schrift für den
liturgischen Gebrauch verfaßt wurde. Eher läßt sich vermuten, daß ein
Mönch für seinen privaten Gebrauch geschrieben hat. Möglicherweise ist
unser Text eine Abschrift von dieser Privathandschrift (481).

Für ein abschließendes Urteil über ox 14 muß PETERSENs vollständige Edition des Manuskriptes abgewartet werden. Dennoch kann der Optimismus,
es handle sich um den ältesten unrevidierten „westlichen" Actatext (PETER-
SEN, EPP), als verfehlt bezeichnet werden. „Our manuscript is ... a late and

exotic flower in the tree of our text tradition, which soon withered and fell to the ground without bearing fruit" (HAENCHEN/WEIGANDT 481). Die Bedeutung der neuen Handschrift wäre überschätzt, sähe man darin mehr als eine Hilfe zur Klärung der Rolle, die Codex D als Zeuge für den „westlichen" Text der Apg spielt (EPP 211). Unbestritten wichtig ist dagegen die Tatsache, daß ox 14 (= Cop^{G67}) ein Indiz dafür ist, daß der westliche Text der Apg im 5. und 6. Jh. gut bekannt war – nicht allein in griechischer, lateinischer und syrischer, sondern ebenso in koptischer Sprache, also der *bedeutendsten Verkehrssprache des Mittelmeerraumes* (HAENCHEN/WEIGANDT 481).

2.2. Der Textkritiker ist in der glücklichen Lage, im Chester Beatty Codex B (= Handschrift 33 Siglum Münster), einer Pergament-Handschrift aus dem letzten Viertel des 6. Jh. (ed. H. THOMPSON, Cambridge 1932 [Hs. 33 auf S. 1– 85]), eine Handschrift zu besitzen, die den sahidischen Acta-Text vollständig bietet. Das erleichtert die Identifikation und Klassifikation der gelegentlich in Museen und Bibliotheken auftauchenden Pergament-Fragmente. Auf drei davon ist hier hinzuweisen.

R. A. KRAFT hat eine koptische Handschrift aus dem Universitätsmuseum Philadelphia, wo sie – wahrscheinlich von einem Händler in Kairo stammend – seit 1910 lagert, in einem Artikel vorgestellt (Photographie, Transskription und englische Übersetzung). Die Identifikation des schlecht erhaltenen Fragmentes gelang J. M. ROBINSON: Das Recto enthält Apg 27, 4–9, das Verso 27, 9–13. Die sehr sauberen koptischen Lettern bieten einen Text, der dem „biblischen Unzial-Typus" entspricht, wie er im 4./5. Jh. geschrieben wurde (257).

Eine textkritische Auswertung nimmt der Aufsatz noch nicht vor. Er ist wertvoll lediglich durch seine genaue Beschreibung der Handschrift und eine Auflistung aller bis jetzt bekannten sahidischen Zeugen für Apg 27, 4–13 (die Liste zählt deren 7 [258f.]).

Gleiches gilt für die Edition der Berliner Handschrift der sahidischen Apg (P. Ber. 15926 = 43 Siglum Münster) durch F. HINTZE und H.-M. SCHENKE. Das Alter der Handschrift wird mit dem 4. Jh. angegeben (31). Sie ist ein Repräsentant *der* sahidischen Version der Apg, aber mit einem charakteristischen Verhältnis zur sonstigen Tradition der sahidischen Apg, das sich in zahlreichen Sonderlesarten niederschlägt (z. B. fehlt in 15, 29 [mit bo!] die sogenannte goldene Regel, aber der sahidische Begriff für „Ersticktes" findet sich [24]). Für die Textgeschichte wichtig ist einmal, daß diese Handschrift eine eigentümliche Wechselbeziehung zwischen sahidischen und bohairischen Acta-Versionen und damit die Existenz der letzteren schon im 4. Jh. beweist (die älteste bo Acta-Handschrift stammt aus dem 12. Jh.!) (29f.).

In den „Abhandlungen zur ntl. Textforschung" 1969 hat P. WEIGANDT zwei griechisch-sahidische Acta-Bilinguen vorgestellt, und zwar P^{41} und das Majuskel-Pergament 0236.

Das textlich wenig ergiebige, bisher nur aus Katalognachrichten bekannte Unzial-Fragment 0236 (sa 54), aufbewahrt im Puschkin-Museum der Bilden-den Künste in Moskau, ist damit erstmals ediert worden. Es enthält Apg 3, 12f. 15f. K. Treu datiert es aufs 5. Jh. (Bilinguen 119, Anm. 46). Nach der genauen Beschreibung von Weigandt handelt es sich um einen Text, den man als „Sonderling" zu bezeichnen hat (73). Das Verso hat griechisch den-selben Text wie א* B. Das Rekto hat zweimal in 3,12 eine D-Lesart, steht sonst aber B am nächsten, von dem es dreimal abweicht (73).

Die Bedeutung dieser Bilingue für die Textgeschichte der Apg ist nicht groß. „Immerhin läßt sa 54 vermuten, daß die Schriften des Neuen Testaments, in diesem Fall die Apg, nicht nur einmal ins Koptische, ja sogar nicht nur ein-mal ins Sahidische übersetzt wurden, sondern daß mit mehreren zunächst voneinander unabhängigen Übersetzungen zu rechnen ist" (74).

Beigefügt hat Weigandt eine Neuedition und genaue kritische Analyse des P[41], des griechisch-sahidischen Acta-Papyrus K 7541–48 der österreichischen Nationalbibliothek in Wien, der Teile von Apg 17–22 enthält (54ff.). Der Grund dafür ist weniger die Unsicherheit in der Datierung: Sie bleibt ungewiß (Treu, Bilinguen 119, Anm. 47 datiert ins 8. Jh., Weigandt schlägt eine Zeit um 700 vor [58], nachdem man bisher vom 5. bis hinauf zum 12./13. Jh. gera-ten hat). Der Grund ist vielmehr die bisher gesichert erscheinende Stellung des P[41] in der Textgeschichte: Man nimmt meistens an, daß dieser Papyrus eindeutig ein Zeuge des sogenannten „westlichen" Textes sei (zuletzt Klijn, Survey II, 57). Lediglich F. F. Bruce hat in seinem Acta-Kommentar (Lon-don ²1952, 47) davon eine Ausnahme gemacht und P[41] dem „ägyptischen" Text zugeschlagen. Weigandt meint zeigen zu können, daß aufgrund einer vergleichenden Analyse diese These im Recht ist: Die späte Handschrift stellt einen Texttyp dar, der der Gruppe P[74] א ABC, also dem sogenannten ägypti-schen Text, am nächsten steht (68). Textcharakter und Fundort lassen dar-auf schließen, daß es sich um einen „ägyptischen Provinzialtext handelt", „der dadurch auffällt, daß er trotz seines verhältnismäßig geringen Alters einen noch recht guten Text ‚ägyptischer' Provenienz hat. Der Anteil an Les-arten des Mehrheitstextes und des ‚westlichen' Textes ist gering, und ebenso die Zahl der Sonderlesarten. Es kann daher keine Rede davon sein, daß P[41] einen ‚westlichen' Text habe. Der sahidische Text entspricht bis auf wenige Abweichungen dem ‚sahidischen Standardtext'. Griechischer und sahidischer Text stimmen weitgehend überein ... Der Papyrus beweist, daß auch in so später Zeit die Tradition zumindest in der ägyptischen Provinz des 7./8. Jh. noch nicht erstarrt ist, man ferner damit rechnen muß, daß sich der Reichs-text hier nicht durchgesetzt hat, vielmehr der ‚ägyptische' Text nach wie vor *der* Text ist, d. h. auch späte Handschriften noch ihren Wert haben kön-nen" (72).

Vermerkt sei noch, daß WEIGANDT's Aufsatz dadurch wertvoll ist, daß er die gesamte Sekundärliteratur zu den beiden Fragmenten aufführt (vgl. auch K. TREU, Bilinguen 95–123. Die Arbeit bietet einen guten Überblick über das vorhandene Material.)

2.3. Den *koptischen Versionen* der Apg überhaupt gilt das Interesse einer hier näher anzuzeigenden größeren Untersuchung von A. JOUSSEN.

Daß die koptischen Übersetzungen neben den syrischen und lateinischen die größte Bedeutung für die Textgeschichte des Neuen Testamentes haben, ist bekannt. Gehen sie doch auf griechische Vorlagen zurück, die älter sind als die auf uns gekommenen umfangreichen griechischen Handschriften (KÜMMEL, Einl. 465). Die koptischen Übersetzungen reichen z. T. bis an den Beginn des 3. Jh. hinauf.

Nachdem R. KASSER die koptischen Dialekte und die koptischen biblischen Versionen untersucht hat (Bib 46, 1965, 287ff.) und P. WEIGANDT in einem sehr kritischen Artikel „Zur Geschichte der koptischen Bibelübersetzungen" (Bib 50, 1969, 80ff.) den hier eingeschlagenen Weg zur Aufhellung der komplexen Frühgeschichte der koptischen Textüberlieferung als verfehlt bezeichnet hat (95), hat A. JOUSSEN 1969 (Diss. Bonn 1963) in einer subtilen Untersuchung eine Gesamtwürdigung der koptischen Versionen der Apg vorgelegt. Das vorzügliche Buch bedeutet insofern einen wirklichen Fortschritt, als hier erstmals Übersetzungsregeln, und zwar für jeden einzelnen Dialekt, ermittelt werden (kritischer urteilt freilich H.-M. SCHENKE, ThLZ 96, 1971, 361 f.). Die Arbeit ist denjenigen berechtigten Bemühungen zuzurechnen, die der textkritischen Unsitte Einhalt gebieten wollen, Übersetzungen nur dann zu Rate zu ziehen, wenn die griechischen Zeugen Differenzen bieten. Mit Recht haben für ihn diese Übersetzungen nicht eine bloße Kontrollfunktion, sondern sie sind unmittelbar für die Aufhellung der Textgeschichte zu benutzen (6).

Die zeitliche Streuung der koptischen Versionen ist außerordentlich breit: Die älteste sahidische Handschrift (sie bietet den Wortlaut der Apg) stammt aus dem Jahre 320, der älteste Zeuge für die bohairische Version stammt erst aus dem Jahre 1265. Bei den wenigen fayumischen Bruchstücken der Apg (bekannt sind deren nur drei von geringem Umfang [3]) ist eine Altersbestimmung außerordentlich schwierig (6). Durchweg sind die bohairischen Versionen sehr jung, bieten dafür aber meist den vollständigen Wortlaut.

JOUSSEN geht in seiner Arbeit sehr gründlich zu Wege. Im ersten Kapitel verzeichnet er das gesamte handschriftliche Material, untersucht im zweiten Kapitel die Eigenart der koptischen Version und nimmt im dritten Kapitel die eigentliche Schwierigkeit der koptischen Versionen in Angriff: Ihre genaue Wertbestimmung im Blick auf das ihnen zugrundeliegende griechische Ori-

ginal, die dadurch gemindert wird, daß bestimmte Feinheiten und Besonderheiten der griechischen Sprache einfach unübersetzbar sind, andererseits
Übersetzungsvarianten oft nur Folge einer *Deutung* des schwierigen griechischen Textes darstellen (KÜMMEL, Einl. 466). Um dieses Hemmnis für die
Rekonstruktion der Textgeschichte zu mindern, geht JOUSSEN sehr genau
den sprachlichen Möglichkeiten nach, welche die koptische Wortfolge hat, um
die Übersetzungsvorlage genau wiederzugeben. Er behandelt die Eigentümlichkeiten der Formlehre und der Syntax des Koptischen, erprobt ihre Ausdrucksmöglichkeiten an Beispielen der Apg und stellt schließlich den Versuch
an, die Textgestalt der koptischen Versionen zu ermitteln. Das Ergebnis: Die
ältesten in Ägypten beheimateten Papyri zeigen, daß die „neutrale" und die
„westliche" Textform dort nebeneinanderstehen und sich gegenseitig durch-
dringen. Das läßt vermuten, daß die koptischen Versionen der Apg einen
griechischen Text als Vorlage gehabt haben, der diesen Tatbestand widerspiegelt (199).

So läßt sich über die Bedeutung von sa und bo für die Textgeschichte der
Acta ganz allgemein folgendes sagen:

a) Der von den koptischen Versionen vorausgesetzte griechische Text gehört seiner Grundschicht nach zu jenem Typus, den vor allem der Sinaiticus
und der Vaticanus vertreten (199).

b) sa bietet nur wenige der umfangreichen Texterweiterungen des Codex D
(5, 39; 15, 20. 31. 33; 20, 15; 28, 16), bo bietet nur in zwei Handschriften einen
größeren Zusatz (15, 33), und fa steht mit der Lesart des Cantabrigiensis in
7, 24 allein da. Dennoch begegnet das „westliche" Textelement auf Schritt
und Tritt (199). „Daß bo tatsächlich ein so wertvoller Repräsentant des sogenannten neutralen Textes ist, wie es immer wieder herausgestellt wird, läßt
sich zumindesten nicht aufgrund der bohairischen Apg uneingeschränkt behaupten. Obwohl ihre handschriftliche Bezeugung sehr jung ist, muß auch
diese Übersetzung auf eine Vorlage zurückgehen, in der nicht etwa nur vereinzelt ‚westliche' Lesarten vorhanden waren. Auch bo darf nicht schlechthin
als einheitliche Größe bewertet werden" (199).

c) „Die Beobachtung, daß sa und auch bo eine nicht geringe Anzahl von
Lesarten aufweisen, die nur bei den Lateinern und Syrern vorkommen, deutet darauf hin, daß diese Übersetzungen einen nicht unbedeutenden Einfluß
auf den griechischen Text ausgeübt haben, dem die koptischen Versionen folgen" (200).

Dieses eindrucksvolle Ergebnis ruft nach einer Gesamtüberprüfung der
Bedeutung der koptischen Übersetzungen der Apg für die Textgeschichte
dieser Schrift. Es bleibt zu hoffen, daß der Vf. eine in Aussicht gestellte dies-
bezügliche Arbeit bald vorlegen kann.

3. Andere Textzeugen

3.1. Der umfangreichste *lateinische* Bibelpalimpsest, bei dem es sich um die ältesten erhaltenen Reste einer lateinischen Ganzbibel handelt, ist bis heute wegen der Schwierigkeit seiner Entzifferung unediert geblieben. Es handelt sich um Codex 15 der Kathedrale von Léon (Siglum: l), dessen Pergament u. a. das Überbleibsel einer Bibelhandschrift in spanischer Halbunziale aus der ersten Hälfte des 7. Jh. ist. Darunter sind zwei Blätter mit Texten aus der Apg (8, 27–11, 13; 14, 21–17, 25), die B. Fischer in der Casey-Gedenkschrift 1963 zum erstenmal herausgegeben hat. Der Palimpsest wechselt zwischen Vulgatatext und altlateinischem Text. B. Fischer hat in dem genannten Artikel nicht den nötigen Raum, um den Platz der Handschrift in der Geschichte der lateinischen Acta-Texte genau zu bestimmen. Die knappe Untersuchung ihrer Lesarten läßt jedoch immerhin klar erkennen, daß dieses altlateinische Fragment aus zwei Gründen für die ntl. Textgeschichte besonders interessant werden kann: Einmal repräsentiert sich der neue Text in einer lateinischen Gestalt, die Cyprian sehr nahesteht. Zum andern geht er auf eine griechische Vorlage zurück, „die ausgesprochen westlich ist" (63).

3.2. Im „westlichen" Text von Apg 1, 15–26, besonders in 1, 26 ($\varepsilon\delta\omega\varkappa\alpha\nu$ $\varkappa\lambda\eta\varrho o\upsilon\varsigma$ $\alpha\nu\tau\omega\nu$ statt $\alpha\upsilon\tau o\iota\varsigma$) sieht E. Ferguson das Wort „Los" in einem metaphorischen Sinn verwandt, wie er für *Qumran* (1QS V 3; VI 16 u. ö.) gebräuchlich ist, nämlich Los = Entscheidung, Beschluß (decision). Ferguson paraphrasiert: „The community gaves their decision and the decision fell on (= went out for) Matthias", Apg 1, 26 (79).

Ferguson will nicht beweisen, daß D den ursprünglichen Text repräsentiert, wohl aber, daß er auf jemand zurückgeht, der die qumranische Bedeutung von „Los" – vorausgesetzt, daß sie überhaupt in dem o. g. Sinn richtig bestimmt ist (eine reale Lospraxis hier wie da ist wahrscheinlicher)[1] – ge-

---

1) Zur Diskussion vgl. H. Braun, Qumran und das Neue Testament. Bd. I, Tübingen 1966, 141. Ferner E. Nellessen, Tradition und Schrift in der Perikope von der Erwählung des Mattias (Apg 1, 15–26), in: BZ 19 (1975), 205–218; G. Lohfink, Der Losvorgang in Agp 1, 26, in: BZ 19 (1975), 247–249. Letzterer weist mit Recht die „westliche" Lesart αὐτῶν als Korrektur zurück, die die Unklarheit des αὐτοῖς beheben soll. In dieser schwierigeren Lesart sieht Lohfink einen durch Lev 16, 8 determinierten dativus commodi und folgert daraus, daß hier ein Erzähler formulierte, „der vom hebräischen AT herkommt und eine gute Kenntnis jüdischer Institutionen besitzt. Das ἔδωκαν αὐτοῖς wird deshalb in Zukunft den Indizien hinzuzufügen sein, die nahelegen, daß in Apg 1, 15–26 eine alte palästinensische Erzählung von der Nachwahl des Mattias verarbeitet ist. Denn von dem Vf. des lukanischen Doppelwerks stammt das ἔδωκαν αὐτοῖς mit Sicherheit nicht" (248f.). S. G. Wil-

kannt hat. Das wieder träfe sich mit der These vom semitischen Einfluß in D
(M. BLACK, WILCOX). Ersteres ist jedoch nicht mehr als eine Spekulation.
Denn was sie schlußfolgert – einen Kontakt D – Qumran (80) – ist bislang
ganz unbeweisbar und jedenfalls auf so schmaler Textbasis nicht zu verifizieren.

Anders läge der Sachverhalt, wenn sich der Actatext tatsächlich in Qumran nachweisen ließe. Jedoch hat sich die teilweise sensationelle Identifizierung von Papyrusfragmenten aus Qumran mit ntl. Texten durch O'CAL-
LAGHAN als reine „Schimäre" erwiesen (ALAND, NTS 20, 1973/74, 363). Das
trifft jedenfalls auch für das Papyrusfragment 7Q 6, 2 zu, dem O'CALLAGHAN
den Text von Apg 27, 38 entnehmen will. Aber hier muß die Phantasie so
viele Lücken füllen, daß von einer wissenschaftlich vertretbaren Hypothese
nicht mehr die Rede sein kann.

3.3. Alles, was wir über den *altsyrischen Actatext* wissen, verdanken wir
dem Kommentar des Ephräm. Aber es fehlt an Vergleichen dieses Textes mit
Resten des Acta-Textes in der altsyrischen Literatur. In dieser Hinsicht will
J. KERSCHENSTEINER einen ersten Schritt gehen: Ephräm bietet den sogenannten „westlichen" Text und benutzt in allen seinen Werken immer den
gleichen Actatext, was KERSCHENSTEINER an einigen Beispielen zeigen kann.
Seine Frage ist: Wurde dieser gleiche Text auch von andern syrischen Schrift-
stellern verwendet, also vom Liber Graduum, von Aphrahats Actatext, von
sonstigen altsyrischen Autoren (65)?

Das Ergebnis ist eindeutig: Wenigstens das Liber Graduum benutzte mit
Sicherheit denselben syrischen Actatext wie Ephräm. Das bedeutet, „daß im
syrischen Sprachraum im 4. Jh. ein von Peschitta mitunter stark abweichen-
der, einheitlicher und allgemein anerkannter Actatext im Umlauf war." (73).
Im Blick auf die Paulusbriefe liegt die Sache bei den altsyrischen Schriftstel-
lern ähnlich: Auch hier benützen sie überall den gleichen Text der pln. Briefe.
„Was somit … an Acta- und Paulustext erhalten ist, repräsentiert *nicht verschiedene* Frühformen der Peschitta, sondern *einheitlichen altsyrischen Apo-
stolostext,* dessen Gegenstück allem Anschein nach das Diatessaron war. Die
Frage, wer diesen Text gefertigt hat, muß nach wie vor unbeantwortet bleiben" (73 f.).

Alles in allem dokumentieren die genannten Handschriften und Versionen
eine sehr lebendige Geschichte des Actatextes schon in früher Zeit, nicht zuletzt in Ägypten. Eine lebendige Textgeschichte aber ist immer ein Indiz für
fleißigen Gebrauch der betreffenden Schrift.

SON, Gentiles 108 und W. A. BEARDSLEE, The Casting of Lots in Qumran and in the
Book of Acts, StTh 4 (1960), 245–252 denken an Qumran-Einfluß und sprechen von
einer Objektivierung der *göttlichen* Wahl bei Lk durch „a literal casting of lots"
(WILSON 108).

4. Der „westliche" Text der Apg

4.1. Im Vordergrund aller Bemühungen um den Text der Apg steht unvermindert das Interesse am sogenannten „westlichen" Text. Zwar wirkt dabei die einstige Frontstellung von H. J. ROPES und A. C. CLARK, wonach der „westliche" Text entweder *als ganzer* zu verwerfen (ROPES) oder zu akzeptieren (CLARK) ist[1]), noch immer kräftig nach (PETERSEN; EPP; vgl. zur Diskussion KLIJN, A Survey II, 59f.). Faktisch jedoch stehen wir bei der heutigen Textforschung vor einer völlig veränderten Lage (vgl. dazu bes. H. KUNST). Und zwar haben dazu vor allem die Funde der griechischen Papyri des Neuen Testaments in unserm Jahrhundert geführt, also die Chester-Beatty-Papyri in den 30er Jahren und die Bodmer-Papyri in unseren Tagen (ALAND, Studien 181f.). Durch sie ist nicht nur die Zeitgrenze vom 4. bis zum 2. Jh. verschoben worden, sondern sie beweisen auch die größte Variationsbreite des Frühtextes. Das hat zu einer Erschütterung der bisherigen Stellung von D samt Vetus Latina und Vetus Syra geführt. Denn selbst wenn sie gemeinsam einen sehr alten Text reflektieren, so ist dieser alte Text dann eben nur *einer* aus der Fülle dessen, was im 2. und 3. Jh. an verschiedenen Formen nebeneinander möglich war (ALAND, Studien 187), „und das noch in der Brechung durch eine Übersetzung und mit dem Abstand von Jahrhunderten für die handschriftliche Bezeugung" (ALAND, Studien 172). Von der Vorstellung, daß die großen Theologen des 4. und 5. Jh. aus umlaufenden Handschriften eine neue Textform per Rezension geschaffen hätten, ist endgültig Abschied zu nehmen. Vielmehr haben sie eine ihnen als zuverlässig erscheinende Handschrift – Lukas und Johannes z. B. P[75] – genommen und von dem gereinigt, „was sie für Fehler und Verderbnisse hielten, d. h. sie haben eine *Revision* vorgenommen" (ALAND, Studien 188; Auszeichnung von mir).

W. THIELE hat neben den Eigenarten des „westlichen" Textes vor allem danach gefragt, welches sein Verhältnis zur alexandrinischen Textform ist. Er konnte zeigen, daß er eine Revision der alexandrinischen Textform darstellt und nicht – wie seinerzeit CLARK angenommen hatte – den umgekehrten Vorgang dokumentiert (63).

Die Forschungen zum „westlichen" Text der Apg öffnen sich mehr und mehr dieser veränderten Situation in der *Textgeschichte*. Vor allem D, der wichtigste bilingue Zeuge des „westlichen" Textes, der Sonderlesarten enthält, die nicht-repräsentativ für diesen Typ sind (VIELHAUER, GGA 1969, 3), stellt sich dabei mehr und mehr als eine höchst fragwürdige Größe heraus

---

1) J. H. ROPES, „The Text of Acts", in: F. J. FOAKES JACKSON and K. LAKE, The Beginnings of Christianity, Part I, Vol. III, London 1926, 380–453; A. C. CLARK, The Acts of the Apostles, Oxford 1933.

(ALAND, Studien 48), und die Western non-interpolations von Westcott-Hort verlieren ihren Nimbus (ALAND, Studien 187).

Durch eine Untersuchung des Papyrus 75 konnte K. ALAND den D-Text in seiner völligen Isolation deutlich machen: „... keiner der Papyri (es sei denn P[38]) geht mit den Besonderheiten, die D auszeichnen, sei es mit den Western non-interpolations, sei es mit Hinzufügungen zum Text, die doch das eigentliche Charakteristikum von D bedeuten" (ALAND, Studien 172). Kurzum: Das Urteil von Westcott-Hort ist endgültig zu verabschieden, wonach D ein treueres Bild derjenigen Form darstellt, in welcher die Evangelien und die Apg im 3. und 2. Jh. gelesen wurden, denn die meisten ausführlichen griechischen Handschriften (ALAND, Studien 149).

Hinzu kommt ein anderes. Was bislang als stärkste Stütze für die Priorität des „westlichen" Textes galt, seine „Semitismen", kann nicht länger als solche gelten, wie wir gleich sehen werden. Sie erklären sich z. T. aus dem paläographischen Befund, z. T. durch Beeinflussung des griechischen durch den lateinischen Text (HAENCHEN, SCHMID, Einl. 376; VIELHAUER, GGA 1969, 3). Nimmt man hinzu, daß die auf das koptische Manuskript G67 sich stützende These von der unrevidierten Version (PETERSEN) bzw. daß die Behauptung der Homogenität des „westlichen" Textes (EPP) unbeweisbar bleibt (HAENCHEN/WEIGANDT; KLIJN, A Survey II, 60f.), so ist dem Urteil nicht mehr auszuweichen, daß sich der „westliche" Text immer deutlicher als eine „sekundäre Paraphrase" erweist (VIELHAUER, GGA 1969, 3; KÜMMEL, Einl. 154f.). Allerdings betont W. G. KÜMMEL mit Recht (Einl. 154f.), daß der sekundäre Charakter nicht auf eine Verwilderung zurückgeht, „sondern er zeigt in sehr vielen Fällen eine planmäßige und sinnvolle Korrektur des ägyptischen Textes" (VIELHAUER, Literatur 382).

4.2. Was die einzelnen Untersuchungen zum „westlichen" Text anbetrifft, so ist als methodischer Fortschritt zu notieren, daß die *redaktionsgeschichtliche Fragestellung* jetzt auch auf *einzelne Textzeugen* ausgedehnt wird. Anders gesagt: Die *Tendenzen* des „westlichen" Textes werden als bewußte theologische Gestaltung verstanden.

Seit PH. MENOUD 1951 einige Charakteristika des westlichen Textes, z. B. die Unterstreichung des Universalismus und des Hl. Geistes, als antijüdische Bemerkungen zu erklären versucht hat[1]), steht die *Frage der antijüdischen Tendenz* zur Diskussion (EPP, THIELE und HANSON).

HANSON sucht nach einem *theologischen* Grund für die spezifischen Tendenzen des „westlichen" Textes. M. a. W., er fragt *redaktionsgeschichtlich* nach den Besonderheiten des Textes, die seiner Meinung nach auf einen „Interpolator" zurückgehen, welcher versucht habe, to bring its (sc. Act's) thought

---

1) PH. MENOUD, The Western Text and the Theology of Acts, in: BSNTS II 1951, 19–32.

into line with the thought of his day and milieu" (Ideology, 286). Dieses Milieu, sozusagen der „Sitz im Leben" des Interpolators aber ist Rom. Die Argumente dafür sind:

1. Die überhöhte Rolle des Petrus (mit Verweis auf Apg 1, 23 und 11, 1–2, jeweils D).

2. Die angeblich in Apg 24, 27 in einigen westlichen Zeugen angezeigte Bekanntschaft von D mit der Familie des Herodes.

3. Die aus Apg 28, 16 herausgelesene Vertrautheit des Interpolators mit dem Prätorium in Rom (die Einfügung von στρατοπέδαρχος durch den „westlichen" Text lasse sich nur so erklären, daß sie von jemandem stamme, der das Lager der Prätorianer in Rom genau gekannt habe, 223).

Aus dem allem ergibt sich für HANSON der Schluß, daß der Interpolator, also einer der Mitarbeiter am sogenannten „westlichen" Text der Apg, höchstwahrscheinlich zwischen 120 und 150 in Rom gelebt habe (223). Das zeige sich auch daran, daß er keinerlei spezielle Kenntnis vom Judentum und der Topographie Palästinas verrate (217).

Nun, diese Annahme bleibt aus einem doppelten Grunde rein hypothetisch. Einmal basiert die Lokalisierung des Redaktors in Rom letzten Endes nur auf der einen Lesart 28, 16, die noch nicht einmal spezifisch westlich ist. Sie findet sich sowohl in einigen „westlichen" Zeugnissen, als auch im byzantinischen Text (vgl. KLIJN, A Survey II, 64). Zum andern ist die These nicht nachweisbar, die in Rom geschriebene Apg ende deswegen vor dem Ende der ersten (!) römischen Gefangenschaft des Paulus, weil die römische Gemeinde alles weitere über Paulus schon wußte (vgl. die Kritik von KÜMMEL, Einl. 154, Anm. 126), und weil ein weiterer Bericht bis zum Ende des Paulus unter Nero das lukanische Bild von der christenfreundlichen Einstellung des römischen Staates empfindlich getrübt hätte (227f.). Das alles ist nicht wirklich beweisbar, schwächt vielmehr die „schriftstellerische Ökonomie des Buches", derzufolge der Verfasser sein Werk mit dem „triumphalen" Satz von der *ungehinderten* Evangeliumsverkündigung schließen *will* (VIELHAUER, Literatur 401, Anm. 41; vgl. bes. V. STOLLE, Der Zeuge als Angeklagter. Untersuchungen zum Paulus-Bild des Lukas [BWANT 102]. Stuttgart 1973, 35ff.).

Noch deutlicher redaktionsgeschichtlich bestimmt ist die Fragestellung bei I. J. EPP: Sind die Varianten in D *theologische* Differenzen oder nur verschiedene Fassungen von Ereignissen, ausgedrückt durch eine lebendigere Erzählung, zusätzliches Lokalkolorit usw.? (20f.). EPP formuliert eine für die Textgeschichte außerordentlich wichtige Frage: Muß der dissidente Text allein beurteilt und verurteilt werden durch den Gerichtshof des „standardisierten" und „etablierten" Textes, oder läßt man ihm eine Chance, für sich selbst zu sprechen (21)? EPPs vielbeachtete Monographie ist ein Plädoyer für das letztgenannte.

Nachdem der Vf. sich mit einem Aufsatz zum koptischen Manuskript G67 (= ox 14) vom *Alter* der spezifischen Lesarten in D überzeugt hatte (JBL 85, 1966, 197–212), stellt er jetzt die Frage, ob diese Lesarten von einer theologischen Tendenz bestimmt und zusammengehalten werden. Die Antwort ist positiv. Es gibt eine solche Tendenz, und zwar ist es eine *antijüdische*. EPP meint diese Tendenz auch in westlichen Varianten außerhalb des Codex Bezae nachweisen zu können (165). Und zwar drückt sie sich laut EPP wie folgt aus:

1. Die jüdischen Führer sind feindseliger gegen Jesus und haben eine größere Responsibilität für seinen Tod als im B-Text. Die positive Kennzeichnung Jesu als Herr und Messias soll ihn gegenüber dem Judentum herausstellen und dessen Ablehnung als eine feindselige Aktion um so deutlicher werden lassen.

2. Eine proheidnische Tendenz läßt die antijüdische ebenfalls hervortreten. Durchweg findet Abwertung des Judentums statt.

3. D porträtiert die Juden, besonders ihre Führer, feindseliger gegenüber den Aposteln. Gleichzeitig werden die Apostel als Führer der Kirche im Gegenüber zu den Juden herausgestrichen. „In short, the Jews come out rather purely in the D-text" (166).

Die These ist nicht neu, wie der Vf. selbst bemerkt: 1896 hat P. CORSSEN (Der zyprianische Text der Acta Apostolorum [Berlin 1892]) neun antijüdische westliche Varianten in der Apg genannt (14, 5; 14, 19; 17, 12; 18, 4; 19, 9; 23, 24; 24, 5 und wahrscheinlich 2, 47; 4, 31) (166). Weniger die Beobachtungen selbst also ergeben das neue Bild als vielmehr deren Auswertung und kombinatorische Zusammenstellung. Dadurch erst entsteht der Eindruck einer scheinbar gezielten antijüdischen Tendenz, mit der EPP alle bisherigen Erklärungen des in D und B disparaten Befundes meint überholen zu können, also

1. die Annahme zweier Editionen durch Lukas selbst (BLASS);

2. die Latinisierungs-These (HARRIS);

3. die These vom syrischen Ursprung (CHASE);

4. die These vom aramäischen Ursprung (TORREY);

5. die Annahme, ein abgekürzter D-Text liege dem B-Text zugrunde (CLARK) (EPP 165, Anm. 1).

Aber auch wenn man mit HANSONS vorzüglicher Rezension in NTS 14 (282–86) der Meinung ist, daß wir es in der Monographie von EPP mit *dem* Standardwerk zum „westlichen" Text zu tun haben (282), stößt die These einer durchlaufenden antijüdischen Tendenz im Codex Bezae dennoch auf größte Schwierigkeiten. Hier sei nur einiges angedeutet.

Unbestreitbar ist, daß die im Text der Apg vorhandene Spannung, den Juden einerseits die Schuld am Tode Jesu zu geben und sie andererseits mit „Unwissenheit" zu entschuldigen, vom Codex Bezae getilgt wird: Das Entschuldigungsbemühen fehlt in D völlig, während das Beschuldigungsbemühen verstärkt ist (42). Und daß beispielsweise zu Apg 17, 12 im „westlichen" Text eine antijüdische Akzentuierung stattfindet, wird man ebenfalls nicht bestreiten können. Aber reichen diese Beobachtungen schon aus, um eine regelrechte „Tendenz" zu konstatieren? Das ist die eigentliche Frage, die HANSON mit Recht gegenüber dem Buch von EPP gestellt hat (283). Eine Prüfung der von EPP herangezogenen Hauptbelegstellen hält dieser Frage nicht stand. Ich kann im folgenden nur einiges andeuten:

1. Beim ersten von EPP herangezogenen Prüfstein Apg 3, 17 kann ich nicht finden, daß die Argumente überzeugend sind (42 ff.). Die Zufügung von πονηρόν in D trägt die Beweislast nicht. Das wäre erst dann der Fall, wenn gleichzeitig κατὰ ἄγνοιαν gestrichen worden wäre.

2. Apg 13, 27 ist eine verderbter Text, der so weitreichende Schlüsse nicht zuläßt (46).

3. Apg 3, 14 ist die Kombinationskraft des Vf. größer als die Beweiskraft des Textes. Wohl ist durch die westliche Lesart ἐβαρύνατε statt ἠρνήσασθε die *Christologie* stärker *konturiert,* wie das auch sonst die Art des Codex Bezae zu sein scheint. Aber man kann dies nicht als indirektes Argument für die antijüdische Tendenz dieses Codex geltend machen (gegen das, was Vf. S. 64 schreibt).

4. Was die Beschreibung der Wechselwirkung zwischen Judentum und Christentum anbetrifft (64 ff.), so hat gleich die erste Belegstelle Apg 1, 2, in der D den Universalismus der Verkündigung einbringt, keine Spitze gegen das exklusive Judentum, wie der Vf. S. 66 behauptet. Ebenso wenig können alle anderen in diesem Zusammenhang herangezogenen Stellen *beweisen,* daß die hier vorgenommene Separation des Christentums vom Judentum antijüdisch motiviert ist (gegen 119).

5. Auch die Texte, die zum Thema „die Juden gegen die Apostel" (120) herangezogen werden (z. B. Apg 4, 8b–9; 4, 13–15), lassen sich leichter als bloße Verdeutlichungen denn als antijüdische Tendenz verstehen.

Summa: Der Haupteinwand von HANSON ist zutreffend: Es ist nicht sicher, daß die genannten tatsächlichen Tendenzen die vermuteten verifizieren (284). Nicht die Beobachtungen, sondern die Methode ist problematisch, weil überzogen. Es ist weit mehr die vorgefaßte Meinung als der tatsächliche Textbefund, der es erlaubt, alle Varianten in ein theologisches *Schema* zu pressen. Eine weniger kombinationsfreudige Analyse wird sich damit begnügen können, daß wir es bei dem „Interpolator" mit einem Mann des nachapostolischen Zeitalters zu tun haben, der dessen Theologie (z. B. Universalismus, apostolisches Amt, Sukzession usw.) ausgezeichnet vertritt. Daß er zwischen 120 und 160 geschrieben hat, gerade das zeigt das Buch von EPP (HANSON 286).

Was schließlich die immer wieder behauptete antijüdische Tendenz (auch in der Apg allgemein, EHRHARDT, Acts, 6) anbetrifft, so spiegeln die diesbezüglichen Textvarianten das verstandene oder auch mißverstandene Ringen des Lukas um das Verständnis des Christentums als des wahren Israel wider, das er durch den Nachweis von Kontinuität *und* Bruch zu sichern versuchte (JERVELL, STOLLE). Antijüdische Akzente waren dabei unumgänglich. Mag sein, daß D sie hier und da überzeichnet hat. Zu einer „Tendenz" hat er sie schwerlich ausgebaut.

4.3. Mit wieviel Phantasie die Diskussion um den „westlichen" Text geführt wird, zeigt an einem Einzelbeispiel TH. BOMAN, der das textkritische Problem des sogenannten Aposteldekretes noch einmal neu untersucht hat.

Bisher galt das sogenannte Aposteldekret (Apg 15, 20. 29) als Paradebeispiel dafür, daß der „westliche" Text dort ändert, wo etwas unverständlich geworden war. In unserm Falle: aus den kultischen Geboten des alexandrinischen Textes werden *ethische*. Außerdem gilt mit diesem Beispiel die einst von F. BLASS und TH. ZAHN aufgestellte, von A. C. CLARK ausführlich begründete These als widerlegt, A stelle die planmäßige Kürzung des „westlichen" Textes (der ursprünglicher sei!) dar; wir hätten es also mit zwei vom Vf. selbst stammenden Ausgaben zu tun. Und zwar gilt diese These als widerlegt dadurch, daß der westliche Text einen *sachlichen* Widerspruch zum alexandrinischen enthält (J. SCHMID, Einl. 375).

Die erstgenannte gängige und durchaus plausible These, daß ein ursprünglich kultisches Dekret (östlicher Text) in ein ethisches verändert wurde (westlicher Text; vor allem die Einfügung der „goldenen Regel" in 15, 20. 29. Dazu A. DIHLE, Die goldene Regel, 1962), stellt BOMAN nun auf den Kopf: Er hält den Scharfsinn des Textverbesserers, der gesehen habe, daß er durch Streichung eines einzigen Begriffes, nämlich πνικτόν, gleich auch den Sinn der übrigen drei Substantive total verändere, für psychologisch unmöglich. Außerdem wäre sein Vorgehen „eine raffiniert ausgedachte Fälschung, wenn er auf dieser Grundlage den Text verändert hätte" (30).

So schlägt BOMAN eine „natürliche Erklärung der Entstehung des längeren Textes aus dem kürzeren" vor (31): Das Dekret war ursprünglich griechisch geschrieben (wegen der Empfänger, gemeint ist Antiochien, Syrien und Zilizien, wo man griechisch sprach). Es wurde aber eine Abschrift für die Absender in Jerusalem niedergelegt. Die habe man ins Aramäische übersetzt. Bei dieser Übersetzung sei der entscheidende Begriff αἷμα mit *dam* wiedergegeben worden. „Damit war aber schon der verhängnisvolle Übergang vom ethischen in das kultische Gebot geschehen" (31).

Die weitere Entwicklung kann BOMAN mühelos erklären: Nach dem Tode der ersten Generation mußten die Heidenchristen annehmen, daß der in Jerusalem hinterlegte Text der ursprüngliche sei. Und so haben sie in allen großen Abschriften das „Erstickte" mitgenommen (32). Ein weiteres Argument für die Ursprünglichkeit der ethischen Fassung, also D, sieht Boman in Gal 5. Der dort V. 19–21 vorhandene Lasterkatalog sei nach dem Schema des Aposteldekrets aufgebaut, und zwar so, wie der kürzere Text es gemeint habe (34f.).

Die reichlich phantastische Hypothese kann m. E. die bisherige Erklärung nicht aus dem Sattel heben, die seinerzeit von W. G. Kümmel zur Evidenz gebracht wurde (Die älteste Form des Aposteldekrets, in: Heilsgeschehen u. Geschichte [MThSt 3]. Marburg 1965, 278–288). Und zwar darum nicht, weil die psychologische Unmöglichkeit so unmöglich gar nicht ist. Ein Redaktor streicht zunächst einmal den für ihn vor allem anstößigen Begriff. Danach wird er beim nochmaligen Durchlesen dann schon merken, daß sich damit der ganze Satz im gewünschten Sinn verändert hat. Wo nicht, hätte er ja wohl kaum gezögert, die ganze Passage entsprechend umzuformulieren. Und Gal 5 ist schlechterdings an den Haaren herbeigezogen, weil der Text zu dem infrage stehenden Sachverhalt gar nichts hergibt.

5. *Die Semitismen der Apg*

5.1. Seit M. Black's grundlegender Studie (1946; 3., veränderte Aufl. 1967) sind die *Aramaismen* auf der Tagesordnung der Textforschungen zur Apg geblieben. Nach wie vor ist *nicht* umstritten, *daß* die Apg Semitismen enthält. Umstritten ist lediglich, wie ihr Vorhandensein zu erklären ist: Handelt es sich um ein von Lukas eingebrachtes literarisches Stilelement, also um bewußt gestaltete „Bibelsprache" (LXX-Einfluß) im Dienste der erstrebten „Erbaulichkeit" seines Werkes (Haenchen)? Oder führt der Aufweis von Semitismen zur Annahme von alten aramäischen *Quellen* in der Apg (Ehrhardt, Acts; Wilcox; Martin; Payne)? Die Frage wird in der angelsächsischen Forschung mit ebenso großem Optimismus verhandelt, wie sie in der deutschen Acta-Forschung mit Skepsis betrachtet wird (Conzelmann; Haenchen; Vielhauer). Das Problem ist keineswegs eine rein philologische Liebhaberei. Es hat Gewicht für die Frage der Historizität der Apg: Müßte man beispielsweise die Reden auf aramäische Quellen zurückführen, bedeutete das eine Steigerung der historischen Glaubwürdigkeit des Lukas (Payne 135).

Kompliziert wird das Problem auch hier durch einen komplexen Befund. Zunächst ist bei der grundsätzlichen Zweisprachigkeit des Raumes und der Zeit des Lukas *kategorial* gar nicht so einfach zu bestimmen, was ein „Semitismus" ist und wann er vorliegt (Payne 135f.). Von der Person des Autors „Lukas" her ist daher das Problem unentscheidbar, da die Frage, ob Lukas Grieche (so die meisten) oder Jude war (so zuletzt E. E. Ellis)[1] selbst bei

---

1) E. E. Ellis, „,Those of the Circumcision' and the Early Christian Mission", in: Studia Evangelica V (TU 102), Berlin 1968, 390–399.

klarer Beantwortbarkeit die mögliche Zweisprachigkeit des Vf. der Apg nicht
ausschlösse (PAYNE 135).

Hinzu kommt folgendes. Der durch Lukas durchweg uniformierte Stil der
Apg macht es schier unmöglich, aufgrund von Stilkriterien Quellen zu eruieren (HAENCHEN, Komm. 73; MARTIN 38). Andererseits enthält besonders der
erste Teil der Apg (c. 1–15) eine Anzahl von semitisch-syntaktischen Besonderheiten, die sich mit LXX-Einfluß allein (HAENCHEN, Komm. 66f.; CONZEL-
MANN, Komm. 3; EHRHARDT, Acts; WILCOX; MARTIN; PAYNE) nicht mehr erklären lassen, sondern scheinbar zwingend auf aramäische Quellengrundlagen
hinweisen, die Lukas möglicherweise schon ins Griechische übersetzt über-
kommen sind (EHRHARDT, Acts 1; MARTIN).

Es fällt ferner auf, daß die Apg einerseits Formelmaterial enthält, das be-
merkenswerterweise *keine* Semitismen enthält. Andererseits ist nicht zu verkennen, daß die Passagen, die reichlich Semitismen und Spuren von Quellen
enthalten, gerade in denjenigen Kapiteln stehen, die HARNACK einst auf eine
antiochenische Quelle zurückgeführt hatte (6, 1–8, 4; 11, 19ff.; 12, 25 [13, 1]–
15, 35). Mit aller Behutsamkeit möchte M. WILCOX darin einen Hinweis auf
die Herkunft der von Lukas verwendeten Quellen sehen (vgl. SCHMID, BZ 10,
1966, 150).

5.2. Das Buch von WILCOX ist gegenwärtig das Standardwerk zur Sache.
Mit seinem Forschungsbericht von 19 Seiten darf es als Ausgangspunkt künftiger Beschäftigung mit dem Problem gelten. Das mit Recht viel beachtete
Buch (ich zähle in den wichtigsten Zeitschriften 27 Rezensionen) zeichnet
sich durch eine methodisch sorgfältige Arbeitsweise aus. Die Hauptergeb-
nisse der von M. BLACK beeinflußten Untersuchung, die letzterer in seine 3.
Aufl. in diejenigen Teile eingearbeitet hat, die die Apg betreffen (vgl. zur Kritik an BLACK's 3. Aufl. jedoch J. A. FITZMYER, CBQ 30, 1968, 417–428), sind
die folgenden:

1. die alttestamentlichen Zitate und Anspielungen in der Apg haben eine
besondere Nähe zu manchen palästinischen (gelegentlich auch samaritanischen) Targumen.

2. Lukas hat nicht die LXX als solche benutzt, sondern sogenannte
„Blöcke" der LXX, welche die Christen zu apologetischen und liturgischen
Zwecken entlehnten.

3. Zur Quellenfrage: Lukas ist nicht unmittelbar von aramäischen oder
hebräischen Quellen abhängig. Die alttestamentlichen Zitate und Anspielungen kamen ihm in schon griechischen Quellen zu, am häufigsten in Apg 7
und 13.

4. Semitismen im eigentlichen Sinn enthalten nur die Kapitel 1–15, genauer: 1, 4. 9; 2, 1. 3. 14. 47; 3, 2. 14 (dazu setzt HAENCHEN, ThLZ 91, 1966,
355 zwei Fragezeichen); 4, 10. 12. 13; 5, 26 (D); 6, 11. 13; 7, 52 (D). 53; 8, 2.

10 (?). 22 (?). 39. 40; 9, 2 etc. 36. 40; 10, 19. 38 D^c); 13, 6 (D). 11. 28b (D). 29b.
38. 45b. 47 (?); 14, 2 (D). 10 (D). 21; 15, 2 (D). 7.

5. Der Vf. unterscheidet drei Klassen von Semitismen:

a) Worte, Redewendungen und Verse, die einen Bezug zu oder eine Kenntnis von alttestamentlichen Texttraditionen erkennen lassen, und zwar semitische und nichtgriechische Texttraditionen.

b) Worte und Ausdrücke, die semitischer Natur sind, bei denen möglicherweise ein gewisser LXX-Einfluß nachweisbar ist.

c) Andere Worte und Wendungen semitischer Natur, jedoch nicht erklärbar in Worten, die sich LXX-Einfluß verdanken (180).

Alles ist durch den lukanischen Stil geprägt. Ein direkter Gebrauch von semitischen Quellenschriften ist also nicht nachweisbar.

6. Übersetzungen von aramäischen oder hebräischen Urschriften durch Lukas kommen nicht in Frage.

Durch dieses gründliche Buch von WILCOX findet die These von aramäischen oder hebräischen Quellenvorlagen *keine* Wiederauflage, es sei denn in der Form, daß die Traditionsgrundlagen ursprünglich in diesen Sprachen zirkulierten. Aber in ihrer gegenwärtigen Form tragen sie zu deutlich die Handschrift des Lukas, sind durch seinen Stil geprägt und seinen Zwecken dienstbar gemacht (181). Dies gilt uneingeschränkt für die *Erzähltraditionen*.

Für das *Reden-Material* liegt der Tatbestand differenzierter: Bei der Rede des Stephanus c. 7 und in Apg 13, 16b ff. scheint Lukas *Quellen* benutzt zu haben, ebenso für seine alttestamentlichen Zitationen und Anspielungen in diesen Reden. Hier ist die Auskunft „Bibelsprache" eine zu schwache Erklärung des Tatbestandes (184). Lukas muß darüber hinaus besondere Informationen vor sich gehabt haben: Traditionen von Worten und Taten der „Kirchenpioniere", Redenmaterial usw.

Das *Gesamtergebnis* lautet also: Das lukanische Doppelwerk, ganz und gar eigene Schöpfung des Lukas, ist dennoch nicht aus nichts geschaffen. Seine διήγησις stützt sich *auch* auf semitische Quellengrundlagen. Für sein Zitat-Material spielen die Targume und die Qumrantexte eine wichtige Rolle.

Das Buch ist also ein Versuch, sowohl der literarischen Persönlichkeit des Lukas gerecht zu werden wie auch seiner Traditionsverhaftetheit in Gestalt von vorgegebenen Quellen. Ob die sprachlichen und grammatischen Untersuchungen diese letztgenannte Hypothese stützen können, hat HAENCHEN schon seit langem bestritten (ThLZ 91, 1966, 355–357). Seiner Meinung nach läßt WILCOX ein von ihm, HAENCHEN, schon früher (ZThK 54, 1957, 22–55) widerlegtes „Phantom" wieder auferstehen: der Codex Bezae habe angeblich uralte Semitismen enthalten, die aus den anderen Handschriften wegkorrigiert worden seien. Sein Gegenargument: „Daß die angeblichen Semitismen ausgerechnet in von Lukas konzipierten Reden auftauchen, hätte den Vf (gemeint ist WILCOX) bedenklich machen sollen" (ThLZ 1966, 357). In der Letztauflage seines Kommentars zeigt HAENCHEN an einigen Beispielen überdies (51 f.), daß D mit seinen Aramaismen keineswegs einem ursprünglichen Text nähersteht als der B-Text, sondern daß es sich dabei z. T. um einfache Schreibversehen handelt. „Wenn man sieht, wie Lukas bei der Wiedergabe des Markus sich um besseres Griechisch bemüht, dann ist es von vornherein unwahrscheinlich, daß er in der Apg solche im Griechisch seiner Zeit unmöglichen Aramaismen geduldet hat" (51).

Ich bin nicht sicher, ob man mit dieser Auskunft die Frage der Aramaismen wirklich ad acta legen kann (vgl. auch GASQUE 231, bes. Anm. 87). Und zwar darum, weil die Paläographie zwar vieles, aber nicht alles erklärt. Möglicherweise zeigt die detaillierte, mit statistischen Erhebungen arbeitende syntaktische Untersuchung von R. A. MARTIN, daß der Septuagintismus nicht die einzig mögliche Auskunft ist, sondern daß einzelne Abschnitte in Apg 1–15 ursprünglich tatsächlich in einer semitischen Sprache abgefaßt gewesen sein können. Natürlich ist der Hinweis darauf, daß Lukas nicht immer mit der LXX geht (z. B. 7, 16; 15, 16; vgl. WILCOX 31; PAYNE 144), kein durchschlagendes Gegenargument gegen die Annahme, daß LXX-Einfluß überall als Erklärung ausreiche (diese These vertritt J. A. EMERTON in einer kritischen Rezension von WILCOX in JSSt 13, 1968, 282 ff.). Aber der Hinweis von J. A. FITZMYER, daß bei einer Reihe von atl. Zitateinleitungen des Lukas sich Analogien bei qumranischen Zitaten nachweisen lassen (SCHUBERT-FS 233–257), könnte vielleicht doch vor einer Überschätzung des LXX-Einflusses warnen (PAYNE, 145).

Im übrigen muß Lukas sein Interesse an „biblizistischem Kolorit" (LOHFINK) nicht unbedingt mit der LXX selbst befriedigt haben. Erwägenswert ist zumindest auch, „daß sich Lukas für seinen eigenen semitisierenden Stil … am Stil der Vorgeschichte (Lk 1, 5–2, 40) orientiert haben könnte", die als ein realtiv umfangreicher Block von Einzelerzählungen „bereits *vor* Lukas zu einer festen und abgerundeten Komposition gefügt war" (G. LOHFINK, Die Sammlung Israels. Eine Unters. z. lk. Ekklesiologie (StANT 39). München 1975, 21).

Nun, welches auch immer die richtige Erklärung sein mag, fest steht, daß der Sachverhalt differenzierter ist, als daß man ihn mit der Alternative: die biblizistische Kolorierung ist *entweder* Fingierung des Schriftstellers *oder* das Produkt seiner Quellenbenutzung exakt zu fassen bekäme. Im einzelnen aber bleiben noch viele Fragen offen. Daß eine *semantische* Erforschung des Vokabulars der Apg sie schließen könnte, glauben einige (vgl. J. BARR, Bibelexegese und moderne Semantik, München 1965 [engl. 1961]; D. HILL, Greek Words and Hebrew Meanings [SNTS monograph 5], Cambridge 1967). Die Frage müßte dann lauten: „Two what extent … does the vocabulary of Acts consist of Greek words carrying Semitic overtones? ... Modern linguistic science might suggest another method of approach to the vocabulary of the New Testament, namely the study of ‚semantic fields' ... It is conceivable that comparisons of semantic fields in Hebrew or Aramaic with their counterparts in Greek would throw some light on Luke's use of vocabulary" (PAYNE 149. 150). Aber das ist erst recht eine offene Frage.

6. Ergebnis

Abschließend bleibt zur Textforschung an der Apg zu sagen: Der Codex Bezae hat das Interesse, das man ihm widmet, verdient. Aber daß er direkt zu jenem Frühtext, der im (damals griechisch sprechenden) westlichen Teil der Kirche eine besondere Individualität gewonnen hat, zurückführt bzw. direkt aus ihm herkommt, „ist höchst zweifelhaft" (ALAND, Studien 48 f.). Es ist ebenso gut möglich, daß er nichts anderes darstellt als eine der Koine vergleichbare (aber nach anderen Grundsätzen durchgeführte) Bearbeitung einer Handschrift mit Frühtext durch einen besonders befähigten Theologen des ausgehenden 3. oder beginnenden 4. Jh. Die viel berufenen Übereinstimmungen des Codex Bezae mit dem Text der Frühzeit stellen nichts anderes dar als Hinweise bzw. Beweise für den der Handschrift zugrundeliegenden Frühtext, der – wie die neuen Handschriftenfunde, vor allem die Papyri beweisen – von einer ziemlichen Variationsbreite war. Daß jedenfalls die sogenannten Western non-interpolations, von Westcott-Hort aus dem Codex Bezae mit Hilfe der altlateinischen und sogenannten altsyrischen Übersetzung gewonnen, nichts mit dem ursprünglichen Wortlaut des Neuen Testaments zu tun haben, ist jetzt überzeugend nachgewiesen (ALAND, Studien 48 f.).

Im übrigen gilt: „The riddle of the Western text in Acts has not been solved" (KLIJN, A Survey II, 64). Niemand hat bisher einen reinen oder originalen „westlichen" Text entdecken können. Ergo: Dieser Text hat niemals existiert. KLIJN (64) hat recht: Westliche Lesarten waren verstreut über eine Anzahl von Handschriften und wahrscheinlich entstammen sie einer ganzen Anzahl von Orten über eine Anzahl von Jahren. Sicher ist nur eines: Die „westlichen" Lesarten sind sehr alt und von besonderer Bedeutung. KLIJN stimmt mit HAENCHEN (Komm. 47–53) und CONZELMANN (Komm. 2–3) darin überein, daß in einer großen Anzahl von Quellen diese Lesarten sehr bedachte Veränderungen darstellen. Das bedeutet, daß die Suche nach einem ursprünglichen Acta-Text keine leichter gewordene Frage ist. Wenn feststeht, daß der „westliche" Text keine klare Rezension darstellt, so ist jede einzelne Lesart gesondert auf ihren Wert hin zu untersuchen. Diese *eklektische Methode,* die von vielen befürwortet wird (übertrieben von KILPATRICK [CASEY-FS 64–67]), scheint der richtige Weg zu sein, um zum originalen Text zu gelangen. Freilich, auf die Gefahr dieser eklektischen Methode weist nachdrücklich KLIJN

hin (65; vgl. auch seinen Aufsatz in der SCHUBERT-FS 103–110): Die außerordentlich stark variierenden Ergebnisse tragen ein stark subjektives Element. Er wundert sich darum, daß so viele Herausgeber von griechischen
Texten und Übersetzungen einfach diesen Weg befolgen. Sicher ist der *Textgeschichte* in jedem einzelnen Fall Rechnung zu tragen (KLIJN 70). Aber auch
dann kommt man um eine Entscheidung zuletzt ja nicht herum. Der von
B. M. METZGER geschriebene „Textual Commentary on the Greek New Testament" (Stuttgart o. J.) bietet dazu freilich eine gute Hilfe.

II. Zur Quellenfrage

1. Allgemein

W. G. KÜMMEL hat in einem vorzüglichen Kapitel und unter Berücksichtigung aller wichtigen Sekundärliteratur den Forschungsstand bis zum 1. De-
zember 1971 aufgearbeitet (Einl. 141–153). Die später erschienenen Einlei-
tungen von J. SCHMID (354–361) und PH. VIELHAUER (385–393) führen nicht
darüber hinaus. Da wichtige Untersuchungen zum Quellenproblem m. W.
danach nicht erschienen sind, kann der Forschungsstand mit KÜMMELS Darstellung, die durch VIELHAUER im wesentlichen bestätigt wird (Ausnahme:
seine Beurteilung des „Wir" als rein literarisches Stilmittel: 390f.; dagegen
KÜMMEL, Einl. 146), als gegeben angesehen werden. Das Bild ist demnach
folgendes:
Insgesamt hat sich die Forschungslage seit dem letzten großen zusammen-
fassenden Bericht von J. DUPONT aus dem Jahre 1960 nicht verändert. Noch
immer ist das Quellenproblem in den beiden Teilen der Apg verschieden ge-
lagert (VIELHAUER, Lit. 386). Und nach wie vor ist der Quellenscheidungs-
versuch ein reichlich steriles Geschäft, während die seit M. DIBELIUS angewandte formgeschichtliche Traditionsbestimmung blüht.
Von den zahlreichen Quellentheorien, die im I. Teil der Apg wesentlich
formgeschichtlich oder gelegentlich auch mit den „Semitismen", im II. Teil
vor allem mit den „Wir-Stücken" oder dem „Itinerar" begründet werden, hat
sich keine allgemein durchgesetzt. Das hängt mit der seit A. v. HARNACK oft
betonten Tatsache zusammen, daß Lukas alles so sehr in seinen Stil gegossen
hat, daß an der Apg kaum Kriterien für eine Quellenscheidung zu gewinnen
sind. Feststellbar sind vorgegebene (mündliche oder schriftliche?) Traditionen (Einzelerzählungen, vielleicht auch Erzählungszyklen, Namenlisten) und
Spuren einer Bearbeitung von Quellen, jedoch lassen sich die Quellen selbst
nicht sauber greifen. Das gilt erst recht für die angeblich durchlaufende
„Proto-Acts"-Quelle, die MORTON/MACGREGOR erneut nachzuweisen ver-
suchten. Über Vermutungen ist kaum hinauszukommen (KÜMMEL, Einl. 152f.;
VIELHAUER, Lit. 393). Wir können nur unterscheiden zwischen Vermutungen

mit weniger guten Argumenten und Vermutungen mit sehr beachtlichen Argumenten.

2. Zur Quellenfrage im I. Teil der Apg

Zu den Vermutungen mit weniger guten Argumenten gehören die Quellenscheidungen im I. Teil der Apg (c. 1–15, 35)[1]. Während die Annahme, daß die Namenlisten 1, 13; 6, 5; 13, 1 f., das Stephanusmartyrium 6, 8 ff.; 7, 54 und (so CONZELMANN) vermutlich auch 5, 1–11 (Ananias und Sapphira), 12, 3 ff. (Befreiung des Petrus) Lukas mündlich oder schriftlich vorlagen, keine nennenswerten Schwierigkeiten bereitet, ist der Boden des Beweisbaren verlassen bei den folgenden beiden Quellentheorien, die bis zur Gegenwart zahlreiche Anhänger finden (das folgende nach KÜMMEL, Einl. 142 f.).

a) Die auf A. v. HARNACK zurückgehende Aufteilung von Apg 2–5 auf zwei parallele Quellen ist in modifizierter Form von B. REICKE und E. TROCMÉ wieder aufgegriffen worden[2], scheitert aber daran, daß sich weder ein stringenter Beweis für Parallelberichte in diesem Teil der Apg führen läßt (gegen REICKE), noch läßt sich ein durch Zusätze des Vf. der Apg erweiterter schriftlicher Bericht als Grundstock eruieren (gegen TROCMÉ).

b) Die ebenfalls von HARNACK begründete Annahme einer antiochenischen Quelle in Apg 6–15, die in unseren Tagen von R. BULTMANN und P. BENOIT wiederbelebt wurde[3], ist erst recht von fragwürdigen literarkritischen Analysen (BULTMANN) bzw. redaktionellen Verknüpfungen (BENOIT) belastet, so daß auch die Hypothese einer antiochenischen Quelle wenig wahrscheinlich ist. Freilich, ihr „Erinnerungswert" (VIELHAUER, Lit. 386, Anm. 15) wird dadurch gesteigert, daß diese Quelle durch die Semitismen-Forscher noch einmal von ganz anderen Beobachtungen her zur Sprache gebracht wurde (s. o.). Trotzdem gilt im Blick auf den I. Teil der Apg das Urteil uneingeschränkt, welches PH. VIELHAUER über die Apg insgesamt fällt: Die Quellenkritik alten Stils, „die historisch möglichst zuverlässig Berichte aus der Apg herausschälen wollte, hat ihre Möglichkeiten erschöpft und kommt auch in ihren neuesten Varianten nicht über die Variation alter Hypothesen hinaus" (Lit. 386).

---

1) Diese Einteilung ist strittig. Vgl. z. B. W. G. KÜMMEL, Einl., 122 f. PH. VIELHAUER, Lit., 380 f. vertritt weiterhin die Zweiteilung c. 1–12 und c. 13–28. Aber 15, 36 beginnt die große Missionsreise auf Eigeninitiative des Paulus hin (anders 13, 1 ff.). Das spricht für einen Einschnitt eher nach 15, 33 als nach c. 12 (H. J. MICHEL, Abschiedsrede, 74, [s. u. S. 188 Anm. 2]).

2) B. REICKE, Glauben und Leben der Urgemeinde. Bemerkungen zur Apg 1–7 (AThANT 32), Zürich 1957; E. TROCMÉ, Le „Livre des Actes" et l'histoire (EHPR 45), Paris 1957.

3) P. BENOIT, Remarques sur les „sommaires" des Actes II, IV et V, in: Aux sources de la tradition chrétienne, FS. M. GOGUEL, 1950, 1 ff. (= DERS., Exégèse et théologie II, 1961, 181 ff.).

3. Zur Quellenfrage im II. Teil der Apg.

Ist also die seit M.DIBELIUS mehr und mehr gesicherte Erkenntnis, daß aufgrund der unzusammenhängenden Berichterstattung über die älteste Geschichte der Urgemeinde, der unverkennbar gegebenen Einzelerzählungen bzw. Reden[1]) und ihrer literarischen Verknüpfung durch Summarien von einer systematischen Auswertung von *Quellen* im I. Teil der Apg nicht die Rede sein kann, sondern daß Lukas nur in querschnittartiger Schilderung allgemeiner Art bzw. allgemeiner Charakteristik von der inneren Lage der Urgemeinde Bericht geben will, ist also diese Erkenntnis die von der neuesten Forschung weithin akzeptierte Annahme[2]), so scheint die Quellenforschung im *II. Teil* der Apg (c. 15, 36–28, 31) in einer besseren Ausgangsposition zu sein. Das hängt mit den sogenannten „Wir-Berichten" zusammen (16, 10–17 Reise von Troas nach Philippi; 20, 5–15 von Philippi nach Milet; 21, 1–18 von Milet nach Jerusalem; 27, 1–28, 16 von Cäsarea nach Rom; hinzu kommt das „Wir" im „westlichen" Text von 11, 28), im Blick auf die zahlreiche Forscher an der Existenz einer sog. „Wir-Quelle" festhalten, obwohl auch sie sich sprachlich überhaupt nicht dem Kontext herauslösen läßt (HARNACK; DIBELIUS). Jedenfalls liegt hier der Schwerpunkt des Forschungsinteresses, freilich eines rivalisierenden. Das ist nicht weiter verwunderlich. Denn die zahllosen Hypothesen zu den Wir-Berichten der Apg lassen sich in der Tat auf die prinzipielle Alternative reduzieren, „ob sich der Vf. der Act (‚Lukas') zeitweilig bei Paulus befand oder ob er den Bericht eines Augenzeugen (des Lukas?) einarbeitet" (CONZELMANN, Komm. 5). Gerade dann aber springt das Dilemma der Forschung klar heraus, das CONZELMANN formuliert: „Für das letztere spricht die abrupte Art, wie das ‚Wir' aufzutauchen pflegt, für das erstere die Einheitlichkeit des Stils (HARNACK)" (Komm. 5). Für CONZELMANN selbst ist das ein Grund, das Rätsel der Wir-Berichte vorerst für unlösbar zu erklären (Komm. 6; vgl. DERS., WdF 240f., 253f.).

Dieser Meinung ist die übrige Forschung nicht. Sie bietet drei miteinander

---

1) Zur *Art* der überlieferten Einzelstoffe vgl. PH. VIELHAUER, Lit. 392. Wir werden bei der Besprechung von Einzelproblemen der Apg die eine oder andere Art der Überlieferung noch kennenlernen.

2) Im einzelnen werden natürlich immer noch sehr unterschiedliche Meinungen vertreten. So nimmt EHRHARDT beispielsweise an, daß die Rede des Gamaliel (Apg 5, 34ff.) auf eine frühe Quelle zurückgeht (Acts, 28) und daß für die Samaria-Mission Philippus eine Informationsquelle des Lukas war (37f.). Oder ein anderes Beispiel: E.REPO meint, die Apollos-Erzählung in c. 18 und 19 weise „auf eine judenchristliche Tradition syrischer Herkunft" hin (Der „Weg" als Selbstbezeichnung des Urchristentums. Eine traditionsgeschichtliche und semasiologische Untersuchung [AASF B 132, 2]. Helsinki 1964, 44).

rivalisierende Erklärungen des Wir an (vgl. HAENCHEN, Wir; VIELHAUER, Lit. 387 ff.):

1. Wo an der Abfassung des lukanischen Doppelwerkes durch Lukas den Arzt (Kol 4,14; Phlm 24) festgehalten wird, gelten die Wir-Stücke als Beweis, daß der Vf. hier als Augenzeuge schreibt (DUPONT, FULLER, EHRHARDT, MATTILL, MARSHALL). Da jedoch die theologisch-sachliche Inkongruenz des Paulusbildes der Apg mit dem der echten Paulusbriefe einen Vf. ausschließt, der Reisebegleiter des Paulus war (Nachweis vor allem von KÜMMEL, Einl. 146–153)[1]), erweist sich die These als unhaltbar.

2. Ernsthaftester Diskussionspunkt ist immer noch die *Itinerar-Hypothese,* mit der DIBELIUS das Problem lösen wollte, weil seiner Meinung nach das Wir weder zur Eruierung einer Quellenschrift taugt noch überhaupt ein Indiz für eine Quelle ist (so auch VIELHAUER, Lit. 388). Aber auch diese Itinerar-Hypothese hat sich teils durchgesetzt (S. SCHULZ, Die Stunde der Botschaft, Hamburg 1967, 241; in Abwandlung vertreten von TROCMÉ: Lukas hat das Tagebuch nur dort selbst geführt, wo das „Wir" begegnet; im übrigen haben auch die anderen Gefährten des Paulus Tagebuch geführt. NOCK wollte an mehrere Tagebücher denken), teils wird sie auch gänzlich bestritten (EHRHARTD, Construction, 78, Anm. 3 = Framework 101, Anm. 2; SCHILLE, HAENCHEN, CONZELMANN, KÄSEMANN, VF 1960/62, 93).

Um die neueste Bestreitung der Hypothese durch SCHILLE, HAENCHEN und CONZELMANN hat es eine Debatte gegeben, die VIELHAUER führt (GGA; jetzt aber auch Lit. 389 f.) und m. E. mit überzeugenden Argumenten für sich entscheidet: Zum grundsätzlichen Einwand von SCHILLE, ein Itinerar habe es als Gattung zur Zeit des Paulus nicht gegeben, verweist VIELHAUER (Lit. 389) auf NOCK, der das widerlegt hat (499 ff.). Und das seit NOCK immer wiederholte Argument, das Reisetagebuch eines Reisegefährten des Paulus hätte

---

1) Anders z. B. S. G. WILSON, The Gentiles 87, der mit der Situationsverschiedenheit alle sachlichen Spannungen zwischen Paulus und Lukas wegdiskutiert:„Paulus schreibt in der Gegenwart über die Gegenwart, während Lukas in der Gegenwart über die Vergangenheit schreibt. Paulus spricht von gegenwärtigen Realitäten und Lukas von historischen Fakten" (Übersetzung von mir). Ähnlich auch H. J. MICHEL, Die Abschiedsrede des Paulus an die Kirche Apg 20, 17–38. Motivgeschichte und theologische Bedeutung (StANT XXXV), München 1973. Er will zwar „Unterschiede", aber keine „Antithesen in den wesentlichen Fragen" zwischen Lukas und Paulus gelten lassen (98). Daß der lukanische Entwurf mit dem paulinischen Denken „identisch" sei, will MICHEL damit nicht sagen (99). Aber Identität ist hier ohnehin der falsche Begriff. Das Problem ist vielmehr die sachliche Koinzidenz des Paulinismus der Briefe und der Apg. Doch geht es jetzt nur um die Frage, ob der Paulinismus der Apg auf einen Intimus des Apostels zurückgehen *kann.* Dies ist u. E. ausgeschlossen.

beim Schiffbruch von Malta verlorengehen müssen, folglich enthielten c. 27 f.
nur die Reiseerinnerungen eines Fahrtgenossen (HAENCHEN 336; CONZEL-
MANN 5), kann VIELHAUER – da CONZELMANN für c. 27 einen Seefahrtsbericht
als literarische Vorlage annimmt (140–147) – mit dem Argument widerlegen:
„Bei einem nur literarischen Schiffbruch konnte das Itinerar kein Opfer wirk-
licher Wellen werden" (GGA, 1969, 7). Und schließlich weist VIELHAUER
CONZELMANNS spezifischen Einwand, in einem Itinerar hätten Notizen über
Erlebnisse des Paulus wie 2Kor 11, 26 ff. und über seine Korrespondenz mit
Gemeinden stehen müssen, als eine petitio pricipii zurück (390). Tatsächlich
ist die inhaltliche Dürftigkeit des Reisetagebuches, die HAENCHEN und CON-
ZELMANN an der Existenz eines Itinerars überhaupt zweifeln läßt, ein starkes
Argument *für* das Diarium, welches den auffallenden Textbefund noch im-
mer am leichtesten erklärt: es handelt sich um nüchterne Notizen über Reise-
stationen, Gastfreunde, Missionserfolge und dgl., die zur Erbaulichkeit des
Berichts gar nichts beitragen (DIBELIUS). VIELHAUER (Lit. 390) verdient Zustimmung: Die Annahme, Lukas habe alle möglichen Informationsquellen
wie Bereisung und Befragung von Gemeinden, Studium von Landkarten,
Kombination von Routen aus einzelnen Angaben usw. ausgeschöpft, läßt den
Textbefund nach Umfang und formgeschichtlicher Struktur „gerade wegen
der theologischen Unerheblichkeit" seines Inhalts (KLEIN, ZKG 1962, 360)
unerklärt. Dagegen ist es m. E. gar keine Frage, daß sich die *Textphänomene*
einheitlicher und plausibler *mit* der Itinerarhypothese erklären lassen (VIEL-
HAUER, GGA, 1969, 10). M. a. W.: Man darf ein Itinerar als schriftliche Quelle
für Apg 13–21 voraussetzen. Dann aber stellt sich in der Tat die Frage, wie
das „Wir" zu beurteilen ist, erneut (VIELHAUER, Lit. 390). Diese (freilich auch
unterschiedlich beantwortete) Frage stellt den dritten Lösungsversuch der
Wir-Stücke in der Apg dar.

3. Daß dieses als Quelle dienende Itinerar nichts mit dem Vf. der Apg zu
tun hat, ist klar (GRÄSSER, ThR 1960, 126 f.; HAENCHEN, ZThK 1950, 220 ff.
= Gott und Mensch 221 ff.; KLEIN, ZKG 1957, 365 f.; 1962, 359 f.). Aber es
handelt sich auch nicht, wie DIBELIUS annahm, um ein einziges Dokument,
sondern wahrscheinlich um mehrere solcher Dokumente, die dem Vf. der Apg
nicht vollständig, sondern nur fragmentarisch vorgelegen haben (VIELHAUER,
GGA, 1969, 11; Lit. 390). Bei der Frage, was dem Itinerar im einzelnen zuzu-
weisen ist, bleibt eine Ungewißheit. Es ist überhaupt stärker mit der schriftstellerischen Bearbeitung durch den Vf. der Apg zu rechnen, als das bei
DIBELIUS der Fall gewesen ist. „Auf den Versuch, die Vorlage im Wortlaut zu
rekonstruieren, wird man überhaupt zu verzichten haben, da der Vf. sie seinem Werk zwar zugrundegelegt, aber nur stellenweise wörtlich abgeschrieben
hat; man muß sich damit begnügen, ihre Relikte zu finden" (VIELHAUER,
GGA, 1969, 11).

Herrscht soweit Einigkeit (vgl. z.B. KÜMMEL, Einl. 146), so doch nicht in
der Beantwortung der Frage, wie denn nun das Wir in diesem als Vorlage die-
nenden Itinerar zu bewerten sei. VIELHAUER erklärt unmißverständlich: Es
läßt sich ebensowenig unter dem Gesichtspunkt des Itinerars als Indiz für
eine Quelle reklamieren, wie unter lexikalischem und stilistischem Aspekt.
„Eine Wir-Quelle hat also nie existiert. Dann aber kann das Wir nur so verstanden werden, daß der Vf. der Apg es in die Berichte eingefügt hat und damit seine zeitweilige Teilnahme an den Paulus-Reisen – zu Recht oder zu
Unrecht – andeuten wollte. Das in dem ‚Wir' steckende ‚Ich' ist nicht das
des Schreibers des Itinerars, sondern das Ich des Verfassers der Apg" (Lit.
390).

    Nun, mag VIELHAUER den von KÜMMEL gemachten Einwand, daß dann
das Wir „für den Leser unerklärt (bleibt)" (KÜMMEL, Einl. 146), damit zurückweisen können, daß der Leser einer solchen Erklärung nicht bedürftig ist,
weil er sie gar nicht erwartet (VIELHAUER, Lit. 390f.), so bleibt doch die Ent-
kräftung des von VIELHAUER selbst gesehenen Einwandes, warum die fin-
gierte Augenzeugenschaft ausgerechnet in solchen Passagen vorgenommen
wird, die wenig oder nichts für den Zweck der Apg austragen, unbefriedigend.
Im Grunde entkräftet ihn VIELHAUER gar nicht, sondern schlägt ihn mit
einem einzigen Argument nieder: Die „antiken Analogien" zeigten, „daß die
Einführung der 1. Person nicht mit der Schilderung von Höhepunkten zu-
sammenzufallen pflegt" (Lit. 391). Damit ist für VIELHAUER die genannte
Frage „gegenstandslos" (ebd.). Für den aber, der *mit* VIELHAUER den Anteil
des Lukas an der literarischen und theologischen Gestaltung des Doppelwer-
kes sehr hoch einschätzt, ist sie das keineswegs. Jedenfalls muß man VIEL-
HAUERS Erklärung so lange für schwach erklären, wie sie nur auf diesem einen
Argument beruht. Vorerst ist dagegen KÜMMELS Auskunft überzeugender,
daß das Wir von Anfang an in von Lukas benutzten Quellen verschiedenster
Art und verschiedensten Inhaltes verankert war (Einl. 152). Diese Quellen
– darin ist wiederum VIELHAUER vorbehaltlos zuzustimmen – sind für die
Biographie des Paulus von höchster Bedeutung (GGA, 1969, 11). Denn zu
den in dieser Hinsicht unergiebigen Paulusbriefen tritt das Itinerar als „eine
willkommene Ergänzung". Auch wenn vieles einzelne im Dunkeln bleibt,
„sind die erkennbaren Itinerar-Fragmente von hohem Wert. Sie lassen die
Reihenfolge bestimmter Reisen wiedergewinnen und ermöglichen so, die
chronologische Folge und das ungefähre Datum der Paulusbriefe zu bestimmen. Natürlich bleiben infolge der Lückenhaftigkeit viele Fragen offen. Aber
man sollte sich der durch die Apg gegebenen Möglichkeiten nicht allzu leicht
entschlagen" (GGA, 1969, 12).

    Mag der Ertrag der Quellenforschung innerhalb der Apg auch nicht reich
sein, wenn *diese* Möglichkeit besteht, ist sie dennoch nicht nutzlos. Man

braucht sich nur zu vergegenwärtigen, welche Rolle die Apg in der nun wirklich kritischen Darstellung der „Geschichte des Urchristentums" von H. CON-
ZELMANN spielt (NTD-Ergänzungsreihe 5, Göttingen 1969), um zu sehen, daß
sie tatsächlich „eine unschätzbare Quelle für die Ereignisse (ist), die sie erzählt" (ebd. 12). Das gilt unbeschadet der Tatsache, daß ihre kritische Prüfung sich auch vornehmen läßt als eine Zusammenstellung dessen, „was wir
nicht wissen" (ebd. 25). Aber das, was wir durch sie wissen, bildet doch das
tragende Gerüst der Geschichte des Urchristentums. HAENCHENs Urteil: „Je
weiter die Forschung fortschreitet, desto mehr tritt die Quellenfrage zurück"
(Komm. 398), trifft so uneingeschränkt sicher nicht zu. Sicher ist in der primär redaktionsgeschichtlich orientierten Acta-Auslegung die Tendenz spürbar, die Quellenfrage als nutzloses Ratespiel für etwas ganz Peripheres zu
erklären. Aber das durch die Apg nun einmal geweckte historische Interesse
wird den Forscher auch immer wieder dazu führen, sich für die von Lukas
verwendeten Quellen und deren historische Zuverlässigkeit zu interessieren.
Ja, in der Gegenwart ist eine verstärkte Hinwendung zu dieser Fragestellung
zu spüren (EHRHARDT, Acts; WILSON, Gentiles; GOULDER, BUCHARD, vor
allem HENGEL). Das ist leicht erklärlich. War das enttäuschende Ergebnis
einer unter viel Aufwand an Mühe und Scharfsinn durch Jahrzehnte hindurch
auf die Feststellung von Quellen der Apg gerichteten Forschung zunächst
dieses, daß man den Anteil des Schriftstellers Lukas bei der Schaffung der
Apg scharf erkannte und ihn in glänzenden Untersuchungen zur Darstellung
brachte, so führt jetzt, nachdem diese Arbeit intensiv und mit viel Erfolg
getan worden ist, der Weg wieder zurück zu den quellenmäßigen und traditionsgeschichtlichen *Voraussetzungen* des Lukas, die sein Werk überhaupt
erst ermöglicht haben und die bei der nie verstummenden Frage nach der
historischen Glaubwürdigkeit des Berichteten eben doch ein Wort mitspre-
chen wollen – und sollen! Je mehr wir Lukas als *hellenistischen* Schriftsteller
kennenlernen (PLÜMACHER)[1]), dessen „dramatischer Episodenstil" insbesondere „in der hellenistischen Historiographie eine lange Tradition besessen
hat" (PLÜMACHER 139), je weniger will einleuchten, daß das Erbauungsinter-
esse des Lukas sein Interesse an historischer Zuverlässigkeit stillgelegt haben
soll (HAENCHEN, Apg als Quelle)[2]). Als Historiker steht Lukas im Zwielicht.

---

1) E. PLÜMACHER, Lukas als hellenistischer Schriftsteller (StUNT 9), Göttingen
1972, 80ff.
2) M. HENGEL (ZThK 1975, 152, Anm. 6) verweist in diesem Zusammenhang in
mißverständlicher Weise auch auf W. SCHNEEMELCHER, Die Apg des Lukas und die
Acta Pauli, in: Apophoreta. FS. E. HAENCHEN (BZNW 30), Berlin 1964, 236–250.
Dieser aber zeigt, daß Lukas gerade *nicht* „in der Art der späteren apokryphen
Apostelakten produziert" (HENGEL 152). SCHNEEMELCHER trifft sich in seinem Ur-

Aber das rührt nicht von seiner Arbeitsweise her, sondern von seiner Traditionsbasis, die schmal gewesen sein mag (BURCHARD 172f.) und weithin legendär (es überwiegen Personallegende und Interesse am Wunderhaften: VIELHAUER, Lit. 393). Insofern ist der Apg eine Geschichte des Urchristentums so wenig abzugewinnen wie den Evangelien ein Leben Jesu (BURCHARD 173). Richtig ist auch, daß sie nicht die älteste Kirchengeschichte sein will. „Sie ist keine Gesamtdarstellung, sondern eine historische Monographie (CONZELMANN), die einen Ausschnitt aus dem Geschehen der ersten christlichen Jahrzehnte bietet und ein Menschenalter vor Lukas endet. Ihr Gegenstand ist nicht die Kirche, von der Lukas auch gar keinen Gesamtbegriff hat, sondern die Predigt der Zeugen von Jerusalem bis Rom. Vor allem: Die Apg ist kein selbständiges Werk, sondern ein zweiter Band, nicht nur literarisch, sondern auch sachlich. Die Wirksamkeit der Zeugen ist eine Funktion des Jesusgeschehens. Daraus ergibt sich der Zweck der Apg. Es ist nicht das Interesse an der Geschichte (auch nicht im antiken Sinn, der Belehrung und Unterhaltung nicht ausschließt), schon gar nicht das an der Geschichte der Kirche, das Lukas zum Hostoriker macht, sondern das Interesse an der Richtigkeit des Kerygmas" (BURCHARD 184f.). Aber unbestritten ist auch, daß Lukas *diese* Aufgabe als literarischer *und* historischer Arbeiter umsichtig, behutsam und – was das Ergebnis anbetrifft – „eindrucksvoll" (VIELHAUER, Lit. 393) anpackt[1]). Denn tatsächlich hat es ein „nacktes" Kerygma niemals gegeben, d.h. ein Kerygma, das nicht eingebettet gewesen wäre in Glauben und Handeln der Gemeinde und ihrer Apostel und Missionare (J. JERVELL). Insofern steht Lukas mit seiner Absicht nicht völlig voraussetzungslos da. Er hat den Inhalt der Apg nicht frei erfunden, sondern ihn überlieferten Stoffen entnommen (VIELHAUER, Lit. 385) und ihn zu einem (freilich idealisierten) *Bild* von der frühen Wirkungs*geschichte* des Evangeliums gestaltet[2]). Wo man darum

---

teil weit eher mit EHRHARDT: „In contrast to the novellistic art of the authors of the apocryphal Acts he (Lukas) was a sober and serious historian" (Acts, 26).

1) J.-P. CHARLIER, L'évangile de l'enfance, fühlt sich durch die Apg als *Geschichtsbuch* erinnert an das große Werk des Deuteronomisten oder Chronisten (8). Dazu siehe jetzt auch U. WILCKENS in der 3. Aufl. seiner Missionsreden (s.u.).

2) Der Vorwurf der Historisierung des Heils, besonders schroff von E. DINKLER erhoben (The Idea of History, Signum Crucis, 334: Die Säkularisierung der Geschichte in der christlichen Theologie *beginnt* mit Lukas [Auszeichnung von mir]), ist durch die neuere Lukas-Forschung nicht völlig gegenstandslos geworden, bedarf aber – was den pejorativen Sinn anbetrifft – erneuter Überprüfung. Vgl. dazu vor allem W.G. KÜMMEL, Luc en accusation dans la theologie contemporaine. Ferner U. LUCK, Kerygma, Tradition und Geschichte Jesu bei Lukas, in: ZThK 57 (1960), 51–66 = „Wege der Forschung" Bd. CCLXXX, Darmstadt 1974, 95–114; U. WIL-

Lukas – was KÄSEMANNS Gesamtdarstellung eindrucksvoll zeigt[1]) – das Prädikat „erster christlicher Historiker" (156) nicht vorenthalten kann, da *bleibt*
die Quellenfrage ein notwendiges Thema der Acta-Forschung.

(wird fortgesetzt)

CKENS, Lukas und Paulus unter dem Aspekt dialektisch-theologisch beeinflußter
Exegese; aber auch O. CULLMANN, Heil als Geschichte. Tübingen 1965 (²1967),
166–267.
   1) Der Ruf der Freiheit, 155–173.

V. Acta-Forschung seit 1960

(Fortsetzung)

Literatur:

F. E. Adcock, Thucydides and His History. Cambridge 1963. – A. W. Argyle, The Greek of Luke and Acts, in: NTS 20 (1973/74), 441–445. – L. W. Barnard, St. Stephen and Early Alexandrian Christianity, in: NTS 7 (1960/61), 31–45. – C. K. Barrett, Stephen and the Son of Man, in: Apophoreta. FS für E. Haenchen (BZNW 30). Berlin 1964, 32–38. – Ders., The Acts and the Origins of Christianity, in: Ders., NT Essays. London 1972, 101–115. – Ders., The Acts – of Paul, in: Ders., NT Essays. London 1972, 86–100. – Ders., The Acts – of the Apostles, in: Ders., NT Essays. London 1972, 70–85. – O. Bauernfeind, Tradition und Komposition in dem Apokatastasisspruch Apg 3, 20f., in: Abraham Unser Vater. FS O. Michel. Leiden/Köln 1963, 13–23. – P. Benoit, The Ascension of Christ, in: ThD 8 (1960), 105–110 = Die Himmelfahrt, in: Exegese und Theologie. Ges. Aufs. Düsseldorf 1965, 182–218. – O. Betz, The Kerygma of Luke, in: Interp. 22 (1968), 131–146. – Ders., Die Vision des Paulus im Tempel von Jerusalem. Apg 22, 17–21 als Beitrag zur Deutung des Damaskuserlebnisses, in: Verborum Veritas. FS G. Stählin. Wuppertal 1970, 113–123. – K. Beyschlag, Zur Simon-Magus-Frage, in: ZThK 68 (1971), 395–426. – Ders., Simon Magus und die christliche Gnosis (WUNT 16). Tübingen 1974. – J. Bihler, Der Stephanusbericht (Apg 6, 8–15 und 7, 54–8, 2), in: BZ 3 (1959), 252–270. – Ders., Die Stephanusgeschichte im Zusammenhang der Apostelgeschichte (MThS 1, 16). München 1963. – E. M. Blaiklock, The Acts of the Apostles as a Document of First Century History, in: Apostolic History and the Gospel. Festschrift F. F. Bruce. Exeter 1970, 41–54. – J. Blank, Paulus und Jesus. Eine theol. Grundlegung (StANT 18). München 1968, 34ff., 242ff. – W. W. Boers, Psalm 16 and the Historical Origin of the Christian Faith, in: ZNW 60 (1969), 105–110. – P. Borgen, Von Paulus zu Lukas. Beobachtungen zur Erhellung der Theologie der Lukasschriften, in: StTh 20 (1966), 140–157. – G. Bornkamm, The Missionary Stance of Paul in I Corinthians 9 and in Acts, in: Studies in Luke-Acts. FS P. Schubert. Nashville/New York 1966, 194–207 = dt. in: Geschichte und Glaube II (1971) 149–161. – F. Bovon, L'origine des récits concernant les apôtres., in: RThPh 17 (1967), 345–350. – Ders., De vocatione gentium. Histoire de l'interprétation d'Act 10, 1–11, 17 dans les six premiers siècles (BGBE 8). Tübingen 1967. – Ders., Tradition et rédaction en Actes 10, 1–11, 18, in: ThZ 26 (1970), 22–45. – DERS., Le salut dans les écrits de Luc, in: RThPh 23 (1973), 296–307. – J.W.BOWKER, Speeches in Acts: A Study in Poem and Yelammedenu Form, in: NTS 14 (1967/68), 96–111. – G.BRAUMANN, Das Mittel der Zeit, in: ZNW 54 (1963), 117–145. – I.BROER, Der Geist und die Gemeinde. Zur Auslegung der lukanischen Pfingstgeschichte (Apg 2, 1–13), in: BiLe 13 (1972), 261–283. – S.BROWN, S.J., Apostasy and Perseverance in the Theology of Luke (AnBib 31). Rom 1969. – N.BROX, Zeuge und Märtyrer. Untersuchungen zur frühchristlichen Zeugnis-Terminologie. München 1961. – P.BRUNNER, Das Pfingstereignis. Eine dogmatische Beleuchtung seiner historischen Problematik, in: Festgabe J.HÖFER. Freiburg 1967, 230–242. – CHR.BURCHARD, Paulus in der Apg., in: ThLZ 100 (1975) 881–895. – C.BUSSMANN, Themen der paulinischen Missionspredigt auf dem Hintergrund der spätjüdisch-hellenistischen Missionsliteratur (EHS. T 3). Frankfurt 1971. – H.CONZELMANN, Geschichte, Geschichtsbild und Geschichtsdarstellung bei Lukas, in: ThLZ 85 (1960), 241–250. – DERS., Die Mitte der Zeit. Studien zur Theol. des Lukas (BHTh 17). Tübingen (1954) 5. Aufl. 1964 (= The Theology of St. Luke. New York/London 1960). – P.COUSINS, Stephen and Paul, in: EvQ 33 (1961), 157–162. – O.CULLMANN, Der johanneische Kreis. Zum Ursprung des Johannesevangeliums. Tübingen 1975. – DERS., Von Jesus zum Stephanuskreis und zum Johannesevangelium, in: Jesus und Paulus. FS für W.G.KÜMMEL, Göttingen 1975, 44–56. – H.-J.DEGENHARDT, Lukas – Evangelist der Armen. Besitz und Besitzverzicht in den lukanischen Schriften. Eine traditions- und redaktionsgeschichtliche Untersuchung. Stuttgart 1965. – G.DELARUE, Les Actes des Apôtres. Enfance de l'Église (SSpir 18). Paris 1968. – M.DELCOR, Pentecôte, in: DBS VII. Paris 1966, 858–979. – G.DELLING, Die Jesusgeschichte in der Verkündigung nach Acta, in: NTS 19 (1972/73), 373–389. – DERS., Israels Geschichte und Jesusgeschehen nach Acta, in: FS O.CULLMANN. Zürich/Tübingen 1972, 187–197. – DERS., Das letzte Wort der Apostelgeschichte, in: NT 15 (1973), 193–204. – DERS., ,,... als er uns die Schrift aufschloß". Zur Lukanischen Terminologie der Auslegung des Alten Testaments. In: Das Wort und die Wörter. FS G.FRIEDRICH. Stuttgart 1973, 75–84. – M.DIBELIUS, Aufsätze zur Apostelgeschichte, hg. v. H.GREEVEN (FRLANT 60). 5. durchges. Aufl. Göttingen 1968. – E.DINKLER, Art. Tradition, Im Urchristentum, RGG³ VI (1962), 970–974. – DERS., Philippus und der ANHP ΑΙΘΙΟΨ (Apg 8, 26–40). Bemerkungen zum Missionsablauf nach Lukas, in: Jesus und Paulus. FS W.G.KÜMMEL. Göttingen 1975, 85–95. – W.DIETRICH, Das Petrusbild der lukanischen Schriften (BWANT 14). Stuttgart 1972. – J.D.G.DUNN, Baptism in the Holy Spirit. Re-Examination of the New Testament Teaching on the Gift of the Spirit in Relation to Pentecostalism Today. London 1970. – J.DUPONT, ,,Le salut des gentils et la signification théologique du Livre des Actes", in: NTS 6 (1959/60), 132–155 (= Études sur les Actes des Apôtres. Paris 1967, 394–419). – DERS., Le discours de Milet, testament pastoral de S. Paul (Act 20, 18–36) (LeDiv 32). Paris 1962. – DERS., Paulus an die Seelsorger. Das Vermächtnis von Milet (Apg 20, 18–36). Übersetzt v. F.J.SCHIERSE (KBANT). Düsseldorf 1966. – DERS., Il testamento pastorale di S. Paolo. Vers. L.ROSADONI. Milano 1967. – DERS., Études sur les Actes des Apôtres (LeDiv 45). Paris 1967 = Studi sugli Atti degli Apostoli. Versione ital. a cura di A.GIRLANDA (La Parola di Dio 6). Roma

1971. – DERS., Ascension du Christ et don de l'Esprit d'après Actes 2:33, in: Christ and Spirit in the New Testament. FS C.F.D.MOULE. Cambridge 1973, 219–228. – DERS., Les Béatitudes III: Les Évangiles (EtB). Paris 1973. – DERS., Die individuelle Eschatologie im Lukasevangelium und in der Apostelgeschichte, in: Orientierung an Jesus. Für J.SCHMID. Freiburg 1973, 37–47. – A.EHRHARDT, The Construction and Purpose of the Acts of the Apostles, in: DERS., Framework of the NT Stories. Manchester 1964, 64–102 (= StTh 12 (1958), 45–79). – DERS., The Acts of the Apostles. Ten Lectures. Manchester 1969. – E.E.ELLIS, Present and Future Eschatology in Luke, in: NTS 12 (1965/66), 27–41. – DERS., Die Funktion der Eschatologie im Lukasevangelium, in: ZThK 66 (1969), 387–402 (= WdF CCLXXX. Darmstadt 1974, 378–397). – DERS., Midrashic Features in the Speeches of Acts, in: Mélanges Bibliques (en hommage de B.RIGAUX). Gembloux 1970, 303–312 = Midraschartige Züge in den Reden der Apostelgeschichte, in: ZNW 62 (1971), 94–104. – DERS., The Role of the Christian Prophets in Acts, in: Apostolic History and the Gospel. FS F.F.BRUCE. Exeter 1970, 55–67. – W.ELTESTER, Lukas und Paulus, in: Eranion. FS H.HOMMEL. Tübingen 1961, 1–17. – DERS., Israel im lukanischen Werk und die Nazarethperikope, in: W.ELTESTER (Hg.), Jesus in Nazareth (BZNW 40). Berlin. New York 1972, 76–147. – J.CHR.EMMELIUS, Tendenzkritik und Formengeschichte. Der Beitrag Franz Overbecks zur Auslegung der Apg im 19.Jahrhundert (FKDG 27). Göttingen 1975. – M.S.ENSLIN, Once Again, Luke and Paul, in: ZNW 61 (1970), 253–271. – C.F.EVANS, "Speeches" in Acts, in: Mélanges Bibliques en hommage de B.RIGAUX. Gembloux 1970, 287–302. – C.EXUM / C.TALBERT, The Structure of Paul's Speech to the Ephesian Elders (Acts 20, 18–35), in: CBQ 29 (1967), 233–236. – E.FERGUSON, The Hellenists in the Book of Acts, in: RestQ 12, 4 (1969), 159–180. – J.A.FITZMYER, Jewish Christianity in Acts in the Light of the Qumran Scrolls, in: FS P.SCHUBERT. Nashville/New York 1966, 233–257 = J.A.F., Essays on the Semitic Background of the New Testament. London 1971, 271–303. – H.FLENDER, Die Kirche in den Lukas-Schriften als Frage an ihre heutige Gestalt, in: KiZ 1966, 250–257 (= WdF CCLXXX. Darmstadt 1974, 261–286). – DERS., Heil und Geschichte in der Theologie des Lukas (BEvTh 41). München 1968. – F.O.FRANCIS, Eschatology and History in Luke-Acts, in: JAAR 37 (1969), 49–63. – E.FRANKLIN, The Ascension and the Eschatology of Luke-Acts, in: SJTh 23 (1970), 191–200. – S.J.FRICKEL, Die „Apophasis Megale" in Hippolyts Refutatio (VI, 9–18): Eine Paraphrase zur Apophasis Simons (OrChrA 182), Roma 1968. – D.P.FULLER, Easter Faith and History. Grand Rapids 1965. – B.GÄRTNER, Paulus und Barnabas in Lystra. Zu Apg 14, 8–15, in: SEÅ 27 (1962), 83–88. – W.W.GASQUE, The Historical Value of the Book of Acts. An Essay in the History of NT Criticism, in: EvQ 41 (1969), 68–96 (= ThZ 28 [1972], 177–196). – L.GASTON, No Stone on Another. Studies in the Significance of the Fall of Jerusalem in the Synoptic Gospels (NT. S 23). Leiden 1970. – A.GEORGE, Israël dans l'oeuvre de Luc, in: RB 75 (1968), 481–525. – T.F.GLASSON, The Speeches in Acts and Thucydides, in: ET 76 (1964/65), 165. – L.GOPPELT, Die apostolische und nachapostolische Zeit. Göttingen 1962. – M.D.GOULDER, Type and History in Acts. London 1964. – H.GRASS, Ostergeschehen und Osterberichte. Göttingen 2. Aufl. 1962. – W.GRUNDMANN, Der Pfingstbericht der Apostelgeschichte in seinem theologischen Sinn, in: StEv II (1964), 584–

594. – E. GÜTING, Der geographische Horizont der sog. Völkerliste des Lukas (Acta 2, 9–11), in: ZNW 66 (1975) 149–169. – E. GÜTTGEMANNS, Literatur zur Neutestamentlichen Theologie. Randglossen zu ausgewählten Neuerscheinungen, in: VF 12 (1967), 38–87. – K. HAACKER, Das Pfingstwunder als exegetisches Problem, in: Verborum Veritas. FS G. STÄHLIN. Wuppertal 1970, 125–131. – E. HAENCHEN, Quellenanalyse und Kompositionsanalyse in Act 15, in: Judentum, Urchristentum, Kirche. FS J. JEREMIAS (BZNW 26). Berlin 1960, 153–164. – DERS., Acta 27, in: Zeit und Geschichte. Dankesgabe an R. BULTMANN. Tübingen 1964, 235–254. – DERS., Tradition und Komposition in der Apostelgeschichte, in: DERS., Gott und Mensch. Tübingen 1965, 206–226. – DERS., Judentum und Christentum in der Apostelgeschichte, in: DERS., Die Bibel und wir. Tübingen 1968, 338–374 (= ZNW 54 [1963], 155–187). – DERS., Die Apostelgeschichte als Quelle für die christliche Frühgeschichte, in: DERS., Die Bibel und wir. Tübingen 1968, 312–337 [engl.: The Book of Acts as Source Material for the History of Early Christianity, in: FS P. SCHUBERT. Nashville/New York 1966, 258–278]. – DERS., Die Einzelgeschichte und der Zyklus. Eine methodische Skizze zur Acta, in: FS O. CULLMANN. Zürich/Tübingen 1972, 199–205. – DERS., Simon Magus in der Apg, in: K.W. TRÖGER (Hg.), Gnosis und NT. Studien aus Religionswissenschaft und Theologie. Berlin 1973, 267–279. – F. HAHN, Das Verständnis der Mission im NT (WMANT 13). Neukirchen-Vluyn (1963), 2. Aufl. 1965 (= Mission in the New Test., transl. F. CLARK. London 1965). – DERS., Die Himmelfahrt Jesu. Ein Gespräch mit Gerhard Lohfink, in: Bib 55 (1974), 418–426. – V. HASLER, Jesu Selbstzeugnis und das Bekenntnis des Stephanus vor dem Hohen Rat. Beobachtungen zur Christologie des Lukas, in: SThU 36 (1969), 36–47. – H. HEGERMANN, Zur Theologie des Lukas, in: „…und fragten nach Jesus“. Beiträge aus Theologie, Kirche und Geschichte. FS für E. BARNIKOL. Berlin 1964, 27–34. – M. HENGEL, Die Ursprünge der christlichen Mission, in NTS 18 (1971), 15–38. – DERS., Zwischen Jesus und Paulus. Die „Hellenisten“, die „Sieben“ und Stephanus (Apg 6, 1–15; 7, 54–8, 3), in: ZThK 72 (1975), 151–206. – R. H. HIERS, The Problem of the Delay of the Parousia in Luke-Acts, in: NTS 20 (1974), 145–155. – T. HOLTZ, Beobachtungen zur Stephanusrede Acta 7, in: Kirche-Theologie-Frömmigkeit. Festgabe für G. HOLTZ. Berlin 1965. 102–114. – DERS., Untersuchungen über die alttestamentlichen Zitate bei Lukas (TU 104). Berlin 1968. – N. HYLDAHL, Philosophie und Christentum. Eine Interpretation der Einleitung zum Dialog Justins (AThD 9). Kopenhagen 1968. – J. JERVELL, Zur Frage der Traditionsgrundlage der Apostelgeschichte, in: StTh 16 (1962), 25–41. – DERS., Divided Israel and the Gentiles. The Motivation for the Gentile Mission according to the Acts, in: NTT 66 (1965), 232–259 (= dt. StTh 19, 1965, 68–96). – DERS., In the Center of Israel's History, in: NTT 69 (1968), 130–138. – DERS., Paulus – der Lehrer Israels. Zu den apologetischen Paulusreden in der Apostelgeschichte, in: NT 10 (1968), 164–190. – DERS., Luke and the People of God. A New Look at Luke-Acts. Foreword by N. A. DAHL. Minneapolis 1972. – E. KÄSEMANN, The Disciples of John the Baptist in Ephesus, in: SBT 41 (1964), 136–148 [dt. = FS WALTER BAUER. 1952, 158–168 = ZThK 49 (1952), 144–154 = EVB I. 5. Aufl. Göttingen 1967, 158–168]. – DERS., Ephesians and Acts, in: Studies in Luke-Acts. FS P. SCHUBERT. Nashville/New York 1966, 288–297. – J. D. KAESTLI, L'escha-

tologie dans l'oeuvre de Luc. Ses caractéristiques et sa place dans le développement du Christianisme primitif (NSTh 22). Genève 1969. – H.Kasting, Die Anfänge der urchristl. Mission. Eine historische Untersuchung (BEvTh 55). München 1969. – L.E.Keck / J.L.Martyn, Studies in Luke-Acts. Essays presented in Honor of Paul Schubert. Nashville/New York 1966. London 1968. – G.D.Kilpatrick, The Gentiles and the Strata of Luke, in: Verborum Veritas. FS G.Stählin. Wuppertal 1970, 83–88. – H.G.Kippenberg, Garizim und Synagoge. Traditionsgeschichtliche Untersuchungen zur samaritanischen Religion der aramäischen Periode (RVV 30). Berlin/New York 1971. – G.Klein, Die zwölf Apostel. Ursprung und Gehalt einer Idee (FRLANT 77). Göttingen 1961. – Ders., Der Synkretismus als theologisches Problem in der ältesten christlichen Apologetik, in: ZThK 64 (1967), 40–82 (= Ders., Rekonstruktion und Interpretation. Ges. Aufs. z. NT [BEvTh 50]. München 1969, 262–301). – H.Klein, Zur Frage nach dem Abfassungsort der Lukasschriften, in: EvTh 32 (1972), 467–477. – K.Kliesch, Das heilsgeschichtliche Credo in den Reden der Apostelgeschichte (BBB 44). Köln/Bonn 1975. – O.Knoch, Die ,,Testamente'' des Petrus und Paulus. Die Sicherung der apostolischen Überlieferung in der spätneutestamentlichen Zeit (SBS 62). Stuttgart 1973. – H.Köster, ΓΝΩΜΑΙ ΔΙΑΦΟΡΟΙ. Ursprung und Wesen der Mannigfaltigkeit in der Geschichte des frühen Christentums, in: ZThK 65 (1968), 160–203 (= Ders., J.M.Robinson, Entwicklungslinien durch die Welt des frühen Christentums. Tübingen 1971, 107–146). – E.Kränkl, Jesus der Knecht Gottes. Die heilsgeschichtliche Stellung Jesu in den Reden der Apostelgeschichte (BU 8). Regensburg 1972. – J.Kremer, Die Voraussagen des Pfingstgeschehens in Apg 1, 4–5 und 8. Ein Beitrag zur Deutung des Pfingstberichtes, in: Die Zeit Jesu. FS H.Schlier. Freiburg 1970, 145–168. – Ders., Pfingstbericht und Pfingstgeschehen. Eine exegetische Untersuchung zu Apg 2, 1–13 (SBS 63/64). Stuttgart 1973. – Ders., Pfingsten – Erfahrung des Geistes. Was sagt darüber die Bibel? (Bibl. Forum 9). Stuttgart 1974. – A.R.C.Leaney, Why there were Forty Days between the Resurrection and the Ascension in Acts 1, 3, in: StEv IV/I (TU 102), Berlin 1968, 417–419. – J.C.Lebram, Der Aufbau der Areopagrede, in: ZNW 55 (1964), 221–243. – Ders., Zwei Bemerkungen zu katechetischen Traditionen in der Apostelgeschichte, in: ZNW 56 (1965), 202–213. – E.Lerle, Die Predigt in Lystra (Acta XIV. 15–18), in: NTS 7 (1960/61), 46–55. – K.Löning, Lukas – Theologe der von Gott geführten Heilsgeschichte, in: J.Schreiner (Hg.), Gestalt und Anspruch des Neuen Testaments. Würzburg 1969, 200–228. – Ders., Die Saulustradition in der Apostelgeschichte (NTA 9). Münster 1973. – Ders., Die Korneliustradition, in: BZ 18 (1974), 1–19. – E.Lövestam, Son and Saviour. A Study of Acts 13, 32–37. With an Appendix ,Son of God' in the Synoptic Gospels (CNT 18). Lund 1961. – G.Lohfink, Der historische Ansatz der Himmelfahrt Christi, in: Cath (M) 17 (1963), 44–84. – Ders., Paulus vor Damaskus. Arbeitsweisen der neueren Bibelwissenschaft dargestellt an den Texten Apg 9, 1–19; 22, 3–21; 26, 9–18 (SBS 4). Stuttgart 1965. – Ders., La conversion de S. Paul. Tr. de J.L.Klein (Lire la Bible 11). Paris 1967. – Ders., La conversione di S. Paolo. Tr. di G.Sciclone. Revisione di O.Soffritti (Studi biblici 4). Brescia 1969. – Ders., ,,Wir sind Zeugen dieser Ereignisse'' (Apg 5, 32). Die Einheit der neutestamentlichen Botschaft von Erhöhung und Himmelfahrt Jesu, in: BiKi 20 (1965), 49–52. – Ders., ,,Was steht ihr da und schauet" (Apg 1, 11). Die „Himmelfahrt Jesu" im lukanischen Geschichtswerk, in: BiKi 20 (1965), 43–48. – DERS., „Meinen Namen zu tragen..." (Apg 9, 15), in: BZ 10 (1965), 108–115. – DERS., Eine alttestamentliche Darstellungsform für Gotteserscheinungen in den Damaskusberichten (Apg 9, 1–19; 22, 3–21; 26, 9–23), in: BZ 9 (1965), 246–257. – DERS., Christologie und Geschichtsbild in Apg 3, 19–21, in: BZ 13 (1969), 223–241. – DERS., Die Himmelfahrt Jesu. Untersuchungen zu den Himmelfahrts- und Erhöhungstexten bei Lukas (StANT 26). München 1971. – DERS., Der Losvorgang in Apg 1, 25, in: BZ 19 (1975), 247–249. – DERS., Die Sammlung Israels. Eine Untersuchung zur lukanischen Ekklesiologie (StANT 39). München 1975. – U. LUCK, Kerygma, Tradition und Geschichte Jesu bei Lukas, in: ZThK 57 (1960), 51–66 (=WdF CCLXXX). Darmstadt 1974, 95–114). – G. LÜDEMANN, Untersuchungen zur simonianischen Gnosis (Göttinger Theol. Arbeiten 1). Göttingen 1975. – J.H. MARSHALL, Luke: Historian and Theologian. Exeter 1970. – DERS., The Resurrection in the Acts of the Apostles, in: Apostolic History and the Gospel. FS F.F. BRUCE. Exeter 1970, 92–107. – A.J. MATTILL (Jr.), The Purpose of Acts: M. SCHNECKENBURGER Reconsidered [Über den Zweck der Apg. Bern 1841], in: Apostolic History and the Gospel, FS F.F. BRUCE. Exeter 1970, 108–122. – DERS., Naherwartung, Fernerwartung and the Purpose of Luke-Acts: R.F. WEYMOUTH'S Translation of Act 10:42; 17:31; 24:15. 25 Reconsidered, in: CBQ 34 (1972), 276–293. – P.H. MENOUD, La Pentecôte lucanienne et l'histoire, in: RHPhR 42 (1962), 141–147. – DERS., „Pendant quarante jours" (Act 1, 3), in: Neotestamentica et Patristica. FS O. CULLMANN (NT. S 6). Leiden 1962, 148–156. – DERS., Le salut par la foi selon le livre des Actes, in: Foi et salut selon S. Paul (AnBib 42). Roma 1970, 255–272. 272–276. – B.M. METZGER, The Meaning of Christ's Ascension, in: Search the Scriptures. New Testament Studies in Honor of R.T. STAMM (GTS 3). Leiden 1969, 118–128. – H.-J. MICHEL, Die Abschiedsrede des Paulus an die Kirche. Apg 20, 17–38. Motivgeschichte und theologische Bedeutung (StANT 35). München 1973. – G.C. MORGAN, The Birth of the Church. An Exposition of the Second Chapter of Acts. Glasgow 1968. – A.Q. MORTON/G.H.C. MAC GREGOR, The Structure of Luke and Acts. London 1964. – A.W. MOSLEY, Historical Reporting in the Ancient World, in: NTS 12 (1965/66), 10–26. – C.F.D. MOULE, Once More, Who Were the Hellenists, in: ET 70 (1958/59), 100–102. – DERS., The Christology of Acts, in: FS P. SCHUBERT. Nashville/New York 1966, 159–185. – F. MUSSNER, „In den letzten Tagen" (Apg 2, 17a), in: BZ 5 (1961), 263–265. – DERS., Die Idee der Apokatastasis in der Apostelgeschichte, in: Lex Tua Veritas. FS H. JUNKER. Trier 1961, 293–306 (= DERS., Praesentia Salutis. Ges. Stud. zu Fragen und Themen des NT. Düsseldorf 1967, 223–234). – DERS., Die Bedeutung des Apostelkonzils für die Kirche, in: Ekklesia. FS M. WEHR. Trier 1962, 35–46. – DERS., Die Una Sancta nach Apg 2, 42, in: DERS., Praesentia Salutis. Düsseldorf 1967, 212–222. – DERS., Wohnung Gottes und Menschensohn nach der Stephanusperikope (Apg 6, 8–8, 2), in: Jesus und der Menschensohn. Für ANTON VÖGTLE. Freiburg, Basel, Wien, 1975, 283–299. – J.C. O'NEILL, The Theology of Acts in the Historical Setting (1961), 2. rev. und engl. Ed. London 1970 (dazu die Rezension von H. CONZELMANN, ThLZ 87, 1962, 753–755). – E. NELLESSEN, Tradition und Schrift in der Perikope von der Erwählung des Mattias (Apg 1, 15–26), in: BZ 19 (1975), 205–218. – H.H. OLIVIER, The Lucan Birth Stories and the Pur-

pose of Luke-Acts, in: NTS 10 (1963/64), 202–226. – W. OTT, Gebet und Heil. Die
Bedeutung der Gebetsparänese in der lukanischen Theologie (StANT 12). München
1965. – I. PANAGOPOULOS, Zur Theologie der Apostelgeschichte, in: NT 14 (1972),
137–159. – P. POKORNY, Die Romfahrt des Paulus und der antike Roman, in: ZNW
64 (1973), 233–244. – R. PESCH, Die Vision des Stephanus. Apg 7, 55–56 im Rahmen
der Apostelgeschichte (SBS 12). Stuttgart 1966 (= BiLe 6 [1965], 92–107. 170–183).
– DERS., La visione di Stefano. Ediz. ital. a cura di O. SOFFRITTI, Tr. di A. SCAGLIA
(Studi biblici 8). Brescia 1969. – DERS., Der Anfang der Apostelgeschichte, in: EKK.
V 3 (1971), 7–35. – C. A. J. PILLAI, The Missionary Speech of St. Paul (Acts 13, 16–41).
An Interpretation of History (Th. D. diss., Maschinenschrift. Rom 1961. – E. PLÜ-
MACHER, Lukas als hellenistischer Schriftsteller. Studien zur Apostelgeschichte
(StUNT 9). Göttingen 1972. – W. RADL, Paulus und Jesus im lukanischen Doppel-
werk. Untersuchungen zu Parallelmotiven im Lukasevangelium und in der Apostelgeschichte (EHS. T 49). Bern/Frankfurt 1975. – K. H. RENGSTORF, Die Zuwahl des
Matthias (Apg 1, 15 ff.), in: StTh 15 (1961), 35–67 = The Election of Matthias, Acts
1, 15 ff., in: FS O. A. PIPER. New York 1962, 178–192. 293–296. – DERS., Paulus und
die älteste römische Christenheit, in: StEv 2 (1964), 447–464. – E. REPO, Der „Weg"
als Selbstbezeichnung des Urchristentums. Eine traditionsgeschichtliche und semasiologische Untersuchung (STAT 132, 2). Helsinki 1964. – M. RESE, Zur Lukas-Diskussion seit 1950, in: WuD 9 (1967), 62–67. – DERS., Alttestamentliche Motive in der
Theologie des Lukas (StNT 1). Gütersloh 1969. – A. RICHARDSON, History Sacred
and Profane. London 1964. – H. N. RIDDERBOS, The Speeches of Peter in Acts. London 1962. – W. C. ROBINSON Jr., Der Weg des Herrn. Studien zur Geschichte und
Eschatologie im Lukas-Evangelium (ThF 36). Hamburg-Bergstedt 1964. – J. ROHDE,
Die redaktionsgeschichtliche Methode. Einführung und Sichtung des Forschungsstandes (ThA 22). Berlin 1965 = (mit Nachtrag) Hamburg 1966. – J. Ro-
LOFF, Apostolat – Verkündigung – Kirche. Ursprung, Inhalt und Funktion kirch-
lichen Apostelamtes nach Paulus, Lukas und den Pastoralbriefen. Gütersloh 1965. –
I. M. A. SALLES-DEBADIE, Recherches sur Simon le Mage I, l'Apophasis Megale (Cah.
de la Rev. Bib 10) 1969, 12 ff. – M. H. SCHARLEMANN, Stephen: A Singular Saint
(AnBib) 34). Roma 1968. – G. SCHILLE, Die Himmelfahrt, in: ZNW 57 (1966), 183–
199. – DERS., Anfänge der Kirche. Erwägungen zur apostolischen Frühgeschichte
(BEvTh 43). München 1966. – H. SCHLIER, Jesu Himmelfahrt nach den Lukanischen
Schriften, in: DERS., Besinnung auf das NT. Exegetische Aufsätze und Vorträge.
Freiburg, Basel, Wien 1964, 227–241. – W. SCHMITHALS, Das kirchliche Apostelamt.
Eine historische Untersuchung (FRLANT 79). Göttingen 1961. – DERS., Paulus und
Jakobus (FRLANT 85). Göttingen 1963 = Paul and James, London 1965. – W.
SCHNEEMELCHER, Die Apostelgeschichte des Lukas und die Acta Pauli, in: Apophoreta. FS E. HAENCHEN. BZNW 30 (1964), 236–250. – G. SCHNEIDER, Die zwölf Apostel als „Zeugen". Wesen, Ursprung und Funktion einer lukanischen Konzeption,
in: P.-W. SCHEELE, G. SCHNEIDER (Hrsg.), Christuszeugnis der Kirche. Theol. Studien. Essen 1970, 41–65. – DERS., „Der Menschensohn" in der lukanischen Christologie, in: Jesus und der Menschensohn. Für ANTON VÖGTLE. Freiburg, Basel, Wien
1975, 267–282. – DERS., Parusiegleichnisse im Lukas-Evangelium (SBS 74). Stuttgart 1975. – P. SCHUBERT, The Final Cycle of Speeches in the Book of Acts, in: JBL

87 (1968), 1–16. – Ders., The Place of the Areopagus Speech in the Composition of Acts, in: J.C.Rylaarsdam (Hg.), Transitions in Biblical Scholarship. Chicago/London 1968, 235–261. – H.Schürmann, Das Testament des Paulus für die Kirche Apg 20, 18–35, in: Ders., Traditionsgeschichtliche Untersuchungen zu den synoptischen Evangelien. Düsseldorf 1968, 310–340 (= FS L.Jaeger. Paderborn 1962, 108–146 + Nachtrag = ThJB (L)(1964), 23–61). – F.Schütz, Der leidende Christus. Die angefochtene Gemeinde und das Christuskerygma der lukanischen Schriften (BWANT 89). Stuttgart 1969. – S.Schulz, Gottes Vorsehung bei Lukas, in: ZNW 53 (1963), 104–116. – Ders., Die Stunde der Botschaft. Einführung in die Theologie der vier Evangelisten. Hamburg 1967. – Ders., Die Mitte der Schrift. Der Frühkatholizismus im NT als Herausforderung an den Protestantismus. Stuttgart, Berlin 1976. – G.Schulz, Das Paulusbild des Lukas. Ein historisch-exegetischer Versuch als Beitrag zur Erfassung der lukanischen Theologie. Diss. Kiel 1960. – E. Schweizer, Art. πνεῦμα, ThW VI (1959), 387–453. – Ders., Concerning the Speeches in Acts, in: FS P.Schubert. Nashville/New York 1966, 208–216. – Ders., Die Bekehrung des Apollos, Apg 18, 24–26, in: Ders., Beiträge z. Theol. d. NT. Ntl. Aufsätze (1965–70). Zürich 1970, 71–79. – J.J.Scott, Stephen's Speech: A Possible Model for Luke's Historical Method? in: JEThS 17 (1974), 91–97. – R.Scroggs, The Earliest Hellenistic Christianity, in: Religions in Antiquity. Essays in Memory of E.R.Goodenough (SHR 14). Leiden 1968, 176–226. – A.N.Sherwin-White, Roman Society and Roman Law in the New Testament. Oxford 1963. – M.Simon, St.Stephen and the Hellenists in the Primitive Church. London 1958. – C.F.Sleeper, Pentecost and Resurrection [Act 2 et 1Cor 15, 6], in: JBL 84 (1965), 389–399. – S.S.Smalley, The Christology of Acts, in: ExpT 73 (1961/62), 358–362. – G.Stählin, Tò πνεῦμα Ἰησοῦ (Apostelgeschichte 16:7), in: Christ and Spirit in the New Testament. FS C.F.D.Moule. Cambridge 1973, 229–252. – K.Stalder, Die Heilsbedeutung des Todes Jesu in den lukanischen Schriften, in: IKZ 52 (1962), 222–242. – D.M.Stanley, Die Predigt der Urkirche und ihr traditionelles Schema, in: Conc(D) 2 (1966), 787–793. – G.N.Stanton, Jesus of Nazareth in New Testament Preaching (MSSNTS 27). Cambridge 1974. – O.H.Steck, Israel und das gewaltsame Geschick der Propheten. Untersuchungen zur Überlieferung des deuteronomistischen Geschichtsbildes im AT, Spätjudentum und Urchristentum (WMANT 23). Neukirchen-Vluyn 1967. – V.Stolle, Der Zeuge als Angeklagter. Untersuchungen zum Paulusbild des Lukas (BWANT 102). Stuttgart 1973. – R.Storch, Die Stephanusrede Acta 7, 2–52. Diss. Göttingen 1967. – G.Strecker, Die sogen. Zweite Jerusalemreise des Paulus (Act 11, 27–30), in: ZNW 53 (1962), 67–77. – A.Strobel, Der Berg der Offenbarung (Mt 28, 16; Apg 1, 12). Erwägungen zu einem urchristlichen Erwartungstopos, in: Verborum Veritas. FS G.Stählin. Wuppertal 1970, 133–146. – Ders., Schreiben des Lukas? Zum sprachlichen Problem der Pastoralbriefe, in: NTS 15 (1968/69), 191–210. – Ders., Armenpfleger „um des Friedens willen" (Zum Verständnis von Act 6, 1–6), in: ZNW 63 (1972), 271–276. – L.Swain, The Meaning of the Acts of the Apostles, in: CleR 51 (1966), 535–540. – C.H.Talbert, Luke and the Gnostics. Nashville 1966. – Ders., Again: Paul's Visits to Jerusalem, in: NT 9 (1967), 26–40. – Ders., Die antidoketische Frontstellung der lukanischen Christologie (WdF CCLXXX). Darmstadt 1974, 354–377. – W.B.Tatum, Die Zeit Israels: Lukas 1–2

und die theologische Intention der lukanischen Schriften (WdF CCLXXX). Darmstadt 1974, 317–336. – G.THEISSEN, Urchristliche Wundergeschichten. Ein Beitrag zur formgeschichtlichen Erforschung der syn. Evangelien (StNT 8). Gütersloh 1974. – W.THÜSING, Erhöhungsvorstellung und Parusieerwartung in der ältesten nachösterlichen Christologie, in: BZ 11 (1967), 95–108 (= SBS 42, 1969, 9–25). – M.TOLBERT, Leading Ideas of the Gospel of Luke, in: RExp 64 (1967), 441–451 (= Die Hauptinteressen des Evangelisten Lukas [WdF CCLXXX]. Darmstadt 1974, 337–353). – J.T.TOWNSEND, The Speeches in Acts, in: AThR 42 (1960), 150–159. – E.TROCMÉ, Le ,,Livre des Actes‘‘ et l'histoire (EHPhR 45). Paris 1957. – DERS., Le Saint-Esprit et l'Église d'après le livre des Actes, in: L'Esprit Saint et l'Église. Paris 1969, 19–27; disc.: 28–44. – H.J.TSCHIEDEL, Ein Pfingstwunder im Apollonhymnos (Hymn. Hom. Ap. 155–166 und Apg. 2, 1–13), ZRGG 27 (1975), 22–39. – W.C.VAN UNNIK, The ,,Book of Acts‘‘ the Confirmation of the Gospel, in: NT 4 (1960/61), 26–59. – DERS., Luke-Acts. A Storm Center in Contemporary Scholarship, in: FS P.SCHUBERT. Nashville/New York 1966, 15–32. – DERS., Der Ausdruck ἕως ἐσχάτου τῆς γῆς (Apg I, 8) und sein alttestamentlicher Hintergrund, in: FS T.C.VRIEZEN. Wageningen 1966, 335–349. – DERS., Die Apostelgeschichte und die Häresien, in: ZNW 58 (1967), 240–246 (alle Aufsätze von VAN UNNIK in Sparsa Collecta I, NT. S. 29, 1973). – S.USHER, Xenophon, Critias and Theramenes, in: JHS 88 (1968), 128–135. – P.VIELHAUER, Zum ,,Paulinismus‘‘ der Apostelgeschichte, in: Aufsätze zum Neuen Testament (TB 31). München 1965, 9–27 = On the ,,Paulinism‘‘ of Acts, in: FS P.SCHUBERT. Nashville/New York 1966, 33–50 (= EvTh 10 [1950/51], 1–15). – A.VÖGTLE, ,,Paulus an die Seelsorger‘‘. Zum Studium und zur Meditation eines lesenswerten Buches, in: BiLe 8 (1967), 71–81. – M.VÖLKEL, Zur Deutung des ,,Reiches Gottes‘‘ bei Lukas, in: ZNW 65 (1974), 57–70. – G.VOSS, Die Christologie der lukanischen Schriften in Grundzügen (SN 2). Paris/Brügge 1965. – DERS., «Zum Herrn und Messias gemacht hat Gott diesen Jesus‘‘ (Apg 2, 36). Zur Christologie der lukanischen Schriften, in: BiLe 8 (1967), 236–248. – G.WAGNER, An Exegetical Bibliography on the Acts of the Apostles (Bibliographical Aids 7). Rüschlikon – Zürich 1975. – R.B.WARD, The Speeches of Acts in Recent Studies, in: RestQ 4 (1960), 189–198. – DERS., Eschatology in Luke-Acts, in: RestQ 5 (1961), 147–159. – W.WIATER, Komposition als Mittel der Interpretation im lukanischen Doppelwerk. Diss. theol. Bonn 1973. – DERS., Wege zur Apostelgeschichte (Topos-TB 31). Mainz 1974. – A.WEISER, Die Pfingstpredigt des Lukas, in: BiLe 14 (1973), 1–12. – U.WILCKENS, Hellenistisch-christliche Missionsüberlieferung und Jesustradition, in: ThLZ 89 (1964), 517–520. – DERS., Die Missionsreden der Apostelgeschichte. Form- und traditionsgeschichtliche Untersuchungen (WMANT 5), (1961. 1962), 3. überarbeitete und erweiterte Aufl. Neukirchen 1974 (dazu die Rez. von B.SCHALLER, ZRGG 14 [1962], 289–292). – M.WILCOX, The Judas-Tradition in Acts I. 15–26, in: NTS 19 (1972/73), 438–452. – S.G.WILSON, The Ascension: A Critique and an Interpretation, in: ZNW 59 (1968), 269–281. – DERS., Lukan Eschatology, in: NTS 16 (1969/70), 330–347. – DERS., The Gentiles and the Gentile Mission in Luke-Acts (MSSNTS 23). Cambridge 1973. – A.C.WINN, Elusive Mystery. The Purpose of Acts, in: Interp. 13 (1959), 144–156. – R.F.ZEHNLE, Peter's Pentecost Discourse. Tradition and Lucan Reinterpretation in Peter's

Speeches of Acts 2 and 3 (SocBibLit Mon. Ser. 15). Nashville/New York 1971.–
H. ZIMMERMANN, Die Wahl der Sieben (Apg 6, 1–6). Ihre Bedeutung für die Wah-
rung der Einheit der Kirche, in: Die Kirche, ihre Ämter und ihre Stände. FS
J. FRINGS. Köln/Kobenhavn 1960, 164–287. – DERS., Die Sammelberichte der Apo-
stelgeschichte [2, 4–47 etc.], in: BZ 5 (1961), 71–82. – P. ZINGG, Die Stellung des
Lukas zur Heidenmission, in: NZM 29 (1973), 200–209. – DERS., Das Wachsen der
Kirche. Beiträge zur Frage der lukanischen Redaktion und Theologie (Orbis Biblicus
et Orientalis 3). Freiburg (S)/Göttingen 1974.

Unzugänglich blieben mir:

J. J. VON ALLMEN, Notizen zu den Taufberichten in der Apostelgeschichte, in: FS
BALTH. FISCHER. Einsiedeln/Freiburg 1972, 41–60. – A. BERTRANGS, God doet mee.
Aggiornamento in de Handelingen van Petrus [Act 1–12]. Brugge 1967. – K. BIRIS,
Ὁ Ἀπόστολος Παῦλος ἐν Ἀθήναις. Athen 1962. – S. C. BROWN, Evangelism in the
Early Church. A Study in the Book of the Acts of the Apostles. Grand Rapids 1963.
– J. CANTINAT, Les Actes des Apôtres (Coll. „Paroles de Vie"). Tours 1966. – F. CHA-
LET, Flashes sur les Actes des Apôtres (Coll. „A pleine vie"). Paris 1972. – L. CHRI-
STENSON, Speaking in Tongues. Its Significance for the Church. Minneapolis 1968. –
E. DABROWSKI, Actus Apostolorum (pol.) = Pismo Sw. NT 5. Poznan 1961. – J. G.
DAVIES, Worship and Mission [Acts]. London/New York 1966/1967. – F. V. FILSON,
Three Crucial Decades. Studies in the Book of Acts. Richmond/Va. 1963. London
1964. – G. A. GALITIS, Ἡ χριστολογία τῶν ἐν ταῖς Πράξεσιν λόγων τοῦ Πέτρου. Athen
1960. – DERS., Συμβολαὶ εἰς τὰς περὶ τὸν Πέτρον σπουδάς. 1. Εἰσαγωγὴ εἰς τοὺς
λόγους τοῦ Πέτρου ἐν ταῖς Πρ. Ἀπ. Athenis 1962. 2. Χριστολογία τῶν λόγων τοῦ Πέτρου ἐν ταῖς Πρ. Ἀπ. Athenis 1963. – C. GHIDELLI, Metodo esegetico e contenuto teologico nel discorso di S. Pietro a Pentecoste (Atti 2, 14–41). Diss. Pont. Univ. Grego-
rianae. Roma 1962/63. – M. G. GUTZKE, Plain Talks on Acts. Grand Rapids 1966.
1972. – J. H. E. HULL, The Holy Spirit in the Acts of the Apostles. London 1967/
Cleveland 1968. – H. JENNY, L'annonce de l'Évangile sur les routes du monde. De
Jérusalem à Rome. „Lecture" des Actes des Apôtres: A la découverte de … Paris
1962. – I. L. JENSEN, Acts: An Inductive Story. Chicago 1968. – D. L. JONES, The
Christology of the Missionary Speeches in the Acts of the Apostles. University Micro-
films Michigan 1967. – L. E. KECK, Mandate to Witness. Studies in the Book of Acts.
Valley Forge 1964. – H. A. KENT (Jr.), Jerusalem to Rome. Studies in the Book of
Acts. Grand Rapids 1972.-T. V. KONSTANTINOS, Αἱ Πράξεις τῶν Ἀποστόλων καὶ ὁ
Ἀπόστολος τῶν Ἐθνῶν. Athenis 1969. – G. W. H. LAMPE, Miracles in the Acts of the
Apostles, in: C. F. D. MOULE (Ed.), Miracles. Cambridge Studies in their Philosophy
and History. London 1965, 163–178. – DERS., St. Luke and the Church of Jerusalem.
London 1969. – R. LICHTENBERGER, Young Christians in a Hostile World. A Bible
Study. Guide to Entire Book of Acts. Downers Grove 1971. – B. MARIANI (Hg.), S.
Paolo da Cesarea a Roma. Esegesi, storia, topografia, archeologia, a cura die B. MA-
RIANI. Torino/Roma 1963. – I. J. MARTIN, Glossolalia in the Apostolic Church. A
Survey Study of Tongue-Speech. Berea (Kentucky) 1960. – P. H. MENOUD, La vita

della primitiva Chiesa perseveranza nel fatto cristiano [partendo da Atti 2, 42].
Tr. die O. RUOZI (Coll. ,,Strumenti per un lavoro teologico" 3). Milano 1971. – C. F. D.
MOULE, Christ's Messengers. Studies in the Acts of the Apostles I (WCB 19). 2. Aufl.
London 1963. – B. NOACK, Pinsedagen. Litteraere og historiske problemer i Acta
Kep. 2 og droftelsen af dem i de sidste artier. Kobenhavn 1968. – AE. RASCO, Actus
Apostolorum. Introductio et exempla exegetica. Fasc. 1: Introductio – Exegesis Act.
Roma 1967. Fasc. 2: Pentecostes-Sermones S. Petri-Koinonia. Roma 1968. – E. RA-
VAROTTO, Gli Atti degli Apostoli. Grottaferrata 1972. – H. M. SCHENKE, Die Apostel-
geschichte, in: ZdZ 23 (1969), 321–327. – R. SCROGGS, The Earliest Gentile Christian-
ity, in: SHR 14 (1968), 176–206. – L. STRADLING, The Acts through Modern Eyes.
London 1963. – C. H. THOMPSON, Theology of the Kerygma. A Study in Primitive
Preaching [espec. in Acts]. Englewood Cliffs 1962. – M. F. WILES, Miracles in the
Early Church, in: Miracles. London 1965, 219–234.

D. DIE SCHRIFTSTELLERISCHE METHODE, DER LITERARISCHE CHARAKTER
UND DIE THEOLOGISCHE TENDENZ DES LUKAS IN DER APG
I. Zur Situation der Forschung

Es ist nicht zufällig, daß die im wesentlichen von PH. VIELHAUER eröffnete
neueste Phase der redaktionsgeschichtlichen Acta-Auslegung[1]), die von der
,,Frage nach einer möglichen Theologie des Lukas" geprägt ist (VIELHAUER,
Aufs. 9), zeitlich zusammenfällt mit seinem Interesse an F. OVERBECK und
dessen Bedeutung für die ntl. Wissenschaft[2]). Hier, bei OVERBECK, fand
VIELHAUER bereits eine auf die *schriftstellerische und theologische Leistung* des
Lukas gerichtete Fragestellung samt einer Beurteilung des ,,Paulinismus"
und der theologiegeschichtlichen Zuordnung der Apg zur frühkatholischen
Kirche, mit der OVERBECK ,,der lukanischen Redaktionsgeschichte voran-
gegangen ist" (EMMELIUS 16). Mit den bei seinem Lehrer M. DIBELIUS gelernten Beurteilungsmaßstäben der Acta-Auslegung verdichtete sich diese
Einsicht bei VIELHAUER zu der bekannten, noch immer nachhaltig wirkenden Programmatik seines Paulinismus-Aufsatzes mit dem darin enthaltenen
methodischen Postulat, die lukanische Theologie ,,von der breiten Basis einer
ntl. und patristischen Untersuchung aus" näherhin zu erfassen (15)[3]).

---

1) Wichtige Hinweise hat freilich schon früher E. KÄSEMANN gegeben: ThLZ 1948,
666 (Rezension von M. BARTH, Der Augenzeuge); VF 1949/50, 208. 210. 219–21. –
Überblicke über die redaktionsgeschichtliche Lukas-Forschung geben ROHDE; H. H.
OLIVIER; M. RESE, Zur Lukas-Diskussion; GASQUE, s. o. S. 141, 201ff.

2) VIELHAUER hielt am 22.4.1950 in Göttingen eine Probevorlesung mit dem
Thema: Franz Overbeck und die neutestamentliche Wissenschaft, abgedruckt in:
EvTh 10 (1950/51) 193–207 (= Aufsätze zum NT. München 1965, 235–252).

3) Daß man die mit VIELHAUER beginnende neue Phase der Forschung besser
kompositions- statt redaktionsgeschichtliche Methode nennen sollte, wird gelegent-

Seitdem, also nicht ohne Rückkehr zu F. OVERBECK, schälen sich als die wahren *Schlüsselprobleme* der Acta-Auslegung immer klarer heraus:

1. Die leitenden theologischen Gedanken können nicht *vorbei* an der literarischen Form des lukanischen Gesamtwerkes erfaßt werden. Denn: „Jede Lectüre, die sich ausschließlich auf den Inhalt eines Werkes richtet mit anhaltender Außerachtlassung seiner Form führt unausbleiblich dahin, daß ihm eine Form angedichtet wird."[1] Nun hat die Forschung aber erkannt, daß *literarische Singularität* das Charakteristikum der Apg als solcher ist. Und zwar in zweifacher Hinsicht: a) als Fortsetzung eines Evangeliums; b) als literarisches Phänomen, das keine Vorbilder im zeitgenössischen Schrifttum und keine „Nachfolger" in der christlichen Literatur gefunden hat (HAENCHEN, Die Apg als Quelle 312; VIELHAUER, GGA 1969, 14; DERS., Literatur 379; VAN UNNIK, Book 27; STOLLE 23; EMMELIUS 198).

Dadurch sind zweifellos die beträchtlichen Schwierigkeiten bedingt, vor die sich Lukas mit seinem Doppelwerk gestellt sah und die sich gelegentlich deutlich (z.B. Lk 24 Ende im Vergleich mit Apg 1 Anfang) in einer unausgeglichenen Darstellungsweise niedergeschlagen haben. Wichtiger noch ist das aus diesen Einsichten folgende hermeneutische Desiderat: Wenn eine Literatur eine Geschichte in ihren Formen hat (OVERBECK), und zwar darum, „weil die literarische Form das Resultat der Entstehung der Literatur ist"[2]), und wenn diese Form singulär ist, wird man für ihre Entstehungs*situation* nicht weniger singuläre Motive in Anschlag zu bringen haben (so richtig EMMELIUS 198). Kurz: Ein Schlüsselproblem ist mit der Frage anvisiert, was Lukas nötigte, dem Evangelium eine Apg folgen zu lassen oder genauer: Was hat ihn veranlaßt, „von den Gehalten der Verkündigung [Evangelium] und den Fakten der frühen Kirchengeschichte sozusagen in einem Atemzug zu sprechen?" (LÖNING, Lukas 202).

2. Recht zu verstehen ist die Apg nur als zweiter Teil eines Gesamtwerkes (GASQUE 309), welches literarischen Ansprüchen zu genügen sich bemüht. Unter literarischem Gesichtspunkt gliedert sich das in rechter Ordnung (Lk 1, 3) Dargestellte seinem Verlauf nach „in zwei große, zeitlich aufeinander folgende Perioden, denen zwei fest abgegrenzte Räume zugeordnet sind: das

---

lich m. R. angemerkt (HAENCHEN, Die Bibel und wir 158; auch BURCHARD, Zeuge 15). Tatsächlich ist „ein Teil der als ‚redaktionsgeschichtlich' firmierenden Arbeiten nichts anderes als die Wiederaufnahme oder Fortführung der alten Literarkritik" (H. CONZELMANN, Literaturbericht zu den Synoptischen Evangelien, in: ThR 37 [1972], 220–272, 233).

1) M. TETZ, Overbeckiana. Übersicht über den Franz-Overbeck-Nachlaß der Universitätsbibliothek Basel. II. Teil. Der Wissenschaftliche Nachlaß Franz Overbecks (Studien zur Gesch. d. Wiss. in Basel XIII). Basel 1962, 93.

2) M. TETZ, Altchristliche Literaturgeschichte – Patrologie, in: ThR 32 (1967) 11;

‚ganze Judenland' und die Ökumene. Beide Räume haben einen ‚Brennpunkt'
gemeinsam: Jerusalem. Trotzdem laufen die beiden Phasen der Bewegung
nicht undeutlich ineinander über, sondern werden durch eine Wartezeit mit
bestimmter Dauer voneinander abgesetzt (Apg 1, 3: 40 Tage). In dieser Zeit
ruht die Bewegung; die Jünger müssen in Jerusalem bleiben und im Glauben
auf den Beginn der zweiten Phase harren" (LÖNING, Lukas 212).

Eine dieserart die Konzeption eines *Weges* (REPO) verfolgende lukanische
Redaktion, die sich unter literarischem Gesichtspunkt als das eigentliche Ord-
nungsprinzip enthüllt, ist nun aber nicht minder das Formgesetz der *theologischen* Aussage des Lukas (LÖNING, Lukas 213), so daß ein weiteres Schlüsselproblem der Acta-Auslegung in der literarischen Strukturfrage *als* einer
theologischen Sachaussage steckt.

3. Wiederum auf F. OVERBECK geht das kritische Dictum zurück: „Die
Kirche hat sich ihren Paulus erst zurechtgemacht, und ein Hauptglied dieser
Zurechtmachung ist die Apg"[1]).

So umstritten das Motiv und der Umfang dieser „Zurechtmachung" in der
gegenwärtigen Acta-Forschung auch immer sein mögen – es stehen sich derzeit gegenüber die von VIELHAUER inaugurierte „Paulinismus"- Diskussion
einerseits und die weitaus stärker *positive* Reklamation der Paulus-Figur als
eines Elementes lukanischer Darstellung andererseits (von O. BAUERNFEIND
begonnen, von LÖNING, Saulustradition, am überzeugendsten vertreten) –,
unstrittig ist, *daß* mit dem Stichwort „Paulinismus" bzw. „Paulusbild" ein
theologisches und historisches Schlüsselproblem indiziert ist. Denn tatsächlich ist mit dem Verhältnis Lukas-Paulus nicht weniger als der „*Angelpunkt*"
jeder Rekonstruktion der urchristlichen Geschichte bezeichnet[2]).

4. W. GASQUE hat nicht ohne Grund am Ende seiner Geschichte der Acta-
Kritik festgestellt, „that it is impossible, indeed, even misleading, to think of
one exclusive purpose lying behind the writing of Luke-Acts, or *one* all-per-
vasive theological motif. It would be much more fruitful to think in terms of
a variety of purposes and themes" (303).

Dies zugestanden kann dennoch von einem lukanischen *Grundproblem* gesprochen werden, auf welches Lukas mit allen varieties of purposes and themes immer wieder verweist: das ist das *Verhältnis von Israel und Kirche*, „das
Verhältnis von Christentum heidenchristlicher Prägung und Judentum als
verfeindeter bzw. voneinander isolierter Konkurrenten um das Erbe der gemeinsamen Vergangenheit" (LÖNING, Saulustradition 192). Wo immer die

---

vgl. VIELHAUER, Lit. 3.

1) Zitiert aus unveröffentlichten Arbeiten aus dem Nachlaß OVERBECKs (Apg)
von EMMELIUS 199.

2) So m. R. KÄSEMANN, Neutestamentlicher Sammelbericht II, in: VF 1960/62
(1963/65) 85.

neuere Acta-Forschung den Hebel ansetzt – bei den Reden, bei den Erzählungen, beim geographischen Schema, bei der lukanischen Theologie überhaupt – immer verweisen die Einzelprobleme sehr bald auf dieses Grundproblem: Was ist es um das „*Volk* Gottes" (JERVELL)? Um der Antwort auf
diese Frage willen entwickelt Lukas seine Theologie der Heilsgeschichte
(LOHSE; LÖNING u.v.a.)[1]) bzw. den Gedanken, daß die Kirche in direkter
heilsgeschichtlicher Kontinuität mit dem alten Gottesvolk steht (ELTESTER,
Israel; SCHULZ, Stunde 274). Wer diese heilsgeschichtliche Theologie in ihrer
Funktion richtig beschreibt, der hält den entscheidenden Schlüssel zum Verständnis der Apg in der Hand.

 5. Und schließlich: Keiner hat schärfer erkannt als F. OVERBECK, worin die
wirkliche Problematik der Aufgabe liegt, die sich Lukas zum Ziele gesetzt hat.
Das war sein Gedanke, „die evangelische Geschichte historiographisch zu
behandeln"[2]). Eben für dieses Wollen ist die Apg als *Fortsetzung* des Evangeliums der sicherste Beleg. Damit ist die Frage des lukanischen Historizismus
(OVERBECK bei EMMELIUS 187) aufgeworfen. Lukas *will* über die Fortsetzung
dessen berichten, was Jesus angefangen hat zu tun und zu lehren (Apg 1, 1).
Er *kann* es nur, indem er als Historiker – *Theologe* ist! Das dem modernen
Geschichtsforscher Befremdliche seiner Darstellungsweise ist nicht allein
dadurch bedingt, daß Lukas als hellenistischer Historiker handwerkt (PLÜ-
MACHER). Er zahlt auch dem besonderen Charakter seines Gegenstandes Tri-
but. Das heißt aber: „Die grundlegende und überall anzutreffende Histori-

---

 1) Daß die Parusieverzögerung das Motiv dafür ist (CONZELMANN; HAENCHEN),
stößt zunehmend auf Widerspruch (GASQUE; KLEIN; LÖNING; WILCKENS; EMME-
LIUS). Tatsächlich ist die Parusieverzögerung ein untergeordnetes Motiv im übergreifenden Fragehorizont: Inwiefern kann das Christentum das wahre Judentum
heißen (SCHMITHALS, Apostelamt 237)? Mit dieser Tendenzangabe setzt sich SCHMIT-
HALS freilich in Gegensatz sowohl zu HAENCHEN (Tendenz des Lukas: Christentum
soll den Schutz einer *religio licita* erhalten), als auch zu CONZELMANN, für den Lukas
doppelt argumentiert: *innerkirchlich* für eine heilsgeschichtliche Kontinuität Israel-
Kirche, *politisch-apologetisch* für eine Distanz der Kirche vom Judentum (ThLZ
1960, 244f.). Das läßt SCHMITHALS die Frage stellen: Welches Interesse kann die
Kirche gehabt haben, sich von der jüdischen Religion zu distanzieren, die damals
kaum angefochten war, während die Christenverfolgungen durch den Staat bereits
im Gange waren (237, Anm. 90)? – Zur Kritik an HAENCHEN siehe auch STOLLE 16;
LÖNING, Saulustradition 187f. – Noch einmal anders erklärt VIELHAUER die Tendenz
des Lukas: Die Kirche ist die Verwirklichung der religiösen Einheit aller Menschen.
Das Judentum wird damit auf die Bedeutung „einer verehrungswürdigen *antiqua
religio*" reduziert (Aufs. 14ff.).
 2) Zitiert bei EMMELIUS 185.

sierung des Lukas geschieht nicht um der Historisierung willen, sondern ist
Verkündigung als Anrede in der Gegenwart"[1]).

Ob sich der o.g. Gedanke des Lukas, die evangelische Geschichte historiographisch zu behandeln, als „todtgeboren" erweist (OVERBECK ebd.), oder ob
sich die kerygmatische Jesustradition nicht doch mit einem gewissen Recht
auf der Ebene historischer Berichterstattung darstellen läßt (WILCKENS,
Missionsreden 92ff.; LÖNING, Lukas 203–205), die Apg als Fortsetzung der
Evangelien also doch *nicht* so eindeutig „eine Tactlosigkeit von welthistorischen Dimensionen" (OVERBECK bei EMMELIUS 182) ist, das eben kann man
fragen (GASQUE 184; vgl. LÖNING, Saulustradition). Schwerlich wird man
heute noch das lukanische Unternehmen in jener scharfen Antithetik OVER-
BECKS beurteilen. Jedoch wie immer es damit steht: Die Acta-Forschung erkennt, daß ein Schlüsselproblem zum Verständnis der Apg die Frage ist, als
was Lukas Geschichte schreibt und versteht. Anders gesagt: Von der Beantwortung der Frage, wo Lukas mit den Voraussetzungen seiner Geschichtsschreibung steht (im Urchristentum? in der werdenden frühkatholischen
Kirche? oder an einem dritten, sozusagen neutralen Ort?), und welche *Tendenz* Lukas bei seinem Unternehmen verfolgt, an diesen Fragen hängt die
sachgemäße Beantwortung seiner schriftstellerischen Methode, des literarischen Charakters und der Theologie der Apg. Und um sie hat sich die Acta-
Forschung der letzten 15 Jahre intensiv bemüht.

II. Das Programm: Theologie der Heilsgeschichte

„Eine gewaltige Aufräumungsarbeit und eine nicht weniger positive Auslegungsarbeit ist geleistet". Mit diesem Satz hat H.CONZELMANN seine Rezension des Kommentars von E. HAENCHEN abgeschlossen[2]) und hinzugefügt,
„im Verstehen des Lukas als des Schriftstellers, Historikers, Theologen" habe
dieser Kommentar „alle bisherigen Kommentare weit überholt" (242).

Wenn man dieses Urteil auf die neueste redaktionsgeschichtliche Lukas-
forschung insgesamt ausdehnt – und in der Tat spricht man forschungsgeschichtlich vom „DIBELIUS-HAENCHEN-CONZELMANN point of view" (GASQUE
250) –, so muß man sich klar machen, daß es ein *deutsches* Urteil über eine
deutsche Forschungsrichtung ist. Außerhalb unserer Grenzen ist es nie akzep-
tiert worden! Zwar leugnet man hier nicht, „that they [VIELHAUER, CONZEL-
MANN, HAENCHEN] forced New Testament scholarship to look at the problems

---

1) S. SCHULZ, Stunde 251. „Diese Historisierung des Lukas, also die Konzeption
einer konsequenten Historia Jesu und ersten Kirchengeschichte ist niemals profan
historisch zu verstehen, sondern gerade vom Glauben, und zwar vom Glauben an
die ‚eine, heilige, apostolische Kirche‘. Extra ecclesiam nulla salus" (ebd.).

2) ThLZ 1960, 249.

of Luke-Acts afresh" (Van Unnik, Schubert-FS 23; vgl. Gasque 243). Tatsächlich aber bedeutet jener point of view – was die Kritik-Geschichte von
Gasque eindrücklich dokumentiert – eine Scheidemarke: Man geht hüben
und drüben getrennte Wege und ruft sich die Ergebnisse bestenfalls über den
Graben hinweg zu – oder auch nicht![1]) Von dem Lukas-Wirbel hierzulande
unbeeindruckt[2]) hat man außerhalb Deutschlands die konservative Lukas-
Betrachtung auf der Grundlage einer nicht weniger soliden philologischen,
archäologischen und profanhistorischen Forschung durchgehalten und bewertet das, was Conzelmann eine „positive Auslegungsarbeit" nennt, negativ (Gasque).

Etwas anders ist die innerdeutsche Situation selbst. Hier bestreitet niemand die methodische Ergiebigkeit der redaktionsgeschichtlichen Acta-Forschung. Sie ist inzwischen selbstverständlich geworden und erlaubt es vor
allem den katholischen Exegeten, für eine historisch noch so kritische Auslegung der Apg um das Imprimatur nicht mehr bangen zu müssen. Denn die
quaestio facti kann förmlich suspendiert werden, solange man auf das konzentriert bleibt, was dem „Richtungssinn" des Lukas (Dibelius) entspricht.
Charakteristisch dafür ist R. Pesch, der die Interpretation von Apg 1, 1–11
mit dem Satz eröffnet: „Selbstverständlich (!) geht es der Auslegung nicht um
historische Rückfragen hinter den lk. Text, sondern um das Verständnis der
redaktionellen Linien, der lk. Theologie" (EKK 3, 20). Wem aber wollen wir
künftig die historische Frage überlassen?

Der Dibelius-Haenchen-Conzelmann point of view gilt – unbeschadet
vieler Differenzen in der Einzelbeurteilung – hierzulande jedenfalls fraglos als
Erkenntnisfortschritt. Und auch das wichtigste *Ergebnis* der redaktionsgeschichtlich orientierten Betrachtung ist unstrittig. Die Mehrzahl der Forscher sieht in Lukas „einen schöpferischen Theologen, dessen Konzeption von
einer eigenständigen Zeit- und Geschichtsanschauung bestimmt ist, mit der
er die unbewältigte Gegenwart der Kirche erhellen wollte" (Burchard 15 f.).
Dabei besteht die *theologische Leitvorstellung* des Lukas „in einer konsequent
durchgehaltenen heilsgeschichtlichen Konzeption" (Löning, Lukas 202 mit
Verweis auf E. Lohse, EvTh 14, 1954, 256–275 = Ders., Die Einheit des
NT. Exegetische Studien zur Theol. d. NT. Göttingen 1973, 145–164).

Woran sich die Geister freilich auch hierzulande scheiden, das ist das in der
Bultmann-Schule damit verknüpfte Verwerfungsurteil über die heilsgeschicht-

---

1) Gasque notiert kritisch, daß britische und amerikanische Forscher bei Dibelius und Conzelmann kaum Erwähnung finden. Lediglich bei Haenchen sei das
anders. "But even in his case one does not have the impression that he really enters
into dialogue with the writers listed" (250).

2) In der FS für F. F. Bruce (1970) wird in den Aufsätzen zur Apg Vielhauer
beispielsweise nicht einmal erwähnt!

liche Theologie des Lukas. Auf der Szene erscheinen so Ankläger und Verteidiger der lukanischen Theologie, wovon der vorzügliche Sammelband von
G. BRAUMANN (Das Lukas-Evangelium, WdF CCLXXX) einen nachdrück-
lichen Eindruck vermittelt. Die Debatten der Kontrahenten haben auf jeden
Fall die Acta-Forschung in den letzten 10–15 Jahren ganz erheblich gefördert.

1. Lukas in der Anklage der heutigen Theologie

Wie und mit welchen Anschuldigungen Lukas in die Anklage der heutigen
Theologie geriet, liegt vor dem Berichtszeitraum und braucht deshalb hier
nicht wiederholt zu werden. Über die Genesis der Diskussion wie über ihren
Ablauf informieren zudem (mit Beiträgen der Kombattanten selbst) sowohl
die SCHUBERT-FS (1966) als auch der eben genannte WdF-Band von G. BRAU-
MANN ausgezeichnet. Hier genügt die Erinnerung an das Ergebnis der ersten
von E. KÄSEMANN und PH. VIELHAUER vor 25 Jahren eröffneten, von E.
LOHSE, H. CONZELMANN, E. DINKLER und E. HAENCHEN dann in den 50er
Jahren voll ausgetragenen neuen Lukas-Analyse, wie es sich einseitig in den
Lukas-Kapiteln von S. SCHULZ' ,,Stunde der Botschaft" (1967) und ,,Mitte
der Schrift" (1976) niedergeschlagen hat (vgl. außerdem noch E. KÄSEMANNS
knappe Gesamtdarstellung in ,,Der Ruf der Freiheit", 3. und 4. Aufl. 1968,
155–173; ferner G. SCHULZE und J. BLANK, die weitgehend VIELHAUERS Thesen übernehmen). Es besteht aus einem *Lob* des Lukas, der unter dem ,,Druck
der Verhältnisse" erkennt, was an der Zeit ist: Der Kirche die Waffen zu
schmieden, derer sie einmal im ,,heraufziehenden Kampf mit dem Imperium",
zum andern ,,gegen die Sturmflut des Enthusiasmus" bedarf. Es sind im
wesentlichen die Waffen, mit denen der Frühkatholizismus dann später gegenüber der ,,drohenden Gnostisierung" obsiegen sollte: kirchliche Domestizie-
rung des Paulus, apostolische Sicherung der Tradition und Ausbau des kirchlichen Amtes und überhaupt der Kirche als Institution; gegenüber dem Imperium aber die Selbstdarstellung als eines politisch unverdächtigen religiösen Weltbürgertums, wodurch das Judentum gleichzeitig als *antiqua religio*
abgestoßen wird (VIELHAUER). ,,Lukas hat diese Notwendigkeit scharfsichtig
erkannt und seine selbstgewählte Aufgabe glänzend gelöst. Er ist nicht nur
der erste christliche Historiker und ein Erbauungsschriftsteller hohen Grades,
er vertritt auch eine profilierte und sehr ernst zu nehmende Theologie"
(KÄSEMANN, WdF CCLXXX, 94; vgl. auch W. ELTESTER, Israel 40. 77f.). Dies
das Lob, das jedoch in Nichts zerschmilzt, sobald nach dem Preis gefragt
wird, den Lukas zur Lösung der ,,selbstgewählten Aufgabe" hat zahlen müssen: ,,Sein Jesus ist der Stifter der christlichen Religion, das Kreuz ein Mißverständnis der Juden, welche die atliche Weissagung nicht begriffen haben,
die Auferstehung die danach notwendige Korrektur des menschlichen Versagens durch den Weltenlenker. Die Lehre Jesu bringt eine höhere Moral, die

Wunder sind in die Welt platzende, himmlische Macht und Herrlichkeit bekundende Mirakel. Die Geschichte Jesu wird etwas ganz und gar Zurückliegendes, wirklich Historie, nämlich *initium Christianismi*. Als solche kann sie
denn auch mit der Geschichte der Apostel verbunden werden. Sie tritt nun
der eigenen Gegenwart des beginnenden Frühkatholizismus als heilige Vergangenheit, als die Epoche der großen Wunder, des rechten Glaubens und der
ersten Liebe entgegen, ein Modell dessen, was es um Kirche sein soll und sein
darf. Das ist dabei herausgekommen, daß heilsgeschichtliche Betrachtungsweise die urchristliche Eschatologie ablöste" (KÄSEMANN, aaO. 92, zustimmend zitiert von S. SCHULZ, Stunde 254)[1]).

Angesichts dieses Verdiktes hätte es nahegelegen, wie bei der von VIEL-
HAUER initiierten Lukas-Paulus-Diskussion die Konsequenzen *alternativ* zu
ziehen: *Entweder* Lukas *oder* Mk/Mt[2]). Daß es dazu nicht kam, lag sicher auch
darin begründet, daß obige Art der Lukas-Anklage sich als Hyperkritik sozusagen selber paralysierte. Soweit ich sehe, blieb sie auf diesen Höhepunkt
beschränkt und hat in dieser Form keine Fortsetzung gefunden. Sie läutete
also nicht die Stunde des Staatsanwaltes, wohl aber die der Verteidiger ein.

Doch ehe wir uns ihnen zuwenden, ist von einigen wenigen, aber gewichtigen Versuchen zu sprechen, den KÄSEMANN-VIELHAUER-HAENCHEN-CONZEL-
MANN point of view mittels detaillierter Einzeluntersuchungen weiter zu
untermauern (KLEIN; G. SCHULZE; TALBERT; J. BLANK; SCHULZ; O'NEILL,
in bestimmter Hinsicht auch RESE und WILCKENS).

G. KLEINs Bonner Dissertation ist zweifellos der bedeutendste und scharf-
sinnigste Versuch dieser Art. Der methodische Zugriff gilt (so auch bei RESE)
dem lukanischen Doppelwerk *direkt* in seiner originalen Einheit bzw. in seinem jetzigen Bestand (15), d. h. er setzt voraus, daß die Texte die *lukanischen*
Vorstellungen über den Zwölferapostolat, über Paulus und seine geschichtliche Rolle dokumentieren. LÖNING sieht von daher in KLEIN den klassischen

---

1) Auch WILCKENS, Missionsreden [1]193 ff. greift bei der „theologischen Wertung
des lukanischen Entwurfs" zum Schema von Schmäh und Lob: Mit „erheblichen
Mängeln" hinsichtlich der Soteriologie hat sich Lukas seine geschichtstheologische
Konzeption „gleichsam erkauft" (215 f.). Dennoch bleibt diese Geschichtstheologie
„eine große und theologisch im Ansatz (!) unaufgebbare Leistung, die Lukas trotz
aller Mängel als zweifellos bedeutendsten Theologen des nachapostolischen Zeitalters erscheinen läßt" (218). Diese Ambivalenz des Urteils erscheint in der 3. Auflage so nicht mehr, weil das alte Schlußkapitel durch ein neues ersetzt wird (siehe
unten).

2 „Entweder Paulus oder Lukas" gab seinerzeit G. HARBSMEIER im Anschluß an
VIELHAUER als Parole aus (Unsere Predigt im Spiegel der Apg, in: EvTh 1950/51,
352–368, 365). Sie hat längst besserer Einsicht weichen müssen (vgl. nur P. BORGEN,
Von Paulus zu Lukas; M. S. ENSLIN, Luke and Paul; ELTESTER, Lukas und Paulus).

Repräsentanten all jener Forscher, die nicht versuchen, zunächst einmal „mit der Traditionsfrage literar- und formkritisch am Befund der Apg selbst anzusetzen" (Saulustradition 10). Nur: Was würde sich ändern, wenn der gegenüber den Paulusbriefen differente „Paulinismus" der Apg traditionsgeschichtlich um eine (oder mehrere) Stufen zurückversetzt würde?

Aus der älteren Debatte um das Verständnis von Geist und Amt im Urchristentum ergibt sich für KLEIN die klare Konsequenz, „daß die Analyse eines Phänomenes der altchristlichen Kirchenverfassung kein soziologisches, sondern nur ein prägnant-theologisches Unterfangen sein kann" (10). So kommt er zu seiner These, daß der Zwölferapostolat „ganz und gar ein Produkt kirchlicher Reflexion" sei (13), genauer: er entstammt ebenso wie das „Saulus-Bild" der Apg (127 ff.) der Idee des Lukas (202 ff.) und ist als solcher „ein sehr bedeutsames Symptom jenes tiefgreifenden Umwandlungsprozesses, den man unter dem Schlagwort der Entwicklung der Urkirche zum Frühkatholizismus zusammenfassen kann" (13). Denn der Zwölferapostolat figuriert als „Institut der Kirche" (205), er ist „ein intaktes apostolisches Institut zur Wahrung des Anschlusses an die *historia Jesu*" und darin insofern „absolut konstitutiv", als er Ursprung, Konsolidierung und Tradition der Kirche gleicherweise sichert (206; vgl. G. SCHNEIDER, Verleugnung, Verspottung und Verhör Jesu nach Lk 22, 54–71. Studien zur lk. Darstellung der Passion [StANT 22], München 1969, 204 ff.).

Kein Zweifel: Hier soll die Frühkatholizismus-These KÄSEMANNs und VIELHAUERs auf eine solide Grundlage gestellt werden. Aber der Endeffekt ist ein genau gegenteiliger: Unbeschadet vieler förderlicher Einzelerkenntnisse, die durch subtile Textanalysen gewonnen werden, läßt die Argumentation im ganzen eher die Schwächen jenes point of view klar hervortreten. Für die Lukas-Verteidigung tun sich hier keineswegs neue Schwierigkeiten, wohl aber unvermutet leicht ausnutzbare Blößen der Anklage auf. Weder HAENCHEN noch CONZELMANN noch VIELHAUER haben darum auch die Analyse KLEINS *in toto* übernommen.

Für KLEIN ist das Schlüsselproblem zum Verständnis der Apg das lukanische Paulusbild. Es hat vier Charakteristika (zum folgenden vgl. SCHMITHALS, Apostelamt 269): 1. Paulus wird als ein *typischer* Jude dargestellt – anders z.B. Gal 1, 14. 2. Seine Verfolgertätigkeit wird in übermäßiger Schärfe geschildert – anders als z.B. in Gal 1, 13. 3. Er empfängt sein Evangelium von den Zwölfen und wird ihnen strikte untergeordnet – anders als z.B. Gal 1, 1. 11 ff. 4. Sein Schrifttum wird mit Absicht ignoriert; Lukas *will* es nicht ken-

---

1) BURCHARD widmet der Frage einen ganzen Exkurs (Zeuge 155 ff.). Er hält es „auch ohne eine spezifische Sperre" für denkbar, „daß Lukas von Paulusbriefen wußte und sie dennoch nicht benutzte". Sie liegt darin, daß Lukas sich von den Briefen nichts zu erhoffen brauchte. „Sein Thema waren die Anfänge. Paulus' Briefe

nen (so auch BURCHARD 157)[1]). Die Erhebung dieses Befundes hält jeder
kritischen Prüfung stand (SCHMITHALS; E. GÜTTGEMANNS, VF 2/1967, 73 ff.).
Allein die Tendenz, die Lukas mit diesem Paulusbild verfolgt haben soll,
stößt auf Widerspruch.

Fragen wir also: Wozu diese Kennzeichnung des Paulus? Nun, sie dient
Lukas bei seinem Versuch, den großen Heidenmissionar nach kirchlich-insti-
tutionellen Kategorien in die kirchliche Tradition einzustufen. Diese Klärung
der innerkirchlichen Stellung des Paulus ist nötig, um den umstrittenen Mann
für die Kirche zu retten. Und zwar zu retten vor der Gefahr „gnostischer Reklamation" (214). Zur Rettungsaktion entwickelt Lukas die Idee des Zwölfer-
apostolats, „der genialste Entwurf, der in dieser Richtung unternommen
worden ist" (214). Dieser Zwölferapostolat nämlich repräsentiert die Unüber-
holbarkeit der für die orthodoxe Kirche allein ausschlaggebenden apostolischen Urtradition. Und indem der durch die gnostische Reklamation bela-
stete große Missionar in diesen von der Gnosis nicht zu durchbrechenden
historischen Zusammenhang eingeordnet wird, und zwar qua apostolischer
Sukzession, bleibt er der kirchlichen Orthodoxie erhalten (vgl. LÖNING, Saulustradition 1). Freilich um den Preis fünffacher Tünchung, wie „das Fazit
aus der Analyse des lukanischen Paulusbildes ... in gedrängter Formulierung"
erkennen läßt: „Die Darstellung des Juden Paulus ist bestimmt von einer
Tendenz zur Nivellierung, die des Verfolgers von einer zur Perhorreszierung,
die des Bekehrten von einer zur Mediatisierung, die des Kirchenmannes einerseits von einer zur Subordinierung unter die vorgeordnete, andererseits von
einer zur Superordinierung über die nachgeordnete Tradition und ihre Träger" (202).

KLEIN selbst räumt seiner These vom lukanischen Ursprung des Zwölferapostolates nur ein „äußerstes Maß von begründeter Wahrscheinlichkeit ein"
(203). Tatsächlich hat sie „das geringste Maß von Wahrscheinlichkeit"
(SCHMITHALS, Apostelamt 273, dessen These vom gnostischen Ursprung des
Apostolats freilich ebenso unhaltbar ist: VIELHAUER, Lit. 122). Denn der
Zwölferkreis ist vor Lukas nachweisbar (s. o. und bes. E. GÜTTGEMANNS, VF
2/1967, 73), ein für KLEINS These tatsächlich „tödlicher" Befund (HAENCHEN;
vgl. auch CONZELMANN, Der geschichtliche Ort 253), gegen den sich KLEIN
wehrt mit dem Argument, die beigebrachten Stellen seien traditionsgeschichtlich nicht alt (ZKG 1962, 362). Aber selbst wenn das zuträfe, so macht doch
das fünffache, ganz unprätentiöse Vorkommen des Begriffes Apostel im Lukas-
Evangelium die Annahme unmöglich, daß Lukas aus zentralen theologischen

---

gehören in den Bereich des Wachstums der Gemeinden, über das Lukas nicht schreibt"
(157 f.). – Das ist eine Verlegenheitsauskunft. Überdies: *Eindeutige* Hinweise dafür,
daß Lukas die Paulusbriefe *nicht* gekannt hat, gibt die Apg nicht (CONZELMANN,
Kom. 2; WILCKENS, Rechtfertigung [s. o. S. 142], 187, Anm. 51).

Motiven den Aposteltitel für die Zwölf allererst geschaffen habe (so richtig
SCHMITHALS, Apostelamt 236, Anm. 80. Dagegen nicht stichhaltig ist der
Einwand von WILSON, Gentiles 109, Anm. 2, das Vorkommen des Titels „Elf"
in den Evangelien schließe die nachösterliche Entstehung des Zwölferaposto-
lats aus).

Aber auch die Einzelglieder der Beweiskette sind brüchig.

1. Tendenz zur Perhorreszierung: Das Bild, welches Lukas von Paulus als
einem Verfolger zeichnet, hat nichts damit zu tun. Die übliche Deutung ist
mehr im Recht: Lukas arbeitet eine Kontrastfolie für den folgenden Um-
schwung heraus. „Nach Lukas zeigt sich an der zum Scheitern verurteilten
Verfolgertätigkeit des entschiedenen Juden Paulus der Widersinn der jüdischen Christenfeindschaft überhaupt" (BURCHARD 51).

2. Tendenz zur Subordinierung (KLEIN, SCHULZ, KÄSEMANN). Dieses Argument verliert stark an Gewicht, wenn man sieht, daß Lukas mit der Ausspa-
rung des Aposteltitels für die Zwölf nicht Paulus und dessen (womöglich) sub-
alternes Niveau im Auge hat, sondern „die ungebrochene Kontinuität des
Jesuskerygmas mit der Geschichte Jesu", „die allein durch die Apostel als
erwählte Augenzeugen garantiert ist, zu denen Paulus nicht zählt"(WILCKENS,
Rechtfertigung 188, Anm. 53; vgl. WILSON, 113. 117)[1]). Neu bei Lukas ist
also nicht die Idee des Zwölferapostolates. „Wohl aber hat er diese Idee fest
mit der Zeugenfunktion der Apostel verbunden" (G. SCHNEIDER, Die zwölf
Apostel, 63). Paulus wird den zwölf Aposteln zugeordnet als der dreizehnte
Zeuge (BURCHARD), der seine Berufung durch den Auferstandenen selbst gefunden hat, Apg 22, 14f.; 26, 16–18 (BURCHARD 130ff. 173ff.; WILCKENS).
Eben zu diesem Behuf hat Lukas den Zeugenbegriff geschaffen (N.BROX,
Zeuge und Märtyrer 46f. 55ff.; BURCHARD 174; MICHEL 77), freilich eine gewisse „Unschärfe" in dessen Verhältnis zum Apostelbegriff (vgl. Apg 22, 15;
26, 16) hingenommen (BROX, 43–69; LOHFINK, Himmelfahrt 267, A. 78). Mit
den Stichworten Mediatisierung und Subordinierung wird man dieser Zuordnung par distance kaum gerecht (so richtig BURCHARD; ROLOFF, Apostolat
205ff.; LÖNING; STOLLE; MICHEL; SCHNEIDER). Ja, man kann sogar fragen
(BURCHARD 174), ob der von Lukas so gefaßte Zeugenbegriff nicht die grundsätzliche Differenz aufheben soll, die in der Nichtzugehörigkeit des Paulus
zum Zwölferkreis liegt. Auf keinen Fall aber hat die Vorenthaltung des Aposteltitels etwas mit der Degradierung des Paulus zu tun, sondern sie ist im
Gefolge des Prinzips der Gliederung der Kirchengeschichte mittels der Idee
der zwölf Apostel (Zeit der apostolischen judenchristlichen Urgemeinde –
erste Heidenbekehrung durch Petrus – Modellmission des Paulus [sogenannte

---

1) JERVELL macht m.R. gegen KLEIN darauf aufmerksam, daß die Zwölf nicht als
Garanten der Jesus-Überlieferung wichtig sind (People 96ff.).

1. Missionsreise] – Apostelkonzil als „Drehscheibe") – „notwendig: Nur als
Nicht-Apostel kann Paulus – das einzige! – Verbindungsglied zwischen Urzeit und Gegenwart sein" (CONZELMANN, Geschichtliche Stellung 253; vgl.
257, Anm. 101; ähnlich SCHMITHALS). Die Verschiedenheit ist jedenfalls nicht
Element einer gewollten Mediatisierung (KLEIN), sondern sie läßt die „Gleich-
ordnung" (BURCHARD) heraustreten. Die Zwölf üben sich in der *stabilitas loci*.
Paulus ist der einzige Zeuge, der beweglich ist, jedenfalls westlich von Antio-
chia. Warum? „Lukas möchte zeigen, daß seine Predigt und das, was sie be-
wirkte, nämlich daß das Evangelium unter den Völkern Fuß faßte, von der
Diaspora *des* Volkes aber verworfen wurde, unmittelbar auf Jesus zurückgeht,
dessen Zeuge Paulus war" (BURCHARD 176).

Im übrigen ist der Stellenwert von Apg 14, 4. 14, der berühmten Ausnahmen also, die Paulus (und Barnabas) den Aposteltitel dennoch zubilligen,
noch nicht ausdiskutiert. An der ersten Stelle werden Paulus und Barnabas
nicht direkt genannt, und die zweite ist textkritisch nicht gesichert. G. SCHNEI-
DER möchte der schwierigeren Lesart des westlichen Textes, in der die Apo-
stelbezeichnung fehlt, den Vorzug geben (Die zwölf Apostel 53; mit Sympathie
auch von KLEIN 212f. erwogen). HAENCHEN und CONZELMANN lassen Lukas
hier einfach eine alte Tradition mitschleppen. Aber wenn MICHEL Recht hat,
daß es „nicht zu bezweifeln" sei, daß Lukas Paulus den Aposteltitel „nicht
zusprechen konnte aufgrund seiner Definition des Begriffes" (77), so fragt
man sich, warum er ihn an den beiden Stellen nicht einfach getilgt hat. WIL-
SON dagegen läßt Paulus und Barnabas an beiden Stellen Apostel genannt
werden. Lukas habe keinen Grund, das um jeden Preis zu vermeiden. Und
zwar darum nicht, weil es ihm nicht um den *Begriff* geht (ihn habe er aus den
Quellen), sondern um die Bindeglied-Funktion des Apostelgremiums (also
nicht: *zwölf* Apostel: 117).

Wie dem auch sei: „KLEINS *lucus a non lucendo*-Interpretation (214: ,Mi-
mikry') ist eine leichte Beute der Kritiker geworden" (BURCHARD 135, Anm.
315). Noch leichter die von SCHMITHALS: Paulus sei in der Apg so selbstverständlich *kein* Apostel, daß er in 14, 4. 14 ohne weiteres so genannt werden
könne, ohne daß es jemand ernst nehmen würde (Apostelamt 236). Dazu mit
Recht S. G. WILSON: Das würde bedeuten, daß Lukas Paulus Apostel nennt,
weil er keiner ist. „The logic of which is not easy to follow" (117).

Mag der Streit um die Beweislast der angegebenen Stellen fortdauern: Was
die angebliche Zurückstufung des Paulus in der Apg anbetrifft, kann er als
entschieden gelten. „Paulus ist für Lukas keine problematische, sondern eine
unanfechtbare Figur; kein Thema, über das gestritten werden muß, sondern
eine Autorität, auf die man sich berufen kann; kein Name, der die Gemeinde
belastet und gegnerischen Argumenten ausliefert, sondern ein schützender
Name, an dessen Größe die Waffen der ,Gegner' stumpf werden" (LÖNING,

Saulustradition 204). Das paßt zwar nicht zur Strittigkeit der paulinischen Existenz in den Paulusbriefen. Doch erklärt sich das leicht: Hinter dem lukanischen Paulusbild steht kein Paulinismus-Problem und kein Autoritätsproblem, sondern ein „Identitätsproblem". „Das lukanische Grundanliegen ist die Frage nach der Legitimität des Heidenchristentums nachpaulinischer Prägung" (LÖNING, ebd. 204). Einfacher gesagt: Wie wahrt die Kirche, die mit Israel definitiv gebrochen hat, dennoch die Heilskontinuität? Antwort: Indem sie die eigene Gegenwart heilsgeschichtlich an Israels Vergangenheit bindet. Garanten der heilsgeschichtlichen Vergangenheit sind zunächst einmal die zwölf Apostel (LÖNING 205). Und: „Paulus verbürgt, daß die Loslösung der Kirche vom Judentum und der schließliche Bruch mit der Synagoge nicht das (Heiden)Christentum, sondern das Judentum ins Unrecht setzen" (205).

Lukas sichert das nachapostolische Heidenchristentum gegenüber dem Problem der faktischen Diskontinuität seiner eigenen Geschichte ab, „indem es die Legitimität seiner Genesis in der Figur des Paulus verbürgt sein läßt" (LÖNING 206)[1].

Mir scheint, daß diese Beurteilung des lukanischen Paulusbildes den Befund in der Apg besser zu erklären vermag als jene verästelte Tendenzkritik, die mit Nivellierung, Perhorreszierung, Mediatisierung, Subordination und Superordination zu arbeiten sich gezwungen sieht.

3. Tendenz zur Amtssukzession und Institution. Die Diskussion dieses Komplexes hat MICHEL 93 ff. aufgearbeitet. Danach sind drei Gruppen zu unterscheiden: a) Protestantische Exegeten, die in Apg 20, 17 ff. (Rede an die Ältesten von Ephesus in Milet) eine Amtssukzession im strengen Sinne entwickelt sehen (KÄSEMANN, KLEIN[2]), DINKLER[3]), G. BORNKAMM[4]), SCHULZ, TALBERT 49 ff.). „Damit stimmen sie mit vielen älteren katholischen Exege-

---

1) „Die Konzeption der lukanischen Paulusfigur gibt ... unmittelbar Aufschluß über die ‚heilsgeschichtliche' Denkweise des Lukas. Wenn dies zutrifft, so wird es nicht länger möglich sein, den ‚heilsgeschichtlichen' Denkansatz des Lukas von der Bewältigung des Problems der ausgebliebenen Parusie herzuleiten" (LÖNING, ebd. 207). „Heilsgeschichte" ist nicht rückschauende und konservierende Erinnerung an die vergangenen Großtaten Gottes. Heilsgeschichte ist „der Versuch, den eigenen geschichtlichen Standort am ‚Richtungssinn' geweissagter Ereignisse auf eine verheißene Zukunft hin zu klären" (208).

2) KLEINs Hauptargument: „Im παρατιθέναι wird die Amtsübergabe konkret. Indem der scheidende Traditionsträger seine Nachfolger Gott übergibt, entläßt er sie zugleich aus dem Schutz seiner die ganze βουλὴ θεοῦ (27) repräsentierenden Gegenwart in die volle Verantwortung ihres Amtes" (Apostel 182). Dagegen jedoch überzeugend MICHEL 93: Schon 20, 17 sind die Presbyter als amtierende Gemeindeleiter präsent. Und παρατιθέναι τῷ θεῷ bedeutet nicht Amtsübergabe, sondern ist

ten überein, unterscheiden sich aber wiederum dadurch, daß sie die Legitimität dieser lukanischen Lösung vom Kern der neutestamentlichen Botschaft her bestreiten, wobei natürlich im Festlegen dieses Kernes sich jeweils ein ganz bestimmtes Vorverständnis widerspiegelt" (MICHEL 96). b) Exegeten, die den Text kaum mit dem „Amt" und gar nicht mit der „Sukzession" in Verbindung bringen (E. SCHWEIZER[1]), SCHMITHALS, H. VON CAMPENHAUSEN[2]), BARRETT, CONZELMANN[3]), FLENDER, JERVELL, BURCHARD[4]), ROLOFF, KÜMMEL, LÖNING, MICHEL, STOLLE, LOHFINK, Himmelfahrt 268; ELTESTER, Israel 97). c) Neuere katholische Exegeten, die in der Milet-Rede keine Sukzession ausgesagt finden, andererseits aber sehr stark den Amtsgedanken als solchen (H. SCHÜRMANN[5]), J. DUPONT).

Entscheidend *gegen* einen Sukzessionsgedanken in der Apg spricht m. E. die Fassung, die Lukas dem Apostelbegriff gegeben hat: Er ist in seiner Zeugen-Funktion nicht beliebig oft wiederholbar: Nach dem Tod des Jakobus (Apg 12, 2) findet keine Nachwahl mehr statt. Die Apostel setzen auch keine „Nachfolger" ein (LOHFINK, Himmelfahrt 270). Nicht im ordinierten Amt, sondern durch Treue wird ihr Erbe bewahrt (CONZELMANN) von solchen, die „der heilige Geist zu Vorstehern bestellt hat" (Apg 20, 28). Das Fehlen jeder Rechtstermini in diesem Zusammenhang unterstreicht nur diesen Sachverhalt (ROLOFF).

Wenn KLEIN vom Zwölferapostolat als dem „fundamentalen Institut der Kirche" spricht (210), kommt alles darauf an, wie man die Akzente setzt: Auf „Tradition und Sukzession" im Sinne der frühkatholischen Amtskirche (so KLEIN), oder auf die Funktion der *Zeugenschaft,* in welcher die Apostel

---

eine Abschiedsformel, wie 14, 23. 26; 15, 40 zeigt. Vgl. auch FLENDER, Die Kirche 281 f.

3) RGG³ VI, 973.

4) Die Vorgeschichte des sogenannten Zweiten Korintherbriefes (SHAW. PH 2). Heidelberg 1961, 28, Anm. 12; DERS., Paulus. Stuttgart 1969, 112.

1) Gemeinde und Gemeindeordnung im NT (AThANT 35). Zürich 1959, 117.

2) Kirchliches Amt und geistliche Vollmacht. Tübingen 1953, 86 ff. 167 ff.

3) Der geschichtliche Ort 249: „Nachfolger der Apostel im Sinne der Weiterführung ihres Amtes kann man gar nicht werden, weil ihr Amt einmalig und auf die Urzeit der Kirche begrenzt ist. Ihr Erbe kann man nicht anders verwalten als durch Treuebewahrung ihres Vermächtnisses, der Lehre".

4) BURCHARD verweist m. R. darauf, daß die Zeugen keine Nachfolger haben. „Ein historisch wichtiger Mann wie Titus kommt gar nicht vor. Der Begriff der apostolischen Sukzession hat schon deswegen in der Lukas-Analyse nichts zu suchen" (Zeuge 163).

5) Das Testament des Paulus für die Kirche. FS für L. JÄGER. Paderborn 1962, 108–146, 134.

als durch den Heiligen Geist autorisierte Interpreten der Tradition stehen,
Lukas 24, 44. 48 f.; Apg 1, 8. 26; Apg 2, 1–14 (so z. B. BURCHARD)[1]). G. SCHNEI-
DER betont m. R. die Angewiesenheit des Zwölferkreises auf die Kraft des
Geistes. Sie ist Ermöglichungsgrund der Zeugnisabgabe. „So schafft der Geist
Gottes die Kontinuität zwischen der Predigt Jesu (Lk 4, 14 f. 18) und der der
Zeugen" (Verleugnung 205; vgl. R. PESCH, EKK 3, 22). Mit solcher Zusam-
menschau von Geist und Zeugenschaft befände sich Lukas sowohl in Über-
einstimmung mit der synoptischen Tradition (Mt 10, 20; Mk 13, 11; Lk 12, 12)
als auch mit Paulus (1 Kor 2, 13; 12, 3 u. ö.) (ROLOFF, KÜMMEL). Auch die
Funktion des Zwölferkreises als Repräsentant des wahren Israel (JERVELL,
People 41 ff., bes. 75 ff.: The Twelfe on Israel's Thrones) ist dort vorgegeben
(Mt 19, 28 par.). Und die *Unterstreichung* der Tradition, der dienst- und der
kirchenleitenden Funktionen der Apostel durch Lukas wäre aus der Situation
(3. Generation) leicht verständlich zu machen (ROLOFF 233 f.).

4. Die antignostische Tendenz, die neben KLEIN vor allem TALBERT nachzuweisen suchte, (aber auch BARRETT, Historian 62 f.; SCHÜRMANN, Testament 315 ff. [Lit.!]; offengelassen wird die Frage von LOHFINK, Himmelfahrt
271 f.), sollte man nicht damit bestreiten, daß man sagt, zur Zeit des Lukas
sei die Gnosis als System noch nicht faßbar (MICHEL 82 f. mit Verweis auf
R. McL. WILSON, Gnosis und Neues Testament, 1963 [Urban-TB 118] Stuttgart 1971). Daß es bereits in der zweiten Hälfte des 1. Jh.'s und in Frontstellung gegen die Gnosis die Besinnung auf den eigenen „Anfang" gegeben hat,
beweist der 1. Johannesbrief (LOHFINK, Himmelfahrt 271). Wohl aber verblaßt die gnostische Front, wenn gesehen wird (s. o.), daß Lukas *kein* suk-
zessives Amt als Traditionssicherung aufbaut, welch letzteres direkt gegen
die Gnosis hätte gerichtet sein können (als Faktum bei TALBERT angenommen), und daß die Auskunft des Paulus, er habe „nichts zurückgehalten" und
„öffentlich gelehrt" (Apg 20, 20), keine Spitze gegen gnostische Geheimleh-
ren hat. Kurz: Eine antignostische Tendenz des lukanischen Werkes ist nicht
wirklich nachweisbar, Apg 20 nicht und auch in der Simon-Magus-Szene
nicht, wo man sie am ehesten erwartet hätte (SCHMITHALS 272; BURCHARD;
s. u.).

Insofern ist auch TALBERTs Argumentation unbeweisbar, die Spitze der
lukanischen Eschatologie sei gegen eine gnostische, „realisierte" gerichtet
(Lk 17, 20 ff.; 19, 11 ff. 21; 22, 69; Apg 1 f.; vgl. GASQUE 302). Wenn man den

---

1) Unscharf in der Begrifflichkeit ist R. PESCH. Er spricht in einem Atemzug vom
„Kollegium" und „vom Institut der zwölf Apostel" und läßt sie „Zeugen" sein bei
der „Rekapitulation des Wirkens Jesu" (EKK 3, 22). Was gilt nun? Differenzierter
urteilt LOHFINK, Sammlung 63 ff.

Befund nicht in einem ganz anderen Zusammenhang zu werten sich in der
Lage sieht (Bewältigung des Problems der Parusieverzögerung: GRÄSSER),
bietet sich immer noch die einfachere Erklärung an, daß Lukas die Naherwartung zwar an den Rand geschoben, aber nicht aufgehoben hat (KÜMMEL
u. v. a.).

Bleibt der durch gnostische Reklamationen angeblich suspekt gewordene
Paulus, den die Gemeinde des Lukas abstoßen, Lukas ihr aber erhalten wolle
(KLEIN). Abgesehen von der Frage, ob es solche Gemeinden überhaupt gegeben hat, stellt SCHMITHALS fest: ,,Es bedarf keiner Frage, daß dieser suspekt
werdende und zurückzugewinnende Paulus der Paulus der *Briefe* ist. Welcher
Paulus sollte es sonst sein, den die Kirche zur Zeit des Lukas abstößt und den
er ihr erhalten will? Nun hat aber gerade G. KLEIN mit Nachdruck betont,
daß Lukas den Paulus der Briefe nicht kennen will, und unbestreitbar ist
jedenfalls, daß Lukas den echten Paulus ignoriert. Dann aber kann doch die
Apg nicht geschrieben worden sein, um Paulus für die Gemeinden zu erhalten!'' (SCHMITHALS, Apostelamt 272).

Auch die antignostische Tendenz will also nicht einleuchten, weil keinerlei
Auseinandersetzung mit dem Gnostizismus stattfindet (SHERWIN-WHITE).
Überzeugender ist die Auskunft, Lukas schreibe für christliche Leser, die von
Seiten ihrer *jüdischen* Nachbarn unter Beschuß sind, und zwar um Pauli wil-
len (JERVELL 177). Ihn, Paulus, aber will und kann Lukas nicht preisgeben,
weil er *mit* ihm die Legitimität des Heidenchristentums nachpaulinischer
Prägung sichern kann (LÖNING, Saulustradition 204).

Alle o. g. Einwände lassen es mehr als fraglich erscheinen, ob man die luka-
nische Theologie mit Recht als frühkatholisch bezeichnen darf (so richtig
CONZELMANN, BARRETT, BORGEN, HAENCHEN, FLENDER, ROLOFF, KAESTLI,
CULLMANN, KÜMMEL gegen KLEIN, VIELHAUER, O'NEILL, TALBERT, SCHULZ).
Die frühkatholische Konzeption von 1Clem 40–45 zeigt tatsächlich den ganzen Abstand des Lukas vom Frühkatholizismus, zumindest hinsichtlich seiner Amtstheologie (ROLOFF 235). Freilich: ,,Ausdiskutiert ist hier noch nichts''
(BURCHARD 21). Wenn man auch einigermaßen sicher sagen kann, daß die herkömmlichen Signa des *Frühkatholizismus* – Verständnis der Kirche als Heilsanstalt, institutionelle Regelung von Amt (Priestertum) und Sakrament, Bindung des Geistes an die Institution, Sicherung der Tradition durch Sukzession – auf Lukas *nicht* zutreffen, so fehlt für einen sicheren Entscheid immer
noch der notwendige Vergleich Lukas – patristische Literatur. Er hat gerade
erst begonnen (SCHNEEMELCHER, O'NEILL, TALBERT, HYLDAHL, KLEIN,
KÄSEMANN, STROBEL, Schreiben des Lukas?, MOULE, Christology). Zum andern müßte die Bestimmung der Situation, in der Lukas schreibt, klarer getroffen werden können, als es derzeit ansatzweise geschieht (Überblick bei

C<small>ONZELMANN</small>, Geschichtliche Stellung; dazu K<small>LEIN</small>, Synkretismus; H. Kö-
ster, *ΓΝΩΜΑΙ ΔΙΑΦΟΡΟΙ*; W.C. van U<small>NNIK</small>, Häresien 240 ff.)¹).

Das alles zusammengenommen aber ergibt, daß das lukanische Programm
„Theologie der Heilsgeschichte" hinsichtlich seiner Motivation und seines
theologischen Gewichtes offener ist als je. U.W<small>ILCKENS</small>, der durchaus Ansätze des Frühkatholizismus bei Lukas meint behaupten zu können, stellt
dennoch zwei berechtigte Fragen zum Schutz des Lukas an die derzeitige
Lukas-Interpretation: 1. Ob sie das lukanische Bild der Heilsgeschichte
„exegetisch exakt beschreibt"; 2. „ob es der lukanischen Konzeption angemessen ist, wenn sie die Bedeutung, die jene zu ihrer Zeit hatte, für unsere
eigenen gegenwärtigen theologischen Schulmeinungen negativ auswertet"
(Rechtfertigung 180).

Wie immer die Antworten lauten werden: Zwei bisher zum C<small>ONZELMANN</small>-
H<small>AENCHEN</small>-point of view gehörende Ansichten sind schon jetzt in ihrer Sicher-
heit erschüttert. 1. Es ist nicht mehr so sicher, ob die Konzeption der Heilsgeschichte „überhaupt als eine theologische Reaktion auf das Problem der
Parusieverzögerung entstanden ist" (W<small>ILCKENS</small>, Rechtf. 182; A.C.W<small>INN</small>;
G<small>ASQUE</small> 297)²). 2. Es ist aber ganz sicher, daß Lukas die Heilsgeschichte *nicht
erfunden* hat (gegen S<small>CHULZ</small>, ZNW 1963, 104). Strukturell stimmt sie mit der
Jesusüberlieferung überein (L<small>OHSE</small>, W<small>ILCKENS</small>, O.C<small>ULLMANN</small>, K<small>ÜMMEL</small>), obwohl Lk sie im Sinne seines Programms Lk 1, 1–4 anders akzentuiert. In die-

---

1) Eine theologische Spätansetzung des Lukas zieht die chronologische leicht nach
sich (vgl. die bei B<small>URCHARD</small>, Zeuge 22, Anm. 34 genannten). Doch ist eine Datierung
auf ca. 90 die besser begründete Mutmaßung (so die Mehrzahl der Forscher).

2) W<small>ILCKENS</small> schreibt: „Die lk. Heilsgeschichte ist nicht mehr alttestamentlich-
spätjüdisch-judenchristlich verstandene Erwählungs-, sondern hellenistisch-römisch
interpretierte Vorsehungsgeschichte; direkter Aufweis der Kontinuität des Wirkens
des göttlichen Vorsehungswillens" (ebd. 111). Und für S.S<small>CHULZ</small> „scheint der Schluß
unausweichlich, daß der religionsgeschichtliche Ort der lk. Theologie (die) römische
fatum-Ideologie ist, der verwandte Motive der griechisch-hellenistischen Ananke-
Religiosität beigegeben sind" (Vorsehung 112). – Das ist eine erstaunliche Auskunft.
Als ob die Überzeugung von einer einheitlichen Lenkung des Weltlaufs nach festem
Plan auf ein bestimmtes Ende zu nicht aus dem AT stammte – im Unterschied zur
profanen Geschichtsschreibung der hellenistisch-römischen Antike, wo man nur
vom Eingreifen der Götter und überirdischer Mächte in einzelnen Momenten des
irdischen Geschehens weiß; wo der Fingerzeig des Göttlichen in den Wundern der
Natur, am Sternenhimmel, in den Kultbräuchen gerade fremder Völker und endlich
in dunklen literarischen Überlieferungen gesehen wird. „Aber jede Theologisierung
der Geschichte fehlt; in der Geschichte erblickt man den Finger des Göttlichen nicht"
(H.D<small>ÖRRIE</small>, Spätantike Symbolik und Allegorese [FMSt III] 1969, 1–12, hier 8. Vgl.
dazu auch E<small>LTESTER</small>, Israel 40. 82).

sem Punkte jedenfalls scheint mir die Acta-Forschung nicht mehr a storm
center in contemporary scholarship zu sein (VAN UNNIK). Bestimmt aber ist
sie noch immer ein Feld, auf dem es noch lange Debatten um dieses Thema
geben wird.

2. Lukas in der Verteidigung der heutigen Theologie

Es hat einige Zeit gedauert, bis die durch KÄSEMANN und VIELHAUER in-
tiierte Kennzeichnung des Lukas als „erster Repräsentant des werdenden
Frühkatholizismus" und die daraus gefolgerte negative Bewertung der lukanischen Theologie auf zunehmend starke Kritik stieß (Übersicht bei KÜMMEL,
Anklage 420ff.). Auf folgende Punkte vor allem konzentrierte sich der Widerspruch:

a) Auf die *drei*fach gegliederte Heilsgeschichte mit der Jesuszeit („Mitte
der Zeit") als abgeschlossener Vergangenheit (W. C. ROBINSON; LUCK; BUR-
CHARD; ELTESTER; LOHFINK; ZINGG).

b) Auf die originäre lukanische Heilsgeschichte und die mit ihr vollzogene
Depravation des älteren Kerygmas (O. BETZ; CULLMANN; FLENDER; LUCK;
KÜMMEL; SCHWEIZER; JERVELL; LÖNING; DELLING).

c) Auf die Ablösung der urchristlichen Eschatologie durch die Heilsgeschichte (WILCKENS; LÖNING).

d) Auf das soteriologische Defizit der Christologie (KRÄNKL; SCHÜTZ; TAL-
BERT; VOSS) und Eschatologie (ELLIS; FLENDER; KÜMMEL; VAN UNNIK;
DUPONT; HIERS; MATTILL; KAESTLI).

e) Auf das Verhältnis zum Alten Testament und Israel (ELTESTER; HOLTZ;
JERVELL; LUCK).

f) Auf das Paulusbild des Lukas (BURCHARD; JERVELL; LÖNING; MICHEL;
STOLLE).

g) Auf Lukas als Erfinder von Traditionen (BURCHARD; LÖNING; MICHEL;
STOLLE; WILCKENS).

h) Auf die Demontage des Geschichtswertes der Apg (BIEDER; BORGEN;
DUPONT; EHRHARDT; GASQUE; HENGEL; MARSHALL; WILSON).

In der Diskussion greifen viele dieser Punkte ineinander, so daß sich ihre
Auflistung nicht zugleich als Dispositionsschema für das folgende empfiehlt.
Hier sei darum nur einiges Grundsätzliche zur Diagnose der Lukas-Kritik
und ihres Umschwunges vermerkt.

Neben W. G. KÜMMEL hat vor allem U. WILCKENS am schärfsten Motive
und Tendenzen der Lukas-Kritik diagnostiziert. In der englischen Erstfas-
sung seines Aufsatzes war der Titel (Luke-Acts in a Period of Existentialist
Theology) noch nicht so präzis wie in der deutschen Übersetzung: „Lukas

und Paulus unter dem Aspekt dialektisch-theologisch beeinflußter Exegese"
(Rechtfertigung 171 ff.). Kein Zweifel: hier liegt des Pudels Kern![1])

WILCKENS skizziert die Entwicklung seit DIBELIUS und sieht als zentrale
Fragestellung heute in die Mitte gerückt: „Wie versteht Lukas die Struktur
der Heilsgeschichte?" (180). Ein methodischer Trend gegenwärtiger Lukas-
Exegese war nach WILCKENS' Meinung der Beantwortung dieser Frage von
vornherein abträglich: Man nimmt die Theologie der Autoren als in sich geschlossene Konzeptionen und „legt zu wenig Gewicht auf die Frage, wo sie
ihre persönlichen Gedanken und Motive einfach der frühchristlichen Tradition verdanken, der diese zugehört haben" (181 f.). Kürzer gesagt: Zwischen
der Literarkritik alten Stils und der Redaktionsgeschichte ist die Phase der
ausgeprägten Formgeschichte in der Acta-Forschung übersprungen worden
(BURCHARD, Zeuge 17; LÖNING, Saulustradition 8 ff.)[2]).

Möglicherweise ist das eine zu einfache Erklärung[3]). Die zwischen GOP-
PELT, KLEIN und WILCKENS geführte Debatte um die Heilsgeschichte bestätigt zumindest, daß nicht nur verschiedene Hinsichten, sondern auch unterschiedliche Textbefunde leitend waren[4]). Wie dem auch sei: Faktum ist

---

1) Kein Satz ist von den britischen und amerikanischen Forschern dankbarer aufgenommen worden als der von WILCKENS: Der existential interpretierte Paulus ist
nicht der historische (SCHUBERT-FS 77). Vgl. nur GASQUE 287 f.

2) M. DIBELIUS hatte diese Lücke nur ansatzweise geschlossen. LÖNING nennt den
einfachen Grund, warum man hier so sorglos verfahren konnte: Wo eine vorausgesetzte Naherwartung Traditionsbildung angeblich verhinderte, brauchte man auch
keine Traditionsgrundlage für den Beurteilungsmaßstab der Textphänomene zu
suchen. Daß jedoch Naherwartung Traditionsbildung nicht hemmen muß, zeigt
Paulus (BURCHARD, Zeuge 20).

3) M. E. wird auch der kritische Vergleich Paulus – Lukas durch den Aufweis von
Vorstufen der Saulustradition nicht positiv entlastet (gegen LÖNING). Möglicherweise wird man Lukas zwar nicht mehr einen „Fälscher" des Paulusbildes nennen
können. Aber selbst wenn die Korrelativität der Idee des Zwölferapostolates und
der „Einstufung" des Paulus als Nicht-Apostel „unlukanisch" (weil in der Tradition
bereits vorgegeben) sein sollte (LÖNING, Saulustradition 3) – das Problem bleibt ja
doch, daß ein Mann der späteren Generation sich Dinge auf seine Weise zurechtzu-
legen sucht, „deren wirkliche Perspektive nicht mehr gegeben ist" (HAENCHEN,
Kom. 103). Eine die Unterschiede zwischen dem Paulus der Briefe und dem der Apg
relativierende Auskunft wie die, Briefe und Acta interpretierten sich gegenseitig
(BRUCE; GASQUE 259 ff.), wird dem Befund jedenfalls nicht gerecht. The fact of the
diversity of Paul's thought (GASQUE 275) darf nicht so verstanden werden, als habe
auch der lukanische Paulinismus darin seinen legitimen Platz (gegen MATTILL, Luke
as a Historian).

4) Die Titel bei WILCKENS, Aufsätze 199, Anm. 80. Dazu L. GOPPELT, Paulus und
die Heilsgeschichte: Schlußfolgerungen aus Röm. IV und IKor. 10, 1–13, und

auf alle Fälle die unterschiedliche *Bewertung* des Befundes, die einerseits dazu geführt hat, daß Lukas zum Erfinder der (theologisch negativ zu bewertenden) Heilsgeschichte stilisiert wurde (KLEIN; SCHULZ), die andererseits (CULLMANN; KÜMMEL; WILCKENS) Lukas eingebettet sieht in ein Schema heilsgeschichtlichen Denkens, das ihn mit Jesus und Paulus verbindet, obwohl die missionskerygmatischen Traditionen im Umkreis des Paulus anders strukturiert sind als die frühen Jesus-Überlieferungen (WILCKENS 183).

Daß diese Verbindungslinien nicht gesehen wurden, liegt nach WILCKENS entscheidend daran, daß die dialektische Theologie mit ihrem Postulat der Unversöhnbarkeit von Offenbarung und Geschichte das wirkliche Bild der frühchristlichen und paulinischen Theologie verdrängt sein ließ durch ihr existential interpretiertes (192 ff. mit Berufung auf O. CULLMANN). Fälschlich bestimme dabei die Entscheidung des einzelnen und nicht die Heilsgeschichte den Horizont paulinischen Christentumsverständnisses.

„Die Frage von ERNST FUCHS: ‚Aber hat denn das Heil eine Geschichte‘? (Zur Frage nach dem historischen Jesus, 77), muß für Paulus wie für Lukas im bejahenden Sinne beantwortet werden, wie verschieden beide im einzelnen auch gedacht haben. Im wesentlichen aber gründet beider Denken übereinstimmend in dem alttestamentlich-jüdischen Glauben, nach dem Gott sein Heil in geschichtlichen Ereignissen realisiert" (WILCKENS 201 ff.).

Nun kann man freilich fragen, ob sich der „wirkliche" Paulus so sicher gegen den „existential interpretierten" ausspielen läßt. Auf *Interpretation* der Quellen beruhen *beide*. Trotzdem bleibt richtig: „Der heilsgeschichtliche Horizont der paulinischen Theologie läßt sich ernsthaft nicht bestreiten"[1]). Wer die Schöpfung über Fall und Erlösung dem Weltgericht zulaufen läßt, denkt heilsgeschichtlich (ebd. 116). Nur: Röm 5, 12 ff. macht deutlich, daß Paulus die Geschichte nicht als kontinuierlichen Entwicklungsprozeß, „sondern als das Gegeneinander der beiden Bereiche Adams und Christi versteht" (ebd. 119). Eben diese aber lassen sich bei Paulus (und auch bei Jesus) niemals mit immanenten Entwicklungen identifizieren (ebd. 109 ff.). Und die Frage ist allerdings, ob *Lukas* das so durchhält, oder ob bei ihm nicht doch alles nach einem definiblen Plan verläuft. Wird bei ihm der göttliche Heilsplan nicht doch von der immanenten Entwicklung aufgesogen, so, daß er irdisch ablesbar, kontrollierbar, verrechenbar wird? Die Reden der Apg geben Anlaß zur Bejahung dieser Frage. Heilsgeschichte bei Lukas ist nicht das-

---

G. KLEIN, Heil und Geschichte nach Röm IV, in: NTS 13 (1966/67) 31 ff. 43 ff. Ferner G. KLEIN, Bibel und Heilsgeschichte. Die Fragwürdigkeit einer Idee, in: ZNW 62 (1971) 1–47.

1) E. KÄSEMANN, Paulinische Perspektiven. Tübingen ²1972, 118. Vgl. W. G. KÜMMEL, Heilsgeschichte im Neuen Testament?, in: Neues Testament und Kirche. FS R. SCHNACKENBURG. Freiburg 1974, 434–457.

selbe wie bei Paulus und bei Jesus. Freilich: Heilsgeschichte bei Lukas ist
auch nicht *in toto* originär.

Anders steht es mit dem *Paulusbild* der Apg. Hier hat möglicherweise der
Verzicht auf eine Scheidung von Tradition und Redaktion eine übertrieben
negative Zeichnung zur Folge gehabt, obwohl man natürlich fragen kann,
„inwieweit und mit welcher Methode solche Scheidung gelingen kann"
(G.SCHNEIDER, Zwölf Apostel 129)[1]). Immerhin, der Einwand gegen VIEL-
HAUER, ein direkter Vergleich der lukanischen Sicht mit dem historischen
Paulus sei methodisch unzulässig (BURCHARD; STOLLE; LÖNING; WILCKENS),
dürfte zutreffen[2]). Tatsächlich sind hier zwei Fragen auseinanderzuhalten,
wie man seit O.BAUERNFEINDs Hinweis auf die Problematik der exegetischen
Voraussetzungen des VIELHAUERschen Aufsatzes weiß: Die eine Frage ist die
nach der lukanischen Theologie, ihrer spezifischen Ausprägung und ihrem
theologiegeschichtlichen Ort (u.a. im Verhältnis zur paulinischen Theologie);
die andere ist die nach der Paulusfigur in der Apg, die als solche ein Element
in der literarischen Artikulation der lukanischen Theologie darstellt (LÖNING
5 ff.). Diese Paulusfigur kann nicht (wie bei VIELHAUER und KLEIN) als theologische Kritik an Lukas aufgefaßt werden (STOLLE 14), weil es nicht um
Charakterisierung des Paulus, sondern des Lukas geht (BAUERNFEIND 76),
weil Lukas an Paulus nicht Theologie und Persönlichkeit interessieren, sondern die historische Rolle (BURCHARD 173). Insofern trifft es zu: „Lukas ist
kein ‚Paulinist' im Sinne der VIELHAUERschen Fragestellung. Er hat weder
die Absicht noch wahrscheinlich die Möglichkeit, die Theologie des Paulus –
aus der eigenen Erinnerung oder den Paulusbriefen schöpfend – irgendwie
wiederzugeben" (LÖNING 7). Auch nicht in den Reden (gegen DIBELIUS und
VIELHAUER)! Sie sind nicht Zusammenfassungen der paulinischen Theologie,

---

1) Trotzdem halte ich LÖNINGs methodisches Postulat grundsätzlich für gerechtfertigt: „Da der unmittelbare Vergleich lukanischer und paulinischer Texte sich als
schwierig und letztlich unergiebig erweist, muß die historisch-kritische Erforschung
der lukanischen Konzeption der Paulusfigur zunächst völlig vom authentischen
Selbstverständnis des historischen Paulus absehen. So lange nicht sicher feststeht,
ob und ggf. in welchem Maße es überhaupt traditionsgeschichtliche Verbindungslinien gibt, die vom authentischen zum lukanischen Verständnis der geschichtlichen
Rolle des Paulus führen, wird man die Ansatzpunkte historisch-kritischer Beurteilung der lukanischen Paulusfigur *bei Lukas selbst* ausfindig zu machen haben" (Saulustradition 7).

2) Wenig hilfreich ist die heftige Kritik, die GASQUE 288 an CONZELMANN und
VIELHAUER übt. Sie ist nicht wirklich griffig, sondern verpufft als bloßes Unbehagen,
weil nicht ein einziges Argument inhaltlich widerlegt wird, sondern nur mit dem
grundsätzlichen Einwand operiert wird, unser Wissen in Bezug auf die Summe der
paulinischen Theologie sei Stückwerk.

sondern Elemente der lukanischen Geschichtsdarstellung (BAUERNFEIND).
Vielmehr hat die Paulusfigur bei Lukas Legitimationsfunktion: Sie sichert
der Kirche aus Heidenchristen die legitime Teilhabe an der Verheißung, die
Israel *und* „denen in der Ferne" gilt (Apg 2, 39), und sie sichert ihnen Heimat-
recht in Gottes Volk auch ohne Judenmission (STOLLE 18).

Zusammenfassend läßt sich zum Paulinismus-Problem der Apg also feststellen: Es gibt zwei ganz unterschiedliche Beurteilungsweisen mit jeweils
sich abzeichnendem Konsensus (zum folgenden vgl. LÖNING 2): Entweder
setzt die Problemlösung bei der Korrelativität von Zwölf-Apostel-Idee und
Paulusbild an (KLEIN), oder aber man läßt die Paulusfigur im Hinblick auf
das Verhältnis Juden–Christen, Israel–Kirche entworfen sein (BURCHARD;
STOLLE; LÖNING; bes. JERVELL). Hier wie da gibt es einen Grundkonsensus:
a) Bei aller Differenz in der Tendenz*wertung* ist die grundsätzliche Beurteilung der *Tendenz als solcher* unstrittig: Paulus soll der Tradition und der Kir-
chenstruktur eingeordnet werden. Diesem Zweck *primär* dient das Paulusbild
der Apg. b) Wo die Problemlösung nicht bei der Korrelativität von Zwölferapostolat und Paulusbild ansetzt, sondern beim größeren Zusammenhang des
Selbstverständnisses des Heidenchristentums der nachpaulinischen Zeit, ist
nicht die „Einstufung" in die kirchlichen Amtsstrukturen das eigentliche
movens[1]), sondern das „Identitätsproblem" Kirche–Israel[2]). In *beiden* Fällen
– Abwehr gnostischer Reklamation durch Einstufung in die Amtskirche *oder*
Zuweisung einer Legitimationsrolle durch Betonung des orthodoxen Jude-
seins des Paulus – verdankt sich die lk. Behandlung der Paulusfigur dem Versuch geschichtlicher Selbstbehauptung der Kirche in der konkreten Situation
des ausgehenden ersten Jahrhunderts.

(wird fortgesetzt)

---

1) Lukas geht es nicht um Paulusprobleme. Lukas geht es um die Sicherung der
Außengrenzen der Kirche in ihren zwei Grundausprägungen als Judenchristentum
und Heidenchristentum. Darum spricht er von den Aposteln und von Paulus als den
Zeugen, „ohne damit den exklusiven Zwölfer-Apostolat mit dem singulären Zeugen-
dienst des Paulus in eine (kirchen)rechtlich relevante Beziehung setzen zu müssen"
(LÖNING, Saulustradition 209).

2) LÖNING, Saulustradition 2, Anm. 7, weist m.R. darauf hin, daß schon HAEN-
CHEN gesehen habe, daß man das Paulusbild in einen größeren Zusammenhang ein-
zuordnen habe (Kom. 674).

VI. Acta-Forschung seit 1960

(Fortsetzung)

III. Die Erzählungen

1. Der Anfang der Apg

Ihn haben zuletzt und unabhängig voneinander R. PESCH (EKK 3) und G. LOHFINK (Himmelfahrt) sowie S. G. WILSON (Gentiles 88 ff.), MORGAN und wieder G. LOHFINK (Sammlung Israels) untersucht. Lukas hat diesen Anfang in ähnlicher Weise programmatisch gestaltet wie den Eingang des Lukasevangeliums. Für ihn endet die *vita Jesu* nicht mit dem Tod, sondern mit der Himmelfahrt. Apg 1, 1–11 erzählt also „die letzte Jesus-Szene des lk. Doppelwerkes" (R. PESCH 7), und zwar in der Form einer „Exposition" des 2. Buches. Genauer noch: Der Eingang 1, 1–11 läßt die Kirche als „Missionskirche" (HAENCHEN, Kom. 112) etabliert sein und formuliert damit *das* Thema der Apg (WILSON). Der Abschluß der Jesuszeit eröffnet die Zeit der Kirche: die sachlich-theologische Verschränkung dieses Tatbestandes bringt Lukas literarisch so zum Ausdruck, daß er dem Evangelium diesen Δεύτερος λόγος folgen läßt. Die literarische Form ist zugleich theologisches Sachprogramm. Und wie der Himmelfahrt so kommt auch Jerusalem eine entscheidende Bedeutung darin zu: „It is one of the central bearings on which the double work swivels: it is the goal towards which Jesus' ministry moves and the base from which the church's mission expands" (WILSON 95). Jerusalem ist „*Kontinuitätssymbol*" (LOHFINK, Sammlung Israels 47). Darum werden hier alle Ostererscheinungen lokalisiert. Darum geschieht hier die Predigt der Apostel mit Wiederaufnahme des Begriffes ‚Gottesherrschaft': Was Jesus tat, geht einfach weiter (so auch CONZELMANN, Mitte 124). Auch das *Volk* ist dasselbe: In Jerusalem sind alle *Juden* versammelt (Apg 2).

Der redaktionelle Charakter des Eingangs der Apg ist damit von vornherein gegeben. Er zeigt sich auch an den Voraussagen des Pfingstgeschehens in Apg 1, 4–5. 8 (J. KREMER in FS für H. SCHLIER 145 ff.). Freilich, die Bestim-

mung von Tradition und Redaktion, der heutige Exegeten ihre Hauptauf-
merksamkeit widmen, fällt unterschiedlich aus. Während PESCH und LOH-
FINK z. B. darin übereinstimmen, daß Lukas sein eigenes Evangelium als Tradition benutzt (die Struktur von Lk 24, 36–53 findet sich in Apg 1, 3–12 wieder), fällt die Charakterisierung der lk. Arbeitsweise unterschiedlich aus.
LOHFINK hält sie durchweg für redaktionell: Abgesehen von Lk 24, 50b–52a
und Apg 1, 9–11, wo *Lukas* vorgegebene literarische Motive in die Erzählung
einbaut (an der ersten Stelle Sir 50, 20–22; in der Engelsszene Apg 1, 10f.
wird Lk 29, 4–9 „bis ins Detail" nachgebildet: 209f., bes. auch 244), erweist
sich „alles übrige ... klar als lk. Komposition" (243; so auch J. KREMER,
Pfingstbericht 25, Anm. 41. Warum wird nicht – wie bei HAENCHEN, Kom.
118 – erwogen, daß bei der Himmelfahrtsgeschichte die Erzählung vom lee-
ren Grab [s. Lk 24, 4!] als Vorbild diente?). R. PESCH dagegen eruiert mindestens drei traditionsgeschichtliche Konstitutiva: Die 40 Tage V. 3[1]); Himmelfahrt V. 2. 9. 11 (für 9–11 rechnet auch CONZELMANN, Kom. 23 mit einem
zugrundeliegenden „Traditionsstück"); Geistverleihung V. 5. 8. PESCH traut
sich sogar zu, „die Umrisse der Lukas vorliegenden und in Lk 24/Apg 1 ver-
arbeiteten Tradition" genau rekonstruieren zu können (17). Doch ist das nach
Methode und Ergebnis der klassische Fall einer überzogenen und dadurch
wertlos werdenden Methode. Faktisch sieht es so aus, daß PESCH mit einer
sehr sensiblen Wünschelrute über das Vokabular streicht. Bei jeder Sprach-
und Motivverwandtschaft schlägt die Rute kräftig aus und signalisiert „Tra-
ditionsmaterial". Z. B. heißt es zu Lk 24, 49b („bis zu dem Zeitpunkt, da ihr
bekleidet werdet mit Kraft aus den Höhen"): „Die Verwendung von ἐνδύομαι
wird noch an den Mantel des Elia erinnern!" (17. Das Ausrufezeichen stammt
von PESCH). Solche Verfahrensweise sagt wenig über die „traditionsgebun-
dene Arbeitsweise" des Lukas, viel aber über die von PESCH.
Das wichtigste exegetische Ergebnis der Kommentarstudie von PESCH
scheint mir das zu V. 6 zu sein: εἰ ... ἀποκαθιστάνεις τὴν βασιλείαν... stelle
eine Verbindung zur Apokatastasis 3, 21 her, und zwar nicht als Frage nach
der Parusie, sondern als Frage nach dem Universalismus des Heils: Es gilt
auch den Heiden (29 mit Verweis auf Apg 15, 16f. und F. MUSSNER, Die Idee
der Apokatastasis; vgl. auch LOHFINK, Himmelfahrt 154). Dabei hätte jedoch
der einst von O. BAUERNFEIND (Apokatastasisspruch) und U. WILCKENS

---

1) MENOUD (RHPhR 1962, 143) weist darauf hin, daß eine vierzigtägige Rekapitulation der eigenen Lehre in der rabbinischen Tradition bedeutet: Ein Lehrer gibt
sein Wissen an den Schüler weiter, der es dann auf seine Weise lehrt. In der CULL-
MANN-FS betont MENOUD den symbolischen Charakter der Zahl 40 und führt sie
ganz auf die eigene Reflexion des Lukas zurück. Zur Sache auch H. R. BALZ, τεσσε-
ράκοντα, ThW VIII, 134–138; LEANEY, Why there were Forty Days.

(Missionsreden 153 ff.) gesicherten Erkenntnis mehr Rechnung getragen werden können, daß Lukas in Apg 3, 20 f. ein „notdürftig christianisiertes Traditionsstück aus täuferischen Kreisen" übernimmt (WILCKENS 155; BAUERN-
FEIND 13), das ursprünglich die missionarischen Funktionen des Elias (Ab-
wendung des Zornes Gottes, Wiederherstellung des Verhältnisses der Menschen untereinander, Beschleunigung des Kommens des Apokatastasisbrin-
gers durch Buße und Umkehr) preist, jetzt aber, christologisch gewendet,
Israel eine Tür für das Endheil offenläßt (mit BAUERNFEIND gegen HAEN-
CHEN. G. LOHFINK, Christologie 223 ff. bestreitet jede sprachliche oder inhaltliche Überlieferungsgrundlage; ebenso KRÄNKL 193 ff., der hier lk. Erhö-
hungschristologie entfaltet sieht, was schwerlich zutrifft. Zum Apokatastasisspruch vgl. noch KASTING, Anfänge 130 f.; ZEHNLE 57 ff. 92 f.; F. HAHN, Chri-
stol. Hoheitstitel, 1963, 106. 126. 184 ff. 247; FLENDER, Heil 97 ff.). Auch die
Formulierung Apg 1, 6 könnte, anklingend an Sir 48, 10 LXX, dieser Herkunft sein, und der Bezug dieser Stelle zu Apg 3, 20 f. bestimmte sich näherhin von daher. Das aber heißt: Nicht einmal in der *Antwort*, geschweige in der
Frage nimmt Lukas eine Trennung von Apokatastasis und Parusie vor. Sie
bleiben für ihn selbstverständlich sachlich miteinander verbunden. Die Korrektur ist allein (von der schon vorgegebenen christlichen Variation, den Inhalt
der Apokatastasis betreffend, abgesehen) eine *zeitliche*: Die Naherwartung
wird transformiert zur „Stetsbereitschaft" (G. SCHNEIDER, Parusiegleichnisse 91; vgl. überhaupt das Kap. „Die Parusie in der Apg", ebd. 85–90).
Kurz: Daß Lukas im Vorblick auf die Antwort bereits den Sinn der jüdischen
Voraussetzungen entsprechenden Frage nach dem messianisch-politischen
Reich (vgl. Mal 3, 23 LXX; Dan 4, 33 f.; 1 Makk 15, 3 LXX) verändert sein
läßt (ähnlich auch LOHFINK, Himmelfahrt 154; HAENCHEN, Judentum und
Christentum 160), ist eine *petitio principii* und im Blick auf Lk 24, 21; 22, 29 f.
und Apg 15, 16 f. ganz unwahrscheinlich (CONZELMANN; STÄHLIN)[1]). Wenn
gefragt wird: „Wirst *Du* das Reich für Israel wiederherstellen?", so steht –
bedenkt man das Traditionelle der Ausdrucksweise (vgl. die eben genannten
Stellen und dazu noch Sir 48, 10; ZEHNLE 97) – deutlich eine *doppelte* Frage
im Hintergrund: ‚Ist das Reich auf Israel beschränkt?' und ‚kommt die Parusie jetzt?' (HAENCHEN, Kom. 111). Das Problem der Naherwartung wird aufgeworfen (MUSSNER, Apokatastasis; CONZELMANN, Kom. 35), welches durch
Auferstehung und Geistverheißung als Zeichen der Endzeit noch intensiviert
worden war (so richtig LOHFINK, Himmelfahrt 154). Und „Zeiten und Fristen"

---

1) Daß die Antwort Apg 1, 8 im Sinne des heilsgeschichtlichen Entwurfs des
Lukas modelliert ist, betont auch HAENCHEN, Judentum und Christentum 160 f.
Aber er kommt m. R. gar nicht auf den Gedanken, die *Frage* V. 6 könnte inhaltlich
etwas anderes meinen als Mt 24, 36.

meinen dann nicht die Termine Gottes in der Zeit der Kirche (gegen Pesch, 34), sondern dem katechetischen Schema 1Thess 5, 1 entsprechend das „Wissenwollen des Endtermins" (H. Schlier, Besinnungen 235) im Sinne von Lk 21, 7 ff. (vgl. 21, 8: καιρός! und Conzelmann, Kom. 22; Wilson, Gentiles 89 f.). Kurz: Die Jüngerfrage ist auch hier noch an politisch-messianischen Vorstellungen orientiert. Erst die Antwort verlagert sie auf eine andere Ebene: „Es handelt sich in der ‚Zeit der Kirche' nicht um politische Herrschaft, sondern um das vorläufige Reich des Geistes und der Kraft" (H. G. Link, Art. Apokatastasis, TBLNT III [1971] 1303). Die Zeit der Kirche allerdings läßt Lukas nicht mehr qualifiziert sein durch das unmittelbare Beieinander von Geist (Ausgießung) und Parusie, sondern durch Geist und Zeugenschaft. Anders gesagt: Das Ende der Welt im räumlichen Sinne tritt in eine konditionale Korrelation zum Ende der Welt im zeitlichen Sinne (Stählin 19). Insofern formuliert Jesu Antwort Apg 1, 7 f. sehr wohl den Parusieersatz (Schlier, Besinnung 234 ff.; G. Schneider, Parusiegleichnisse 88 f.; anders freilich auch J. Kremer, Pfingstbericht 214: „Daß die Erfüllung mit dem Hl. Geist ein Ersatz für die ausgebliebene Parusie ist, wird in keiner Weise angedeutet". Ähnlich Wilson, Gentiles 90 f.). Die ganz andere *Erzählform* des endgültigen Abschiedes Jesu – nicht eigentlich die Himmelfahrt wird erläutert, sondern das Modell einer bestimmten Jüngerhaltung (Haenchen, Kom. 118) – zeigt ebenfalls, um welches zentrale Thema es geht: Korrektur der in manchen christlichen Gemeinden der Zeit des Lukas („man denke an die Offenbarung!" Haenchen, Kom. 118) noch immer vorherrschenden Naherwartung des Endes (S. Schulz, Stunde; Kaestli 65 ff.; G. Schneider, Parusiegleichnisse 87 ff.). Wie Kränkl 193 ff. bestreiten kann, daß Lk dem Problem der Parusieverzögerung Rechnung trägt, ist unverständlich.

2. Die Himmelfahrt Jesu

Zahlreiche neuere Untersuchungen beschäftigen sich mit der nur bei Lukas (24, 50–53; Apg 1, 9–11) erzählten Himmelfahrt (Benoit; Grass; Grundmann; B. M. Metzger; Moule; Schlier; Haacker; Schille; Wilson, Ascension; Ders., Gentiles), keine aber gründlicher als die große Monographie von G. Lohfink. F. Hahn zählt sie mit Recht „zu den besten exegetischen Einzeluntersuchungen der neueren Zeit" und nennt sie einen „Markstein in der Erforschung der Erhöhungs- und Entrückungsanschauung" (Bib 1974, 418. 422). Ihr Ergebnis lautet: Lukas hat noch keine Himmelfahrtsgeschichte gekannt. Er hat die urchristliche Erhöhungsaussage als Entrückung verstanden und mit Hilfe zusätzlicher Bauelemente zu zwei kunstvollen Erzählungen erweitert (276).

Der Weg zu diesem Ergebnis ist ein Muster an methodischer Klarheit und Folgerichtigkeit. Im religionsgeschichtlichen Durchgang durch alle außer-

biblischen Himmelfahrtstexte aus der Umwelt des Neuen Testamentes kann
LOHFINK zeigen, daß eine begriffliche Differenzierung zwischen Himmelsreise,
Aufnahme der Seele, Entrückung, Himmelfahrt als Abschluß einer Erscheinung usw. unbedingt geboten ist. Bei Himmelsreise und Entrückung zeigt
sich der Unterschied auch gattungsmäßig in einer ihr eigenen Erzählform (74).
Diese Formdifferenz ist in der antiken *und* in der jüdischen Literatur in gleicher Weise durchgehalten. Lukas bietet den Typ der Entrückung (75). Sie ist
– wie es für diese Gattung zünftig ist – aus der Perspektive der Jünger und
nicht aus der Perspektive Jesu erzählt (75).

Der Ertrag des religionsgeschichtlichen Durchganges für die *Traditionsgeschichte* der lk. Himmelfahrt ist dieser, daß Lukas in keiner Weise von vorgegebenen Entrückungstraditionen abhängig ist (79). Dies ist er nur von der
Form der Entrückung im ganzen (ebd.).

Der Durchgang durch die ntl. Briefe und die patristische Literatur zeitigt
folgendes Ergebnis: ,,Nirgendwo finden sich auch nur die kleinsten Indizien
einer sichtbaren Himmelfahrt bzw. einer Entrückung, wie wir sie von Lukas
her kennen'' (95; so auch WILSON, Gentiles 96, auf den im folgenden gelegentlich verwiesen wird, weil sein Buch zwei Jahre nach LOHFINK erschienen ist,
ihn aber nicht berücksichtigt hat). Im Urchristentum meinen Auferweckung
und Erhöhung immer dasselbe Ereignis. Und zwar wird Auferweckung im
Blick auf den Tod Jesu formuliert, Erhöhung aber im Blick auf seine *sessio
ad dexteram* (95). Dabei ist wichtig: Bei Erhöhungsaussagen stehen fast immer atl. Texte im Hintergrund, bei Erweckungsaussagen nie (96). Die daraus
gezogene Folgerung ist schlagend: ,,Das Erhöhungskerygma ist gegenüber
der realen Ostererfahrung sekundärer (!) als das Auferstehungskerygma.
Wenn die Urkirche sagt, Jesus sei von Gott erhöht worden, so entfaltet und
reflektiert sie bereits mit Hilfe der Schrift ihr Wissen, daß er von den Toten
auferweckt wurde'' (96). Damit ist der Ansatz gegeben für das später breit
entfaltete Ergebnis, daß die beiden Himmelfahrtserzählungen Lk 24 und
Apg 1 auf Lukas selbst zurückgehen (so auch WILSON). Und zwar hat Lukas
das ihm vorgegebene urchristliche Erhöhungskerygma in Apg 2, 33 und 5, 31
auf die vor Zeugen geschehene Himmelfahrt uminterpretiert ,,und auf diese
Weise ein ursprünglich unsichtbar und transzendent vorgestelltes Geschehen
historisiert'' (244). Im Endergebnis besagt das aber, daß keine vorlukanische
Erzählung mehr übrigbleibt, sondern lediglich das Motiv der Entrückung
selbst (210; so auch J. KREMER, Pfingstbericht; anders F. HAHN in der genannten Rezension von LOHFINK). Mit diesem Ergebnis erledigt sich G. SCHIL-
LES These, daß Apg 1, 1. 9–11 auf eine Kult-Ätiologie (Versammlung der
Jerusalemer Gemeinde auf dem Ölberg 40 Tage nach dem Passah) zurückgeht
(vgl. auch die Kritik bei WILSON, Gentiles 101 ff.). Im Schlußkapitel, das die
theologische Absicht der lk. Himmelfahrtserzählung bestimmen will (251–275),

kommt LOHFINK zu folgendem Ergebnis: 1. Sie ist der Abschluß des irdischen
Wirkens Jesu. 2. Sie wird für Lukas zum „Bild für die Parusie" (262), d. h.,
Lukas löst mit ihr das Problem der Parusieverzögerung, indem er mit der
Himmelfahrt die Zeit der Kirche beginnen und damit die Epoche der Mis-
sionsgeschichte eröffnet sein läßt. Die Frage nach dem christologischen Stel-
lenwert der Himmelfahrt übersieht nicht die Unschärfe des Lukas: Wenn
Himmelfahrt und Erhöhung identisch sind, dann muß sich Jesus in den 40
Tagen in einer Art Zwischenzustand befunden haben. Aber davon spricht
Lukas nirgendwo ausdrücklich. Diese Frage läßt er in der Schwebe.

Die abschließenden systematischen Überlegungen sind etwas mühsam,
weil der Vf. im Blick auf das Faktum „Himmelfahrt" zwischen historischem
und transzendentem Ereignis unterscheidet (ähnlich SCHLIER; BENOIT;
GRASS; GRUNDMANN). Die entmythologisierende Absicht ist klar: LOHFINK
will die *quaestio facti* als unsachgemäße Frage zurückweisen und sieht in der
Himmelfahrt ein Mittel der theologischen Geschichtsdeutung des Lukas. Vielleicht ist die Unterscheidung zwischen historischem und transzendentem Ereignis unverzichtbar, zumal wenn Himmelfahrt „gleichsam ‚die andere Seite
der Auferstehung' (Vilmar) und deren Versiegelung" ist (SCHLIER, Besinnungen
240). Aber eine „Erhöhung ... in die Dimension Gottes" (ebd) kann streng
genommen nicht als raum-zeitlicher „Vorgang" gefaßt werden, ohne den Gedanken der *Jenseitigkeit* Gottes zu verletzen.

Wir haben das vorzügliche Buch von LOHFINK darum etwas ausführlicher
vorgestellt, weil es alle bisherigen exegetischen Bemühungen um den topos
Himmelfahrt bei Lukas überholt und als Ausgangspunkt künftiger Weiterbeschäftigung mit den Texten gelten kann. Diese wird vor allem die Frage
neu prüfen müssen, ob Lukas tatsächlich ohne jegliche vorgegebene Tradition
gearbeitet hat. F. HAHN hat in seiner ausführlichen Rezension bereits angedeutet, daß er das für unwahrscheinlich hält (423f.). Doch berührt diese strit-
tige traditionsgeschichtliche Beurteilung nicht die auf glänzender religions-
geschichtlicher Vorarbeit aufbauende Textanalyse und theologische Beurteilung der Himmelfahrt im Gesamtentwurf des Lukas. Sie ist schlechterdings
überzeugend (vgl. auch LOHFINKS Aufsätze zum gleichen Thema).

3. Die Nachwahl des Matthias Apg 1, 15–26

Die Perikope steht an einer „Nahtstelle" im lk. Doppelwerk: Zwischen Abschied Jesu und Beginn der Mission (NELLESSEN 205). Daß sie durch ihre
„Isoliertheit ... im ganzen des Buches" auffalle (RENGSTORF 40), kann man
schwerlich sagen. Die Komplettierung des Zwölferkreises und damit die ausdrückliche Feststellung seiner Intaktheit als entscheidendes Bindeglied zwischen vergangener Jesuszeit und gegenwärtiger Missionskirche müßte der
Leser gerade an dieser Nahtstelle für außerordentlich sinnvoll halten. Die in

seiner Passionsgeschichte unpassende Judasgeschichte wollte und mußte
Lukas spätestens hier nachholen (HAENCHEN). Damit war dann aber auch
Anlaß gegeben, die Nachwahl an dieser Stelle zu plazieren. Im Zeitraum der
40 Tage wäre sie natürlich auch sinnvoll gewesen (WILCOX, Judas-Tradition
439). Aber dann hätte Jesus der Handelnde sein müssen, während so Gott
handelt und Lukas willkommene Gelegenheit hat, die Apostel und Petrus als
ihren Sprecher erstmals als Zeugen der Auferstehung in Funktion zu zeigen.

Umstritten ist (wie meist bei Lukas) die Traditions- und die Funktions-
frage der Perikope. HAENCHEN geht mit wenigen Zeilen darüber hinweg und
eilt hurtig der weitaus ergiebigeren Sinnfrage der Perikope zu. Er stellt zur
Traditionsfrage lediglich das fest, was man mit einiger Wahrscheinlichkeit
sagen kann: Bei der Judas-Szene wirkt „palästinische Tradition" nach. Die
Deutung der Psalmenstellen habe Lukas vom „hellenistischen Christentum"
übernommen; und auch die Wahl des Matthias gehe auf „eine Überlieferung"
zurück (Kom. 128). NELLESSEN möchte diese dürftigen Aussagen etwas verdeutlichen. Seiner Meinung nach geht die Erzählung auf zwei bis in die „Frühzeit der Kirche" (218) zurückreichende aramäische Traditionen zurück, eine
Judastod-Blutacker-Tradition mit Psalm 69, 26 und eine Matthiaswahl-
Tradition mit Psalm 109, 8 (217). Noch genauere Auskunft versucht M. WIL-
COX zu geben. Aufgrund einer detaillierten sprachlichen Analyse kommt er
zu folgenden Ergebnissen: 1. Die Verse (17) 18–19b sind nicht Einfügung in
eine Rede, sondern Teil einer vor-lukanischen Tradition (Vv 17. 18. 19b. 16a
[?]), die bereits mittels Schriftexegese mit dem Ende des Judas und der Nachwahl des Matthias befaßt war und aus der heraus die Rede geschaffen wurde.
2. Das vorlukanische Material gehört einer aramäischen, qumrannahen Tra-
ditionsstufe an. 3. Lukas hat die Tradition in bereits graezisierter Form übernommen, neu gestaltet und um die Psalm-Zitate in V. 20 erweitert.

Wenn dieser eher „konservativ" zu nennende Umgang des Lukas mit älte-
rem Material auch sonst in der Apg, besonders den Reden, aufgewiesen werden könnte, müßte das ganze lukanische Kompositionsproblem in der Apg
neu zur Diskussion gestellt werden (WILCOX 452). *Wenn!* Da jede Quellen-
rekonstruktion nur Wahrscheinlichkeitswert hat, wird man so weitreichenden
Schlußfolgerungen gegenüber Zurückhaltung üben. Das um so mehr, als
ZEHNLE z. B. die Situation ganz anders beurteilt (104 ff.). Er wiederholt die
früher von J. RENIÉ (RB 55, 1948, 43–53) getroffene Feststellung, daß 72%
des Vokabulars in Apg 1, 15–26 *lukanisch* sind. Der Anteil der lk. Formgebung
ist ohnehin unumstritten (DUPONT, Études 309 ff.). Nimmt man die Prä-
ponderanz der lk. Elemente und Themen in unserer Erzählung noch hinzu,
ist der schriftstellerische Anteil des Lukas an der Erzählung übergroß und
das Quellenrinnsal dünn (ZEHNLE 106). WILSON (Gentiles 107) spricht von
a complex amalgam of old tradition and Lucan innovation und fügt hinzu:

It is almost impossible to decide what is Lucan and what is tradition. The only certain thing is that the verses *in toto* express, whether in his own or traditional terms, Luke's view of apostleship (109). Aber selbst wenn der Nachweis von WILCOX, daß Lukas in diesem Falle besonders traditionsverhaftet arbeitet, zutreffen sollte, berührt das nicht die sonstige Freiheit des Lukas in der Traditionsgestaltung.

Welches ist nun der *Sinn* der Erzählung? Für RENGSTORF reflektiert die Szene die historische Situation zwischen Himmelfahrt und Pfingsten, was HAENCHEN jedoch schlagend widerlegen kann (Christentum und Judentum 161 ff.). Tatsächlich muß RENGSTORF der Szene nicht nur „Isoliertheit ... im ganzen des Buches" testieren, sondern auch „Anachronismus", weil sie ein auf die zwölf Stämme Israels beschränktes partikularistisches Reich-Gottes-Verständnis belege und so „in einer ausgesprochenen Spannung mit der Tendenz der Apg" stehe (52). Aber sollte Lukas aus bloßer Traditionstreue sein eigenes Programm gefährdet haben? Das Gegenteil ist richtig! Lukas hat gewußt, warum er diese Erzählung an dieser Stelle einbringt: Um das für die Kirche fundamentale Apostelverständnis klar zu formulieren und die für sein Kirchenverständnis wichtige Heilskontinuität mit Israel deutlich zu dokumentieren (ZEHNLE; WILSON; HAENCHEN; KLEIN, Apostel 205 f.; FLENDER, Heil 107 ff.; ROLOFF, Apostolat 172 ff. 196 ff.; DIETRICH, Petrusbild 166 ff.; WILSON, Gentiles 107 ff.; KASTING, Anfänge 42 ff.; BURCHARD, Zeuge 130 ff.; G. LOHFINK, Himmelfahrt 218 ff.; KRÄNKL, Knecht 167 ff.; BROWN, Apostasy 53 ff. 82 ff.). Das rekonstituierte Israel hat Lukas als geschichtliche Möglichkeit aufgegeben (Apg 28, 28), um so mehr aber an der Repräsentanz dieses „Israel" in den zwölf Aposteln im Sinne von Lk 22, 30 festgehalten. Dadurch kann Lukas zeigen, daß die Kirche Israel „*geblieben*" ist (LOHFINK, Sammlung Israels 31).

Die Geschichte hat also eine Funktion in der Darstellung des lk. Kirchenverständnisses und dient keineswegs dazu, etwaigen Hochmut kirchenleitender Gremien zu dämpfen, wie RENGSTORF meint: Lukas lasse den Geist wehen, wo er will und das eben erst „neu konstituierte" Zwölfergremium alsbald wieder „vollständig im Hintergrund" verschwinden (RENGSTORF 65). Ein ganz abwegiger Gedanke! Das richtige trifft ZEHNLE: The role of the twelve is not repudiated; it is surpassed, but it remains as the link to the mission of Jesus himself (111).

Eine zusätzliche wichtige Beobachtung macht LOHFINK: Er hält es nicht für Zufall, daß die Zahl der versammelten *Brüder* mit 120 angegeben wird. 120, das sei für Lukas das Zehnfache des Zwölferkreises gewesen. „Dies zeigt ja allein schon die Tatsache, daß er unmittelbar zuvor in V. 13 erneut die Namen der zwölf Apostel aufzählt. Wie immer man sich also angesichts der 120 traditionsgeschichtlich entscheidet, sicher ist auf jeden Fall, daß Lukas bei dieser Zahl an die zwölf Apostel dachte. Das heißt nun aber: Der Kreis der zwölf Apostel ist für Lukas die Basis, die Grundstruktur und das Maß jener Jüngergemeinde, die Jesus um sich gesammelt hatte, und die nach Ostern die Keimzelle der künftigen Kirche bildete" (Sammlung Israels 72). Wenn diese (vielleicht etwas zu phantasievolle) Vermutung zutrifft, leistet die Zahl 120 natürlich noch mehr: „Wenn sie aufgrund der 12 gebildet ist, verweist sie notwendig auf Israel, das Zwölf-Stämme-Volk [der Begriff Apg 26, 7!]. Bereits im folgenden Kapitel führt ja Lukas sehr deutlich vor Augen, wie ‚das ganze Haus Israel' (Jerusalem und die in der Stadt ansässigen Vertreter der Diaspora) sich um die 120 Jünger versammelt. Wie also die Zahl der Apostel den Anspruch Jesu auf Israel bezeichnet, so bezeichnet die Zahl 120 (neben ihrem Hinweis auf die zwölf Apostel) die Zuordnung der vorpfingstlichen Jüngergemeinde auf Israel" (ebd.).

Sollte dies zutreffen, wäre das ein weiterer Beweis dafür, wie sorgfältig Lukas (mit oder ohne Tradition) im Interesse eines ausgewogenen theologischen Programmes stilisiert.

4. Pfingsten

Seit 1960 ist Apg 2 mehrfach untersucht worden (O. BETZ; I. BROER [Lit.!]; P. BRUNNER; M. DELCOR; J. D. G. DUNN; W. GRUNDMANN; K. HAACKER; J. H. E. HULL; P.-H. MENOUD; F. MUSSNER; E. SCHWEIZER, πνεῦμα; C. F. SLEEPER; A. WEISER). Wieder ist die Acta-Forschung in der glücklichen Lage, jetzt eine Aufarbeitung der bisherigen Ergebnisse zu besitzen. J. KREMER hat die letzte größere exegetische Untersuchung zu Apg 2, 1–13 1973 vorgelegt[1]). Die Arbeit ist über das Formale hinaus ein Parallelfall zu G. LOHFINKs gründlicher Studie zur Himmelfahrt: Hier wie da handelt es sich beim Gegenstand um einen nur von Lukas erzählerisch ausgestalteten topos (zu Apg 2, 1–13 gibt es nur Rückbezüge des Lukas selbst in Apg 10, 47; 11, 15. 17; 15, 8). Beide topoi sind von Lukas theologisch eng zusammengerückt (bei KREMER 222 die Vermutung, daß das Brausen vom Himmel 2, 2–3 unmittelbar die Verbindung zu 1, 9–11 knüpft. Möglich!). Die Methode beider Arbeiten ist gleich: Auch KREMER erörtert zunächst die religionsgeschichtlichen Voraussetzungen (Feier des jüdischen Pfingstfestes), dann „die Geisterfahrung in der Urkirche". Danach folgt – ebenfalls unter Prävalenz der redaktionsgeschichtlichen Fragestellung – eine Analyse von Apg 2, 1–13. Das Schlußkapitel „versucht, die Relevanz der neueren Exegese des Pfingstberichts für Theologie

---

1) Eine allgemeinverständliche Zusammenfassung der Ergebnisse legte Vf. mit dem Bändchen „Pfingsten – Erfahrung des Geistes" (1974) vor. Auf die von KREMER nicht berücksichtigte Studie von ZEHNLE ist weiter unten bei den Reden näher einzugehen.

und Kirche zusammenfassend darzustellen", ein ganz wie der LOHFINKsche Schluß entmythologisierend verfahrendes Kapitel.

Bei der Abklärung der „urkirchlichen Geisterfahrung" (AT, Briefe des NT, Evangelien, Apk) fällt eine wichtige Vorentscheidung für die Untersuchung der lk. Pfingstgeschichte: Es hängt „letztlich mit Jesu eigener Lehre und seinem ungewöhnlichen Anspruch zusammen", wenn die Urkirche sein Leben und Wirken „sowie auch verschiedenartige Phänomene in ihrer Mitte mit Hilfe des Begriffs ‚heiliger Geist' *interpretierte*" (86, Auszeichnung von mir). Damit läßt sich der analysierte Textbefund erklären, der – vom Datum „Pfingsten", vom Beisammensein der Jünger in Jerusalem (V. 1) und vom Reden in fremden Sprachen (V. 4) abgesehen (126)[1]) – keine traditionell vorgegebenen Fakten berichtet: Lukas hat die in 2, 5–13 berichteten Szenen „analog zu den Chorschlüssen der Wunderberichte im Evangelium" (z.B. Lk 1, 65; 2, 20; 4, 22. 36; 5, 26 u.ö.) und analog Lk 3, 21–22 heilsgeschichtlich programmatisch (213) und „selbständig entworfen" (165; 212ff.)[2]). Die *Völkerliste* (V. 9–11) mag ihm dabei als „Quelle" gedient haben; sonst aber erweist sich das ganze als eine redaktionelle Ausgestaltung der den Versen 1. 4 vermutungsweise zugrundeliegenden Überlieferung vom Beisammensein der Jünger in Jerusalem (das historisch unanfechtbar ist: SCHWEIZER) und vom Reden in fremden Sprachen (das ursprünglich *kein* glossolalisches Reden meinte: 166), womit dem „ganzen Hause Israel" die Legitimität der apostolischen Predigt bewiesen werden soll[3]). Diese Predigt nämlich ist das Zeugnis dessen, „was sich unter uns *erfüllt* hat" (Lk 1, 1). Der Gekreuzigte ist durch seine Erhöhung als Messias bestätigt (223).

Von hermeneutischen Voraussetzungen aus plädiert K. HAACKER für die Geschlossenheit der Erzählung. Weder aus inneren Gründen, noch durch einen Vergleich mit 1Kor 14, noch aus allgemeinen religionsphänomenologischen Gründen sei eine Scheidung in zwei Traditionen gefordert. Lediglich moderne

---

1) Von diesen Elementen ist jedoch das Datum sicher keine alte Tradition. Wer – außer Lukas – hätte die Geistausgießung so spät (50 Tage nach Ostern) angesetzt? „Lukas kam auf dieses Datum, weil er die Tradition von den 40 Tagen aufgenommen hatte" (HAENCHEN, Kom. 137 mit Verweis auf BAUERNFEIND). Die fremden Sprachen aber sind bei Lukas „symbolische Ausdeutung dessen..., was bei der Erfüllung der Apostel mit dem Heiligen Geist geschehen ist" (HAENCHEN 216).

2) KREMER nennt das „gebundene Redaktionsweise" des Lukas (211). Der „vorlukanischen Tradition" testiert er lediglich eine „Deute-Vision", der erst Lukas den Charakter eines äußeren Vorganges verliehen habe (264). Möglich.

3) Daß die im Mittelpunkt der Liturgie des jüdischen Pfingstfestes stehenden Sinaitraditionen prägend gewirkt haben (HAENCHEN, Kom. 138), kann mit Sicherheit weder bestritten noch behauptet werden (CONZELMANN; SCHWEIZER, ThW VI 408, 27ff.; ZEHNLE 114f. 117).

weltanschauliche Voreingenommenheit gegenüber den wunderhaften Zügen lasse solche Operationen als nötig erscheinen. Nun, darüber kann letztlich nur eine konsequente traditionsgeschichtliche Betrachtung urteilen. Auf keinen Fall darf man einem weltanschaulichen Vorurteil mit einem biblizistischen begegnen!

Hinsichtlich der Historizität der Pfingstgeschichte lehnt KREMER die Beurteilung von Apg 2, 1–13 als „rein symbolische Darstellung der allgemeinen Geistbegabung in der Urkirche", wie sie beispielsweise HAENCHEN und WEISER (Pfingsten 14) vertreten, ab. Sondern die Pfingstüberlieferung bezieht sich auf ein „für die ganze Urkirche bedeutsames Ereignis" (261), das am ersten Pfingstfest nach dem Tode Jesu stattfand (ähnlich SCHWEIZER: „Historisch dürfte eine entscheidende Erfahrung einer Geistausgießung in der Urgemeinde sein", ThW VI, 408, 18f.; skeptischer ZEHNLE 112. 123: The total scene is probably the result of his power to create pictural representations of key theological themes).

Exegetisch wichtig ist, daß die häufig vertretene Meinung (LOHSE; LEENHARDT, Aperçus 39f.; BROER)[1], „erst Lukas habe eine glossolalische Massenekstase zu einem krassen Sprachwunder materialisiert", zurückgewiesen werden kann (262f.). Vielmehr ist „der historische Kern" (263) des Sprachenwunders der, daß die Urkirche schon früh die die Jünger überwältigende und ermutigende Macht, öffentlich den Gekreuzigten als den Messias zu verkündigen, als Erfüllung der Geistverheißung (Joel 3, 1–5; Jes 44, 3; 59, 19–21) deutete (263)[2].

Die „Völkerliste" zählt KREMER nicht zur vorlukanischen Tradition. Lukas hat sie seiner Meinung nach in einer verwandten Überlieferung vorgefunden, „in der der Gedanke der eschatologischen Heimholung aller Juden aus der Diaspora ausgesprochen war" (264). Das ist eine ansprechende Vermutung, die mit folgenden beiden Thesen konkurriert: einmal mit der neuerdings wieder von B. M. METZGER (BRUCE-FS) verteidigten These, eine astrologische Vorlage sei ausgebeutet; zum andern mit der Annahme, es handele sich um einen unter literarischen Gesichtspunkten frei entworfenen Katalog (THOMAS). Allerdings muß man fragen: „Steht denn überhaupt fest, daß Lukas hier eine Quelle hatte?" E. GÜTING hat diese Frage endlich gestellt (152) und verneint

---

1) BROERS These ist, daß erst Lukas das Sprachenwunder eingebracht hat, da es engstens mit dem typischen lukanischen Völkermotiv verknüpft sei (275).

2) Die alte Ansicht OVERBECKS, daß ein *Hörwunder* vorliegt, hat TSCHIEDEL in einem Vergleich mit dem Apollonhymnus erneuert, der als eine religionsgeschichtlich und sachlich bemerkenswerte Parallele gelten kann. GÜTING weist aber m. R. darauf hin, daß die von Lukas aufgeführten *Sprachen* nicht für ein Hörwunder sprechen (169, Anm. 64).

(169). Lukas selbst ordnet damals noch gesprochene Sprachen zusammen und
verwendet diese Liste im Sinne seines heilsgeschichtlichen Entwurfes: durch
die Geistausgießung ist nicht mehr die zentripetale Bewegung der Völkerwall-
fahrt zum Zion, sondern eine zentrifugale Bewegung eingeleitet. Das Heil
geht zu den Heiden![1])

Die beiden dieser These entgegenstehenden textlichen Schwierigkeiten,
'Ιουδαῖοι in 2, 5 und 'Ιουδαίαν in 2, 9, löst GÜTING gewaltsam: Ersteres läßt er
später eingedrungene Glosse sein, letzteres konjiziert er zu Lykian. Das sind
sehr problematische Operationen, weswegen die ältere Auskunft, daß Lukas
mit der ganzen Erzählung überhaupt nur den Ursprung der Jerusalemer Gemeinde im Pfingstfest begründet sein lassen wolle (HAENCHEN; CONZELMANN),
eine konkurrierende Hypothese bleibt. Zumal dann, wenn man mit WILSON
die in Jerusalem zusammengekommenen Diaspora-Juden die Repräsentanten aller Nationen sein läßt (so auch HAENCHEN, Judentum und Christentum
162) und die Geistausgießung „proleptisch" versteht: Eventuell wird der
Geist auch den Heiden gegeben werden (124). Die Prolepse zieht WILSON
jedenfalls der Symbolik vor, for whereas the movement of Acts 2 is centri-
petal, the movement of the church's mission as commanded in Acts 1, 8 and
as it actually developped, is centrifugal (ebd.; ähnlich HANSON, Acts 62f.).

K. H. RENGSTORF (Zuwahl des Matthias) läßt Apg 1, 8 ursprünglich von Galiläa aus gesprochen sein (weil Galiläa selbst nicht genannt wird). Der Sitz im
Leben wäre dann ein „partikularistischer christlicher Messianismus" der
Anhängerschaft Jesu im Frühstadium (57). Demnach würde der Satz die
Missionierung des ganzen Hauses Israel (2, 36) anordnen (die jüdische Diaspora reichte damals buchstäblich bis ans Ende der Erde), er wäre aber von
der Urgemeinde zunächst partikularistisch mißverstanden worden. Das Begreifen des Universalismus sei dann für sie „auf ein geistliches Erdbeben"
hinausgelaufen (55). HAENCHENS Replik (Judentum und Christentum 159ff.)
zeigt jedoch, daß man diese die redaktionsgeschichtliche Methode sträflich
vernachlässigende Arbeitsweise RENGSTORFS nicht allzu ernst nehmen muß.

Ein Nachweis des soliden Buches von KREMER scheint mir allerdings nicht
geglückt, obwohl gerade er dem Vf. sehr wichtig ist: Funktion des Pfingstberichtes sei der Nachweis, „daß in dem geistgewirkten Reden und Verkünden der Apostel letztlich der erhöhte Herr spricht" (267; ähnlich STÄHLIN,
Kom. 18). KREMER sieht selbst, daß dies in der lk. Darstellung nur sichtbar
wird, „wenn man sich die jüdischen Sinaitraditionen vor Augen hält" (ebd.).
Wohl heißt es Lk 10, 16: „Wer euch hört, der hört mich". Aber damit ist ge-

---

1) Daß die Menge nur aus Heiden bestand, verficht als These C. SLEEPER, Pentecost.

sagt, daß die Jüngerpredigt bzw. in der Apg die Apostelpredigt autorisierte
und von den Aposteln sicher tradierte Christuspredigt ist. Der Christus präsens aber ist kein Thema der lk. Theologie. (Vgl. dazu E. SCHWEIZER, Jesus
Christus im vielfältigen Zeugnis des NT [Siebenstern TB 126]. München und
Hamburg 1968, 145 ff., wo die ganz andere Sicht des Lukas dargestellt wird).
Im Mittelpunkt des lk. Interesses am Geist-Thema steht vielmehr gut jüdisch
das προφητεύειν der endzeitlichen Gemeinde, wie die Einfügung dieses Wortes in das sonst fast unveränderte Joel-Zitat Apg 2, 18 beweist (SCHWEIZER,
ThW VI, 405 ff.; ZEHNLE 62 f.). Die Wirkungen des Geistes *ersetzen* den ab-
wesenden Kyrios und machen ihn nicht präsent wie bei Paulus[1]). Es ist Gott
selbst, der den Aposteln Zeichen seines Handelns gibt. Der Christus präsens
gehört der historisch zurückliegenden Jesuszeit an. Jetzt ist der *Geist* präsent
und qualifiziert die Gegenwart zur Zeit der Kirche, in der alle Glieder der End-
zeitgemeinde Propheten sind (SCHWEIZER, ThW VI, 409, 25 f.[2]).

In der am Schluß seines Buches mutig angepackten „Relevanzfrage",
eigentlich der Versuch einer Entmythologisierung des Pfingstgeschehens, läßt
KREMER leider (wohl mit Rücksicht auf den breiteren Leserkreis) zu viel Apologetik mit einfließen, die spätestens dort suspekt wird, wo sogar „das orien-
talische Temperament" zur Erklärung des urchristlichen Enthusiasmus bemüht wird (263). Aber das ist kein grundsätzlicher Einwand gegen das sonst
vorzügliche Buch, von dem die künftige Forschung zum Thema Pfingsten in
der Apg wird ausgehen müssen.

5. Der Anfang der Apg und die lk. Ekklesiologie

Daß der Anfang der Apg grundlegend ist für das lk. Kirchenverständnis,
hat G. LOHFINK in einer weiteren Arbeit eindrucksvoll gezeigt. Diese Habilitationsschrift steht der Dissertation (Himmelfahrt Jesu) an Solidität in nichts
nach. Ausgehend von der allgemeinen Einsicht, daß Jesus das Reich gepredigt und keine Kirche gegründet hat, stellt LOHFINK die Frage, wie der an
geschichtlichen Zusammenhängen besonders interessierte Lukas Jesus und
die Kirche theologisch zusammengebracht hat. Sein Thema ist allein: „Wie
ist in der Sicht des Lukas die Kirche *entstanden*?" (15).

Eine erste Teilantwort lautet: In den Erzählungen der Vorgeschichte, die
Lukas bereits vorgegeben sind (Lk 1 und 2), findet letzterer eine Ekklesiolo-

---

1) Daß das Geist-Thema nicht den Christus praesens zum Inhalt hat, zeigt sich
negativ auch daran, daß Lukas nie das Heil auf den Geist zurückführt und den Glauben auch nicht (SCHWEIZER, ThW VI 410).

2) Bemerkenswert ZEHNLE 117: The gift of the spirit is the fire Jesus came to cast
on earth to effect the eschatological judgement among men through the apostolic
preaching.

gie, derzufolge Jesus die Kirche gar nicht zu gründen brauchte, „weil sich die
Kirche in ungebrochener Kontinuität mit Israel befindet" (31). Das Israel,
von dem in Lk 1, 5–2, 40 die Rede ist, umfaßt die Urgemeinde mit. Dieses
Israel bleibt der Ort der Christen (30). Anders gesagt: Die Kirche ist Israel
„geblieben" (31). So kommt Jesus keine Gründerfunktion zu, sondern eine
Krisis-Funktion: Als das σημεῖον ἀντιλεγόμενον (Lk 2, 34) ist er derjenige,
der zwischen dem gläubigen und dem ungläubigen Israel scheidet. Wenn man
nach einem *Gründer* der Kirche sucht, muß man im Sinne des Lukas *Gott*
selbst benennen (vgl. Apg 20, 28: „Kirche Gottes").

Nun ist aber die Vorgeschichte Lk 1, 5–2, 40 ein Erzählkranz, den Lukas als
feste Komposition bereits übernommen hat (32). Das heißt, jener Redaktor
ist nicht mit Lukas selbst identisch. So bleibt die Frage, ob und wie Lukas
sich die Ekklesiologie jenes Erzählkomplexes zu eigen gemacht hat.

Zur Beantwortung dieser Frage untersucht LOHFINK zunächst „die Funktion des Volkes im Lukas-Evangelium" (33 ff.) mit dem Ergebnis, daß eine
Schicht vom Versagen Israels redet (sie ist vorgegeben), eine andere Schicht
dagegen die deutliche Tendenz zeigt, das Volk positiv zu zeichnen und möglichst geschlossen auf die Seite Jesu zu stellen (entstammt in der Hauptsache
der lk. Redaktion) (46). Ein nächstes Kapitel untersucht „die Funktion des
Volkes in der Apg" (47 ff.). Apg 2, 1–5,5 enthält eine positive Darstellung des
Volkes. Mit 6, 8–8, 1, der Stephanusgeschichte, erfolgt ein abrupter Umschlag.
Die Sammlung des jüdischen Volkes unter rein positiven Vorzeichen ist be-
endet. Der Tod des Stephanus führt zur Verfolgung der Gemeinde. Damit
werden die Weichen für die Heidenmission gestellt (54). Die entscheidende
Frage lautet damit: Was soll die Schematisierung „Sammlung des Volkes –
Verstockung des Volkes?" (55). Antwort: „In der Zeit der ersten apostolischen
Predigt sammelte sich aus dem jüdischen Volk das wahre Israel! Und jenes
Israel, das dann noch in der Ablehnung Jesu beharrte, verlor sein Anrecht,
das wahre Gottesvolk zu sein – es wurde zum Judentum!" (55 mit Verweis auf
CONZELMANN, Mitte 135 u. a.). Pfingsten hat entsprechend eine tiefgreifende
Krisisfunktion: „In der Stunde der apostolischen Predigt sammelt sich um
die Apostel das wahre Gottesvolk, auf dem die Verheißungen Gottes ruhen
und an denen sie sich erfüllen. Zugleich aber verlieren alle Mitglieder des Volkes, die der Predigt der Apostel keinen Glauben schenken, ihren bisherigen
Anteil an Israel. So entsteht die Kirche" (61). Kirche ist „das in seine letzte
Entscheidung geführte Israel, das sich in dieser Entscheidung Jesus nicht versagt hat, sondern sich um ihn bzw. um die Apostel gesammelt hat; das Israel,
das durch das Blut Jesu erkauft ist, das den Geist als die Gabe der Endzeit
empfangen hat, das sich geöffnet hat für die Heiden und das so zu dem wahren Israel aus Juden und Heiden geworden ist" (95).

Neben dem wichtigen Ergebnis, daß der Aufweis der Kontinuität zwischen

Israel und der Kirche ein im Neuen Testament nur Lukas eigentümliches Thema darstellt (97), bedeutet LOHFINKS Buch insofern einen Fortschritt in der Forschung, als es diese Ekklesiologie in der Vorgeschichte des Lukas-Evangeliums bereits präformiert findet (61). Wie dort so spricht Lukas auch in der Apg von der „Auferstehung" (c. 2–5) und dem „Fall" Israels (c. 6–28). Ein Teil des Volkes freilich ist und bleibt verstockt. Über ihn fällt am Ende der Apg (28, 26 ff.) das endgültige (oder eschatologisch befristete? MUSSNER, Stephanusperikope) Urteil mit dem Verstockungszitat aus Jes. 6.

Auf die Unterschiedenheit dieser Interpretation zu der von J. JERVELL (nach ihm ist nur die judenchristliche Kirche für Lukas das wahre Israel, während die Heiden diesem „angegliedert" seien: People of God 143), sei hier nur hingewiesen. Wir kommen weiter unten darauf noch einmal zurück. Wichtig ist jetzt nur die Feststellung, daß Lukas mit der ekklesiologischen Thematik eine die Jesuszeit und die Zeit der Kirche zusammenhaltende Sacheinheit anvisiert: „Die Sammlung Israels". Deutlicher kann kaum gemacht werden, wie sehr die Apg *sachlich* die Fortsetzung des Evangeliums ist. Dabei tritt die Theozentrik der lk. Theologie klar hervor (Apg 5, 35–39; 13, 40 f.; 15, 16–18; 20, 28; dazu vgl. S. SCHULZ, Vorsehung; O'NEILL, Theology 170). W. ELTE-STER hat Lukas m. R. einen „Theologen des ersten Artikels" genannt (Israel 97), der selbst noch bei christologischen Aussagen von theozentrischen Formulierungen ausgeht (das zeigt überzeugend G. LOHFINK, Christologie und Geschichtsbild 223, bes. 234). Die „adoptianische" Christologie hängt damit zusammen wie der Universalismus und die wohl nicht pragmatisch bestimmte Haltung des Lukas zu den röm. Behörden: „Auch sie sind letzten Endes Vollstrecker des göttlichen $\delta \varepsilon \tilde{\iota}$ in der Heilsgeschichte" (ELTESTER, Israel 110).

6. Die Wunder in der Apg

Für Lukas ist die Auferstehung Jesu *das* Wunder. In der Zeit der Kirche haben die Wunder entsprechend nur noch sekundäre Bedeutung. Neben dieses „christologische Regulativ" tritt noch ein praktisch-apologetisches: „Lukas sieht sich ständig veranlaßt, die christlichen Wunder, welche er erzählt, von jüdischer und heidnischer Magie abzuheben, und gestaltet mehrere Paradigmata: Simon Magus Act 8, 9 ff.; Barjesus/Elymas, Act 13, 6 ff.; die Bewältigung des Wahrsagegeistes in Philippi, Act 16, 16 ff.; die schwankhafte Episode von den Söhnen des Skeuas, Act 19, 13 ff.) Eine wirkliche theologische Bestimmung von Wunder und Magie gelingt ihm freilich nicht" (CONZELMANN, Mitte 180, Anm. 3; vgl. G. KLEIN, Synkretismus 56). Dennoch: Die Wundererzählungen nehmen in der Apg einen verhältnismäßig breiten Raum ein. Sie sind ein wichtiges Mittel zur Darstellung der großen Taten Gottes, die durch die Hand der Apostel geschehen (vgl. bes. das Summarium 5, 12–16, dazu

H. ZIMMERMANN, Sammelberichte; G. PETZKE, Die Traditionen über Apollonius von Tyana und das NT, 1970, 78. 100). Um so verblüffter stellt man als
Reporter der Acta-Literatur fest, daß es zum Thema fast nichts gibt[1]). Selbst
zu den einzelnen Wunderberichten weiß MATTILL in seiner Bibliographie nur
wenige, aber schon länger zurückliegende Aufsätze zu nennen[2]), G. WAGNER
gar keine. Zum Petrusschatten Apg 5, 15 gibt es zwar die Miszelle von W. BIE
DER („Der Abschnitt ist von der Apostelverehrung der Menge aus konzipiert",
408), zum Passa-Wunder Apg 12, 3 ff. die Auslegung von A. STROBEL[3]) (vor
jüdischem Hintergrund wird „die Passa-Nacht als Nacht der Errettung der
Gerechten Gottes" verstanden, 213). Und mit verengter Perspektive (Erhebung der für das Petrusbild charakteristischen Momente) legt W. DIETRICH
in seinem Buch auch eine (flüchtige) Analyse der Petruswunder vor (5, 15
Petrusschatten; 9, 32–35 Heilung des Gelähmten; 9 35–43 Auferweckung
der Tabita; 12, 1–17 Befreiung des Petrus). Auch G. KLEIN legt eine subtile
Analyse von Apg 19, 11–20 (Skeuas – Söhne) und 13, 6–12 (Erblindung des
Elymas) vor – aber mit Interesse am Synkretismus und nicht am Wunderproblem (Synkretismus 50–60). Eine zusammenfassende Darstellung der
Wunder der Apg, ihrer Beurteilung als literarisches Stilmittel und als theologische Aussage, fehlt aber bis heute. Nur um auf diesen Tatbestand aufmerksam zu machen, sei auf die beiden Ausnahmen verwiesen: G. W. LAMPE
hat über „Miracles in the Acts of the Apostles" einen Artikel geschrieben
(mir nicht zugänglich geworden). Und schließlich zieht G. THEISSEN in seinem
Buch „Urchristliche Wundergeschichten" Acta-Texte heran (12, 3–11 Befreiung des Petrus; 16, 16 ff. die wahrsagende Sklavin; 16, 23–40 der Kerkermeister von Philippi; 19, 13–17 die Söhne des Skeuas; 27, 6–44 Schiffbruch
des Paulus) – freilich als „Beitrag zur formgeschichtlichen Erforschung der
synoptischen Evangelien" (Untertitel). Sofern THEISSEN mit neuen literaturwissenschaftlichen Einsichten am Textmaterial arbeitet, fällt unter Hinsicht
des Strukturalismus viel neues Licht auf die lk. Wundergeschichten. Aber
eben nur beiläufig. Der Schwerpunkt liegt nicht auf der Untersuchung der
Wunder im Rahmen der lk. Theologie als ganzer. Sie ist ein dringendes Desiderat der Acta-Forschung.

---

1) Auch für die frühere Zeit gibt MATTILLs Bibliographie wenig Titel an. Sie verzeichnet speziell zu den Wundern in der Apg drei Aufsätze. Monographisch ist das
Thema überhaupt nur einmal abgehandelt worden: T. W. CRAFER, The Healing
Miracles in the Book of Acts. London 1939.

2) Zuletzt J. A. HARDON, The Miracle Narratives in the Acts of the Apostles, CBQ
16 (1954) 303–318.

3) Siehe A. STROBEL, Passa-Symbolik und Passa-Wunder in Act XII. 3 ff., in:
NTS 4 (1957/58), 210–215.

7. Stephanus Apg 6, 1–8, 3

„Es gehört zu den Rätseln der Geschichte des Urchristentums, daß wir über Stephanus, abgesehen von den beiden Kapiteln der Apg, keinerlei Nachricht besitzen, wo er doch nach der ihm zugeschriebenen Rede und dem Rahmenbericht, für die Lukas offenbar eine Quelle benutzt hat, eine der stärksten Persönlichkeiten der Urkirche außer Paulus und dem Vf. des Johannes-Evangeliums gewesen zu sein scheint" (CULLMANN, Von Jesus zum Stephanuskreis, 44). Die gegenwärtige Actaforschung hat kräftige Vorstöße gemacht, das Dunkel, in dem diese Geschichte liegt, zu lichten. Eine Lösung des Rätsels ist ihr bisher nicht beschieden.

Den besonderen Akzent, den Lukas durch Einfügung einer langen Rede (der längsten in der Apg! Sie macht 5% des Gesamttextes der Apg aus: MORTON/MACGREGOR 22) der Stephanus-Erzählung aufgesetzt hat, trägt die Forschung durch ein anhaltendes Interesse an diesem Überlieferungskomplex Rechnung. Zahlreiche Aufsätze und mehrere wichtige Monographien (BIHLER; R. PESCH, Die Vision des Stephanus; SCHARLEMANN; SCHMITHALS, Paulus und Jakobus; R. STORCH; O. CULLMANN, Der johanneische Kreis; KLIESCH) beweisen das. Hauptdiskussionspunkte sind neben der traditionsgeschichtlichen Problematik der Stephanusrede und ihrer Funktion in der Apg (BIHLER; KLIESCH; WILCKENS, ³Missionsreden) vor allem die historischen sowie die religions- und traditionsgeschichtlichen Fragen, die die Stephanuserzählung aufwirft. Spielt der Essenismus hinein (CULLMANN; FITZMYER)? Oder die samaritanische Theologie (SPIRO; SCHARLEMANN; CULLMANN; J. MACDONALD, The Theology of the Samaritans, London 1964)? Bestehen Querverbindungen zum zeitgenössischen Judentum (SCHARLEMANN; HENGEL), zum johanneischen Kreis (CULLMANN) oder zu den Gegnern des Paulus im 2. Korintherbrief (G. FRIEDRICH in FS O. MICHEL, 1963, 196 ff.)? Wer waren die „Hellenisten" und die „Hebräer" (FERGUSON; SCROGGS; HENGEL)? Welche Rolle spielt das Alte Testament in der Rede des Stephanus (SCHARLEMANN; HOLTZ, Untersuchungen; RESE)? Wie ist das Verhältnis zu Israel (MUSSNER, Stephanusperikope; R. PESCH, Vision), zu Paulus (COUSINS; BLANK, Paulus u. Jesus 245 f.; SCHMITHALS; FRIEDRICH; SCHARLEMANN), zu Jakobus (SCHMITHALS) und zu Jesus (CULLMANN)? Welche Christologie (Menschensohnvorstellung) bzw. Eschatologie vertritt der Stephanuskreis (BARRETT; R. PESCH)? Die Antworten auf diese Fragen gehen weit auseinander. Sie reichen von der Überzeugung, daß Stephanus eine zeitgeschichtlich ohne weiteres zu verrechnende Figur ist bis hin zu der Meinung, daß man in ihm an isolated theological figure in the story of the primitive church zu sehen habe (SCHARLEMANN 185). Alle Antworten verbleiben jedoch mehr oder weniger im Bereich des Hypothetischen. Einigermaßen festen Boden unter den Füßen hat man erst dort, wo nach Sinn und Funktion des Erzählstückes im Rahmen der Apg gefragt wird (BIHLER; HAENCHEN; KLIESCH 158f.).

Es ist unmöglich, daß wir die aufgestellten Hypothesen auch nur vorstellen, geschweige denn im einzelnen kritisch beleuchten. Wir beschränken uns daher im folgenden auf die alle genannten Problemkreise überragende wichtige Frage, was die Stephanusgeschichte für die Anfänge der urchristlichen Mission hergibt (KASTING; L.W.BARNARD; L.GOPPELT; HENGEL, Ursprünge; SCHMITHALS; SCROGGS; STROBEL; CULLMANN; WILCKENS, Missionsüberlieferung). Zwei außerordentlich wichtige Fragen haften in dieser Hinsicht an dem Erzählkomplex: 1. Ist das in Jerusalem ansässig gewordene (apokalyptisch gefärbte?) hellenistische Judenchristentum[1]) die eigentliche Keimzelle des Urchristentums und praktisch der Produzent der Jesusüberlieferung? 2. Ist die erhebliche inhaltliche Abweichung der Stephanusrede von den andern Reden der Apg Indiz für eine von Lukas übernommene Quelle (CONZELMANN, Kom. 49: „Ein Traditionsstück, das Lukas schriftlich vorgefunden haben muß")? Oder ist der Schlüssel zum Verständnis *aller* Reden der Apg ihr Rückbezug auf ein traditionsgeschichtlich vorgegebenes „heilsgeschichtliches Credo" (KLIESCH)?

Umstritten ist, ob die literarische Frage zur Lösung der historischen etwas beiträgt. M.HENGEL vermutet, daß die Stephanusrede sich „nur sehr bedingt" für die „Theologie" der Hellenisten verwenden läßt (Zwischen Jesus und Paulus 186). Zwar trifft es seiner Meinung nach nicht zu, daß die Stephanusrede ganz und gar „eine Komposition des Lukas" ist (so BIHLER 86; HAENCHEN, Judentum und Christentum 165; STÄHLIN, Kom. 112), sondern sie hat eine mehrschichtige (hellenistisch-judenchristliche, samaritanische [?]) Traditionsbasis (STORCH; EHRHARDT, Acts 31ff.; HAHN, Christologische Hoheitstitel 382ff.; KLIESCH 11ff. hat brauchbare Kriterien für die Scheidung von Tradition und Redaktion erarbeitet). Die aber zeige keine direkte Verbindung mit Stephanus und den Hellenisten (HENGEL 186f.; STORCH 125; KLIESCH 11ff.). Umgekehrt meint O.H.STECK (Israel 269), die Stephanusrede lasse sich traditionsgeschichtlich auf das Schema einer hellenistisch-judenchristlichen Umkehrpredigt zurückführen, deren Sitz im Leben gerade die „Hellenisten" seien. Ja, die Vorlagen für die Acta-Reden vor Juden gingen überhaupt auf diesen Kreis zurück (so jetzt auch WILCKENS, [3]Missionsreden 219).

HAENCHEN und CONZELMANN halten für wahrscheinlicher, daß die Vorlage eine „neutrale" Synagogenpredigt aus Palästina gewesen ist, die Lukas für seine Zwecke dienstbar gemacht hat. K.KLIESCH betont wieder stärker die Traditionsverhaftetheit des Lukas überhaupt und findet in Apg 7 wie auch

---

1) Die Annahme, daß die Hellenisten Heidenchristen waren (H.J.CADBURY), wird kaum noch vertreten.

sonst 1. ein heilsgeschichtliches Credo; 2. atl. Zitate und 3. andere Traditionen
verarbeitet mit dem Ziel, dem vom Judentum getrennten Christentum dennoch seinen geschichtlichen Ort anzuweisen (181 f.). Dagegen hält U. WIL-
CKENS (³Missionsreden 217) die Rede für „original christlich". Eine jüdische
Urform lasse sich deswegen nicht erheben, weil die christologischen Aussagen
der Rede nicht als sekundäre Einträge ausgeschieden werden könnten.

Vielleicht ist eine endgültige Klärung im Blick auf Tradition und Redaktion nicht mehr zu erreichen. Trotzdem ist die Acta-Forschung dank der Analyse von O. H. STECK (die neuerdings von U. WILCKENS aufgegriffen wird)[1])
und K. KLIESCH insofern einen Schritt weitergekommen, als jetzt festzuste-
hen scheint, daß es im hellenistischen Judenchristentum an Israel gerichtete
Verkündigung gegeben hat, „die die Tradition der deuteronomistischen Prophetenaussage aufgegriffen hat, um die Tötung Jesu in die Geschichte der von
Mose über die Propheten bis in die Gegenwart permanenten Halsstarrigkeit
des Gottesvolkes zu stellen. Dieser hier nun bis zur Tötung Jesu reichende
Aufweis der ständigen Halsstarrigkeit Israels gar an Hand der erweiterten
deuteronomistischen Prophetenaussage in an Israel gerichteter Verkündigung
weist auf den noch im Spätjudentum mit der Tradition des deuteronomistischen Geschichtsbildes verbundenen Predigttypus", wie ihn STECK vielfach
hat nachweisen können (267). Im Stephanuskreis könnte diese bis auf Jesus
hin erweiterte dtn Prophetenaussage topisch verwendet worden sein (ebd.).

Der begründeten Vermutung, daß die „Hellenisten" eine Schlüsselfunktion
für das Verständnis der urchristlichen Mission haben, wird auf verschiedene
Weise in der gegenwärtigen Acta-Forschung Rechnung getragen. Für SCHAR-
LEMANN sind Stephanusrede und -geschichte authentisch in dem Sinne, daß
sie Erinnerungen an Stephanus und seine Theologie spiegeln[2]). Stephanus ist
nicht Repräsentant einer Gruppe; er ist Einzelgänger, im Rahmen der Urkirche eine singuläre Gestalt[3]). Als Nachfolger Jesu und geprägt durch die
Bekanntschaft mit samaritanischen Glaubensformen und Erwartungen sieht
er seine Aufgabe in der Erfüllung der Verheißung von Apg 1, 8: Auch *Samaria*
gehört zum Missionsland. Und in Auseinandersetzung mit den Juden versucht er, die Kluft zwischen Zion und Garizim im Geiste Jesu zu überbrücken.

---

1) WILCKENS hatte in der 1. und 2. Auflage seiner Missionsreden die Stephanusrede wegen ihrer Singularität ausgeklammert, nimmt sie aber in die 3. Auflage zentral hinein (208 ff.).

2) SCHARLEMANN 186 vermutet, daß Stephanus selbst mit Jesus in Ephraim (Joh
11, 54) in Kontakt gekommen sei. Eine ziemlich wilde Vermutung!

3) Die Sieben waren nach SCHARLEMANN ursprünglich Apostel = Wanderprediger.
Möglicherweise gibt es Querverbindungen zu den Gegnern des Paulus im 2 Kor.
(FRIEDRICH; HENGEL).

Diese seine Anstrengung wird dann unvermutet durch die geschichtlichen Ereignisse überholt: Die Zerstörung Jerusalems im Jahre 70 n.Chr. löst das Problem auf ganz andere Weise.

Zu dieser ziemlich wilden Hypothese kann SCHARLEMANN[1]) nur kommen, weil er B.GERHARDSSON folgt (Memory and Manuscript. Lund 1961, 244f.), welcher die διακονία τοῦ λόγου Apg 6, 4 mit der διδαχὴ τῶν ἀποστόλων 2, 42 identifiziert und im übrigen eine radikale Skepsis gegen die Methoden und Ergebnisse der Form- und Redaktionsgeschichte hegt. Während BIHLER den redaktionellen Charakter der Stephanuserzählung möglicherweise überbetont, arbeitet SCHARLEMANN vorformgeschichtlich und mit zu vielen unbeweisbaren Voraussetzungen, allen voran die, daß Lukas ein genaues Bild der Frühzeit der Urkirche hat entwerfen wollen und können. Gar nicht überzeugen kann der Versuch, Stephanus aus dem Hellenistenkreis herauszulösen. Die Hypothese ist lediglich mit einem *argumentum e silentio* abgestützt: Lukas erwähnt nicht ausdrücklich, daß Stephanus zu den Hellenisten zählte. Aber der Kontext legt das so selbstverständlich nahe, daß Lukas dazu gar keine Veranlassung sah (R.SCROGGS; L.GASTON; O.CULLMANN, Joh. Kreis 44, Anm. 7). Aber auch der andere wesentliche Stützpfeiler seiner Konstruktion, die Nähe des Stephanus zur samaritanischen Theologie, ist schwach und kann durch den neuerlichen, energischen Vorstoß O.CULLMANNs in dieser Richtung nicht gestärkt werden. Er steht und fällt mit dem Nachweis, daß die Stephanusrede auch wirklich Stephanusgedanken wiedergibt. Dieser Nachweis ist kaum zu führen. Außerdem ist es sehr die Frage, wieviel die Rede mit dem Hellenistenkreis zu tun hat (so richtig CONZELMANN, Geschichte des Urchristentums 43f.; HENGEL, Zwischen Jesus und Paulus 159, Anm. 36).

Ganz anders sieht darum auch das Bild in der historischen Rekonstruktion M.HENGELS aus, obwohl er methodisch ähnlich arbeitet wie SCHARLEMANN: Unter weitgehender Zurückstellung der schriftstellerischen Absicht des Lukas sucht er mit seiner profunden Quellenkenntnis das frühe hellenistische Judenchristentum im Dunkel der frühchristlichen Urgeschichte „so gut es geht auszuleuchten" (Zwischen Jesus und Paulus 151). HENGEL hatte schon früher (NTS 18, 1971/72, 15–38) nachgewiesen, daß die vertriebenen Hellenisten „die eigentlichen Begründer der Heidenmission" waren[2]), einer Mission, in der

---

1) Vgl. dazu die Rezension von R.SCHNACKENBURG, BZ N.F. 9 (1965) 306–308.

2) Die „Hebräer" haben den Juden offenbar keinen Anlaß zur Verfolgung gegeben, woraus HENGEL und CULLMANN (Johanneischer Kreis 44) übereinstimmend folgern, daß sich ihre Predigt von der der „Hellenisten" unterschied (KASTING). Ob man die Nichtverfolgung der „Hebräer" aus Apg 8, 1, dem Zurückbleiben der Zwölf in Jerusalem, folgern darf (CULLMANN, ebd.), scheint fraglich, da diese Notiz eher auf das Konto des Lukas zu setzen ist (HAENCHEN, Kom. z. St.).

Beschneidung und Ritualgesetz keine Rolle gespielt haben (176). Das wirft
sofort eine Frage auf, die schon F. CHR. BAUR gesehen und positiv beantwortet hat: Sind die Hellenisten die „Vorgänger des Apostels Paulus?" (BAUR,
zitiert bei HENGEL 152). Hier setzt HENGEL die „Sonde" erneut an. Die bisherigen Hellenisten-Deuter (SCHMITHALS; SCHILLE; KASTING; SPIRO) werden
unerbittlich ins Examen genommen und fallen durch. Dagegen ist das Vertrauen in die eigene historische Rekonstruktion groß: „Was bedeuten nun die
‚Hellenisten' und ‚Hebräer' *wirklich*?" (161, Auszeichnung von mir). Die richtige Antwort hatte schon Chrysostomus gegeben: Die „Hellenisten" sind
Griechisch Sprechende (wobei der Begriff keinerlei religiös oder synkretistisch
abwertende Nebenbedeutung hat); die „Hebräer" sind Aramäisch sprechende
Juden. Es handelt sich also um eine rein sprachliche Gruppierung, wie HEN-
GEL mit einer den Leser erschlagenden Fülle von Material nachweist. Und
was die Keimzelle des Urchristentums anbetrifft, so erfüllen die ‚Hellenisten'
diese Funktion insofern, als durch das Medium ihrer griechischen Sprache
„das Wort Jesu erst seine volle weltweite Wirkung entfalten konnte" (200).
Und wenn auch nicht Produzent, so ist diese Gemeinschaft doch der Erstüber-
setzer der Jesustradition ins Griechische (202). Auf die Hellenisten ist also
nicht „jene hellenistisch-christliche Überlieferung eines exklusiv christologisch orientierten Christuskerygma zurückzuführen" (WILCKENS, ThLZ 89,
1964). Vielmehr dürften einige Hellenisten noch Kontakt mit dem irdischen
Jesus und seiner Predigt gehabt haben (202; CULLMANN, Joh. Kreis 44; KA-
STING, 101 f. Den Zugang der „Hellenisten" zur Jesusüberlieferung bestreitet
WILCKENS, Missionsüberlieferung 217 ff. zu Unrecht). Tempel- und Gesetzes-
kritik liegen auf der Linie der tempel- und gesetzeskritischen Worte Jesu und
müssen nicht mit essenischem, gnostischem oder sonstwie „hellenistischem
Synkretismus" erklärt werden (196; ähnlich WILSON, Gentiles 150 f.). Daß die
Eigenheiten der Stephanusgruppe und des Johannesevangeliums – was die
Tempelkritik, die Menschensohnvorstellung und das Interesse für Samarien
anbetrifft – in direkter Verbindung zum historischen Jesus stehen (KASTING),
hat O. CULLMANN in seinen jüngsten Veröffentlichungen mit beachtlichen
Argumenten weiter begründet, vor allem in seinem Aufsatz in der Festschrift
für W. G. KÜMMEL. Die größere Radikalität der Kritik bei Stephanus, die
CULLMANN sieht, macht diesen Zusammenhang noch nicht zunichte. Man wird
ihn in jedem Falle im Auge zu behalten haben. Ganz in die Luft gebaut scheint
die These von HENGEL nicht, daß der unscheinbare Hellenistenkreis um Stephanus der Brückenschläger von Jesus zu Paulus gewesen ist (anders SCHAR-
LEMANN, der hier nur Unterschiede sieht). Dieser Kreis hat nicht nur als erster
die Jesustradition in die griechische Sprache übertragen, sondern zugleich
auch mit seiner Kritik am Ritualgesetz und am Kult die paulinische Frei-
heitspredigt vorbereitet. Diesen Kreis allein kann man darum „im vollen

Sinne des Wortes die ‚vorpaulinische hellenistische Gemeinde' nennen"
(204).

Dieses Ergebnis deckt sich vordergründig mit dem von H. Kasting und
W. Schmithals (Paulus und Jakobus, bes. 23 ff.), nur daß letzterer Antiochien
und nicht „die hellenistische Gemeinde in Jerusalem" die „Heimat der Gesetzesfreiheit" sein läßt (23). Die Apg 11, 19 ff. berichteten Anfänge der antiochenischen Gemeinde gehen nach Schmithals dem Martyrium des Stephanus
zeitlich voraus. Es sei lk. Fiktion, daß Stephanus die eigentliche Ursache der
weltweiten Mission wurde. In Wahrheit war er „ein Opfer des jenseits der
judäischen Grenzen längst aktiven christlichen Antinomismus" (28; ähnlich
Kasting).

Mit dieser Kontraposition zu Hengel hat die alte Streitfrage, ob Jerusalem
oder Galiläa die Heimat des Christentums ist, in den genannten Forschern
erneut klassische Repräsentanten gefunden. Ausdiskutiert ist diese Frage
sicher noch nicht. Die größere Wahrscheinlichkeit hat m. E. Hengels These
vom Ursprung in Jerusalem (vgl. auch Wilson, Gentiles 129 ff.; F. Hahn,
Verständnis der Mission 37 ff. 48 ff. und Zingg 197 ff., der viele wichtige Einzelfragen wie die „Christianer", das Verhältnis von 8, 1. 4 zu 11, 19 ff. usw.
behandelt.). Schmithals kann vor allem den Ursprung des radikalen Antinomismus in Antiochien nur sehr hypothetisch begründen (vgl. die Kritik bei
Wilson, Gentiles 151: Extremely speculative; vgl. auch 147, Anm. 2: Most
of this is pure speculation). Immerhin aber hat Schmithals methodisch das
Plus, daß er den redaktionsgeschichtlichen Befund der lk. Darstellung nicht
ausgeklammert sein läßt, sondern zugleich mit der historischen Rekonstruktion zu erklären vermag, während Hengel zu wenig bedenkt, daß die Darstellung in Apg 6–8 „nicht vom Standpunkt des Historikers aus geschrieben
(ist), sondern von dem des Theologen und Dieners der Kirche" (Bihler,
Stephanusgeschichte 241). Natürlich ist damit die Frage nach dem möglichen historischen Urgestein nicht gegenstandslos geworden. Das Problem
ist nur, ob es aufspürbar ist unter methodischer Absehung vom Ertrag der
form- und redaktionsgeschichtlichen Forschung. Die von Hengel souverän
beherrschten zeitgeschichtlichen Quellen machen diesen Mangel nicht wett.
Sie beweisen lediglich, daß der Hellenistenkreis zeitgeschichtlich verrechnet
werden könnte, wenn er, so wie Apg 6–8 beschrieben, existiert hat. *Diese*
Frage aber ist nicht beantwortbar, ohne daß man den Anteil der lk. Redaktion kräftig in Anschlag bringt. Was Bihler gegen Scharlemann einwendet,
trifft also auch auf Hengel zu: „Wenn Lukas als Historiker angesprochen
wird, dann darf nicht übersehen werden, daß die lk. Historisierung Aus-
drucksmittel der Verkündigung ist. Denn sie dient dem Nachweis, daß alles
Geschehen in der Kirche nach dem Plane Gottes verläuft" (Bib 51, 1970, 151).
Bei Hengel fällt auf, wie leichthin er die Stephanusrede als unerheblich für

seine Fragestellung meint beiseite tun zu können (187). Aus diesem traditionsgeschichtlich richtigen Entscheid zieht er dann aber nicht die notwendige Konsequenz, die Rede für die Bestimmung dessen, was der Hellenistenkreis geglaubt hat, ganz außer acht zu lassen. Im übrigen trifft das Prädikat „phantasievoll" (HENGEL 155) nicht nur auf eine „– angeblich historisch-kritische – radikale Acta-Dialyse" zu (159), sondern auch auf HENGEL selbst. Oder ist es mehr als eine unbeweisbare Vermutung, daß Gal 1, 13 (vgl. 1, 23) „am besten auf die Vertreibung des Stephanuskreises" zutreffe (172), daß unter den 500 Brüdern von 1 Kor 15 missionierte Hellenisten waren (172f.)? Und ist nicht die „spontane Lynchjustiz" (189; so schon WILSON, Gentiles 137; EHRHARDT 32), der Stephanus in einer griechisch-sprechenden Synagogengemeinde wegen des bei ihm eskalierenden Geistmotivs zum Opfer gefallen sein soll (192), eine Konstruktion, die *denkbar,* aber nicht beweisbar ist? HENGEL weiß historisch mehr als im Text steht.

Es bleiben also auch im nachhinein noch Fragen. In einem ist die Acta-Forschung freilich gewisser geworden: Die ‚Hellenisten' sind das entscheidende Scharnier bei der Wendung der urchristlichen Mission über die Grenzen des palästinischen Judentums hinaus (GOPPELT, Die apostolische und nachapostolische Zeit, A 36; F. HAHN, Mission 48ff.; HENGEL; R. PESCH, Vision 38; KLIESCH 159, CONZELMANN, Geschichte des Urchristentums 44f.).

Weitaus festeren Grund unter den Füßen haben wir, wenn wir *die schriftstellerische und theologische Absicht des Lukas* prüfen. Es ist mehr als wahrscheinlich, daß dieser die Stephanusrede als ganze allererst in den Kontext eingebracht hat, „um einerseits Stephanus auf die Anklagen gegen ihn angemessen antworten zu lassen und dem Märtyrer ausführlich das Wort zum Zeugnis gegen seine Richter zu geben, und um andererseits literarisch-technisch die Spannung des Lesers zwischen Anklage und Exekution wirksam zu erhöhen" (WILCKENS, ³Missionsreden 209). Und nicht wahrscheinlich, sondern sicher ist, daß die Verbindung, die Lukas in der Apg am Ende der Erzählung über das Martyrium des Stephanus mit Paulus hergestellt hat (Apg 8, 1. 3), „eine rein literarisch bedingte Verknüpfung" darstellt (CULLMANN, Von Jesus zum Stephanuskreis 44; vgl. G. KLEIN, Apostel 115f.; anders BURCHARD 26–31: schon die vorlukanische Tradition habe Paulus als Kleiderwächter bei Stephanus' Steinigung genannt. Nur Apg 8, 1a sei „wirklich lukanisch". Paulus solle auch innerlich an der Exekution beteiligt sein). Und auch die lk. Tendenz als ganze hebt sich reichlich deutlich ab: Lukas läßt – ob einer Quelle folgend (so die meisten; für E. SCHWEIZER ist die Szene historisch glaubhaft [JBL 79, 1960, 119–129]) oder „in Haltung und Stimmung der eigenen, heidenchristlichen Gegenwart" *selbst* formulierend (HAENCHEN, Judentum und Christentum 165; vgl. BIHLER; O'NEILL 83; anders SCHARLEMANN 185: Lukas reflektiert eine zurückliegende historische Situation) – die

definitive Wegscheide zwischen Judentum und Christentum markiert sein.
Die in c. 1–5 noch unangefochten und tempelfromm im Synagogenverband
lebende christliche Gemeinschaft (3, 1. 11; 5, 12b. 20. 42) wird jetzt zur
ecclesia pressa, die das Martyrium als unablösbare Signatur bei sich hat. Zwischen den beiden Glaubensweisen läßt Lukas zwar keine „abgrundtiefe Feindschaft ... sichtbar werden" (gegen HAENCHEN, Judentum und Christentum
165), wohl aber trennende Gegensätze. Die Ablehnung von Opfer und Tempel
deutet eine Abgrenzung gegenüber jenem Judentum an, das schon immer mit
seinem Kultwesen den wahren Gehorsam gegen Gottes Heilswillen verfehlt
hat (SCHARLEMANN 107f.) und nun mit seinem Nein zu Christus als (endgültig?) verstockt gilt. Die besondere Ausgestaltung der Tempelmotivik in Apg 7
und 17 kann von Lukas beabsichtigt sein. Er hätte dann die Stephanusrede
bewußt zu einem „Gegenstück zur Areopagrede" gestaltet: So wie dort die
Abgrenzung Kirche – Heidentum vorgenommen wird, so hier die Abgrenzung
Kirche – Judentum (BIHLER 250). Stephanus aber ist *im Sinne des Lukas*
ganz gewiß keine Ausnahmefigur (SCHARLEMANN), sondern der Repräsentant
der ganzen Kirche (WILSON, Gentiles 130). Sein der Passionsgeschichte Jesu
parallel gestaltetes Martyrium (BIHLER; GOULDER; WILSON; bes. hervorgehoben von KRÄNKL 155f.; KLIESCH 158f.) deutet an, daß die Kirche den
Weg ihres Herrn geht (KLIESCH).

Was die den beiden Glaubensweisen gemeinsame Schrift des Alten Testamentes anbetrifft, so übernimmt Lukas sie nicht als sie selbst, sondern „als
allegorisch-chiffrierte Vorwegnahme der Botschaft vom Leiden und Auferstehen Jesu" (HAENCHEN, Judentum und Christentum 166; ähnlich BIHLER
249f.; DUPONT; RESE; SCHARLEMANN 80ff.).

Und schließlich: Daß Lukas die Episode meisterhaft in den Aufriß der
Apg einflicht, ist öfter beobachtet und zuletzt von WILSON (Gentiles 137f.)
noch einmal mit Recht betont worden. Er hebt drei Punkte hervor, mit denen
Lukas den Richtungssinn des Ganzen bestimmt sein läßt: 1. Hinsichtlich der
Verfolgung formt er eine Klimax, die von einer Verwarnung (4, 17. 21) über
Prügelstrafe (5, 40) bis zum ersten Martyrium reicht (7, 54–8, 1a). 2. Die Verfolgung wird zur Geburtsstunde der Mission. Sinnvollerweise führt Lukas an
dieser Stelle Paulus, *den* künftigen Heidenmissionar, in seinen Bericht ein.
3. Die Notiz in 8, 1 „ausgenommen die Apostel" erinnert noch einmal an das
lk. Programm: Jerusalem mit den definitiv darin residierenden zwölf Aposteln
ist und bleibt das heilsgeschichtliche Zentrum der von Gott gelenkten Mission.

Auch die Stephanusvision Apg 7, 55f. ist trotz der Unabgeschlossenheit der
traditionsgeschichtlichen Frage (G. SCHNEIDER, Verleugnung 172–174; V. HAS-
LER, Jesu Selbstzeugnis 36ff.) möglicherweise eher ein Element der lk. Regie,
das ebenfalls den Richtungssinn des Ganzen angedeutet sein läßt, als eine

historische Reminiszenz. BARRETTS Interpretation als „individual parousia" im Augenblick des Todes des Stephanus, mit der Lukas angesichts der Parusieverzögerung das Problem der Hoffnung für die Christen lösen wolle, scheitert daran, daß Stephanus im Augenblick seiner Vision noch kein Sterbender ist. Sein Tod wird durch seine Vision nicht *gedeutet*, sondern *verursacht*: jetzt hält man ihn für des Todes schuldig, schafft ihn zur Stadt hinaus und steinigt ihn (7, 58f.). Stephanus stirbt nicht als Visionär, sondern als Betender (7, 60; so richtig STOLLE 230, Anm. 25). Wahrscheinlicher sind darum zwei andere Erklärungen: entweder soll die Vision des Stephanus auf die Erscheinung Jesu, die Paulus vor Damaskus erleben wird (9, 1–9), hinweisen, was dann ein weiteres Indiz dafür wäre, daß Lukas die Prozeßberichte über Stephanus und über Paulus in ein enges Verhältnis zueinander gerückt hat (STOLLE 226 bis 233). Oder aber R. PESCH trifft das Richtige: „Der Menschensohn in Apg 7, 55f. hat sich erhoben, um auf die Anklage des Stephanus hin das Urteil wider ‚sein Volk' zu sprechen. Sein Urteil markiert die heilsgeschichtliche Wende, den Fort-Gang der Heilsverkündigung von Jerusalem nach Judäa und Samaria und den Beginn des Weges der Frohbotschaft zu den Heiden" (58). Dem irdischen Prozeß liefe dann also ein himmlischer parallel, in dem die Ankläger zu Angeklagten werden. Aber es ist die Frage, ob Lukas Israels Geschichte bereits eschatologisch gerichtet sieht (MUSSNER, Stephanusperikope 290ff.). Daß Stephanus im Gebet bei seiner Steinigung nicht von der Anklage gegen seine Gegner spricht, sondern fürbittend für sie eintritt (7, 60), ist dieser Annahme in der Tat nicht günstig (STOLLE 230, Anm. 25).

Alles in allem: Die Stephanuserzählung mag man a possible model for Luke's historical method nennen (J. J. SCOTT) – nur eben die Ansichten darüber, welches die historische Methode des Lukas ist, gehen weit auseinander. Das gilt nicht nur für diesen Komplex, aber für diesen besonders!

8. Simon Magus

Justin gibt den ersten Hinweis auf eine simonianische Gnosis, und nach Irenäus ist Simon Magus der erste Gnostiker, derjenige, *ex quo universae haereses substituerunt* (adv. haer. I 23, 2. 3). Allein Lukas, dessen „historischer" Simon von Justin ein volles Jahrhundert getrennt ist, hat das Aufkommen der gnostischen Ketzerei nicht ausdrücklich mit der Gestalt des Magus in Apg 8 in Zusammenhang gebracht[1]). Hat er nicht gewußt, welche Bedeutung Simon in der Gnosis besaß (SCHMITHALS, Apostelamt 272)? Hat er die gnostischen Elemente nur verschwiegen, um seine idealisierende Schilderung der Anfänge der Urgemeinde nicht zu gefährden (TALBERT 84ff.)? Jedenfalls

---

1) Auch Apg 20, 29f. polemisiert Lukas nicht gegen Gnostiker, sondern gegen Irrlehren allgemein (VAN UNNIK, Häresien 242f.).

fehlt der Ennoiamythos ebenso wie die Verbindung Simons mit Helena und damit der eigentliche Kern der simonianischen Mythologie, wie er von Justin an aufwärts geboten wird. ,,Allein wer beweist, daß es nicht taktisch überlegte Zurückhaltung war, die das Bild des Samaritaners aus einem gnostischen Offenbarer zu dem eines bloßen Magus entschärft hat? [Damit ist HAENCHENS These im Blick, der sich jetzt LÜDEMANN anschließt]. Oder sollten wirklich erst spätere Gnostiker den einstigen Wundermann zum gnostischen Erlöser potenziert haben?" Mit diesen Fragen, deren letzte die eigene Sicht bezeichnet, signalisiert K. BEYSCHLAG (Simon Magus 5; vgl. 88f.) die Verflochtenheit der Apg in die sehr in Bewegung geratene Gnosisforschung[1]). Ihr verdankt die Acta-Auslegung einige bemerkenswerte Untersuchungen zum historischen und religionsgeschichtlichen Verständnis der Simon-Magus-Erzählung in Apg 8 (HAENCHEN; BROWN; SCHMITHALS; KIPPENBERG; FRICKEL; I. M. A. SALLES-DABADIE; K. RUDOLPH, Mandäer I, 1960; C. COLPE, Art. Gnosis, RGG³ II 1648–52; R. HAARDT, Die Gnosis. Salzburg 1967, 33–39; BEYSCHLAG; LÜDEMANN; R. BERGMEIER). Wir wenden uns zunächst den religionsgeschichtlich orientierten Untersuchungen zu, ehe wir zu denjenigen Arbeiten kommen, die vornehmlich nach dem lk. Sinn der Geschichte fragen.

Sofern die hier zu berücksichtigenden Untersuchungen der Entstehung des Simonianismus zugewandt sind, stehen zwei Hauptprobleme im Vordergrund. 1. Die Frage des samaritanischen Hintergrundes; 2. das Problem der Megale Apophasis (BEYSCHLAG 89).

Hinsichtlich des zuletzt genannten Problems scheint sich ein Konsensus anzubahnen: Die Apophasis läßt sich weder als gnostischer Kommentar zu originalen Simon-Zitaten (FRICKEL) noch als Simons eigenes Werk (SALLES-DABADIE) verstehen. Sie scheidet damit als Quelle für die Rekonstruktion der simonianischen Gnosis aus (RUDOLPH; BEYSCHLAG; LÜDEMANN).

Umstrittener ist der samaritanische Hintergrund. Auch H. G. KIPPENBERG kommt mit seinem Versuch, ihn als den eigentlichen Sitz im Leben, sowohl geographisch wie auch theologisch, zu erweisen, über Wahrscheinlichkeitsurteile nicht hinaus. Daß Simon Magus an erster Stelle der samaritanischen gnostischen Sekten zu nennen und ,,bereits vor der christlichen Mission in Samaria aufgetreten" sei (122 mit Verweis auf die einst von J. DANIÉLOU ausgesprochene Vermutung, daß Simon Magus vor der eigenen Sektengründung eine Zeitlang den Hellenisten zugehörte), ist kein Befund aufgrund früher Quellen, sondern eine conclusio aufgrund der Überlieferung Justins, daß Simon aus Gittai in Samarien (18 km südöstlich von Cäsarea Maritima)

---

1) Dazu jetzt K. RUDOLPH (Hg.), Gnosis und Gnostizismus (WdF CCLXII). Darmstadt 1975 (s. Register s. v. Simon Magus, S. 855); ferner DERS., Gnosis und Gnostizismus, ein Forschungsbericht, in: ThR 37 (1972), 289ff., hier 323ff.; ferner E. Gräßer (Hg.), VF 2/1976, 22–80.

stammte (Apol I 26, 1–3). Nicht viel überzeugender ist der theologische Beweis. KIPPENBERG meint nachweisen zu können, daß der simonianische Begriff der „großen Kraft (Gottes)", der Simon als rettenden Gott prädiziert (345), nicht ausreichend mit den parallelen hellenistischen Akklamationen erklärt werden könne (346), sondern aus samaritanischer Tradition herzuleiten sei (345). Und zwar denkt er im aramäischen Bereich an die (natürlich ungnostische) liturgische Formel „Groß ist die Macht", die den höchsten Gott prädiziert. Eben sie findet KIPPENBERG in Apg 8, 10 bereits gnostifiziert dadurch, daß hier die Apokalypsis der „großen Macht" aus dem Bereich der Schöpfung in den des menschlichen Geistes verlagert werde. Auf diese Weise könne der historische Simon ein „samaritanischer Gnostiker" genannt werden (122 ff.).

Aber die Hauptschwierigkeit dieser religionsgeschichtlichen Deduktion sieht KIPPENBERG selber: Die simonianische Gnosis ist kein bloßer Annex der samaritanischen Religion, ihre Haupt-Mythologumena (Dualismus, Helena, Herabsteigen der Großen Macht) aus der samaritanischen Tradition nicht ableitbar (346 f.). Dann aber ist es schwierig, in den aramäischen Texten der Samaritaner dennoch den „Mutterboden dieser Gnosis" zu sehen, weil sie das entscheidende missing link zwischen Apg 8 und Justin *nicht* zu Gesichte bringen (vgl. auch die Kritik bei RUDOLPH, ThR 1972, 338 ff.; BEYSCHLAG 93 ff.; LÜDEMANN 46 f.).

Bisher galt weithin die Meinung, die CONZELMANN vorsichtig formuliert: Simon Magus gehört „in die Frühgeschichte der sich formierenden Gnosis" (Geschichte des Urchristentums 107). Inzwischen gibt es jedoch einen heftiger werdenden Widerspruch gegen die Annahme, daß es dieses Frühstadium „der Gnosis" gegeben habe, „das deren tatsächlichen Dokumenten nach Lage der Dinge notwendig um Jahrhunderte voraus liegen muß" (BERGMEIER 219 f.). BERGMEIER nennt das schlechtweg ein *Postulat* der motivgeschichtlich und phänomenologisch orientierten Gnosisforschung (220; auch BEYSCHLAG 90).

Der Simon der Apg tritt als *θεῖος ἀνήρ*, nicht als Gnostiker auf (206; BEYSCHLAG 122); von einer Erlösungslehre läßt sie nichts verlauten. Die entscheidende Titulatur in Apg 8, 10 („Die große Kraft") definiert einen Gottestitel, nicht zugleich auch eine gnostische Erlöstergestalt (BEYSCHLAG; LÜDEMANN). Die gewinnt man erst durch zusätzliche Konklusionen aus den Häresiologien der späteren Kirchenväter. Das aber heißt: Erst nach einem längeren Transformationsprozeß steht Simon Magus – erstmals bei Irenäus – als Vertreter eines mythologisch-*gnostischen* Konzeptes *literarisch* greifbar da (207).

K. BEYSCHLAG hat in einem Aufsatz und in einer nachfolgenden Monographie diese Kontraposition zur religionsgeschichtlichen Schule und ihren Nachfahren (HAENCHEN; CONZELMANN; SCHMITHALS) zu erhärten versucht. Seine Kritik an deren Methode (späte Quellen erklären im hermeneutischen

Zirkelschluß frühe Tatbestände) trifft nicht, zumal zu häufig Verdikte an die
Stelle wissenschaftlicher Diskussion treten und das „präzis nicht mehr Be-
legbare" sogleich positivistisch zum definitiv nicht Vorhandenen erklärt
wird (SCHMITHALS). Vermag er Apg 8, 10 die Beweiskraft für die These
zu nehmen, „schon der historische Simon sei in Samarien als transzen-
denter gnostischer Erlöser aufgetreten" (99 ff.; vgl. 213 f.)? Ist die inhaltliche
Aussage dieses Verses dem religionsgeschichtlichen Zugriff wirklich dadurch
zu entwinden, daß man sie im Kontext der lk. Theologie versteht? Kein Zweifel, die verwandten Erzählungen bei Lukas (14,8 ff.; 5, 36) verweisen den Titel
„große Kraft (Gottes)" in den Vorstellungszusammenhang der hellenistischen
$\vartheta\varepsilon\tilde{\iota}o\varsigma$ $\dot{\alpha}\nu\acute{\eta}\varrho$-Vorstellung. Die lk. Interpretation scheint das Mißverhältnis zwischen der Selbstidentifikation Simons (,,Große Kraft") und der Verehrung
durch alles Volk (,,Magia") ja gerade nicht aufzulösen, sondern schafft es allererst. Und so ist die Auskunft, durch dieses Mißverhältnis werde ,,eine religionsgeschichtlich orientierte Überinterpretation" signalisiert (105) nicht
weniger problematisch als der Versuch, die Lücke zwischen Selbstanspruch
und Akklamation dadurch zu schließen, daß man dem Titel ,,Große Kraft
(Gottes)" die Vorstellung eines Offenbarungsträgers supponiert.

Es bleibt bei BEYSCHLAG also ein Mißverhältnis zwischen der Sicherheit
seines Urteils und seinen Interpretationsmöglichkeiten. Die Sicherheit des
Urteils ist groß: Den ,,Gnostiker" Simon Magus hat es ,,wahrscheinlich nie
gegeben" (95). Das bei den Kirchenvätern klar belegte gnostische System der
simonianischen Mythologie geht nicht auf einen vorchristlich-gnostischen
Überlieferungskern zurück, sondern ist in wesentlichen Punkten aus christ-
lich-gnostischen Bestandteilen zusammengesetzt, ,,die lediglich auf Simon-
Magus übertragen, d. h. simonianiert sind" (95). Die gegebenen Interpreta-
tionsmöglichkeiten lassen für so viel Sicherheit aber gar nicht Raum, wie
BEYSCHLAG selber sieht: Im Blick auf Vers 10 sind ,,nur allenfalls historische
Annäherungswerte möglich, aber keine Gewißheiten zu erzwingen" (214).

Mißlich an beiden Positionen, der Inanspruchnahme des Simon Magus für
eine vorchristliche Gnosis und der Bestreitung dieser Möglichkeiten, ist, daß
sie im Blick auf Apg 8 eine für ihre Hypothese fundamentale, aber letztlich
unbeweisbare Voraussetzung machen müssen: BEYSCHLAG die, daß Lukas
untendenziös, d. h. im Kern historisch zuverlässig, über Simon als einen $\vartheta\varepsilon\tilde{\iota}o\varsigma$
$\dot{\alpha}\nu\acute{\eta}\varrho$ berichtet; HAENCHEN, CONZELMANN, RUDOLPH die, daß er tendenziös
berichtet, d. h., daß er beim hier berichteten Konflikt zwischen Häresie und
Kirche harmonisiert, bagatellisiert und eben auch Simon zum bloßen Zaube-
rer degradiert. Aber letzteres ist im Blick auf die sonstige lk. Arbeitsweise gar
nicht so fernliegend, zumal es der in der frühchristlichen Polemik oft gehand-
habten Methode entspricht, Christengegner als Magier abzustempeln (LÜDE-
MANN 41; die gegenteilige Behauptung BEYSCHLAGS, Simon Magus-Frage

415, Anm. 44, trifft nicht zu). Andererseits aber arbeitet die These vom vorchristlichen Gnostiker Simon methodisch mit so vielen Unbekannten in der Gleichung „Große Kraft" = ἀνωτάτω δύναμις (Iren I 23, 1), daß das Simon-Magus-Problem unlösbar festgefahren zu sein scheint. Spielen also Geschmacksfragen letztendlich die entscheidende Rolle bei allen Lösungsversuchen?

G. LÜDEMANN hat in dieser Situation noch einmal den Versuch gemacht, methodisch doch noch einen Schritt weiterzukommen. Da feststeht, *daß* Simon Magus von den Häreseologen fremde Lehren untergeschoben wurden, gelingt das nur, wenn sich Kriterien finden lassen, die eine zuverlässige Trennung der authentischen von der sekundären Tradition erlauben (29). LÜDEMANN nennt deren zwei: 1. Ursprüngliche Tradition ist dort anzunehmen, „wo keine direkten Parallelen aus der christlichen Gnosis des 2. Jh. beigebracht werden können und andererseits sich von dieser Tradition, wenn sie zu ermitteln gelingt, eine Entwicklung zu den Systemen christlicher Gnosis des 2. Jh. verständlich machen läßt" (29); 2. wird vorausgesetzt, daß es sich bei dem Simon-Magus-Kreis um eine heidnische Bewegung gehandelt hat. „Daraus ergibt sich die methodische Regel, daß eindeutig christliche Theologumena in Referaten über die simonianische Lehre als Übermalung anzusehen sind" (29).

Mit diesem methodischen Rüstzeug vermag LÜDEMANN tatsächlich eine Schneise in das Dickicht der Hypothesen zu schlagen. Unsere Berichterstattung beschränkt sich allein auf die lukanische Simon-Magnus-Darstellung, und zwar auf den entscheidenden Vers 10 des 8. Kapitels der Apg: Daß dem οὗτός ἐστιν ... ein nicht berichtetes, vom *historischen* Simon dennoch gesprochenes ἐγώ εἰμι korrespondiere (CONZELMANN; BEYSCHLAG), läßt LÜDEMANN nicht ohne weiteres gelten, da es sich *auch* um ein Gemeindebekenntnis handeln kann („Gemeindetheologie": 42), in dem die Anhänger Simons ihre Stellung zu ihm in einem „soteriologischen Redetypus" Ausdruck verleihen (40). Eine Funktion als Offenbarungsmittler oder Magier ist auch deswegen nicht wahrscheinlich, weil LÜDEMANN in einem vorbildlichen Durchgang durch das religionsgeschichtliche Material zeigen kann, daß an die Titulatur „Große Kraft (Gottes)" „äußerst selten eine Präexistenz- und Inkarnationsvorstellung angeschlossen ist und schließlich sämtliche Texte zur sim Gnosis von der *Gottes*verehrung Simons berichten" (101). Lukas macht davon keine Ausnahme. Ob das dürre synkretistische Element der Gottesverehrung Simons, wie es Apg 8, 10 bietet, mit weiteren synkretistischen Elementen aus Justins Überlieferung angereichert werden darf (LÜDEMANN) oder nicht (BEYSCHLAG), ist eine schwer zu entscheidende Frage. Sie ist aber – das hat LÜDEMANNS Untersuchung gezeigt – methodisch nicht so unzulässig, wie ihr BEYSCHLAG den Anschein zu geben trachtet (vgl. SCHMITHALS, VF 2/1976, 22ff.).

Trotz dieser Verschiedenheit im Methodisch-Grundsätzlichen scheint sich
als wichtiges übereinstimmendes Ergebnis doch abzuzeichnen, daß Simon
nicht einfach „erster Gnostiker" genannt und als Argument für die Existenz
einer „vorchristlichen Gnosis" angeführt werden kann. LÜDEMANN spricht
von kultischen und gnostischen Elementen, die als „weiterer Hintergrund"
von Apg 8 „vorauszusetzen" seien, muß aber die Frage offenlassen, ob die in
der Mitte des 1. Jh. „eine typisch gnostische Lehre" ausbildenden Simonianer „mit dem historischen Simon in einem genetischen Zusammenhang stehen oder nicht" (102). Andererseits ist es gerade nach BEYSCHLAGS Aufstel-
lungen eine gewisse Inkonsequenz, A. v. HARNACKS Gnosis-Definition (akute
Hellenisierung des Christentums) wieder neu aufzulegen (so O. BETZ, VF
2/76). Die Schlußfolgerung, daß die Simonianer einen Modellfall für eine
synkretistische Gruppe in der unmittelbaren Umwelt des Neuen Testaments
und damit „einen wichtigen Anhaltspunkt für die Existenz einer den Anfängen des Christentums gleichzeitigen Gnosis" darstellen (LÜDEMANN 102),
liegt weitaus näher.

Was nun die Beurteilung der Simon-Magus-Erzählung im Zusammenhang
der Apg anbetrifft, so ist neben der schwer zu bestimmenden Traditionsgrundlage (SCHILLE, Anfänge 73 ff.; HAENCHEN, Simon Magus 273 ff.) auch
die *lukanische Absicht* nicht leicht festzustellen. Zur Traditionsfrage: Lukas
verarbeitet eine Philippustradition und eine – wahrscheinlich ältere – Petrustradition (so F. HAHN, Mission 38, Anm. 6 und zuletzt LÖNING, Lukas 207, wo
das Redaktionsverfahren des Lukas in 8, 5–25 glänzend beschrieben wird).
Zur lk. Absicht: Zieht Lukas die Simon-Erzählung ganz wie Apg 18, 24–28
und 19, 1–7 (Apollos und Johannesjünger in Ephesus) heran, um die Konkur-
renzmächtigkeit des Christentums gegenüber heidnischen oder parachrist-
lichen Phänomenen zu demonstrieren (von SCHILLE, Anfänge 75 mit Fragezeichen erwogen)? Grenzt Lukas apologetisch die christlichen Wunder gegen
die heidnischen Magier ab (CONZELMANN, Mitte 180, Anm. 3)? Ist der Skopus
des Textes der, kirchliche Außenseiter in die *Una sancta catholica* aufzunehmen, um so das Bild von der spaltungsfreien Einheit der Frühkirche zu wahren (KÄSEMANN)? Oder ist gar nicht das *Una-sancta*-Motiv in allen Fällen das
entscheidende, sondern das der heilsgeschichtlichen Kontinuität: „Lukas
kann sich die Entwicklung der Heilsgeschichte vom Judentum zum Christentum nur noch bruchlos denken, es sei denn, ein Mensch verstocke sich bös-
willig gegen die doch offen darliegende, jedermann einsichtige Konsequenz"
(E. SCHWEIZER, Beiträge zur Theologie des NT 79)?

G. KLEIN hat unter dem Stichwort „lukanische Synkretismustheorie" in
außerordentlich scharfsichtiger Analyse einen anderen übergreifenden Kom-
positionszusammenhang zwischen Apg 19, 11–20; 13, 6–12 und 8, 6–24 aufgezeigt, der seiner Meinung nach eine „erste Phase einer entwickelten christ-

lichen Apologetik" darstellt (81): Synkretistische Tendenzen werden als solche erkannt und verworfen, indem „sie dem verbindlichen Kriterium der apostolischen Tradition ausgesetzt werden" (75). Ihren Trägern dagegen wird der Weg zur Buße offengehalten, d. h., der Simonianismus wird eingeladen, dem Christentum beizutreten.

Der Aufsatz blieb nicht unwidersprochen. W. DIETRICH z. B. stellte die Frage: „Wie verträgt sich die Auskunft über das in der Bußmahnung zutage tretende Angebot an die angebliche Simónsekte zur Integration in die christliche Kirche mit der Auffassung des Textes, daß Simon bereits Christ geworden ist und auch Christ bleibt...? Oder ist das Angebot dahingehend zu verstehen, daß die Simonsekte sich dem apostolischen Anspruch beugt oder beugen soll (vgl. δεήθητε [8, 24])? Offen muß aber vor allem bleiben, ob Simon tatsächlich die Hauptfigur des Abschnitts bildet, oder ob die Simon-Episode nicht der Illustration eines noch zu erörternden Sachaspekts dient" (Petrusbild 253, Anm. 165)[1]). Mit diesem Sachaspekt meint DIETRICH dies, daß Lukas an der Begegnung zwischen Petrus und Simon Magus ein bereits in Apg 2, 38 herausgestelltes Geistverständnis entwickelt: „Auch in Samaria, der nach 1, 8 zweiten Hauptstation des sich ausbreitenden Christentums, wird das Pneuma mit seiner δωρεά-Charakteristik durch Petrus konstituiert. Von der Anlage der Apg her betrachtet hat damit die Simon-Magus-Geschichte dezidiert ‚petrinisches' Gepräge. Nimmt man hinzu, daß Petrus und Johannes als die Repräsentanten des Apostelgremiums Samaria das Pneuma vermitteln, so weist auch dieser Zug darauf hin, daß man analog dem Pfingstgeschehen, welches das ‚Pfingsten der Jünger' zu einem ‚Pfingsten der Juden' werden läßt, jetzt von einem durch die beiden Apostel vermittelten ‚Pfingsten der Samaritaner' sprechen kann" (255 f.).

Ich selbst hätte an KLEIN die Frage, ob die von der angeblichen lk. Synkretismustheorie hergeleitete Bestätigung für den Frühkatholizismus des Lukas (81) stichhaltig ist. Zwar bedingt das Ende des 1. Jh.s notwendige Abfangen synkretistischer Phänomene „apologetische Tendenzen" und den Nachweis apostolisch gesicherter Überlegenheit des Christentums. Aber das bedeutet immer noch einen weiten Weg bis zu den frühchristlichen Apologeten und stellt Lukas noch nicht als Vertreter frühkatholischer Theologie „jenseits des Urchristentums" (81). Denn in diesem Text weiß Lukas tatsächlich

---

1) Richtig VAN UNNIK: „Das Wichtigste aber ist dies: Der Streit zwischen Petrus und Simon dreht sich nicht um eine Lehrentscheidung, sondern um Erwerb der Gottesgabe, des Heiligen Geistes, den Simon kaufen will. Die Pointe dieser Geschichte richtet sich gegen eine Auffassung, die mit dem christlichen Heil als Kaufware hantieren will; und *das* war in den ersten christlichen Jahrhunderten für die Missionskirche eine brennende Frage. Polemik gegen Gnostiker sieht ganz anders aus" (Häresien 242).

nichts „von der imaginären Größe eines fortwährenden Apostolats" (so richtig HAENCHEN, Simon-Magus 272). Andererseits geht es freilich nicht an, den
*Amts*charakter des lk. Apostolates damit herabzuspielen, daß man „the message *above* the person" betont (BROWN, Apostasy 145). Bei so exzeptioneller
Aussonderung zum Zeugenamt sind Wort und Person nicht in einem modern-
theologischen Sinne zu trennen. Es bleibt der für Lukas nicht wegzuleug-
nende Tatbestand, daß erst die aus Jerusalem anreisenden Apostel den christlichen Randgruppen volle Mitgliedschaft in der Kirche ermöglichen und damit deren Christsein sanktionieren.

Auch E. HAENCHEN hat die den lk. Text enthistorisierende Interpretation
KLEINS verworfen und ihm „eine besonders spekulative Phantasie" bescheinigt (Simon Magus 272). Er selbst sieht hier (wie in der Cornelius-Erzählung
Apg 10) das als Korrektur älterer Tradition sich auswirken, „was Lukas als
die wahre Geschichte der christlichen Frühzeit ansah" (279): Den *Aposteln*
liegt der Befehl ob, Jesu Zeugen in Jerusalem und ganz Judäa und *Samaria* zu
sein. Und sie erfüllen ihn, indem sie die neue Gemeinschaft mit der *sedes apostolica* in Jerusalem verbinden (BROWN, Apostasy 111; anders E. SCHWEIZER,
ThW VII 412, 16 ff., der auf die Verknüpfung mit Jerusalem als dem heilsgeschichtlichen Zentrum deutet). Die Schwierigkeiten der Darstellung in
Apg 8, 4–24 erweisen sich dann als die Schwierigkeit, den wirklichen Gang
der Mission (Simon war kein christlicher Ketzer, sondern echter Konkurrent:
CONZELMANN, Geschichte des Urchristentums 107) und die entsprechenden
Traditionen zu einer sinnvollen Erzählung zu gestalten (DIETRICH, Petrusbild
245 ff.): *Eine* Tradition schreibt Philippus die Samaria-Mission zu (ihr *kann*
die Überlieferung zugehört haben, daß auch Simon Magus unter den Heiden
Samariens aufgetreten ist; LÜDEMANN 42)[1]); eine *spätere* Tradition (Lukas
selbst?) läßt Petrus und Johannes, also „die Vertreter der legitimen Kirchenleitung, dieses Bekehrungswerk vollziehen" (HAENCHEN 277; vgl. LÜDE-
MANN 39). Die Simon-Magus-Erzählung – so, wie sie jetzt dasteht, sicher unhistorisch – ist zusammen mit den benachbarten Erzählungen (8, 25 ff. Philippus; c. 10 Cornelius; dazu s. K. LÖNING, Die Korneliustradition) für Lukas
ein Element in der Ausgestaltung des Programmes von Apg 1, 8. Jedesmal
steht die Gestalt des Petrus im Mittelpunkt und wird die Gabe des Heiligen
Geistes betont (8, 19 f.; 10, 45). Das erlaubt LÜDEMANN den richtigen Schluß,
daß es Lukas neben der heilsgeschichtlichen Funktion unserer Perikope auch
darum geht, „den Geschenkcharakter des Heiligen Geistes herauszustellen"
(39 mit Verweis auf W. DIETRICH, Petrusbild 256; anders HAENCHEN, Simon

---

1) BEYSCHLAG 8 macht freilich darauf aufmerksam, daß sich weder den patristischen Bezeugungen von Apg 8 noch den späten Simon-Magus-Legenden eine „vorlukanische" Überlieferung des Stoffes entnehmen läßt.

Magus 278). Wieder ist jedoch mit W. GASQUE daran zu erinnern, daß es verfehlt ist, Lukas auf jeweils nur *einen* Richtungssinn festzulegen. Er verfolgt
Apg 8 beispielsweise auch ein paränetisches Interesse, wie jeweils die Kon-
vergenz und die Divergenz zur Erzählung in Apg 5, 1–11 (Ananias und
Saphira) zeigen (BROWN, Apostasy 110 ff.): „Man is either the dwelling-place
of demons or the house of the holy spirit. There is no neutral territory between the *Regnum Satanae* and the *Regnum Spiritus Sancti*." (BROWN, Apostasy 114). Christ werden heißt für Lukas eben auch, mit der Magie brechen,
Apg 19, 19 (VAN UNNIK, Häresien 245).

Im übrigen kann man im Blick auf das Thema Apostelgeschichte und Häresien zwar nicht sagen, daß Lukas die Apostelzeit als häresiefrei hat beschreiben wollen (HAENCHEN, Komm. 529; dagegen VAN UNNIK, Häresien 246),
wohl aber kann man sagen, daß es keine Reaktion auf typisch gnostische Anschauungen gibt. Gegen Dualismus und Doketismus oder christliche Aufer-
stehungsleugner wird nirgendwo polemisiert, „sondern zentral steht die Frage,
ob der gekreuzigte Jesus der Messias sei" (VAN UNNIK, Häresien 243). Glossolalie und Prophetie sind keine Gefahren, sondern gehören legitim in die
Gemeinde, Apg 2; 10, 44 ff.; 13, 1 ff.; 19, 1 ff. Kurz: Gnostische Häresien –
wenn sie zur Zeit des Lukas gegeben waren (was kaum zweifelhaft sein kann,
s. Johannes-Evangelium!) – visiert er nicht als akute Gefahr an. Aus bloßer
Verschweigungstaktik (BARRETT, Luke the Historian 62 f.)? Weil er die frühere Lage um jeden Preis idealisieren will (HAENCHEN)? „Diese Antwort wird
heute oft gegeben, und dann kann man ihn [sc. Lukas] entweder als einen
Fälscher oder als einen großen Theologen für die spätere Kirche am Ende des
1. Jh. betrachten" (VAN UNNIK, Häresien 244). Aber VAN UNNIK fragt mit
Recht, ob das ein gerechtes Urteil ist und gibt zweierlei dagegen zu bedenken:
1. Primäre Absicht in der Apg ist nicht eine Zustandsbeschreibung der ersten
Entwicklungsphase der Christenheit, „sondern das Zeugnis der Apostel: Bekehrung zu dem einzigen Gott und Glauben an Jesus, den Gekreuzigten und
Auferstandenen, wird hier beschrieben" (VAN UNNIK, Häresien 244). Wobei
dann die Gemeinden durchaus in ihrer Anfechtung und in ihrem Stärkungs-
bedürfnis gezeigt werden. 2. Alle innerkirchlichen Dissonanzen und von außen
kommende Gefahren werden überlagert von dem einen großen Gegensatz
zum Judentum, das das Zeugnis vom Messias in der Mehrheit nicht annimmt.
Hier lag für Lukas und seine Leser „die große Entscheidungsfrage" (VAN
UNNIK 245). Damit ist heidnischer Widerstand nicht einfach weggeblendet
(c. 14 Ephesus; 16 Philippi; 17 Athen; 19 Ephesus; 26, 24: „Paulus, Du bist
von Sinnen"). Lukas weiß also um Gefahren, Widerstände und auch Irrlehren. „Aber es ist klar, daß andere und seiner Meinung nach größere Probleme
den Glauben bedrohten. Sein Anliegen war es nicht, die Ketzerei zu bekämp-
fen, die Zustände der Gemeinden, die Zeit der Kirche darzustellen, sondern

Jesus als den Gekreuzigten und Auferstandenen, als den einzigen Namen, durch den man gerettet wird (4, 12), zu predigen, die Ausstrahlung dieser Botschaft in der Welt zu zeigen, wie sie sich durchsetzt gegen die Gegenwirkung von Juden und Heiden, oft auch trotz der Christen, weil sie ‚aus Gott ist' (5, 39)" (VAN UNNIK 246).

9. Die Bekehrung des Eunuchen Apg 8, 26ff.

Wie schwierig es ist, den theologischen Gesichtspunkt genau zu bestimmen, dem Lukas jeweils alles Erzählerische unterzuordnen scheint, zeigt E. DINKLER beispielhaft an der Bekehrungsgeschichte des Äthiopiers durch Philippus in Apg 8, 26–40 (KÜMMEL-FS 85 ff. Zu vergleichen sind auch M. RESE, Motive 97 ff.; F. HAHN, GPM 24, 1970/71, 309 ff.; WILSON, Gentiles 171 f.; KRÄNKL, Knecht Gottes 131 ff. 119 f.). Daß die Perikope „eine konkurrierende Parallelgeschichte der Hellenisten zur Jerusalemer Tradition von der Bekehrung und Taufe des Cornelius durch Petrus" ist, hält auch DINKLER für eine gesicherte Annahme (88). Aber „angesichts der universalgeschichtlichen Tendenzen des Lukas legt sich die Frage nahe, ob mit dem Aithiopier nur auf ein Jenseits der Grenzen des Imperium Romanum liegendes Gebiet gezielt wird oder ob das Land Nubien mit der Hauptstadt Meroe gemeint ist" (89)? Nun, die literarischen Zeugnisse der damaligen Zeit zeigen, in welche Richtung der Gebildete dachte, wenn von einem ἀνὴρ Αἰθίοψ die Rede war: „Er dachte an die schwarzhäutigen Menschen jenseits des bekannten orbis terrarum. Und wenn auch nicht im Acta-Text davon die Rede ist, daß der Eunuch dorthin das Evangelium gebracht hat, so ist doch angedeutet, daß es dorthin auf dem Wege ist" (92). Nicht die Missionierung des äthiopischen Reiches ist von Lukas akzentuiert, sondern die Bekehrung eines nichtjüdischen Äthiopen und die Fortsetzung seines Weges „in Richtung auf seine Heimat am Ende der Welt" (94). Das spannungsvolle Nebeneinander von Apg 8 und 10 läßt sich nicht so auflösen, daß man die beiden Traditionen auf verschiedene Quellenbereiche aufteilt. „Wir können nicht ergründen, wie weit Lukas in der Bekehrung des ἀνὴρ Αἰθίοψ mehr den Vertreter einer dritten Völker-Welt neben Juden und Heiden (= Griechen) sah als einen Konkurrenten des Römers Cornelius. Was die Sequenz der Missionsereignisse angeht, ist jedenfalls als beachtlich festzuhalten, daß Lukas den äthiopischen Kämmerer fröhlich seine Straße ziehen läßt, lange bevor er dem Apostel Paulus die Fahrt von Asien nach Europa frei gibt (Apg 16, 11 ff.). Ungewollt läßt Lukas den schwarzhäutigen Heiden vor den Römern eine Bekehrung und Taufe erfahren, Afrika vor Europa die Botschaft von Jesus Christus hören" (95).

IV. Die Reden der Apg

M. DIBELIUS hat gezeigt, „daß die meisten der größeren Reden der Apg weniger aus der historischen Lage als aus dem Zusammenhang des Buches zu verstehen sind. Sie haben ihre Aufgabe im Ganzen des Buches, denn dieses Buch hat ein Thema, und an dessen Durchführung sind die Reden mit beteiligt". Das aber heißt: „Alle Reden... – gleichviel ob sie ‚historischen' oder Predigtzwecken dienen – *haben Lukas zum Verfasser*" (Aufsätze zur Apg 150. 157).

Obwohl DIBELIUS bei diesen Feststellungen besonders am Vorgang der Traditionsbildung als solcher interessiert war, C. H. DODD dagegen mehr an den Inhalten der Tradition (The Apostolic Preaching and its Developments. London 1936), stimmten beide doch darin überein, daß das Schema der Reden apostolischen Ursprungs sei. Damit waren der weiteren Forschung im wesentlichen zwei Aufgaben gestellt: 1. Welcher Art ist die Tradition, formgeschichtlich, aber auch theologisch und historisch? 2. Wie steht es bei der genannten schriftstellerischen Verfahrensweise um den *Historiker* Lukas?

Was die letztgenannte Frage anbetrifft, so hat man in der englisch-amerikanischen Forschung den Ergebnissen von M. DIBELIUS u. a. auch mit dem Argument widersprochen, die schriftstellerische Verfahrensweise des Lukas repräsentiere keineswegs *die* Historiographie seiner Zeit. Geschichtsschreiber wie Thukydides, Polybius, Lukian v. Samosata u. a. hätten beispielsweise die freie Erfindung von Reden zur Bestimmung des „Richtungssinnes" ausdrücklich mißbilligt (T. F. GLASSON, Speeches; F. E. ADCOCK; A. W. MOSLEY; HANSON 36 f.; S. USHER; GASQUE 225 ff.).

Nun trifft aber die Analogie der antiken Geschichtsschreibung ohnehin nur für jene Reden zu, mit denen Lukas Wendepunkte des Geschehens markiert (z. B. Apg 20, die Abschiedsrede des Paulus in Milet). Schon bei den Missionsreden versagt diese Analogie, weil sie nur zum *einen* Teil erzählen, zum andern aber verkündigen wollen (H.-J. MICHEL 20; SCHUBERT, Cycle). Trotzdem ist es grundsätzlich richtig, Lukas als Schriftsteller im Zusammenhang der Historiographie seiner Zeit zu sehen und zu beurteilen. Insofern tun BURCHARD, PLÜMACHER, HENGEL u. a. Recht daran, wenn sie Lukas vor dem Vorwurf der wilden Historiographie in Schutz nehmen[1]).

Generell zielt diese Apologie dahin, daß Lukas als Schriftsteller der historischen Grundlage seiner Traditionen doch mehr Aufmerksamkeit geschenkt hat, als DIBELIUS wahrhaben wollte. Niemand verkennt natürlich, daß die

---

1) Nicht zugänglich war mir W. STEICHELE, Vergleich der Apg mit der antiken Geschichtsschreibung. Eine Studie zur Erzählkunst in der Apg. Diss. theol. München 1971.

sprachliche Einheitlichkeit der Reden auf Lukas zurückgeht. Ihre inhaltliche
Verschiedenheit dagegen wird gerne als Indiz für Quellengrundlagen gewertet
(GASQUE 229). Und was die angeblich rein literarische Verwendung der Reden
bei Lukas anbetrifft, kann z.B. A. EHRHARDT fragen, warum er dann einige
sehr gute Gelegenheiten dazu ausgelassen habe, z.B. nach Apg 5, 21 oder
28, 16 (Framework 88)? Die Antwort weiß GASQUE: „The best explanation
of such omissions is that he knew of no speech on these occasions" (228). Differenzen hinsichtlich der in den Reden entfalteten Christologie (MOULE, in:
Studies in Luke-Acts 159 ff.; GASQUE 230) oder Theologie (SCHARLEMANN)
werden gerne als Hinweis darauf gewertet, daß schriftliche oder mündliche
Quellen unterschiedlicher Provenienz von Lukas verarbeitet wurden (DUPONT,
RB 1962, 37–60 = Études 133–155; GASQUE 229 ff.). Das Argument ist aber
so schlüssig nicht, weil *Lukas* je nach Redner- und Zuhörerkreis die Topoi
und theologischen Inhalte variiert und einer jüdischen Zuhörerschaft beispielsweise das *christologische* Kerygma predigen läßt, wo die typisch heidnische Versammlung das *theologische* zu hören bekommt (E. SCHWEIZER, Neotestamentica 427 f.; DELLING, Jesusgeschichte).

Jedenfalls: Die Meinungen über Lukas als Historiker gehen weit auseinander (CONZELMANN, Der geschichtl. Ort 241). Und das liegt nicht zuletzt an
den Reden der Apg und der unterschiedlichen Beurteilung ihrer Quellengrundlage (DUPONT). Nicht ernsthaft tangiert wird von diesem schwankenden
Urteil freilich das Forschungsergebnis von DIBELIUS, daß die Acta-Reden
primär zu verstehen seien als Zeugnisse der lk. Theologie am Ende des 1. Jh.s
und nicht als Zeugnisse alter oder gar ältester urchristlicher Theologie. Sie
figurieren als Summarien der theologischen Konzeption des Lukas, sei es mit,
sei es ohne historische Grundlage (G. LOHFINK, Paulus vor Damaskus 42 ff.).
Dieses Ergebnis ist durch das 1961 erstmals erschienene Buch von U. WIL-
CKENS über „Die Missionsreden der Apostelgeschichte" glänzend bestätigt
und seither nie ernsthaft in Frage gestellt worden. Gleichwohl ist die Arbeit
am Redestoff der Apg intensiv weitergeführt worden, auch von U. WILCKENS
selbst, wovon die über 220 Titel im Literatur-Nachtrag der 3. Auflage bered-
tes Zeugnis ablegen (hier ist besonders auf den vorzüglichen Forschungsbericht bei KRÄNKL 3–47 zu verweisen; ferner auf GASQUE 201 ff.; H.-J. MI-
CHEL; C. F. EVANS, „Speeches" 287 ff.).

Gerade bei der Beschäftigung mit den Acta-Reden zeigte sich sehr bald und
besonders deutlich, daß die Forschung zwischen Quellenkritik und Kompositionsgeschichte eine Phase übersprungen hatte: Die *Traditionsgeschichte*, ohne
die Lukas als Theologe und Historiker „ein Kopf ohne Hand und Fuß" bzw.
„eine ziemlich ungeschichtliche Figur, ein vaterloses Kind seiner Zeit" wäre
(BURCHARD 17. 21 f.; vgl. auch B. SCHALLERS Rezension von WILCKENS,
ZRGG 14, 1962, 291 f. und O. H. STECK, Israel 267 ff.). Tatsächlich ist es das

von DIBELIUS über VIELHAUER, HAENCHEN und CONZELMANN bis WILCKENS
(1. Aufl.) unbefriedigend gebliebene *Verhältnis von vorlukanischer Tradition*
und lukanischer Komposition, welches das eigentliche Motiv für die Weiterbeschäftigung mit den Acta-Reden darstellt (WILCKENS, ³Missionsreden 3;
vgl. ZEHNLE, SCHALLER, TOWNSEND). Die jüngst wieder von H.-J. MICHEL
geltend gemachte Voraussetzung, Lukas habe sein Unternehmen Apg sozusagen *ex nihilo* begonnen, da „geformte Traditionen über Apostel und Gemeinden wesentlich spärlicher waren als bei der Jesusüberlieferung" (18), ist
nämlich in dieser Allgemeinheit gar nicht zutreffend. MUNCK und JERVELL
(auch SCHALLER in seiner Rezension von WILCKENS) haben gezeigt, daß die
lk. Darstellung und Theologie der Apg durchaus im Rahmen von verschiedenen Gemeinde- und Apostelüberlieferungen steht, ohne die sie schwerlich
hätte entstehen können. Außerdem ist – was die Themen der paulinischen
Missionspredigt beispielsweise anbetrifft – der Hintergrund der spätjüdisch-
hellenistischen Missionsliteratur zu beachten (C. BUSSMANN). Dem notwendigen Griff nach diesen Überlieferungen dient die heute überall als dringlich
erachtete Verhältnisbestimmung von vorlukanischer Tradition und lukanischer Komposition.

Der bemerkenswerteste Versuch in dieser Hinsicht ist zweifellos der von
U. WILCKENS. Hier werden zum erstenmal konsequent die Ergebnisse der
redaktionsgeschichtlichen Forschung (DIBELIUS; HAENCHEN; CONZELMANN)
auf die Reden der Apg übertragen (vgl. KRÄNKL 72; ROHDE 164 ff.). Das Ergebnis ist, daß selbst noch das, was bislang die Reden „traditionsgeschichtlich so hochinteressant und bedeutsam zu machen schien, nämlich … das
ihnen zugrundeliegende Predigtschema", auf das Konto *lukanischer* Theologie zu stehen kommt (1. Aufl. 188; so auch KÜMMEL, Einl. 109 f.; VOSS,
Christologie 16; SCHULZ, Stunde 242. 246). Damit fallen die Acta-Reden „als
Zeugnisse alter oder gar ältester urchristlicher Theologie" aus (186). Noch
DIBELIUS und DODD sahen im Schema der Stoffanordnung und in den wesentlichen kerygmatischen Aussagen der Reden traditionell geprägtes Material,
das Einblicke in die Entwicklung der urchristlichen Theologie gebe. WIL-
CKENS erkannte scharfsinnig, daß diese Ansicht auf einem methodischen
Kurzschluß beruhte: Der „allzu voreilige(n) Identifikation von formgeschichtlichen und traditionsgeschichtlichen Ergebnissen" (29). Löst man diese Identifikation auf, d. h., unterzieht man die Reden selbst einer form- und traditionsgeschichtlichen Analyse, so zeigt sich, daß den an Heiden adressierten
Predigten Apg 14, 15–17 und 17, 22–31 ein in 1 Thess 1, 9 f. und Heb 5, 11 ff.
erkennbares Verkündigungsschema hellenistisch-christlicher Missionspredigt
zugrundeliegt, das Lukas „zur Konstruktion eines entsprechenden Schemas
judenchristlicher Missionspredigt benutzt" (91).

Daß die Einzelstoffe in diesem Schema wie Jesuskerygma, Heilsverkündi-

gung und Bußruf usw. traditionsgeschichtlich vorgegeben sind, ist unstrittig
(DELLING, Jesusgeschichte). Sie sind aber nach Inhalt und Aufriß so sehr von
der lk. Interpretation der heilsgeschichtlichen Situation der Juden geprägt,
ja, als von dieser „unablösbar" zu bezeichnen, daß das Urteil unumgänglich
wird, das Schema dieser Reden sei von Lukas selbst gebildet worden (WIL-
CKENS 100). Die Reden als ganze sind keineswegs sekundär in den Erzäh-
lungszusammenhang eingeschoben, sondern sachbezogen in ihn integriert
(71). Dabei zeigt sich die besondere theologische Leistung des Lukas, die darin
besteht, daß er die „Zeit der Kirche nicht mehr vom kommenden Ende, sondern vielmehr radikal von der vergangenen Heilsepoche der Zeit Jesu her
begründet hat" (94; vgl. 92–97). Die Vergegenwärtigung der zurückliegenden
Heilsepoche durch Verkündigung ermöglicht trotz historischer Abständigkeit
heutigen Glauben. So wird „dieses Zeugnis also das entscheidende Instrument
zur Heilserlangung" (95). „Von dieser theologischen Konzeption des Lukas
her werden die Apostelreden in ihrer Funktion innerhalb der literarischen
Komposition der Acta verständlich. *Das Jesuszeugnis der Apostel muß als das
heilsgeschichtliche Movens nicht nur sichtbar werden, sondern auch zu Wort
kommen*" (96).

Trotz der bestechenden Beweisführung hat das glänzend geschriebene
Buch bald Zweifel aufkommen lassen, ob die traditionsgeschichtliche Frage,
die durch die Reden der Apg aufgeworfen wird, wirklich befriedigend beantwortet ist (ROHDE; SCHALLER; KRÄNKL; HAENCHEN; DUPONT). Sie beziehen
sich einmal auf die Basis für die Behauptung eines traditionell-heidenchrist-
lichen Missionsschemas: Ist diese in ihrer textlichen Bezeugung nicht viel zu
schmal (ROHDE 176; JERVELL, Luke 19ff.; BOVON, L'origine)? Sie beziehen
sich aber vor allem darauf, daß eine Traditionsbasis wohl für die Reden in
c. 14–17, nicht aber in c. 2–13 zugestanden wird. SCHALLER hat in seiner Rezension mit Recht darauf verwiesen, daß eine nicht nachweisbare *unmittelbare* Beziehung der ersten Acta-Reden zu 1Kor 15, 3ff. eine *mittelbare* zwischen dem Schema hier und dort nicht ausschließt (291)[1]. Und die „um ihres
besonderen Charakters willen" vorgenommene Ausklammerung der Stephanusrede in der 1. Auflage (31, Anm. 1) war methodisch vielleicht doch nicht
zu rechtfertigen. Jedenfalls wird gerade sie in der eben erschienenen 3. Auflage, in der sich WILCKENS die erhobenen Einwände zum Teil selbst zu eigen
macht, zum Hauptbeweisstück für die jetzt wesentlich veränderte Beurtei-

---

1) In der 3. Auflage geht WILCKENS erneut auf diese Frage ein (195ff.): Die Differenz, das Fehlen der zentralen Aussage vom Tod Jesu „für unsere Sünden", ist
unaufhebbar. Aber dieses Fehlen teilt Lukas mit der gesamten evangelischen Pas-
sions- und Ostertradition. Vgl. zu diesem Problem auch B.M.F. VAN IERSEL. Der
„Sohn" in den syn. Jesusworten (NT. S 3). Leiden 1961, 31–51.

lung der Traditionsgeschichte. Am *lukanischen* Anteil bei der Gestaltung der
Acta-Reden meint er keinen Abstrich vornehmen zu müssen. So bleiben die
Teile I und II der ersten (und zweiten) Auflage unverändert stehen (weiter-
führende Bemerkungen dazu finden sich freilich reichlich in einem Anhang).
Aber die bisherige These, daß Lukas das Schema der an Juden gerichteten
Predigten original geschaffen und nur traditionelles Einzelgut verarbeitet
habe, wird korrigiert[1]).

Nachdem O. H. STECK im deuteronomistischen Geschichtswerk eine bestimmte Form von an Juden gerichteter, alttestamentlich-jüdischer Umkehrpredigt aufgewiesen hat, deren Traditionsgeschichte sich bis in die neutestamentliche Zeit hinein verfolgen läßt, findet WILCKENS die entscheidenden Züge eben dieser Tradition im Aufbau der Missionsreden der Apg wieder
und weist diese nun insgesamt jenem Traditionsstrom zu (205). Genauer gesagt – und darin liegt die Korrektur des Ergebnisses der ersten (zweiten) Auflage –: Die Missionsreden der Apg sind „auf eine vorlukanische Tradition
judenchristlicher, an Juden gerichteter Umkehrpredigt zurückzuführen"
(3. 205). Der sorgfältig analysierten Stephanusrede kommt jetzt für die Beweisführung dieser These eine besondere Bedeutung zu (208 ff.), weil sie – obwohl „deutlich christianisiert" (Apg 7, 35! 217) – am deutlichsten „den lebendigen Überlieferungszusammenhang des deuteronomistischen Geschichtsbildes" spiegelt (216 mit Hinweis auf STECK). Als ihr Traditionsträger wird
der Stephanuskreis angenommen (219)[2]). Und hier, im Kreis der Hellenisten,
sind nach Meinung WILCKENS' die Stoffe der Passions- und Ostergeschichte
zum zentralen Predigtinhalt geworden und in die Umkehrpredigt einbezogen
worden (207). Unter traditionsgeschichtlichem Aspekt bestätigt sich so die
früher einmal von W. SOLTAU rein literarkritisch begründete Hypothese,
Apg 7 sei das literarische Muster aller anderen Acta-Reden. Freilich besteht
die Übereinstimmung streng genommen nur in dem „Motiv der Konfrontation" (222), das nach Meinung von WILCKENS Lukas aus Apg 7 aufgenommen hat. Im übrigen überwiegen die Unterschiede. Alles ist auf das Jesus-

---

1) Die gewisse Widersprüchlichkeit der 1. Aufl. (On a l'impression que WILCKENS
réfute d'une main les critiques de KÄSEMANN tout en les approuvant de l'autre,
KAESTLI 89) ist jetzt dadurch gemildert, daß WILCKENS den kritischen Abschnitt
III. 2 der Erstauflage in der dritten Auflage durch einen neuen Abschnitt, die Traditionsgrundlage der Acta-Reden betreffend, ersetzt. M. E. wird dadurch die ursprüngliche Geschlossenheit des Buches gestört.

2) Damit ist eine hellenistisch-*juden*christliche Predigttradition angesprochen,
während WILCOX, Semitisms 165 ff. das kerygmatische Material der Missionsreden
auf nichtjüdisch-hellenistische Kreise zurückgeführt hat und das mit dem Fehlen
semitischer Elemente begründet hat. Ähnliches Material fand er in den Ignatianen;
er plädiert darum für einen Ursprung in Antiochien.

Kerygma hin zentriert. Das bedingt z. B. auch, daß die „Motive der Schelt-Rede" (223), die vor allem die vorlukanische Stephanuspredigt charakterisieren, jetzt in solche der Heilspredigt übergehen. „Die Scheltrede wird auf das Handeln der Juden an Jesus konzentriert. Die Geschichte Israels erscheint, drastisch verkürzt, als bloße Vorgeschichte der christlichen Gegenwart" (224). Mit diesem Satz endet das Buch in der 3. Auflage.

Einen methodischen Fortschritt bedeutet es fraglos darin, daß hier erstmals die traditionsgeschichtliche Fragestellung über das Verhältnis von traditionellen Bausteinen und redaktionellen Elementen hinaus ausgedehnt wird bis hin zu der Frage, „in welcher Weise die Konzeption des Werkes als solche auch ihrerseits aus traditionellen Voraussetzungen erwachsen ist" (189). Die in den Reden statthabende Verkündigung der Geschichte Jesu, die Zuordnung der Apg zum Inhalt des Lukas-Evangeliums also, ist sie „durch Gesichtspunkte und Motive vorlukanischer Überlieferung bedingt" (189)? Die Frage wird bejaht, und dadurch tritt die Homogenität der Acta-Reden hinsichtlich ihrer zentralen Funktion nur um so klarer heraus: Sie sollen dokumentieren, „daß die Predigt der Christen, unter welchen geschichtlichen Bedingungen und von welchen Menschen auch immer vorgetragen, grundsätzlich ein- und dasselbe Christuskerygma ist: Kunde von der Geschichte Jesu, in der Gott für alle Umkehrwilligen vollkommenes Heil verwirklicht hat, wie er es die Propheten im voraus hat ankündigen lassen" (188). Und zwar ist diese Predigt „*Gottes* Sache" (ebd.). So kann WILCKENS als *das* Thema der Apg bezeichnen: „Die Geschichte der Mission ist wie die Geschichte Jesu selbst Gottes Heilsveranstaltung" (ebd.). Mit anderen Worten: Die *Historia Jesu* bleibt auch im zweiten Buch des Doppelwerkes das zentrale Thema (189).

Kritische Fragen wirft freilich auch diese 3. Auflage auf. Die wichtigste betrifft m. E. die außerhalb der Apg nur in *Spuren* (Lk 10, 1 ff.; Mt 10, 5 ff.) vorliegende „hellenistisch-judenchristliche Predigttradition". Wird diese Spurenhaftigkeit wirklich kompensiert durch den Aufweis einer breiten Tradition jüdischer Umkehrpredigt als ihr überlieferungsgeschichtlicher *Hintergrund* (208)? Und läßt sich der Stephanuskreis wirklich als „Sitz im Leben" erweisen, ein Kreis, über den wir aufgrund des Textbefundes viele Vermutungen, aber wenig Gewißheiten haben? Ist es richtig, „daß Jesu Predigt wie die des Täufers im überlieferungsgeschichtlichen Kontext deuteronomistisch geprägter jüdischer Umkehrpredigt stand" (219)? Warum fehlt dann sowohl der Predigt des Täufers wie der Jesu die Ansage des neuen Bundes? Die sich durch das lk. Werk hinziehenden Anlehnungen an die dtn Tradition vom ungehorsamen Israel und dem dadurch heraufbeschworenen Strafgericht (Lk 6, 22 f.; 11, 47–51; 19, 31–33; 13, 34 f.; Apg 7, 51–53), die STECK sorgfältig untersucht hat, lassen ELTESTER (Israel 117, Anm. 76) die kritische Frage aufwerfen, *warum* Lukas diese Traditionen aufgenommen hat und wie sie sich zum

Ganzen seines Entwurfs verhalten. Überhaupt ist in diesem Zusammenhang die Unabgeschlossenheit der Frage „Lukas und das AT" evident. Von den bisher vorgetragenen Thesen (BURCHARD, Zeuge 55ff. vergleicht Apg 9 mit 2 Makk 3 und kann keine Beziehungen feststellen; T.HOLTZ, Zitate, hält nur die Kenntnis des Zwölf-Prophetenbuches, Jesajas und der Psalmen für erwiesen; so auch RESE, Motive 215) vertritt nur eine, die von C.F.EVANS, Abhängigkeit des Lukas von der dtn Geschichtsschreibung (The Central Section of St.Luke's Gospel = Studies in the Gospels. Essays in Memory of R.H.LIGHTFOOT, ed. by D.E.NINEHAM. Oxford 1955, 37–53). Kurz: Daß die Alternative der 1. Auflage, Lukas ist „Handlanger" der Tradition *oder* „Theologe", nach dem heutigen Forschungsstand nicht mehr aufrechterhalten werden kann, glaubt man WILCKENS gerne: Lukas ist *als* Handlanger *Theologe*. Aber ob mit dem deuteronomistischen Predigtschema der Schlüssel zum Verständnis der Acta-Reden wirklich gefunden ist, bleibt zumindest solange noch eine offene Frage, als diese These nur als Anhang in einem sonst unverändert gebliebenen Buche erscheint. Ihre Verifikation am gesamten Überlieferungsstoff steht noch aus.

Grundsätzlich in die gleiche Richtung geht die Bonner Dissertation von K.KLIESCH, die das dornige Gestrüpp der in die Acta-Redaktion verwobenen Traditionen weiter zu lichten versucht. KRÄNKL wird bescheinigt, daß er „unter dem Eindruck der jüngsten Forschungsgeschichte den Weg des geringsten Widerstandes wählt, wenn er sich mit der Feststellung von nur traditionellen Elementen begnügt, um möglichst schnell zur Redaktion des Lukas kommen zu können" (2f.). Aber ich fürchte, man wird KLIESCH bescheinigen, daß er den Weg blühender Phantasie geht, um die sehr viel schwerer zu bestimmenden Traditionen dennoch möglichst wortgetreu wiederzugewinnen. KLIESCHS Absicht ist es, sich nicht mehr nur mit Traditionssplittern zufrieden zu geben, die Lukas angeblich benutzt hat, sondern größere Zusammenhänge, „festgeprägte Traditionen" (3) nachzuweisen, eben ein „heilsgeschichtliches Credo", das Lukas als Vorlage seiner Reden gedient hat. Ein erstes Kapitel erhebt aufgrund einer Analyse von Apg 7, 2–53 und 13, 17–22 als Vorlage ein Geschichtssummarium, das seine deutlichste Entsprechung im kleinen geschichtlichen Credo von Dtn 26, 5b–9 haben soll (60; andere alttestamentliche Texte werden ebenfalls als „Parallelen" genannt). Und zwar liege die entscheidende Übereinstimmung nicht im Formalen (hier sind nach Umfang und Inhalt Unterschiede), sondern darin, daß hier das vergangene Handeln Gottes in der Geschichte zum *Zwecke des Bekennens* zum Ausdruck gebracht werde (60f.). Das ist ein erstaunlich allgemeines Kriterium für eine so kühn behauptete konkrete Analogie! Die Kriterien werden nicht besser, wenn in den folgenden Kapiteln dann die angebliche „Zusammengehörigkeit der Überlieferung über das Handeln Gottes in der Geschichte des alten Gottes-

volkes und an Jesus Christus" thematisiert wird (110). Dabei muß Kombinatorik und Phantasie vieles erbringen, was sich aus den Textbefunden so nicht
erheben läßt. Es wird zugegeben, daß „die positive Sicht der Geschichte, in
der das Handeln Gottes durchgehend als Heil erkannt und bekannt wird",
am Anfang des Urchristentums kaum für möglich gehalten werden kann. Sie
„muß vielmehr als Frucht eines Glaubens an den geschichtsmächtigen Gott
gesehen werden" (125). Sitz im Leben dieses „christologischen Quellgrundes"
ist „allgemein die Liturgie", wo „die in dem Bekenntnis sich ausdrückende
Gesamtschau der Geschichte Gottes mit den Menschen" zugleich auch Index
sein soll für den „hohen Stand des gläubigen Selbstbewußtseins der Christen"
(125). Hier verdeckt die unpräzise Sprache mehr als nur die Klarheit des Ausdrucks. Sie vernebelt ganz einfach das Sachproblem, daß möglicherweise erst
Lukas diese „Gesamtschau" des in der Geschichte des alten Gottesvolkes und
an Jesus Christus zugleich handelnden Gottes erstmals als theologisches Programm entfaltete. KLIESCH kann jene „Gesamtschau" nur darum als „literarische Vorlage" annehmen, weil er – von höherer Warte auf den Gesamtbestand
der Überlieferungen Alten und Neuen Testamentes blickend – den Texten
etwas entnimmt, was er zuvor mit beschlagener theologischer Brille in sie
hineingelesen hat. Ob damit der „Schlüssel für das Verständnis der Reden"
gefunden ist (176. 181), mag man auf der Ebene der lukanischen Redaktion
erwägen, kaum aber auf der Ebene der ihm vorgegebenen Traditionen. Hier
rächt es sich jedenfalls, daß die redaktionsgeschichtliche Betrachtung des
Lukas bei KLIESCH nur als Appendix im II., sehr viel kürzeren Hauptteil
erscheint. Wäre sie von vornherein methodisch mit in Ansatz gebracht worden, hätte das den Vf. zwar weniger erfinderisch, dafür aber überzeugender
erscheinen lassen.

Eine Untersuchung der *Gamalielrede* (Apg 5, 35–39) und ihrer Bedeutung
hat P. ZINGG innerhalb seines Buches „Das Wachsen der Kirche" vorgelegt
(117–134). Daß sich der Kontext ganz und gar lukanischer Komposition verdankt, teilt ZINGG als Einsicht mit der kritischen Actaforschung. Der kunstvolle Aufbau der Rede (121) und ihr Stil (122–127) sind von der lk. Redaktion
geprägt. Einige wenige ungewohnte Wendungen und Hapaxlegomena sind in
den beiden Beispielen V. 36 und 37 anzutreffen. HAENCHEN (Komm. 211f.)
setzt sie dennoch auf das Konto der freien Komposition der Rede. Da wir
über Theudas und Judas den Galiläer auch bei Josephus einiges erfahren,
plädiert ZINGG für einen gemeinsamen, traditionellen Hintergrund, ohne
direkte Abhängigkeit anzunehmen (130). Lukas kann von beiden Bewegun-
gen in judenchristlichen Kreisen gehört haben, „wo man sie als zur Vorsicht
mahnende und nicht nachzuahmende Beispiele gekannt hat. Genauere Details
waren ihm nicht (mehr) bekannt. Die Redekomposition als solche kann der
lk. Redaktion zugeschrieben werden" (130f.). Theologisch will sie die Dauer-

haftigkeit und Ausbreitung der christlichen Gemeinschaft ins Bewußtsein heben (133), wobei bemerkenswert ist, daß es einer der geistlichen Führer des Judentums ist, der dies feststellt, während sonst dieselben durchweg negativ eingestellt sind, im ersten Teil der Apg das jüdische Volk dagegen das Christentum freundlich aufnimmt (32; ähnlich FLENDER, Heil und Geschichte 106). Worin CONZELMANN (Komm. zur Stelle) den Hauptzweck sieht, da wird für ZINGG „ein apologetischer Nebenzweck sichtbar" (133): „Wenn eine so überragende Gestalt wie Rabban Gamaliel dem Christentum gegenüber tolerant eingestellt war, ja sogar die Möglichkeit des Wirkens Gottes nicht ausschloß, so sollte das z. Zt. des Lukas (von Seiten der Juden und Heiden) noch immer so sein" (134). Diese Apologie rückt in eine Reihe mit der Rede Apg 19, 35–40 und 25, 24–27. Aber wie gesagt, für ZINGG steht bei der Gamalielrede nicht die apologetische, sondern die ekklesiologische Aussage im Vordergrund (134). Wie ich meine wieder ein Beweis, daß sich bei der lk. Darstellung nicht selten mehrere Perspektiven verschlingen.

F. BOVON sucht in einem längeren Aufsatz Tradition und Redaktion in Apg 10, 1–11, 18 (Cornelius) zu scheiden und kommt zu dem Ergebnis, daß Lukas für seine Komposition drei traditions distinctes zur Verfügung hatte: 1. die Geschichte von der Bekehrung des röm. Centurio; 2. eine ätiologische Legende; 3. eine christliche kerygmatische Tradition, die für Juden bestimmt war (ThZ 26, 1970, 42f.).

Die in der Paulusrede Apg 13, 32–37 nacheinander vorkommenden Zitate Psalm 2, 7, Jes 55, 3 und Psalm 16, 10 hat E. LÖVESTAM zum Gegenstand seiner Untersuchung gemacht. Er will zeigen, daß diese Zitate Jesus als den Empfänger der David-Verheißung (2Sam 7) qualifizieren. Grundgedanke der Rede Apg 13, 16–41 sei entsprechend die Erfüllung des David-Bundes in Jesus als „Sohn" und „Erlöser" (vgl. Apg 13, 23. 26. 38f.; 2, 30f.). Aber das Zitat Jes 55, 3 enthält den für die Beweisführung wichtigen Bundesgedanken nicht, womit die wichtigste Stütze der Konstruktion von LÖVESTAM hinfällig wird. T. HOLTZ stellt es in seiner Rezension (ThLZ 88, 1963, 202f.) überdies in Frage, ob Lukas bei seiner Zitation in V. 34 überhaupt Jes 55, 3 erkannt und um den eigentlichen Sinn gewußt hat. Ihm ist wahrscheinlicher, daß Lukas von einer ihm vorgegebenen Zitatensammlung abhängig ist, die natürlich vom Gesichtspunkt der Erfüllung des David-Bundes bestimmt gewesen sein kann. Diese Möglichkeit ist es, die LÖVESTAMS Untersuchung „annehmbar" gemacht hat (HOLTZ 203).

Die neben der Areopagrede einzige Predigt, die sich an Menschen richtet, die nicht Gott, sondern die Götter verehren, ist die *Predigt in Lystra* (Apg 14, 15–18). Sie hat wegen der so viel berühmteren Schwesterrede (Areopag!) kaum die Aufmerksamkeit der Exegeten auf sich gezogen. E. LERLE (vgl. auch B. GÄRTNER) hat das bemerkt und eine Analyse vorgelegt, die zu folgendem

Ergebnis führt: „Weder der Inhalt noch die Form sprechen für eine lk. Komposition. Die Rede hebt sich durch ihre Ausdrucksweise von ihrem Hintergrund ab. Sie ist in das Geschichtswerk der Apostelgeschichte eingefügt, aber Sprache und Motive sind älter als das lk. Doppelwerk. Ein Einfluß der großen Paulusbriefe fehlt ebenfalls. Theologische Begrifflichkeit und Terminologie sind durch die LXX geprägt, doch scheint die Ausdrucksweise der profanen Rede etwas angeglichen zu sein. Im Inhalt kommt der Grundton der Predigt Jesu zum Ausdruck" (54). Letzteres besagt jedoch wenig, wenn „Worte, Redewendungen und Verkündigungsmotive" (55) zeigen, wie eine Heidenpredigt der damaligen Zeit ausgesehen hat. Der Schwierigkeit, daß die Rede auch nicht jene Verkündigungsmotive enthält, die in den Paulusbriefen besonders stark hervortreten (z. B. Tod und Auferstehung Christi), trägt Lerle so Rechnung, daß er die Rede in eine Zeit verweist, die noch nicht das Gepräge der Terminologie und der Problematik der theologischen Kämpfe des Paulus getragen habe (55). „In der Lystra-Rede haben wir ein Dokument vor uns, das besagt, wie die Heidenpredigt in den Anfängen geartet war" (55). Also bilden die Reden der Apg doch den ältesten Grundstock der urchristlichen Missionspredigten? So scheint es Lerle zu meinen. Aber aus der Analyse einer einzigen Rede – vorausgesetzt, daß sie zutrifft – lassen sich so weitreichende Schlüsse sicher nicht ziehen.

Die *Areopagrede,* deren Auslegung in Conzelmanns Kommentar einen Höhepunkt darstellt, ist im Berichtszeitraum auffallend selten Gegenstand spezieller Untersuchungen gewesen. J.-Chr. Lebram hat ihren Aufbau noch einmal untersucht. Ausgehend von der Verwandtschaft der Areopagrede mit den bei Euseb überlieferten Aristobulfragmenten kommt er durch eine Analyse des Arattextes und des sogenannten „Testaments des Orpheus" zu dem Ergebnis, daß bei einer großen Ähnlichkeit im *Aufbau* (Themenabfolge) die Themen dennoch *inhaltlich* verschieden behandelt werden (226). Das heißt aber, daß Aristobul und die Areopagrede einem vorgegebenen Schema folgen, das jeder anders benutzt und interpretiert (228f.). Über den ursprünglichen Sinn, die Herkunft und die Bedeutung dieses Schemas, das dann auch in Sap. Sal. 7, 15–28, in Sir 16. 17 und in Joh 1 eine Rolle spielt, kann gesagt werden, daß es im Lehrbetrieb des Judentums ausgebildet wurde und als Unterrichtsschema „einmal in dem exklusiven Sinne einer speziellen Erkenntnisübermittlung, ein andermal unter dem Gesichtspunkt der eingeborenen Gotteserkenntnis aller Menschen benutzt wurde" (240. Der Aufsatz Lebrams über katechetische Traditionen in der Apg dient der weiteren Sicherung dieser These). Der Zusammenhang dieses Schemas mit den abschließenden Versen der Areopagrede Apg 17, 30f. ist der, daß es hier zu einem Nachweis der Gotteserkenntnis aller Menschen umgearbeitet ist und damit die Schuld derer bewiesen wird, die Gott erkennen konnten und ihm doch nicht gehorcht haben

(241 f.). Für die vielverhandelte Frage des „stoischen Charakters" von Apg
17, 24–28, der im Vergleich zu den andern Reden der Apg hervortritt, heißt
das: „Weder der Wunsch, literarisch zu glänzen, noch Assimilation an die
athenische Umgebung sind die primären Motive für die Füllung des jüdisch-
chokmatischen Schemas mit stoisch klingenden Ausdrücken. Wir haben vielmehr den Fall, daß, wie in Röm 1, 18 ff., die Botschaft von Gottes Offenbarung im Dienste des *usus elenchthicus* angewandt wird, und in diesem hat
das Gedankengut der hellenistischen Philosophie seinen Platz. Zu diesem
Gebrauch mögen die Argumentensammlungen, wie wir eine in den Aristobulfragmenten kennengelernt haben, eine Brücke gebildet haben. Das Judentum
erkannte in dem ihm begegnenden Gedanken der Stoa im gewissen Sinne sich
selber wieder, was bei dem bekannten Charakter des Hellenismus als Kultur-
mischung nicht einmal so abwegig ist. Die monotheistischen Tendenzen, die
moralische Intention wurden von den Juden als ihr geistiges Eigentum empfunden. So entstand bei ihnen der Eindruck, als ob die Heiden ,nicht so ferne
vom Reich Gottes' wären. Zugleich aber mußte ihnen dann deren Verhalten
gegen Gott und gegen Israel als Abfall von der diesen Heiden geschenkten
Wahrheit erscheinen.

Um nun die Nichtjuden bei der ihnen von Gott geschenkten Erkenntnis
zu behaften, entstand eine hellenistisch-jüdische Missionsliteratur. Es ist daher falsch, von einer jüdisch-hellenistischen Propagandaliteratur zu sprechen,
oder gar von ,frechen Fälschungen' zu reden. Das Ziel war keineswegs die
Assimilation des Judentums – die hat es gewiß auch gegeben –, sondern hier
vielmehr die Erkenntnis, daß die Heiden wohl Juden sein könnten, wenn sie
sich wirklich unter die erkannte Wahrheit stellten" (242). – Treffen diese Beobachtungen zu, so zeigen sie nur, daß Lukas auch mit der aus dem Rahmen
der übrigen Acta-Reden herausfallenden Areopagrede in gewisser Weise traditionsgebunden gearbeitet hat: Er läßt sich den *Aufbau* von einer bestimmten
Schulüberlieferung des Judentums, die besonders durch sapientiale Merkmale
geprägt ist, vorgeben, *interpretiert* diesen aber inhaltlich gemäß seiner eigenen
theologischen Absicht.

Seit E. Käsemann (EVB I 1960, 130 ff.) in Apg 20, 17 ff. zum ersten Male
die frühkatholische Traditions- und Legitimitätstheorie ins Neue Testament
eingeführt sah, und zwar als eine „Kampfmaßnahme" mit „antienthusiasti-
schem Charakter" (130), ist die sogenannte Abschiedsrede des Paulus in
Milet zum Prüfstein gleich mehrerer Acta-Probleme geworden (O. Knoch
32 ff.). Wo man beispielsweise den Frühkatholizismus des Lukas als gegeben
ansieht, dient sie (besonders V. 32) „als Ratifikation des Prinzips apostolischer Sukzession" (Klein, Apostel 182; Schulz, Stunde 257. 263 ff.; Dinkler, RGG³ VI 973); wo nicht, gilt sie als *dictum probans*, daß Lukas noch weit
vom Sukzessionsgedanken der späteren Kirche entfernt ist, weil an eine wirk-

lich geschichtliche, durch den Geist qualifizierte (und keine sakramentale
oder juristische) Kontinuität der Amtsfunktionen gedacht ist (H. SCHÜR-
MANN; DUPONT, Paulus an die Seelsorger 115 ff.; CONZELMANN, Kom. 118 f.;
FLENDER, Kirche 281 f.; H.-J. MICHEL 97). Wo die antignostische Tendenz des
Lukas behauptet wird (HAENCHEN; TALBERT; KLEIN; KÄSEMANN), kommt
Apg 20 besondere Bedeutung zu, weil dies der einzige Text in der Apg ist, in
dem vor (angeblich gnostischen) Irrlehren gewarnt wird (V. 29–31). Die Be-
streiter dieser These argumentieren mit demselben Text und nennen die in
ihm vorgenommene Charakterisierung der Irrlehre („reißende Wölfe" von
außen, „Männer, die verkehrtes Zeug reden" von innen) „vage", so daß eine
Identifizierung gar nicht möglich sei (MICHEL 82 f.). Schließlich: Die Miletrede
ist als einzige der uns überlieferten Paulus-Reden an Christen adressiert.
Diese ihre Sonderstellung bedingt einen besonders intensiven Vergleich mit
den echten Paulinen, sei es, um ihre Historizität, sei es, um ihre Übereinstimmung mit dem paulinischen Kerygma zu erweisen. Das Ergebnis ist jedoch
durchweg negativ. Es besteht *keine* Übereinstimmung mit paulinischen Gedanken und schon gar keine literarische Abhängigkeit (DUPONT). Sondern
wie kaum eine zweite kennzeichnet gerade diese Rede einen „Wendepunkt"
in der lk. Darstellung: Paulus redet zum letzten Mal als freier Mann (MICHEL
35). Sein Abschied markiert einen bestimmten Punkt in der geschichtlichen
Entwicklung. Mit dem Abtreten der ersten Generation tritt die Kirche in die
nachapostolische Zeit ein (MICHEL).

Bei diesem redaktionsgeschichtlichen Ergebnis setzt die jüngste Untersuchung von H.-J. MICHEL ein, welche die bisherige Forschung zusammen-
faßt. Während das umfangreiche Buch von J. DUPONT (franz. 1962; deutsch
1966) vor allem die Frage behandelt, *wie* nach Apg 20 die Presbyter das ihnen
zufallende gemeindeleitende Amt ausüben sollen (vgl. dazu VÖGTLE), ist
MICHEL an der Verhältnisbestimmung von Tradition und Redaktion interessiert und erwartet von daher mit Recht „auch eine Präzisierung und Zusammenfassung mancher Punkte lukanischer Theologie" (76). Tatsächlich ist –
worauf schon mehrfach hingewiesen werden konnte – das vorzüglich geschriebene Buch ein das Thema weit übergreifender aktueller Beitrag zum besseren
Verständnis der Apg überhaupt, indem es dem Schriftsteller Lukas huldigt,
ohne den Theologen Lukas zu schmälern. Was die Milet-Rede anbetrifft, so
wird sie nicht nur als ein „hervorgehobener Wendepunkt" in den sich ablösen-
den Epochen der Kirchengeschichte ins Bewußtsein gehoben (Ephesus steht
stellvertretend für die Gemeinden, die in die nachapostolische Zeit entlassen
werden, eine Zeit, in der die Kontinuität und Identität des Evangeliums
durch die Ältesten gewahrt und so der Heilsweg offen bleibt). Sondern es
kann durch Analyse alttestamentlicher und jüdischer Texte (Gen 47, 29–49,
33; Dtn 1–4; 31–34; Jos 23, 1–24, 30; 1Sam 12, 1–25 u.a.; ferner Abschieds-

reden aus den Zwölfertestamenten und aus apokalyptischen Schriften) wahrscheinlich gemacht werden, daß die deuteronomistische Schule als Ausgangspunkt jenes Genus von Abschiedsreden angesehen werden kann, dessen Motive wir im Neuen Testament (Mt 28, 16–20; Mk 16, 14–19; Lk 24, 44–52; 22, 14–38; Joh 13–17; 1. 2. Tim; 2Petr), aber auch Apg 1, 4–9 und vor allem in der Miletrede wirksam sehen. MICHEL hat also schon vor WILCKENS (der das offenbar übersehen hat) die Erkenntnisse von O.H.STECK für die Acta-Interpretation fruchtbar gemacht.

Von den vielen Schlußfolgerungen, die MICHEL aus seiner Analyse von Apg 20 für das Verständnis mancher Actaprobleme überhaupt zieht, sei nur eine noch hervorgehoben: Der Schluß der Apg ist stilgerecht. „Die Apg hört dort auf, wo sozusagen der letzte Vertreter einer Generation abtritt, die mit und zum Teil unter den Zwölfen und Augenzeugen des Jesusgeschehens gewirkt hat. Genau diese Situation ist in der Miletrede exemplarisch dargestellt" (77). In der Tat! „Da der Buchzweck vollständig erreicht ist, sind alle Hypothesen abzulehnen, die das Buch als unvollständig auffassen oder den Schluß als zufällig erklären" (CONZELMANN, Kom. 150; vgl. DELLING, Das letzte Wort der Apg; O'NEILL, passim; WILSON, Gentiles 233ff.).

Nachzutragen sind noch einige Arbeiten zu Einzelfragen der Acta-Reden. V.H.NEUFELD (The Earliest Christian Confessions. Leiden 1963) sieht in der Formel „Jesus der Christus" (5, 42; 9, 22; 17, 3b.; 18, 5. 28) die älteste Form der urchristlichen Homologie, a form that was significant for the early church in its relation to Judaism (126). Aber abgesehen davon, daß es heute durchaus umstritten ist, ob Χριστός in der Jerusalemer Urgemeinde Vorzugstitulatur war (O'NEILL, Theology 120ff.; RESE, Motive 121ff.), zeigt die Übernahme durch Lukas zunächst nur, daß er sich den Inhalt der judenchristlichen Predigt so vorgestellt, „jedoch nicht, daß es sich tatsächlich so verhalten hat" (KRÄNKL 59).

Einen kaum geglückten Versuch, die vorlukanische Tradition über Jesus in den Reden der Apg zu rekonstruieren, stellt G.N.STANTON an. So überzeugend es ist, daß „zumindestens zur Zeit des Lukas, eine Bezugnahme auf das Leben und die Gestalt Jesu ein wesentlicher Bestandteil der Predigt der frühen Kirche war" (26f.), so wenig kann STANTON plausibel machen, daß Lukas damit eine Markus und Matthäus konforme theologische Anschauung von der Geschichte Jesu verrät (zur Kritik vgl. auch W.G.KÜMMEL, ThR 40, 1975, 316). Überzeugender ist G.DELLINGs Versuch, die bedeutsame Funktion, die die *Jesusgeschichte* in der Verkündigung des Lukas hat, anhand ihrer Einordnung in die Missionsreden der Apg zu untersuchen. Der Befund ergibt, daß von den Ereignissen des Jesusgeschehens in verschiedenem Umfang und in einer bestimmten Streuung gesprochen wird: Während z.B. auf das Passionsgeschehen in der Petrusrede 3, 13b–15a breit eingegangen wird, wird es in

4, 10; 10, 39 nur kurz erwähnt. Von der Auferweckung ist durchweg nur in knappen Wendungen die Rede (z. B. 2, 23 f.; 3, 15; 4, 10; 5, 30); die Aussage der Erhöhung begegnet nur zweimal: 2, 33; 5, 31. Auch auf die Vorgeschichte des Wirkens Jesu wird eingegangen (13, 24 f.); ebenso auf die Davidssohnschaft (13, 22 f.). Von der Taufe Jesu ist vermutlich in 10, 38 die Rede (Salbung Jesu mit dem Heiligen Geist).

Jesu Wirksamkeit nach der Seite der Heilungen ist schon in der Pfingst- predigt genannt (2, 22). Als Raum seines Wirkens werden Galiläa und Jerusa- lem ausdrücklich bezeichnet (10, 37. 39; 13, 31) (388). Die stets variierte Mit- teilung der Daten und Fakten aus dem Leben Jesu in den Missionspredigten führt DELLING auf literarische Ansprüche zurück, die Lukas an sich selbst stellt: er meidet Wiederholungen (389). Mehr als Umrisse des Jesusgeschehens werden bei dieser Darstellungsweise nicht sichtbar. Trotzdem bleibt auch nach Acta „das Jesusgeschehen das Urereignis, auf das die Kirche zurückgeht und auf das sie sich entsprechend ihrer Verkündigung zurückbezieht. Offen- bar war das die Meinung derer, die in der Urchristenheit die Jesustradition, sie zugleich prägend und ordnend, weitergegeben haben, überhaupt. Die gute Nachricht Gottes proklamieren, Jesus Christus verkündigen heißt auch, die Jesusgeschichte überliefern (Mk 1, 1). Lukas hat das nicht nur in dem nach ihm genannten Evangelium durch sein Mitwirken an diesem Tradieren be- stätigt, er läßt es auch in den durch ihn komponierten Predigten der Acta immer wieder erkennbar werden" (389).

Die Inanspruchnahme der Acta-Reden als zuverlässige Quellen für die paulinische oder petrinische Verkündigung geschieht heute kaum noch. C. A. PILLAI freilich wollte in Apg 13, 16–41 eine konkrete Ausprägung jenes τύπος διδαχῆς sehen, von dem Paulus Röm 6, 17 b spricht. Und J. B. BOWKER und E. E. ELLIS glauben, daß diese Paulusrede und auch einige Petrusreden den Gesetzen einer Synagogenpredigt entsprechend geformt sind. Trifft das zu, so bestätigt das lediglich, daß Lukas Predigtmuster als formelle Vorlage be- nutzte. Inhaltlich gestaltet er sie entsprechend seiner theologischen Konzep- tion, wie KRÄNKL anhand des Schemas der Christusverkündigung in den Reden eindrucksvoll zeigen kann (78–81). Es gab Schemata, an denen man sich orientierte. Dabei war aber niemand, der dies tat, „an einen festen Wort- laut gebunden, jeder konnte selbständig und frei formulieren" (KRÄNKL 81).

Dieser Meinung muß schließlich auch RIDDERBOS beipflichten. Er betont stark die schriftstellerisch bedingte Funktionalität der Acta-Reden: Lukas gebraucht sie as material to characterize and illustrate his account (5). Den *Wortlaut* der von Petrus gehaltenen Reden geben die Texte nicht her. Wohl aber „the basic pattern of the historical preaching" (10 f.). Ein typischer Ver- mittlungsversuch, der DODD *und* der redaktionsgeschichtlichen Lukaskritik zugleich gerecht werden möchte!

Sehr beachtlich ist dagegen das Buch von E. KRÄNKL. Es untersucht „Person und Werk Jesu in den Reden der Apg" (83 ff.), ist also den Versuchen zuzurechnen, nach einer intensiven Auslegungsphase redaktions- und traditionsgeschichtlicher Art endlich auch die Inhalte der Reden unter die Lupe zu nehmen. Er setzt ein bei der Kennzeichnung Jesu als Davidssohn in 13, 22 f., erörtert das Verhältnis Täufer-Jesus in 1, 22; 10, 37 f.; 13, 24 f., fragt nach der heilsgeschichtlichen Stellung des Täufers (sie sticht nicht so sehr von der Vorlage ab, wie CONZELMANN behauptet), und behandelt dann der Reihe nach Jesu öffentliches Wirken (2, 22; 10, 37–39), den Tod, die Auferweckung und Erhöhung Jesu und schließlich „Jesus und das eschatologische Geschehen". Das Fazit: Gerade die christologische Konzeption der Reden der Apg erweist diese als Zeugnisse lukanischer Theologie (206). Mit Recht wird daran festgehalten, daß die konkrete Ausformung des Redeschemas von Lukas selbst stammt, wobei dieser sich jedoch „an ähnliche zu seiner Zeit übliche heilsgeschichtliche Aufrisse" anlehnen konnte (206). Kann man dem zustimmen, so der Beurteilung der Christologie weniger. Denn gerade wenn es richtig ist, daß durch das Prädikat „Knecht Gottes" Jesus den alttestamentlichen Gottesboten als deren Abschluß und Höhepunkt zugewiesen wird (211) und Lukas damit das heilsgeschichtliche Kontinuum von Judentum und Christentum unterstrichen sein läßt, wird deutlich, daß der Christus präsens (im paulinischen Sinne!) *kein* Thema der lk. Christologie ist (gegen 208). Sondern er tritt – wie 211 richtig beschrieben – „als Werkzeug des göttlichen Heilsplans ... in heilsgeschichtlichen Aufrissen neben andere Werkzeuge, deren Gott sich in der Vergangenheit bediente". Die Himmelfahrtserzählung und ihre Bedeutung im Aufriß des lk. Doppelwerkes unterstreichen, daß auch Jesus einer heilsgeschichtlichen Vergangenheit angehört. Er wird zu gegebener Zeit als Richter wieder hervortreten (1, 7.11; 17, 31; vgl. 3, 20). *Inzwischen* läuft die Missionsgeschichte in der Kraft des Geistes. Diesem heilsgeschichtlichen Aufriß entspricht es, daß Tod und Auferstehung Jesu nicht „unmittelbar soteriologischen Sinn" haben (209, anders SCHÜTZ, der freilich nicht überzeugen kann; vgl. auch K. STALDER, Heilsbedeutung). Sie sind (wichtigste!) Stationen eines Geschehens, das Lukas als eine nach Gottes Heilsplan verlaufende Geschichte verständlich machen will. Diese Geschichte „kulminierte" in Jesus, dem Knecht Gottes, und strebt jetzt unter der Herrschaft seines Namens ihrem endgültigen Ziele zu (214). Exklusives Medium dieser Verständlichmachung ist die apostolisch autorisierte Predigt.

KRÄNKLS Buch bedeutet einen wichtigen Beitrag zum besseren Verständnis der Inhalte der Acta-Reden. Insgesamt aber kann es – was die Beurteilung des Gesamtentwurfs der lukanischen Christologie anbetrifft – nur schon früher (HAENCHEN; CONZELMANN; VOSS) gewonnene Ergebnisse bestätigen.

Wir halten als *Ergebnis* des Abschnittes fest: Leitendes Interesse bei der

Forschung an den Acta-Reden ist die Verhältnisbestimmung von vorlukanischer Tradition und lukanischer Komposition. Sie dient *einerseits* der apologetischen Absicht, Vertrauen in die historische Glaubwürdigkeit des Lukas zu
wecken, der nicht als Fälscher, sondern als Wahrer älterer Traditionen schrieb
(EHRHARDT; HANSON; DUPONT; WILSON; GASQUE; KLIESCH). In diesem
Interesse hält sich das Bestreben der älteren, konservativen Acta-Kritik
durch, mit den Reden der Apg doch bis zum Urgestein christlicher Verkündigung durchzustoßen.

Die Verhältnisbestimmung von Tradition und Komposition kann *andererseits* dazu dienen, die Absichten des Lukas als Schriftsteller schärfer zu erfassen (BURCHARD 22) und weiß sich darin den Intentionen der redaktionsgeschichtlichen Forschungen stärker verpflichtet (SCHWEIZER; ZEHNLE;
STORCH; BIEHLER; MICHEL; WILCKENS). Aber die Einsicht wächst, daß die
Kontradiktorik beider Perspektiven verfehlt ist, daß vielmehr die Folgerun-
gen aus beiden Fragehinsichten Lukas' Qualitäten als „theologischer Historiker" (HENGEL) zugute kommen und dadurch ein Licht nicht nur auf die
lukanische Geschichts*deutung,* sondern auch auf die Geschichte des Urchristentums selbst fällt (H.-J.MICHEL 17 ff.). In der englisch-amerikanischen
Forschung wird zwar immer noch gerne DODDS These wiederholt, daß die
neutestamentlichen Schriften bei aller Verschiedenheit in ihrer Verkündigung
des einen Evangeliums doch eine Einheit bilden (DODD, Preaching 74; EHR-
HARDT; S.S.SMALLEY; D.M.STANLEY, Predigt 787–93). Sie wird dort freilich
auch kritisiert (D.E.NINEHAM [in: DERS., Studies in the Gospels. Oxford
1965, 228 f.]; H.J.CADBURY [Acts and Eschatology, in: DODD-FS. Cambridge
1956, 313 ff.]; C.F.EVANS [in: JThS NS 7, 1956, 25–41]. Unstreitig aber hat
die neuere Forschung an den Acta-Reden das Ergebnis, daß die Traditionsgebundenheit des Lukas stärker war als etwa HAENCHEN anzunehmen bereit
war. Diese Traditionsgebundenheit betrifft *einzelne Wendungen* (z.B. 13, 23
„aus dem Samen Davids"; Apg 2, 24. 32; 3, 15 u.ö.; die Auferweckungsfor-
meln usw.), aber auch ganze Schemata und zeigt sich vielleicht am deutlichsten in der Verwendung der Schrift (HOLTZ; KRÄNKL). Ihr Aufweis läßt Lukas
das Odium des völligen theologischen Außenseiters mehr und mehr verlieren,
ohne sein Profil als eigenständiger Theologe abzuschwächen. Dagegen muß
der mittels der Acta-Reden geführte Nachweis, daß es ein durch alle neutestamentlichen Schriften hindurchscheinendes Urkerygma gegeben hat,
welches jeder theologischen Entwicklung vorausgegangen ist, endgültig als
gescheitert betrachtet werden (vgl. KRÄNKL 65). Die Vermutungen, eine Predigttradition (WILCKENS) oder ein heilsgeschichtliches Credo (KLIESCH)
könnten die Vorlage gebildet haben, sind vorerst in ihren Begründungen noch
lückenhaft. Man wird sehen, ob sie sich weiter verifizieren lassen. Daß der
Richtungssinn der *einzelnen* Rede dem übergreifenden Richtungssinn *aller*

Reden folgt, die Entwicklung des Christentums zur universalen Religion in Kontinuität und Diskontinuität zum Judentum zu zeigen (O'NEILL 70), gehört ebenfalls zu den gesicherten Ergebnissen der Acta-Forschung.

V. Zur Theologie des Lukas in der Apg

Auch wenn O'NEILLS Spätdatierung des lk. Doppelwerkes (er rückt Lukas an Justin heran) abzuweisen ist, trifft seine Charakterisierung der lk. Theologie doch weithin zu: Sie „is catholic; it represents a confluence of many streams of thought, some joining the river near its source, and some flowing in lower down, but by Luke's time they are almost completely mingled" (119). Nach O'NEILL – er schrieb das erste Buch mit dem Titel „Theologie der Apg" (den es freilich nicht verdient, da wesentliche Themen [Eschatologie, Ekklesiologie, Taufe usw.] fehlen; vgl. die Kritik von CONZELMANN, ThLZ 1962, 753 ff.) – verstehen sich alle Themen der Apg bis hin zur christologischen Titulatur nicht als Entfaltung des Apg 1, 8 angegebenen Programms, sondern als das Bemühen des Lk, im kirchengeschichtlichen Milieu der Zeit Justins den Ablösungsprozeß des Christentums vom Judentum verständlich zu machen und einen Ausgleich zwischen Juden- und Heidenchristen zu finden (90). Falsch daran ist neben der Bestreitung der Programmatik von Apg 1, 8 nur die Spätdatierung (CONZELMANN, Der geschichtl. Ort 236 ff.), während das übrige Ergebnis, bes. anhand einer Interpretation der Stephanusrede (71–93), erhärtet werden kann.

W. ELTESTER hat in seinem leider viel zu wenig beachteten, in nuce die lk. Theologie und ihre gegenwärtige Diskussion darstellenden Aufsatz über „Israel im lukanischen Werk" einen die weitgesteckte Thematik nur scheinbar nicht abdeckenden Titel gewählt. Tatsächlich ist „Israel" der Schlüssel zum Verständnis von Plan, geschichtlichem Standort und Theologie des Lukas (A. C. WINN, Purpose). Denn Lukas ist mit seinem Doppelwerk bestrebt, „ein entwicklungsgeschichtliches Bild der Umwandlung des Heilsvolks zu einer Einheit aus Juden und Heiden zu zeichnen und damit die fortdauernde Geltung der biblischen Verheißungen für seine Gegenwart zu sichern" (ELTESTER 146). „Israel" bildet zusammen mit der Kirche einen der Bausteine für Lukas' heilsgeschichtliche Konzeption (CONZELMANN, Grundriß der Theologie 170), wobei den Epochen der Heilsgeschichte die des Geistes entsprechen: Vor Jesus hatten die Propheten den Geist, in der Mitte der Zeit Jesus allein und nach Ostern das ganze Gottesvolk (GEORGE).

Einige Gesamtdarstellungen tragen schon im Titel dem angegebenen Sachverhalt Rechnung (JERVELL; GEORGE; HAENCHEN, Judentum und Christentum; RICHARDSON; WILSON; ELTESTER; LOHFINK, Sammlung Israels; DU-

PONT, Le salut; BOVON). ELTESTER sieht, daß die lukanischen Vorgeschichten im Evangelium den meisterhaft gelungenen Brückenschlag „vom Alten Testament zu den neuen Geschichten" darstellen (79). Der aber ist mehr als eine bloß literarische Äußerlichkeit. Er präludiert nicht nur *das* Sachproblem einer vom Judentum getrennt lebenden Christenheit: nämlich das der Kontinuität von Israel und „Kirche" (ELTESTER). Er präjudiziert auch bereits die lk. Ekklesiologie, derzufolge die Kirche Israel „geblieben" ist (LOHFINK, Sammlung 31. 61). Die lk. Absicht ist von ELTESTER richtig erkannt: Lukas „will die heilsgeschichtlich bedingte ... Entwicklung, die Verwandlung des Gottesvolkes aus Juden in ehemalige Heiden, historisch einsichtig machen" (114). Das Dilemma, mit dem jüdischen Unglauben vor Augen dennoch daran festhalten zu müssen, daß Israel das auserwählte Volk geblieben ist, bedingt die Schematik der lk. Darstellung von Sammlung des Volkes Israel im ersten Teil und Verstockung Israels im zweiten Teil der Apg (LOHFINK, Sammlung 54). Den Wendepunkt markiert die Stephanuserzählung, wie O'NEILL überzeugend dartun kann (Theology 71 ff.). Gelöst wird das genannte Dilemma des Lukas nach ELTESTERs Meinung mit der „personalen Identität zwischen Israel und den Christen" (115). Den Beweis für die Richtigkeit dieser These sieht ELTESTER in dem nur bei der Judenmission jeweils angegebenen zahlenmäßigen Erfolg (Lk 12, 1 u. ö.; Apg 2, 41 u. ö.). P. ZINGG, der die Wachstumsangaben in der Apg in einer umfangreichen Monographie untersucht hat, kennt nur ELTESTERs Aufsatz aus der HOMMEL-FS. Trotzdem stützt die Untersuchung die Beweiskraft des Argumentes von ELTESTER: Der von Lukas mit Zahlen belegte Wachstumsprozeß der Gemeinde in Jerusalem ist nicht statistisch, sondern heilsgeschichtlich zu verstehen. „Tausende von gläubiggewordenen Juden bilden den Kern der christlichen Gemeinschaft" (ZINGG 176) in Jerusalem. *Diese* Stadt ist der geschichtliche Ort der Heilsvollendung und der Ausgangspunkt der Heilsbotschaft für die ganze Welt (294). In Jerusalem versteht sich die christliche Gemeinde in Kontinuität zum heilsgeschichtlichen Israel und als Erbin der Verheißung, die sich in Jesus erfüllt hat und in der Geistwirkung der Kirche erfahrbar ist (160).

Der mit Zahlen dokumentierte Erfolg will also besagen: Das Christentum ist – weil die Juden in seinem Lager stehen – „Israel" (ELTESTER 116), während das unter Führung der oberen Schichten den Gehorsam verweigernde Israel – zum jüdischen Volk wird (CONZELMANN, Mitte 135; ELTESTER 119 ff.; LOHFINK, Sammlung 55) und als solches *endgültig* verstockt bleibt, Apg 28, 26 ff. (HAENCHEN, Judentum und Christentum 184, Anm. 39; ELTESTER 129 ff.; GEORGE 524 f.; LOHFINK, Sammlung 61; STOLLE 16; J. GNILKA, Die Verstockung Israels. Jes 6, 9–10 in der Theologie der Synoptiker. StANT 3. München 1961, bes. 130–154: „Das Wort von der Verstockung in der Apg 28, 25 f. in seiner Bedeutung für die lk. Darstellung"; zögernd auch RICHARDSON

160. 165. Anders Mussner, Stephanusperikope, für den die Verstockung „vorerst", genauer: bis zur Apokatastasis gilt). Das Judentum hat sich damit *selbst* ausgeschlossen (M. Tolbert, Hauptinteressen 337 ff.).

Die mit eindrucksvoller Geschlossenheit von J. Jervell (und ähnlich auch von George) vorgetragene These vom „gespaltenen Israel" – das wahre Israel kann immer nur das empirische sein, nie das im Gegensatz dazu auf-gefaßte Heidenchristentum. Vielmehr sind die christgläubigen Juden „Israel", an deren Heil die Heidenchristen partizipieren – wird sich der eben vorge-tragenen Auffassung gegenüber nicht behaupten können. Zwar zeigt das ὅπως ἄν von Apg 15, 17 a an, daß die Wiederaufrichtung Israels und die Hei-denmission in eine kausale Verbindung gebracht werden. Anders gesagt: „Das wahre Israel ist erst dann erreicht, wenn die Heiden in die Gemeinschaft des Gottesvolkes eingebracht worden sind" (Lohfink, Sammlung 60). Aber das ist bei Lukas nicht im Sinne jenes alten Geschichtsbildes gemeint, wonach die Bekehrung der Heiden als Erfüllung der Verheißungen an Israel erscheint. Sondern umgekehrt: Israels Erreichtsein vom Evangelium ist die Bedingung der Heidenmission (Wilckens, Missionsreden 227). Und nachdem letztere in Gang gekommen ist, wird es von der Missionsgeschichte nicht ausgeschlossen, wie Jervell m. R. zu Apg 28, 24 betont (71, Anm. 21). P. Zingg kann das mit dem wichtigen Hinweis stützen, daß die heilsgeschichtliche Reihenfolge Juden–Griechen (vgl. bes. 14, 1; 18, 4; 19, 10. 17; 20, 21; 26, 23) gewahrt bleibt (247 ff.). Allerdings lehnt er die einfache Identität des Christentums mit Israel ab (mit Dupont, Études 393–419). Die Kirche ist nicht das neue Israel, sondern die einzig legitime Erbin Israels (294 mit Verweis auf G. Loh-fink, BZ 1969 und G. Delling, Cullmann-FS 1972, 197). Dabei trifft der Be-griff „Erbin" kaum den Sachverhalt, weil er im Sinne der heilsgeschichtlichen Ablösung Israels durch die Heiden steht und Heidenmission den Ersatz für eine unmöglich gewordene Judenmission sein läßt. Gerade das ist nicht die Meinung des Lukas (so richtig Völkel, Deutung 68 f.). Nicht der Bruch, die Kontinuität ist sein Thema. Insofern tut Jervell Recht daran, die Ableh-nung des Evangeliums durch Israel nicht die Bedingung für die Heidenmis-sion sein zu lassen, wie es neuerdings wieder bei O'Neill geschieht (Theology 71 ff. 94 ff., bes. 117). Das Gegenteil ist vielmehr richtig: Nachdem Israel vom Evangelium erreicht ist, geht letzteres auch zu den Heiden. Daß die jüdische Verfolgertätigkeit den unmittelbaren Anlaß dazu gibt (Stephanus, c. 6–8!), mag ein historisch zutreffender Reflex sein, der das Schema der Darstellung jedoch nicht sprengt. Kapitel 10 wird die Heidenmission feierlich von Petrus eröffnet (Wilson, Gentiles 171 ff.; Bovon, Tradition 31). Apg 10, 44 erlaubt in der Tat, vom Pfingsten der Heiden zu prechen (Dupont; Stählin, Komm. 157; Bovon, De vocatione 312). Es ist tatsächlich ein Hauptanliegen des Lukas, die Heidenmission nicht als einen Bruch in der heilsgeschichtlichen

Entwicklung erscheinen zu lassen (gegen R. Pesch, Vision; Haenchen, Judentum u. Christentum). Lukas will sie vielmehr als alttestamentlich-prophetisch begründet erscheinen lassen (Wilson, Gentiles 243. 226 ff.). Von daher haben die atl. Zitate bei Lukas ihr eigentliches Gewicht. Denn ihre Hauptfunktion – Erweis der Messianität Jesu als des Gekreuzigten und Auferstandenen (Delling, „…als er uns die Schrift aufschloß") – ist nur im übergreifenden Zusammenhang des Kontinuitätsproblems zu verstehen.

Einen wichtigen Aufsatz zu diesem Problem verdanken wir F. Mussner (Stephanusperikope, in: Vögtle-FS 283–299). Er greift die Frage auf, wieweit das polemisch ausgerichtete Kerygma der Stephanuserzählung die Kirche von Israel trennt (288). Die These von R. Pesch zurückweisend, der *stehende* Menschensohn von Apg 7, 55 f. markiere den „Fort-Gang" des Evangeliums von den Juden (Vision 55 ff.), hebt Mussner solche Texte hervor, die auch den „verstockten" Teil Israels nicht für immer vom Heil ausgeschlossen sein lassen (z. B. 14, 1; 21, 20; 28, 20. 24). Sondern zur „Wiederherstellung von allem" Apg 3, 19–21 gehört primär die Wiederherstellung Israels (295). „Die Spaltung Israels wird dann aufgehoben sein"(297).

Nun, Haenchen war sicher nicht gut beraten, als er Lukas einen „Antijudaist" nannte (vgl. Mussner 296, der von daher die Revisionsbedürftigkeit weiter Strecken des Kommentars von Haenchen herleitet, Anm. 52). Aber Lk war auch kein Prosemit! Apg 28, 28 ist das *letzte* Wort des Lukas zur Sache und kann kaum anders als im Sinne einer definitiven Verstockung Israels gedeutet werden (Haenchen, Judentum und Christentum 185; Wilson, Gentiles 226 f.; Dupont, Études, passim). Richtig ist allerdings und es entspricht der lk. Vorstellung von Gottes Vorsehung (S. Schulz): Auch der jüdische Ungehorsam ist nicht ein neues Phänomen, sondern geschieht nach Gottes Wille. Die Verwerfung des Evangeliums durch die Juden ist nicht *die fundamentale Motivation der Heidenmission, denn diese, die Heidenmission, ist in Gottes Willen begründet* (Wilson, Gentiles 244 f.). Lediglich in der Praxis wird die Urgemeinde (und besonders Paulus) durch den jüdischen Widerstand mehr und mehr auf die Straße der Heiden geführt. Was diesen Sachverhalt anbetrifft, kann man also Jervells Kontinuitätsthese durchaus zustimmen. Sie ist völlig verfehlt lediglich darin, daß für Lukas angeblich nur der judenchristliche Teil der Kirche das wahre Israel darstellt. Diese bewußt auf A. v. Harnack (Die Apostelgeschichte, Leipzig 1908, 211–217) zurückgreifende Lösung (das Heidenchristentum ist ein Christentum zweiter Ordnung) dürfte neben der Gesamttendenz des Lukas z. B. auch verkennen, daß die Corneliusgeschichte und die Areopagrede deutlich machen, daß die Heiden nicht weniger für die Mission und damit für das Heil disponiert sind als die Juden (Wilson, Gentiles 245). Vor allem aber verkennt Jervells These die Zeitlage, aus der heraus Lukas schreibt und in der der heidenchristliche Charakter des

Christentums eine Selbstverständlichkeit war. Ob die Haltung des Lukas dabei bereits der der frühen Apologeten des zweiten Jh. so weitgehend entspricht, daß auch sein Standpunkt von der Umschreibung des Ignatius mit erfaßt wird: „Das Christentum hat nicht an das Judentum geglaubt, sondern das Judentum an das Christentum, zu dem jede Zunge, die an Gott glaubte, versammelt wurde" (Magn 10, 2), ist fraglich (gegen O'NEILL, Theology 93). Nicht fraglich jedoch ist, daß für Lukas als Historiker alles an den Ursprüngen des Heilsvolks in Israel und damit an dem Aufweis der heilsgeschichtlichen Kontinuität des Christentums liegt. Daran war er brennend interessiert. Das hat ELTESTER überzeugend dargetan (vgl. 146 f.). Lukas kann auf die Kontinuität zur alttestamentlichen Heilsgeschichte nicht verzichten und das Christentum als etwas ganz Neues hinstellen. „Denn die Durchschlagskraft seiner Beweise für die Evangelische Geschichte beruht rational gesehen – darin greift Lukas den Apologeten vor – auf der Erfüllung von längst schon übernatürlich Vorausgesagtem in der eigenen Gegenwart. Die Offenbarungsgrundlage bleibt auch für das Heidenchristentum die Bibel. Ihr Kern ist das Gesetz, und dem Gehorsam gegen dieses gelten die Verheißungen. Darum ist es dem Heidenchristen Lukas ein zentrales Anliegen, nachzuweisen, daß der engste Zusammenhang zwischen dem Einst und Jetzt besteht. Darum läßt er mit seiner Vorgeschichte uns in die alttestamentlich hergerichtete Brunnenstube des Christentums blicken. Darum zeigt er den Weg des Messias in seiner Fremdartigkeit (Lc 24, 21) bis zu Kreuz und Himmelfahrt als einen in allen Einzelheiten durch Gottes Willen notwendig bedingten und aus der Schrift ersichtlichen auf. Darum wird die Heidenmission als eine durch göttlichen Zwang den widerstrebenden Aposteln auferlegte dargestellt. Darum klopft Paulus auf seinen Missionswegen stets bei den Synagogen an. Darum stellt ihn Lukas als Mann der strengen Richtung im Judentum, der Pharisäer, dar und läßt ihn dagegen streiten, je etwas gegen das Gesetz getan zu haben, dem er sich auch mit der Tat durch die Beschneidung des Timotheus und sein Nasiräatsgelübde unterwirft. Lukas löst sein theologisches Dilemma nicht durch eine Spaltung des Christentums in zwei nicht gleichberechtigte Teile, sondern historisch durch ein Nacheinander von zwei Epochen" (ELTESTER 123 f.). – Ich denke, daß dies ein überzeugendes Ergebnis ist.

Im übrigen sei nur angemerkt, daß der terminologische Befund in der Apg eher für eine Identifikation von Israel und Christentum (CONZELMANN; ELTESTER) als gegen eine solche spricht. Auch hier ist das entsprechende Material von ELTESTER und neuerdings besonders von LOHFINK, Sammlung (u. a. λαός und seine Funktion, 33 ff.) ausgebreitet worden. Die Kirche weiß sich eins mit Israel (CONZELMANN); und wenn RICHARDSON das nur bis zu einem gewissen Grade gelten lassen will (161), so betrifft dieser Streit tatsächlich nur noch Nuancen des Verständnisses (ELTESTER 126, Anm. 103).

Bei der Entwicklung aber, die diese Kirche aus Juden *und* Heiden nimmt, läßt Lukas *einen* Eindruck wie sonst keinen dominant sein: es ist der der theologischen und kirchengeschichtlichen *Geradlinigkeit.* Sie läßt ihn beispielsweise die zweite Jerusalemreise des Paulus Apg 11, 27 ff. fingieren: Die mit Jerusalem verbundene antiochenische Gemeinde (Apg 11, 22 f.) soll die dadurch gewährleistete Kontinuität der Heilsgeschichte auch ihrerseits durch ihr Handeln (Kollekte) unterstreichen (G. STRECKER, Jerusalemreise; vgl. auch TALBERT, Paul's Visit). Erst recht gilt der Eindruck der von Gott gelenkten geradlinigen kirchengeschichtlichen Entwicklung von der *Romreise* des Paulus, die zweifellos „ein bedeutendes Bauelement der theologischen und literarischen Struktur der Apg und vielleicht des ganzen lk. Doppelwerkes" ist (POKORNY, Romfahrt 233; vgl. HAENCHEN, Acta 27). Bei ihrer Darstellung bedient sich Lukas überdies – wie POKORNY gezeigt hat, – einer Methode, die zur Symbolik und Allegorie hin transparent ist (244).

Der folgende Durchgang durch einige Darstellungen der lk. Theologie in der Apg wird immer wieder zeigen, wie sich in dem mit der Israelfrage verhafteten ekklesiologischen Thema alle Acta-Probleme wie in einem Brennglas sammeln. Das bestätigen z. B. die sehr guten Bücher von DIETRICH über das Petrusbild und von STOLLE über das Paulusbild in der Apg. Ihre Ausformung richtet sich nach der übergreifenden ekklesiologischen Thematik. Das bestätigen noch besser die vorzüglichen Untersuchungen zur Paulustradition von BURCHARD, LÖNING, H.-J. MICHEL und G. LOHFINK (vgl. dazu jetzt C. BURCHARD, Paulus in der Apg., in: ThLZ 100, 1975, 881–895). Sie zeigen einmütig die Schwierigkeit (wenn nicht Unmöglichkeit) der Traditionsbestimmung. Um so leichter läßt sich die lk. Zielsetzung bestimmen: Mit dem dreifachen Bericht über „Paulus vor Damaskus" (LOHFINK) will Lukas zeigen, wie die Heidenmission Schritt für Schritt von Gott selbst ins Werk gesetzt ist. Und er erreicht damit zugleich, daß alle Angriffe des Judentums auf die Kirche als unbegründet erscheinen (LOHFINK, Damaskus 78). Wieder ist das übergreifende Thema das heilsgeschichtliche!

Breiten Raum nimmt in der gegenwärtigen Forschung das lk. Paulusbild als Darstellungsmittel des *Kontinuitätsproblemes* Israel – Kirche ein. Der Tatbestand als solcher ist unbestritten, auch wenn in der Frage nach der Strukturierung des Paulusbildes und der dabei leitenden Interessen des Lukas kein Konsensus unter den Forschern besteht (s. JERVELL, 153 ff.; STOLLE 13 ff.). Dient Paulus dem Lukas beim Versuch einer umfassenden Apologetik des Christentums, das er den Römern gegenüber als das wahre Judentum erscheinen lassen will (HAENCHEN)?

Aber dann hätte Lukas die definitive Ablehnung des Christentums durch das Judentum nicht so stark herausstellen dürfen (LÖNING, Saulustradition 187; STOLLE 16, Anm. 11). Oder geht es der lk. Paulusdarstellung um eine

Unterstreichung der Kontinuität Israels als der alleinigen Heilsgemeinde, in der auch die im wesentlichen heidenchristliche Gemeinde der Zeit des Lukas mit Paulus als ihrem Exponenten ihren Standort hat (JERVELL)? Nicht die Heidenmission steht dann zur Debatte, sondern der „Lehrer in Israel" in seiner persönlichen Stellung (JERVELL 173). Nicht Paulus ist abgefallen, sondern die Leiter des Judentums. Paulus, nicht seine Ankläger, hat das Recht, anstelle des Volkes zu sprechen und Israel zu vertreten (JERVELL 165 ff., bes. 174 ff.). Oder bürgt der Name „Paulus" umgekehrt dafür, daß beim Fortgang der Heilsgeschichte die Verheißungskontinuität gewahrt bleibt, obgleich die historische abgerissen ist (LÖNING, Saulustradition 192 ff.)? Oder ist das Gegenüber des Paulus zum jüdischen Volk überhaupt eine eingeengte Fragestellung? Sind nicht die Römer ebenso betont? Trägt die Paulusdarstellung darum prozessuarischen Charakter, weil nur das Zeugnis vor dem Forum der Weltöffentlichkeit (Rom) in Form eines Prozesses der universalen Perspektive der Herrschaft Jesu entspricht (STOLLE 284)? Und wäre also die lk. Paulusdarstellung in keiner Weise apologetisch, sondern in theologisch-evangelistischer Weise ganz und gar christologisch ausgerichtet (STOLLE 284)? Aber dagegen kann man mit M. TOLBERT argumentieren: „Eine Religion, die Gefängniswärter, Offiziere und Prokonsuln in ihren Bann zu ziehen vermochte, war begreiflicherweise auch dazu geeignet, die politische Führung Roms für sich zu gewinnen. So betrachtet, erscheinen die apologetischen und missionarischen Absichten des Autors als die beiden Seiten der gleichen Münze" (348).

Viele Versuche, die lk. Paulusdarstellung nach ihren wesentlichen Voraussetzungen und Zielen zu beschreiben! Aber vielleicht sollte man – wie oft bei Lukas – keine einzelne Perspektive verabsolutieren, sondern in jeder ein Moment erkennen, das Lukas *auch* verfolgt. Dabei ist die der Erbaulichkeit dienende Tendenz nicht zu vergessen, die Paulus verherrlicht „als den nie verzagenden, immer wachsamen und umsichtigen, von Gott stets beratenen Retter" (HAENCHEN, Acta 27, 253 f.). Wie dem auch sei: In jedem Falle bringt die Paulusfigur des Lukas das *Kontinuitätsproblem* seiner Gemeinde zum Bewußtsein, und zwar in retrospektiver (Israel) wie auch in prospektiver (Weltmission) Weise. Die entscheidende Frage ist: Wie kann ein Christentum, das im Gegensatz zum Judentum steht, legal sein, wenn es doch seine Wurzeln in eben diesem Judentum hat? Antwort: Das Christentum ist nicht ein Abfall vom Judentum, sondern das Judentum ist ein Selbstausschluß vom Christentum (so richtig WILSON, Gentiles 247).

WILSON stellt in seinem diese These begründenden Buch über die Heidenmission in der Apg als Entwicklung von Jesus über Markus zu Lukas fest: Für Jesus war infolge der Naherwartung die Proklamation an die Heiden ein eschatologisch-apokalyptisches Ereignis. Eine historische Heidenmission hat er nicht ins Auge gefaßt. Bei Markus stellen wir eine signifikante Veränderung fest: Die Heidenmission ist jetzt zu einem historischen Prozeß geworden, der abgeschlossen sein muß, bevor das Ende kommt (Mk 13, 10). D. h., für Markus steht die Heidenmission in einem eschatologischen Kontext, aber sie ist nicht länger ein apokalyptisches Ereignis. *Lukas* zerreißt den eschatologischen Kontext vollends. Die Heidenmission wird ein Teil des Fortgangs der Geschichte *kraft des Heiligen Geistes,* die Heilsgeschichte der Kirche. Damit ist die Apg vorbereitet (Gentiles 57). Die von Lukas in der Pfingstgeschichte verwandte frühe Tradition lasse noch erblicken, daß sie, wie Jesus selbst, in der Heidenmission ein apokalyptisches Datum sehe (128). Lukas entapokalyptisiert mit seiner Komposition: Pfingsten betrifft die Juden allein. Die Heiden werden später erreicht, entsprechend seinem 1, 8 entwickelten Plan (128). Neben einer sorgfältigen Analyse der ersten beiden Kapitel der Apg werden folgende Themen verhandelt: Stephanus und die Hellenisten (129 ff.); Bekehrung des Paulus (154 ff.); Cornelius und das Apostelkonzil (171 ff.); Areopagrede (196 ff.); Juden- und Heidenmission (219 ff.). Ein letztes Kapitel behandelt die historische Glaubwürdigkeit des Lukas (255 ff.). Wichtig an den Ergebnissen scheint mir folgendes:

1. Die in ein heilsgeschichtliches Schema transponierte Heidenmission fügt sich in ein Zweierschema Verheißung und Erfüllung (51 ff.) bzw. ,,Prophetie und Erfüllung" (66), wobei Johannes der Täufer die letztere einleitet. Damit wird das von CONZELMANN behauptete Dreierschema in Übereinstimmung mit vielen anderen abgelehnt: Die Kirchenzeit unterscheidet sich nicht zusammen mit der Israelzeit von der ,,Mitte der Zeit", sondern die Kirchenzeit ist wie die Jesuszeit Heilszeit und sichert gerade so die Kontinuität. Daß nur eine Entschärfung der Naherwartung, die nicht deren Preisgabe bedeutet, Lukas diesen Entwurf ermöglichte, scheint mir richtig beobachtet (67 ff.; 259).

2. In Übereinstimmung mit E. HAENCHEN kann WILSON zeigen, daß die Entfaltung des Apg 1, 8 angegebenen Programms einem ideal pattern, einer idealen Kurve und nicht der historischen Wirklichkeit folgt (261. Ganz anders EHRHARDT, Acts, der die Apg im wesentlichen als Bericht über wirkliche Vorgänge liest, damit aber ziemlich isoliert dasteht). 3. Eine einheitliche Zweckbestimmung der Apg hält WILSON nicht für möglich, weil Lukas mehrere Absichten verfolge. ,,The most convenient is to say that Luke's purpose was a combination of historical and practical elements. He wanted to write history, but history that had a message for his contemporaries" (266).

Diese Zweckbestimmung läßt Spielraum, um verschiedene Akzentuierungen innerhalb des Doppelwerkes vorzunehmen, was grundsätzlich sicher richtig ist.

Ist das Kontinuitätsproblem Israel–Kirche *das* innerkirchliche Thema des theologischen *Historikers* Lukas, so die Frage: Wie wird die Geschichte Jesu in der Verkündigung präsent? (LUCK, Kerygma 112; DELLING,Jesusgesch.) *das* theologische Thema des historischen *Theologen* Lukas. Sein Versuch, das

Jesusgeschehen in seiner theologischen Relevanz darzustellen, ist es dann auch gewesen, der ihm reichlich Schmäh und Lob zugleich eingebracht hat. Das zeigt sich an der Beurteilung des *heilsgeschichtlichen Entwurfs.* Während W. G. KÜMMEL und besonders O. CULLMANN (dem neuerdings F. BOVON assistiert: Le salut dans les écrits de Luc) darin die konsequente Entfaltung des biblischen Zeit- und Geschichtsverständnisses erblicken (vgl. bes. die 3. Auflage von „Christus und die Zeit", 1962, 9–27; ferner „Heil als Geschichte", 1965 [2. Aufl. 1967], bes. 214ff.), sehen CONZELMANN und KÄSEMANN darin einen Abfall von der Naherwartung Jesu und der Eschatologie des Paulus (bes. KÄSEMANN, ZThK 54, 1957, 21; kritisch gegenüber KÄSEMANN bes. VAN UNNIK, Book 20ff. u. ELTESTER, Israel 92f.). Bekanntlich hatte R. BULTMANN in einer kritischen Besprechung des Buches „Christus und die Zeit" von O. CULLMANN (ThLZ 73, 1948, 659–666 = Exegetica. Tübingen 1967, 356–368) eingewandt, die hier entwickelte urchristliche Zeit- und Geschichtsauffassung treffe so nur auf die Apg zu, wo sie auf Kosten des dialektischen Verständnisses historisiert sei. Aber CULLMANNs Betrachtungsweise ist keineswegs eine einfache chronologische, die Heilsgeschichte gewissermaßen historisch objektivierende gewesen, was ELTESTER mit Recht betont (Israel 87). Er hat in ihr durchaus die Dialektik des „Schon-Jetzt" und des „Noch-Nicht" des Heils gewahrt, so daß man tatsächlich fragen kann, ob es wirklich nötig gewesen ist, daß die Standpunkte in der Beurteilung der Heilsgeschichte bei Lukas sich so weit auseinanderentwickelt haben (ELTESTER, Israel 88). In seinem Buch „Paulinische Perspektiven" (Tübingen 1969) stellt E. KÄSEMANN selbst die Frage, ob die Antithese „historisch-eschatologisch" für das Neue Testament nicht durch ein Verständnis für die Dialektik zu ersetzen sei, in der neutestamentliche „eschatologische Betrachtung die Historie und das, was sie als solche versteht, übergreift und das Vergangene zu ihrer Tiefe macht" (164f.). Daran knüpft W. ELTESTER die berechtigte Frage: „Sollte von da aus nicht der Vorwurf gegen Lukas, er historisiere die Eschatologie, eingeschränkt werden müssen? Sollte KÄSEMANN ferner nicht, bei dem starken Gewicht, das er für Paulus auf das Motiv des Kosmokrators Christus und seiner Herrschaft in der Welt legt (S. 178ff.), Verständnis für Gottes universalen Heilsplan bei Lukas und die ständige zielstrebige Führung der Geschichte nach diesem Plan in dem zweiteiligen Werk aufbringen können? Dem Einwand, bei Lukas fehle die Beziehung auf die paulinische Kreuzestheologie und er stehe damit anthropologisch bei einer *theologia gloriae,* ist mit der Frage zu begegnen: Will denn Lukas die ‚Großtaten' der Apostel schildern und nicht vielmehr die Gottes (Act 2, 11)? Und ist es nicht seine Absicht, den siegreichen Gang des Wortes von Jerusalem nach Rom darzustellen?" (Israel 92). In der Tat! In Berücksichtigung solcher Erwägungen sollte sich die Lukas-Kritik versachlichen lassen.

Schon früher hatte U. Luck gegen den Vorwurf der Historisierung des Kerygma bei Lukas eingewandt, daß dabei die im lk. Doppelwerk doch unbestrit-
tene Wichtigkeit des Heiligen Geistes nicht genügend berücksichtigt sei. Mit
dem Aufweis des heilsgeschichtlichen Grundrisses allein sei die theologische
Intention des Lukas noch nicht erfaßt (Kerygma 97). Die bestehe vielmehr in
dem Versuch, vom gegenwärtigen Wirken des Geistes her die vergangene Geschichte als Gottesgeschichte zu verstehen (113). Dabei werde die Zeit-Proble-
matik theologisch mit drei Faktoren angegangen: der gegenwärtigen Predigt,
dem Zeugnis der Zeugen der Geschichte Jesu und dem prophetischen Zeugnis
des Alten Testamentes, wobei alle drei Faktoren deutlich auf den Heiligen
Geist zurückgeführt würden. Das bedinge Historisierung wie Enthistorisie-
rung zugleich im lk. Werk (113). Nicht die historisch zurückliegende Jesuszeit
ist dann „Mitte der Zeit" (Conzelmann), sondern die Stunde der Kirche
(Käsemann, ZThK 54, 1957, 20f.; Luck 114). Aber nicht Mitte im Sinne
eines feststehenden historischen Aufrisses, einer Geschichtstheorie, „sondern
sie ist ihm dadurch Mitte *seiner* Zeit, daß er seine Stunde unter dem gegenwärtigen Handeln durch den Geist theologisch erfaßt hat und deshalb die
Frage nach der Vergangenheit – mit der Geschichte Jesu als einer vergangenen und doch gegenwärtig ‚ankommenden' – und die Frage nach der Zukunft
weder ausschließen konnte noch ausschließen brauchte" (Luck 114).

Diese Hinweise sind eine wichtige Ergänzung, eine Korrektur sind sie nicht.
Denn eine historisierende Tendenz bei dem heilsgeschichtlichen Entwurf läßt
sich ebensowenig bestreiten wie das Bemühen des Lukas, mit dem von ihm
ausgearbeiteten Zeugenbegriff Traditionssicherung im historischen Sinne vorzunehmen (O. Knoch). Aber richtig ist am Hinweis auf das Pneuma bei Eltester und Luck, daß der Heilsgeschichte bei Lukas nicht leichthin der Vorwurf der Profanierung des Kerygma zu machen ist.

Zu demselben Ergebnis kommt auch G. N. Stanton, der in seinem Buch
u. a. auch die Traditionen über Jesus im lk. Doppelwerk untersucht. In Lukas,
dem ersten Biographen Jesu, einen absoluten Neuerer zu sehen, hält er nicht
für gerechtfertigt. Lukas sei dort, wo der irdische Jesus sein Thema ist, weniger „lukanisch" als „synoptisch". „Luke's narrative of the ministry of Jesus
is not a new development. He looks back to the past of Jesus not because it
was an idyllic period of salvation, but because the story of Jesus of Nazareth
is the story of the fulfillment of God's promises, a story which began with
the coming of Jesus and John, and which, through the Spirit, continues" (66).
Vor allem die Reden der Apg machen deutlich, daß Jesus Verkündigungsinhalt nicht einfach als vergangene historische Figur ist. „Jesus Christ is
κύριος πάντων, he has been raised from the dead and was so ordained by God
to be judge of the living and the dead (10, 42. [42]). Peter's speeches in Acts

make it quite clear that the early church did not proclaime Jesus of Nazareth
without at the same time proclaiming him as Risen One, Lord and Christ;
nor did it proclaime the Risen Christ and sidestep or minimise the significance
of the pre-resurrection events and the character of the One who was raised
from the dead" (85). Für Lukas ist kennzeichnend – das kommt noch hinzu
und wurde von G. DELLING überzeugend gezeigt (Israels Geschichte und Jesusgeschehen nach Acta) –, daß Gottes Handeln in Jesus von seinem Handeln
in der Geschichte Israels seit dessen Erwählung nicht zu lösen ist, Apg 3, 25;
13, 16 ff. (195). Das schließt ein eschatologisches Verständnis des Jesusgeschehens ein, wie es für das Evangelium z.B. Lk 4, 21 und für die Acta z.B. 13,
32 f. bezeugt ist (196). Lukas hat den Zusammenhang zwischen Jesusgeschehen und dem auf dieses hinführende Gotteshandeln in der Geschichte Israels
keineswegs erfunden. Er charakterisiert vielmehr das Glaubensdenken der
heidenchristlichen Welt, der Lukas selber angehört. Und er eröffnet Vergleichsmöglichkeiten mit Paulus (z.B. Röm 9, 4 f.; 11, 28 b.; 15, 8.; vgl. DELLING
197). Jedenfalls zeigen auch diese Beobachtungen, daß Lukas nicht das erste
(verwerfliche!) Leben Jesu schreibt, sondern das Jesusgeschehen theologisch
in einem Schema von Verheißung und Erfüllung aufzuarbeiten sucht, das
einer breiten biblischen Tradition entspricht.

Wichtig in diesem Zusammenhang ist auch das von GOULDER sogenannte
Thema Type and History, sofern damit tatsächlich etwas ausgesagt wird darüber, welcher Art „Geschichte" die Apg sein will (GOULDER 15). Denn wenn
die Parallelität des Lebens der Kirche und ihrer Akteure mit dem Leben Jesu
und seiner Apostel die von Lukas *beabsichtigte* Darstellungsform ist, so gestaltet er die Fortsetzung des Evangeliums in der Apg theologisch als „a
reliving by Christ of all that he began both to do and to teach in the gospel",
Apg 1, 4 (GOULDER 110). Zweifellos ist diese Parallelität, die als Kompositionstechnik für das lk. Doppelwerk überhaupt gilt und von W. WIATER,
Komposition, hinsichtlich der verschiedenen Verfahrensweisen deutlich vor-
geführt wird, ein Mittel, vorgegebene Überlieferung zu interpretieren, ein
hermeneutisches Bemühen also, die Jesuszeit nicht einfach als eine historisch
vergangene Epoche liegenzulassen, sondern sie in der Kirchengeschichte zu
re-präsentieren und auf diese Weise die Kontinuität des Heils Gottes in Jesus
Christus zu wahren. Diesem Bemühen, das den Historiker Lukas einmal mehr
als Theologen qualifiziert, gelten GOULDERs Untersuchungen. Abgesehen davon aber läßt sich GOULDER bei der Rekonstruktion der Parallelkompositionen mehr von der eigenen Phantasie als vom Textbefund leiten. Denn wenn
der Aussendung der Zwölf und dann der Siebzig im Evangelium die Arbeit
der zwölf Apostel in Apg 1–5 und die der Sieben in Apg 6–8 korrespondieren
soll (56 f.); oder der Speisung der Fünftausend in Lk 9, 10 die Speisung der
Witwen in Apg 6, dann werden Einzelstoffe in ein Schema gepreßt, das so

nicht gegeben ist. Es heißt, eine grundsätzlich richtige Einsicht in die Parallelkompositionen überziehen, wenn man die Apg insgesamt als eine kunstvolle,
zyklisch und vierfach personal (die Zwölf, die Diakone, Petrus, Barnabas/
Paulus) und geographisch (Jerusalem, Samaria, Judäa, Heiden) gegliederte
typologische Erzählform ausweisen will.

Daß Lukas Parallelkompositionen als Stilmittel verwendet, ist 1949 von
R. MORGENTHALER mit einer Liste von Übereinstimmungen zwischen dem
Prozeß des Paulus und dem Jesu gezeigt worden. Seither ist diese Beobachtung öfter bestätigt (HAENCHEN; MUNCK; TOLBERT; FLENDER; A. J. MATTILL,
The Purpose of Acts) und auch auf andere Stoffe ausgedehnt worden. So
haben MORTON/MACGREGOR eine geradezu mathematische Analyse der gesamten Textstruktur vorgelegt und auf dieser Basis von einer Parallelkom-
position LkEv – Apg gesprochen. L. SWAIN hat die Anfänge der Urkirche mit
den Anfängen Jesu verglichen und die zentrale Rolle Jerusalems als Parallel-
motiv besonders unterstrichen (538f.). Insbesondere aber hat W. RADL in
einer beachtlichen Bochumer katholischen Dissertation die Parallelmotive
im Lukas-Evangelium und in der Apg untersucht. Die Arbeit beschränkt sich
auf den Komplex, der am ehesten auf bewußte Parallelisierung zurückgeführt
werden kann: Die Darstellung Jesu und die des Paulus. Sie betrifft keineswegs nur den Prozeß- und Leidensbericht (vgl. Lk 22, 47–23, 25 mit Apg 21,
27–26, 32). Die Parallelisierung zeigt sich vielmehr schon in der langen Vorgeschichte dazu: Prophezeiung des Leidens (Lk 2, 32. 34b; Apg 9, 15); pro-
grammatischer Anfang der Wirksamkeit (Lk 4, 16–30; Apg 13, 14–52); Wende
und Weg nach Jerusalem (Lk 9, 51; Apg 19, 21); die Leidensweissagungen
(Lk 9, 22. 44f. u. ö.; Apg 20, 22–25; 21, 4. 10–12); die Abschiedsrede (Lk 22,
21–38; Apg 20, 18–35); die Situation im Angesicht des Todes (Lk 22, 39–46;
Apg 20, 36–38; 21, 5f. 13f.); schließlich läßt sich auch der Weg des Paulus nach
Rom als eine ausgeformte Parallele zu Jesu Tod und Auferstehung nachweisen (43). Eine sorgfältige Analyse all dieser Textkomplexe bestätigt überall
bewußte weitgehende Parallelkompositionen. Ein zweiter Abschnitt kann
darüber hinaus eine Reihe von thematisch-motivlichen Analogien nachweisen
(der Plan Gottes bei Paulus und Jesus; der leidende Prophet bei Jesus und
Paulus; die Feindschaft der Juden; das Wohlwollen der Römer). Das alles
läßt sich als bewußte Parallelisierung des Schriftstellers Lukas erweisen (66),
der damit aber eine theologische Absicht verfolgt, nach der im dritten Teil
gefragt wird (,,Sinngebung und Tragweite der Analogien", 346ff.). Dabei zeigt
sich, daß Lukas mit seiner Parallelisierung in der literarischen Tradition des
Hellenismus steht (zu vergleichen ist vor allem Plutarchs Synkrisis in seinen
Vitae parallelae). Auch dürfte ihm die das Bild des leidenden Paulus weiter-
gebende Tradition (z. B. 2Tim) vertraut gewesen sein. Im übrigen baut Lukas
mit seinen Parallelen auf der Jesustradition des Markus- und seines eigenen

Evangeliums auf (352 ff.). Theologisch wichtig an der Parallelisierung von
zurückliegender Jesusgeschichte und präsenter Kirchengeschichte ist die damit betonte Zusammengehörigkeit von Zeit Jesu und Zeit der Kirche. RADL
kann BURCHARD (Zeuge 180) nicht zustimmen, daß diese Zusammengehörigkeit so eng gefaßt ist, daß der Zeit der Kirche gar keine Eigenständigkeit
mehr zukommt (372, Anm. 4). Aber er verkennt doch das Motiv des Anein-
anderrückens der beiden Zeiten nicht: Es geht um die Kontinuität, die Lukas
dadurch gesichert sieht, daß die Gegenwart der Kirche als die unverfälschte
Fortsetzung des Wirkens Jesu erscheint (375). Bei der Verklammerung der
beiden Zeiten betont RADL noch sehr stark das chronologische Nacheinander
und damit eben eine Nivellierung der „gesamten evangelischen Überlieferung"
durch Historisierung (372). Auch ist nach seiner Meinung die Parusieverzögerung ein wichtiger Faktor beim Verfahren des Lukas (373f.). Letzteres mag
so sein. Aber bei der Nivellierung durch Historisierung stellt sich doch die
Frage, ob nicht gerade sie, die Nivellierung durch Historisierung es war, der
Lukas wirkungsvoll entgegentreten wollte dadurch, daß er die Zeit der Kirche
als verlängerte Zeit Jesu darstellte. Es bleibt richtig, daß Lukas auf die Geschichte Jesu *zurückblickt* und das Zurückliegende mit der Geschichte der
Apostel verbindet. Aber daß diese Geschichte infolge der Gliederung in Epochen „etwas ganz und gar Zurückliegendes" wird, „wirklich Historie, nämlich
initium Christianismi", die „als solche" mit der Geschichte der Apostel verbunden wird (KÄSEMANN, EVB I 199), ist vielleicht doch eine zu einseitig
negative Beurteilung der lk. Verfahrensweise.

Die Frage stellt sich auch von der lk. *Eschatologie* her (FLENDER; ELLIS;
bes. KAESTLI 84 ff.). Bekanntlich hat die radikale Acta-Kritik die heilsgeschichtliche Betrachtungsweise des Lukas in einem kontradiktorischen Verhältnis zur urchristlichen Eschatologie gesehen (VIELHAUER; CONZELMANN;
HAENCHEN). E. KÄSEMANN sieht in der Darstellung der Historie Jesu bei
Lukas einen deutlichen Index für dessen Eschatologie und formuliert: „Ist
das Problem der Historie in den andern Evangelien ein Spezialproblem der
Eschatologie, so ist bei Lukas die Eschatologie zu einem Spezialproblem der
Historie geworden" (EVB I 199).

Das damit erneut angesprochene Problem der Historisierung des Kerygmas
ist Thema des zweiten Teils der Arbeit von J.-D. KAESTLI (der erste Teil ist
ein leider viel zu rascher und undifferenzierter Durchgang durch den exegetischen Befund des Lukasevangeliums und der Apg mit dem Ergebnis, daß
Lukas überall die Erwartung des Endes festhält, das zeitliche Naherwartungs-
element aber konsequent tilgt). Daß die futurische Komponente in der Apg
und ihren Reden zugunsten der präsentischen zurücktritt, ist heute kaum
strittig. Jedoch in der Beurteilung dieses Faktums gehen die Meinungen auseinander (vgl. THÜSING, Erhöhungsvorstellung 95–100; KRÄNKL 190 ff.).

KAESTLI stellt die Frage, ob Lukas wirklich die eschatologische Bedeutung des Lebens Jesu getilgt hat (85). Er gibt darauf die vorsichtige Antwort, daß Lukas zwar den menschlichen und irdischen Aspekt des geschichtlichen Jesus betont, und zwar in Frontstellung gegen eine gnostische Verflüchtigung der Geschichtlichkeit Jesu, daß er gleichzeitig aber das kerygmatische Motiv festhält (92). Richtig daran ist, daß Lukas hier wie auch sonst der aktuellen Situation des Christentums seiner Zeit Rechnung trägt. Aber bei KAESTLI fehlt völlig eine Reflexion über Bedingungen und Möglichkeiten einer Rezeption früher eschatologischer Traditionen, aufgrund deren wir allererst Lukas' theologische Leistung angemessen herausstellen könnten (vgl. dazu WILCKENS, Rechtf. 180ff. (s. o. S. 142); WILSON, Eschatology 344).

Präziser haben BURCHARD (Zeuge 181–183), WILSON (Lukan Eschatology 330–347), LOHFINK (Himmelfahrt 256–262), H. HEGERMANN (Zur Theologie des Lukas 27–34) und F. O. FRANCIS die Bedeutung der Enderwartung für die Theologie des Lukas bestimmt. Auf das Kommen der Parusie wartet die Gemeinde „nicht mehr brennend, aber doch sicher" (KÜMMEL, Einl. 113). Ob Lukas tatsächlich eine *via media* als für ihn kennzeichnend einhält: einerseits weist er apokalyptische Schwärmerei ab, andererseits belebt er schwindende Hoffnung auf die Parusie (WILSON, Eschatology 346)[1]), mag man kritisch betrachten. Wichtig ist aber zweifellos das durch einen exegetischen Durchgang durch die Acta-Texte 2, 17–21; 3, 19–26; 4, 12 gewonnene Ergebnis von KRÄNKL, daß Lukas mit Hilfe seiner christologischen Konzeption den eschatologischen Ausblick der Reden als primär gegenwartsbezogen erscheinen lassen kann (Apg 3, 24; 17, 30f.; 10, 42f.). „Lukas nennt die Gegenwart ‚die letzten Tage' (Apg 2, 17a), nicht weil ‚diese Tage' (Apg 3, 24) ihrem nahen Ende entgegeneilen, sondern weil in ihnen sich erfüllt, was die Propheten vorher verkündet haben (Apg 2, 16; 3, 24), und weil jetzt für die Hörer der Predigt die letzte Gelegenheit gegeben ist, das Heilsangebot Gottes zu ergreifen" (204). Diese von Lukas herausgearbeitete *praesentia salutis* (UNNIK, Book 50–59 sieht in diesem eschatologischen Heil die Leitidee, die die ganze Apg durchzieht; vgl. auch KRÄNKL 204) ist der Ermöglichungsgrund zur Bewährung in Drangsalen, um so schließlich in das Reich Gottes eingehen zu können (Apg 14, 22). Ob das dieserart entfaltete lk. Heilsverständnis meint, daß „die eschatologische Realität gegenwärtig ist" (KRÄNKL 204), mag man bezweifeln. Aber richtig ist, daß die Länge der zeitlichen Erstreckung bis zur Vollendung nicht mehr von entscheidender Bedeutung ist (ELLIS, Eschato-

---

1) Lukas-Evangelium und Apg sind nicht vergleichbar. Dort (Lk 18, 1–8) herrscht Naherwartung, hier (Apg 1, 6–8) nicht mehr. Daraus folgert WILSON, daß die Apg längere Zeit nach dem Evangelium geschrieben wurde, so daß Lukas Zeit hatte, seine ursprüngliche Meinung zu revidieren (347).

logy; DERS., Eschatologie 402; CULLMANN, Heil als Geschichte 266 f.). Die
Hoffnung bleibt begründbar im Rahmen einer Eschatologie, deren *zukünftige*
Vollendung – wie ELLIS gezeigt hat – in zwei Stufen geschieht: individuell in
Jesu Auferstehung/Erhöhung und universal bei seiner Parusie (402).

J. DUPONT ist der Perspektive der individuellen Eschatologie, die sich unverbunden neben der kollektiven Eschatologie in einigen lk. Texten findet
(Lk 12, 16–20; 16, 1–13. 19–31; 23, 43; Apg 14, 22 f.; 20, 17–38), nachgegangen (auch G. SCHNEIDER, Parusiegleichnisse 89 ff., der wie BARRETT, Stephen
35 f. vor allem auf Stephanus' Tod als Modell individueller Vollendung verweist). Zweifellos indiziert sie das Bemühen des Lukas, die apokalyptische
Naherwartung nicht den einzigen Motor christlicher Hoffnung sein zu lassen
(DUPONT, Individualisierung 37. Ausführlicher DERS., Les Béatitudes III.
Paris 1973, 100–147). Denn die Parusie wird zwar nicht gestrichen, aber hin-
ausgeschoben (HIERS; MATTILL, Naherwartung; G. SCHNEIDER, Parusiegleichnisse; OTT, Gebet 138 f.). Zugleich will Lukas damit die christliche
Hoffnung jenen Menschen nahebringen, „deren Denken von der individuali-
stischen Mentalität der griechischen Welt der ausgehenden Antike geprägt
war" (DUPONT, Individualisierung 47).

Aber diese hermeneutische Erklärung für die Motivation der lk. Eschatologie reicht ebenso wenig aus wie der von G. BRAUMANN geltend gemachte
praktisch-seelsorgerliche Aspekt, Lukas beantworte das die Gemeinde be-
drängende Problem der Verfolgung mit dem „Mittel der Zeit": „Die Parusie
bringt das Ende der Bedrückung, nicht jetzt, sondern in einer Zukunft, die in
weiter Ferne liegt. Dann wird sich der wahre Ausgleich der jetzt nicht nor-
malen Verhältnisse herausstellen… Trotz aller Verfolgungen braucht die Gemeinde nicht zu verzweifeln, sondern kann auf die Parusie hoffen" (145).

Alle diese Aspekte sind nicht verfehlt. Aber man wird in der Individualisierung des Heils bei Lukas sehr viel grundsätzlicher den Index einer veränderten Struktur des Heilsempfangs zu sehen haben, wie M. VÖLKEL an der
Deutung des „Reiches Gottes" bei Lukas hat zeigen können. Dieser Begriff
faßt die tragenden Aspekte des lk. Verständnisses des Heilsgeschehens, also
das spannungsvolle Miteinander von Erfüllung und Verheißung im Christus-
geschehen (Lk 4, 16 ff.), zusammen (67). Den „ekklesiologischen Konsequenzen" gilt das letzte Wort des Evangelisten zur Sache in Apg 28, 17 ff., einer Predigt, die „als Kurzdefinition der lk. Reichsauffassung gelten" kann (67). Sie
betreffen die Heilsempfänger – Juden und Heiden – und die Bedingungen,
unter denen sie des Heils teilhaftig werden: „An die Stelle eines gleichsam
mechanischen Heilsempfangs für das gesamte Volk tritt die Notwendigkeit
der Entscheidung des Einzelnen. Die national gefärbte Heilserwartung, wie
sie insbesondere die Vorgeschichte durchzieht, wird in Act 28 definitiv liqui-
diert zugunsten der Betonung der Bekehrung des Einzelnen und seiner Be-

währung des Heils in der christlichen Existenz. Die Ekklesiologie wird indi-
vidualisiert. An die Stelle der Juden treten also auch nicht einfach die Heiden,
sondern die Glaubenden aus Juden und Heiden. Hier liegt das sachliche Recht
und die Notwendigkeit einer Transponierung der Rede von der Basileia in die
Terminologie der Verkündigung" (70).

Diese skizzenhaften, aber durchaus plausiblen Erwägungen sollten Anlaß
sein, die Thematik der Individualisierung im lk. Doppelwerk einmal umfassend zu untersuchen. Dabei würde sich zeigen, daß sie von der veränderten
Eschatologie herkommt, aber nicht auf sie beschränkt bleibt, sondern Soteriologie und Ethik überhaupt betrifft.

Als Beispiel dafür kann auf die Untersuchung von W. OTT zum lk. Gebets-
verständnis verwiesen werden. Danach bleibt die christliche Hoffnung bei
Lukas existentiell vollziehbar als *oratio continua* (Lk 18, 1–8), welche – wie
OTT gezeigt hat – in der Gebetsparänese des Evangeliums breiteren Raum
einnimmt als in der Apg. Das ist auffällig und könnte dafür sprechen, daß
Lukas das Gebet der vergangenen „Mitte der Zeit" zuweist, in der es von
Jesus selbst gefordert worden war (124). Andererseits erwähnt Lukas es in
den Summarien (Apg 1, 14; 2, 41f.; 2, 43–47) und deutet damit an, daß die
Jesuszeit in der Zeit der Kirche ihre Fortsetzung hat. Schließlich ist auch die
Tatsache, daß Lukas das Leben der Urgemeinde und speziell ihre Armen-
pflege als Vorbild brüderlich-sozialer Gesinnung schildert, nur vor dem Hintergrund einer entspannten eschatologischen Erwartung zu verstehen. H.-J.
DEGENHARDT, der die letzte gründliche Untersuchung des Themas vorgelegt
hat, bemerkt ausdrücklich, daß die Wohltätigkeit bei Lukas *keinen* Antrieb
von der eschatologischen Naherwartung erhält (187). Auch die Übernahme der
qumranischen „Wegtheologie", die dort eschatologisch bestimmt war, bei
Lukas aber christologisch begründet wird (REPO), weist in dieselbe Richtung
einer Entspannung der Naherwartung. Von daher ist es letztlich auch zu verstehen, daß die Apg immer wieder als Stimulans für heutige Spiritualität
(DELARUE) bzw. als Frage an die *heutige* Gestalt der Kirche (FLENDER) entdeckt wird. Ohne daß der Hl. Geist das zentrale Thema in ihr ist, wäre das
nicht möglich.

VI. Schluß

Ich breche den Bericht hier ab. In meinem Zettelkasten sehe ich Hunderte
von unberücksichtigten Titeln. Das ist bedauerlich. Vor allem hätte ich das
(für mich zu spät erschienene) Plädoyer für den Frühkatholizismus in der
Apg von S. SCHULZ gerne noch kritisch berücksichtigt. Aber wer Vollständigkeit erstrebte, würde zum Dauerschreiber über schon Geschriebenes, so hoch-
tourig läuft die Produktion. Daß die getroffene Auswahl dennoch den der-

zeitigen Stand und die allgemeine Richtung der Acta-Forschung markieren
konnte, hoffe ich. Noch liegt der Schwerpunkt mit Recht bei traditionsgeschichtlichen Untersuchungen. Daß danach das Problem der Historiographie des Lukas neu zur Beurteilung ansteht (neu gegenüber OVERBECKS
Urteil von der „Taktlosigkeit"), scheint mir sicher, auch wenn die Frage nach
der historischen Zuverlässigkeit der Apg sicher kein Hauptanliegen des Buches darstellt. HAENCHENS Warnung bleibt im Ohr: „... es wäre gut, wenn man
nicht wieder die Rekonstruktion des tatsächlich Geschehenen als höchstes
Ziel der ntl. Wissenschaft ansähe, sondern der nüchternen Erkenntnis Rechnung trüge, daß auch die Geschichte des Urchristentums ein historisches Geschehen ist, das wir nicht kopierend in unsere Gegenwart übernehmen können. Lukas hat die Apg – diesen Namen hat sie erst später bekommen – geschrieben, um seinen Mitchristen ein Bild dessen zu geben, wie und mit welchem Auftrag die christliche Kirche entstanden ist" (Die Einzelgeschichte
205). Nun, die *quaestio facti* als höchstes Ziel der Acta-Forschung wird kaum
jemandes Absicht sein, wohl aber die geschichtliche Verankerung des Berichteten als dasjenige Moment, das die christliche Botschaft des Lukas vor dem
Verdacht unhistorischer Erbauungsschriftstellerei schützt. Lukas mußte –
um sein Ziel (die Ausbreitung des Evangeliums bis Rom) zu erreichen – „die
Wirklichkeit literarisch gestalten" (POKORNY 233). Aber eben die *Wirklichkeit!* Den Kurzschluß, daß der Aufweis von Quellen uns den geschichtlichen
Urgrund unmittelbar erkennen ließe, begeht heute kaum noch jemand. Andererseits kann aber auch die Annahme von Quellenbenutzung nicht länger als
„proton pseudos der Acta-Forschung" bezeichnet werden (gegen STRECKER,
Paulusreise 69, Anm. 15). Denn was ist die sich mehr und mehr herausstel-
lende Traditionsverhaftetheit des Lukas anders als eine „Quellenbenutzung"?
    Schließlich: In der Beurteilung der Heilsgeschichte hat sich die Kontra-
diktorik der Positionen abgeschwächt. Daß Lukas über Paulus schreibt, ohne
Pauliner zu sein, muß ihn theologisch nicht mehr disqualifizieren. Die Anklage mußte hier in wichtigen Punkten wie Christologie, Frühkatholizismus,
Paulusbild usw. zurückstecken. Die Verteidigung konnte Punkte sammeln.
Im übrigen dürfte die forensische Form der Acta-Diskussion ihre Zeit gehabt
haben. Die Forschung besinnt sich darauf, daß das der Acta-Interpretation
gemäße Kompositum „Tendenzkritik" nicht einseitig zu akzentuieren ist.
Aber sie hat die Aufgabe, Lukas in den ntl. Theologien mehr als nur ein be-
scheidenes Plätzchen zu geben, erst noch vor sich. Denn „in der Tat ist das
Bild des Evangelisten so schwankend, sind die Wertungen seiner historischen
Leistung und seiner Theologie so gegensätzlich, daß wir noch weit von einem
zureichenden Verständnis seiner Person und seiner Ziele entfernt sind. Es ist
angesichts dieser Problematik kein Wunder, daß die Flut der Untersuchungen
über den dritten Evangelisten entmutigend groß geworden ist. Die Fülle der

Anschauungen über seinen Plan in dem Doppelwerk dürfte ihren Grund darin haben, daß er sich offenbar in vielen Facetten bricht. Man hat ihn daher nicht mit Unrecht ein dunkles Geheimnis genannt, von dem man nicht wisse, was der Autor eigentlich sagen wolle. Aber trotz solcher Resignation muß immer wieder der Versuch gemacht werden, hinter das Geheimnis zu kommen, wenn auch auf die Gefahr hin, nicht das ganze Gewebe, sondern nur einen Faden daraus aufzugreifen" (ELTESTER, Israel 78).

Diesem zutreffenden Urteil, mit dem unser Bericht schließen kann, ist nur noch hinzuzufügen, daß die jüngste „umfassende Forschungsgeschichte" (2) von W. GASQUE demgegenüber keine Ausgangsbasis für bessere Einsichten darstellt. Denn einmal ist sie in der Berichterstattung nicht immer exakt[1]. Vor allem aber bedeutet sie insofern einen Rückschritt, als in apologetischer Zielsetzung alle bisherigen Forscher nur daran gemessen werden, ob sie die historische Zuverlässigkeit der Acta bejahen oder nicht. *Dieser* Methode, und nicht der Form- und Redaktionsgeschichte der kritischen Actaforschung, ist nun wirklich oversimplification (4) zu bescheinigen, weil sie der Fülle der literarischen und theologischen Probleme gar nicht ansichtig werden kann. Die bisherigen Methoden der Actaauslegung haben sich bewährt. Sie zu verbessern statt einfach stillzulegen, muß das Ziel künftiger Forschung sein.

---

1) Vgl. dazu jetzt die kritische Rezension von M. RESE in: ThRev 72 (1976) 375–377.

VII. Vorwort zur 7. Auflage des Acta-Kommentars von Ernst Haenchen

Als Ernst Haenchen am 30. April 1975 starb, ließ er ein mit zahlreichen Randnotizen versehenes Handexemplar und einige Manuskriptseiten mit einzelnen, neu gefaßten Passagen zurück. Denn etwa ein halbes Jahr zuvor war ihm mitgeteilt worden, daß die 6. Auflage auslaufe und eine neue geplant sei. Natürlich hätte Haenchen, der bis zuletzt die Actadiskussion lebhaft verfolgt hatte, gerne noch einmal das Gefecht aufgenommen, um in einer völligen Neubearbeitung zu prüfen, ob und wie sich seine Sicht in der veränderten Forschungssituation bewährt. Aber dann machte der Tod alle diese Pläne zunichte. Um aber die Möglichkeit einer überarbeiteten Fassung letzter Hand nicht einfach verlorengehen zu lassen, nahm Frau Margit Haenchen dankenswerterweise die Mühe auf sich, alle Notizen, Marginalien und Manuskriptblätter redaktionell so aufzubereiten, daß sie dem Verlag als brauchbare Druckvorlage dieser Neuauflage dienen konnten.[1]

An Veränderungen gegenüber der 6. Auflage von 1986 (= 4. Auflage 1961 und 5. Auflage 1965) ergaben sich (Seitenzahlen in Klammern beziehen sich immer auf die 4.–6. Auflage):

Äußerlicher Art sind weitere Ergänzungen im Literaturnachtrag und zwei Umstellungen. Die früher nachgestellte „Ergänzung zu § 3" (666–669) ist jetzt S. 69–73 unmittelbar an diesen angeschlossen. Und der die letzte Auflage abschließende § 9: „Die Arbeit geht weiter" (669–689) bildet jetzt S. 124–141 den Schluß der Einleitung.

Rund zehn Seiten hat Ernst Haenchen völlig neu formuliert. Hier finden sich dann auch einige sachliche Veränderungen. Das gilt noch nicht für den umformulierten Schluß von § 2, S. 62 f. (46), auch wenn jetzt deutlicher ausgesprochen wird, daß von „Frühkatholizismus" in der Apostelgeschichte noch keine Rede sein kann.

Dagegen nimmt Haenchen S. 107 (86) stillschweigend einige Selbstkorrekturen vor: Das Drei-Perioden-Schema von Hans Conzelmann wird nur noch formaliter festgehalten. Tatsächlich schließt jedoch die Verknüpfung von JesusZeit und Zeit der Kirchengeschichte mittels der 40 Tage diese beiden Epochen sachlich zu einer einzigen zusammen. Damit hat sich Haenchen einem breiten Konsensus der Forschung angeschlossen (vgl. Erich Gräßer, Acta-Forschung

---

[1] E. HAENCHEN, Die Apostelgeschichte (KEK 3), [16(7)]1977.

seit 1960, ThR 41, 1976, 286; 42, 1977, 58; s. o. S. 215; 277). Und hatte er früher gesagt, daß Johannes der Täufer noch in die Zeit des Gesetzes und der Propheten
gehört, so rechnet er ihn jetzt der zweiten Periode zu. Schließlich wird auch die
Antwort des Lukas auf die Ausdehnung der Zeit nicht mehr „eine neue Lehre
von der Heilsgeschichte" genannt (86). Sondern es heißt jetzt S. 107: „Er sah die
Heilsgeschichte als eine große Einheit bis zur Parusie." Damit ist zumindest
nicht mehr expressis verbis gesagt, daß Lukas der Schöpfer der heilsgeschichtli-
chen Gesamtschau war. |

Zu einem neuen Kapitel mit eigener Überschrift („Die Bedeutung der lukanischen Geschichtstheologie") wird S. 140ff. (682ff.) die Auseinandersetzung
mit Ulrich Wilckens. Sie ist starkt gekürzt (von 7 Seiten auf 4). Die grundsätzlichen Einwände bleiben jedoch bestehen, werden aber nicht mehr am sachlichen
Verhältnis der Heilsgeschichte des Lukas zu der des Paulus expliziert, sondern
am (jetzt stärker positiv bewerteten) heilsgeschichtlichen Entwurf des Lukas
selbst. Mit ihm wird der Gemeinde ein Weg durch die Zeiten auch ohne Naherwartung eröffnet: Gottes Güte ist alle Morgen neu!

Modifiziert ist auch S. 152f. die These, in Lukas 24 schildere die Himmelfahrt
den Abschluß des Lebens Jesu, in Apostelgeschichte 1 dagegen den Anfang der
Kirche (114f.). Vielmehr nimmt Haenchen jetzt an, daß Lukas die „erste" Himmelfahrt als vorläufigen und die „zweite" als endgültigen Abschied von den
Jüngern erzählt (dieselbe Erwägung inzwischen auch bei Philipp Vielhauer, Geschichte der urchristlichen Literatur, Berlin/New York 1975, 384). Es ist bedauerlich, daß Haenchen auf die große Arbeit von Gerhard Lohfink, Die Himmelfahrt Jesu, München 1972, nicht mehr hat eingehen können. Überhaupt wird
neuere Literatur zusätzlich zur alten Auflage nur an einer Stelle, S. 315, diskutiert. Und zwar sind es bezeichnenderweise zwei traditionsgeschichtliche Untersuchungen zum Paulus-Bild, nämlich Christoph Burchard, Der dreizehnte
Zeuge, Göttingen 1970, und Karl Löning, Die Saulustradition in der Apostelgeschichte, Münster 1973. Es ist das Problemfeld, daß Haenchen im Blick auf eine
Neuauflage am meisten interessiert hat. Das Ergebnis ist freilich negativ. Daß
die Form der Berufungsgeschichte in Apg 9,1–19a durch Joseph und Aseneth
vorgegeben sei (Burchard), wird mit Löning bestritten. Aber es wird auch bestritten, daß die Saulustradition durch die „Legende vom verhinderten Tempel-
raub" Heliodors geprägt sei (Löning). In beiden Fällen genüge zur Erhellung
die theologische Sicht des Lukas. Haenchen hat dieser Art Motivgeschichte also
mißtraut, weil sie seiner Meinung nach gefährlich werden kann: Sie gleiche einem Netz, „das übervoll von Trugbildern ist", S. 315.

Daß es vor allem das im letzten Jahrzehnt intensiv verhandelte Thema des
Paulusbildes war, in dem Haenchen den Schlüssel zum Verständnis zur Apostelgeschichte sucht, zeigt nicht nur die an drei Stellen neu in den Text genommene
Bemerkung, daß Lukas Paulus nicht als „dreizehnten Zeugen" neben die Zwölf
treten lasse. „Das würde die lukanischen Leitlinien überschreiten", S. 602; vgl.

S. 603 und S. 318. Sondern dieses Interesse bekundet vor allem auch die Neufassung der S. 600–604 (557–560), die der Präzisierung des lukanischen Paulusverständnis gilt: Paulus ist als Heidenmissionar Vollstrecker des Programms von Apg 1,8, während die Apostel Garanten der Jesustradition sind. Die von Lukas sorgfältig vorgenommene Abstimmung dieses Bildes wird an einer ausführlichen Verhältnisbestimmung von c. 22 zu c. 9 vorgeführt. Dort, in c. 9, war die Berufung des Paulus eine solche zum Jesusglauben, weil die Heidenmission Petrus vorbehalten bleibt (c. 10, Cornelius). Erst in der Episode | Apg 22,17–22 wird Paulus zum Heidenmissionar berufen, und zwar – absichtsvolle Regie des Lukas – im Tempel von Jerusalem! Bis dahin aber läßt Lukas die in c. 9 aufgebaute Trennung der Berufung zum Jesusglauben und zur Heidenmission bestehen.

Schließlich spiegelt diese Neuauflage auch etwas von Haenchens Bemühung, die Aussageform noch zu verbessern und unnötige Anstöße zu vermeiden. Gelegentlich ist die Kritik milder geworden. Haenchen nimmt auf den verletzlichen, schlichten Bibelleser mehr Rücksicht. Ein Beispiel dafür ist der umgeschriebene Philippi-Abschnitt S. 482 ff. (439 ff.). Es bleibt klar, daß Lukas die Szene unter anderen als historischen Gesichtspunkten gemäß seiner theologischen Aussageabsicht gestaltet. Aber das wird eben hinsichtlich ihrer positiven und die Gemeinde erbauenden Perspektive betont. Der rabiate Satz der alten Auslegung: „Die ganze Episode ist ein solches Nest von Unwahrscheinlichkeiten, daß man sie als unhistorisch streichen muß" (440), wird ersatzlos getilgt und stattdessen betont, daß die Ungereimtheiten der Erzählung eben zum Wunder gehören.

Nach dem Erscheinen der ersten drei Auflagen in den Jahren 1956–1959 konnte Hans Conzelmann feststellen, daß im Verstehen des Lukas als des Schriftstellers, Historikers und Theologen dießer Kommentar alle bisherigen Kommentare weit überholt habe (ThLZ 85, 1960, 242). Rund 20 Jahre später gilt dieses Urteil noch immer. Es gilt unbeschadet der Tatsache, daß jenseits unserer Grenzen der „Dibelius-Haenchen-Conzelmann point of view" zwar als kräftiger Anstoß der Acta-Forschung anerkannt wird, nicht aber als Problemlösung (vgl. Ward Gasque, A History ot the Criticism of the Acts of the Apostles, Tübingen 1975, 201 ff., bes. 250). Es gilt schließlich auch unbeschadet der Tatsache, daß Haenchens große Zurückhaltung hinsichtlich der Historiographie und der Quellengrundlage des Lukas forschungsgeschichtlich nicht mehr ohne weiteres gerechtfertigt ist und auch die negative Kritik der lukanischen Tendenz überhaupt an Boden verliert. Aber gerade angesichts der heutigen Meinung, das Forschungspendel wieder nach der anderen Seite zurückfallen zu lassen, bleibt Haenchens Warnung aktuell, die Rekonstruktion des tatsächlichen Geschehenen nicht wieder als höchstes Ziel der neutestamentliche Wissenschaft anzusehen. Denn ein Schlüsselproblem zum Verständnis der Apostelgeschichte bleibt die Frage, als was Lukas Geschichte schreibt und versteht. Anders gesagt: Von der Beantwortung der Frage, wo Lukas mit den Voraussetzungen seiner Geschichtsschreibung steht (im Urchristentum? in der werdenden frühkatholischen Kirche? oder an einem dritten, sozusagen neutralen Ort?) und welche *Tendenz* Lukas bei seinem Unternehmen verfolgt, an diesen Fragen hängt die sachgemäße Beantwortung seiner schriftstellerischen Methode, des literarischen Charakters und der Theologie der Apostelgeschichte. Und um sie hat sich kein Kommentar verdienter gemacht als der vorliegende, der darum noch lange unentbehrlich bleibt.

VIII. Die Parusieerwartung
in der Apostelgeschichte

I. Die Forschungssituation

Daß die Eschatologie des Lukas eine gegenüber der frühen urchristlichen Konzeption von der Nähe des Reiches „ sekundäre Konstruktion aufgrund bestimmter, , mit der Zeit' gar nicht mehr zu umgehender Reflexionen " ist, in welcher die *Parusieverzögerung* „ ein konstitutives Element der Neuformung der Erwartung darstellt " [1], ist eine Einsicht, der sich heute nur noch wenige verschließen. [2] Tatsächlich hat die keineswegs neue Fragestellung [3] in unserer Gegenwart zu dem weithin anerkannten Ergebnis geführt, daß Lukas der sich dehnenden Zeit zwischen Ostern und Parusie eine positive heilsgeschichtliche Bedeutung gegeben hat. Hans Conzelmann hat das 1954 erstmals ausführlich begründet. [4]

---

1. H. CONZELMANN, *Die Mitte der Zeit. Studien zur Theologie des Lukas* (BHTH 17), Tübingen (1954) [6]1977, 88.89.
2. Z.B. C. H. TALBERT, *The Redaction Critical Quest for Luke the Theologian*, in: *Jesus and Man's Hope. A Perspective Book* I (Festival on the Gospels). Pittsburgh Theological Seminary 1970, 171ff. Ruthild GEIGER, *Die Lukanischen Endzeitreden. Studien zur Eschatologie des Lukas-Evangeliums* (EHS. T XXIII/16), Bern und Frankfurt/Main 1973, sieht in der Parusieverzögerung „ nicht das Kernproblem des Lukas " (258). Ähnlich G. BRAUMANN, *Das Mittel der Zeit. Erwägungen zur Theologie des Lukasevangeliums, ZNW* 54 (1963) 117ff. 145; M. VÖLKEL, *Zur Deutung des Reiches Gottes bei Lukas, ZNW* 65 (1974) 57ff.; O. MERK, *Das Reich Gottes in den lukanischen Schriften*, in: *Jesus und Paulus* (Festschr. f. W. G. Kümmel), Göttingen 1975, 201-220, hier 212. — In der Tat ist es kaum zutreffend, daß Lukas die Apostelgeschichte schreibt, um in erster Linie das Parusieproblem zu lösen. Andererseits geht er unverkennbar auf das Problem ein. Es kann also für seine Zielsetzung nicht gleichgültig gewesen sein. — Zur Diskussion um die Absicht des Lukas vgl. jetzt G. SCHNEIDER, *Der Zweck des Lukanischen Doppelwerkes, BZ* 21 (1977), 45-66 (Lit. !).
3. Vgl. nur F. Overbecks Neubearbeitung von V. M. L. DE WETTE, *Kurze Erklärung der Apostelgeschichte* (Kurzgefaßtes exegetisches Handbuch zum Neuen Testament I/4), Leipzig [4]1970 5.8. Dazu s. J.-CHR. EMMELIUS, *Tendenzkritik und Formengeschichte. Der Beitrag Franz Overbecks zur Auslegung der Apostelgeschichte im 19. Jahrhundert* (FKDG 27), Göttingen 1975, 112.
4. S. o. Anm. 1. Vgl. auch schon DERS., *Zur Lukas-Analyse, ZThK* 49 (1952) 16-33 (= G. BRAUMANN [Hg.], *Das Lukas-Evangelium. Die redaktions- und kompositionsgeschichtliche Forschung* [WdF CCLXXX], Darmstadt 1974, 43-63). — Zur Dis-

Das dabei nachgewiesene lukanische Konzept ist im einzelnen zwar mannigfacher Kritik unterzogen worden, hat sich aber — wenigstens was die Eschatologie anbetrifft — als grundlegend durchgesetzt. Umstritten geblieben ist vor allem zweierlei:

1. Ob die lukanische Idee einer gegliederten Heilsgeschichte „ überhaupt als eine theologische Reaktion auf das Problem der Parusieverzögerung entstanden ist; " [5]

2. In welchem Maße dieses Konzept die Bedeutung der Enderwartung tangiert.

Die erste Frage, die im Widerspruch zum heute sog. „ Dibelius-Haenchen-Conzelmann point of view" [6] vor allem von Oscar Cullmann, Ulrich Wilckens und Werner Georg Kümmel aufgegriffen wurde, [7] brauchen wir im folgenden nicht explizit zu behandeln. Dagegen gilt der zweiten Frage unser besonderes Interesse. Wir wollen wissen, wie Lukas die traditionelle Parusieerwartung bei der Ausarbeitung seines Heilsverständnisses theologisch und praktisch *gewichtet*.

---

kussion insgesamt vgl. meinen Forschungsbericht *Acta-Auslegung seit 1960*, ThR 41 (1976), 141-194. 259-290; 42 (1977), 1-68 (= o. Beiträge V und VI).

5. U. WILCKENS, *Lukas und Paulus unter dem Aspekt dialektisch-theologisch beeinflußter Exegese*, in: DERS., *Rechtfertigung als Freiheit. Paulus-Studien*, Neukirchen-Vluyn 1974, 171-202, hier 182 (der Aufsatz ist die überarbeitete deutsche Fassung des zuerst in der Festschrift für Paul Schubert: *Studies in Luke-Acts* [ed. L. E. KECK und J. L. MARTYN, 1966] erschienenen Aufsatzes unter dem Titel: *Interpreting Luke-Acts in a Period of Existential Theology*, ebd. 60-83). Ähnlich der Vorbehalt bei M. VÖLKEL, *Zur Deutung* 62. Hier wird der Befund sehr klar beschrieben (Lukas bestimmt die Basileia-Verkündigung zugleich christologisch und ekklesiologisch), ohne daß er jedoch besser *erklärt* würde. Das Problem einer Kirche aus Juden und Heiden kann doch nicht „ die Notwendigkeit einer Transponierung der Rede von der *Basileia* (von mir gesperrt) in die Terminologie der Verkündigung sein " (70), die doch — was gerade Völkels Analyse sehr schön zeigt — *faktisch* eine „ enteschatologisierte Form der Reichsverkündigung " (CONZELMANN, *Mitte* 33) darstellt. *Diese* Form verlangt nach einem Motiv, das „ die Glaubenden aus Juden und Heiden " nimmermehr abgeben, sondern das von Lukas ausdrücklich formulierte Parusieproblem.

6. W. GASQUE, *A History of the Criticism of the Acts of the Apostles* (BGBE 17). Tübingen 1975, 250. In die Namensreihe gehört PH. VIELHAUER, *Geschichte der urchristlichen Literatur. Einleitung in das Neue Testament, die Apokryphen und die Apostolischen Väter* (de Gruyter Lehrbuch), Berlin 1975, 377-407 unbedingt mit hinein (vgl. meinen Forschungsbericht 273ff.).

7. Vgl. O. CULLMANN, *Christus und die Zeit. Die urchristliche Zeit- und Geschichtsauffassung*, Zürich ³1962; DERS., *Heil als Geschichte*. Tübingen ²1967; U. WILCKENS, *Lukas und Paulus* (s. o. Anm. 5); W. G. KÜMMEL, *Luc en accusation dans la théologie contemporaine*, ETL 46 (1970) 265-281 (Die deutsche Fassung ist erschienen in: ZNW 63 (1972) 149-165 und noch einmal in G. BRAUMANN [Hg.], *Das Lukas-Evangelium* 416-436.)

Bei starker schematischer Vereinfachung der gegenwärtigen Forschungssituation lassen sich drei rivalisierende Antworten ausmachen:

1. In Übereinstimmung mit der Urchristenheit war Lukas von dem
unbekannten, aber baldigen Zeitpunkt der Parusie überzeugt (konservative Position) [8].

2. Lukas hat die Naherwartung entspannt und aus dem Zentrum der
eschatologischen Vorstellungen herausgerückt (gemäßigt kritische
Position) [9].

3. Lukas hat auf die Naherwartung entschlossen verzichtet und sie
durch ein Bild der Heilsgeschichte ersetzt (radikal kritische Position) [10].

Gerhard Schneider konnte bei einer neuerlichen Untersuchung der lukanischen Parusietexte m. E. die These endgültig sichern, „ daß Lukas *alle*
Zusagen über die Nähe der Parusie, die ihm die Überlieferung vermit-
telte, entweder durch Streichung getilgt oder aber durch Neuinterpreta-
tion abgeändert hat " [11]. Der eschatologische Neuentwurf des Lukas ist

---

8. So neben C. H. TALBERT (s. o. Anm. 2) z. B. H.-W. BARTSCH, *Zum Problem der
Parusieverzögerung bei den Synoptikern*, EvTh 19 (1959) 116-131 (= DERS., *Entmythologisierende Auslegung. Gesammelte Aufsätze* [ThF 26], Hamburg 1962, 69-80,
hier 72ff.) ; H. HEGERMANN, *Zur Theologie des Lukas*, in „ ... und fragten nach
Jesus " (FS f. E. Barnikol), Berlin 1964, 27-34, hier 28f. ; W. SCHENK, *Naherwartung
und Parusieverzögerung. Die urchristliche Eschatologie als Problem der Forschung*,
Theologische Versuche IV (1972) 47-69, hier 49f.64f. ; A. J. MATTILL, *Naherwartung,
Fernerwartung and the Purpose of Luke/Acts: Weymouth reconsidered*, CBQ 34 (1972)
276-293, hier 292 ; Ch. BURCHARD, *Der dreizehnte Zeuge. Traditions- und kompositionsgeschichtliche Untersuchungen zu Lukas' Darstellung der Frühzeit des Paulus*
(FRLANT 103), Göttingen 1970, 181f.

9. So schon A. SCHLATTER, *Das Evangelium des Lukas. Aus seinen Quellen erklärt*,
Stuttgart ²1960, 417. Heute bes. W. G. KÜMMEL, *Einleitung in das Neue Testament*,
Heidelberg ¹⁷1976, 112ff. 138ff. und die dort Genannten. Ferner G. SCHNEIDER,
Parusiegleichnisse im Lukas-Evangelium (SBS 74), Stuttgart 1975, 91ff.

10. So vor allem Ph. VIELHAUER, *Zum " Paulinismus „ der Apostelgeschichte*,
EvTh 10 (1950/51) 1-15 (= DERS., *Aufsätze zum Neuen Testament* [ThB 31], München 1965, 9-27) ; DERS., *Geschichte der urchristlichen Literatur* 366ff. ; H. CONZEL-
MANN, *Mitte* 87ff. ; DERS., *Grundriß der Theologie des Neuen Testaments*, München
1967, 170 ; G. BORNKAMM, *Evangelien, synoptische*, in : RGG³ II (1958), 753-766, hier
763ff. ; S. SCHULZ, *Die Stunde der Botschaft*, Hamburg ²1970, 234-296 ; DERS., *Die
Mitte der Schrift. Der Frühkatholizismus im Neuen Testament als Herausforderung an
den Protestantismus*, Stuttgart/Berlin 1976, 109ff. 132ff. ; E. GRÄSSER, *Die Naherwartung Jesu* (SBS 61), Stuttgart 1973 ; DERS., *Das Problem der Parusieverzögerung
in den synoptischen Evangelien und in der Apostelgeschichte* (BZNW 22), Berlin
³1977. E. HAENCHEN, *Die Apostelgeschichte* (KEK III), Göttingen ⁷1977 (Ausgabe
letzter Hand), 147, Anm. 5 betont mit Recht, daß die Erwartung der Basileia als
solche *nicht* aufgegeben ist.

11. G. SCHNEIDER, *Parusiegleichnisse* 91. — Anders O. MERK, *Das Reich Gottes in
den lukanischen Schriften*, in : *Jesus und Paulus* (FS f. W. G. Kümmel zum 70.
Geb.), Göttingen 1975, 201-220. Er behauptet mit Verweis auf Lk 10, 11 ; 3, 7-10 ;

in diesem Sinne also „ einheitlich ", die via media *zwischen* gleichgültiger Nah- und Fernerwartung folglich nicht der von Lukas gegangene Weg [12]. Trotzdem schwächt ein die Vermittlungsposition überhaupt kennzeichnendes Zögern, aus dem klar erkannten exegetischen Befund Konsequenzen zu ziehen, auch dieses sonst eindrucksvolle Ergebnis wieder ab: Der „ Naherwartungshorizont " gilt zwar überall als versunken. Mehr noch, es wird betont, daß Lk 21, 8 die Naherwartung der Parusie als Irrlehre verketzert [13]. Dennoch soll die lukanische Parusieerwartung, „ da sie als ‚Stetsbereitschaft' mit dem plötzlichen Kommen des Herrn rechnet, eine Nähe der Parusie nicht prinzipiell " ausschließen [14].

M. E. ist das eine halbe Lösung, die freilich nicht zu Lasten des Lukas geht [15]. Dieser hat vielmehr — ganz im Unterschied beispielsweise zu

---

13, 6-9; 12, 16-20.35-48.54f.58ff.; 18, 7, Lukas habe an der unmittelbaren Nähe des Reiches festgehalten. Solche Behauptung ist Merk nur möglich, weil er das Dasein des Reiches in der Person Jesu identifiziert mit dem eschatologischen Kommen der Basileia. Gerade das aber ist nach Lukas 21, 25ff. nicht möglich, weil Lukas hier scharf trennt. Also muß die Präsenz des Reiches in Jesu Wirken (die mir Merk vom historischen Jesus in das Lukas-Evangelium hineinzulesen scheint, vgl. bes. in der Auslegung von Lk 9, 27: S. 216) anderen Sinn haben, bildhaften (Conzelmann) oder wie auch immer. Den Weg zum richtigen Verständnis scheint mir Merk ungewollt selbst zu zeigen: Alle Stellen sind Elemente der Jüngerbelehrung. Sie sollen begreifen, was ihre Existenz in der Welt ermöglicht: τὰ περὶ τῆς βασιλείας. Das ist die christliche Predigt, aber *nicht* „ die bleibende Heilsgegenwart Jesu " (214) im Sinne des Christus präsens. Von ihm weiß Lukas nichts (s. u.). Gegen das falsche Verständnis des Daseins der Basileia in Jesus vgl. bes. U. WILCKENS, *Missionsreden*[2] 214f.

12. Gegen S. G. WILSON, *Lukan Eschatology*, NTS 16 (1969/70) 330-347; DERS., *The Gentiles and the Gentile Mission in Luke Acts* (SNTS Monogr. Series 23), Cambridge 1973. Siehe unten Anm. 56.

13. G. SCHNEIDER, *Parusiegleichnisse* 55ff.; DERS., *Das Evangelium nach Lukas* (ÖTK 3/2), Gütersloh 1977, 414ff.; Ph. VIELHAUER, *Geschichte der urchristlichen Literatur* 374.

14. G. SCHNEIDER, *Parusiegleichnisse* 91.

15. „ Stetsbereitschaft " kann gar nicht Ausdruck für Naherwartung sein. Mit ihr ist weitaus weniger die eschatologische Spannung als vielmehr das Durchhalten über eine längere Strecke anvisiert. Also nicht ein Kurzstreckenrennen, sondern ein Dauerlauf. Wo in der frühkirchlichen Paränese das Motiv der Plötzlichkeit aufgegriffen wurde, geschah es immer in der Absicht, die angesichts sich dehnender Zeiträume mehr und mehr schwindende Naherwartung vor der Ausuferung in Erwartungslosigkeit abzusichern (2Petr 3, 10; 1Clem 23, 5; zur Sache vgl. G. LOHFINK, *Zur Möglichkeit christlicher Naherwartung*, in: G. GRESHAKE, G. LOHFINK, *Naherwartung, Auferstehung, Unsterblichkeit* [QD 71]. Freiburg 1975, 38-81, hier 46). So auch bei Lukas. Wenn die Bäume grünen, weiß *jeder von selbst*, daß der Sommer da ist (Lk 21, 29-31). Eschatologische Belehrung ist *dann* entbehrlich. Jetzt aber, in der unbegrenzten Wartezeit, ist sie nötig. Lukas hat durch seine in den beiden Apokalypsen Lk 17 und Lk 21 vorgenommene dualistische Trennung von Geschichte und Eschaton — auf das Ende hin gestaffelte Zeitereignisse kann es nicht geben und damit auch keine Möglichkeit eines Blicks auf die eschatologische Wel-

Markus und Matthäus — eine grundsätzliche Lösung des Parusieproblems angestrebt und praktisch auch erreicht. Tendentiell nimmt
Lukas bereits das Credo des Apostolikum vorweg: Wie Gott den
Schöpfer (1. Artikel), so bekennt der Christ den Retter und Richter aller
Menschen (2. Artikel). Das ihn *gegenwärtig bestimmende* Heilsverständnis
aber drückt sich in dem der Wiederkunftsaussage am Ende des 2. Artikels nachgeschalteten 3. Artikel aus, für den die Parusie keinerlei Bedeutung hat [16]. Das bestätigt der Befund in der Apostelgeschichte.

---

tenuhr (Lk 17, 20f.; Apg 1, 7) —, durch das Verständnis der Basileia als Schlußpunkt einer heilsgeschichtlichen Entwicklung, der für die dann lebende Generation
unvermutet und plötzlich kommt, mit dem allem hat Lukas die Parusie so sehr
jedem berechenbaren, meine Erwartung und mein Zeitbewußtsein bestimmenden
temporären Phänomenzusammenhang entnommen, daß von Naherwartung (oder
auch Fernerwartung) sinnvollerweise gar nicht mehr gesprochen werden kann. Ein
Beispiel kann das verdeutlichen: Auch mein Tod ist mir gewiß, er kann plötzlich
kommen. Das memento mori als Stetsbereitschaft ist also sachgemäß. Aber es
ergibt sich eben nicht aus der *Naherwartung* des Todes, sondern aus der prinzipiel-
len Nichtwißbarkeit seines Termines. Und das ist etwas anderes, als wenn vor dem
Morgenrot des neu heraufziehenden Tages aufgerufen wird, vom Schlafe auf-
zustehen. Kurzum: Die Transponierung der Nähe in Plötzlichkeit ist ein sicheres
Indiz für das veränderte Zeitbewußtsein. Der *Termin* ist ungewiß, die *Zwischenzeit*
indifferent. Das paränetisch verwendete Motiv der Plötzlichkeit schärft nämlich
gerade nicht ein: Die Parusie ist „ so nahe, daß sie nun jeden Tag anbrechen
kann! " „ Es gibt keine *Zwischenzeit* mehr " (G. LOHFINK, *Naherwartung* 46). Sondern umgekehrt schärft sie ein, daß es diese Zwischenzeit gibt und daß wir in ihr
leben. Und weil niemand ihre Dauer kennt, kann man in ihr nicht sicher sein, daß
die Gottesherrschaft noch nicht kommt. Streng genommen sagt das Motiv der Plötzlichkeit weder etwas über die Nähe, noch über die Ferne der Basileia (Temporali-
tät), sondern über ihr unberechenbares Wesen (Qualität). Insofern und konsequent
hat Lukas tatsächlich *prinzipiell* auf jede Terminierung der Parusie verzichtet. Es
ist müßig, darüber zu reflektieren, ob er die Nähe der Parusie als Möglichkeit *theo-
retisch* festgehalten hat (das hat er natürlich, wenn anders er überzeugt war, daß es
Gott selber ist, der sich seinen Tag vorbehält: Apg 1, 7), wenn er sie praktisch ausgeschlossen hat. Genauer müßte man sogar sagen: Wenn er sie praktisch durch die
geschichtliche Entwicklung ausgeschlossen fand! Denn Lukas war der erste, der-
durch Geschichte genötigt-das Zeitproblem theologisch anging.

16. Vgl. R. BULTMANN, *Theologie des Neuen Testaments* (UTB 630), 7., durchgesehene, um Vorwort und Nachträge erweiterte Aufl., hg. v. O. MERK. Tübingen
1977, 465: „ Das Wichtigste im Zukunftsbild ist jedoch die Erwartung der Auferstehung der Toten und des Gerichtes (S. 77-79); d. h. das Interesse konzentriert
sich auf dasjenige, was für das Individuum entscheidend ist, und eben dieses Interesse findet früh seine feste Formulierung in dem Satz von Christus als dem Richter
der Lebendigen und der Toten (S. 81), — dem einzigen Satz im 2. Artikel des
Symbolum Romanum, der von der eschatologischen Zukunft redet, wie dementsprechend der letzte Satz des 3. Artikels nur von der Hoffnung auf die , Auferstehung
des Fleisches und das ewige Leben ‘ spricht. "

II. Der Befund in der Apg

Wäre durch irgendeinen unglücklichen Zufall nur die Apg des Lukas und nicht auch sein Evangelium der Nachwelt erhalten geblieben, wäre die eschatologische Gretchenfrage („Wie hältst Du's mit der nahen Wiederkunft?") wahrscheinlich nie an ihn gestellt worden. Zu eindeutig ist die 1, 6-8 abgegebene Stellungnahme, daß er's damit *nicht* hält. Horizont der Acta apostolorum ist nicht die Nähe des Reiches, sondern die Weite der Ökumene. Naherwartungstexte finden sich überhaupt keine. Vom *Kommen* der Gottesherrschaft ist nicht die Rede; sie wird diskutiert (1, 3; 19, 8) bzw. verkündigt (8, 12; 20, 25; 28, 23.31). Einmal ist von ihrer Aufrichtung die Rede (1, 6), und in 14, 22 heißt es, daß wir durch viele Trübsale in sie hineingehen müssen. Die Parusie wird 3mal erwähnt (1, 11; 3, 21; 17, 31), in der Regel lassen die Summarien der Heilsgeschichte in den Acta-Reden und die kürzeren Zusammenfassungen des Kerygmas in 5, 30f.; 13, 26-31; 17, 2f. und 18, 2.28 sie jedoch unerwähnt. Zweimal findet sich die Aussage, daß Jesus zum Richter der Lebenden und der Toten eingesetzt ist (10, 42; 17, 31). Für sonstige eschatologische Topoi gilt Fehlanzeige. Es gibt keine apokalyptischen Wehen, keinen neuen Himmel und keine neue Erde; die Auferstehung leitet nicht die Eschata ein, der Geist ist nicht das Angeld auf die Vollendung und die Gemeinde nicht die für das Ende versiegelte Schar der Erwählten [17]. Kurz: Die urchristliche Apokalyptik ist in dieser Schrift ein so peripheres Thema, daß schwerlich jemand auf den Gedanken gekommen wäre, der hellenistisch gebildete Schriftsteller habe ihm mehr als ein nur flüchtiges Interesse gewidmet.

Aber nun ist uns nicht nur die Apg überliefert; wir haben das lukanische *Doppelwerk* im Kanon. Und da das Lukasevangelium urchristlich-apokalyptische Traditionen aufgreift und verarbeitet, gilt es, den Befund im Zusammenhang des Ganzen su sehen und zu erklären.

1. *Programmatische Äußerungen zur Parusie*

a) *Apg 1, 1-8*

Der sorgfältig komponierte Eingang der Apg, den zuletzt Rudolf Pesch analysiert hat [18], markiert genau den geschichtlichen Standort des Verfassers. Auf das im πρῶτος λόγος *vollständig* (περὶ πάντων) beschrie-

---

17. Zu den eschatologischen Topoi vgl. E. KÄSEMANN, *Zum Thema der urchristlichen Apokalyptik*, *ZThK* 59 (1962) 257-284 (= DERS., *Exegetische Versuche und Besinnungen* II, Göttingen 1964, 105-131).

18. R. PESCH, *Der Anfang der Apostelgeschichte: Apg 1, 1-11. Kommentarstudie* (EKK Vorarbeiten Heft 3), Neukirchen 1971, 7-35.

bene Leben und Lehren Jesu blickt Lukas als auf eine *abgeschlossene Epoche* zurück [19]. Auf die Parusie, die vorerst zugunsten der Epoche der Kirchengeschichte sistiert wird (VV. 6-8), blickt er als auf ein *fernes Datum* der Zukunft voraus (V. 11). Inzwischen ist nicht die Zeit, da man die Häupter erhebt, weil die Gottesherrschaft nahe wäre (Lk 21, 28), sondern die Zeit, da man in der Kraft des Geistes die Ausbreitung des Wortes bis an die Enden der Erde anpackt.

Man erkennt an diesem Verfahren den *Historiker*, der die Wirklichkeit der *chronologischen*, sich in Vergangenheit, Gegenwart und Zukunft auseinanderlegenden Zeit wahrnimmt und sie als solche zur Darstellung bringt [20]. Man erkennt aber auch den *Theologen*, und zwar daran, daß er die Geschichte der Mission und Ausbreitung des Christentums als *Fortsetzung des Evangeliums* zu schreiben sich bemüht. Eine solche Absicht war freilich mit literarisch-technischen Mitteln allein, die Lukas geschickt einsetzt, noch nicht zu verwirklichen [21]. Es mußte vielmehr die Jesustradition theologisch so aufbereitet werden, daß sie der historiographischen Absicht gefügig wurde. Der einzig gangbare Weg war Historisierung und Biographisierung. Lukas ist ihn entschlossen gegangen, auch im Blick auf das in dieser Hinsicht besonders sperrige Theologumenon vom Reiche Gottes, das ja nicht Geschichte *eröffnet*, sondern *beschließt*.

Bereits mit dem zweiten Satz des δεύτερος λόγος ist er bei *diesem* Thema. Das Evangelium der 40 Tage wird summarisch ein λέγειν τὰ περὶ τῆς βασιλείας τοῦ θεοῦ genannt (vgl. Lk 9, 11; Apg 8, 12; 19, 8) [22]. Die farblose, keinerlei inhaltliche Bestimmung gebende Wendung [23] kann Lukas nur darum wählen, weil seine Leser den πρῶτος λόγος kennen. Denn der hatte Sinn und Ziel der Sendung Jesu als nichts anderes denn als ein εὐαγγελίζεσθαι τὴν βασιλείαν τοῦ θεοῦ beschrieben (Lk 4, 3). Was der *Inhalt* dieser Predigt ist, entscheidet sich programmatisch am Anfang des Wirkens Jesu: *Erfüllung der prophetischen Verheißung*: „ Der Geist des Herrn ruht auf mir; denn er hat mich gesalbt. Er hat mich

---

19. Vgl. R. PESCH, *Der Anfang* 21.

20. Vgl. E. HAENCHEN, *Apg* 107.

21. Zur Sache vgl. Ph. VIELHAUER, *Geschichte der urchristlichen Literatur* 374f.

22. BENGEL, *Gnomon* z. St.: „ Haec summa erat, etiam ante passionem, sermonum Christi. " Der Begriff τὰ περὶ τῆς βασιλείας figuriert primär als der die Predigt Jesu mit der Verkündigung der Apostel sachlich verknüpfende *Gegenstand* (vgl. G. SCHNEIDER, *Der Zweck* 55). Der Ausdruck ist also Sammelbegriff für die christliche Lehre.

23. Zur Wendung τὰ περὶ τῆς βασιλείας τοῦ θεοῦ: Der Artikel mit präpositionalem Ausdruck kommt nur einmal bei Markus (περὶ τοῦ Ἰησοῦ Mk 5, 27 [vl ohne Artikel]) iix bei Lukas (einschließlich Apg), 5x bei Paulus vor. Vgl. BLASS-DEBRUNNER-REHKOPF, *Grammatik des ntl. Griechisch*, § 266, 1ᵇ. — Basileia als präpositionaler Ausdruck begegnet nur bei Lukas! Zur Sache vgl. P. VAN STEMPVOORT, *De betekenis van λέγων τὰ περὶ τῆς βασιλείας τοῦ θεοῦ in Apg 1, 3, NedThT* 9 (1954/1955) 349-355.

gesandt, um den Armen die Heilsbotschaft zu bringen, um den Gefangenen die Befreiung und den Blinden das Augenlicht zu verkünden, um die Zerschlagenen in Freiheit zu setzen und ein Gnadenjahr des Herrn auszurufen " (Jes 61, 1f.; vgl. Lk 4, 16-30). Der christologische Ansatz macht klar: Jesus bringt die Heilszeit [24]. Aber das σήμερον in Lk 4, 21 ist charakteristisch verschieden vom ἰδοὺ νῦν καιρὸς εὐπρόσδεκτος in 2Kor 6, 2, sofern Paulus damit die *eigene* Zeit als die eschatologische bezeichnet, Lukas aber nur die ἀρχή der Heilszeit markiert (Lk 16, 16), also aus historischer Abständigkeit einen zurückliegenden, freilich unsere Gegenwart entscheidend bestimmenden *Zeitraum* überblickt (Apg 1, 1!) [25]. Dabei fällt auf, daß die messianischen Manifestationen die Ansage der Nähe des Reiches ersetzen: die mit Jesus anbrechende *Heilszeit* ist sichtbar [26]. Das Reich selbst tritt erst mit der Parusie in Erscheinung [27]. Die *Verkündigung* des Reiches, nicht dessen Nähe qualifiziert die Gegenwart [28].

Es ist längst gesehen worden, daß die Verknüpfung der Basileia mit den Verben der Verkündigung für *Lukas* typisch ist [29]. Hier liegt der Schlüssel zu seinem Verständnis der Gottesherrschaft. In der *Verkündigung* des Reiches ist für Lukas der gesamte Inhalt der christlichen Botschaft versammelt, und zwar so, wie ihn das stereotype Schema der Acta-Reden exemplarisch darlegt als das Kerygma von Jesu Leben, Leiden und Auferstehen (2, 22-24; 3, 13-15; 5,30.31; 10, 36-42; 13, 23-25), meist unter Betonung der Zeugenschaft der Jünger (2, 32; 3, 15; 5, 32; 10, 39.41; 13, 31), mit Schriftbeweis (2, 25-31; 3, 22-26; 10, 43; 13, 32-37) und mit Bußmahnungen (2, 38f.; 3, 17-20; 5, 31; 10, 42f.; 13, 38-

---

24. A. SCHLATTER, *Lukas-Evangelium* 221.

25. H. CONZELMANN, *Mitte*; G. SCHNEIDER, *Parusiegleichnisse* 82: „ Wenn es richtig ist, daß Lukas sein Problem der Parusieverzögerung wesentlich dadurch löst, daß er den Blick von der Frage des zeitlichen Abstandes des Gottesreiches auf die nach dessen Wesen verschiebt, dann ist es auch verständlich, warum und in welchem Sinn er von der Nähe oder gar Anwesenheit der Basileia sprechen kann (vgl. 10, 9; 11, 20; 17, 21). Eine besondere Nähe besteht zu jenen, denen Jesus begegnet " (mit Verweis auf des σήμερον Lk 4, 21; 19, 9; 23, 43 (s. Anm. 14).

26. Zur Historisierung in Lk 4, 16ff. vgl. CONZELMANN, *Mitte* 30f.98.104f.111ff. — Repräsentativ für den häufig geäußerten Widerspruch ist O. MERK (s. o. Anm. 11), der mit seiner Interpretation auf das Dasein des Reiches in Wort und Werk Jesu abhebt.

27. Diesen Unterschied übersieht O. MERK bei seinem Bemühen, als zentrales Problem des Lukas „ die bleibende Gegenwart Jesu für die Kirche " herauszustellen (*Das Reich Gottes* 212).

28. Vgl. W. G. KÜMMEL, *Einleitung* 113f. G. SCHNEIDER, *Parusiegleichnisse* 89. — Zur arché bei Lukas s. auch É. SAMAIN, *La notion de APXH dans l'œuvre lucanienne*, in F. NEIRYNCK (Hg.), *L'Évangile de Luc*, Gembloux 1973, 313-316.

29. Zur lukanischen Verkündigungsterminologie vgl. R. ASTING, *Zur Verkündigung des Wortes Gottes im Urchristentum*, 1939. Ferner H. CONZELMANN, *Mitte* 204ff.; O. MERK (s. o. Anm. 11); M. VÖLKEL (s. o. Anm. 2).

41) [30]. Mit solcher Verkündigung ist die Gegenwart stark als Heilszeit betont [31]. Die Parusieerwartung wird tradiert (Apg 2, 17; 3, 20f.; 10, 42; 17, 31), prägt aber in keiner Weise das Schema und den Inhalt des λέγειν τὰ περὶ τῆς βασιλείας τοῦ θεοῦ, welches die „ summarische Bezeichnung der „ Missionsbotschaft " ist " [32].

b) *Apg 19, 8*

Das ganze Ausmaß des enteschatologisierten Verständnisses zeigt die Parallelstelle 19, 8: Paulus versucht seine Zuhörer von der Basileia zu *überzeugen*. πείθειν im Sinne von *suadere* bzw. *persuadere* findet sich im Neuen Testament 13mal. Je zweimal kommt es bei Mt (27, 20; 28, 14)

---

30. Vgl. M. DIBELIUS, *Aufsätze zur Apg* (FRLANT 60), Göttingen ⁵1968, 142. — Bezeichnend ist, daß die Bußforderung nicht eschatologisch motiviert ist, sondern auf die *vita christiana* im Sinne einer christlich-bürgerlichen Frömmigkeit abzielt. Diese Entwicklung zeigt sich durchgängig im lukanischen Gesamtwerk und kann am Begriff der metanoia aufgezeigt werden: Die Kombination mit ἐπιστρέφειν ist typisch und zerlegt den Vorgang der Umkehr in „ Reue " und „ Bekehrung " des Lebenswandels (Apg 3, 19; 17, 3f.; 20, 21; bes. 26, 20!). In der Formel μετάνοια εἰς ἄφεσιν ἁμαρτιῶν (Lk 3, 3; Apg 13, 24; 19, 4; 5, 31) meint ἄφεσις nicht mehr die „ tägliche Umkehr ", sondern einen einmaligen Akt, geht jedenfalls auf Änderung des Lebenswandels („ Bekehrung "). Vgl. dazu H. CONZELMANN, *Mitte* 90ff.; E. GRÄSSER, *Parusieverzögerung* 210, Anm. 3.

31. O. MERK (s. o. Anm. 11) überzieht den Befund, wenn er feststellt, Lukas betone 4, 18-21 „ die Gegenwart des Gottesreiches in der Person Jesu " und qualifiziere damit die Jesuszeit als die „entscheidende, Gegenwart bleibende Heilszeit" (212).

Aber wenn Merk Recht hätte, müßte das doch vor allem in der von Lukas geschilderten Zeit der Kirche deutlich werden. Dem ist aber nicht so. Die Apg weiß vom Christus präsens überhaupt nichts (vgl. Ph. VIELHAUER, *Geschichte der urchristlichen Literatur* 403f. Der präsente Geist ist die beherrschende Macht). Was die Gegenwart verheißungsvoll macht, ist die sieghaft vordringende Verkündigung der Botschaft von Christus, durch die der *Name* des im Himmel wohnenden Jesus „ hier wunderbar gegenwärtig " ist (E. HAENCHEN, *Apg* 141). Durch diesen *Namen* wird man gerettet (Apg 4, 12). Die in Jesus präsent bleibende *Basileia* finde ich in ihrem ursprünglichen eschatologischen Sinne nirgends in der Apg. — Für wenig überzeugend halte ich es auch, wenn Merk feststellt: Nicht die Parusieverzögerung, sondern die bleibende Gegenwart Jesu für die Kirche sei das primäre Problem des Lukas (212.218). Als ob ersteres nicht das letztere allererst zum Problem werden ließe! Vgl. Ph. VIELHAUER, *Geschichte der urchristliche Literatur* 373: ,, Die Geschichte Jesu rückt als abgeschlossenes Ganzes in immer weitere Ferne und setzt sich immer stärker von der Gegenwart der Kirche ab. Das Verhältnis der Kirche zur Zeit Jesu wird immer mehr zum Problem. Lk versucht es mit seiner *Konzeption der Heilsgeschichte* zu lösen. " — Im übrigen braucht man die Schlußformulierungen bei Merk 219 nur beim Wort zu nehmen, dann sind sie eine klassische Bestätigung für Haenchens Meinung, daß die Basileia die Umschreibung für die christliche Predigt sei (Apg 109, Anm. 5). Dagegen freilich KÜMMEL, *Einleitung* 139, Anm. 68; VÖLKEL (s. o. Anm. 2) 62.

32. H. CONZELMANN, *Mitte* 204. — W. G. KÜMMEL, *Einleitung* 139.

und Paulus (2 Kor 5, 11; Gal 1, 10) vor, einmal im 1 Joh (3, 19). Die
restlichen 8 Vorkommen finden sich ausschließlich in der Apg. Der Sinn
ist besonders deutlich in 26, 28: ἐν ὀλίγῳ με πείθεις Χριστιανὸν ποιῆσαι.
(„fast überredest Du mich, als Christ aufzutreten"). Als Gegenstände
der Überredung stehen gleichsinnig nebeneinander die *Gnade* (ἔπειθον...
προσμένειν τῇ χάριτι τοῦ θεοῦ 13, 43), *Jesus* (πείθων τε αὐτοὺς περὶ τοῦ
Ἰησοῦ 28, 23) und eben die *Gottesherrschaft* (πείθων περὶ τῆς βασιλείας τοῦ
θεοῦ 19, 8) [33]. Das zeigt: Das Gottesreich gehört zu jenen katechetischen
Gegenständen, über die Lukas durch gewissenhafte historische Arbeit
meint ἀσφάλεια herstellen zu können (Lk 1, 4) [34]. Darum steht es 19, 8
nicht von ungefähr als Objekt eines διαλέγεσθαι (vgl. V. 9, auf den schon
Bengel, Gnomon, zSt verwiesen hat, und 17, 2)!

c) *Apg 8, 12; 28, 23.31*

Daß mit λέγειν τὰ περὶ τῆς βασιλείας τοῦ θεοῦ die christliche Botschaft
gemeint ist, die als Verkündigung *auch* das Eschaton zum *Gegenstand*
hat, nicht aber das eschatologische Ereignis *ist*, zeigen jene drei Stellen
der Apg, an denen ausdrücklich die βασιλεία τοῦ θεοῦ interpretiert wird:
8, 12; 28, 23 und 31.

Apg 8, 12 berichtet vom Missionar Philippus, der die Gefolgschaft des
Magiers Simon und schließlich diesen selbst für das Christentum gewinnt
dadurch, daß er „das Evangelium vom Reich Gottes und vom Namen
Jesu Christi predige" (εὐαγγελιζόμενος περὶ τῆς βασιλείας τοῦ θεοῦ καὶ τοῦ
ὀνόματος Ἰησοῦ Χριστοῦ). „Reich Gottes" und „Namen Jesu Christi"
bezeichnen als ein- und derselbe Inhalt des Evangeliums dasjenige Heil,
dessen die Glaubenden durch die Taufe teilhaftig werden (ὅτε δὲ ἐπίστευ-
σαν... ἐβαπτίζοντο ἄνδρες τε καὶ γυναῖκες).

Der promiscue Sprachgebrauch wird zusätzlich durch V. 4 und durch
V. 5 unterstrichen: „Das Wort verkünden" (εὐαγγελίζεσθαι τὸν λόγον)
bzw. „Christum predigen" (κηρύσσειν Χριστόν) sind jeweils nur andere
Ausdrücke für dieselbe Sache: Das Evangelium vom Reich Gottes predigen. Wo aber dessen ursprünglich eschatologische Thematik explizit
gemacht wird, geschieht es in der Form, daß auf Jesu endzeitliche Funktion in Gottes Heilsplan hingewiesen wird. So Apg 10, 42: „Und er
(Gott) hat uns geboten, dem Volk zu verkündigen und zu bezeugen: Das
ist der von Gott eingesetzte Richter der Lebenden und der Toten. Für
ihn zeugen alle Propheten: Jeder, der an ihn glaubt, empfängt durch
seinen Namen Vergebung der Sünden" [35]. So auch 17, 30f.: „Gott, der
über die Zeiten der Unwissenheit hinweggesehen hat, läßt jetzt den Men-

---

33. Zur Sache vgl. R. BULTMANN, Art. πείθω κτλ., *ThWNT* VI 1, 38ff.
34. Vgl. G. SCHNEIDER, *Der Zweck* 53.
35. Vgl. Ch. BURCHARD, *Der dreizehnte Zeuge* 141 mit Anm. 22.

schen verkünden, daß überall sich alle bekehren sollen, denn er hat einen
Tag festgesetzt, an dem er den Erdkreis in Gerechtigkeit richten wird
durch einen Mann, den er dazu bestellt und vor allen Menschen dadurch
ausgewiesen hat, daß er ihn von den Toten auferweckte ". Obwohl beide
Stellen aufgrund von Tradition geformt sind, (vgl. Barn 7, 2 ; 2 Tim 4, 1 ;
1 Petr 4, 5 ; Plyk Phil 2, 1 ; 2 Clem 1, 1 ; Eus h. e. III 20, 4 n. Apostoli-
cum), entsprechen sie ganz der Meinung des Lukas, wie die sonstigen
Aussagen über das Kerygma beweisen (2, 36-39 ; 3, 19f.26 ; 4, 11f. ; 5, 31 ;
13, 32f.38f. ; 14, 15) [36]. Von der Nähe des Gerichtstages ist weder hier
noch da die Rede. Und es ist ganz bezeichnend, daß in 17, 30f., „ in dem
einzigen christlichen Satz der Areopagrede " [37], die Zukunft in *dieser*
Weise angesprochen wird als „ ein Stück Eschatologie, das manche Religion und mancher Prediger der Zeit ähnlich lehren mochte " [38]. Selbst
die glatte Identifikation des Richters mit dem Menschensohn kann
Lukas vermeiden [39]. Aus „ pädagogischer Vorsicht " (Dibelius) begnügt
er sich vor den *heidnischen* Zuhörern mit der Feststellung : Die Welt hat
wie ihren Schöpfer und Erhalter so auch ihren Richter. Das Interesse des
Lukas an der Vollendung des Individuums schiebt sich nach vorne : der
einzelne ist es, der seinem Richter gegenübertreten wird.

Vom *Kommen* der Gottesherrschaft spricht Lukas hier wie auch sonst
nicht [40]. Entsprechend entscheidet auch nicht mehr die Einstellung gegenüber der Zukunft — geschweige denn der nahen Zukunft ! — über Heil
oder Unheil. Vielmehr bedeutet die Annahme der Botschaft Jesu
„ Rettung " (2, 40.47) [41], ihre Abweisung dauernden Heilsverlust (2, 23 ;

---

36. M. DIBELIUS, *Aufsätze* 53. — Der Begriff der *Umkehr* hat an allen Stellen
einen durch und durch heilsgeschichtlichen Sinn, wie bes. U. Wilckens, *Missionsreden* passim gezeigt hat.

37. M. DIBELIUS, *Aufsätze* 53.

38. M. DIBELIUS, *Aufsätze* 53.

39. Mit M. DIBELIUS, *Aufsätze* 53, Anm. 3 gegen LAKE, *Beginnings of Christianity*
I, vol. IV 219, der ἐν ἀνδρί auf den Menschensohn deutet.

40. S. o. S. 104.

41. Zum lukanischen Sprachgebrauch von σώζειν vgl. E. GRÄSSER, *Parusieverzögerung* 210f. Die häufige Wendung, daß „ Gerettete " hinzugefügt werden (so 2, 47 ;
vgl. 4, 9.12 ; 11, 14 ; 14, 9 ; 15, 1.11 ; 16, 30f. ; 27, 20,31), macht deutlich, daß die
soteria hier als gegenwärtige gedacht ist. Daneben ist das Heil als ein zukünftiges
vorgestellt (z. B. Apg 2, 21 ; 15, 11). Aber dieses „ künftige Heil, auf das sich die
Hoffnung richtet, wird weniger in der Vollendung der Heilsgeschichte und in der
Verwandlung der Welt beim Anbruch des neuen Äons gesehen…, als vielmehr im
künftigen Leben des Individuums jenseits des Todes " (R. BULTMANN, *Theologie des
Neuen Testaments* 465). Die Rettung erstreckt sich nicht mehr primär auf die
Bewahrung im apokalyptischen Enddrama, Mk 13, 13 = Mt 10, 22 ; vgl. Mt 24, 13 ;
Mk 13, 20 ; Lk 13, 23, sondern auf die Hoffnung der Totenauferstehung, Apg 4, 2.33 ;
17, 18 ; 23, 6 ; 24, 14f. ; 26, 6ff.22f. ; 24, 21. Das Interesse des Lukas an der Vollen-
dung des Individuums hat seine feste Formulierung in dem Satz von Christus als

7, 51; 13, 41.46; 18, 6; 28, 26f.). Der Gläubige ist der Gerettete, weil sein
Name im Himmel aufgeschrieben ist (Lk 10, 20) [42]. Der Ungläubige geht
verloren. Die Entscheidung fällt einzig am *Namen* Jesu (4, 12), den die
Predigt „ hier wunderbar gegenwärtig " sein läßt [43]. Von einer Gegenwart des *Reiches* ist in solchen Zusammenhängen ebenso wenig die Rede
wie vom *Christus praesens*. Beide Vorstellungen fehlen bei ˙ Lukas
völlig [44]. Das Reich ist rein zukünftig gedacht. Bis zum unbekannten
Termin seines Kommens bleibt Jesus im Himmel (Lk 22, 69) und
empfängt dort die ihren Tod erleidenden Christen (Apg 7, 55f.; vgl.
Lk 12, 16-21; 19, 19; 23, 43). Die ursprüngliche eschatologische Konzeption ist umgedreht: Die zukünftige bzw. jenseitige Basileia kommt nicht
zu uns, wir müssen durch viele Trübsale in sie hineingehen (Apg 14, 22).

Die beiden andern Stellen der Apg, an denen die Gottesherrschaft
inhaltlich interpretiert wird — 28, 23 und 31 — bestätigen nur dieses
Ergebnis. Die Vornehmsten der Juden, die Paulus in seine bewachte
Wohnung in Rom hat rufen lassen (28, 17), wollen dessen Meinung über
die „ Sekte " kennenlernen, die „ überall auf Widerspruch stößt "
(V. 22). Es kommt zum theologischen Kolleg im Quartier des Paulus.
„ Vom Morgen bis in den Abend hinein erklärte und bezeugte er ihnen
das Reich Gottes und versuchte, sie vom Gesetz des Mose und von den
Propheten aus für Jesus zu gewinnen. Die einen ließen sich durch seine
Worte überzeugen, die andern blieben ungläubig " (V. 23f.). Zwei volle
Jahre geht das so, daß Paulus das Reich Gottes verkündete und mit
allem Freimut über den Herrn Jesus Christus lehrte ἀκωλύτως (V. 30f.).
Die veränderte Einstellung zum Eschaton ist handgreiflich. Könnte man
sich vorstellen, Johannes der Täufer habe zwei Jahre lang zu *überzeugen*
versucht, daß die Axt den Bäumen schon an die Wurzel gelegt ist? Oder
daß Jesus über einen längeren Zeitraum *lehrte*, daß er Satan wie einen
Blitz vom Himmel fallen sah? Eschatologie als aktuelle Naherwartung
schließt das aus. Da Lukas solche Pädagogik der Basileia kennt, kann er
nicht die Vorstellung der Nähe des Reiches gehabt haben. Er spricht
vom Reich und meint die christliche Botschaft.

Jemandem das Reich Gottes erklären und bezeugen ist nichts anderes
als der Versuch, durch didaktische Anstrengung von Jesus zu überzeu-

---

dem Richter der Lebendigen und der Toten gefunden, Apg 10, 42, der dann Eingang in das Apostolikum fand, wo er der einzige Satz im 2. Art. ist, der von der
eschatologischen Zukunft redet.

42. Vgl. G. SCHNEIDER, *Parusiegleichnisse* 82.

43. E. HAENCHEN, *Apg* 141. Vgl. Ph. VIELHAUER, *Geschichte der urchristlichen
Literatur* 403f.; U. WILCKENS, *Die Missionsreden der Apg. Form- und traditionsgeschichtliche Untersuchung* (WMANT 5), Neukirchen 1961, 205f. Zur Gegenposition
vgl. O. MERK (s. o. Anm. 11) und E. KRÄNKL, *Jesus der Knecht Gottes. Die heilsgeschichtliche Stellung Jesu in den Reden der Apg* (BU 8), Regensburg 1972, 176ff.

44. Ph. VIELHAUER, *Geschichte der urchristlichenLiteratur* 403f.

gen, wie ihn das Gesetz des Mose und die Propheten geweissagt haben
(V. 23). Lukas denkt im Schema von Verheißung und Erfüllung und hebt
auf deren Zuverlässigkeit ab [45].

Haenchen vermutet, daß βασιλεία τοῦ θεοῦ für sich allein die ganze
christliche Verkündigung bezeichnet (19, 8; 20, 25; auch 1, 3 mit
Verweis auf ThWNT I 584, 22ff.). „ Wird es dagegen, wie hier [gemeint
ist 28, 23], 8, 12 und 28, 31 neben den Jesus-Ereignissen genannt, so hat
es die ‚jenseitige Bedeutung‘, von der 14, 22 spricht. Bei der Parusie
wird das jenseitige Reich mit dem wiederkehrenden Jesus kommen:
Lukas 21, 31 “ [46]. Man kann — zumal im Blick auf Lk 23, 42, wo die im
Himmel befindliche Basileia als „ Reich Jesu “ bezeichnet wird (vgl.
auch Lk 22, 30) — diese Unterscheidung gelten lassen. Sachlich verändert das am lukanischen Basileia-Verständnis nichts. Im Gegenteil!
Denn auch das jenseitige, im Himmel befindliche „ Reich Jesu “ ist primär nicht im Blick auf das künftige Datum der universalen Parusie ins
Auge gefaßt, sondern als derjenige Ort, an dem sich die Parusieerwartung des einzelnen in seinem Tode erfüllt. *Die Parusieerwartung* im traditionellen Sinne ist demgegenüber eine in jeder Hinsicht *offene* Möglichkeit. Lukas verneint sie natürlich nicht grundsätzlich. Aber er legt sie
auch in keiner Weise nahe. Im Gegenteil! Das ἀκωλύτως, das letzte Wort
der Apg, signalisiert das ihn eigentlich beherrschende Geschichtsbewußtsein: Die Welt und die Zukunft gehören dem Evangelium, das mit dem
in Apg 20 angedeuteten Märtyrertod des Apostels Paulus nicht aufhören
wird, seinen Siegeszug fortzusetzen. Die Heilsgeschichte ist nach vorne
hin *offen* [47], nicht ins Unendliche, aber doch *weit*. Jede Form der Naherwartung würde diese heilsgeschichtliche Schau nicht nur stören, sie
würde sie aus den Angeln heben. Lukas hat sie darum konsequent
getilgt. Denn der geographisch weite Raum von Apg 1, 8 und 28, 30f.
fixiert zugleich das chronologisch ferne Datum der Parusie [48]. Niemand
außer Gott weiß ihre Stunde (1, 7), aber jedermann kann wissen, daß sie
am äußersten Rande der heilsgeschichtlichen Entwicklung liegt.

---

45. Vgl. G. SCHNEIDER, *Der Zweck* 53.57f. — Beim „ Thema der *Verheißungs-
zuverlässigkeit* als theologisches Problem “ (ebd. 56) verschlingen sich für Lukas
zwei Probleme von gleicher Brisanz und Aktualität, die er eingangs der Apg mit
einem Begriff signalisiert sein läßt.

46. E. HAENCHEN, *Apg* 691.

47. So bes. G. SCHNEIDER, *Der Zweck* 53.55. — Ist mit Rom das 1, 7 anvisierte
„ Ende der Erde “ erreicht? R. PESCH, *Anfang* 32 verneint diese Frage. Dagegen
freilich W. ELTESTER, *Israel* (s. Anm. 52) 100ff.

48. Vgl. W. C. ROBINSON jr., *Der Weg des Herrn. Studien zur Geschichte und
Eschatologie im Lukas-Evangelium. Ein Gespräch mit H. Conzelmann* (ThF 36),
Hamburg 1964, 30ff., bes. 36.

2. Die Himmelfahrt als Gegenbild der Parusie

a) *Die Erzählungen Lk 24, 44-53; Apg 1, 9-11*

Daß Apg 1, 6-8 begründen soll, daß der heilsgeschichtliche Raum (geographisch und zeitlich) durch Gottes Heilsplan garantiert ist, also auch nicht durch die nahe Basileia limitiert ist — Gott selbst behält sich den Termin vor, d. h. er macht sein eigenes Programm nicht zunichte [49] —, kann als gesichertes Ergebnis gelten. Wenn gefragt wird: „ Wirst *Du* das Reich für Israel wiederherstellen? ", so steht — bedenkt man das Traditionelle der Ausdrucksweise [50] — deutlich eine *doppelte* Frage im Hintergrund: ,Ist das Reich auf Israel beschränkt?' und ,Kommt die Parusie jetzt?' [51]. Durch die sofortige Verknüpfung der Parusiefrage mit der Frage nach Israel signalisiert Lukas das *Kontinuitätsproblem* hinsichtlich der beiden ihn besonders interessierenden Seiten: Hinsichtlich des durch die Verzögerung immer größer werdenden zeitlichen Abstandes zum Anfang des Heils und hinsichtlich der Frage, welche Kirche nun das wahre Israel darstellt [52]. Auf jeden Fall aber ist das *Problem der Naherwartung* aufgeworfen [53]. Die Antwort in V. 8 ist eindeutig: Nicht das Reich kommt, sondern die Zeit der Kirche als „ das vorläufige Reich des Geistes und der Kraft " [54]. Diese Zeit freilich ist nicht mehr qualifiziert durch das unmittelbare Beieinander von Geist (-Ausgießung) und Parusie, sondern durch Geist und Zeugenschaft. Anders gesagt: Das Ende der Welt im räumlichen Sinne tritt in eine konditionale Korrelation zum

---

49. Für R. Pesch, *Der Anfang der Apg* 30, weisen die Zeiten und Fristen „ nicht unmittelbar auf das Ende (Apg 17, 31 spricht vom Gerichtstag, den Gott festgesetzt hat), sondern auf die Erstreckung der Endzeit ". Die Zeiten und Fristen wären dann identisch mit der Zeit der Kirche und ihrem Weg (34). Mir scheint die herkömmliche Deutung auf den Parusietermin allerdings wahrscheinlicher. Vgl. Conzelmann. *Apg* 22; S. G. Wilson, *The Gentiles and the Gentile Mission in Luke-Acts*, 89f.

50. Vgl. Mal 3, 23 LXX; Dan 4, 33f.; 1 Makk 15, 3 LXX; Sir 48, 10. Zur Sache s. R. F. Zehnle, *Peter's Pentecost Discourse. Tradition and Lukan Reinterpretation in Peter's Speeches of Acts Two and Three* (SBLMS 15), Nashville, New York 1971, 97.

51. Vgl. E. Haenchen, *Apg* 149.

52. Zu dieser zweiten Frage vgl. vor allem J. Jervell, *Luke and the People of God. A New Look at Luke-Acts*, Minneapolis 1972; W. Eltester, *Israel im lukanischen Werk und die Nazareth-Perikope*, in W. Eltester (Hg.), *Jesus in Nazareth* (BZNW 40). Berlin 1972, 76-147.

53. Vgl. J.-D. Kaestli, *L'Eschatologie dans l'œuvre de Luc* (NSTh 22). Genève 1969, 65ff.; G. Schneider, *Parusiegleichnisse* 87ff.; E. Kränkl, *Jesus der Knecht Gottes* 193ff. (In meinem Forschungsbericht habe ich irrtümlich bestritten, daß Kränkl dem Problem der Parusieverzögerung Rechnung trägt: *ThR* 42 [1977] 4).

54. H. G. Link, Art. *Apokatastasis*, *TBLNT* III 1971, 1303.

Ende der Welt im zeitlichen Sinne [55]. Insofern formuliert Jesu Antwort Apg 1, 7f. sehr wohl den *Parusieersatz* [56].

Weniger eindeutig ist das Verständnis der mit καὶ ταῦτα εἰπών unmittelbar angeschlossenen Himmelfahrt VV. 9-11. Daß sie das lukanische Parusieverständnis weiter präzisieren will, ist im Blick auf den redaktionellen V. 11 kaum zweifelhaft. Aber in welchen Sinn?

Zunächst hat es den Anschein, als wolle Lukas mit dem nochmaligen Erzählen der Himmelfahrt — im Unterschied zu Lk 24, 44-53 diesmal mit ausdrücklicher Wiederkunftsverheißung (V. 11) — einem eschatologischen Vakuum vorbeugen [57]. Trotzdem bleibt die *uneschatologische* Sicht dominant.

Während Lk 24, 47-49 (schon in der vorlukanischen Tradition? [58]) auf die Erfüllung in der Pfingstgeschichte vorausblickt und also die Geistsendung als dauerndes Bindeglied zwischen dem Erhöhten und seinen Zeugen zum Inhalt der Naherwartung macht (V. 49), ist Apg 1, 9-11 anders stilisiert, nämlich von vorneherein als *Gegenbild* der Parusie. Es fehlen Segensgeste und Proskynese (vgl. Lk 24, 50f. mit Apg 1, 9). Die gegenüber Lk 24, 51 hinzugefügte Wolke ist die der Entrückung von Dan 7, 13, die auch dem Wiederkommenden als Gefährt dienen wird.

55. Vgl. G. STÄHLIN, *Die Apostelgeschichte* (NTD 5), Göttingen [5]1975, 19.

56. Vgl. H. SCHLIER, *Jesu Himmelfahrt nach den Lukanischen Schriften*, in DERS., *Besinnung auf das NT. Exegetische Aufsätze und Vorträge*, Freiburg 1964, 227-241, hier 234ff.; G. SCHNEIDER, *Parusiegleichnisse* 88f.; anders freilich J. KREMER, *Pfingstbericht und Pfingstgeschehen. Eine exegetische Untersuchung zu Apg 2, 1-13* (SBS 63/64), Stuttgart 1973, 214; S. G. WILSON, *Gentiles* 90f. — K. LÖNING, *Lukas — Theologe der von Gott geführten Heilsgeschichte*, in J. SCHREINER (Hg.), *Gestalt und Anspruch des Neuen Testaments*, Würzburg 1969, 200-228 meint, die Parusie werde hier nicht in eine weit entfernte Zeit geschoben oder *praktisch* aufgehoben, sondern „ das ungesunde Spekulieren mit einem frühen und nahen Termin" werde abgelehnt (223f.). Mit welchem Ergebnis aber wird dieses Spekulieren abgelehnt? Daß die Parusieerwartung kein nennenswerter Faktor mehr ist, wenn die Frage beantwortet werden muß: „ Was soll ich tun, um gerettet zu werden? " (16, 30; vgl. 2, 37)! Die Antwort lautet nämlich: „ Glaube an den Herrn Jesus, und du wirst gerettet werden" (16, 30). Damit ist die Parusieerwartung doch *praktisch* aufgehoben. — Eine schwache Apologie ist auch die Auskunft von S. G. Wilson, Lukan Eschatology 67ff., Lukas wehre Enthusiasten gegenüber die Naherwartung ab, versuche aber gleichzeitig, sie gegenüber resignierenden Christen anzufachen. Das wäre eine fragwürdige theologische Taktik, würde Lukas hoffnungslos gewordenen Christen geben, was er enthusiastischen Schwärmern wegnimmt. Die Naherwartung ist falsch *oder* richtig, nicht falsch *und* richtig, je nach eschatologischer Temperatur.

57. So oder ähnlich H. J. CADBURY, *Acts and Eschatology*, in *The Background of the New Testament and its Eschatology* (FS f. Ch. H. Dodd), Cambridge 1956, 300-321; W. C. VAN UNNIK, *The „ Book of Acts " the Confirmation of the Gospel*, in DERS., *Sparsa Collecta* I, Leiden 1973, 340-385, hier 359ff.; J. H. MARSHALL, *Luke: Historian and Theologian*, Exeter 1970, 175ff.; W. G. KÜMMEL, *Einleitung* 139f.; G. STÄHLIN, *Apg* 19; selbst E. HAENCHEN, *Apg* 158.

58. Vgl. R. PESCH, *Anfang* 19, Anm. 39.

Ferner: In Lukas 24 kehren die Jünger nach der Proskynese von selbst und mit großer Freude nach Jerusalem zurück, um dort auf den verheißenen Geist zu warten. Apg 1, 10 dagegen stehen sie wie gebannt und starren gen Himmel, bis die Deuteengel die Spannung lösen. Da sie es tadelnd tun (vgl. den parallelen Vorgang in Lk 24, 5: „ Was sucht ihr den Lebenden bei den Toten " ?), darf man annehmen, daß sich in dem Gen-Himmel-Starren entweder die Naherwartung des Endes ausdrückt [59], oder — wahrscheinlicher — noch einmal die bereits Lk 24, 19-21 auftauchende Resignation. Erst nachdem deren Grundlosigkeit klargemacht ist, kehren sie nach Jerusalem zurück. Alle Gefühle, die der Szene wohl anstünden — Schmerz über den Abschied, Freude über die Verheißung — unterdrückt Lukas. Bewußt, denn er stilisiert die Jünger als „ Repräsentanten der Kirche, die das richtige Verhältnis zu Himmelfahrt und Parusie lernen soll [60] ".

Es ist Lukas, der in V. 11 redigiert und den ursprünglichen Bezug der Himmelfahrt zum Pfingstbericht (vgl. noch Apg 1, 5.6.8) durch den zur Parusie ersetzt. Freilich nicht, um das Interesse auf die Parusie zu lenken, sondern um es von ihr abzulenken! Es ist hier sehr sorgfältig auf die Einzelheiten des Textes zu achten. Die Beziehung der Himmelfahrt zur Parusie wird mit οὕτως ἐλεύσεται κτλ. hergestellt. Dieser Konnex hat zweifellos eine Bekräftigungsfunktion. Dem Weggehen entspricht eben das Wiederkommen. Die betonte Identifizierung des sichtbar Scheidenden mit dem wiederkommenden Jesus durch οὗτος ὁ Ἰησοῦς dient ebenso wie die Parallelisierung im Formalen (ἐλεύσεται ὃν τρόπον ἐθεάσασθε αὐτὸν πορευόμενον εἰς τὸν οὐρανόν) der Absicht, die Parusie als Schlußpunkt der Zeit der Kirche als so sicher erscheinen zu lassen, wie die Himmelfahrt als Schlußpunkt der Zeit Jesu.

Trotzdem trägt diese Verheißung nicht den Akzent. Lukas setzt ihn vielmehr auf das, was aus dem Vorgang für die Jünger folgt. Spätestens darin trifft sich Apg 1, 9-11 wieder mit Lk 24, 44-53. Hier wie da betrachtet Lukas die Himmelfahrt jeweils in ihrer doppelten Bedeutung, die sie für Jesus und die sie für die Jünger hat. Für *Jesus* bedeutet sie: Er erreicht den ihm bestimmten Ort (vgl. die wiederholte Herausstellung von εἰς τὸν οὐρανόν). Von jetzt an sitzt er zur rechten Gottes (Lk 22, 69). Bis zu seiner Wiederkehr muß ihn der Himmel aufnehmen (Apg 3, 21). Das alles gehört zu den ausgewiesenen Tatsachen, die durch Augenzeugenschaft beglaubigt werden können (vgl. die Betonung des Sehens der Jünger: βλεπόντων αὐτῶν, ἀπὸ τῶν ὀφθαλμῶν αὐτῶν, ἀτενίζοντες, βλέποντες, ἐθεάσασθε) [61].

---

59. Vgl. E. HAENCHEN, *Apg* 157.

60. E. HAENCHEN, *Apg* 158.

61. Vgl. R. PESCH, *Anfang* 33; Ch. H. TALBERT, *An Anti-Gnostic Tendency in Lucan Christology*, NTS 14 (1968) 259-271 (Deutsche Übersetzung in: G. BRAUMANN [Hg.], *Das Lukas-Evangelium* 354-377).

Was Himmelfahrt für die *Jünger* bedeutet, wird durch Deuteengel erklärt und ist aus diesem Grunde genauso wenig bezweifelbar. Himmelfahrt und Parusie markieren einen *Rahmen* [62]. Das für die Jünger Entscheidende ist die ihnen *innerhalb* dieses Rahmens zufallende Aufgabe. Darum wird ihr Blick vom Himmel, aus dem er doch wiederkommen soll, weggelenkt. Jetzt ist nicht die Zeit der Wiederkehr, sondern der Ausbreitung des Wortes.

Die zuletzt wieder von Rudolf Pesch gestellte Frage, ob die Deuteengel vor der Naherwartung warnen sollen [63], kann man nur mit einem klaren Ja beantworten [64]. Das um so mehr, als schon Lk 19, 11 zur Begründung des Parusieaufschubs indirekt („ er reiste in ein *fernes* Land ", V. 12) auf die Himmelfahrt verwiesen wird [65]. Genauso hat auch Apg 1, 9-11 eine stark *retardierende Funktion*. Der in 1, 7f. ausgesprochene Aufschub der Parusie wird — wie *expressis verbis* in 3, 20f. — weiter begründet und keineswegs wieder halb zurückgenommen. Denn tatsächlich ist V. 9 die eigentliche Antwort auf V. 6: Jesus wird den Jüngern entzogen, (jetzt) nicht wiedergegeben. Und die deutliche Beziehung des Engelwortes zum letzten Wort Jesu in V. 8 läßt die Absicht des Lukas nur zu deutlich hervortreten: Er verknüpft das Ende der Welt im zeitlichen Sinne mit dem Ende der Welt im räumlichen Sinne [66]. Der geographisch weite Raum wird zum Zeittakt der Parusie: Sie liegt in weiter Ferne[67]. „ Auf diese Weise wird die Himmelfahrt zum bekräftigenden Zeichen für das vorangegangene Gespräch. Sie hebt ins Bild, was vorher in Worten gesagt wurde. Und sie ist als Bild deshalb so eindringlich, weil sie sozusagen die Umkehr der Parusie darstellt: Jesus kommt nicht, sondern er geht. Er geht in die Welt Gottes, aus der er einst wieder hervortreten wird. Er geht auf der Wolke, die ihn erst am Ende wieder herbeiführt [68] ".

Die Komposition und die Erzählform entscheiden also hier wie auch sonst bei Lukas über den Sinn des Gesagten. *Am Schluß* des vierszenigen Eingangs der Apg rückt das Ende der neuen Epoche in den Blick — als fernes Datum am äußersten Rande der heilsgeschichtlichen Entwicklung. In der Mitte steht die Mission. Mit ihrer Anordnung auf den Lippen scheidet Jesus: καὶ ταῦτα εἰπών [69].

---

62. Vgl. G. Lohfink, *Himmelfahrt* 256ff.

63. *Anfang* 33.

64. Vgl. E. Haenchen z. St.; Conzelmann, *Apg* 23; anders freilich Wilson, *Gentiles* 227f.

65. Vgl. G. Schneider, *Parusiegleichnisse* 93.

66. Vgl. G. Stählin, *Apg* 19.

67. Zu dieser Historisierung vgl. Conzelmann, *Mitte* 190. Dagegen freilich H. Flender, *Heil und Geschichte in der Theologie des Lukas* (BEv Th 41), München 1965, 87.

68. G. Lohfink, *Himmelfahrt* 259.

69. R. Pesch, *Anfang* 33.

Was die kompositorische Arbeit des Lukas ausdrückt, wird durch
seine *Erzählform* noch unterstrichen: sie erläutert nicht eigentlich die
Himmelfahrt, sondern das Modell einer bestimmten Jüngerhaltung [70].
Naherwartung kann ihre Sache nicht sein. Denn in der „ Zeit der Heiden " treten nur Irrlehrer mit der Naherwartungsbotschaft auf (Lk
21, 6). Sie selber, die Jünger, treten mit dem Evangelium vom Reich
auf!

So ist der innerhalb des Neuen Testamentes nur bei Lukas breit aus-
gebaute Topos der Himmelfahrt ein kräftiges Indiz dafür, wie uneschatologisch Lukas im Grunde denkt. Er hat zwar den traditionellen Hinweis auf die Parusie in 1, 11 eingebracht. Aber der Akzent liegt für die
auf Erden *Zurückbleibenden* eindeutig auf ihrer Haltung in der Zeit, für
den Auffahrenden auf der Erhöhung. Goppelt verweist dafür nicht zu
Unrecht auf Lk 22, 69: Im Gegensatz zur synoptischen Parallelüberlie-
ferung in Mk 14, 62; Mt 26, 64 schließt Jesus seine Antwort an den
Hohenpriester nicht mit der Ankündigung der Parusie, sondern mit dem
Hinweis auf die Erhöhung. Das zeigt die veränderte Einstellung: Die
universale Vollendung wird nicht völlig ignoriert (vgl. Lk 14, 14;
17, 30-35; 21, 25ff.; Apg 3, 20f.). „ Aber der Blick ist primär... auf den
Erhöhten und die Sammlung der Kirche durch seinen Geist gerichtet [71] ". Ist Jesus zur Rechten Gottes erhöht und der Geist gesandt,
fehlt in der Heilsökonomie Gottes nichts mehr, um Menschen zu erlösen
und zu *vollenden*. Durch die christologische Akzentverschiebung auf die
Erhöhung wird die Erlösung in den Himmel verlegt. Damit hat Lukas
die Erwartung für eine Individualeschatologie durchlässig gemacht: die
Todesstunde wird für den Einzelnen zur Parusie, in der er das Leben
gewinnt oder verliert (Lk 12, 20; 23, 43; Apg 7, 49) [72]. Für eine solcher-
weise ausgeformte Eschatologie stellt die Parusieerwartung keinerlei
konstitutives Motiv mehr dar. Sie führt in der Apg vielmehr ein küm-
merliches Restdasein dort, wo in der Missionspropaganda der traditionelle Gerichtsgedanke aus paränetischen Gründen festgehalten wird
(3, 20f.; 10, 40-42; 17, 31). Ansonsten hat er für die Ausarbeitung des
Heilskerygmas *praktisch* keine Bedeutung. Goppelt scheint mir das
erkannt zu haben, wenn er seine Darstellung der lukanischen Theologie
wie folgt beschließt: „ Mit dieser Zuordnung von Erhöhung, Sammlung
der Kirche durch den Geist und Individualeschatologie bietet Lukas eine

---

70. Vgl. E. HAENCHEN, *Apg* 157.

71. L. GOPPELT, *Theologie des Neuen Testaments*. 2. Teil. Vielfalt und Einheit des
apostolischen Christuszeugnisses, hrsg. v. J. ROLOFF. Göttingen 1976, 623f.

72. Vgl. H. FLENDER, *Heil und Geschichte* 85ff.; L. GOPPELT, *Theologie* 2, 624. —
Zur Individualeschatologie bes. J. DUPONT, *Die individuelle Eschatologie im Lukas-
evangelium und in der Apg*, in *Orientierung an Jesus* (FS f. J. Schmid), Freiburg
1973, 37-47.

polare Entsprechung zur Offenbarung. Spitzt sich in der Offenbarung das Verhältnis zur Welt in dem Widerstand gegen den Antichrist (Offb 13) zu, so prägt es sich bei Lukas am markantesten in der Areopagrede (Apg 17, 16-34) aus, der missionarischen Auseinandersetzung mit der Welt der Gebildeten. Schließt die Offenbarung mit der Bitte: ‚ Amen, ja komm, Herr Jesu!‘ (Offb 21, 20), so das lukanische Werk mit dem Bericht über die ungehinderte Verkündigung der Heilsbotschaft (Apg 28, 31). Sieht die Offenbarung der ersten Auferstehung, dem sogenannten tausendjährigen Reich, entgegen, so Lukas der Gemeinschaft mit dem Erhöhten, die nicht an die Parusie gebunden ist: ‚ihr seid die, die mit mir in meinen Anfechtungen ausgehalten haben, und ich vermache euch, wie mir mein Vater vermacht hat, das Reich, daß ihr eßt und trinkt an meinem Tisch in meinem Reich‘ (Lk 22, 28-30) [73] “.

b) *Der Apokatastasis-Spruch in Apg 3, 19-21*

Die retardierende Funktion der Himmelfahrt bestätigt unmittelbar der neben 1, 11 allein noch übrig bleibende Text, in dem innerhalb der Apg ebenfalls ausdrücklich von der Parusie die Rede ist [74]: Apg 3, 19-21. Es handelt sich um einen charakteristischen lukanischen Himmelfahrtstext außerhalb der beiden Erzählungen: „ Bekehrt euch also und wendet euch um, daß eure Sünden ausgelöscht werden, damit Zeiten des Aufatmens kommen vom Angesicht des Herrn und er den euch bestimmten Christus Jesus sende, den der Himmel aufnehmen muß bis zu den Zeiten der Herstellung von allem, wovon Gott sprach durch den Mund seiner heiligen Propheten von Urbeginn an “.

Der schwierige Text unterliegt traditionsgeschichtlich und exegetisch der unterschiedlichsten Beurteilung [75]. Trotzdem ist nach den jüngsten Untersuchungen von Gerhard Lohfink und Emmeran Kränkl der uns besonders interessierende Tatbestand nicht mehr gut zu bestreiten, daß eine lukanische Komposition vorliegt, welche die Parusieverzögerung reflektiert und sie — im Rückblick auf 1, 6f. (ἀποκαθιστάνω-ἀποκατάστασις) [76] mit dem Willen Gottes begründet [77]. Bis „ alles hergestellt “, also

---

73. L. GOPPELT, *Theologie* 2, 624.

74. An allen anderen „ Parusie “ stellen ist die Wiederkunft Christi reduziert auf das paränetische Gerichtsmotiv, 10, 42; 17, 31.

75. Vgl. vor allem G. LOHFINK, *Christologie und Geschichtsbild in Apg 3, 19-21*, *BZ* 13 (1969) 223-241; E. KRÄNKL, *Jesus der Knecht Gottes* 193ff.

76. Vgl. R. PESCH, *Anfang* 27ff.

77. Vgl. E. HAENCHEN, *Apg* 210f.; H. CONZELMANN, *Apg z. St.*; Ph. VIELHAUER, *Aufsätze zum NT* 170; G. LOHFINK, *Himmelfahrt* 237f.; G. SCHNEIDER, *Parusiegleichnisse* 87ff.; anders G. SEVENSTER, *Handelingen en het probleem van de nabije parousie* in N. J. HOMMES (Hg.), *Arcana revelata*, Kampen 1951, 119-126; E. KRÄNKL, *Jesus der Knecht Gottes* 198.

bis die καιροὶ ἐθνῶν vollendet sind und alle Völker die Bekehrungspredigt gehört haben (Lk 24, 47), solange verzieht die Parusie. Auf keinen Fall ist das Gegenteil richtig (unmittelbares Bevorstehen der χρόνοι ἀ. π.) [78], wie schon Overbeck gesehen hat. Allerdings dachte er bei den χρόνοι ἀ. π. nicht (wie die meisten Exegeten heute) an die mit der Parusie beginnende Endzeit, sondern an die gegenwärtige Verlaufszeit, in der sich durch Annahme oder Verwerfung der apostolischen Predigt die Scheidung zwischen dem verstockten Israel und den gehorsamen Heiden vollzieht. Jenes geht damit des Heils verlustig, diese treten in das sich wieder aufrichtende Reich ein. Kurz: „ Die χρόνοι ἀ. π. sind nichts anderes als die ἐσχάται ἡμέραι 2, 17, die zwischen erster und zweiter Parusie verlaufende Zeit, auf welche die Weissagung des Joel bezogen wurde 2, 17-21 [79] ".

Diese ansprechende Exegese ist in der Gegenwart von Kränkl mit beachtlichen Argumenten erneuert worden [80]. Aber so oder so: Ob nun auf καιροί (= Endzeit) oder ihre inhaltliche Bestimmtheit (= ἀναψύξεως (wer darf in der Gegenwart auf sie hoffen?) der Ton gelegt wird, in jedem Falle trägt der Gedankengang der Parusieverzögerung Rechnung [81]. Der von Lukas gebotene kurze Abriß der Heilsgeschichte nach Ostern will zeigen, was Gott alles getan hat, um Israel doch noch zur μετάνοια zu führen. In der durch die Geistsendung eröffneten letzten Epoche vor dem Ende standen auch ihm die καιροὶ ἀναψύξεως noch einmal offen. Das sich bei dieser Betonung der heilsgeschichtlichen Stunde für Israel leicht einschleichende Mißverständnis, das Ende sei damit nahegekommen, wird von Lukas sofort korrigiert: Bis zur von Gott festgesetzten Zeit der Wiederherstellung mußte der Himmel Christum aufnehmen. Das in der gegenwärtigen Verlaufszeit eigentlich retardierende Moment ist das δεῖ und damit also die Himmelfahrt (vgl. Lk 24, 44-51, wo ebenfalls das göttlich verfügte heilsgeschichtliche δεῖ steht). Sie eröffnet den geographisch und zeitlich weiten Raum zwischen Auferstehung und Parusie und ist also ein direktes Indiz dafür, daß Lukas dem Verzögerungspro-

---

78. So L. Goppelt, *Die apostolische und nachapostolische Zeit*, Göttingen 1962, A 25.

79. (W. M. L. de Wette) F. Overbeck, *Kurze Erklärung der Apostelgeschichte*, Leipzig ⁴1870, 55; ähnlich E. Preuschen, *Die Apg* (HNT IV/1), Tübingen 1912, 21; Th. Zahn, *Die Apostelgeschichte des Lucas* (KNT 5), Leipzig ³·⁴ 1922.1927, 156; M. Rese, *Alttestamentliche Motive in der Christologie des Lukas* (StNT 1), Gütersloh 1969, 70f.

80. Vgl. E. Kränkl, *Jesus der Knecht Gottes* 193-198.

81. Gegen E. Kränkl, *Jesus der Knecht Gottes* 198, Anm. 77. Vgl. auch Ph. Vielhauer, *Ein Weg zur neutestamentlichen Christologie? Prüfung der Thesen Ferdinand Hahns*, EvTh 25 (1965) 24-72 (= ders., *Aufsätze zum NT*, München 1965, 141-198, hier 170).

blem Rechnung trägt, auch und gerade wenn es um Israel geht [82]. 3, 19ff. ist jedenfalls kein Aufruf an die Juden, durch metanoia die Parusie zu beschleunigen [83]. Denn die jüdische Zuhörerschaft des Petrus ist rein fiktiv [84]. Im Sinne des Lukas trägt er seine Argumentation vielmehr vor *christlichen* Lesern vor, die daraus entnehmen sollen, daß die lange Zeit bis zur Parusie göttlich verfügt ist [85]. *Summa*: Apg 3, 19-21 ist der Sache nach nichts anderes als eine Kurzform der in 1, 6-11 verhandelten Thematik.

3. *Pfingsten — ein eschatologisches Ereignis?*

Im programmatischen Eingang der Apg (1, 1-11) hat Lukas der traditionellen apokalyptischen Naherwartung bewußt einen anderen Inhalt gegeben: Nicht das Reich, die *Geisttaufe* steht unmittelbar bevor (VV. 5.8; vgl. auch Lk 24, 49). Diese hat er zusätzlich aus ihrem ursprünglichen eschatologischen Zusammenhang herausgelöst: Der Geist leitet nicht die Eschata ein, sondern das apostolische Zeugenamt (1, 5-8). Die Frage ist nun, ob Lukas in der Pfingstgeschichte 2, 1-13, besonders in der anschließenden Rede des Petrus 2, 14-42, die an die Geistverleihung geknüpfte eschatologische Erwartung nicht seinerseits wieder provoziert hat dadurch, daß er in 2, 17 das alttestamentliche Zitat offenbar bewußt abändert: aus καὶ ἔσται μετὰ ταῦτα Joel 3, 1 LXX wird καὶ ἔσται ἐν ταῖς ἐσχάταις ἡμέραις. Das ist eine traditionelle Formel (vgl. Hebr 1, 2; 1 Petr 1, 20; 2 Petr 3, 3; Jud 18; Herm sim IX 12, 3; ferner 1 Tim 4, 12; 2 Tim 2, 1; Barn 4, 9; 12, 9; 16, 5; Did 16, 2f.; 2 Clem 14, 2; Ign Eph 11, 1; Iren adv her IV 36, 1; 38, 1; 55,6; V, 15 4), deren Ursprünge bis ins Alte Testament und in die Apokalyptik zurückreichen [86]. Dort umschreibt die Wendung die Zeit des Messias [87], im Neuen Testament kennzeichnet sie die Überzeugung der gesamten Urchristenheit, am Ende der Zeit zu

---

82. Vgl. G. LOHFINK, *Christologie und Geschichtsbild* 241; bes. F. MUSSNER, *Die Idee der Apokatastasis in der Apg*, in: *Lex Tua Veritas* (FS f. H. Junker), Trier 1961, 293-396 (= DERS., *Praesentia salutis. Gesammelte Studien zu Fragen und Themen des NT*, Düsseldorf 1967, 223-234), der den ganzen ersten Teil der Apg (1, 6; 2, 1-36; 3, 21-26; 7, 22ff.; 13, 34; 15, 16f.) von der „ Idee der Apokatastasis " geprägt sieht, in der er das Selbstverständnis der Urgemeinde ausgedrückt findet, das „ *neue, eschatologische Gottesvolk*, das wiederhergestellte *wahre Israel der Endzeit* " zu sein (305).

83. Gegen F. ZEHNLE, *Peter's Pentecost Discourse* 75.

84. G. LOHFINK, *Himmelfahrt* 225.

85. G. SCHNEIDER, *Parusiegleichnisse* 88, fragt, ob der längere Zeitraum auch „ vom Standpunkt des Lukas aus anvisiert sei ". Eine ganz unnötige Frage.

86. Vgl. Gen 49, 1; Num 24, 14; Deut 31, 29; Jes 2, 2; Jer 23, 20; Dan 10, 14. Vgl. dazu F. MUSSNER, " *In den letzten Tagen* „ (*Apg* 2, 17a), *BZ* 5 (1961) 263-265; E. KRÄNKL, *Jesus der Knecht Gottes* 190-193 (Literatur!).

87. STRACK-BILLERBECK III 671.

leben (vgl. 1 Kor 7, 29; Rm 13, 11f. u. ö.). Als signifikantes Datum der
Äonenwende gilt die Sendung des Sohnes Gottes (Gal 4, 4), genauerhin
sein Tod und seine Auferstehung (Gal 1, 4; vgl. 1 Kor 10, 11).
Will Lukas also doch herausstellen, daß die Geistverleihung den
Anbruch der eschatologischen Heilszeit bedeutet [88]? Dann stünde 2, 17
in einer beträchtlichen *Spannung* zu 1, 1-11. Da sie textkritisch nicht zu
beheben ist [89], bedarf sie einer sachlichen Erklärung. Für Kümmel ist sie
einfach die Spannung der durch Jesu Sendung und Erhöhung schon
eingeleiteten eschatologischen Vollendung in der Gegenwart und ihrer
endgültigen Erfüllung bei der Parusie Jesu [90]. Diese Erklärung scheidet
neben anderen Gründen [91] auch darum aus, weil wir die Verbindung
zwischen Himmelfahrt und Parusie anders bestimmt haben. Der schein-
bare Widerspruch zwischen 2, 17 und 1, 1-11 verschwindet zudem sofort,
wenn man die geprägte Wendung „ in den letzten Tagen " nicht aus der
Situation der allerältesten Gemeinden und ihrem eschatologischen
Geschichtsbewußtsein erklärt, sondern im Interpretationshorizont der
lukanischen Theologie [92]. Ihm zufolge aber wird — worauf Kümmel
selbst hinweist [93] — die urchristliche Anschauung, daß das Ende mit
Jesu Kommen bereits angebrochen sei, nicht mehr streng festgehalten.
Die Geschichte Jesu ist *Anfang der Heilsgeschichte*, nicht *das* eschatologische Ereignis. Entsprechend meint die Wendung ἐν ταῖς ἐσχάταις ἡμέραις im Sinne des Lukas keineswegs das eschatologische νῦν des Paulus
(2 Kor 6, 2; Rm 3, 21) oder Johannes (4, 32 u. ö.), wonach das Heil
gegenwärtig ist als Vorausnahme des künftigen Äon in der Entscheidung
des Glaubens, sondern die „ letzten Tage " meinen die Jetztzeit in ihrer
historischen Erstreckung durch die Zeiten. Sie sind eine Phase — die
καιροὶ ἐθνῶν (Lk 21, 24) —, die auf das Kommen Jesu, die Mitte der Zeit,
folgen. Durch die gegliederte Heilsgeschichte und das Walten des Geistes
in ihr werden diese Phasen verknüpft und bleibt selbst noch die Gegenwart der 3. christlichen Generation durch das σήμερον der mit Jesus
anhebenden Heilszeit (Lk 4, 21) bestimmt. Insofern kann man diese
Eschatologie eine *sich realisierende* nennen [94]. Die wesentliche Struktur
ist jedoch diese: das Reich wird verkündigt. Das *Jetzt* dieser Verkündigung (Verheißung) und ihre Annahme sichern das *Dann* (Erfüllung). Das

---

88. So die meisten Exegeten.
89. Vgl. dazu W. G. KÜMMEL, *Einleitung* 138, Anm. 63.
90. W. G. KÜMMEL, *Einleitung* 138; so auch O. MERK (s. o. Anm. 11).
91. Wohl kennt Lukas die Dialektik des Schon und Noch-Nicht, und er denkt im
Schema von Verheißung und Erfüllung, aber in historisierender Form und darum
qualitativ anders. Vgl. H. CONZELMANN, *Mitte*, passim.
92. So richtig E. KRÄNKL, *Jesus der Knecht Gottes* 191.
93. W. G. KÜMMEL, *Einleitung* 113.
94. Vgl. R. GEIGER, *Die Lukanischen Endzeitreden* 258.

Heil wird zur Hoffnung und ist damit zukünftig. In der Vorstellung greifen dabei Zeit- und Raumvorstellungen ineinander (Apg 1, 7f. u. ö.) [95].

Lukas will mit der traditionellen apokalyptischen Wendung „ in den
letzten Tagen " also klarstellen: *Diese seine Gegenwart*, die „ Zeit der
Heiden " ist die letzte Zeit: eine Epoche, keine Äonenwende. Mit der
Geistausgießung als dem Ermöglichungsgrund der Weltmission sind „ die
letzten Tage " gekommen — im Sinne der „ gegliederten Kontinuität der
Heilsgeschichte nach Gottes Plan " [96], nicht im Sinne des urchristlich-
eschatologischen Geschichtsbewußtseins, geschweige denn im Sinne einer
aktuellen apokalyptischen Erwartung. „ Das besagt jedoch, daß die
Eschatologie sich nunmehr am landläufigen und profanen Zeitbegriff
orientiert " [97]. Das gilt für *alle* eschatologischen Texte der Apg. Dagegen
ist es eine *petitio principii*, Apg 2, 17 als Beweisstück dafür zu nehmen,
„ daß Lukas den Boden der urchristlichen Eschatologie nicht verlassen
hat " [98]. Das Gegenteil ist richtig, wie die Analyse der Rede 2, 14-39
vollends zeigen kann [99]. Was im Joel-Buch eschatologisch gemeint ist (es
spricht von Schreckenszeiten vor dem Ende, vor allem vom „ Tag des
Herrn ", wovon in Apg 2, 22ff. gar keine Rede ist) [100] wird in ein „ kir-
chengeschichtliches " Verständnis abgeändert (Wilckens). Im Zusammenhang der Predigt soll das Zitat jetzt zeigen, daß das Geschehen der
Geistausgießung auf die Zwölf ebenso prophetisch in der Schrift vorher-
gesagt ist wie die Wundertaten Jesu es sind. „ Die Predigt konstatiert
also im Blick auf beides die Erfüllung der Weissagung und also die Erfüllung göttlichen Heilsratschlusses " [101]. Das Zitat verklammert die Situation (Pfingsten) und das Jesuskerygma 2, 22-24. Das aber offenbart

---

95. Vgl. das genau gleiche Verfahren im Hb (1, 2; 2, 3; 3, 15; 4, 7; 9, 26 u. ö.)
und dazu E. GRÄSSER, *Der Glaube im Hebräerbrief* (MThSt 2), Marburg 1965, 171-
184; G. THEISSEN, *Untersuchungen zum Hebräerbrief* (StNT 2), Gütersloh 1969, 89-
93; C. K. BARRETT, *The Eschatology of the Epistle to the Hebrews* (FS f. C. H. Dodd),
Cambridge 1956, 363-399. — Auch 2Petr 3, 3 ist nicht anders zu verstehen. Vgl.
dazu E. KÄSEMANN, *Exegetische Versuche und Besinnungen* I 136.

96. H. CONZELMANN, *Mitte* 127.

97. E. KÄSEMANN, *Exegetische Versuche und Besinnungen* I 136.

98. G. LOHFINK, *Himmelfahrt* 261; so auch J. KREMER, *Pfingstbericht* 171;
Ch. BURCHARD, *Der dreizehnte Zeuge* 182; W. RADL, *Paulus und Jesus im lukanischen Doppelwerk. Untersuchungen zu Parallelmotiven im Lukas-Evangelium und in
der Apg* (EHS. T XXIII/49), Bern 1975, 373, Anm. 1. Radl sieht mit 2, 17 bewiesen, daß Lukas „ spätestens in der Sendung des Geistes die Endzeit eröffnet " sieht.
— Richtig hält H. CONZELMANN, *Apg* z. St. die Wendung für „ abgeschliffen " (mit
Verweis auf 1 Tim 4, 12; 2 Tim 3, 1).

99. Vgl. U. WILCKENS, *Missionsreden* 32ff.

100. Insofern besagt die auf die Geistverheißung „ übergangslos " folgende
Ankündigung des " Tags des Herrn " gar nichts (gegen Chr. BURCHARD, *Der dreizehnte Zeuge* 182).

101. U. WILCKENS, *Missionsreden* 33.

seinen uneschatologischen Gebrauch [102]. Denn weder hat Lukas das *Sprachenwunder* als eschatologisches Ereignis gekennzeichnet, sondern als initium temporum nationum; noch ist das *Jesuskerygma* als solches herausgestellt, sondern als Erfüllung prophetischer Weissagung, daß der Zugang zum Heil von Gott eröffnet ist. 2, 33a zeigt, daß die Erhöhung Jesu das eigentliche Ziel des Beweisganges ist [103]. Die Geistausgießung im 2, 1-13 geschilderten Sinn ist Folge davon (V. 33b).

So bestätigt also auch der Kontext von 2, 17, daß Lukas an dem Unzusammenhang von Geistausgießung und Parusie wie in 1, 1-11 (vgl. Lk 24 fin) festhält. Die letzte *Etappe* vor der Parusie Christi und dem Weltende ist eingeleitet [104]. Daß sie kurz sein könnte, ist durch ihre Verknüpfung mit der räumlichen Weite der Mission ausgeschlossen.

Wir fassen zusammen: Der redaktionelle Eingriff des Lukas in das alttestamentliche Zitat in Apg 2, 17 hat keinerlei sinnverändernde Wirkung: Pfingsten ist das kirchengründende Datum, nicht das eschatologische.

III. Das Ergebnis

Für Philipp Vielhauer stellt die Apg den Versuch dar, „ das Problem des Verhältnisses des eine geschichtliche Größe gewordenen Christentums zu seinem ihm immer ferner rückenden Anfang zu bewältigen " [105]. Das damit aufgeworfene *Kontinuitätsproblem* ist für Lukas nicht einseitig das des immer größer werdenden Abstandes der eigenen kirchengeschichtlichen Gegenwart von der „ Mitte der Zeit " und also die Frage des Verhältnisses der gegenwärtigen Christen zu dem in Jesus dagewesenen Heil, sondern das Kontinuitätsproblem ist für Lukas *auch* der faktische Ablösungsprozeß des Christentums vom Judentum und die damit notwendig gewordene Aufgabe, „ ein entwicklungsgeschichtliches Bild der Umwandlung des Heilsvolks zu einer Einheit aus Juden und Heiden zu zeichnen

---

102. U. WILCKENS, *Missionsreden* 33f. mit Anmerkung.

103. Vgl. E. LOHSE, *Lukas als Theologe der Heilsgeschichte*, EvTh 14 (1954) 256-276; = DERS., *Die Einheit des Neuen Testaments. Exegetische Studien zur Theologie des Neuen Testaments*, Göttingen 1973, 145-164.

104. Ch. BURCHARD, *Der dreizehnte Zeuge* 182, irritiert mit einer unpräzisen Polemik. Zwar gibt er zu, daß „ Lukas' Eschatologie von der urchristlichen Naherwartung grundsätzlich verschieden „ sei, weil das Ende rein zukünftig gedacht werde. Zukunft müsse aber nicht Ferne heißen. Für Lukas sei das Ende immerhin so nahe, " daß es sich lohnt, darauf zu warten. " Aber wo hätte Lukas *diesen* Modus der Erwartung als belangvoll für den Glaubenden ausgearbeitet? Apg 1, 1of. hat die *aktuelle* Erwartung jedenfalls abgewiesen. Im übrigen: Daß Lukas *anders* denkt, entbindet uns noch nicht davon, kritisch die Sachfrage zu stellen.

105. Ph. VIELHAUER, *Urchristliche Literatur* 405.

und damit die fortdauernde Geltung der biblischen Verheißung für seine Gegenwart zu sichern " [106].

Die neuere Acta-Forschung weiß, daß tatsächlich „ Israel " der *Schlüssel* zum Verständnis von Plan, geschichtlichem Standort und Theologie des Lukas ist [107]. „ Israel " bildet zusammen mit der Kirche einen der Bausteine für Lukas' heilsgeschichtliche Konzeption [108], wobei den Epochen der Heilsgeschichte die des Geistes entsprechen: Vor Jesus hatten ihn die Propheten, in der Mitte der Zeit Jesus allein und nach Ostern das ganze Gottesvolk [109].

Im Blick auf diesen Sachverhalt ist es verständlich, wenn häufig festgestellt wird, man verenge das von Lukas gesehene und in Angriff genommene *theologische Problem der Kirchengeschichte, der Geschichtlichkeit des christlichen Glaubens als solcher,* „ wenn man hier einseitig das Problem der ausgebliebenen Parusie, der fragwürdig gewordenen eschatologischen Naherwartung als das Grundproblem der lukanischen Theologie anführt " [110]. Nun, es ist in der Tat kaum wahrscheinlich, daß die Parusieverzögerungs*krise* den *ausschließlichen* Faktor bei der Ausbildung des heilsgeschichtlichen Entwurfs darstellt [111]. Wenn es andererseits aber als ausgemacht gilt, daß die lukanische Theologie „ von der Bewältigung des Geschichtsproblems her insgesamt ihre strukturelle Prägung " erhält [112], führt kein Weg an dem Urteil vorbei, daß die eschatologische Frage das lukanische Grundproblem darstellt. Denn was anders hätte denn die „ Geschichtlichkeit des christlichen Glaubens " als theologisches Problem aufgeworfen wenn nicht die ursprüngliche Verkündigung eines Heils, das *darum* keine Geschichte haben kann, weil es alle Geschichte *beendet*: eben die Nähe der Gottesherrschaft. Kurz: Das von Lukas

---

106. W. ELTESTER, *Israel*, 146. — Über den Zweck der Apg vgl. G. SCHNEIDER (s. o. Anm. 2).

107. Vgl. J. JERVELL, *Luke and the People of God*, passim; A. GEORGE, *Israël dans l'œuvre de Luc*, in *RB* 75 (1968) 481-525; E. HAENCHEN, *Judentum und Christentum in der Apg*, in DERS., *Die Bibel und wir*, Tübingen 1968, 337-374; = *ZNW* 54 [1963] 155-187; A. RICHARDSON, *History Sacred and Profane*, London 1964; S. G. WILSON, *Gentiles*, passim; W. ELTESTER, *Israel*, passim; G. LOHFINK, *Die Sammlung Israels. Eine Untersuchung zur lukanischen Ekklesiologie* (StANT 39), München 1975; J. DUPONT, *Études sur les Actes des Apôtres*, Paris 1967, 394-419; F. BOVON, *De vocatione gentium. Histoire de l'interprétation d'Act 10, 1-11, 17 dans les six premiers siècles* (BgBE 8), Tübingen 1967.

108. H. CONZELMANN, *Grundriß der neutestamentlichen Theologie* 170.

109. A. GEORGE, *Israël*, passim.

110. U. WILCKENS, *Missionsreden* 200. (Die 3. Aufl. 1974 bringt diese Erwägungen nicht mehr. Vgl. dazu meinen Forschungsbericht, *ThR* 42 [1977] 37f.).

111. O. Cullmann, *Heil als Geschichte* 217ff.; E. GRÄSSER, *Parusieverzögerung*, ²1960, 224; vgl. U. WILCKENS, PAULUSSTUDIEN 182 mit Anmerkung und die oben Anm. 7. Genannten.

112. U. WILCKENS, *Missionsreden* 201.

gezeichnete entwicklungsgeschichtliche Bild in all seinen Facetten dient zuletzt der Überwindung dieser Grundaporie. Ob sich die Lösung als „ todtgeboren " und zuletzt als „ eine Tactlosigkeit von welthistorischen Dimensionen " erweist (Overbeck), mag man diskutieren [113]. Unstrittig ist, daß die Stellung, die Lukas zum eschatologischen Problem einnimmt, seine Geschichtsschreibung allererst „ innerlich möglich " gemacht hat [114].

Der programmatische Eingang der Apg scheint mir sowohl die von Vielhauer präzise umschriebene Absicht des Lukas als auch das sie tragende eschatologische Bewußtsein klar zu bestätigen. Es ist alles andere als ein Zufall, daß Lukas zu Beginn seiner πράξεις, also der Darstellung der geschichtlichen Erstreckung des Heils durch die unterminierte Zeit, das Problem der Parusieverzögerung *expressis verbis* aufwirft und definitiv löst (1, 6-8). Als Ausführung des Programmes von 1, 8 ist die gesamte darauf folgende Darstellung zugleich der Versuch, die Richtigkeit der Lösung zu verifizieren und also ein direkter Beitrag zu der Lk 1, 4 genannten Zielsetzung, die ἀσφάλεια für den Glauben begründet zu erhärten. Dazu gehört auch, daß klar ist: Die fixierte Naherwartungsbotschaft ist nicht nur geschichtlich überholt. Sie ist Irrlehre (s. Lk 21, 8 im Vergleich mit Mk 13, 6). Die Apg als ganze zieht daraus klare Konsequenzen. Die allein noch festgehaltene unterminierte Parusieerwartung ist mitgeführter Überhang der Tradition [115], der zusammen mit der Himmelfahrt den *Rahmen* für das geographisch und zeitlich weit gestreckte heilsgeschichtliche Programm absteckt. Eine wirkliche Bedeutung bei der Ausarbeitung des Heilskerygmas hat dagegen der eschatologische Ausblick nicht. Er ist *ein* Topos unter anderen [116]. Wo er sich findet (Apg 2, 17; 3, 20-23; 10, 42; 17, 31; 24, 45), hat er präsentische Funktion und dient dazu, den paränetischen Zuspruch zu begründen [117].

Im übrigen ist die Erwartung des nahen Gottesreiches ersetzt durch die *Verkündigung* seines Wesens, das sich in Wort und Wunder des *Christus* und seiner Apostel manifestiert. Den Platz der Eschatologie nimmt nun das Konzept einer kontinuierlichen geschichtlichen Verwirklichung des göttlichen Heilsplanes ein. Er ist nach vorne hin offen, was Apg 28fin schlagend belegt dadurch, daß die Parusie hier — kein Thema mehr ist [118]. Nicht der Ausblick auf die Wiederkunft beschließt das

---

113. Vgl. E. GRÄSSER, *Acta-Forschung* 272f.

114. E. HAENCHEN, *Apg* 106.

115. Anders S. G. WILSON, *Lucan Eschatology* 345.

116. U. WILCKENS, *Paulusstudien* 180f.

117. Vgl. E. KRÄNKL, *Jesus der Knecht Gottes* 210.

118. G. LOHFINK, *Himmelfahrt* 262: „ Das Zweite Buch durfte keinen eigentlichen Abschluß erhalten, sondern es mußte offenbleiben: Jesus wird bezeugt, die βασιλεία wird verkündet (Apg 28, 31), aber die Wiederkunft Jesu steht noch aus,

Buch, sondern der Vorblick auf die unbegrenzten (ἀκωλύτως!) Möglichkeiten des Evangeliums [119].

Da Lukas die Durchlässigkeit dieser Konzeption für eine Individualeschatologie mehrmals deutlich markiert hat, ist es völlig gleichgültig, wie lange die Parusie verzieht. Hypothetisch läßt sie sich sogar für immer streichen, ohne daß die Heilsökonomie Gottes fundamentalen Schaden nähme. Denn Zentrum des lukanischen Schemas ist die Idee, daß die Erfüllung des Heiles Gottes in Jesus unter den Menschen auf Erden tatsächlich gegenwärtig war und durch eine Auferstehung für alle Zeiten als solches festgehalten wird [120]. Die Entscheidung bezüglich der Heilszukunft fällt entsprechend bereits in der Gegenwart an der Annahme oder Ablehnung des „ Evangeliums vom Reich Gottes ". Der Ausblick auf den zukünftigen Richter bleibt als paränetisches Motiv erhalten.

Lukas war der erste „ konsequente Eschatologe ". Er war es insofern, als er alles — notgedrungen — von der ausgebliebenen Parusie her neu zu bedenken gab [121]. Das bestimmt nicht nur seinen Umgang mit den relevanten Traditionen, also der Basileia- bzw. Parusieerwartung. Es betrifft faktisch das Ganze: den Theozentrismus; das Verständnis der Universalgeschichte als göttlicher Vorsehungsgeschichte; die Reklamation sowohl der jüdischen als auch der heidnischen Religionsgeschichte als *praeambula fidei*; den Anspruch, die ἀσφάλεια des Glaubens historiographisch sichern zu können; das Verständnis der Kirche als *una sancta catholica*; die Haltung gegenüber dem Synkretismus (G. Klein) [122], über-

---

und es bleibt Zeit und Raum für eine sich weiter entfaltende Kirche. " Zum Schluß der Apg überhaupt vgl. Ph. Vielhauer, Urchristliche Literatur 401, Anm. 41.

119. Zu dem letzten Wort der Apg (ἀκωλύτως) vgl. H. CONZELMANN, *Apg* 150; G. DELLING, „ Das letzte Wort der Apg ", *NT* 15 (1973) 193-204.

120. Vgl. U. WILCKENS, *Paulusstudien* 182.

121. Insofern trifft Lukas die Kritik, die K. Barth an A. Schweitzer adressiert hat: Es ist auf dem Feld der ntl. Exegese „ nicht weise, *diese* Erkenntnis, *dieses* Problem und *diese* Lösung des Problems als eine Art Aladinsches Zauberwort zu behandeln, dem sich nun gleich alle Türen zu allen Geheimnissen öffnen sollen " (*KD* II/1, 718). In der richtigen Erkenntnis und Behandlung des Parusieproblems bei Schweitzer sieht K. Barth dennoch „ Überspitzungen ", die aber der „ Lehre vom *lebendigen* Gott " darum abträglich sind, weil sie von dessen gleichzeitiger „ Vorzeitlichkeit, Überzeitlichkeit und Nachzeitlichkeit " einseitig nur das letztere betonen (ebd. 720).

122. Vgl. G. KLEIN, *Der Synkretismus als theologisches Problem in der ältesten christlichen Apologetik*, *ZThK* 64 (1967) 40-82; = DERS., *Rekonstruktion und Interpretation, Gesammelte Aufsätze zum NT* (BEVTh 50), München 1969, 262-301.

123. Vgl. E. KÄSEMANN, *Der Ruf der Freiheit*. Tübingen ³1972, 168: „ Auf der Ebene des historischen Berichterstatters wiederholt sich also, was theologisch schon im Epheserbrief bemerkbar wird: Die Kirche hat ihren Herrn vereinnahmt. Er bleibt ihr Herr, ist ihr aber derart integriert, daß er nicht mehr ihr ständiger Richter wird. Als Erhöhter thront er zur Rechten des Vaters und wartet auf die

haupt das nach drei Richtungen — Rom, Judentum, Paganismus —
entfaltete apologetische Programm; die als Funktion der Kirche verstandene Chrstologie [123]; die Ethisierung der Soteriologie (Buße, Sündenvergebung); schließlich die regulierte *vita christiana* „ als selbständiger
Sachverhalt neben der rechten Lehre " [124]. Das alles besagt: Die Kirche
als endzeitliche Gemeinde der Erwählten, „ deren Qualität sich in eschatologischen Bedrängnissen sowie Verfolgungen von Seiten einer a priori
feindlichen Welt erweist (Mt 16, 24-28; 24, 21f.; Mk 4, 16f.; 13, 19f.;
Joh 16, 33) [125] ", weicht der Darstellung eines Christentums, das in seiner
Weltläufigkeit gezeigt wird. Vom Anbeginn an hat es Bezug zur Weltgeschichte (Lk 2, 1ff.; 3, 1), betrifft es die ganze οἰκουμένη (Apg 11, 27f.),
bezieht Kaiser und Könige mit ein (Lk 2, 1ff.; Apg 18, 2.12; 24, 27;
25, 13) und ist um staatliche Anerkennung bemüht [126]. Kultur und Bildung sollen ihm nicht fremd sein, was der Hellenist Lukas durch geschickte
Handhabung des bewährten Stilmittels hellenistischer Historiographie nicht müde wird zu betonen. Kurz: *neque enim in angulo quidquam
horum gestum est* (dies alles ist ja nicht in irgend einem Winkel geschehen), *sed inspectante genere humano,* wie Bengel den Satz mit Recht vollendet [127]. Dieses Apg 26, 26 explizit formulierte Programm verdankt
sich ebenso wie alles andere der von Lukas durchreflektiert vorgenommenen Verabschiedung der urchristlich-apokalyptischen Eschatologie,
wodurch die Parusie tatsächlich zum *locus de novissimis* geworden ist
(Vielhauer) [128]. Dies war der Preis, den Lukas zahlte, um das Heil als
Geschichte darstellen zu können. Das Ergebnis mag man eine „ massive

---

Vollendung der Seinen. Auf Erden wird er jedoch durch die Kirche kraft des ihr
verliehenen Geistes und seiner Gaben repräsentiert. Er hat ihre Gründung und
Weltmission ermöglicht, irdisch als der große Lehrer und Wundertäter, der ster-
bend und auferstehend zu ihrem Haupte und dem künftigen Weltenrichter wurde.
Weil das Ärgernis des Kreuzes durch die Gloriole des Auferstandenen überdeckt
wird, rückt nicht nur die Ekklesiologie in den Vordergrund. Es kann auch zu dem
für Lukas so kennzeichnenden Übergang von einer natürlichen Theologie zur Herr-
lichkeitschristologie kommen. Die heilsgeschichtliche Entwicklung verbindet alle
Stufen eines weiten Weges. " Vgl. dazu auch S. Schulz, *Die Mitte der Schrift* 142.
    124. S. Schulz, *Die Mitte der Schrift* 156.
    125. E. Plümacher, *Lukas als griechischer Historiker, Pauly's RE Suppl.*, Bd.
XIV, 1974, 239.
    126. Vgl. R. Bultmann, *Theologie* 469f.
    127. J. Bengel, *Gnomon* zu Apg 26, 26.
    128. Zur Funktion der Parusie im frühen Christentum (sie ist *ein* Element bei der
Ausarbeitung des Heilsverständnisses) vgl. D. Aune, *The Significance of the Delay of
the Parousia*, in G. F. Hawthorne, *Current Issues in Biblical and Patristic Interpretation* (FS f. M.C. Tenney), Grand Rapids 1975, 87-109, bes. 103ff.

Theologie " nennen [129] und dann kritisieren [130] oder verteidigen [131]. Und ob es eine positive Wertung der Geschichte darstellt, darüber wird noch gestritten (Günter Klein) [132]. Indes ist die unstrittig *positive* Leistung der von Lukas angestrebte und erreichte „ *kirchliche Zweck* " seines Doppelwerkes. Er hat der Gemeinde seiner Zeit „ ein klares und stabiles Verhältnis ihrer selbst " verliehen [133], das im Bewußtsein einer von Gott gelenkten Heilsgeschichte *gründet*, in der Verbindung mit Jesus durch die Auferstehungshoffnung *besteht* und in der Aufgabe, das Zeugnis von Jesus „ bis an das Ende der Erde " zu tragen, *lebt*. Von der Parusieverzögerung als einer Anfechtung des Glaubens ist dieses Selbstbewußtsein gleich weit entfernt wie von der Parusieerwartung als eines Antriebs der Hoffnung. Vielmehr tröstet sich die Kirche des Lukas auf ihrem von Gott eröffneten *weiten* Weg durch die Geschichte (Käsemann) [134] der Gewißheit, „ daß sogar in dieser unserer Zeit Gottes Güte jeden Morgen neu ist " [135].

Die Christenheit lebt noch heute von dieser Gewißheit.

---

129. E. HAENCHEN, *Apg* 141.
130. Vgl. E. KÄSEMANN, *Der Ruf der Freiheit* 165f.: „ Lukas hat zum ersten Male christlich Supranaturalismus und Rationalismus miteinander versöhnt, wobei ihm seine Umwelt freilich Hilfen bot. Sein Werk strotzt im einzelnen von Mirakeln und notiert auf jeder Seite die göttliche Lenkung der Geschichte. Indem der Historiker beides in eine Ordnung bringt, welche das Himmlische und das Irdische in einem anschaulicher werdenden Heilsplan verbindet, wird ein Hauch hellenistischer Aufklärung spürbar, den wir nirgendwo sonst im Neuen Testament gewahren. Der religiöse Hellenismus rechnet selbstverständlich mit dem Eingreifen der Götter und Dämonen in das alltägliche Leben. Aufklärerisch wirkt es, wenn solcher Wunderglaube die Welt nicht als ein chaotisches Kampffeld versteht, sondern selbst die bösen Geister bloß Unruhe stiften läßt, über welche die Vorsehung um so herrlicher triumphieren kann. So lassen sich übernatürliche und historische Begebenheiten augleichen, einer transzendenten Harmonie, immanenten Kontinuität und geschichtlichen Entwicklung unterwerfen. " Vgl. auch S. SCHULZ, *Die Mitte der Schrift* 137.
131. Vgl. vor allem W. G. KÜMMEL, *Lukas in der Anklage der heutigen Theologie*, passim. Ferner W. GASQUE, *A History*, passim. Zur Forschungssituation insgesamt vgl. meinen Bericht (s. o. Anm. 4).
132. Vgl. einerseits U. Wilckens, andererseits G. Klein.
133. Ph. VIELHAUER, *Geschichte der urchristlichen Literatur* 405.
134. Vgl. E. KÄSEMANN, *Der Ruf der Freiheit*, wo der Hebräerbrief und das lukanische Doppelwerk gleicherweise unter der Überschrift „ Der weite Weg " zusammengefaßt werden (135ff.; Lk: 155ff.).
135. E. HAENCHEN, *Apg* 141.

IX. TA PERI TÈS BASILEIAS
(Apg 1,3; 19,8)

I

Der verehrte Jubilar hat 1973 in der Festschrift für Josef Schmid einen wichtigen und vielbeachteten Beitrag zur lukanischen Eschatologie geschrieben, in dem er zeigen konnte, daß Lukas eine „Uminterpretation" der kollektiven zur individuellen Eschatologie vornimmt[1]. Dies freilich nicht so, daß er die eine an die Stelle der anderen setzt, sondern so, daß er beide unverbunden nebeneinander stehen läßt. „Die stärkere Betonung des einen Aspekts erlaubt ja nicht, den anderen zu übergehen."[2]

Damit hat Jacques Dupont ein Problem erneut angerührt, das in den Forschungen zum lukanischen Doppelwerk noch immer kontrovers diskutiert wird: Welchen Rang und welche Funktion hat die Basileia- bzw. Parusieerwartung in der Geschichtstheologie des Lukas? „Hier ist alles strittig."[3] Was speziell die | Naherwartung anbetrifft, sind die Urteile extrem verschieden: Lukas „akzeptiert [sie] einfach", läßt man verlauten[4], oder: er schiebt sie „an den Rand"[5], ja, schließlich sogar: er erklärt sie „für häretisch" (Lk 21,8)[6].

Nun fällt die Entscheidung über diese Fragen weder an der Behandlung der Acta noch an deren spezifisch eschatologischen Partien allein, sondern am lukanischen Doppelwerk insgesamt und dessen heilsgeschichtlichem Entwurf. Da aber Lukas aus naheliegenden Gründen im Evangelium weitaus mehr durch traditionelle Vorgaben, natürlich auch solche eschatologischer Art, gebunden

---

[1] J. DUPONT, „Die individuelle Eschatologie im Lukas-Evangelium und in der Apostelgeschichte" in *Orientierung an Jesus. Zur Theologie der Synoptiker. Für Josef Schmid. Hrsg. v. P. Hoffmann in Zusammenarbeit mit N. Brox und W. Pesch*, Freiburg-Basel-Wien, 1973, 37–47.

[2] Ebd. , 46.

[3] E. PLÜMACHER, „Acta-Forschung 1974–1982" in *ThR* 48 (1983), (1–56) 45. Zur Diskussionslage vgl. E. GRÄSSER, „Die Apostelgeschichte in der Forschung der Gegenwart" in *ThR* 26 (1960), 163–165; „Acta-Forschung seit 1960" *ThR* 41 (1976), 286–289; 42 (1977), 63–66 (s.o. Beiträge IV u. V); E. PLÜMACHER, *ThR* 48 (1983), 34–45; F. BOVON, *Luc le Théologien. Vingt-cinq ans de recherches (1950–1975)*, Neuchâtel-Paris, 1978, 11–84.

[4] R. MADDOX, *The Purpose of Luke-Acts*, FRLANT 126, Göttingen, 1982, 129; ebenso A.J. MATTILL Jr, *Luke and the Last Things*, Dillsboro, NC, 1979.

[5] W.G. KÜMMEL, „Lukas in der Anklage der heutigen Theologie", in *ZNW* 63 (1972), (149–165), 157. So verstehen die meisten.

[6] G. KLEIN, Art. „Eschatologie IV. Neues Testament" in *TRE* 10 (1982), 294, 26.

ist als in den Acta[7], wird man nicht fehlgehen, hier zuerst nach dem hermeneutischen Schlüssel zu suchen, der die Bedeutung der traditionellen eschatologischen Erwartung aufschließt, die Lukas trotz der von ihm zeitlich und räumlich weit gestreckten „Kirchengeschichte" festhält (Apg 1,6ff.).

Ein in diese Richtung gehender Versuch des Verfassers[8] mit dem Ergebnis, daß die Parusieerwartung in den Acta keinerlei konstitutives Motiv mehr darstellt, ist neuerdings von Rudolf Schnackenburg sehr kritisch beleuchtet worden[9]. Seine Argumente und die daraus gezogenen Schlußfolgerungen sind von erheblicher Bedeutung, so daß mir eine Auseinandersetzung mit | ihnen geboten erscheint. Eröffnet doch die präzise Fragestellung Schnackenburgs die Chance, des strittigen Gegenstandes noch schärfer ansichtig zu werden und ihn einer (vielleicht konsensfähigen) Problemlösung einen Schritt näher zu führen.

II

Zunächst soll festgehalten werden, daß eine Fülle von Beobachtungen und Feststellungen, die Schnackenburg trifft, ganz und gar unstreitig sind. So z.B. diese, daß in Apg 1,6–8 „eine Naherwartung, aber nicht das kommende Reich selbst" abgewiesen wird[10]. Auch daß die Himmelfahrtsgeschichte eine zeitlich nah terminierte Parusieerwartung korrigiert und „zugleich die Tatsächlichkeit der Parusie" einschärft[11], ist gemeinsame Überzeugung. Ebenso, daß „die Parusie Christi [...] auch in der Bekehrungspredigt für Israel ein unaufgebbarer Verkündigungsinhalt" ist[12]. Und wer wollte bestreiten, daß „das Festhalten an der künftigen Totenerweckung (Apg 4,2; 23,6–8; 24,15) ein weiteres Indiz dafür (ist), daß für Lukas der eschatologische Ausblick ein ernsthafter Gegenstand der Hoffnung ist"[13]?

Nein, nicht diese richtigen Beobachtungen als solche sind kontrovers, son-

---

[7] Dafür, daß die Acta weder ein schlichter Geschichtsbericht noch ein Aggregat von Quellen, sondern eine theologische Tendenzschrift sind, ist noch immer maßgeblich F. OVERBECK, *Kurze Erklärung der Apostelgeschichte*. Von W.M.L. DE WETTE. 4. Auflage, bearbeitet und stark erweitert von F. Overbeck. Kurzgefaßtes exegetisches Handbuch zum Neuen Testament. Von W.M.L. DE WETTE, I, 4. Leipzig, 1870. Vgl. dazu J.-CHR. EMMELIUS, „Tendenzkritik und Formengeschichte. Der Beitrag Franz Overbecks zur Auslegung der Apostelgeschichte im 19. Jahrhundert", *FKDG* 27, Göttingen 1975, 79ff.
[8] E. GRÄSSER, „Die Parusieerwartung in der Apostelgeschichte", in *Les Actes des Apôtres*, par J. KREMER, BEThL 48, Gembloux-Leuven, 1979, 99–127 (s.o. Beitrag VIII).
[9] R. SCHNACKENBURG, „Die lukanische Eschatologie im Lichte von Aussagen der Apostelgeschichte", in *Glaube und Eschatologie. Festschrift für W.G. Kümmel zum 80. Geburtstag*, herausgegeben von E. Gräßer und O. Merk, Tübingen, 1985, 249–265.
[10] R. SCHNACKENBURG, *Die lukanische Eschatologie*, 255.
[11] Ebd., 225f.
[12] Ebd., 258.
[13] Ebd., 260f.

dern die aus ihnen gezogenen Konsequenzen. Zusammengefaßt lauten sie bei
Schnackenburg: Die Parusieerwartung ist in den heilsgeschichtlichen Entwurf
des Lukas als lebendige, das Heil mitkonstituierende Hoffnung integriert. Zwar
habe sich in der nachösterlichen Situation der *Akzent* von der futurischen Naherwartung auf die gegenwärtige Jesuspredigt verschoben, „aber doch so, daß
Lukas die Basileia-Botschaft Jesu beibehalten will"[14].

M.E. ist es nicht die Frage, ob Lukas das *will*, sondern ob er es unter den inzwischen veränderten Bedingungen noch *kann*. Schon Paulus hat in der nachösterlichen Situation die Basileia-Predigt Jesu nicht einfach wiederholen können[15]. Wieviel weniger konnte das Lukas in seiner Situation, in der sich das Geschichtsverständnis gegenüber dem der ersten Generation vollkommen gewandelt hatte! Die „Naherwartung des Endes hat sich nicht erfüllt. Als Lukas die
Apg schrieb, war Paulus hingerichtet und der Herrenbruder Jakobus als Märtyrer gestorben, hatten die Christen als lebende Fackeln in Neros Gärten ge-
brannt und waren die heilige Stadt und ihr Tempel in Trümmer gesunken. Die
Welt aber ging weiter. Daran erkannten viele Christen, daß die Naherwartung
des Endes falsch war. Wenn aber die letzten Dinge nicht bald kommen – wann
dann?"[16].

Von den Möglichkeiten, die sich hier boten, wählte Lukas bekanntlich die,
daß er die Parusieerwartung nicht einfach eliminierte, wohl aber ans äußerste
Ende einer langen heilsgeschichtlichen Entwicklung rückte. Damit aber ist eine
Beibehaltung der Basileia-Botschaft Jesu unmöglich geworden. Denn für Jesus
war die Gottesherrschaft bereits so nahe, daß sie *angesagt* werden konnte. Es
blieb „überhaupt keine Zeit, von ihr anders als in der Form der Proklamation zu
sprechen"[17]. Auch die Gleichnisse Jesu von der Gottesherrschaft wollen als
„eschatologische Rede" verstanden werden[18]. Dagegen bei Lukas sind sie keine
Basileia-Gleichnisse, und zwar gerade deswegen, *weil* er sie fast ausnahmslos
ethisiert hat[19]. Schon deswegen kann keine Rede davon sein, daß er die Basi-
leia-Predigt Jesu *beibehalten* will. |

---

[14] Ebd., 263 mit Verweis auf Apg 8,12; 28,23.31; ferner 1,3; 19,8; 20,25.

[15] Vgl. E. JÜNGEL, *Paulus und Jesus. Eine Untersuchung zur Präzisierung der Frage nach
dem Ursprung der Christologie, HUTh* 2, 1962, 263ff. („Zwang zur Interpretation", 267).
Das Problem ist schon klar erfaßt von A. SCHWEITZER, *Die Mystik des Apostels Paulus*, Tübingen, 1930, 114ff.

[16] E. HAENCHEN, *Die Apostelgeschichte*, KEK 3, [7]1977, 106.

[17] G. LOHFINK, „Zur Möglichkeit christlicher Naherwartung", in G. GRESHAKE, DERS.,
Naherwartung, Auferstehung, Unsterblichkeit, QD 71, 1975, 45; vgl. H. MERKLEIN, „Jesu Botschaft von der Gottesherrschaft. Eine Skizze", SBS 111, [2]1984, *passim*.

[18] E. JÜNGEL, *Paulus und Jesus*, 102. Vgl. U. LUZ, Art. „Basileia" in *EWNT* 1, 489; G.
SCHNEIDER, „Parusiegleichnisse im Lukas-Evangelium", *SBS* 74, 1975, bes. 91ff.

[19] Vgl. G. SCHNEIDER, *Parusiegleichnisse, passim*; U. LUZ, *EWNT* 1, 489.

III

Zur Begründung lassen wir diesmal das erste Buch an Theophilus beiseite, obwohl an ihm die inzwischen stattgefundene Wandlung des Geschichtsverständnisses mit Händen zu greifen ist: Lukas schreibt hier tatsächlich „das erste Leben Jesu"[20]. Sondern wir beschränken uns auf das zweite Buch an Theophilus und grenzen auch hier unsere Betrachtung noch einmal ein auf eine für Lukas besonders charakteristische Sprechweise, die es so nur zweimal in den Acta gibt, im übrigen Neuen Testament aber überhaupt nicht[21]. Gemeint ist die Wendung *ta peri tès basileias tou theou*.

Daß Lukas sie einmal mit dem Verb *legô* (1,3), das andere Mal mit *peithô* bildet (19,8), ist in der Situation begründet und macht sachlich überhaupt keinen Unterschied. In 19,8 lehrt Paulus in einer Synagoge vor Juden, die er von der Basileia überzeugen will. D.h., es ist Missionssituation. In 1,3 aber geht es um die Erscheinungen des Auferstandenen vor den Aposteln „vierzig Tage hindurch", die einen doppelten Zweck verfolgen: a) den Beweis, daß er lebt; b) die Unterweisung hinsichtlich der Basileia. D.h. es ist Situation der Einweisung in den Verkündigungsauftrag, den die Apostel nach Jesu Himmelfahrt wahrnehmen sollen[22]. Die dabei und in der Missionssituation gebrauchte Wendung *ta peri tès basileias tou theou* gibt wie nichts | sonst Aufschluß über das sachliche Basileia-Verständnis des Lukas.

Das gebräuchliche *peri tinos* findet sich 293mal in allen neutestamentlichen Schriften (außer Gal, Joh und Apk). Es steht am häufigsten bei „reden über", „wissen" und „sorgen um"[23]. Der substantivierte präpositionale Ausdruck *ta peri* c. gen. (= die Angelegenheiten betreffs)[24] kommt 21mal vor. Davon entfallen elf Belege auf Lukas (Evangelium 2mal; Apg 9mal), einer auf Markus (5,27 vl), vier auf Paulus (alle im Phil, und zwar 1,27; 2,19.20.21), einer auf Eph (6,22) und einer auf Kol (4,8)[25]. Nimmt man die abweichenden Lesarten in Lk 22,37;

---

[20] E. Käsemann, „Das Problem des historischen Jesus" in *ZThK* 51 (1954), 137: „Sein Evangelium ist in Wahrheit das erste Leben Jesu, bei dem die Gesichtspunkte der Kausalität und Theologie berücksichtigt und psychologische Einfühlung, Sammlertätigkeit des Historikers und die Tendenz des Erbauungsschriftstellers spürbar werden."

[21] Auch bei den Apostolischen Vätern kommt die Wendung nicht vor.

[22] Vgl. Th. Ohm, „Die Unterweisung und Aussendung der Apostel nach Apg 1,3–8" in *ZMR* 37 (1953), (1–10) 2f.; A. Wikenhauser, „Die Belehrung der Apostel durch den Auferstandenen nach Apg 1,3", in N. Adler (Hrsg.), *Vom Wort des Lebens. Festschrift für Max Meinertz zur Vollendung des 70. Lebensjahres*, Münster, 1951, 105–113. Wikenhauser zeigt, daß die ältere Exegese mit ihrer Annahme, *ta peri tès basileias* meine die Angelegenheiten der *Kirche*, nicht im Recht ist.

[23] W. Bauer, *Wörterbuch*, 1277f.; Bl.-Debr.-Rehk., § 229; H. Riesenfeld, Art. „peri", in *ThWNT* VI, 53f.

[24] W. Bauer, *Wörterbuch*, 1092.

[25] Vgl. J. Jeremias, *Die Sprache des Lukasevangeliums. Redaktion und Tradition im Nicht-Markusstoff des dritten Evangeliums*, KEK, Sonderband, 1980, 315.

Apg 8,12 und 19,8 noch hinzu, erhöht sich der Anteil des Lukas auf vierzehn Belege[26]. *Ta peri* c. gen. ist also zweifelsfrei eine Vorzugswendung des Lukas, die er besonders häufig in den Acta gebraucht[27]. Ihr Sinn ist unschwer zu erkennen. Die Vorkommen im Evangelium meinen alle drei die „Jesusereignisse"[28], wie sie sich im Lichte der Schrift als das von Gott geplante und ausgeführte Heilsgeschehen darstellen. „Ich sage euch: An mir muß sich das Schriftwort erfüllen: *er wurde zu den Verbrechern gerechnet*. Denn alles, was über mich gesagt ist, geht in Erfüllung (*kai gar to* [A Θ Ψ f[13] M lat sy[hmg] lesen *ta*] *peri emou telos echei*)", sagt Jesus im Zusammenhang des Paschamahles zu den „Aposteln" (Lk 22,37)[29]. *To* bzw. *ta peri Ièsou* ist also Umschreibung für „die Sache Jesu" und das ihr gesetzte Ziel bzw. Ende[30]. Auf das Passionsgeschen bezogen spricht auch | Lk 24,19 mit der Wendung *ta peri Ièsou tou Nazarènou* von den Jesusereignissen in Jerusalem (V. 18), die in VV. 19b–24 näherhin beschrieben werden: Obwohl Jesus ein Prophet war, mächtig in Wort und Tat vor Gott und dem ganzen Volk, kommt es zu seiner Verurteilung und Kreuzigung, dann – nach drei Tagen – zur Auffindung des leeren Grabes und der Behauptung der Frauen, ein Engel habe ihnen gesagt, er lebe. Den beiden Emmausjüngern, die das alles nicht begreifen, deutet der zunächst unerkannt mit ihnen wandernde Auferstandene das Geschehen „und legte ihnen dar, ausgehend von Mose und allen Schriften, was in der gesamten Schrift über ihn geschrieben steht" (*diermèneusen autois en pasais tais graphais ta peri eautou*, 24,17). „Die at.lichen Prophezeihungen auf Jesus als Christus"[31], die „Jesusereignisse" im umfassenden heilsgeschichtlichen Sinn[32], werden auch hier mit der knappen Wendung *ta peri Ièsou* erfaßt. Für das griechische Sprachgefühl braucht dabei gar nichts ergänzt zu werden. Im übrigen kommt an der zuletztgenannten Stelle ein für Lukas charakteristisches Moment in den Blick, das dann in den Acta zu dem beherrschenden wird: Das Verständnis der „Sache Jesu"[33] gibt es nicht ohne eine hermeneutische Anstrengung *(diermèneusen)*. So beweist es Apollos in Ephesus: Er „war redekundig

---

[26] K. ALAND, (Hrsg.), *Vollständige Konkordanz zum griechischen Neuen Testament*, ANTT IV, 1, 2, Berlin-New York 1983, 941f.

[27] J. JEREMIAS, *Sprache*, 315. Vgl. P. A. VAN STEMPVOORT, „De betekenis van legon ta peri tes basileias tou theou in Apg, 1, 3" in *NedThT* 9 (1954–1955), 349–355, bes. 350f.

[28] E. SCHWEIZER, *Das Evangelium nach Lukas*, NTD 3 (1982), 247.

[29] Einheitsübersetzung, Der substantivierte präpositionale Ausdruck begegnet singularisch nur hier. Da Lukas (und auch Paulus) sonst den Plural haben, vermutet J. JEREMIAS, *Sprache*, 293 in der singularischen Form m. R. Tradition.

[30] W. GRUNDMANN, *Das Evangelium nach Lukas*, ThHK 3. [6]1971, 409; J. ERNST, *Das Evangelium nach Lukas*, RNT, [5]1977, 601; E. SCHWEIZER, *Lukas*, 221: „Was mich angeht, kommt zum Ende." G. SCHNEIDER, *Das Evangelium nach Lukase*, ÖTBK, NT 3,1, [2]1984, 454: „Mit mir geht es zu Ende."

[31] H. RIESENFELD, *ThWNT* VI, 54,15f.

[32] E. SCHWEIZER, *Lukas*, 247.

[33] W. SCHMITHALS, *Die Apostelgeschichte des Lukas*, Zürcher Bibelkommentare, NT 3, 2, 1982, 213.

und in der Schrift bewandert. Er war unterwiesen *(katèchèmenos)* im Weg des Herrn. Er sprach mit glühendem Geist und trug die Lehre von Jesus genau vor *(kai edidasken akribôs ta peri tou Ièsou)"* Apg 18,24f.[34].

Katechetische Fertigkeiten und didaktische Genauigkeit, dies und nicht weniger wurde auch Paulus abverlangt, als er den führenden Männern der Juden zu Rom (Apg 28,16) vom Morgen bis in den Abend hinein das Reich Gottes erklärte *(exetitheto)*[35] und bezeugte „und versuchte, sie vom Gesetz des | Mose und von den Propheten aus für Jesus zu gewinnen *(peithôn te autous peri Ièsou*, 28,23)"[36].

Wieder sind es Mose und die Propheten, die *Schrift* also, deren christologische Neu-Interpretation den hermeneutischen Schlüssel für das Verständnis der Sache Jesu darreicht. Die aber ist inzwischen zur christlichen Lehre geworden, die ihre Anhänger sucht und durch dialektische Überzeugungsarbeit auch findet. Man beachte, welches die den substantivierten präpositionalen Ausdruck *ta peri* c. gen. regierenden Verben sind: *diermèneuô* (Lk 24,27), *legô* (Apg 1,3), *didaskô* (Apg 18,25; 28,31), *peithô* (Apg 19,8; 28,23), *diaginôskô* (Apg 23,15), *apologeomai* (Apg 24,10), *akribesteron oida* (24,22), *akouô* (28,10)[37]. Diese Verben gehören fast durchweg zur lukanischen Verkündigungsterminologie, die bereits eine starke Technisierung aufweist[38]. Sofern auch die Basileia in dieser technisierten Terminologie zur Sprache kommt, besagt das, daß die Gottesherrschaft nicht mehr proklamiert oder angesagt wird, sondern daß sie *gelehrt* wird als „Weg" zum Heil, ins Reich[39]. „Über diesen Weg teilt die Verkündigung das Nötige mit"[40].

In diesem Zusammenhang sind nun auch unsere beiden Wendungen *legô* bzw. *peithô ta peri tès baileias tou theou* zu sehen und zu verstehen.

Apg 1,3 kommt für das zweiteilige Geschichtswerk geradezu programmatische Bedeutung zu. Lukas hatte ja im ersten Buch an Theophilus das Erdenleben Jesu als eine Epoche in der chronologisch zu erfassenden Zeit dargestellt. Analog dazu beschreibt er die neue Epoche der Kirchengeschichte „als Fortsetzung[41]". Und um dies deutlich zu markieren, daß es sich um eine Fortsetzung

[34] Einheitsübersetzung.
[35] *Ektithèmi* kommt nur in Acta vor und heißt eigentlich *aussetzen.* In der übertragenen Bedeutung heißt es *auseinandersetzen,* z.B. die Wahrheit (vgl. die Belege bei W. BAUER, *Wörterbuch,* 487). In Acta ist noch zu vergleichen 11, 4 und 18,26. Überall geht es um das katechetische Bemühen, die christliche Lehre überzeugend zu machen.
[36] Einheitsübersetzung.
[37] Hinzu kommen *euaggelizô* (8,12) und *diamartyromai* (23,11), also Verben der Verkündigung.
[38] Nachweis bei H. CONZELMANN, *Die Mitte der Zeit. Studien zur Theologie des Lukas,* BHTh 17, ⁶1977, 204–210.
[39] Zum *hodos*-Begriff und der Parallelität von *ta peri tès basileias* (1,3; 19,8) und *ta peri tès hodou* (24,22) vgl. W. MICHAELIS, Art. *„hodos"* in *ThWNT* V, 93f.
[40] H. CONZELMANN, *Mitte,* 212.
[41] E. HAENCHEN, *Die Apostelgeschichte,* 108.

des Evangeliums handelt, läßt er *ta peri tès basileias tou theou* D A S Thema der 40 Tage sein, während derer der Auferstandene seinen Aposteln erscheint. Die Formel hat deutliche Klammerfunktion: Beide | Epochen sind durch das *eine* Evangelium verbunden. Die *Botschaft* Jesu, in deren Mittelpunkt die Basileia stand, geht weiter. So, wie nach dem Summarium Lk 9,10f.[42] Jesus einst zu der Volksmenge vom Reich Gottes redete *(elalei autois peri tès basileias tou theou)*, so tut er es jetzt zu den Jüngern, damit diese wie schon zu Jesu Lebzeiten (Lk 9,2) so auch in Zukunft diese seine Botschaft weitertragen. Andererseits macht der Ausdruck *ta peri tès basileias* in seiner sprachlichen Form zugleich deutlich, daß ein *neues* Kapitel hinsichtlich der Reich-Gottes-Predigt aufgeschlagen wird: Die *Sache Jesu* (*ta peri tou Ièsou*, 18,25; vgl. 28,31) geht weiter, zu der *auch* die Erwartung des zu seiner Zeit kommenden Reiches gehört (1,6f.)[43]. Der Ausdruck *legein ta peri tès basileias tou theou* läßt Jesus also weniger als Proklamator denn als Testator der Gottesherrschaft erscheinen. Lukas stimmt da mit Mk 16,15–20 und Mt 28,16–20 überein: Alle drei Texte lassen den Auferstandenen bei der letzten Zusammenkunft mit seinen Jüngern „letztwillige Verordnungen und Verheißungen geben, welche sich auf die Stiftung und Verbreitung des messianischen Reiches auf Erden bezogen"[44]. Dabei gehören speziell für Lukas vom Standpunkt seines veränderten Geschichtsbewußtseins aus zu den „Anweisungen" an die Apostel (Apg 1,2a) *auch* die das Reich Gottes betreffenden Dinge – „wie z.B. Lk 24,25ff., 44ff.", fügt Franz Overbeck m.R. hinzu[45]. Denn zu den das Gottesreich betreffenden Dingen muß man neben der Korrektur der nationalen und temporalen Reichserwartung (Apg 1,6f.) in der Tat und vor allem anderen die *Messiasfrage* hinzurechnen. „Um hierüber richtig urtheilen zu können, müssen wir uns noch genauer in die Lage und Stimmung der Jünger Jesu nach seinem Tode hineindenken. Er hatte während seines mehrjährigen | Zusammenseins mit ihnen immer mehr und entschiedener den Eindruck des Messias auf sie gemacht: sein Tod aber, den sie mit ihren Messiasbegriffen nicht reimen konnten, hatte diesen Eindruck für den Augenblick wieder vernichtet. Wie sich nun, nachdem der erste Schrecken vorüber war, der frühere Eindruck wieder zu regen begann: entstand in ihnen von selbst das psychologische Bedürfnis, den Widerspruch der letzten Schicksale Jesu mit ihrer früheren Ansicht

---

[42] Vgl. die Differenzen zu Mk 6,30–33! Jesus redet „formelhaft zusammenfassend" vom Gottesreich. So H. SCHÜRMANN, *Das Lukasevangelium*, Erster Teil, HThK, NT, 3,1, 1969, 513.

[43] R. PESCH, „Der Anfang der Apostelgeschichte: Apg 1, 1–11. Kommentarstudie", in *EKK.V* 3 (1971), (7–35) 24.

[44] D.F. STRAUSS, *Das Leben Jesu, kritisch bearbeitet*, Zweiter Band, Tübingen, 1836, 664. – Zutreffend ist die Übersetzung von Apg, 1,3 durch TH. OHM (s.o. Anm. 22): „Vierzig Tage lang erschien er ihnen, wobei er ihnen über alles Aufschluß gab, was das Reich Gottes betrifft."

[45] W.M.L. DE WETTE, *Kurze Erklärung der Apostelgeschichte*, Vierte Auflage, bearbeitet und stark erweitert von F. Overbeck, Leipzig, 1870, 2.

von ihm aufzulösen, in ihren Begriff vom Messias das Merkmal des Leidens und Todes mit aufzunehmen. Da aber Begreifen bei den Juden jener Zeit eben nur hieß, etwas aus den heiligen Schriften ableiten: so waren sie an diese gewiesen, ob nicht in ihnen vielleicht Andeutungen eines leidenden und sterbenden Messias sich fänden. Dergleichen Andeutungen mußten sich den Jüngern Jesu, welche sie zu finden wünschten, so fremd auch die Idee eines solchen Messias dem A. T. ist, dennoch in allen denjenigen poëtischen und prophetischen Stellen darbieten, welche, wie Jes. 53, Ps 22, die Männer Gottes als geplagt und gebeugt bis zum Tode darstellen. Das ist es auch, was Lukas als das Hauptgeschäft des auferstandenen Jesus bei seinen Zusammenkünften mit den Jüngern heraushebt, daß er *arxamenos apo Môseôs kai apo pantôn tôn prophètôn, dièrmèneusen autois en pasais tais graphais ta peri heautou,* daß nämlich *tauta edei pathein ton Christon* (24,26f. 44ff.). Hatten sie auf diese Weise Schmach, Leiden und Tod in ihre Messiasidee aufgenommen: so war ihnen der schmachvoll getödtete Jesus nicht verloren, sondern geblieben, er war durch den Tod nur in seine messianische *doxa* eingegangen (Luc 24,26), in welcher er unsichtbar mit ihnen war *pasas tas hèmeras, heôs tès synteleias tou aiônos* (Math. 28,20)."[46]

Über das „psychologische Bedürfnis" der Jünger nach Jesu Tod mag man anders urteilen als David Friedrich Strauß und stattdessen lieber auf die Auferstehungserscheinung als einen Akt göttlicher Offenbarung hinweisen. Aber der Tatbestand bleibt, daß die mit der nahen Reichserwartung nicht zu vereinbarende Erfahrung eines gekreuzigten Messias erst dort zu einem positiven *credendum* werden konnte, wo wirklich die Augen für das Verständnis der *Schrift* geöffnet waren: „Der Messias wird leiden und am dritten Tag von den Toten auferstehen, und in seinem Namen wird man allen Völkern, | angefangen in Jerusalem, verkünden, sie sollen umkehren, damit ihre Sünden vergeben werden" (Lk 24,46)[47]. Damit ist das Missionskerygma der sich ausbreitenden Kirche *in nuce* formuliert. Von der Basileia, zumal der nahen, darf darin ganz geschwiegen werden, wie die Missionsreden der Acta beweisen. Wo noch von ihr die Rede ist, wird sie entweder als Schlußpunkt der Heilsgeschichte (Apg 1,6ff.), als jenseitiges Reich, in das wir durch viele Trübsale hineingehen müssen (Apg 14,22)[48], oder – so zumeist (Apg 1,3; 8,12; 19,8; 20,25; 28,23.31) – als „zentrale Chiffre für den Inhalt christlicher Predigt" genannt[49], der charakteristischerweise sofort

---

[46] D.F. STRAUSS, II, 658f.

[47] T.C. SMITH, *Acts,* The Broadman Bible Commentary 10, Nashville 1970, 18 stellt m. R. die Frage, was eine Belehrung der Jünger hinsichtlich des Reiches Gottes nötig mache, da sie doch Zeugen der Taten und Worte Jesu gewesen seien. Die Antwort lautet: „*It seems that Jesus deemed it essential to explain the relationship between his teaching concerning the kingdom and this new manifestation of himself through the recent experience of the ressurection.*"

[48] „Nicht mehr wird die Ankunft des Reiches erwartet, sondern wir hoffen, in dieses einzugehen" (K.-H. SCHELKLE, *Die Kraft des Wortes. Beiträge zu einer biblischen Theologie,* Stuttgart, 1983, 154).

[49] So auch schon Lk 4, 43; 8, 1; 9, 2.11.60.

durch den Hinweis auf den Namen Jesu ergänzt bzw. dadurch interpretiert wird
(Apg 8,12; 28,23.31)[50].

Wie weit sich die eschatologische Konzeption des Lukas tatsächlich von der
Basileia-Predigt Jesu entfernt hat, zeigt noch deutlicher der zweite Text, in dem
die Formel *ta peri tès basileias tou theou* vorkommt. Apg 19,8–10 beschreibt das
Wirken des Paulus in Ephesus. „Er ging in die Synagoge und lehrte drei Monate
lang freimütig und suchte sie vom Reich Gottes zu überzeugen *(peithôn ta peri
tès basileias tou theou)*. Da aber einige verstockt waren, sich widersetzten und
vor allen Leuten den (neuen) Weg verspotteten, trennte er sich mit den Jüngern
von ihnen und unterwies sie täglich im Lehrsaal des Tyrannus. Das geschah zwei
Jahre lang; auf diese Weise hörten alle Bewohner der Provinz Asien, Juden wie
Griechen, das Wort des Herrn."[51]

Auch das Verb *peithô* = „überzeugen, überzeugt sein", das sich 52mal im NT
findet, ist ein Vorzugswort des Lukas | (Evangelium 4mal, Apg 17mal; Paulus
hat es 19mal, meist im Passiv = „vertrauen, gehorchen")[52]. Und zwar hat es in
der Sprache des Lukas bereits „une acception technique: ‚s'efforcer de convain-
cre' et de ‚décider' un auditoire à agir, à adopter tel genre de vie, à ‚persévérer'
dans la grâce de Dieu'."[53] „Die Charis aber ist zusammengedrängter Ausdruck
für das Evangelium"[54], und zwar nicht anders als „Jesus" oder die „Basileia"
(Apg 18,25; 28,23.31). Insofern trifft Ernst Haenchens Urteil zu: „*Peithô* (13,43;
18,4; 19,8.26) gibt die Bemühung des christlichen Missionares wieder, die Hörer
von der Wahrheit der christlichen Verkündigung zu überzeugen."[55] In Apg
19,8–10 wird das dadurch noch unterstrichen, daß hier nacheinander vom
„Reich Gottes", vom „(neuen) Weg"[56] und vom „Wort des Herrn"[57] die Rede
ist und doch jedesmal dasselbe gemeint ist, nämlich der Inhalt der christlichen
Verkündigung[58]. Das Evangelium vom Reich Gottes, das ist die Verkündigung
des Namens Jesu (8,12)! Von daher ist es nur folgerichtig, wenn der in Apg 1,3 in

---

[50] U. Luz, Art. „*Basileia*" in *EWNT* 1, 489; H. Conzelmann, *Mitte*, 204. Zur darin implizit
vorausgesetzten Relation zwischen Christus und dem Reich vgl. ebd., 210, Anm. 1.

[51] Einheitsübersetzung.

[52] A. Sand, Art. „*peithô*" in *EWNT* 3, 148.

[53] C. Spicq, *Notes de lexicographie néo-testamentaire. Supplément*, OrbBibOr 22,3, 1982,
543.

[54] E. Haenchen, *Apostelgeschichte* 397. Zu verweisen ist auf Act 13, 43 (auch hier mit
peithein); 14,3; 20,24.32.

[55] E. Haenchen, *Apostelgeschichte*, 691.

[56] *Hè hodos* als Bezeichnung für die christliche Lehre insgesamt (19,23; 24,14.22), bzw.
für die Christen als Gruppe ist ein den Acta eigener Sprachgebrauch, der singulär im NT ist.
Vgl. M. Völkel, *EWNT* 2, 1203f.; W. Michaelis, *ThWNT* V, 93–95; E. Haenchen, *Apostelgeschichte*, 527, Anm. 7.

[57] „Wort des Herrn" ist nichts anderes als die Missionskirche selbst, „für die ein Abstrak-
tum wie ‚das Christentum' noch nicht erfunden war" (E. Haenchen, *Apostelgeschichte*,
544).

[58] E. Haenchen, *Apostelgeschichte*, 147, Anm. 5.

einer Jüngerbelehrung auftauchende Begriff *ta peri tès basileias tou theou* in 19,8 als summarische Bezeichnung der *Missionsbotschaft* erscheint. „Vorausgesetzt ist, daß der Leser weiß, was damit inhaltlich gemeint ist, praktisch gesprochen: daß er das Glaubensbekenntnis kennt und das Lukas-Evangelium gelesen hat."[59] Jedenfalls nimmt Lukas den Basileia-Begriff in die Terminologie der Verkündigung und Katechese auf und verknüpft so die Ferne des Reiches mit der Gegenwart[60].

Interessant ist, daß im Zusammenhang der katechetischen | Bemühungen um die Angelegenheiten des Reiches Gottes auch von Dämonenaustreibung die Rede ist (Apg 19,11–16). Freilich in einem ganz anderen Sinne als bei Jesus und seiner Ansage der Basileia! Ist sie dort (gut apokalyptisch!) die irdische Parallele der im Himmel bereits vollzogenen Entmachtung Satans (Lk 10,18)[61], so bedeutet sie für Lukas die Überwindung der Magie. Durch die Wirksamkeit des Paulus (= des Christentums) verliert die magische Zauberei an Boden[62]. Die Zauberbücher werden verbrannt (Apg 19,19). Und um „konkurrenzfähig" zu bleiben, rufen die großen jüdischen Exorzisten das *onoma* an, das Paulus ausgerufen hat. Nur: Solche Adaption macht den Dämon nicht unschädlich, sondern aggressiv (Apg 19.16). Woraus folgt, daß der Jesusname nur wirkt, wenn er von Christen angerufen wird[63]. Man erkennt leicht die völlig veränderte Einstellung des Lukas: An die Stelle der von Jesus *proklamierten* Basileia tritt der von den Aposteln *propagierte* „neue Weg": an die Stelle des neuen Äon das aller religiösen Konkurrenz überlegene Christentum.

IV

Die These Rudolf Schnackenburgs also, daß Lukas die Basileia-Botschaft Jesu *beibehalten* wolle, ist richtig und falsch zugleich. Richtig ist sie insofern, als Lukas tatsächlich die beiden Epochen, die Jesuszeit und die Zeit des sich ausbreitenden Christentums, durch die Basileia-Verkündigung verklammert sein läßt. Falsch aber ist die These insofern, als Lukas die Basileia-Botschaft Jesu inhaltlich nicht einfach übernimmt, sondern sowohl die futurische als auch die präsentische Aussagereihe der Verkündigung Jesu „eigenständig weiterbearbeitet"[64]. Die *futurische* vor allem dahingehend, daß die aktuelle Nah|erwartung abgelehnt wird (Lk 9,2.11; 19,11; Apg 1,6f.; vgl. Lk 17,20f.; 24,21), die *präsentische* so, daß er sie inhaltlich durch die Sendung Jesu bestimmt sein läßt, also christolo-

---

[59] H. CONZELMANN, *Mitte*, 204.
[60] H. CONZELMANN, *Mitte*, 104.
[61] H. MERKLEIN, *Jesu Botschaft von der Gottesherrschaft. Eine Skizze*, SBS 11, [2]1984, 59ff.
[62] E. HAENCHEN, *Apostelgeschichte*, 544.
[63] F. OVERBECK, *Apostelgeschichte*, 316.
[64] U. LUZ, *EWNT* 1, 489. Das folgende in Anlehnung daran.

gisch interpretiert. Das zeigt am deutlichsten die das markinische Summarium Mk 1,15 ersetzende Antrittsrede Jesu in Nazareth (Lk 4,16–30): In Jesus erfüllt sich die Schrift. Dieses Erfüllungsgeschehen ist der Inhalt des Evangeliums vom Reich Gottes (Lk 4,43), das von den Juden zu den Heiden geht (Lk 4,27). Das Präsentsein des Reiches Gottes im geschichtlichen Auftreten Jesu aber (Lk 11,20; 17,21) endet mit der Himmelfahrt. Er nimmt *sein* Reich sozusagen mit in den Himmel, wo es bis zum jüngsten Tag verborgen bleibt (Apg 3,21). In der gegenwärtigen erfolgreichen Mission der Kirche ist es aber nicht epiphan. Mission geschieht vielmehr unter dem Zeichen der Verfolgung und des Leidens (Lk 9,23–27; 17,21–37; Passion Jesu und Pauli). Nur „durch viel Trübsal" ist es der *ecclesia pressa* möglich, ins Reich Gottes einzugehen (Apg 14,22)[65].

„Eschatologie als aktuelle Naherwartung läßt sich wesensmäßig nicht tradieren. Tradieren lassen sich lediglich die *Vorstellungen* des Erwarteten, nicht Erwartung selbst."[66] Ich denke mit Hans Conzelmann und anderen, daß Lukas diese eschatologische Problematik bewußt *theologisch* erfaßt und das Festhalten an der Naherwartung „durch einen durchgeformten eschatologischen Entwurf anderer Art" ersetzt hat[67]. Denn tatsächlich bleibt von der Basileia-Botschaft Jesu in den Acta nur das Daß ihres zukünftigen Kommens am (keineswegs nahen) Tage der Wiederkunft Christi (Apg 3,21). Martin Hengel meint es all denjenigen als „Irrtum" vorhalten zu müssen, die Lukas den „Vorwurf" machen, er nehme „eine anti-eschatologische Haltung ein"[68]. Er hätte Recht, wenn sich Lukas tatsächlich „nur gegen eine fehlgeleitete enthusiastische ‚Nächsterwartung' und die damit verbundenen, die Gemeinde in die Irre führenden apokalyptischen Berechnungen (vgl. Lk 17,20)" wende[69]. In den Acta vermag ich davon nichts zu erkennen. Auch in 1,6f. werden nicht apokalyptische Heißsporne gedämpft, sondern wird | die Terminfrage grundsätzlich gelöst. Man schwächt m.E. die Radikalität und Originalität der lukanischen Geschichtstheologie ab, wenn man neben der Parusieverzögerungsproblematik als *einem* agens nicht auch das andere und eigentlich zentrale Problem betont: den immer ferner rückenden Anfang der Christentumsgeschichte. „Lukas bewältigt es, indem er ‚der Kirche in Form einer Historie ihrer Vergangenheit den Mythos ihrer Autorität' gibt und ihr im Gegenzug dazu ihren eschatologischen Charakter nimmt."[70]

Was nun speziell die lukanische Lösung des Parusieproblems anbetrifft, so muß man sie keineswegs nur negativ sehen. Eröffnet sie doch – worauf wieder-

---

[65] U. Luz, ebd. 490.
[66] H. Conzelmann, *Mitte*, 89.
[67] H. Conzelmann, *Mitte*, 88.
[68] M. Hengel, *Zur urchristlichen Geschichtsschreibung*, Stuttgart, 1979, 55.
[69] Ebd.
[70] G. Klein, Art. „Eschatologie IV. Neues Testament" in *TRE* 10 (270–299) 294 (Zitat im Zitat von Ph. Vielhauer, *Geschichte der urchristlichen Literatur. Einleitung in das Neue Testament, die Apokryphen und die Apostolischen Väter*, Berlin, 1975, 406).

um der verehrte Jubilar in seinem genannten Aufsatz hingewiesen hat[71] – die Möglichkeit, Eschatologie ohne Naherwartung verantwortlich zu verkündigen. „Lukas bemühte sich, die christliche Hoffnung jenen Menschen nahezubringen, deren Denken von der individualistischen Mentalität der griechischen Welt der ausgehenden Antike geprägt war. Wir sind berechtigt zu fragen, ob diese Auslegung imstande ist, auch den Menschen unserer Zeit einen Zugang zur christlichen Hoffnung zu eröffnen? Die Uminterpretation des kollektiven zum individuellen Aspekt, die wir in zahlreichen lukanischen Texten feststellen konnten, bleibt in der Kategorie einer zeitlichen Antithese, die die Gegenwart der Zukunft gegenüberstellt. Sie führt jedoch zu einer gewissen Relativierung der kollektiven Zukunft und der Ereignisse, die das Ende der Welt bezeichnen: für den einzelnen wird die Zukunft der Welt zur Gegenwart im Augenblick seines Todes. Wird jedoch diese partielle Uminterpretation die Menschen von heute befriedigen? Müßten wir nicht vielmehr in der vom Evangelisten eingeschlagenen Richtung weiterdenken und uns fragen, ob das, was uns in den Kategorien einer zeitlichen Antithese von Gegenwart und Zukunft dargestellt wurde, in anderen Denkkategorien verständlicher würde? Ist nicht das wahre Ziel dieser Projektion in die Zukunft, die Möglichkeiten der Gegenwart zu offenbaren, Möglichkeiten, durch die Jesus | Christus diese Gegenwart bereicherte und die er uns kundtat?"[72]

Mit diesen Sätzen kommt Dupont der Position Rudolf Bultmanns in dessen Buch „Geschichte und Eschatologie" erstaunlich nahe[73]. Und in der Tat! Wo die Zukunft des Gekommenen (Walter Kreck) geglaubt wird, bleibt die in der Form des weltbildlich Erwarteten auftretende Zukunftshoffnung davor gefeit, zum Worauhin des Glaubens erhoben zu werden[74]. Dieses Woraufhin ist der gekommene Erlöser (Apg 10,43; 13,38f.; 16,31). Bis zu seiner Wiederkunft rüstet er die Gemeinde mit der Kraft des Heiligen Geistes aus und macht sie so zur Platzhalterin seiner Herrschaft auf Erden. Der „Termine und Zeiten" (Apg 1,7) darf und muß sie sich dabei grundsätzlich entschlagen. Sie fallen wie alles andere dem Tun Gottes zu, welchem „seit der Schöpfung die Merkmale der Zielstrebig-

---

[71] J. DUPONT, „Die individuelle Eschatologie", 46f.

[72] J. DUPONT, ebd., 47.

[73] R. BULTMANN, *Geschichte und Eschatologie*, Tübingen, ²1964, 184: „*Der Sinn der Geschichte liegt je in der Gegenwart*, und wenn die Gegenwart vom christlichen Glauben als die eschatologische Gegenwart begriffen wird, ist der Sinn der Geschichte verwirklicht. Derjenige, der klagt: ‚Ich kann keinen Sinn in der Geschichte sehen, und darum ist mein Leben, das in die Geschichte hineinverflochten ist, sinnlos', muß aufgerufen werden: Schau nicht um dich in die Universalgeschichte; vielmehr mußt du in deine eigene persönliche Geschichte blicken. Je in deiner Gegenwart liegt der Sinn der Geschichte, du kannst ihn nicht als Zuschauer sehen, sondern nur in deinen verantwortlichen Entscheidungen. In jedem Augenblick schlummert die Möglichkeit, der eschatologische Augenblick zu sein. Du mußt ihn erwecken."

[74] G. KLEIN, *TRE* 10, 296f.

keit und Folgerichtigkeit, also einer inneren Kontinuität, anhaftet"[75]. Eine Irritation hinsichtlich der Zukunftserwartung hat Lukas dadurch ausgeschaltet, daß er dem Heilsgeschehen insgesamt mittels des Alten Testaments das Prädikat der göttlichen Notwendigkeit verleiht. Jedenfalls weiß die Gemeinde auf ihrem weiten Weg durch die Geschichte, „daß sogar in dieser unserer Zeit Gottes Güte jeden Morgen neu ist"[76], auch wenn das Ende verzieht. Der Heilige Geist ist nicht nur die Kraft, welche die Heilsgeschichte bewegt; sondern er läßt sie auch denjenigen, der zum Glauben willig ist, als solche erkennen, die nicht termingebunden ist. Nähe oder Ferne des Reiches haben | dort kein Gewicht mehr, wo sich nach Gottes weiser Vorsehung langsam im Laufe der Zeiten jene Basileia entwickelt, die sich in der Kirche manifestiert. „Man muß sich klarmachen", schreibt Ernst Käsemann, „was es mit diesem großen Entwurf theologisch auf sich hat. Lukas registriert nicht bloß. Auch wo er als Erzähler oder Historiker erscheint, ist er in Wirklichkeit Theologe, obgleich seine Ausleger das nicht immer gemerkt haben. Persönlich würde ich meinen, an seiner Wirkung gemessen, sei er der größte Theologe des Neuen Testaments. Denn er hat die Gemeindefrömmigkeit aller Jahrhunderte wie kaum ein anderer in der Urchristenheit geprägt."[77]

In der lukanischen Perspektive weiterdenkend hat Dupont seinen Aufsatz mit den folgenden Sätzen geschlossen, denen hier nichts weiter hinzuzufügen ist: „Sobald die Gegenwart in das Mysterium Christi aufgenommen wird, empfängt sie eine neue Dimension, die nicht mehr bloß zukünftig ist; sie empfängt den Charakter des Endgültigen und in diesem Sinn des ‚Eschatologischen'. So wird die Gegenwart nicht etwa provisorisch oder hinfällig im Hinblick auf eine persönliche oder kollektive Zukunft, die zwar im Gegensatz zu ihr steht, dennoch aber mehr oder weniger auf der gleichen Linie liegt; nein, die Gegenwart selbst gewinnt Ewigkeitswert."[78]

---

[75] E. KÄSEMANN, *Der Ruf der Freiheit*, Tübingen, ³1968, 162.
[76] E. HAENCHEN, *Apostelgeschichte*, 141; vgl. E. GRÄSSER, *Parusieerwartung*, 127.
[77] AaO, 162.
[78] J. DUPONT, „Die individuelle Eschatologie", 47.

X. »Der Paulinismus als apostolisches Urchristentum«

Albert Schweitzers Paulusverständnis
in seinen Straßburger Vorlesungen

I.

Als Albert Schweitzer 1911 die Geschichte der paulinischen Forschung
bilanzierte, war das Urteil im Unterschied zur Geschichte der Leben-
Jesu-Forschung[1] *negativ:* »Die paulinische Forschung stellt nicht eben
eine Glanzleistung der Wissenschaft dar. Gelehrsamkeit wurde reichlich
aufgewandt; aber es fehlte am Denken und Ueberlegen«.[2]
Tatsächlich war auf diesem Feld eine gewisse Stagnation eingetreten.
»Wenn nicht alles täuscht«, so Schweitzer in einer frühen Vorlesung,
»ist unsere moderne Theologie in ihrem Verstehen des Paulinismus an
einem Ende angelangt, wo es nicht mehr weitergeht«.[3] Mit ihren Fragen

1   Die nennt Schweitzer »die größte Tat der deutschen Theologie«. »Sie stellt das
Gewaltigste dar, was die religiöse Selbstbesinnung je gewagt und getan hat« (Von
Reimarus zu Wrede. Eine Geschichte der Leben-Jesu-Forschung, Tübingen 1906,
1.2).
2   A. Schweitzer, Geschichte der paulinischen Forschung von der Reformation bis
auf die Gegenwart, Tübingen (1911) ²1933, 185. – Das »Zusammenfassung und
Problemstellung« überschriebene Schlußkapitel dieses Buches ist wieder abgedruckt
in: K.H. Rengstorf, Hg., Das Paulusbild in der neueren deutschen Forschung, WdF
24, Darmstadt (1964) ³1982, 113–123; unser Zitat: 113. Zur damaligen Forschungssituation vgl. auch R. Bultmann, Zur Geschichte der Paulus-Forschung (1929),
a.a.O., 304–337. Zu Schweitzers Forschungsbericht schreibt er: »Die Aporien, in die
die Forschung geriet, die Probleme, die offen stehen, sind scharf gesehen« (307).
3   A. Schweitzer, Straßburger Vorlesungen, hg. v. E. Gräßer / J. Zürcher, München
1998, 518. – Bloße Seitenangaben (Zahlen) im Text und in den Anmerkungen beziehen sich im folgenden immer auf dieses Werk.

und Antworten drehten sich sowohl der Konservatismus als auch der Liberalismus im Kreise; es gab keine Erkenntnisfortschritte.[4]
Das war die Situation, als der junge Privatdozent Albert Schweitzer mit seiner Antrittsvorlesung über die Logosspekulation im 4. Evangelium am 1. März 1902 die Arena der neutestamentlichen Wissenschaft betrat. Was hier über das Johannesevangelium gesagt wird – es bleibt unverstanden, »weil uns die Voraussetzungen und Bedingungen, aus denen es erwachsen und die ihm das Leben gaben, nicht mehr gegenwärtig sind«[5] –, gilt nach Schweitzers Meinung ebenso für die paulinische Theologie. »Man ging mit einer fast unbegreiflichen Planlosigkeit vor und wollte Lösungen bieten, ehe man sich über das Problem klar geworden war.«[6]
Für Schweitzer ist der ganze Paulinismus »eigentlich ein Rätsel«: Er ist aus der »Lehre Jesu« hervorgegangen, ohne sich darauf zu beziehen (504 in der Quelle von Anm. 3). Und die Aufgabe, ihn »als eine Erscheinung des Urchristentums zu begreifen«, wird dadurch erschwert, »daß man mit falschen Voraussetzungen an die Lehre des Heidenapostels herantritt« und »daß man sich das Urchristentum noch immer als eine Gemeinschaft vorstellt, die sich auf dem gründet, was wir Modernen als ›Lehre Jesu‹ ansehen« (545).
»Das Problem hängt in den beiden großen Fragen, was die Lehre Pauli mit dem Urchristentum und was sie mit dem Griechentum gemeinsam habe.«[7] Darüber war man sich wohl einig. Jedoch die Problem*lösungen,* denen allen W. Wrede längst das Urteil gesprochen hatte[8], divergierten und wiederholten meist nur längst gegebene Antworten. »Was gesagt wurde, war schon zu oft gesagt worden, um das Interesse wach zu halten. Ohne eine Revision der Grundbegriffe kam nur die Wiederholung alter Argumente in Frage … Das Gespräch mußte erlahmen, denn niemand fand sich, der an Wredes Stelle die Rolle des Widerparts gegen so viel Harmonisierung und Bagatellisierung übernahm.«[9]
Als F. Regner diese Sätze schrieb, kannte er die Straßburger Vorlesungen Schweitzers noch nicht, die als verschollen galten und erst 1989 wieder auftauchten und jetzt veröffentlicht vorliegen (s.o. Anm. 3). Hätte er sie gekannt, hätte er den Satz, daß niemand sich fand, der an Wredes Stelle die Rolle des Widerparts gegen Harmonisierung und Bagatellisierung übernahm, wohl kaum schreiben können. Denn Schweitzer hatte

---

4 Vgl. dazu den Forschungsüberblick von F. Regner, »Paulus und Jesus« im 19. Jahrhundert. Beiträge zur Geschichte des Themas »Paulus und Jesus« in der neutestamentlichen Theologie, SThGG 30, 1977.
5 A. Schweitzer, Die Bedeutung der Logosspekulation für die historische Darstellung des Lebens Jesu im 4. Evangelium mit besonderer Berücksichtigung des Ausdrucks »Menschensohn«. Antrittsvorlesung an der theologischen Fakultät zu Straßburg, 1.3.1902, a.a.O. (Anm. 3), 27–41, hier: 27.
6 A. Schweitzer, a.a.O. (Anm. 2), 185.
7 A. Schweitzer, a.a.O. (Anm. 2), 185.
8 W. Wrede, Über Aufgabe und Methode der sogenannten Neutestamentlichen Theologie, Göttingen 1897.
9 F. Regner, a.a.O. (Anm. 4), 198.

diese Rolle gleich zu Anfang seiner Dozententätigkeit übernommen, wovon jetzt die Rede sein soll.

II.

Gleich in seinem zweiten Semester als Privatdozent für Neues Testament, im WS 1902/03, hielt Albert Schweitzer ein »Kolleg über die katholischen Briefe« (243–368). Es sind genauerhin »Skizzen und Vorarbeiten zum Colleg: Die Stellung der katholischen Briefe in der Geschichte der alten Literatur«, die Schweitzer als »introduction« zu dem genannten Kolleg ausgearbeitet und dann als Vorlesung vorgetragen hat.[10]

Bei der Wiederholung dieser Vorlesung im SS 1907 (Auslegung von 1Petr und Jak) und WS 1907/08 (Auslegung von 2Petr, Jud, 1.2.3Joh) – den zu den kath. Briefen gerechneten Hebr trug er nur im WS 1902/03 als »Cursorische Exegese« vor (18)[11] – schrieb er in einem Brief vom 1.11.1907 an Hermann v. Lüpke: »Dienstag beginne ich die Vorlesungen. Zwei Stunden in der Woche werde ich die der Gottesgelahrtheit sich widmenden Jünglinge[12] in die Geheimnisse des 2. Petrusbriefes und der 3 Johannesbriefe einführen. Interessieren tut mich bloß der 1. Johannesbrief und Milieu und Zeit, in der die andern geschrieben sind« (15).

Letzteres – »Milieu und Zeit« – ist ein wichtiger Fingerzeig, warum sich Schweitzer, der bisher nur als Abendmahls- und Jesusforscher hervorgetreten war[13], mit diesen eher randständigen Schriften beschäftigte, mit denen er prima vista das Hauptgeleise seiner Forschungsinteressen zu verlassen schien. Aber das Gegenteil ist richtig! Schweitzers Absicht war es, »sich die Richtigkeit der konsequent eschatologischen Jesusdeutung durch den Weitergang ins Urchristentum bestätigen zu lassen und nachzuweisen, daß auch erst von der eschatologisch interpretierten Gedankenwelt des Paulus aus sich die weitere Geschichte des Christentums,

---

10 Vg. dazu J. Zürcher, Zu den Manuskripten, a.a.O. (Anm. 3), 11–15, sowie das »Quellenverzeichnis«, a.a.O., 22–25, bes. 22 Nr. 3 und 24 Nr. 4.

11 In meinem Kommentar zum Hebr habe ich davon profitiert. Vgl. E. Gräßer, An die Hebräer, EKK XVII.1–3, 1990–1997, z.B. Bd. 1, 27; 370; Bd. 2, 46 Anm. 97; Bd. 3, 30; 97 Anm. 55; 100 Anm. 97 u.ö.

12 Frauen haben wohl damals in Straßburg noch nicht Theologie studiert. Die Anrede in den Vorlesungen ist darum auch durchweg: »Meine Herren« (z.B. 521 u.ö.).

13 Vgl. seine Erstlingsschrift Das Abendmahl im Zusammenhang mit dem Leben Jesu und der Geschichte des Urchristentums. Erstes Heft. Das Abendmahlsproblem auf Grund der wissenschaftlichen Forschung des 19. Jahrhunderts und der historischen Berichte, Tübingen/Leipzig 1901 (mit dieser Schrift promovierte Schweitzer 1900 zum Lic. theol.); Zweites Heft. Das Messianitäts- und Leidensgeheimnis. Eine Skizze des Lebens Jesu, Tübingen/Leipzig 1901 (das Heft diente ihm 1902 als Habil.-Schrift). Vgl. E. Gräßer, Schweitzer, Albert, TRE 30, 1999, 675–682, hier: 676.

vor allem seine Hellenisierung, erklären lasse.«[14] Es waren also sachliche Erwägungen, die Schweitzer drängten, die Entwicklung von Jesus zu Paulus zur Darstellung zu bringen, zumal der Apostel gerne als derjenige gescholten wurde, »der an die Stelle des einfachen Evangeliums Jesu ein kompliziertes Dogma gesetzt habe«[15]. Die Erforschung des Paulinismus bei Schweitzer ist also tatsächlich »eine gradlinige Fortsetzung seiner Leben-Jesu-Forschung«[16].

Wie wir jetzt durch die im WS 1902/03 gehaltene Vorlesung über die katholischen Briefe wissen, schloß sich diese Fortsetzung auch zeitlich unmittelbar an das Erstlingswerk von 1901 an und begann nicht erst – wie ich noch 1979 behauptet habe[17] – mit der Galaterbrief-Vorlesung im SS 1906, deren Einleitung sich jetzt ebenfalls in den »Straßburger Vorlesungen« findet (504–523).

Der größere Erkenntnisgewinn, den die neuen Schweitzer-Texte vermitteln, ist indes inhaltlicher Art. Während W.G. Kümmel noch aufgrund der bis dahin spärlichen Quellenlage auf Rückschlüsse und Vermutungen angewiesen war, um zu begründen, *daß* und *wie* Jesus- und Paulusforschung für den jungen Schweitzer eine sachliche Einheit bilden, besitzen wir jetzt mit den »Straßburger Vorlesungen« authentische Quellen, die uns das mit wünschenswerter Klarheit erkennen lassen. Wer annehmen wollte, mit dem Kolleg über die katholischen Briefe habe sich Schweitzer mitleidsvoll den »unglücklichen Fächern« zugewandt, die immer nur »nebenbei behandelt werden« (370f), wird bei der Lektüre der Vorlesung rasch eines Besseren belehrt.[18] Hier verfolgt jemand zielstrebig die bereits in seinem Erstlingswerk als zentral empfundene Aufgabe, zu zeigen, daß mit dem Paulinismus in der urchristlichen Entwicklung kein völlig neues Kapitel beginnt. »Ist nämlich Jesu Gedankenwelt rein und ausschließlich eschatologisch«, wird Schweitzer 1906 formulieren, »so kann, wie es schon Reimarus konstatiert hat, auch nur ein exklusiv eschatologisches Urchristentum daraus entstanden sein. Wie aber aus

14   W.G. Kümmel, Albert Schweitzer als Paulusforscher (1976), in: ders., Heilsgeschehen und Geschichte. Bd. 2. Ges. Aufs. 1965–1977, MThSt 16, hg. v. Erich Gräßer / Otto Merk, 1978, 215–231; hier: 221.
15   A. Schweitzer, Aus meinem Leben und Denken (1931), in: ders., Gesammelte Werke in fünf Bänden, hg. v. R. Grabs, München 1974, Bd. 1, 19–252, hier: 225.
16   W. Picht, Albert Schweitzer. Wesen und Bedeutung, Hamburg 1960, 84. – Zu diesem Sachverhalt insgesamt vgl. H. Groos, Albert Schweitzer. Größe und Grenzen. Eine kritische Würdigung des Forschers und Denkers, München/Basel 1974, 79–374.
17   E. Gräßer, Albert Schweitzer als Theologe, BHTh 60, 1979, 158 mit Anm. 1.
18   Seine Hörer läßt Schweitzer wissen: »Einer meiner theologischen Freunde schrieb mir, als er erfuhr, daß ich die katholischen Briefe behandelte: ›Ich beneide Sie nicht um Ihre Beschäftigung mit solch unvollständiger und dekadenter Literatur.‹ – Es läßt sich nicht leugnen, daß, wenn man in den katholischen Briefen immer nur die deuteropaulinische Literatur sieht, man zu einer solchen Entwertung derselben kommen muß, und die moralische Berechtigung der Apologeten, die ihnen die Verzeihung für die wildesten Rettungshypothesen erwirken kann, besteht eben darin, daß sie es fühlen, daß die katholischen Briefe mehr sind als Deuteropaulinismus und daß in denselben ein großer selbständiger Gedankengang lebt« (317).

einem solchen die uneschatologische griechische Theologie hervorgehen
konnte, hat noch keine Kirchengeschichte und keine Dogmengeschichte
nachgewiesen. Vielmehr haben sie alle, Harnack mit der vollkommensten geschichtlichen Meisterschaft, gleich zu Anfang neben dem Hauptgeleise der zeitgeschichtlich bedingten Anschauung ein Nebengeleise für
zeitgeschichtlich unbedingte Ideen angelegt, auf welches sie dann beim
historischen Zurücktreten der urchristlichen Eschatologie den Zug überführen, nachdem sie zuvor die Wagen, die nicht über diese Station hinaus mitgehen sollen, abgehängt haben.«[19]
Schweitzer will also dem abhelfen, was er »[das] Schlimme für [die]
Dogmengeschichte« nennt: »Niemand weiß, was eigentlich Urchristentum ist. [Man] operiert damit« (519 Anm. 68). Die Aufgabenstellung
zeigt, daß es dem jungen Dozenten an hoher Selbsteinschätzung seiner
wissenschaftlichen Fähigkeiten nicht mangelte. Durch ihn soll die Fachwelt erfahren, was Urchristentum ist! Bei seinem methodischen Vorgehen ist Schweitzer dabei genau der, als den er sich viele Jahre später bezeichnen wird: »ein in der Fremde nachgeborener Tübinger«[20]. Indem er
den Weg von Jesus zur Dogmengeschichte zu finden versucht, leuchtet
ihm kein hellerer Stern als F.Chr. Baur. »Überwältigt ... von der Schärfe
und Klarheit dieses Geistes« (299), geht Schweitzer ganz in den Spuren
des Tübingers, dem er es als »das große Verdienst« anrechnet, »das
Problem des Urchristentums gestellt zu haben. Mögen seine Forschungen heute in vielen Punkten überholt sein, mögen andere gelehrter gewesen sein als er: Er bleibt der größte unter allen bis auf den heutigen Tag,
weil er den Gedanken vertritt, daß das Urchristentum nur dann historisch
begreiflich ist, wenn es aus der Entfaltung eines einzigen großen Grundgedankens begriffen wird« (299).[21]
Die Richtigkeit dieses Gedankens zu erweisen, ist das von Schweitzer
mit seinem Kolleg über die katholischen Briefe im Winter 1902/03 verfolgte Ziel.

19 A. Schweitzer, a.a.O. (Anm. 1), 249f.
20 Vgl. K. Scholder, Albert Schweitzer und Ferdinand Christian Baur, in: H.W.
Bähr, Hg., Albert Schweitzer. Sein Denken und sein Weg, Tübingen 1962, 184–192,
hier: 184.
21 Solche und ähnliche Einlassungen in den »Straßburger Vorlesungen« (s. Register 741 s.v. Baur) verstärken noch die von W.G. Kümmel geäußerte Verwunderung,
daß Baur in Schweitzers »Geschichte der Paulinischen Forschung« von 1911 »im
wesentlichen nur als Literarkritiker« erscheint; »weder für sein Paulusbuch noch für
seine ›Vorlesungen über Neutestamentliche Theologie‹ werden dem Leser die entscheidenden Züge der Interpretation Baur's deutlich gemacht, er erfährt z.B. nicht,
daß Baur bereits ähnlich wie Schweitzer selber den Beginn der Dogmengeschichte
zwischen Jesus und dem Urchristentum und damit auch Paulus ansetzt« (W.G.
Kümmel, a.a.O. [Anm. 14], 223). Den Hörern seines Kollegs im WS 1902/03 hat
Schweitzer gerade dies ausführlich dargelegt. Daß es neun Jahre später Einbußen an
Gründlichkeit gab, war wohl der Preis, den Schweitzer für die Vielzahl der Beschäftigungen, vor allem für das inzwischen angefangene, ihn sehr anstrengende Medizinstudium, zu zahlen hatte.

Wie sehr er sich damit als Abweichler von der allgemeinen Paulusdeutung exponierte, war Schweitzer sehr wohl bewußt. In der Vorlesung vom SS 1906 über »Paulinismus und Galaterbrief« (504–523) heißt es z.b.: »Sie [die Theologen] stellen das Gedankengebäude des Paulus als etwas ungeheuer Kompliziertes dar, wobei man dann aber die Frage nicht unterdrücken kann, wie denn, wenn der Paulinismus das ist, als was wir ihn darstellen, ihn die Gemeinden haben verstehen können. Die Theologie hat zwar, um aus dieser Schwierigkeit herauszukommen, den Satz aufgestellt, daß niemand den Paulus je verstanden habe und daß der Einzige der alten Kirche, Marcion, der auf ihn zurückgreift bei der Bildung seines gnostischen Systems, ihn mißverstanden habe. Das ist aber ein ganz unbewiesener Satz. Es wäre vielleicht besser, wenn die allerjüngste moderne Theologie … sich fragte, ob wir ihn denn verstanden haben oder ob wir nicht selber unter unseren Satz ›Niemand hat Paulus je verstanden‹ fallen.
Ich persönlich bin ganz skeptisch geworden und glaube, daß wir ihn historisch nicht eher begriffen haben werden, als bis wir ihn vom Standpunkt der einfachen urchristlichen Theologie erkannt haben und in dieser merkwürdigen Vielgestaltigkeit spekulativer Ideen die einfachen Grundgedanken des ältesten Christentums gefunden und ihn so begriffen haben, wie ihn seine Zeitgenossen verstehen mußten und verstanden haben. Denn sie haben ihn verstanden, sonst hätte er ja keine Gemeinde gegründet.
Die Missionspredigt Pauli muß ganz einfach gewesen sein und sich in nichts von der der andern christlichen Sendlinge unterschieden haben. Denn er wurde ja nirgends wegen seiner Predigt beanstandet.
Wie finden wir aber dieses einfache Gerüst in seinen Briefen? Wie verstehen wir seine Theologie so, daß sie uns nur als die Verlängerung einfacher urchristlicher Gedanken erscheint?« (518f) Genau diesen beiden letztgenannten Fragen geht Schweitzer in seiner Vorlesung vom WS 1902/03 nach.

Baur hatte im Paulinismus einen bereits »dogmatisch entwickelten Lehrbegriff« gesehen, von dem die Lehre Jesu »noch sehr verschieden war«. Zum Weg dorthin »gehörte der ganze geschichtliche Entwicklungsgang, welchen das Christenthum erst mit dem Tode Jesu nahm«[22].

Es heißt dann weiter: »Wenn wir mit der Lehre Jesu die Lehre des Apostels Paulus zusammenhalten, so fällt sogleich der grosse Unterschied in die Augen, welcher hier stattfindet zwischen einer noch in der Form eines allgemeinen Princips sich aussprechenden Lehre und einem schon zur Bestimmtheit des Dogma's gestalteten Lehrbegriff; aber wie vieles liegt auch dazwischen, was die nothwendige Voraussetzung ist, ohne welche dieser Fortschritt nicht möglich gewesen wäre. Es ist vor allem der Tod Jesu mit allem, was mit ihm zusammengehört, das wichtigste Moment des Entwicklungsprocesses, durch welchen das Christenthum eine von seiner ursprünglichen Form wesentlich verschiedene Gestalt erhielt. Durch ihn erst gewann die Person Jesu die hohe Bedeutung, die sie für das christliche Bewußtsein hat.« Und zwar durch die Apostel! Das aber stellt uns vor die Frage, »ob der Standpunkt, auf welchen uns die Apostel stellen, mit dem Standpunkt Jesu selbst so sehr identisch ist, dass die Lehre Beider nur die Einheit eines und desselben Ganzen ist«[23].

22 F.Chr. Baur, Vorlesungen über neutestamentliche Theologie, hg. v. F.F. Baur, Leipzig 1864 (ND Darmstadt 1973), 122f.
23 A.a.O., 123–124. – Die Lit. zu Baurs Bedeutung in dieser Sache ist Legion. Vgl. nur K. Scholder, Baur, Ferdinand Christian, TRE 5, 1980, 352–359. Besonders hervorzuheben sind W. Geiger, Spekulation und Kritik. Die Geschichtstheologie Ferdinand Christian Baurs, FGLP 28, 1964; P.C. Hodgson, The Formation of Historical

Auf Baur's Sicht der Dinge folgt dann die von Schweitzer als Irrweg
eingestufte Epoche, in der man die Lehre Jesu mit der Lehre des Paulus
verglich und dann »entweder den höheren Wert der Lehre Jesu vor der in
Diskontinuität zu ihr stehenden Lehre des Paulus« konstatierte[24] oder in
Paulus denjenigen sah, »der den Meister verstanden und sein Werk fortgesetzt hat«[25]. W. Wredes Paulusbuch (1904)[26], das die Diskussion wieder auf die Höhe der Baur'schen Fragestellung zurücklenkte, war damals, als Schweitzer über die kath. Briefe las, noch nicht erschienen. Insofern kommt Schweitzer das Verdienst zu, als erster dorthin zurückge-
lenkt zu haben.

III.

Wie weit sich Schweitzer damit überschätzt hat, wäre jetzt im einzelnen
zu diskutieren. Aber dazu fehlt hier der nötige Raum. Ich muß mich mit
einigen Bemerkungen dazu begnügen, was bleibender Gewinn und was
das ganz und gar nicht an dem von Schweitzer erstellten Paulusbild ist.
Daß die Arbeit am Paulusbild in der neueren Forschung »nicht nur Wandel, sondern auch Fortschritt erkennen« läßt[27], ist eine Binsenwahrheit.
Daß Schweitzer zu denjenigen gehört, die entscheidende Anstöße dazu
gegeben haben, das Phänomen Paulus in seiner ganzen Komplexität, religionsgeschichtlich wie theologisch, neu zu erfassen, wird jedoch viel
zu wenig beachtet. Auffällig ist z.B., daß Schweitzer in den Vorträgen,
die beim Tübingen-Durham-Symposium 1988 zum Thema »Paulus,
Missionar und Theologe und das antike Judentum« gehalten wurden[28],
gar keine Rolle spielt.[29] Dabei war er es doch, der den Apostel der Völ-

---

Theology. A Study of F.Chr. Baur (Makers of modern theology), New York 1966;
vgl. auch F. Regner, a.a.O. (Anm. 4), 53–71: »›Paulus und Jesus‹ in der Theologie
F.Chr. Baurs«.

24 So beschreibt die Situation im einen Lager E. Jüngel, Paulus und Jesus. Eine
Untersuchung zur Präzisierung der Frage nach dem Ursprung der Christologie,
HUTh 2, (1962) [6]1986, 7.

25 So A. v. Harnack, Das Wesen des Christentums (1900). Mit einem Geleitwort
von R. Bultmann (Siebenstern TB), München/Hamburg 1964, 109; ferner J. Wellhausen, Einleitung in die drei ersten Evangelien, Berlin (1905) [2]1911, 114f. – Zur
damaligen Diskussion vgl. P. Gloatz, Zur Vergleichung der Lehre des Paulus mit der
Jesu, ThStKr 46, 1895, 777–800; F. Regner, a.a.O. (Anm. 4), 103–174.

26 Wieder abgedruckt bei K.H. Rengstorf, a.a.O. (Anm. 2), 1–97.

27 K.H. Rengstorf, a.a.O. (Anm. 2), XIII.

28 Vgl. M. Hengel / U. Heckel, Hg., Paulus und das antike Judentum. Tübingen-
Durham-Symposium im Gedenken an den 50. Todestag Adolf Schlatters († 19. Mai
1938), WUNT 58, 1991.

29 Nur in den Beiträgen von M. Hengel (a.a.O., 284) und P. Stuhlmacher (a.a.O.,
414) wird er je einmal beiläufig erwähnt, und zwar beide Male unter kritischer Bezugnahme auf die Zurückstufung der Rechtfertigungstheologie zu einem »Nebenkrater, der sich im Hauptkrater der Erlösungslehre der Mystik des Seins in Christo
bildet« (so A. Schweitzer, Die Mystik des Apostels Paulus, Tübingen [1930], [2]1954,

ker auf seine jüdischen Wurzeln zurückführte und ihn damit der seinerzeit dominierenden religionsgeschichtlichen Schule entriß, die in Paulus
den *Hellenisator* des Christentums oder Schlimmeres (»Verderber des
Evangeliums Jesu«)[30] sah. Daß er dabei über das Ziel hinausschoß, ist
einer der Negativposten, auf den jetzt gleich einzugehen ist.

Das religionsgeschichtliche Problem des Palästinajudentums hat
Schweitzer nicht nur unterschätzt und für einfacher gehalten, als es ist[31],
er hat sich seiner unvoreingenommenen Wahrnehmung einfach ver-
schlossen, vielleicht auch dem notwendigen Quellenstudium entsagt.[32]
Für ihn beginnt die Hellenisierung des Christentums jedenfalls erst *nach*
Paulus.[33] Als wäre der nicht schon in einem Judentum aufgewachsen,
das sich bereits Hellenistisches einverleibt hatte. Die ersten Christen jedenfalls waren nicht »entweder palästinische Juden oder Angehörige des

220 = UTB 1091 [mit einer Einführung von W.G. Kümmel], 1981, 220). Diese Einstufung hat freilich auch Zustimmung gefunden, z.B. bei E.P. Sanders, Paulus und
das palästinische Judentum. Ein Vergleich zweier Religionsstrukturen, StUNT 17,
1985, 409–515; auch F. Watson, Paul, Judaism and the Gentiles, SNTS.MS 56, 1986,
179.
30   Das soll um 1894 herum W. Wrede in einem Gespräch gesagt haben. Vgl. P.
Wernle (autobiographischer Abriß), in: Die Religionswissenschaft in Selbstdarstel-
lungen, hg. v. E. Stange, Bd. 5, Leipzig 1929, 207–251, hier: 217. »Das klang nach
Lagarde« (F. Regner, a.a.O. [Anm. 4], 154. Zu P. de Lagarde vgl. a.a.O., 109–127).
31   Zu diesem Problem vgl. schon G. Kittel, Urchristentum. Spätjudentum.
Hellenismus. Akademische Antrittsvorlesung, gehalten am 28.10.1926, Stuttgart
1926; ders., Die Probleme des palästinischen Spätjudentums und das Urchristentum,
BWANT 3.1, 1926. Hier S. 72 der Satz: »Man ist weithin geneigt, das religionsgeschichtliche Problem des Palästinajudentums zu unterschätzen oder für einfacher zu
halten, als es ist.«
32   »Zum Problem der ›Hellenisierung‹ Judäas im 1. Jahrhundert nach Christus«
vgl. den gleichnamigen großen Aufsatz von M. Hengel, in: ders., Judaica et Hellenistica. Kleine Schriften I, WUNT 90, 1996, 1–90; zu verweisen ist auch auf Hengels
Habilitationsschrift »Judentum und Hellenismus. Studien zu ihrer Begegnung unter
besonderer Berücksichtigung Palästinas bis zur Mitte des 2. Jhs v.Chr.«, WUNT 10,
(1969) ³1988.
33   In der Vorlesung über das »Abendmahl« im WS 1903/04 (469–503) erklärt
Schweitzer, »in dem Prozeß der Hellenisierung des Christentums im allgemeinen und
der Sakramente im besonderen« sei »der Hauptzeuge, der vernommen werden muß«,
Ignatius (496), also nicht Paulus! Sehr deutlich äußert sich Schweitzer schließlich in
der Vorlesung »Mystik des Apostels Paulus« vom SS 1911 (543–691). Er behauptet,
daß Paulus zwar von den ihn umgebenden hellenistischen Strömungen – Weisheitsliteratur, alexandrinische Theologie, griechisch-römische Popularphilosophie, antike
Mysterienreligionen usw. – berührt, aber nicht geprägt wurde. Wo es Berührungs-
punkte gibt, ist es »reine Analogie« (562), nicht Übernahme fremden Gedankengu-
tes. »Als in steigendem Maße erkannt wurde, daß der Heidenapostel in seinem
Kampf gegen das Gesetz in keiner Weise von den Voraussetzungen einer allgemeinen rationalen Religionsphilosophie ausgegangen ist, war die Vorstellung eines das
Evangelium Jesu mit dem griechischen Geiste erfassenden Paulus nicht mehr halt-
bar« (559). Also: »Die Eigenart des Paulinismus besteht in nichts anderem als in dem
Spekulativen an sich, nicht in dem Material. Seine Elemente und Voraussetzungen
sind jüdisch und urchristlich« (571).

hellenistischen Kulturkreises«[34], sie waren »in verschiedener Abstufung *beides*«[35]. Für Schweitzer aber gilt, daß sich »im Paulinismus gar nichts spezifisch Hellenisches« findet (515).

Die Begründung ist merkwürdig: »Man lese einmal die Schriften des hellenisierenden Judentums vor und nach Jesus durch, die Weisheitsliteratur, man studiere die Spekulationen des Zeitgenossen Jesu, Philos von Alexandrien, der den Logosbegriff in die jüdische Theologie einführt, und man wird gestehen, daß von Jüdisch-Hellenischem oder gar von rein Hellenischem in dem paulinischen Denken nichts zu finden ist. Wir haben auch den direkten negativen Beweis. Wäre etwas von hellenischem Denken in dem paulinischen Christentum gewesen, so hätten die Urapostel dies als neu empfunden und die Lehre des Paulus als solche wegen ihrer Fremdartigkeit beanstandet. Nun wissen wir aber, daß sie nur die eine Konsequenz derselben, die Freiheit der Heiden vom Gesetz, als eine ganz jüdische Frage betreffend anfangs nicht mitmachen wollten, im übrigen aber keinen Unterschied zwischen der Verkündigung des Evangeliums durch Paulus und ihrer Verkündigung fanden« (515).

Die Argumentation überzeugt schon deshalb nicht, weil Schweitzer ganz offensichtlich das palästinische Judentum noch völlig abgeschottet vom Hellenismus sieht. Sodann: Wie läßt sich behaupten, daß der Apostel *nicht* in der unter dem Einfluß der griechischen Aufklärung entstandenen Tradition des hellenistischen Judentums steht, »wenn er Röm 1,18ff die stoische Theorie von der natürlichen Gotteserkenntnis benutzt oder Röm 11,36; 1Kor 8,6 eine stoische Allmachtsformel variiert, oder wenn er die Begriffe Gewissen (Röm 2,15 usw.), Pflicht (Röm 1,28), Tugend (Phil 4,8), Natur (1Kor 11,14 u.a.) verwendet, oder wenn er die Heidengötter für Dämonen (1Kor 10,10) oder ›Weltelemente‹ (Gal 4,3.9) erklärt«[36]. Auch wenn er seine apostolische Existenz mit dem Wettkampf in der Arena eines griechischen Gymnasiums vergleicht (1Kor 9,24–27), wenn er hinsichtlich der Taufe die Sprache der hellenistischen Mysterienreligionen spricht (Röm 6,1ff u.a.), spürt man, daß Paulus hellenistisch gebildeter Jude war. Und auch sein Verständnis der Kirche als »Leib Christi« (1Kor 12,12ff; Röm 12,4ff) »ist ohne den philosophisch-griechischen Hintergrund kaum erklärbar«[37]. Daß das alles »eine in ihren Elementen rein jüdische Spekulation« gewesen sei (516), ist eine These, die Schweitzer nicht wirklich beweisen kann. Für Schweitzer war Paulus über die Sprache hinaus nicht auch »mit der Seele« (vgl. Josephus, contra Apionem 1,180) Grieche geworden. Das ist richtig. Das schließt aber nicht aus, daß er mit der griechischen Sprache auch »Geist und Tradition des Hellenismus als sein Eigenes zu verwenden« fähig war.[38]

---

34 G. Kittel, Die Religionsgeschichte und das Urchristentum, Gütersloh 1931 (ND Darmstadt 1959), 11.
35 M. Hengel, Problem, a.a.O. (Anm. 32), 2 Anm. 4; Hervorhebung E.G.
36 R. Bultmann, Paulus, in: RGG² IV, 1930, 1019–1045, hier: 1029.
37 J. Becker, Paulus. Der Apostel der Völker (1989), UTB 2014, ³1998, 59.
38 J. Becker, a.a.O., 59.

Schweitzers im SS 1906 vorgetragene Behauptung, daß es »keine literarischen Voraussetzungen« zur »Erklärung des Paulinismus« gibt, Paulus
also nur »aus sich selbst erklärt werden (kann)« (517), ist schlicht falsch.
»Die hellenistischen Mysterienreligionen« seines damaligen Straßburger
Kollegen Richard Reitzenstein gab es zwar noch nicht (erschienen
1910). Aber H. Gunkel[39], W. Heitmüller[40], H. Usener[41], P. Wernle[42] u.a.
hatten mit ihren Untersuchungen eine solche These längst unmöglich
gemacht. Und man wird R. Reitzenstein Recht geben müssen, wenn er
sagt: »Ich habe den Eindruck, daß schlechthin alles, was ich bei Paulus
aus dem Hellenismus zu erklären versuchte, Sprache, Mysterium und
Mystik, bei Schweitzer unerklärt bleibt«[43].
Aber Schweitzer hat uns mit seinen Paulusstudien auch Erkenntnisse von
bleibendem Wert vermittelt. Dazu zählt vor allem, daß er sich – in be-
merkenswerter Parallelität zum Völkerapostel – »von dem historischen
Jesus gewissermaßen selbst an Paulus als den legitimen Interpreten des
zum Gegenstande des Glaubens und der Verkündigung gewordenen Jesus« hat weisen lassen.[44] Zahlreiche jüdische Forscher z.B. waren und
sind z.T. noch heute der Meinung, Paulus sei der zweite oder wahre
Stifter des Christentums[45], wobei er dann entweder als »geschichtlicher
Bösewicht« oder als »geschickter Mann« gilt, »der das Judentum den
Nichtjuden mit Erfolg als ›billige Ware‹ angeboten hat«.[46] Aber auch
ernste Forscher aus dem christlichen Lager dachten so. Mit vielen anderen hielt z.B. W. Wrede, wohl der bedeutendste Neutestamentler der re-

39 Zum religionsgeschichtlichen Verständnis des Neuen Testaments, FRLANT 1/1,
1903.
40 Taufe und Abendmahl bei Paulus. Darstellung und religionsgeschichtliche
Bedeutung, Göttingen 1903.
41 Religionsgeschichtliche Untersuchungen I. II. III, Bonn 1889, 1899.
42 Die Anfänge unserer Religion, Tübingen/Leipzig 1901.
43 R. Reitzenstein, Religionsgeschichte und Eschatologie, ZNW 13, 1912, 1–28,
hier: 23. Zur Kritik an Schweitzer vgl. auch R. Bultmann, Urchristentum und Religionsgeschichte, ThR N.F. 4, 1932, 1–21, bes. 21.
44 So K.H. Rengstorf, Paulusbild, a.a.O. (Anm. 2), XIV, der dafür auf einen in die
Neubearbeitung der Geschichte der Leben-Jesu-Forschung von 1913 nicht übernommenen Abschnitt der Erstausgabe verweist: »Wir erleben, was Paulus erlebte. In
dem Augenblick, wo wir so nah an den geschichtlichen Jesus herankommen, wie
man es nie war, und schon die Hand nach ihm ausstrecken, um ihn in unsere Zeit
hineinzuziehen, müssen wir es aufgeben und uns in jenes paradoxe Wort ergeben:
Und ob wir auch Christum erkannt haben nach dem Fleisch, so kennen wir ihn jetzt
doch nicht mehr. Noch mehr: Wir müssen uns darein finden, daß die historische Erkenntnis des Wesens und des Lebens Jesu der Welt nicht eine Förderung, sondern
vielleicht ein Aergernis zur Religion sein wird« (Von Reimarus zu Wrede, a.a.O.
[Anm. 1], 399).
45 Vgl. z.B. H. Maccoby, The Mythmaker. Paul and the Invention of Christianity,
San Francisco 1987.
46 D. Flusser, Paulus II. Aus jüdischer Sicht, TRE 26, 1996, 153–160: 153.

ligionsgeschichtlichen Schule, das Urteil für unumgänglich, »daß Paulus als *der zweite Stifter des Christentums* zu betrachten ist«[47].

Mit Schweitzers paulinischen Forschungen ist solchen Thesen endgültig der Boden entzogen; sie sind grundlos geworden. Der Apostel hat die Botschaft Jesu nicht durch etwas Neues ersetzt, er hat sie sachlich zu Ende gedacht! »Paulus war nicht der selbständige Erfinder eines neuen Christentums, sondern er hat die großen Ideen, die im Urchristentum schlummerten, zum Leben erweckt« (332). Obwohl Schweitzer das historisch rekonstruierte Bild Jesu als für unseren Glauben unerheblich an die Vergangenheit zurückgab und nur Jesus, den Gebieter und Herrscher, als für uns maßgeblich ansah, ließ er doch keinen Zweifel daran, daß die Botschaft von Jesus Christus, die uns im Zeugnis der Apostel begegnet, »uns zurückweist auf den Menschen Jesus, der uns hinter dem Zeugnis der Evangelien sichtbar wird und der der Grund unseres Glaubens bleibt«[48].

Wenn Schweitzer in seiner frühen Vorlesung von 1902/03 nach der Übereinstimmung des Paulinismus mit dem »altchristlichen Gedankenkreis« (324) fragt, so heißt das im Grunde nichts anderes, als daß die Theologie des Paulus im urgemeindlichen Kerygma von Jesus Christus gründet.[49] Wohl gilt: »Der ganze Paulinismus ist eigentlich ein Rätsel« (504; vgl. 571). Er hängt »mit der Lehre Jesu« zusammen, ist aber doch nicht aus ihr »hervorgewachsen« (506). Er »erbaut sich nicht auf der Lehre Jesu, sondern auf der Offenbarung« (505). »Der verklärte Christus offenbart dem Paulus, was der Tod und die Auferstehung des historischen Jesus in dem Weltgeschehen bedeuteten und weist ihn an, die Konsequenzen daraus zu ziehen. Das ist der Paulinismus!« (507f)

Pauli *Indifferenz zur Lehre* Jesu ist jedoch nur konsequent. Setzt doch der »Christus nach dem Geist«, das verklärte himmlische Wesen als Träger der Offenbarung, alles außer Kraft, »was man auf die Autorität des historischen Jesus bauen könnte ..., so daß der Jesus von Nazareth nach dem Fleisch zuletzt eine indifferente Persönlichkeit wird, deren Lehrautorität gegen die Offenbarung des Verklärten niemals ins Feld geführt werden darf. Paulus geht sogar so weit, die historische Persönlichkeit gewissermaßen selbst aufzuheben, außer Kurs zu setzen. ›Wenn wir auch Christus nach dem Fleische kannten,‹ sagt er IIKor. 5,16, ›so kennen wir ihn jetzt nicht mehr‹« (505). Und am Rand seines Kollegmanuskriptes bemerkt Schweitzer dazu: »Urchristentum aber [ist] überhaupt nicht ›Lehre Jesu‹. (Sobald man dieses [nicht] voraussetzt, findet man die Verbindung zwischen Paulus und dem Urchristentum nicht)« (ebd. Anm.

---

47 W. Wrede, Paulus, RV I/5.6, 1904, 104 (wieder abgedruckt bei K.H. Rengstorf, a.a.O. [Anm. 2], 1–97, hier: 96). – Zum philosophischen und theologischen Antipaulinismus, der mit solchen Thesen im Zusammenhang steht, vgl. F. Regner, a.a.O. (Anm. 4), 103–121.

48 W.G. Kümmel, Albert Schweitzer als Jesus- und Paulusforscher, in: ders., Heilsgeschehen, a.a.O. (Anm. 14), 1–11, hier: 9; vgl. auch ders., Albert Schweitzer als Paulusforscher, a.a.O., 215–231.

49 Vgl. E. Jüngel, a.a.O. (Anm. 24), 6.

8). Die »Emanzipation des paulinischen Christentums von dem, was wir als historische Stiftung Jesu bezeichnen würden« – von Schweitzer selbst als »Gewalttat ohnegleichen« angesehen (506) –, meint aber dennoch nicht, jene »historische Stiftung« sei theologisch irrelevant. Nur läßt sich der Paulinismus von ihr nicht herleiten.

Es ist ganz im Sinne Schweitzers, was R. Bultmann in seinem berühmten Paulus-Artikel von 1930 gewissermaßen als Fazit der endlosen Diskussion um das Thema »Paulus und Jesus« formuliert: »So wenig man ideengeschichtlich die Theologie des P[aulus] als Entwicklung der Predigt Jesu bezeichnen darf, so wenig darf man sie freilich unter ideengeschichtlichem Gesichtspunkt in Gegensatz zu ihr stellen und etwa Jesu Frömmigkeit als frohen Gottvaterglauben, die Religion des P[aulus] als herben Erlösungsglauben charakterisieren. Ideengeschichtlich betrachtet, ist die Verkündigung Jesu ... und die des P[aulus] wesentlich die gleiche. Gleich ist der Gottesgedanke: Gott ist der Richter und zugleich der Gnädige; gleich die Anschauung vom Menschen, der zum Gehorsam unter Gottes Willen verpflichtet und als Sünder auf Gottes Gnade angewiesen ist, der kein Verdienst vor Gott vorweisen, keinen Anspruch an ihn richten kann. Weder für Jesus noch für P[aulus] ist Gott das immanente Weltgesetz oder die Hypostasierung einer ewigen Idee des Guten, sondern er ist der, der als mit Gericht und Gnade Kommender vor dem Menschen steht, und für beide handelt Gott mit dem Menschen in der Geschichte. Aber der Unterschied ist der, daß Jesus ein endgültiges und entscheidendes Handeln Gottes, die Gottesherrschaft, als kommend, ja schon anbrechend verkündigt, während P[aulus] behauptet, die Wende der Aeonen sei schon erfolgt, und zwar mit dem Kommen, dem Tode und der Auferstehung Jesu. Kreuz und Auferstehung Jesu sind also für P[aulus] das entscheidende Heilsereignis, durch welches Vergebung der Sünde, Versöhnung des Menschen mit Gott bewirkt ist, und mit welchem also die neue Schöpfung heraufgeführt ist. So bilden allerdings Person und Geschichte Jesu die Voraussetzung der Theologie des P[aulus], aber nicht in ihrem historischen und geistesgeschichtlichen Gehalt, sondern als Tat Gottes, als Heilsgeschehen, als Heilsoffenbarung. Nicht andere und neue *Ideen* als Jesus lehrt P[aulus]; sondern er lehrt ein *Ereignis* neu verstehen, indem er sagt: die Welt ist neu, seitdem und dadurch daß Jesus da war; jetzt ist die Versöhnung zwischen Gott und Mensch gestiftet, und das Wort ist eingesetzt, das diese Versöhnung verkündigt.«[50]

Einer solch klaren Einsicht hat gewiß auch Schweitzer den Weg bereitet. Er hat dem mit Reimarus beginnenden und in der religionsgeschichtlichen Schule besonders brisant werdenden Thema »Paulus und Jesus« zu der Sachlichkeit verholfen, mit der es heute auf der ganzen Linie verhandelt wird.[51] Er hat richtig gesehen, daß der Paulinismus die unter den

50 R. Bultmann, a.a.O. (Anm. 36), 1028f. – Zur Übereinstimmung von Bultmann und Schweitzer vgl. E. Gräßer, Albert Schweitzer und Rudolf Bultmann. Ein Beitrag zur historischen Jesusfrage, in: Rudolf Bultmanns Werk und Wirkung, hg. v. B. Jaspert, Darmstadt 1984, 53–69 (= ders., Studien zu Albert Schweitzer. Ges. Aufsätze, BASF 6, 1997, 34–50).
51 Neben der Arbeit von E. Jüngel, Paulus (s. Anm. 24) verweise ich dafür besonders auch auf J. Roloff, dem ich diese Studie in herzlicher Verbundenheit und Dankbarkeit für die selbstlose Hilfe bei der Erstellung meines Hebr-Kommentares widme (s.o. Anm. 11). Er hat in seiner Habilitationsschrift »Das Kerygma und der irdische Jesus. Historische Motive in den Jesus-Erzählungen der Evangelien«, Göttingen (1970) ²1973 sehr schön gezeigt, wie auf der u.a. von Schweitzer geschaffenen Basis

Bedingungen der durch Jesu Tod und Auferstehung in Gang gesetzten Äonenwende notwendige »Fortsetzung des Evangeliums Jesu« ist. Sie ist es, »weil sie im Sinne der von Jesus verkündeten Eschatologie die Konsequenzen für die Gegenwart zieht«.[52] »Schweitzer hat also keineswegs die Frage nach dem historischen Jesus diskreditieren wollen; ihm ging es vielmehr darum, sie sachgemäßer als seine Vorgänger zu stellen.«[53] Seine frühen Straßburger Vorlesungen bestätigen dieses Urteil vollauf. Gleich in der zweiten von drei kurzen »Vorbemerkungen« zu seinem Kolleg über die kath. Briefe heißt es: »Ich werde die katholischen Briefe nicht nur in ihrer Beziehung zur paulinischen Literatur untersuchen, sondern auch ihre Verwandtschaft mit den apostolischen Vätern, der katholischen Literatur par excellence, in den Vordergrund stellen.« Als Begründung führt Schweitzer an: »Beide sind auf dem nämlichen Boden erwachsen; beide gehen zeitlich ineinander über ... Der ganze Titel des Kollegs sollte also heißen: ›Die katholischen Briefe im Rahmen der apostolischen Väter‹« (243).

Den Kommentatoren der kath. Briefe wirft er vor, daß sie nicht erkannt haben, »welcher Adel und welche Energie der Gedanken uns aus ihnen entgegenschlägt, daß man aus der Lohe, die aus dem 1. und 2. Petrusbrief herausschlägt, erst elementar ermißt, warum diese Gedanken die Alte Welt verzehrt haben, warum das Christentum eine weltüberwindende Macht war – das bringen die Kommentare nicht zur Geltung und erfüllen damit den höchsten und einzigen Zweck der Wissenschaft nicht, die Urkunden der Vergangenheit uns in der Kraft und Bedeutung, die [sie] für ihre Zeit hatten, wieder zum Leben zu erwecken, sondern gleichen nur zu oft jener falsch verstandenen Botanik, die Staubgefäße und Stempel zählt und die Anordnung der Blütenblätter beschreibt« (316f).

Schweitzer hat sich mit seiner frühen Vorlesung das Ziel gesteckt, das Urchristentum ganz im Baur'schen Sinne »aus der Entfaltung eines einzigen großen Grundgedankens« heraus zu begreifen (vgl. 299). »Zeichnung des Milieus« heißt es bezeichnenderweise im Manuskript als Randbemerkung von Schweitzers Hand! Das zu zeigen ist die eigentliche Absicht. Er will die inhaltlichen Unterschiede der einzelnen Schriftgruppen – Paulusbriefe, katholische Briefe, apostolische Väter – nicht einebnen; erst recht hält er es für falsch, alles am Paulinismus zu messen. Denn das »beruht auf der falschen Voraussetzung, daß Paulus alle Gedanken im Urchristentum gepachtet und es neben ihm keine selbständige Gedankenwelt gegeben habe« (314). »Gerade die innere Unabhängigkeit vom paulinischen System« weise darauf hin, daß es dieselbe sehr wohl gegeben habe in einer Form, die »sich mit dem Paulinismus berührte, aber nicht aus ihm floß. Es ist vollständig falsch, das Urchristentum mit

die Diskussion weitergehen kann bis zu der Frage, welchen »Anhalt« das urchristliche Kerygma »nicht nur am Wort, sondern auch am Werk des Irdischen« hat (49). Gerne verweise ich auch auf den für die vorstehenden Ausführungen relevanten Abschnitt »Das ›Denken vom Bruch her‹ (A. Schweitzer)« (a.a.O., 16–18).
52   R. Bultmann, a.a.O. (Anm. 43), 21.
53   J. Roloff, Kerygma, a.a.O. (Anm. 51), 17.

Ausnahme von Paulus als absolut untheologisch hinzustellen, als hätten
die Geister erst gegen die dritte Generation hin unter dem Eindruck der
paulinischen Gedanken, die sie nicht verstanden, angefangen, theologisch zu denken. Es ist keineswegs statthaft, an den Anfang der christlichen Entwicklung das Nichts zu setzen, denn die Elemente zum speku-
lativ-theologischen Denken lagen in der Luft – anders wäre es ja nicht
möglich, daß man die Spekulationen [des] Paulus verstanden hätte. Er
hat doch immerhin auf der Basis eines allen gemeinsamen Grundgedankens operiert« (315).

Und eben diesen *gemeinsamen Grundgedanken* möchte Schweitzer her-
ausfinden, um – ganz im Sinne der positiven Lösung Albrecht Ritschls,
der nach einer Art sensus communis fragte (310f)[54] – zu erfahren, was
»gemeinsamer Besitz der Urapostel und Pauli« war, der sich dann »zur
altkatholischen Lehre herausgebildet hat« (310). Er möchte es allerdings
»unabhängig von der Gesetzeskontroverse« erfahren (ebd.), weil die in
dem Gemeinsamen nicht unterzubringen ist.

Pauli Gesetzeslehre war nach Schweitzers Auffassung das spezielle Problem des
Apostels der Völker. Der stelle »die Sache so dar, als hätten die Verteidiger des jüdischen Gesetzes die Rechtfertigung aus dem Gesetz gelehrt, was gar nicht der Fall ist,
sondern sie verlangten nur die Beobachtung des Gesetzes, weil es eben nicht abro-
giert war, von allen, die das Erbe des auserwählten Volkes teilen wollten, und waren
damit der Form nach vollständig im Recht. Aber dieselben Menschen lehrten als
Christen die Rechtfertigung aus dem Glauben durch die von Christo beschaffte Sündenvergebung, denn das war ja gerade die Gerechtigkeit, die dem Menschen in der
einzigartigen Zwischenzeit angeboten wurde. Daß der Mensch gerecht würde durch
den Glauben und [durch] den Glauben allein, das hat nicht etwa erst Paulus erfunden,
wie man es gewöhnlich darstellt, sondern darin stimmten ihm alle bei, Petrus, Jakobus der Gerechte und die andern insgesamt. Aber indem nun die Frage, ob auch
nicht-jüdische Christen das Gesetz halten müßten, durch die Heidenmission [des]
Paulus akut wird, muß Paulus, um die Heidenchristen von der gesetzlichen Verpflichtung zu befreien, eben die äußersten Konsequenzen aus der Beibehaltung des
Gesetzes im Christentum ziehen und ihnen sagen: Wenn ihr den Heiden das Gesetz
auferlegt, imputiert ihr ihnen eben zwei rechtfertigende Prinzipien, [nämlich] das
Gesetz und den Glauben. Damit war er logisch im Recht, sachlich aber im Unrecht,
indem keiner auch von den rabiatesten Judenchristen jemals [auch nur] im Traum
daran gedacht hatte, das Gesetz noch als rechtfertigend anzusehen, sondern *nur beobachtet wollten sie es haben«* (323f).[55]

---

54 Schweitzer sagt: »Ritschl spielt in der Theologie die Rolle von Leibniz in der
Philosophie. ›Nihil est in intellectu, nisi ante fuerit in sensu‹, sagt die Lockesche
Philosophie, die im Materialismus und Sensualismus sich weiterbildete. Leibniz aber
schrieb das große Fragezeichen an: ›nisi intellectus ipse‹, das die höhere Einheit von
Vorstellung und Empfinden, die von Anfang an gegeben ist, darstellt. So schreibt
auch Ritschl das Fragezeichen an, indem er sagt: Das Urchristentum war weder
paulinisch noch judenchristlich, sondern eine Art sensus communis, der über beiden
steht, zugleich aber beiden gemeinsam ist und sie verbindet. Die Historiker brauchen
manchmal solche Dialektiker!« (311)
55 Diese Sicht der Dinge hat im heutigen christlich-jüdischen Dialog höchste
Aktualität. Vgl. z.B. R. Bergmeier, Das Gesetz im Römerbrief und andere Studien
zum Neuen Testament, WUNT 121, 1999. Schweitzer hätte zugestimmt, wenn er

Um diesen Befund zu erklären, hält Schweitzer aufgrund der bisherigen Forschungslage drei Schritte für nötig:»1) die Untersuchung über das urapostolische Christentum in Acta, 2) die Untersuchung über den Grundgedanken des Paulinismus, 3) die Untersuchung über die Gedankenwelt der Apostolischen Väter« (317).

Dieses methodische Vorgehen ist Programm! Obwohl die Paulusbriefe älteste Überlieferung sind, stellt sie Schweitzer nicht an den Anfang, sondern zwischen Acta und Apostolische Väter. Um das »urapostolische Christentum« kennenzulernen, muß man mit der Apostelgeschichte beginnen! Denn in ihr, genauer: in ihren *Reden* (318), habe sich der »Grundriß der apostolischen Lehre ... in der Hauptsache rein erhalten« (323).[56] »Er beruht auf der Eschatologie, auf dem Sühnetod und der Auferstehung Jesu und auf der Ausgießung des Geistes als eschatologischen Tatsachen, und auf dem Begriff der Buße. Wer jetzt Buße tut und an Jesum als den Auferstandenen und zum Gericht erwarteten Messias glaubt, der empfängt Vergebung der Sünden und ist mit dem Auferstandenen der Auferstehung gewiß. Das ist der Grundriß des urchristlichen Glaubens, der sich in der Lehre von Acta, aber dann unverändert in der Lehre der katholischen Briefe und [der] altchristlichen Väter findet, der gemeinsame Besitz des ältesten Christentums« (322). Also auch des

hier lesen würde, daß die Lehre von der Rechtfertigung ohne des Gesetzes Werke weder ein gegen das Judentum gerichteter Antinomismus noch Gegenstand oder gar Zentrum der apostolischen Botschaft an die Heiden sei. Vielmehr begründe sie theologisch die beschneidungsfreie Heidenmission. Dabei sei jetzt dahingestellt, ob ein solches Gesetzesverständnis der m.E. sehr viel tiefergreifenden Sicht des Paulus gerecht wird. Die Konsequenz dieses flachen Verständnisses hat zumindest Schweitzer gesehen und gezogen: Die Rechtfertigungslehre wird bei ihm zu einem »Nebenkrater, der sich im Hauptkrater der Erlösungslehre der Mystik des Seins in Christo bildet« (Mystik, a.a.O. [Anm. 29], 220 [= Gesammelte Werke in 5 Bänden, Bd. 4, München 1974, 300]). Außerdem muß man bei Schweitzer kritisieren, daß er den Phänomenzusammenhang von Gesetz – Sünde – Tod (lKor 15,56) nicht reflektiert. Das würde sein Gesetzesverständnis als viel zu nebensächlich angesetzt erweisen und aus den Angeln heben. Bei aller auch heute am paulinischen Gesetzesverständnis laut werdenden Kritik wird es doch bei der in der reformatorischen Tradition liegenden Auslegung bleiben müssen. Vgl. dazu G. Klein, Gesetz. III. Neues Testament, TRE 13, 1984, 58–75, hier: 64–72; E. Gräßer, Der ruhmlose Abraham (Röm 4,2). Nachdenkliches zu Gesetz und Sünde bei Paulus, in: M. Trowitzsch, Hg., Paulus, Apostel Jesu Christi. FS G. Klein, Tübingen 1998, 3–22.
56 In der Hauptsache! Schweitzer weiß also sehr wohl, daß Lukas nicht nur tradiert, sondern auch interpretiert. Er weiß z.B., daß die Reden der Acta ihrer Fassung nach jünger sind; aber ihr theologischer Gedankeninhalt ist alt (427). – In diesem Sinne jetzt sehr dezidiert M. Hengel, Zur urchristlichen Geschichtsschreibung, Stuttgart (1979) ²1984; ders., Between Jesus and Paul. Studies in the Earliest History of Christianity, London/Philadelphia 1983 (darin die englische Übersetzung des früher erschienenen Aufsatzes: Zwischen Jesus und Paulus. Die ›Hellenisten‹, die ›Sieben‹ und Stephanus [Apg 6,1–15; 7,54–8,3], ZThK 72, 1975, 151–206); ders., Der vorchristliche Paulus, in: M. Hengel / U. Heckel, Hg., Paulus und das antike Judentum, WUNT 58, 1991, 177–291; ders. / A.M. Schwemer, Paulus zwischen Damaskus und Antiochien. Die unbekannten Jahre des Apostels, WUNT 108, 1998, 9–26.

Paulus! Er hat »das christliche System« nicht geschaffen, er hat es geerbt (ebd.). »Vollständig auf dem Holzweg ist Friedrich Nietzsche, wenn er sagt …: ›Paulus ist der erste Christ, der Erfinder der Christlichkeit. Bis dahin gab es nur einige jüdische Sektierer.‹[57] Nein, der Grundriß der apostolischen Lehre, wie sie sich in Acta in der Hauptsache rein erhalten hat, weil sie bis in die Mitte des 2. Jahrhunderts, solange die Eschatologie noch wirksam war, sich eigentlich gar nicht verschoben hat, findet sich auch in dem paulinischen System. Es ist [bei Paulus] nichts als eine durch die Gesetzesfrage bedingte besondere Pointierung und Zu-Ende-führung der altchristlichen Theologie« (322f).

IV.

Solche Sicht erlaubt es Schweitzer, den »Paulinismus als apostolisches Urchristentum« darzustellen (325–333). Schon diese Überschrift, die Schweitzer seiner Darstellung in § 13 gegeben hat (325), deutet den Fehler der damals modernen Auffassungen an. Sie lösen den Paulinismus »als eine rein *persönliche Schöpfung*« »ganz aus der urchristlichen Gemeindetheologie heraus« (327; Hervorhebung durch Sch.), womit man sich sein geschichtliches Verständnis vollkommen verbaut.[58] Einem solchen wird nur gerecht, wer den Paulinismus »als Urchristentum und als Eschatologie« (329) sieht und ihn aus dem Zusammenhang mit der Gemeindetheologie heraus zu erklären und zu verstehen versucht, wie sie die Urapostel vertreten haben. Schweitzer führt dafür zwei argumenta e silentio an:
1) Paulus ist sofort überall verstanden worden, auch von Petrus und Jakobus dem Gerechten (vgl. 323f.328). Das bleibt unerklärlich, wenn der Paulinismus eine außerhalb des »altchristlichen Gedankenkreis[es]« (324) liegende persönliche Neuschöpfung ist, in der »die anderen« ihren Glauben überhaupt nicht wiederfinden konnten (327).

Daran knüpft Schweitzer die folgenden Fragen an: »Wie konnte er [sc. Paulus] sich auf Grund eines solchen Systems, in dem die Antinomie zwischen griechischem und jüdischem Denken immer wieder durchbrechen soll, mit Petrus verständigen? Wie konnte Paulus es wagen, an Gemeinden, die er nicht gegründet hatte, wie z.B. die römische, zu schreiben und ihnen, die mit seinen Gedanken gar nicht vertraut waren,

---

57 F. Nietzsche, Morgenröte I, 68, in: Werke in sechs Bänden. Zweiter Band, München/Wien 1980, 1055–1058, Zitat: 1058. – Zum philosophischen und theologischen Antipaulinismus vgl. F. Regner, a.a.O. (Anm. 4), 103–121.
58 Als klassischen Repräsentanten für diese Position nennt Schweitzer seinen Lehrer H.J. Holtzmann und zitiert ausführlich aus dessen »Lehrbuch der neutestamentlichen Theologie« II 205, das damals gerade in 1. Aufl. (1896/97) erschienen war. Für Holtzmann bedeutet der Paulinismus »eine Generalisierung dessen …, was sein Urheber an sich erfahren hat«. »Dies der tiefliegende Grund für die einsame Größe, als welche er unter seinem Geschlecht und den Epigonen dasteht, für das meteorartige Vorüberschweben der Gedankenwelt, die er erzeugt hat« (zitiert bei Schweitzer 327.328).

sein System vorzutragen? Wieso wurde dieses System, wenn es so unpopulär und untheologisierend gedacht ist, nicht vom Standpunkt des einfachen apostolischen Glaubens angefochten?« (327).[59]

2) Das zweite argumentum e silentio ist dieses: Paulus hat »während der 17 Jahre, die er wirkte, ehe er seine Gedanken schriftlich in Gegensatz zu den Verteidigern der fortdauernden Verbindlichkeit des Gesetzes entwickelte, ... ein Evangelium gepredigt, das von niemandem beanstandet wurde« (328). Conclusio: »Worin soll also die einzigartige persönliche Fassung des Christentums bei Paulus bestanden haben?« (ebd.) Es gab sie nicht!
Den Mangel, daß wir die Missionspredigt des Paulus nicht kennen, um sie mit denen der Acta zu vergleichen, meint Schweitzer zumindest teilweise kompensieren zu können mit dem 1. Thessalonicherbrief, der – noch vor dem Kampf um die Gesetzesfreiheit geschrieben – zeige, daß die »Grundidee« des Paulinismus »etwas ganz Einfaches und Überzeugendes« und »allgemein christlicher Besitz war« (331), nämlich *eschatologischer Glaube an Jesum als den Gekreuzigten und Auferstandenen* (329) und das Bewußtsein, kraft der Geistausgießung schon im neuen Äon zu leben, obschon der alte noch fortdauert (vgl. 329.330f). Was sich der modernen Theologie als Novität darstellt, ist also in der Sache »nichts anderes als die großartige mystische Ausführung dieses Grundgedankens« (330).[60]
Dem jungen Dozenten liegt also schon 1902/03 der Paulinismus als dasjenige fest, als was er ihn 1930 in seinem Hauptwerk ausführlich darstellen wird: als »eschatologische Mystik« (330). Paulus »drückt den Gedanken, daß man durch Jesu Tod und Auferstehung in die Zwischenzeit der Parusie eingetreten ist, wo die Totenauferstehung durch Christum schon begonnen hat, nur noch konsequenter aus und beruft sich darauf, um die Zukunft, die den Gläubigen gewiß ist, mystisch schon als gegenwärtigen Besitz zu erfassen. Der Gläubige ist, obwohl die Parusie und die damit verbundene Totenauferstehung und Verwandlung der sie lebend erlebenden Gläubigen noch nicht eingetreten ist, durch die Gemeinschaft mit Christo, der durch Tod und Auferstehung zur Verklärung hindurchgedrungen ist, ... eine neue Kreatur ... Das ist keine Symbolik, sondern mystische Realität« (ebd.). Der Gläubige ist es durch die Taufe, welche Schweitzer als den Moment bezeichnet, »wo man durch das Mitgestorben-, Mitbegraben- und Mitauferstandensein in das σῶμα Χριστοῦ eingegliedert wird, daß man hinfort in einem neuen Dasein

---

59 Das Wort »untheologisierend« muß verkürzende Redeweise sein für »nicht der urchristlichen Gemeindetheologie entsprechend«.
60 1Thess dient Schweitzer also *nicht* als Beweis dafür, daß es eine *Entwicklung* in der paulinischen Theologie gegeben hat. Es gab nur unterschiedliche Akzentuierungen. Vgl. dazu das sehr überzeugende Kapitel »Die Paulusbriefe als Quelle für die paulinische Theologie der Frühzeit dargestellt am Beispiel des 1. Thessalonicherbriefes« von M. Hengel / A.M. Schwemer, a.a.O. (Anm. 56), 451–461; ferner den Abschnitt »Zum Problem der Entwicklung bei Paulus«, a.a.O., 27–30.

wandle, das über die Sünde, über den Tod, über das Gesetz, über Geschlecht, über Nationalität erhaben ist (Röm. 6,1ff), wo [es] weder Jude
noch Grieche, weder Sklave noch Freier, weder Mann noch Weib gibt,
sofern man ›Christum angezogen‹ hat (Gal. 3,27ff)« (ebd.).
Erst als »die Eschatologie aus dem Bewußtsein zurücktrat, wurde der
Gedankenzusammenhang des Paulinismus unfaßbar, und dann fing man
an, ihn mißzuverstehen, indem man ihn zu verstehen wähnte, von Marcion bis in die moderne Theologie« (331). In seiner unnachahmlichen
Bildersprache fügt Schweitzer hinzu: Es ist eben »in dem Reich des
Geistes wie in dem der Natur: die Blütenperiode ist vorübergehend. Das
Abblühen des Paulinismus begann, sobald die Gegenwärtigkeit der Parusie nicht mehr so erlebt werden konnte, wie als Paulus schrieb und man
zwar noch mit Gewißheit die Parusie erwartete, aber nicht mehr so lebendig in derselben drin stand wie bei Paulus. Dann aber kommt wieder
ganz von selbst die nüchterne unmystische Form des christlichen Glaubens. Die nachpaulinische Theologie ist nicht in dem Maße von Paulus
abhängig, daß sie ihre Gedanken von ihm hat, als hätte er etwas Neues
persönlich geschaffen, sie ist auch nicht eine Verarmung und Verküm-
merung derselben, sondern die Gedanken nehmen wieder die einfache
Form an, die sie vor Paulus hatten. Und so steht nun der Baum bis in die
Mitte des 2. Jahrhunderts im einfachen Laubschmuck, hinter dem aber
langsam die Gedanken reifen, die dann, in den Boden des griechischen
Geistes eingesenkt und zum ersten Mal dort zur Entwicklung gebracht,
seither auf dem Boden jeder Kultur sich immer wieder von neuem repro-
duzieren« (332). Mit dem ihm eigenen Selbstbewußtsein kann Schweitzer schließlich sagen: »Das geistreiche Wort: ›Niemand hat den Paulinismus verstanden, und der einzige, der ihn verstanden [hat], Marcion,
hat ihn mißverstanden‹[61], ist also richtig mit einer kleinen Korrektur,
wenn man nämlich sagt: ›Niemand außer den Zeitgenossen hat den
Paulus verstanden, und der einzige, der ihn nachher verstanden hat, Marcion, hat ihn mißverstanden, und die moderne Theologie auch‹« (331 f).
Die einzige Ausnahme – so meint Schweitzer – ist er selbst.

---

61 Dieses oft wiederholte Wort soll F. Overbeck in einem Tischgespräch zu A.
    Harnack gesagt haben. »Er prägte es mit Bezug auf das Wort, das über die Schüler
    Hegels umging, daß der einzige, der ihn verstanden, ihn mißverstanden habe. Dem
    Philosophen gab er den Apostel zum Leidensgenossen« (A. Schweitzer, Mystik,
    a.a.O. [Anm. 29], 39 Anm. 1).

Literaturverzeichnis

(Die oben im Beitrag II abgekürzt zitierte Literatur ist hier bibliographisch genau aufgeführt)

Kommentare:

BAUERNFEIND, O., Die Apostelgeschichte, Leipzig 1939 (ThHK 5).
BEYER, H.W., Die Apostelgeschichte, Göttingen 1949[5] (NTD 5).
HAENCHEN, E., Die Apostelgeschichte, Göttingen 1956[10] (KEK 3).
HOLTZMANN, H.J., Die Apostelgeschichte, Freiburg i.Br. 1892[2] (HC).
FOAKES, F.J. – JACKSON – LAKE, K., The Beginnings of Christianity, Part I, Vol. 1–5. London 1920–1933.
LOISY, A., Les Actes des Apôtres, Paris 1920.
WEISS, J., Über die Absicht und den literarischen Charakter der Apostelgeschichte, Marburg 1897.
WELLHAUSEN, J., Kritische Analyse der Apostelgeschichte, Berlin 1914 (AGWG N.F. XV,2).
WENDT, H.H., Die Apostelgeschichte, Göttingen 1913[9] (KEK 3).
ZAHN, TH., Die Apostelgeschichte des Lukas, Leipzig 1919ff.[1.2].

Sonstige Literatur:

BARRETT, C.K., The Holy Spirit and the Gospel Tradition, London 1947.
BERTRAM, G., Die Himmelfahrt Jesu vom Kreuz aus und der Glaube an seine Auferstehung, Tübingen 1927, in: Festgabe für A. Deißmann, S. 187ff.
BOUSSET, W., Das Reich Gottes in der Predigt Jesu, ThR 1902, S. 445ff.
–, „Jesus der Herr", Göttingen 1916.
BRUN, L., Die Auferstehung Christi in der urchristlichen Überlieferung, Oslo/Gießen 1925.
BÜCHSEL, FR., Der Geist Gottes im NT, Gütersloh 1926.
BULTMANN, R., Theologie des NT, Tübingen 1953.
CONZELMANN, H., Die Mitte der Zeit. Studien zur Theologie des Lukas, Tübingen 1954 (BHTh 17).
DODD, C.H., The Apostolic Preaching and its Developments, New York 1954[8].
FRIDRICHSEN, A., Die Himmelfahrt bei Lukas, ThBl 6 (1927), 337ff.
GEWIESS, J., Die urapostolische Heilsverkündigung nach der Apostelgeschichte, 1939 (BSHT N.F. 5).
GOGUEL, M., La foi à la résurrection dans le christianisme primitif, Paris 1933.
JEREMIAS, J., Jesus als Weltvollender, 1930 (BFChTh 33,4).
LIETZMANN, H., Die Geschichte der Alten Kirche I: Die Anfänge, Berlin und Leipzig 1932.
LOHMEYER, E., Galiläa und Jerusalem, Göttingen 1936.
LOHSE, ED., Die Bedeutung des Pfingstberichtes im Rahmen des lukanischen Geschichtswerkes, EvTh 13 (1953), 422ff.
MENOUD, P.-H., Remarques sur les textes de l'ascension dans Luc-Actes, in: Neutestamentliche Studien für R. Bultmann, Berlin 1954, S. 148ff.
MICHAELIS, W., Täufer, Jesus, Urgemeinde. Die Predigt vom Reich Gottes vor und nach Pfingsten, Gütersloh 1928.

–, Die Erscheinungen des Auferstandenen, Basel 1944.

–, Kennen die Synoptiker eine Verzögerung der Parusie?, in: Synoptische Studien, A. Wiken-hauser zum 70. Geburtstag, München 1953, S. 107ff.

VIELHAUER, PH., Zum »Paulinismus« der Apostelgeschichte, EvTh 10 (1950/51), 1ff.

WEINEL, H., Biblische Theologie des Neuen Testaments. Die Religion Jesu und des Urchristen-tums, Tübingen 1928[4].

Nachweis der Erstveröffentlichung

Stellenregister

(Auswahl)

Namenregister (Auswahl)

(Wegen der Vielzahl der genannten Namen sind nur solche Autoren aufgenommen, die ausführlicher zu Worte kommen oder auf die etwas näher eingegangen wird.)

Sachregister

Wissenschaftliche Untersuchungen zum Neuen Testament

Alphabetische Übersicht der ersten und zweiten Reihe

Ådna, Jostein: Jesu Stellung zum Tempel. 2000. *Band II/119.*

Ådna, Jostein und *Kvalbein, Hans* (Hrsg.): The Mission of the Early Church to Jews and Gentiles. 2000. *Band 127.*

Alkier, Stefan: Wunder und Wirklichkeit in den Briefen des Apostels Paulus. 2001. *Band 134.*

Anderson, Paul N.: The Christology of the Fourth Gospel. 1996. *Band II/78.*

Appold, Mark L.: The Oneness Motif in the Fourth Gospel. 1976. *Band II/1.*

Arnold, Clinton E.: The Colossian Syncretism. 1995. *Band II/77.*

Asiedu-Peprah, Martin: Johannine Sabbath Conflicts As Juridical Controversy. 2001. *Band II/132.*

Avemarie, Friedrich und *Hermann Lichtenberger* (Hrsg.): Auferstehung - Ressurection. 2001. *Band 135.*

Avemarie, Friedrich und *Hermann Lichtenberger* (Hrsg.): Bund und Tora. 1996. *Band 92.*

Bachmann, Michael: Sünder oder Übertreter. 1992. *Band 59.*

Baker, William R.: Personal Speech-Ethics in the Epistle of James. 1995. *Band II/68.*

Balla, Peter: Challenges to New Testament Theology. 1997. *Band II/95.*

Bammel, Ernst: Judaica. Band I 1986. *Band 37* – Band II 1997. *Band 91.*

Bash, Anthony: Ambassadors for Christ. 1997. *Band II/92.*

Bauernfeind, Otto: Kommentar und Studien zur Apostelgeschichte. 1980. *Band 22.*

Baum, Armin Daniel: Pseudepigraphie und literarische Fälschung im frühen Christentum. 2001. *Band II/138.*

Bayer, Hans Friedrich: Jesus' Predictions of Vindication and Resurrection. 1986. *Band II/20.*

Bell, Richard H.: Provoked to Jealousy. 1994. *Band II/63.*

– No One Seeks for God. 1998. *Band 106.*

Bergman, Jan: siehe *Kieffer, René*

Bergmeier, Roland: Das Gesetz im Römerbrief und andere Studien zum Neuen Testament. 2000. *Band 121.*

Betz, Otto: Jesus, der Messias Israels. 1987. *Band 42.*

– Jesus, der Herr der Kirche. 1990. *Band 52.*

Beyschlag, Karlmann: Simon Magus und die christliche Gnosis. 1974. *Band 16.*

Bittner, Wolfgang J.: Jesu Zeichen im Johannesevangelium. 1987. *Band II/26.*

Bjerkelund, Carl J.: Tauta Egeneto. 1987. *Band 40.*

Blackburn, Barry Lee: Theios Anēr and the Markan Miracle Traditions. 1991. *Band II/40.*

Bock, Darrell L.: Blasphemy and Exaltation in Judaism and the Final Examination of Jesus. 1998. *Band II/106.*

Bockmuehl, Markus N.A.: Revelation and Mystery in Ancient Judaism and Pauline Christianity. 1990. *Band II/36.*

Bøe, Sverre: Gog and Magog. 2001. *Band II/ 135.*

Böhlig, Alexander: Gnosis und Synkretismus. Teil 1 1989. *Band 47* –Teil 2 1989. *Band 48.*

Böhm, Martina: Samarien und die Samaritai bei Lukas. 1999. *Band II/111.*

Böttrich, Christfried: Weltweisheit – Menschheitsethik – Urkult. 1992. *Band II/50.*

Bolyki, János: Jesu Tischgemeinschaften. 1997. *Band II/96.*

Brocke, Christoph vom: Thessaloniki – Stadt des Kassander und Gemeinde des Paulus. 2001. *Band II//125*

Büchli, Jörg: Der Poimandres – ein paganisiertes Evangelium. 1987. *Band II/27.*

Bühner, Jan A.: Der Gesandte und sein Weg im 4. Evangelium. 1977. *Band II/2.*

Burchard, Christoph: Untersuchungen zu Joseph und Aseneth. 1965. *Band 8.*

– Studien zur Theologie, Sprache und Umwelt des Neuen Testaments. Hrsg. von D. Sänger. 1998. *Band 107.*

Byrskog, Samuel: Story as History – History as Story. 2000. *Band 123.*

Cancik, Hubert (Hrsg.): Markus-Philologie. 1984. *Band 33.*

Capes, David B.: Old Testament Yaweh Texts in Paul's Christology. 1992. *Band II/47.*

Caragounis, Chrys C.: The Son of Man. 1986. *Band 38.*

– siehe *Fridrichsen, Anton.*

Carleton Paget, James: The Epistle of Barnabas. 1994. *Band II/64.*

Carson, D.A., O'Brien, Peter T. und *Mark Seifrid* (Hrsg.): Justification and Variegated Nomism: A Fresh Appraisal of Paul and Second Temple Judaism. Band 1: The Complexitis of Second Temple Judaism. *Band II/140.*

Ciampa, Roy E.: The Presence and Function of Scripture in Galatians 1 and 2. 1998. *Band II/ 102.*

Classen, Carl Joachim: Rhetorical Criticsm of the New Testament. 2000. *Band 128.*

Crump, David: Jesus the Intercessor. 1992. *Band II/49.*

Dahl, Nils Alstrup: Studies in Ephesians. 2000. *Band 131.*

Deines, Roland: Jüdische Steingefäße und pharisäische Frömmigkeit. 1993. *Band II/52.*

– Die Pharisäer. 1997. *Band 101.*

Dietzfelbinger, Christian: Der Abschied des Kommenden. 1997. *Band 95.*

Dobbeler, Axel von: Glaube als Teilhabe. 1987. *Band II/22.*

Du Toit, David S.: Theios Anthropos. 1997. *Band II/91*

Dunn , James D.G. (Hrsg.): Jews and Christians. 1992. *Band 66.*

– Paul and the Mosaic Law. 1996. *Band 89.*

Dunn, James D.G., Hans Klein, Ulrich Luz und *Vasile Mihoc* (Hrsg.): Auslegung der Bibel in orthodoxer und westlicher Perspektive. 2000. *Band 130.*

Ebertz, Michael N.: Das Charisma des Gekreuzigten. 1987. *Band 45.*

Eckstein, Hans-Joachim: Der Begriff Syneidesis bei Paulus. 1983. *Band II/10.*

– Verheißung und Gesetz. 1996. *Band 86.*

Ego, Beate: Im Himmel wie auf Erden. 1989. *Band II/34*

Ego, Beate und *Lange, Armin* sowie *Pilhofer, Peter (Hrsg.):* Gemeinde ohne Tempel – Community without Temple. 1999. *Band 118.*

Eisen, Ute E.: siehe *Paulsen, Henning.*

Ellis, E. Earle: Prophecy and Hermeneutic in Early Christianity. 1978. *Band 18.*

– The Old Testament in Early Christianity. 1991. *Band 54.*

Ennulat, Andreas: Die ‚Minor Agreements‘. 1994. *Band II/62.*

Ensor, Peter W.: Jesus and His ‘Works’. 1996. *Band II/85.*

Eskola, Timo: Theodicy and Predestination in Pauline Soteriology. 1998. *Band II/100.*

Fatehi, Mehrdad: The Spirit’s Relation to the Risen Lord in Paul. 2000. *Band II/128.*

Feldmeier, Reinhard: Die Krisis des Gottessohnes. 1987. *Band II/21.*

– Die Christen als Fremde. 1992. *Band 64.*

Feldmeier, Reinhard und *Ulrich Heckel* (Hrsg.): Die Heiden. 1994. *Band 70.*

Fletcher-Louis, Crispin H.T.: Luke-Acts: Angels, Christology and Soteriology. 1997. *Band II/94.*

Förster, Niclas: Marcus Magus. 1999. *Band 114.*

Forbes, Christopher Brian: Prophecy and Inspired Speech in Early Christianity and its Hellenistic Environment. 1995. *Band II/75.*

Fornberg, Tord: siehe *Fridrichsen, Anton.*

Fossum, Jarl E.: The Name of God and the Angel of the Lord. 1985. *Band 36.*

Frenschkowski, Marco: Offenbarung und Epiphanie. Band 1 1995. *Band II/79* – Band 2 1997. *Band II/80.*

Frey, Jörg: Eugen Drewermann und die biblische Exegese. 1995. *Band II/71.*

– Die johanneische Eschatologie. Band I. 1997. *Band 96.* – Band II. 1998. *Band 110.* – Band III. 2000. *Band 117.*

Freyne, Sean: Galilee and Gospel. 2000. *Band 125.*

Fridrichsen, Anton: Exegetical Writings. Hrsg. von C.C. Caragounis und T. Fornberg. 1994. *Band 76.*

Garlington, Don B.: ‚The Obedience of Faith‘. 1991. *Band II/38.*

– Faith, Obedience, and Perseverance. 1994. *Band 79.*

Garnet, Paul: Salvation and Atonement in the Qumran Scrolls. 1977. *Band II/3.*

Gese, Michael: Das Vermächtnis des Apostels. 1997. *Band II/99.*

Gräbe, Petrus J.: The Power of God in Paul’s Letters. 2000. *Band II/123.*

Gräßer, Erich: Der Alte Bund im Neuen. 1985. *Band 35.*

– Forschungen zur Apostelgeschichte. 2001. *Band 137.*

Green, Joel B.: The Death of Jesus. 1988. *Band II/33.*

Gundry Volf, Judith M.: Paul and Perseverance. 1990. *Band II/37.*

Hafemann, Scott J.: Suffering and the Spirit. 1986. *Band II/19.*

– Paul, Moses, and the History of Israel. 1995. *Band 81.*

Hannah, Darrel D.: Michael and Christ. 1999. *Band II/109.*

Hamid-Khani, Saeed: Relevation and Concealment of Christ. 2000. *Band II/120.*

Hartman, Lars: Text-Centered New Testament Studies. Hrsg. von D. Hellholm. 1997. *Band 102.*

Hartog, Paul: Polycarp and the New Testament. 2001. *Band II/134.*

Heckel, Theo K.: Der Innere Mensch. 1993. *Band II/53.*

– Vom Evangelium des Markus zum viergestaltigen Evangelium. 1999. *Band 120.*

Heckel, Ulrich: Kraft in Schwachheit. 1993. *Band II/56.*

– siehe *Feldmeier, Reinhard.*

– siehe *Hengel, Martin.*

Heiligenthal, Roman: Werke als Zeichen. 1983. *Band II/9.*

Hellholm, D.: siehe *Hartman, Lars.*

Hemer, Colin J.: The Book of Acts in the Setting of Hellenistic History. 1989. *Band 49.*

Hengel, Martin: Judentum und Hellenismus. 1969, ³1988. *Band 10.*

– Die johanneische Frage. 1993. *Band 67.*

– Judaica et Hellenistica. Band 1. 1996. *Band 90.* – Band 2. 1999. *Band 109.*

Hengel, Martin und *Ulrich Heckel* (Hrsg.): Paulus und das antike Judentum. 1991. *Band 58.*

Hengel, Martin und *Hermut Löhr* (Hrsg.): Schriftauslegung im antiken Judentum und im Urchristentum. 1994. *Band 73.*

Hengel, Martin und *Anna Maria Schwemer:* Paulus zwischen Damaskus und Antiochien. 1998. *Band 108.*

Hengel, Martin und *Anna Maria Schwemer* (Hrsg.): Königsherrschaft Gottes und himmlischer Kult. 1991. *Band 55.*

– Die Septuaginta. 1994. *Band 72.*

Hengel, Martin; Siegfried Mittmann und *Anna Maria Schwemer* (Ed.): La Cité de Dieu / Die Stadt Gottes. 2000. *Band 129.*

Herrenbrück, Fritz: Jesus und die Zöllner. 1990. *Band II/41.*

Herzer, Jens: Paulus oder Petrus? 1998. *Band 103.*

Hoegen-Rohls, Christina: Der nachösterliche Johannes. 1996. *Band II/84.*

Hofius, Otfried: Katapausis. 1970. *Band 11.*

– Der Vorhang vor dem Thron Gottes. 1972. *Band 14.*

– Der Christushymnus Philipper 2,6-11. 1976, [2]1991. *Band 17.*

– Paulusstudien. 1989, [2]1994. *Band 51.*

– Neutestamentliche Studien. 2000. *Band 132.*

Hofius, Otfried und *Hans-Christian Kammler:* Johannesstudien. 1996. *Band 88.*

Holtz, Traugott: Geschichte und Theologie des Urchristentums. 1991. *Band 57.*

Hommel, Hildebrecht: Sebasmata. Band 1 1983. *Band 31* – Band 2 1984. *Band 32.*

Hvalvik, Reidar: The Struggle for Scripture and Covenant. 1996. *Band II/82.*

Joubert, Stephan: Paul as Benefactor. 2000. *Band II/124.*

Kähler, Christoph: Jesu Gleichnisse als Poesie und Therapie. 1995. *Band 78.*

Kamlah, Ehrhard: Die Form der katalogischen Paränese im Neuen Testament. 1964. *Band 7.*

Kammler, Hans-Christian: Christologie und Eschatologie. 2000. *Band 126.*

– siehe *Hofius, Otfried.*

Kelhoffer, James A.: Miracle and Mission. 1999. *Band II/112.*

Kieffer, René und *Jan Bergman (Hrsg.)*: La Main de Dieu / Die Hand Gottes. 1997. *Band 94.*

Kim, Seyoon: The Origin of Paul's Gospel. 1981, [2]1984. *Band II/4.*

– „The ‚Son of Man‛" as the Son of God. 1983. *Band 30.*

Klein, Hans: siehe *Dunn, James D.G..*

Kleinknecht, Karl Th.: Der leidende Gerechtfertigte. 1984, [2]1988. *Band II/13.*

Klinghardt, Matthias: Gesetz und Volk Gottes. 1988. *Band II/32.*

Köhler, Wolf-Dietrich: Rezeption des Matthäusevangeliums in der Zeit vor Irenäus. 1987. *Band II/24.*

Korn, Manfred: Die Geschichte Jesu in veränderter Zeit. 1993. *Band II/51.*

Koskenniemi, Erkki: Apollonios von Tyana in der neutestamentlichen Exegese. 1994. *Band II/61.*

Kraus, Thomas J.: Sprache, Stil und historischer Ort des zweiten Petrusbriefes. 2001. *Band II/136.*

Kraus, Wolfgang: Das Volk Gottes. 1996. *Band 85.*

– siehe *Walter, Nikolaus.*

Kreplin, Matthias: Das Selbstverständnis Jesu. 2001. *Band II/141.*

Kuhn, Karl G.: Achtzehngebet und Vaterunser und der Reim. 1950. *Band 1.*

Kvalbein, Hans: siehe *Ådna, Jostein.*

Laansma, Jon: I Will Give You Rest. 1997. *Band II/98.*

Labahn, Michael: Offenbarung in Zeichen und Wort. 2000. *Band II/117.*

Lange, Armin: siehe *Ego, Beate.*

Lampe, Peter: Die stadtrömischen Christen in den ersten beiden Jahrhunderten. 1987, [2]1989. *Band II/18.*

Landmesser, Christof: Wahrheit als Grundbegriff neutestamentlicher Wissenschaft. 1999. *Band 113.*

– Jüngerberufung und Zuwendung zu Gott. 2000. *Band 133.*

Lau, Andrew: Manifest in Flesh. 1996. *Band II/86.*

Lee, Pilchan: The New Jerusalem in the Book of Relevation. 2000. *Band II/129.*

Lichtenberger, Hermann: siehe *Avemarie, Friedrich.*

Lieu, Samuel N.C.: Manichaeism in the Later Roman Empire and Medieval China. [2]1992. *Band 63.*

Loader, William R.G.: Jesus' Attitude Towards the Law. 1997. *Band II/97.*

Löhr, Gebhard: Verherrlichung Gottes durch Philosophie. 1997. *Band 97.*

Löhr, Hermut: siehe *Hengel, Martin.*

Löhr, Winrich Alfried: Basilides und seine Schule. 1995. *Band 83.*

Luomanen, Petri: Entering the Kingdom of Heaven. 1998. *Band II/101.*

Luz, Ulrich: siehe *Dunn, James D.G..*

Maier, Gerhard: Mensch und freier Wille. 1971. *Band 12.*

– Die Johannesoffenbarung und die Kirche. 1981. *Band 25.*

Markschies, Christoph: Valentinus Gnosticus? 1992. *Band 65.*

Marshall, Peter: Enmity in Corinth: Social Conventions in Paul's Relations with the Corinthians. 1987. *Band II/23.*

McDonough, Sean M.: YHWH at Patmos: Rev. 1:4 in its Hellenistic and Early Jewish Setting. 1999. *Band II/107.*

McGlynn, Moyna: Divine Judgement and Divine Benevolence in the Book of Wisdom. 2001. *Band II/139.*

Meade, David G.: Pseudonymity and Canon. 1986. *Band 39.*

Meadors, Edward P.: Jesus the Messianic Herald of Salvation. 1995. *Band II/72.*

Meißner, Stefan: Die Heimholung des Ketzers. 1996. *Band II/87.*

Mell, Ulrich: Die „anderen" Winzer. 1994. *Band 77.*

Mengel, Berthold: Studien zum Philipperbrief. 1982. *Band II/8.*

Merkel, Helmut: Die Widersprüche zwischen den Evangelien. 1971. *Band 13.*

Merklein, Helmut: Studien zu Jesus und Paulus. Band 1 1987. *Band 43.* – Band 2 1998. *Band 105.*

Metzler, Karin: Der griechische Begriff des Verzeihens. 1991. *Band II/44.*

Metzner, Rainer: Die Rezeption des Matthäusevangeliums im 1. Petrusbrief. 1995. *Band II/74.*

– Das Verständnis der Sünde im Johannesevangelium. 2000. *Band 122.*

Mihoc, Vasile: siehe *Dunn, James D.G..*

Mittmann, Siegfried: siehe *Hengel, Martin.*

Mittmann-Richert, Ulrike: Magnifikat und Benediktus. *1996. Band II/90.*

Mußner, Franz: Jesus von Nazareth im Umfeld Israels und der Urkirche. Hrsg. von M. Theobald. 1998. *Band 111.*

Niebuhr, Karl-Wilhelm: Gesetz und Paränese. 1987. *Band II/28.*

– Heidenapostel aus Israel. 1992. *Band 62.*

Nielsen, Anders E.: "Until it is Fullfilled". 2000. *Band II/126.*

Nissen, Andreas: Gott und der Nächste im antiken Judentum. 1974. *Band 15.*

Noack, Christian: Gottesbewußtsein. 2000. *Band II/116.*

Noormann, Rolf: Irenäus als Paulusinterpret. 1994. *Band II/66.*

Obermann, Andreas: Die christologische Erfüllung der Schrift im Johannesevangelium. 1996. *Band II/83.*

Okure, Teresa: The Johannine Approach to Mission. 1988. *Band II/31.*

Oropeza, B. J.: Paul and Apostasy. 2000. *Band II/115.*

Ostmeyer, Karl-Heinrich: Taufe und Typos. 2000. *Band II/118.*

Paulsen, Henning: Studien zur Literatur und Geschichte des frühen Christentums. Hrsg. von Ute E. Eisen. 1997. *Band 99.*

Pao, David W.: Acts and the Isaianic New Exodus. 2000. *Band II/130.*

Park, Eung Chun: The Mission Discourse in Matthew's Interpretation. 1995. *Band II/81.*

Park, Joseph S.: Conceptions of Afterlife in Jewish Insriptions. 2000. *Band II/121.*

Pate, C. Marvin: The Reverse of the Curse. 2000. *Band II/114.*

Philonenko, Marc (Hrsg.): Le Trône de Dieu. 1993. *Band 69.*

Pilhofer, Peter: Presbyteron Kreitton. 1990. *Band II/39.*

– Philippi. Band 1 1995. *Band 87.* – Band 2 2000. *Band 119.*

– siehe *Ego, Beate.*

Pöhlmann, Wolfgang: Der Verlorene Sohn und das Haus. 1993. *Band 68.*

Pokorný, Petr und *Josef B. Souček:* Bibelauslegung als Theologie. 1997. *Band 100.*

Porter, Stanley E.: The Paul of Acts. 1999. *Band 115.*

Prieur, Alexander: Die Verkündigung der Gottesherrschaft. 1996. *Band II/89.*

Probst, Hermann: Paulus und der Brief. 1991. *Band II/45.*

Räisänen, Heikki: Paul and the Law. 1983, [2]1987. *Band 29.*

Rehkopf, Friedrich: Die lukanische Sonderquelle. 1959. *Band 5.*

Rein, Matthias: Die Heilung des Blindgeborenen (Joh 9). 1995. *Band II/73.*

Reinmuth, Eckart: Pseudo-Philo und Lukas. 1994. *Band 74.*

Reiser, Marius: Syntax und Stil des Markusevangeliums. 1984. *Band II/11.*

Richards, E. Randolph: The Secretary in the Letters of Paul. 1991. *Band II/42.*

Riesner, Rainer: Jesus als Lehrer. 1981, [3]1988. *Band II/7.*

– Die Frühzeit des Apostels Paulus. 1994. *Band 71.*

Rissi, Mathias: Die Theologie des Hebräerbriefs. 1987. *Band 41.*

Röhser, Günter: Metaphorik und Personifikation der Sünde. 1987. *Band II/25.*

Rose, Christian: Die Wolke der Zeugen. 1994. *Band II/60.*

Rüger, Hans Peter: Die Weisheitsschrift aus der Kairoer Geniza. 1991. *Band 53.*

Sänger, Dieter: Antikes Judentum und die Mysterien. 1980. *Band II/5.*

– Die Verkündigung des Gekreuzigten und Israel. 1994. *Band 75.*

– siehe *Burchard, Christoph*

Salzmann, Jorg Christian: Lehren und Ermahnen. 1994. *Band II/59.* –

Sandnes, Karl Olav: Paul – One of the Prophets? 1991. *Band II/43.*

Sato, Migaku: Q und Prophetie. 1988. *Band II/29.*

Schaper, Joachim: Eschatology in the Greek Psalter. 1995. *Band II/76.*

Schimanowski, Gottfried: Weisheit und Messias. 1985. *Band II/17.*

Schlichting, Günter: Ein jüdisches Leben Jesu. 1982. *Band 24.*

Schnabel, Eckhard J.: Law and Wisdom from Ben Sira to Paul. 1985. *Band II/16.*

Schutter, William L.: Hermeneutic and Composition in I Peter. 1989. *Band II/30.*

Schwartz, Daniel R.: Studies in the Jewish Background of Christianity. 1992. *Band 60.*

Schwemer, Anna Maria: siehe *Hengel, Martin*

Scott, James M.: Adoption as Sons of God. 1992. *Band II/48.*

– Paul and the Nations. 1995. *Band 84.*

Siegert, Folker: Drei hellenistisch-jüdische Predigten. Teil I 1980. *Band 20* – Teil II 1992. *Band 61.*

– Nag-Hammadi-Register. 1982. *Band 26.*

– Argumentation bei Paulus. 1985. *Band 34.*

– Philon von Alexandrien. 1988. *Band 46.*

Simon, Marcel: Le christianisme antique et son contexte religieux I/II. 1981. *Band 23.*

Snodgrass, Klyne: The Parable of the Wicked Tenants. 1983. *Band 27.*

Söding, Thomas: Das Wort vom Kreuz. 1997. *Band 93.*

– siehe *Thüsing, Wilhelm.*

Sommer, Urs: Die Passionsgeschichte des Markusevangeliums. 1993. *Band II/58.*

Souček, Josef B.: siehe *Pokorný, Petr.*

Spangenberg, Volker: Herrlichkeit des Neuen Bundes. 1993. *Band II/55.*

Spanje, T.E. van: Inconsistency in Paul? 1999. *Band II/110.*

Speyer, Wolfgang: Frühes Christentum im antiken Strahlungsfeld. Band I: 1989. *Band 50.* – Band II: 1999. *Band 116.*

Stadelmann, Helge: Ben Sira als Schriftgelehrter. 1980. *Band II/6.*

Stenschke, Christoph W.: Luke's Portrait of Gentiles Prior to Their Coming to Faith. *Band II/108.*

Stettler, Christian: Der Kolosserhymnus. 2000. *Band II/131.*

Stettler, Hanna: Die Christologie der Pastoralbriefe. 1998. *Band II/105.*

Strobel, August: Die Stunde der Wahrheit. 1980. *Band 21.*

Stroumsa, Guy G.: Barbarian Philosophy. 1999. *Band 112.*

Stuckenbruck, Loren T.: Angel Veneration and Christology. 1995. *Band II/70.*

Stuhlmacher, Peter (Hrsg.): Das Evangelium und die Evangelien. 1983. *Band 28.*

Sung, Chong-Hyon: Vergebung der Sünden. 1993. *Band II/57.*

Tajra, Harry W.: The Trial of St. Paul. 1989. *Band II/35.*

– The Martyrdom of St.Paul. 1994. *Band II/67.*

Theißen, Gerd: Studien zur Soziologie des Urchristentums. 1979, ³1989. *Band 19.*

Theobald, Michael: Studien zum Römerbrief. 2001. *Band 136.*

Theobald, Michael: siehe *Mußner, Franz.*

Thornton, Claus-Jürgen: Der Zeuge des Zeugen. 1991. *Band 56.*

Thüsing, Wilhelm: Studien zur neutestamentlichen Theologie. Hrsg. von Thomas Söding. 1995. *Band 82.*

Thurén, Lauri: Derhethorizing Paul. 2000. *Band 124.*

Treloar, Geoffrey R.: Lightfoot the Historian. 1998. *Band II/103.*

Tsuji, Manabu: Glaube zwischen Vollkommenheit und Verweltlichung. 1997. *Band II/93*

Twelftree, Graham H.: Jesus the Exorcist. 1993. *Band II/54.*

Urban, Christina: Das Menschenbild nach dem Johannesevangelium. 2001. *Band II/137.*

Visotzky, Burton L.: Fathers of the World. 1995. *Band 80.*

Wagener, Ulrike: Die Ordnung des „Hauses Gottes". 1994. *Band II/65.*

Walter, Nikolaus: Praeparatio Evangelica. Hrsg. von Wolfgang Kraus und Florian Wilk. 1997. *Band 98.*

Wander, Bernd: Gottesfürchtige und Sympathisanten. 1998. *Band 104.*

Watts, Rikki: Isaiah's New Exodus and Mark. 1997. *Band II/88.*

Wedderburn, A.J.M.: Baptism and Resurrection. 1987. *Band 44.*

Wegner, Uwe: Der Hauptmann von Kafarnaum. 1985. *Band II/14.*

Welck, Christian: Erzählte ‚Zeichen'. 1994. *Band II/69.*

Wiarda, Timothy: Peter in the Gospels . 2000. *Band II/127.*

Wilk, Florian: siehe *Walter, Nikolaus.*

Williams, Catrin H.: I am He. 2000. *Band II/113.*

Wilson, Walter T.: Love without Pretense. 1991. *Band II/46.*

Wisdom, Jeffrey: Blessing for the Nations and the Curse of the Law. 2001. *Band II/133.*

Zimmermann, Alfred E.: Die urchristlichen Lehrer. 1984, ²1988. *Band II/12.*

Zimmermann, Johannes: Messianische Texte aus Qumran. 1998. *Band II/104.*

Zimmermann, Ruben: Geschlechtermetaphorik und Geschlechterverhältnis. 2000. *Band II/122.*

Einen Gesamtkatalog erhalten Sie gern vom
Mohr Siebeck Verlag · Postfach 2040, D–72010 Tübingen.
Neueste Informationen im Internet unter http:// www.mohr.de